·最新·

国家安全
法律法规汇编

（第二版）

法律出版社法规中心　编

法律出版社
LAW PRESS · CHINA
—— 北京 ——

图书在版编目(CIP)数据

最新国家安全法律法规汇编/法律出版社法规中心编. --2版. --北京:法律出版社,2023
ISBN 978-7-5197-7817-0

Ⅰ. ①最… Ⅱ. ①法… Ⅲ. ①国家安全法-汇编-中国 Ⅳ. ①D922.149

中国国家版本馆CIP数据核字(2023)第065051号

最新国家安全法律法规汇编
ZUIXIN GUOJIA ANQUAN FALÜ FAGUI HUIBIAN

法律出版社法规中心 编

责任编辑 董 昱
装帧设计 李 瞻

出版发行 法律出版社
编辑统筹 法规出版分社
责任校对 张红蕊
责任印制 耿润瑜
经　　销 新华书店

开本 A5
印张 17.625　**字数** 610千
版本 2023年5月第2版
印次 2023年5月第1次印刷
印刷 北京中科印刷有限公司

地址:北京市丰台区莲花池西里7号(100073)
网址:www.lawpress.com.cn
投稿邮箱:info@lawpress.com.cn
举报盗版邮箱:jbwq@lawpress.com.cn

销售电话:010-83938349
客服电话:010-83938350
咨询电话:010-63939796

书号:ISBN 978-7-5197-7817-0　**定价**:54.00元

凡购买本社图书,如有印装错误,我社负责退换。电话:010-83938349

目　　录

一、综　　合

中华人民共和国国家安全法（2015.7.1） …………………………………（ 1 ）

公民举报危害国家安全行为奖励办法（2022.6.6） ……………………（ 10 ）

二、政治安全

中华人民共和国反间谍法（2023.4.26 修订） ……………………………（ 14 ）

中华人民共和国反间谍法实施细则（2017.11.22） ………………………（ 25 ）

反间谍安全防范工作规定（2021.4.26） …………………………………（ 29 ）

反分裂国家法（2005.3.14） ………………………………………………（ 34 ）

中华人民共和国保守国家秘密法（2010.4.29 修订） ……………………（ 36 ）

中华人民共和国国家情报法（2018.4.27 修正） …………………………（ 44 ）

中华人民共和国刑法（节录）（2020.12.26 修正） ………………………（ 48 ）

最高人民法院关于审理为境外窃取、刺探、收买、非法提供国家秘密、情报案件具体应用法律若干问题的解释（2001.1.17） ………………（ 50 ）

中华人民共和国香港特别行政区维护国家安全法（2020.6.30） ………（ 52 ）

三、国土安全

中华人民共和国领海及毗连区法（1992.2.25） …………………………（ 65 ）

中华人民共和国专属经济区和大陆架法（1998.6.26） …………………（ 67 ）

中华人民共和国出境入境管理法（2012.6.30） …………………………（ 70 ）

中华人民共和国境外非政府组织境内活动管理法（2017.11.4 修正） ……（ 86 ）

中华人民共和国民用航空法（节录）（2021.4.29 修正） ………………（ 95 ）

民用航空情报工作规则（2022.11.1 修正） ………………………………（101）

四、军事安全

中华人民共和国戒严法（1996. 3. 1） …………………………………………（120）
中华人民共和国人民防空法（2009. 8. 27 修正） ………………………………（125）
中华人民共和国国防动员法（2010. 2. 26） …………………………………（131）
中华人民共和国国防法（2020. 12. 26 修订） ………………………………（142）
中华人民共和国军事设施保护法（2021. 6. 10 修订） …………………………（152）
民用运力国防动员条例（2019. 3. 2 修订） …………………………………（165）

五、经济安全

中华人民共和国反垄断法（2022. 6. 24 修正） ………………………………（173）
中华人民共和国反不正当竞争法（2019. 4. 23 修正） …………………………（184）
中华人民共和国刑法（节录）（2020. 12. 26 修正） ……………………………（190）

六、金融安全

中华人民共和国反洗钱法（2006. 10. 31） ……………………………………（217）
中华人民共和国银行业监督管理法（2006. 10. 31 修正） ………………………（223）
中华人民共和国反倾销条例（2004. 3. 31 修订） ……………………………（231）
中华人民共和国反补贴条例（2004. 3. 31 修订） ……………………………（239）
中华人民共和国保障措施条例（2004. 3. 31 修订） …………………………（247）
中华人民共和国外汇管理条例（2008. 8. 5 修订） …………………………（251）
国务院办公厅关于建立外国投资者并购境内企业安全审查制度的通知（2011. 2. 3） ……………………………………………………………（257）
中国人民银行突发事件应急预案管理办法（2014. 6. 20 修订） ………………（260）
外商投资安全审查办法（2020. 12. 19） ……………………………………（265）

七、粮食安全

中华人民共和国农业法（节录）（2012. 12. 28 修正） …………………………（269）
中华人民共和国土地管理法（节录）（2019. 8. 26 修正） ………………………（270）

中华人民共和国反食品浪费法（2021.4.29） …………………………… （273）
中央储备粮管理条例（2016.2.6修订） ………………………………… （278）

八、文化安全

中华人民共和国非物质文化遗产法（2011.2.25） ……………………… （288）
中华人民共和国文物保护法（2017.11.4修正） ………………………… （295）

九、科技安全

中华人民共和国科学技术进步法（2021.12.24修订） ………………… （312）
科学技术保密规定（2015.11.16修订） ………………………………… （332）
国家科学技术秘密定密管理办法（2018.8.8） ………………………… （339）

十、网络信息安全

中华人民共和国网络安全法（2016.11.7） ……………………………… （345）
中华人民共和国密码法（2019.10.26） …………………………………… （358）
中华人民共和国数据安全法（2021.6.10） ……………………………… （364）
中华人民共和国计算机信息系统安全保护条例（2011.1.8修订） …… （371）
计算机信息网络国际联网安全保护管理办法（2011.1.8修订） ……… （374）
关键信息基础设施安全保护条例（2021.7.30） ………………………… （378）
通信网络安全防护管理办法（2010.1.21） ……………………………… （384）
网络安全审查办法（2021.12.28） ……………………………………… （388）
公共互联网网络安全威胁监测与处置办法（2017.8.9） ……………… （391）
公共互联网网络安全突发事件应急预案（2017.11.14） ……………… （393）
反网络病毒自律公约（2009.7.7） ……………………………………… （404）

十一、民族、宗教领域安全

全国人民代表大会常务委员会关于取缔邪教组织、防范和惩治邪教活动的决定（1999.10.30） …………………………………………………… （407）
宗教事务条例（2017.8.26修订） ……………………………………… （408）

十二、防范和处置恐怖主义、极端主义

中华人民共和国反恐怖主义法（2018. 4. 27 修正） ……………………（420）
中华人民共和国刑法（节录）（2020. 12. 26 修正） ……………………（439）
涉及恐怖活动资产冻结管理办法（2014. 1. 10） …………………………（445）
最高人民法院、最高人民检察院、公安部、司法部关于办理恐怖活动和极端主义犯罪案件适用法律若干问题的意见（2018. 3. 16） ………（449）

十三、社 会 安 全

中华人民共和国突发事件应对法（2007. 8. 30） …………………………（456）
中华人民共和国枪支管理法（2015. 4. 24 修正） …………………………（469）
国家突发公共事件总体应急预案（2006. 1. 8） ……………………………（477）
突发事件应急预案管理办法（2013. 10. 25） ………………………………（484）

十四、核 安 全

中华人民共和国放射性污染防治法（2003. 6. 28） ………………………（490）
中华人民共和国核安全法（2017. 9. 1） ……………………………………（500）
中华人民共和国民用核设施安全监督管理条例（1986. 10. 29） …………（517）
放射性废物安全管理条例（2011. 12. 20） …………………………………（521）
国家核应急预案（2013. 6. 30 修订） ………………………………………（530）

附 录

最高人民法院发布三起涉国家安全典型案例 ………………………………（541）
最高人民法院发布全民国家安全教育典型案例及相关法律规定 …………（543）
最高人民法院发布平安中国建设第一批典型案例 …………………………（546）
检察机关依法惩治危害国家安全犯罪典型案例 ……………………………（556）

一、综　　合

中华人民共和国国家安全法

1. 2015年7月1日第十二届全国人民代表大会常务委员会第十五次会议通过
2. 2015年7月1日中华人民共和国主席令第29号公布
3. 自公布之日起施行

目　　录

第一章　总　　则
第二章　维护国家安全的任务
第三章　维护国家安全的职责
第四章　国家安全制度
　第一节　一般规定
　第二节　情报信息
　第三节　风险预防、评估和预警
　第四节　审查监管
　第五节　危机管控
第五章　国家安全保障
第六章　公民、组织的义务和权利
第七章　附　　则

第一章　总　　则

第一条　【立法目的】[①] 为了维护国家安全，保卫人民民主专政的政权和中国特色社会主义制度，保护人民的根本利益，保障改革开放和社会主义现代化建设的顺利进行，实现中华民族伟大复兴，根据宪法，制定本法。

第二条　【国家安全】 国家安全是指国家政权、主权、统一和领土完整、人民福祉、经济社会可持续发展和国家其他重大利益相对处于没有危险和不受内

① 条文主旨为编者所加，供参考，下同。

外威胁的状态，以及保障持续安全状态的能力。

第三条 **【立法基础】**国家安全工作应当坚持总体国家安全观，以人民安全为宗旨，以政治安全为根本，以经济安全为基础，以军事、文化、社会安全为保障，以促进国际安全为依托，维护各领域国家安全，构建国家安全体系，走中国特色国家安全道路。

第四条 **【中国共产党领导原则】**坚持中国共产党对国家安全工作的领导，建立集中统一、高效权威的国家安全领导体制。

第五条 **【中央国家安全领导机构】**中央国家安全领导机构负责国家安全工作的决策和议事协调，研究制定、指导实施国家安全战略和有关重大方针政策，统筹协调国家安全重大事项和重要工作，推动国家安全法治建设。

第六条 **【制定完善国家安全战略】**国家制定并不断完善国家安全战略，全面评估国际、国内安全形势，明确国家安全战略的指导方针、中长期目标、重点领域的国家安全政策、工作任务和措施。

第七条 **【基本原则】**维护国家安全，应当遵守宪法和法律，坚持社会主义法治原则，尊重和保障人权，依法保护公民的权利和自由。

第八条 **【与经济发展相协调原则、全面统筹原则】**维护国家安全，应当与经济社会发展相协调。

国家安全工作应当统筹内部安全和外部安全、国土安全和国民安全、传统安全和非传统安全、自身安全和共同安全。

第九条 **【适用原则】**维护国家安全，应当坚持预防为主、标本兼治，专门工作与群众路线相结合，充分发挥专门机关和其他有关机关维护国家安全的职能作用，广泛动员公民和组织，防范、制止和依法惩治危害国家安全的行为。

第十条 **【共同发展原则】**维护国家安全，应当坚持互信、互利、平等、协作，积极同外国政府和国际组织开展安全交流合作，履行国际安全义务，促进共同安全，维护世界和平。

第十一条 **【全体参与原则】**中华人民共和国公民、一切国家机关和武装力量、各政党和各人民团体、企业事业组织和其他社会组织，都有维护国家安全的责任和义务。

中国的主权和领土完整不容侵犯和分割。维护国家主权、统一和领土完整是包括港澳同胞和台湾同胞在内的全中国人民的共同义务。

第十二条 **【奖励表彰】**国家对在维护国家安全工作中作出突出贡献的个人和组织给予表彰和奖励。

第十三条 **【责任追究】**国家机关工作人员在国家安全工作和涉及国家安全活

动中，滥用职权、玩忽职守、徇私舞弊的，依法追究法律责任。

任何个人和组织违反本法和有关法律，不履行维护国家安全义务或者从事危害国家安全活动的，依法追究法律责任。

第十四条 **【国家安全教育日】**每年4月15日为全民国家安全教育日。

第二章 维护国家安全的任务

第十五条 **【维护内容】**国家坚持中国共产党的领导，维护中国特色社会主义制度，发展社会主义民主政治，健全社会主义法治，强化权力运行制约和监督机制，保障人民当家作主的各项权利。

国家防范、制止和依法惩治任何叛国、分裂国家、煽动叛乱、颠覆或者煽动颠覆人民民主专政政权的行为；防范、制止和依法惩治窃取、泄露国家秘密等危害国家安全的行为；防范、制止和依法惩治境外势力的渗透、破坏、颠覆、分裂活动。

第十六条 **【维护公民权益】**国家维护和发展最广大人民的根本利益，保卫人民安全，创造良好生存发展条件和安定工作生活环境，保障公民的生命财产安全和其他合法权益。

第十七条 **【维护国家主权】**国家加强边防、海防和空防建设，采取一切必要的防卫和管控措施，保卫领陆、内水、领海和领空安全，维护国家领土主权和海洋权益。

第十八条 **【加强武装力量】**国家加强武装力量革命化、现代化、正规化建设，建设与保卫国家安全和发展利益需要相适应的武装力量；实施积极防御军事战略方针，防备和抵御侵略，制止武装颠覆和分裂；开展国际军事安全合作，实施联合国维和、国际救援、海上护航和维护国家海外利益的军事行动，维护国家主权、安全、领土完整、发展利益和世界和平。

第十九条 **【维护经济利益】**国家维护国家基本经济制度和社会主义市场经济秩序，健全预防和化解经济安全风险的制度机制，保障关系国民经济命脉的重要行业和关键领域、重点产业、重大基础设施和重大建设项目以及其他重大经济利益安全。

第二十条 **【维护金融安全】**国家健全金融宏观审慎管理和金融风险防范、处置机制，加强金融基础设施和基础能力建设，防范和化解系统性、区域性金融风险，防范和抵御外部金融风险的冲击。

第二十一条 **【资源能源】**国家合理利用和保护资源能源，有效管控战略资源能源的开发，加强战略资源能源储备，完善资源能源运输战略通道建设和安全保护措施，加强国际资源能源合作，全面提升应急保障能力，保障经济社会发展所需的资源能源持续、可靠和有效供给。

第二十二条 【粮食安全】国家健全粮食安全保障体系，保护和提高粮食综合生产能力，完善粮食储备制度、流通体系和市场调控机制，健全粮食安全预警制度，保障粮食供给和质量安全。

第二十三条 【文化发展】国家坚持社会主义先进文化前进方向，继承和弘扬中华民族优秀传统文化，培育和践行社会主义核心价值观，防范和抵制不良文化的影响，掌握意识形态领域主导权，增强文化整体实力和竞争力。

第二十四条 【技术发展】国家加强自主创新能力建设，加快发展自主可控的战略高新技术和重要领域核心关键技术，加强知识产权的运用、保护和科技保密能力建设，保障重大技术和工程的安全。

第二十五条 【网络安全】国家建设网络与信息安全保障体系，提升网络与信息安全保护能力，加强网络和信息技术的创新研究和开发应用，实现网络和信息核心技术、关键基础设施和重要领域信息系统及数据的安全可控；加强网络管理，防范、制止和依法惩治网络攻击、网络入侵、网络窃密、散布违法有害信息等网络违法犯罪行为，维护国家网络空间主权、安全和发展利益。

第二十六条 【民族政策】国家坚持和完善民族区域自治制度，巩固和发展平等团结互助和谐的社会主义民族关系。坚持各民族一律平等，加强民族交往、交流、交融，防范、制止和依法惩治民族分裂活动，维护国家统一、民族团结和社会和谐，实现各民族共同团结奋斗、共同繁荣发展。

第二十七条 【宗教政策】国家依法保护公民宗教信仰自由和正常宗教活动，坚持宗教独立自主自办的原则，防范、制止和依法惩治利用宗教名义进行危害国家安全的违法犯罪活动，反对境外势力干涉境内宗教事务，维护正常宗教活动秩序。

国家依法取缔邪教组织，防范、制止和依法惩治邪教违法犯罪活动。

第二十八条 【反恐】国家反对一切形式的恐怖主义和极端主义，加强防范和处置恐怖主义的能力建设，依法开展情报、调查、防范、处置以及资金监管等工作，依法取缔恐怖活动组织和严厉惩治暴力恐怖活动。

第二十九条 【维护公共安全及社会安定】国家健全有效预防和化解社会矛盾的体制机制，健全公共安全体系，积极预防、减少和化解社会矛盾，妥善处置公共卫生、社会安全等影响国家安全和社会稳定的突发事件，促进社会和谐，维护公共安全和社会安定。

第三十条 【生态环境保护】国家完善生态环境保护制度体系，加大生态建设和环境保护力度，划定生态保护红线，强化生态风险的预警和防控，妥善处置突发环境事件，保障人民赖以生存发展的大气、水、土壤等自然环境和条件不受威胁和破坏，促进人与自然和谐发展。

第三十一条　**【核技术】**国家坚持和平利用核能和核技术，加强国际合作，防止核扩散，完善防扩散机制，加强对核设施、核材料、核活动和核废料处置的安全管理、监管和保护，加强核事故应急体系和应急能力建设，防止、控制和消除核事故对公民生命健康和生态环境的危害，不断增强有效应对和防范核威胁、核攻击的能力。

第三十二条　**【外层空间、国际海底区域、极地的探索利用】**国家坚持和平探索和利用外层空间、国际海底区域和极地，增强安全进出、科学考察、开发利用的能力，加强国际合作，维护我国在外层空间、国际海底区域和极地的活动、资产和其他利益的安全。

第三十三条　**【保护海外利益】**国家依法采取必要措施，保护海外中国公民、组织和机构的安全和正当权益，保护国家的海外利益不受威胁和侵害。

第三十四条　**【完善维护】**国家根据经济社会发展和国家发展利益的需要，不断完善维护国家安全的任务。

第三章　维护国家安全的职责

第三十五条　**【全国人大及常委会职权】**全国人民代表大会依照宪法规定，决定战争和和平的问题，行使宪法规定的涉及国家安全的其他职权。

全国人民代表大会常务委员会依照宪法规定，决定战争状态的宣布，决定全国总动员或者局部动员，决定全国或者个别省、自治区、直辖市进入紧急状态，行使宪法规定的和全国人民代表大会授予的涉及国家安全的其他职权。

第三十六条　**【主席职权】**中华人民共和国主席根据全国人民代表大会的决定和全国人民代表大会常务委员会的决定，宣布进入紧急状态，宣布战争状态，发布动员令，行使宪法规定的涉及国家安全的其他职权。

第三十七条　**【国务院职权】**国务院根据宪法和法律，制定涉及国家安全的行政法规，规定有关行政措施，发布有关决定和命令；实施国家安全法律法规和政策；依照法律规定决定省、自治区、直辖市的范围内部分地区进入紧急状态；行使宪法法律规定的和全国人民代表大会及其常务委员会授予的涉及国家安全的其他职权。

第三十八条　**【中央军事委员会职权】**中央军事委员会领导全国武装力量，决定军事战略和武装力量的作战方针，统一指挥维护国家安全的军事行动，制定涉及国家安全的军事法规，发布有关决定和命令。

第三十九条　**【中央国家机关职权】**中央国家机关各部门按照职责分工，贯彻执行国家安全方针政策和法律法规，管理指导本系统、本领域国家安全工作。

第四十条 【地方各级人大及其常委会、人民政府、特别行政区职权】地方各级人民代表大会和县级以上地方各级人民代表大会常务委员会在本行政区域内，保证国家安全法律法规的遵守和执行。

地方各级人民政府依照法律法规规定管理本行政区域内的国家安全工作。

香港特别行政区、澳门特别行政区应当履行维护国家安全的责任。

第四十一条 【法院、检察院职权】人民法院依照法律规定行使审判权，人民检察院依照法律规定行使检察权，惩治危害国家安全的犯罪。

第四十二条 【国家安全机关、公安机关、军事机关职权】国家安全机关、公安机关依法搜集涉及国家安全的情报信息，在国家安全工作中依法行使侦查、拘留、预审和执行逮捕以及法律规定的其他职权。

有关军事机关在国家安全工作中依法行使相关职权。

第四十三条 【国家机关及其工作人员依法履行职责】国家机关及其工作人员在履行职责时，应当贯彻维护国家安全的原则。

国家机关及其工作人员在国家安全工作和涉及国家安全活动中，应当严格依法履行职责，不得超越职权、滥用职权，不得侵犯个人和组织的合法权益。

第四章 国家安全制度

第一节 一般规定

第四十四条 【统分结合、协调高效的领导机制】中央国家安全领导机构实行统分结合、协调高效的国家安全制度与工作机制。

第四十五条 【重点领域工作协调机制】国家建立国家安全重点领域工作协调机制，统筹协调中央有关职能部门推进相关工作。

第四十六条 【督促检查和责任追究机制】国家建立国家安全工作督促检查和责任追究机制，确保国家安全战略和重大部署贯彻落实。

第四十七条 【采取有效措施】各部门、各地区应当采取有效措施，贯彻实施国家安全战略。

第四十八条 【跨部门会商工作机制】国家根据维护国家安全工作需要，建立跨部门会商工作机制，就维护国家安全工作的重大事项进行会商研判，提出意见和建议。

第四十九条 【协同联动机制】国家建立中央与地方之间、部门之间、军地之间以及地区之间关于国家安全的协同联动机制。

第五十条 【决策咨询机制】国家建立国家安全决策咨询机制，组织专家和有关方面开展对国家安全形势的分析研判，推进国家安全的科学决策。

第二节 情报信息

第五十一条 【情报信息工作协调机制】国家健全统一归口、反应灵敏、准确高效、运转顺畅的情报信息收集、研判和使用制度，建立情报信息工作协调机制，实现情报信息的及时收集、准确研判、有效使用和共享。

第五十二条 【职责分工、及时上报机制】国家安全机关、公安机关、有关军事机关根据职责分工，依法搜集涉及国家安全的情报信息。

国家机关各部门在履行职责过程中，对于获取的涉及国家安全的有关信息应当及时上报。

第五十三条 【运用现代科技手段】开展情报信息工作，应当充分运用现代科学技术手段，加强对情报信息的鉴别、筛选、综合和研判分析。

第五十四条 【情报信息报送】情报信息的报送应当及时、准确、客观，不得迟报、漏报、瞒报和谎报。

第三节 风险预防、评估和预警

第五十五条 【国家安全风险预案】国家制定完善应对各领域国家安全风险预案。

第五十六条 【风险评估机制】国家建立国家安全风险评估机制，定期开展各领域国家安全风险调查评估。

有关部门应当定期向中央国家安全领导机构提交国家安全风险评估报告。

第五十七条 【风险监测预警制度】国家健全国家安全风险监测预警制度，根据国家安全风险程度，及时发布相应风险预警。

第五十八条 【报告制度】对可能即将发生或者已经发生的危害国家安全的事件，县级以上地方人民政府及其有关主管部门应当立即按照规定向上一级人民政府及其有关主管部门报告，必要时可以越级上报。

第四节 审查监管

第五十九条 【审查监管制度】国家建立国家安全审查和监管的制度和机制，对影响或者可能影响国家安全的外商投资、特定物项和关键技术、网络信息技术产品和服务、涉及国家安全事项的建设项目，以及其他重大事项和活动，进行国家安全审查，有效预防和化解国家安全风险。

第六十条 【依法审查及监督】中央国家机关各部门依照法律、行政法规行使国家安全审查职责，依法作出国家安全审查决定或者提出安全审查意见并监督执行。

第六十一条 【省、自治区、直辖市审查监管】省、自治区、直辖市依法负责本行政区域内有关国家安全审查和监管工作。

第五节　危机管控

第六十二条　【国家安全危机管控制度】国家建立统一领导、协同联动、有序高效的国家安全危机管控制度。

第六十三条　【应急预案】发生危及国家安全的重大事件，中央有关部门和有关地方根据中央国家安全领导机构的统一部署，依法启动应急预案，采取管控处置措施。

第六十四条　【特别重大事件依法采取措施】发生危及国家安全的特别重大事件，需要进入紧急状态、战争状态或者进行全国总动员、局部动员的，由全国人民代表大会、全国人民代表大会常务委员会或者国务院依照宪法和有关法律规定的权限和程序决定。

第六十五条　【特别措施】国家决定进入紧急状态、战争状态或者实施国防动员后，履行国家安全危机管控职责的有关机关依照法律规定或者全国人民代表大会常务委员会规定，有权采取限制公民和组织权利、增加公民和组织义务的特别措施。

第六十六条　【措施选择】履行国家安全危机管控职责的有关机关依法采取处置国家安全危机的管控措施，应当与国家安全危机可能造成的危害的性质、程度和范围相适应；有多种措施可供选择的，应当选择有利于最大程度保护公民、组织权益的措施。

第六十七条　【信息报告和发布机制】国家健全国家安全危机的信息报告和发布机制。

国家安全危机事件发生后，履行国家安全危机管控职责的有关机关，应当按照规定准确、及时报告，并依法将有关国家安全危机事件发生、发展、管控处置及善后情况统一向社会发布。

第六十八条　【解除措施】国家安全威胁和危害得到控制或者消除后，应当及时解除管控处置措施，做好善后工作。

第五章　国家安全保障

第六十九条　【国家安全保障体系】国家健全国家安全保障体系，增强维护国家安全的能力。

第七十条　【国家安全法律体系】国家健全国家安全法律制度体系，推动国家安全法治建设。

第七十一条　【经费和装备】国家加大对国家安全各项建设的投入，保障国家安全工作所需经费和装备。

第七十二条　【战略物资储备】承担国家安全战略物资储备任务的单位，应当按照国家有关规定和标准对国家安全物资进行收储、保管和维护，定期调整更换，保证储备物资的使用效能和安全。

第七十三条 **【鼓励科技创新】**鼓励国家安全领域科技创新，发挥科技在维护国家安全中的作用。

第七十四条 **【工作人员制度】**国家采取必要措施，招录、培养和管理国家安全工作专门人才和特殊人才。

根据维护国家安全工作的需要，国家依法保护有关机关专门从事国家安全工作人员的身份和合法权益，加大人身保护和安置保障力度。

第七十五条 **【支持配合】**国家安全机关、公安机关、有关军事机关开展国家安全专门工作，可以依法采取必要手段和方式，有关部门和地方应当在职责范围内提供支持和配合。

第七十六条 **【宣传教育】**国家加强国家安全新闻宣传和舆论引导，通过多种形式开展国家安全宣传教育活动，将国家安全教育纳入国民教育体系和公务员教育培训体系，增强全民国家安全意识。

第六章 公民、组织的义务和权利

第七十七条 **【履行义务】**公民和组织应当履行下列维护国家安全的义务：

（一）遵守宪法、法律法规关于国家安全的有关规定；

（二）及时报告危害国家安全活动的线索；

（三）如实提供所知悉的涉及危害国家安全活动的证据；

（四）为国家安全工作提供便利条件或者其他协助；

（五）向国家安全机关、公安机关和有关军事机关提供必要的支持和协助；

（六）保守所知悉的国家秘密；

（七）法律、行政法规规定的其他义务。

任何个人和组织不得有危害国家安全的行为，不得向危害国家安全的个人或者组织提供任何资助或者协助。

第七十八条 **【安全教育】**机关、人民团体、企业事业组织和其他社会组织应当对本单位的人员进行维护国家安全的教育，动员、组织本单位的人员防范、制止危害国家安全的行为。

第七十九条 **【配合义务】**企业事业组织根据国家安全工作的要求，应当配合有关部门采取相关安全措施。

第八十条 **【法律保护】**公民和组织支持、协助国家安全工作的行为受法律保护。

因支持、协助国家安全工作，本人或者其近亲属的人身安全面临危险的，可以向公安机关、国家安全机关请求予以保护。公安机关、国家安全机关应当会同有关部门依法采取保护措施。

第八十一条 【抚恤优待】公民和组织因支持、协助国家安全工作导致财产损失的，按照国家有关规定给予补偿；造成人身伤害或者死亡的，按照国家有关规定给予抚恤优待。

第八十二条 【申诉、控告、检举权利】公民和组织对国家安全工作有向国家机关提出批评建议的权利，对国家机关及其工作人员在国家安全工作中的违法失职行为有提出申诉、控告和检举的权利。

第八十三条 【特别措施】在国家安全工作中，需要采取限制公民权利和自由的特别措施时，应当依法进行，并以维护国家安全的实际需要为限度。

第七章 附 则

第八十四条 【施行日期】本法自公布之日起施行。

公民举报危害国家安全行为奖励办法

2022 年 6 月 6 日国家安全部令第 2 号公布施行

第一章 总 则

第一条 为了鼓励公民举报危害国家安全行为，规范危害国家安全行为举报奖励工作，动员全社会力量共同维护国家安全，根据《中华人民共和国国家安全法》、《中华人民共和国反间谍法》、《中华人民共和国反间谍法实施细则》等法律法规，制定本办法。

第二条 国家安全机关在法定职责范围内对公民举报危害国家安全行为实施奖励，适用本办法。

第三条 对举报危害国家安全行为的公民实施奖励，应当贯彻总体国家安全观，坚持国家安全一切为了人民、一切依靠人民，坚持专门工作与群众路线相结合，坚持客观公正、依法依规。

第四条 公民可以通过下列方式向国家安全机关举报：

（一）拨打国家安全机关 12339 举报受理电话；

（二）登录国家安全机关互联网举报受理平台网站 www. 12339. gov. cn；

（三）向国家安全机关投递信函；

（四）到国家安全机关当面举报；

（五）通过其他国家机关或者举报人所在单位向国家安全机关报告；

（六）其他举报方式。

第五条 公民可以实名或者匿名进行举报。实名举报应当提供真实身份信息和有效联系方式。匿名举报人有奖励诉求的，应当提供能够辨识其举报身份的信息。

提倡和鼓励实名举报。

第六条 国家安全机关以及依法知情的其他组织和个人应当严格为举报人保密，未经举报人同意，不得以任何方式泄露举报人身份相关信息。

因举报危害国家安全行为，举报人本人或者其近亲属的人身安全面临危险的，可以向国家安全机关请求予以保护。国家安全机关应当会同有关部门依法采取有效保护措施。国家安全机关认为有必要的，应当依职权及时、主动采取保护措施。

第七条 国家安全机关会同宣传主管部门，协调和指导广播、电视、报刊、互联网等媒体对举报危害国家安全行为的渠道方式、典型案例、先进事迹等进行宣传，制作、刊登、播放有关公益广告、宣传教育节目或者其他宣传品，增强公民维护国家安全意识，提高公民举报危害国家安全行为的积极性、主动性。

第二章 奖励条件、方式和标准

第八条 获得举报奖励应当同时符合下列条件：

（一）有明确的举报对象，或者具体的危害国家安全行为线索或者情况；

（二）举报事项事先未被国家安全机关掌握，或者虽被国家安全机关有所掌握，但举报人提供的情况更为具体详实；

（三）举报内容经国家安全机关查证属实，为防范、制止和惩治危害国家安全行为发挥了作用、作出了贡献。

第九条 有下列情形之一的，不予奖励或者不予重复奖励：

（一）国家安全机关工作人员或者其他具有法定职责的人员举报的，不予奖励；

（二）无法验证举报人身份，或者无法与举报人取得联系的，不予奖励；

（三）最终认定的违法事实与举报事项不一致的，不予奖励；

（四）对同一举报人的同一举报事项，不予重复奖励；对同一举报人提起的两个或者两个以上有包含关系的举报事项，相同内容部分不予重复奖励；

（五）经由举报线索调查发现新的危害国家安全行为或者违法主体的，不予重复奖励；

（六）其他不符合法律法规规章规定的奖励情形。

第十条　两人及两人以上举报的，按照下列规则进行奖励认定：

（一）同一事项由两个及两个以上举报人分别举报的，奖励最先举报人，举报次序以国家安全机关受理举报的登记时间为准，最先举报人以外的其他举报人可以酌情给予奖励；

（二）两人及两人以上联名举报同一线索或者情况的，按同一举报奖励。

第十一条　国家安全机关根据违法线索查证结果、违法行为危害程度、举报发挥作用情况等，综合评估确定奖励等级，给予精神奖励或者物质奖励。

给予精神奖励的，颁发奖励证书；给予物质奖励的，发放奖金。

征得举报人及其所在单位同意后，可以由举报人所在单位对举报人实施奖励。

第十二条　以发放奖金方式进行奖励的，具体标准如下：

（一）对防范、制止和惩治危害国家安全行为发挥一定作用、作出一定贡献的，给予人民币 1 万元以下奖励；

（二）对防范、制止和惩治危害国家安全行为发挥重要作用、作出重要贡献的，给予人民币 1 万元至 3 万元奖励；

（三）对防范、制止和惩治严重危害国家安全行为发挥重大作用、作出重大贡献的，给予人民币 3 万元至 10 万元奖励；

（四）对防范、制止和惩治严重危害国家安全行为发挥特别重大作用、作出特别重大贡献的，给予人民币 10 万元以上奖励。

第三章　奖励程序

第十三条　对于符合本办法规定的奖励条件的举报，应当在举报查证属实、依法对危害国家安全行为作出处理后 30 个工作日内，由设区的市级以上国家安全机关启动奖励程序。

第十四条　国家安全机关应当根据本办法第十一条、第十二条，认定奖励等级，作出奖励决定。

第十五条　国家安全机关应当在作出奖励决定之日起 10 个工作日内，以适当方式将奖励决定告知举报人。

举报人放弃奖励的，终止奖励程序。

第十六条　举报人应当在被告知奖励决定之日起 6 个月内，由本人或者委托他人领取奖励。

因特殊情况无法按期领取奖励的，可以延长奖励领取期限，最长不超过 3 年。举报人无正当理由逾期未领取奖励的，视为主动放弃。

第十七条　征得举报人同意后，国家安全机关可以单独或者会同有关单位，在做好安全保密工作的前提下举行奖励仪式。

第十八条　公民举报危害国家安全行为奖励经费按规定纳入国家安全机关部门预算。

第十九条　国家安全机关应当加强对举报奖金的发放管理。举报奖金的发放，应当依法接受监督。

第四章　法律责任

第二十条　国家安全机关工作人员有下列情形之一的，对负有责任的领导人员和直接责任人员依规依纪依法予以处理；构成犯罪的，依法追究刑事责任：

（一）伪造或者教唆、伙同他人伪造举报材料，冒领举报奖金的；

（二）泄露举报或者举报人信息的；

（三）利用在职务活动中知悉的危害国家安全行为有关线索或者情况，通过他人以举报的方式获取奖励的；

（四）未认真核实举报情况，导致不符合奖励条件的举报人获得奖励的；

（五）对符合举报奖励条件的举报人，无正当理由未按规定要求或者期限给予奖励的；

（六）其他依规依纪依法应当追究责任的情形。

第二十一条　举报人有下列情形之一的，依法予以处理；构成犯罪的，依法追究刑事责任：

（一）借举报之名故意捏造事实诬告、陷害他人的；

（二）弄虚作假骗取奖金的；

（三）恶意举报或者以举报为名制造事端，干扰国家安全机关工作的；

（四）泄露举报中知悉的国家秘密或者工作秘密，造成不良后果或者影响的。

举报人有前款规定情形之一，已经启动奖励程序的，应当终止奖励程序；已经作出奖励决定的，应当予以撤销；已经实施奖励的，应当予以追回。

第二十二条　举报人所在单位有下列情形之一的，依法予以处理：

（一）举报人向所在单位报告危害国家安全行为线索或者情况后，单位不及时向国家安全机关报告或者漏报、瞒报，造成不良后果或者影响的；

（二）举报人向国家安全机关报告危害国家安全行为线索或者情况后，单位对举报人实施打击、报复的。

第五章　附　　则

第二十三条　对境外人员举报实施奖励，适用本办法的有关规定。

第二十四条　本办法自公布之日起施行。

二、政治安全

中华人民共和国反间谍法

1. 2014年11月1日第十二届全国人民代表大会常务委员会第十一次会议通过
2. 2023年4月26日第十四届全国人民代表大会常务委员会第二次会议修订

目　　录

第一章　总　　则
第二章　安全防范
第三章　调查处置
第四章　保障与监督
第五章　法律责任
第六章　附　　则

第一章　总　　则

第一条　【立法目的】为了加强反间谍工作，防范、制止和惩治间谍行为，维护国家安全，保护人民利益，根据宪法，制定本法。

第二条　【基本原则】反间谍工作坚持党中央集中统一领导，坚持总体国家安全观，坚持公开工作与秘密工作相结合、专门工作与群众路线相结合，坚持积极防御、依法惩治、标本兼治，筑牢国家安全人民防线。

第三条　【尊重和保障人权】反间谍工作应当依法进行，尊重和保障人权，保障个人和组织的合法权益。

第四条　【间谍行为】本法所称间谍行为，是指下列行为：

（一）间谍组织及其代理人实施或者指使、资助他人实施，或者境内外机构、组织、个人与其相勾结实施的危害中华人民共和国国家安全的活动；

（二）参加间谍组织或者接受间谍组织及其代理人的任务，或者投靠间谍组织及其代理人；

（三）间谍组织及其代理人以外的其他境外机构、组织、个人实施或者指使、资助他人实施，或者境内机构、组织、个人与其相勾结实施的窃取、刺探、收买、非法提供国家秘密、情报以及其他关系国家安全和利益的文件、数据、资料、物品，或者策动、引诱、胁迫、收买国家工作人员叛变的活动；

（四）间谍组织及其代理人实施或者指使、资助他人实施，或者境内外机构、组织、个人与其相勾结实施针对国家机关、涉密单位或者关键信息基础设施等的网络攻击、侵入、干扰、控制、破坏等活动；

（五）为敌人指示攻击目标；

（六）进行其他间谍活动。

间谍组织及其代理人在中华人民共和国领域内，或者利用中华人民共和国的公民、组织或者其他条件，从事针对第三国的间谍活动，危害中华人民共和国国家安全的，适用本法。

第五条　【统筹协调】国家建立反间谍工作协调机制，统筹协调反间谍工作中的重大事项，研究、解决反间谍工作中的重大问题。

第六条　【主管机关】国家安全机关是反间谍工作的主管机关。

公安、保密等有关部门和军队有关部门按照职责分工，密切配合，加强协调，依法做好有关工作。

第七条　【公民、国家机关及各单位的义务】中华人民共和国公民有维护国家的安全、荣誉和利益的义务，不得有危害国家的安全、荣誉和利益的行为。

一切国家机关和武装力量、各政党和各人民团体、企业事业组织和其他社会组织，都有防范、制止间谍行为，维护国家安全的义务。

国家安全机关在反间谍工作中必须依靠人民的支持，动员、组织人民防范、制止间谍行为。

第八条　【支持、协助反间谍工作】任何公民和组织都应当依法支持、协助反间谍工作，保守所知悉的国家秘密和反间谍工作秘密。

第九条　【保护和奖励】国家对支持、协助反间谍工作的个人和组织给予保护。

对举报间谍行为或者在反间谍工作中做出重大贡献的个人和组织，按照国家有关规定给予表彰和奖励。

第十条　【追究境外机构、组织、个人】境外机构、组织、个人实施或者指使、资助他人实施的，或者境内机构、组织、个人与境外机构、组织、个人相勾结实施的危害中华人民共和国国家安全的间谍行为，都必须受到法律追究。

第十一条　【国家安全机关及其工作人员的职责】国家安全机关及其工作人员在工作中，应当严格依法办事，不得超越职权、滥用职权，不得侵犯个人和组织的合法权益。

国家安全机关及其工作人员依法履行反间谍工作职责获取的个人和组织的信息，只能用于反间谍工作。对属于国家秘密、工作秘密、商业秘密和个人隐私、个人信息的，应当保密。

第二章 安全防范

第十二条 【国家机关、人民团体、企事业单位的安全防范责任】国家机关、人民团体、企业事业组织和其他社会组织承担本单位反间谍安全防范工作的主体责任，落实反间谍安全防范措施，对本单位的人员进行维护国家安全的教育，动员、组织本单位的人员防范、制止间谍行为。

地方各级人民政府、相关行业主管部门按照职责分工，管理本行政区域、本行业有关反间谍安全防范工作。

国家安全机关依法协调指导、监督检查反间谍安全防范工作。

第十三条 【反间谍宣传教育】各级人民政府和有关部门应当组织开展反间谍安全防范宣传教育，将反间谍安全防范知识纳入教育、培训、普法宣传内容，增强全民反间谍安全防范意识和国家安全素养。

新闻、广播、电视、文化、互联网信息服务等单位，应当面向社会有针对性地开展反间谍宣传教育。

国家安全机关应当根据反间谍安全防范形势，指导有关单位开展反间谍宣传教育活动，提高防范意识和能力。

第十四条 【不得非法获取、持有属于国家秘密的物品】任何个人和组织都不得非法获取、持有属于国家秘密的文件、数据、资料、物品。

第十五条 【专用间谍器材管控】任何个人和组织都不得非法生产、销售、持有、使用间谍活动特殊需要的专用间谍器材。专用间谍器材由国务院国家安全主管部门依照国家有关规定确认。

第十六条 【举报及处理】任何公民和组织发现间谍行为，应当及时向国家安全机关举报；向公安机关等其他国家机关、组织举报的，相关国家机关、组织应当立即移送国家安全机关处理。

国家安全机关应当将受理举报的电话、信箱、网络平台等向社会公开，依法及时处理举报信息，并为举报人保密。

第十七条 【建立反间谍安全防范重点单位管理制度】国家建立反间谍安全防范重点单位管理制度。

反间谍安全防范重点单位应当建立反间谍安全防范工作制度，履行反间谍安全防范工作要求，明确内设职能部门和人员承担反间谍安全防范职责。

第十八条 【加强对工作人员的教育和管理】反间谍安全防范重点单位应当加强对工作人员反间谍安全防范的教育和管理，对离岗离职人员脱密期内履行反间谍安全防范义务的情况进行监督检查。

第十九条 【反间谍物理防范措施】反间谍安全防范重点单位应当加强对涉密事项、场所、载体等的日常安全防范管理，采取隔离加固、封闭管理、设置警戒等反间谍物理防范措施。

第二十条 【反间谍技术防范】反间谍安全防范重点单位应当按照反间谍技术防范的要求和标准，采取相应的技术措施和其他必要措施，加强对要害部门部位、网络设施、信息系统的反间谍技术防范。

第二十一条 【建设项目规划管理】在重要国家机关、国防军工单位和其他重要涉密单位以及重要军事设施的周边安全控制区域内新建、改建、扩建建设项目的，由国家安全机关实施涉及国家安全事项的建设项目许可。

县级以上地方各级人民政府编制国民经济和社会发展规划、国土空间规划等有关规划，应当充分考虑国家安全因素和划定的安全控制区域，征求国家安全机关的意见。

安全控制区域的划定应当统筹发展和安全，坚持科学合理、确有必要的原则，由国家安全机关会同发展改革、自然资源、住房城乡建设、保密、国防科技工业等部门以及军队有关部门共同划定，报省、自治区、直辖市人民政府批准并动态调整。

涉及国家安全事项的建设项目许可的具体实施办法，由国务院国家安全主管部门会同有关部门制定。

第二十二条 【反间谍技术防范标准】国家安全机关根据反间谍工作需要，可以会同有关部门制定反间谍技术防范标准，指导有关单位落实反间谍技术防范措施，对存在隐患的单位，经过严格的批准手续，可以进行反间谍技术防范检查和检测。

第三章 调查处置

第二十三条 【国家安全机关的职权】国家安全机关在反间谍工作中依法行使本法和有关法律规定的职权。

第二十四条 【查验、问询】国家安全机关工作人员依法执行反间谍工作任务时，依照规定出示工作证件，可以查验中国公民或者境外人员的身份证明，向有关个人和组织问询有关情况，对身份不明、有间谍行为嫌疑的人员，可以查看其随带物品。

第二十五条 【查验电子设备、设施及有关程序、工具】国家安全机关工作人员依法执行反间谍工作任务时，经设区的市级以上国家安全机关负责人批准，出示工作证件，可以查验有关个人和组织的电子设备、设施及有关程序、工具。查验中发现存在危害国家安全情形的，国家安全机关应当责令其采取措施立即整改。拒绝整改或者整改后仍存在危害国家安全隐患的，可以予以查封、扣押。

对依照前款规定查封、扣押的电子设备、设施及有关程序、工具，在危害国家安全的情形消除后，国家安全机关应当及时解除查封、扣押。

第二十六条　【有关个人和组织予以配合】国家安全机关工作人员依法执行反间谍工作任务时，根据国家有关规定，经设区的市级以上国家安全机关负责人批准，可以查阅、调取有关的文件、数据、资料、物品，有关个人和组织应当予以配合。查阅、调取不得超出执行反间谍工作任务所需的范围和限度。

第二十七条　【传唤】需要传唤违反本法的人员接受调查的，经国家安全机关办案部门负责人批准，使用传唤证传唤。对现场发现的违反本法的人员，国家安全机关工作人员依照规定出示工作证件，可以口头传唤，但应当在询问笔录中注明。传唤的原因和依据应当告知被传唤人。对无正当理由拒不接受传唤或者逃避传唤的人，可以强制传唤。

国家安全机关应当在被传唤人所在市、县内的指定地点或者其住所进行询问。

国家安全机关对被传唤人应当及时询问查证。询问查证的时间不得超过八小时；情况复杂，可能适用行政拘留或者涉嫌犯罪的，询问查证的时间不得超过二十四小时。国家安全机关应当为被传唤人提供必要的饮食和休息时间。严禁连续传唤。

除无法通知或者可能妨碍调查的情形以外，国家安全机关应当及时将传唤的原因通知被传唤人家属。在上述情形消失后，应当立即通知被传唤人家属。

第二十八条　【检查】国家安全机关调查间谍行为，经设区的市级以上国家安全机关负责人批准，可以依法对涉嫌间谍行为的人身、物品、场所进行检查。

检查女性身体的，应当由女性工作人员进行。

第二十九条　【查询财产信息】国家安全机关调查间谍行为，经设区的市级以上国家安全机关负责人批准，可以查询涉嫌间谍行为人员的相关财产信息。

第三十条　【查封、扣押、冻结】国家安全机关调查间谍行为，经设区的市级以上国家安全机关负责人批准，可以对涉嫌用于间谍行为的场所、设施或者财物依法查封、扣押、冻结；不得查封、扣押、冻结与被调查的间谍行为无关的场所、设施或者财物。

第三十一条 【采取查阅、调取、传唤等措施的程序和要求】国家安全机关工作人员在反间谍工作中采取查阅、调取、传唤、检查、查询、查封、扣押、冻结等措施，应当由二人以上进行，依照有关规定出示工作证件及相关法律文书，并由相关人员在有关笔录等书面材料上签名、盖章。

国家安全机关工作人员进行检查、查封、扣押等重要取证工作，应当对全过程进行录音录像，留存备查。

第三十二条 【如实提供证据】在国家安全机关调查了解有关间谍行为的情况、收集有关证据时，有关个人和组织应当如实提供，不得拒绝。

第三十三条 【出境限制】对出境后可能对国家安全造成危害，或者对国家利益造成重大损失的中国公民，国务院国家安全主管部门可以决定其在一定期限内不准出境，并通知移民管理机构。

对涉嫌间谍行为人员，省级以上国家安全机关可以通知移民管理机构不准其出境。

第三十四条 【入境管控】对入境后可能进行危害中华人民共和国国家安全活动的境外人员，国务院国家安全主管部门可以通知移民管理机构不准其入境。

第三十五条 【撤销不准出境、入境决定】对国家安全机关通知不准出境或者不准入境的人员，移民管理机构应当按照国家有关规定执行；不准出境、入境情形消失的，国家安全机关应当及时撤销不准出境、入境决定，并通知移民管理机构。

第三十六条 【网络风险应对】国家安全机关发现涉及间谍行为的网络信息内容或者网络攻击等风险，应当依照《中华人民共和国网络安全法》规定的职责分工，及时通报有关部门，由其依法处置或者责令电信业务经营者、互联网服务提供者及时采取修复漏洞、加固网络防护、停止传输、消除程序和内容、暂停相关服务、下架相关应用、关闭相关网站等措施，保存相关记录。情况紧急，不立即采取措施将对国家安全造成严重危害的，由国家安全机关责令有关单位修复漏洞、停止相关传输、暂停相关服务，并通报有关部门。

经采取相关措施，上述信息内容或者风险已经消除的，国家安全机关和有关部门应当及时作出恢复相关传输和服务的决定。

第三十七条 【技术侦察和身份保护措施】国家安全机关因反间谍工作需要，

根据国家有关规定，经过严格的批准手续，可以采取技术侦察措施和身份保护措施。

第三十八条 【鉴定和评估】对违反本法规定，涉嫌犯罪，需要对有关事项是否属于国家秘密或者情报进行鉴定以及需要对危害后果进行评估的，由国家保密部门或者省、自治区、直辖市保密部门按照程序在一定期限内进行鉴定和组织评估。

第三十九条 【立案侦查】国家安全机关经调查，发现间谍行为涉嫌犯罪的，应当依照《中华人民共和国刑事诉讼法》的规定立案侦查。

第四章 保障与监督

第四十条 【执行职务受法律保护】国家安全机关工作人员依法履行职责，受法律保护。

第四十一条 【物流运营单位、电信业务经营者、互联网服务提供者的义务】国家安全机关依法调查间谍行为，邮政、快递等物流运营单位和电信业务经营者、互联网服务提供者应当提供必要的支持和协助。

第四十二条 【执行紧急任务交通优先】国家安全机关工作人员因执行紧急任务需要，经出示工作证件，享有优先乘坐公共交通工具、优先通行等通行便利。

第四十三条 【进入有关场所】国家安全机关工作人员依法执行任务时，依照规定出示工作证件，可以进入有关场所、单位；根据国家有关规定，经过批准，出示工作证件，可以进入限制进入的有关地区、场所、单位。

第四十四条 【优先使用与依法征用】国家安全机关因反间谍工作需要，根据国家有关规定，可以优先使用或者依法征用国家机关、人民团体、企业事业组织和其他社会组织以及个人的交通工具、通信工具、场地和建筑物等，必要时可以设置相关工作场所和设施设备，任务完成后应当及时归还或者恢复原状，并依照规定支付相应费用；造成损失的，应当给予补偿。

第四十五条 【通关便利】国家安全机关因反间谍工作需要，根据国家有关规定，可以提请海关、移民管理等检查机关对有关人员提供通关便利，对有关资料、器材等予以免检。有关检查机关应当依法予以协助。

第四十六条 【保护、营救和补偿】国家安全机关工作人员因执行任务，或者个人因协助执行反间谍工作任务，本人或者其近亲属的人身安全受到威胁时，国家安全机关应当会同有关部门依法采取必要措施，予以保护、营救。

个人因支持、协助反间谍工作，本人或者其近亲属的人身安全面临危险的，可以向国家安全机关请求予以保护。国家安全机关应当会同有关部门依法采取保护措施。

个人和组织因支持、协助反间谍工作导致财产损失的，根据国家有关规定给予补偿。

第四十七条 **【妥善安置】**对为反间谍工作做出贡献并需要安置的人员，国家给予妥善安置。

公安、民政、财政、卫生健康、教育、人力资源和社会保障、退役军人事务、医疗保障、移民管理等有关部门以及国有企业事业单位应当协助国家安全机关做好安置工作。

第四十八条 **【抚恤优待】**对因开展反间谍工作或者支持、协助反间谍工作导致伤残或者牺牲、死亡的人员，根据国家有关规定给予相应的抚恤优待。

第四十九条 **【科技创新】**国家鼓励反间谍领域科技创新，发挥科技在反间谍工作中的作用。

第五十条 **【人才建设】**国家安全机关应当加强反间谍专业力量人才队伍建设和专业训练，提升反间谍工作能力。

对国家安全机关工作人员应当有计划地进行政治、理论和业务培训。培训应当坚持理论联系实际、按需施教、讲求实效，提高专业能力。

第五十一条 **【安全审查】**国家安全机关应当严格执行内部监督和安全审查制度，对其工作人员遵守法律和纪律等情况进行监督，并依法采取必要措施，定期或者不定期进行安全审查。

第五十二条 **【检举、控告】**任何个人和组织对国家安全机关及其工作人员超越职权、滥用职权和其他违法行为，都有权向上级国家安全机关或者监察机关、人民检察院等有关部门检举、控告。受理检举、控告的国家安全机关或者监察机关、人民检察院等有关部门应当及时查清事实，依法处理，并将处理结果及时告知检举人、控告人。

对支持、协助国家安全机关工作或者依法检举、控告的个人和组织，任何个人和组织不得压制和打击报复。

第五章　法律责任

第五十三条 **【刑事责任】**实施间谍行为，构成犯罪的，依法追究刑事责任。

第五十四条 **【行政处罚】**个人实施间谍行为，尚不构成犯罪的，由国家安全机关予以警告或者处十五日以下行政拘留，单处或者并处五万元以下罚款，违法所得在五万元以上的，单处或者并处违法所得一倍以上五倍以下罚款，并可以由有关部门依法予以处分。

明知他人实施间谍行为，为其提供信息、资金、物资、劳务、技术、场所等支持、协助，或者窝藏、包庇，尚不构成犯罪的，依照前款的规定处罚。

单位有前两款行为的，由国家安全机关予以警告，单处或者并处五十万元以下罚款，违法所得在五十万元以上的，单处或者并处违法所得一倍以上五倍以下罚款，并对直接负责的主管人员和其他直接责任人员，依照第一款的规定处罚。

国家安全机关根据相关单位、人员违法情节和后果，可以建议有关主管部门依法责令停止从事相关业务、提供相关服务或者责令停产停业、吊销有关证照、撤销登记。有关主管部门应当将作出行政处理的情况及时反馈国家安全机关。

第五十五条　【自首、立功】实施间谍行为，有自首或者立功表现的，可以从轻、减轻或者免除处罚；有重大立功表现的，给予奖励。

在境外受胁迫或者受诱骗参加间谍组织、敌对组织，从事危害中华人民共和国国家安全的活动，及时向中华人民共和国驻外机构如实说明情况，或者入境后直接或者通过所在单位及时向国家安全机关如实说明情况，并有悔改表现的，可以不予追究。

第五十六条　【未履行反间谍安全防范义务的法律责任】国家机关、人民团体、企业事业组织和其他社会组织未按照本法规定履行反间谍安全防范义务的，国家安全机关可以责令改正；未按照要求改正的，国家安全机关可以约谈相关负责人，必要时可以将约谈情况通报该单位上级主管部门；产生危害后果或者不良影响的，国家安全机关可以予以警告、通报批评；情节严重的，对负有责任的领导人员和直接责任人员，由有关部门依法予以处分。

第五十七条　【违规建设的法律责任】违反本法第二十一条规定新建、改建、扩建建设项目的，由国家安全机关责令改正，予以警告；拒不改正或者情节严重的，责令停止建设或者使用、暂扣或者吊销许可证件，或者建议有关主管部门依法予以处理。

第五十八条　【物流运营单位、电信业务经营者、互联网服务提供者违规的法律责任】违反本法第四十一条规定的，由国家安全机关责令改正，予以警告或者通报批评；拒不改正或者情节严重的，由有关主管部门依照相关法律法规予以处罚。

第五十九条　【拒不配合数据调取的法律责任】违反本法规定，拒不配合数据调取的，由国家安全机关依照《中华人民共和国数据安全法》的有关规定予以处罚。

第六十条　【涉嫌刑事犯罪及行政处罚】违反本法规定，有下列行为之一，构成犯罪的，依法追究刑事责任；尚不构成犯罪的，由国家安全机关予以警告或者处十日以下行政拘留，可以并处三万元以下罚款：

（一）泄露有关反间谍工作的国家秘密；

（二）明知他人有间谍犯罪行为，在国家安全机关向其调查有关情况、收集有关证据时，拒绝提供；

（三）故意阻碍国家安全机关依法执行任务；

（四）隐藏、转移、变卖、损毁国家安全机关依法查封、扣押、冻结的财物；

（五）明知是间谍行为的涉案财物而窝藏、转移、收购、代为销售或者以其他方法掩饰、隐瞒；

（六）对依法支持、协助国家安全机关工作的个人和组织进行打击报复。

第六十一条　【非法获取、持有国家秘密的法律责任】非法获取、持有属于国家秘密的文件、数据、资料、物品，以及非法生产、销售、持有、使用专用间谍器材，尚不构成犯罪的，由国家安全机关予以警告或者处十日以下行政拘留。

第六十二条　【对查封、扣押、冻结财物的处理】国家安全机关对依照本法查封、扣押、冻结的财物，应当妥善保管，并按照下列情形分别处理：

（一）涉嫌犯罪的，依照《中华人民共和国刑事诉讼法》等有关法律的规定处理；

（二）尚不构成犯罪，有违法事实的，对依法应当没收的予以没收，依法应当销毁的予以销毁；

（三）没有违法事实的，或者与案件无关的，应当解除查封、扣押、冻结，并及时返还相关财物；造成损失的，应当依法予以赔偿。

第六十三条　【对涉案财物的处理】涉案财物符合下列情形之一的，应当依法予以追缴、没收，或者采取措施消除隐患：

（一）违法所得的财物及其孳息、收益，供实施间谍行为所用的本人财物；

（二）非法获取、持有的属于国家秘密的文件、数据、资料、物品；

（三）非法生产、销售、持有、使用的专用间谍器材。

第六十四条　【对非法获取利益的处理】行为人及其近亲属或者其他相关人员，因行为人实施间谍行为从间谍组织及其代理人获取的所有利益，由国家安全机关依法采取追缴、没收等措施。

第六十五条 【上缴国库】国家安全机关依法收缴的罚款以及没收的财物，一律上缴国库。

第六十六条 【境外人员违法的法律责任】境外人员违反本法的，国务院国家安全主管部门可以决定限期出境，并决定其不准入境的期限。未在规定期限内离境的，可以遣送出境。

对违反本法的境外人员，国务院国家安全主管部门决定驱逐出境的，自被驱逐出境之日起十年内不准入境，国务院国家安全主管部门的处罚决定为最终决定。

第六十七条 【行政处罚前的告知】国家安全机关作出行政处罚决定之前，应当告知当事人拟作出的行政处罚内容及事实、理由、依据，以及当事人依法享有的陈述、申辩、要求听证等权利，并依照《中华人民共和国行政处罚法》的有关规定实施。

第六十八条 【行政复议】当事人对行政处罚决定、行政强制措施决定、行政许可决定不服的，可以自收到决定书之日起六十日内，依法申请复议；对复议决定不服的，可以自收到复议决定书之日起十五日内，依法向人民法院提起诉讼。

第六十九条 【国家安全机关工作人员的法律责任】国家安全机关工作人员滥用职权、玩忽职守、徇私舞弊，或者有非法拘禁、刑讯逼供、暴力取证、违反规定泄露国家秘密、工作秘密、商业秘密和个人隐私、个人信息等行为，依法予以处分，构成犯罪的，依法追究刑事责任。

第六章 附 则

第七十条 【参照适用】国家安全机关依照法律、行政法规和国家有关规定，履行防范、制止和惩治间谍行为以外的危害国家安全行为的职责，适用本法的有关规定。

公安机关在依法履行职责过程中发现、惩治危害国家安全的行为，适用本法的有关规定。

第七十一条 【施行日期】本法自 2023 年 7 月 1 日起施行。

中华人民共和国反间谍法实施细则

1. 2017年11月22日国务院令第692号公布
2. 自公布之日起施行

第一章 总 则

第一条 根据《中华人民共和国反间谍法》（以下简称《反间谍法》），制定本实施细则。

第二条 国家安全机关负责本细则的实施。

公安、保密行政管理等其他有关部门和军队有关部门按照职责分工，密切配合，加强协调，依法做好有关工作。

第三条 《反间谍法》所称“境外机构、组织”包括境外机构、组织在中华人民共和国境内设立的分支（代表）机构和分支组织；所称“境外个人”包括居住在中华人民共和国境内不具有中华人民共和国国籍的人。

第四条 《反间谍法》所称“间谍组织代理人”，是指受间谍组织或者其成员的指使、委托、资助，进行或者授意、指使他人进行危害中华人民共和国国家安全活动的人。

间谍组织和间谍组织代理人由国务院国家安全主管部门确认。

第五条 《反间谍法》所称“敌对组织”，是指敌视中华人民共和国人民民主专政的政权和社会主义制度，危害国家安全的组织。

敌对组织由国务院国家安全主管部门或者国务院公安部门确认。

第六条 《反间谍法》所称“资助”实施危害中华人民共和国国家安全的间谍行为，是指境内外机构、组织、个人的下列行为：

（一）向实施间谍行为的组织、个人提供经费、场所和物资的；

（二）向组织、个人提供用于实施间谍行为的经费、场所和物资的。

第七条 《反间谍法》所称“勾结”实施危害中华人民共和国国家安全的间谍行为，是指境内外组织、个人的下列行为：

（一）与境外机构、组织、个人共同策划或者进行危害国家安全的间谍活动的；

（二）接受境外机构、组织、个人的资助或者指使，进行危害国家安全的间谍活动的；

（三）与境外机构、组织、个人建立联系，取得支持、帮助，进行危害国家安全的间谍活动的。

第八条 下列行为属于《反间谍法》第三十九条所称“间谍行为以外的其他危害国家安全行为”：

（一）组织、策划、实施分裂国家、破坏国家统一，颠覆国家政权、推翻社会主义制度的；

（二）组织、策划、实施危害国家安全的恐怖活动的；

（三）捏造、歪曲事实，发表、散布危害国家安全的文字或者信息，或者制作、传播、出版危害国家安全的音像制品或者其他出版物的；

（四）利用设立社会团体或者企业事业组织，进行危害国家安全活动的；

（五）利用宗教进行危害国家安全活动的；

（六）组织、利用邪教进行危害国家安全活动的；

（七）制造民族纠纷，煽动民族分裂，危害国家安全的；

（八）境外个人违反有关规定，不听劝阻，擅自会见境内有危害国家安全行为或者有危害国家安全行为重大嫌疑的人员的。

第二章 国家安全机关在反间谍工作中的职权

第九条 境外个人被认为入境后可能进行危害中华人民共和国国家安全活动的，国务院国家安全主管部门可以决定其在一定时期内不得入境。

第十条 对背叛祖国、危害国家安全的犯罪嫌疑人，依据《反间谍法》第八条的规定，国家安全机关可以通缉、追捕。

第十一条 国家安全机关依法执行反间谍工作任务时，有权向有关组织和人员调查询问有关情况。

第十二条 国家安全机关工作人员依法执行反间谍工作任务时，对发现身份不明、有危害国家安全行为的嫌疑人员，可以检查其随带物品。

第十三条 国家安全机关执行反间谍工作紧急任务的车辆，可以配置特别通行标志和警灯、警报器。

第十四条 国家安全机关工作人员依法执行反间谍工作任务的行为，不受其他组织和个人的非法干涉。

国家安全机关工作人员依法执行反间谍工作任务时，应当出示国家安全部侦察证或者其他相应证件。

国家安全机关及其工作人员在工作中，应当严格依法办事，不得超越职权、滥用职权，不得侵犯组织和个人的合法权益。

第三章　公民和组织维护国家安全的义务和权利

第十五条　机关、团体和其他组织对本单位的人员进行维护国家安全的教育，动员、组织本单位的人员防范、制止间谍行为的工作，应当接受国家安全机关的协调和指导。

机关、团体和其他组织不履行《反间谍法》和本细则规定的安全防范义务，未按照要求整改或者未达到整改要求的，国家安全机关可以约谈相关负责人，将约谈情况通报该单位上级主管部门，推动落实防范间谍行为和其他危害国家安全行为的责任。

第十六条　下列情形属于《反间谍法》第七条所称“重大贡献”：

（一）为国家安全机关提供重要线索，发现、破获严重危害国家安全的犯罪案件的；

（二）为国家安全机关提供重要情况，防范、制止严重危害国家安全的行为发生的；

（三）密切配合国家安全机关执行国家安全工作任务，表现突出的；

（四）为维护国家安全，与危害国家安全的犯罪分子进行斗争，表现突出的；

（五）在教育、动员、组织本单位的人员防范、制止危害国家安全行为的工作中，成绩显著的。

第十七条　《反间谍法》第二十四条所称“非法持有属于国家秘密的文件、资料和其他物品”是指：

（一）不应知悉某项国家秘密的人员携带、存放属于该项国家秘密的文件、资料和其他物品的；

（二）可以知悉某项国家秘密的人员，未经办理手续，私自携带、留存属于该项国家秘密的文件、资料和其他物品的。

第十八条　《反间谍法》第二十五条所称“专用间谍器材”，是指进行间谍活动特殊需要的下列器材：

（一）暗藏式窃听、窃照器材；

（二）突发式收发报机、一次性密码本、密写工具；

（三）用于获取情报的电子监听、截收器材；

（四）其他专用间谍器材。

专用间谍器材的确认，由国务院国家安全主管部门负责。

第四章　法 律 责 任

第十九条　实施危害国家安全的行为，由有关部门依法予以处分，国家安全机关也可以予以警告；构成犯罪的，依法追究刑事责任。

第二十条 下列情形属于《反间谍法》第二十七条所称“立功表现”：

（一）揭发、检举危害国家安全的其他犯罪分子，情况属实的；

（二）提供重要线索、证据，使危害国家安全的行为得以发现和制止的；

（三）协助国家安全机关、司法机关捕获其他危害国家安全的犯罪分子的；

（四）对协助国家安全机关维护国家安全有重要作用的其他行为。

“重大立功表现”，是指在前款所列立功表现的范围内对国家安全工作有特别重要作用的。

第二十一条 有证据证明知道他人有间谍行为，或者经国家安全机关明确告知他人有危害国家安全的犯罪行为，在国家安全机关向其调查有关情况、收集有关证据时，拒绝提供的，依照《反间谍法》第二十九条的规定处理。

第二十二条 国家安全机关依法执行反间谍工作任务时，公民和组织依法有义务提供便利条件或者其他协助，拒不提供或者拒不协助，构成故意阻碍国家安全机关依法执行反间谍工作任务的，依照《反间谍法》第三十条的规定处罚。

第二十三条 故意阻碍国家安全机关依法执行反间谍工作任务，造成国家安全机关工作人员人身伤害或者财物损失的，应当依法承担赔偿责任，并由司法机关或者国家安全机关依照《反间谍法》第三十条的规定予以处罚。

第二十四条 对涉嫌间谍行为的人员，国家安全机关可以决定其在一定期限内不得出境。对违反《反间谍法》的境外个人，国务院国家安全主管部门可以决定限期离境或者驱逐出境，并决定其不得入境的期限。被驱逐出境的境外个人，自被驱逐出境之日起10年内不得入境。

第五章 附 则

第二十五条 国家安全机关、公安机关依照法律、行政法规和国家有关规定，履行防范、制止和惩治间谍行为以外的其他危害国家安全行为的职责，适用本细则的有关规定。

第二十六条 本细则自公布之日起施行。1994年6月4日国务院发布的《中华人民共和国国家安全法实施细则》同时废止。

反间谍安全防范工作规定

1. 2021年4月26日国家安全部令2021年第1号公布
2. 自公布之日起施行

第一章 总 则

第一条 为了加强和规范反间谍安全防范工作，督促机关、团体、企业事业组织和其他社会组织落实反间谍安全防范责任，根据《中华人民共和国国家安全法》《中华人民共和国反间谍法》《中华人民共和国反间谍法实施细则》等有关法律法规，制定本规定。

第二条 机关、团体、企业事业组织和其他社会组织在国家安全机关的协调和指导下开展反间谍安全防范工作，适用本规定。

第三条 开展反间谍安全防范工作，应当坚持中央统一领导，坚持总体国家安全观，坚持专门工作与群众路线相结合，坚持人防物防技防相结合，严格遵守法定权限和程序，尊重和保障人权，保护公民、组织的合法权益。

第四条 机关、团体、企业事业组织和其他社会组织承担本单位反间谍安全防范工作的主体责任，应当对本单位的人员进行维护国家安全的教育，动员、组织本单位的人员防范、制止间谍行为和其他危害国家安全的行为。

行业主管部门在其职权范围内，监督管理本行业反间谍安全防范工作。

第五条 各级国家安全机关按照管理权限，依法对机关、团体、企业事业组织和其他社会组织开展反间谍安全防范工作进行业务指导和督促检查。

第六条 国家安全机关及其工作人员对履行反间谍安全防范指导和检查工作职责中知悉的国家秘密、工作秘密、商业秘密、个人隐私和个人信息，应当严格保密，不得泄露或者向他人非法提供。

第二章 反间谍安全防范责任

第七条 行业主管部门应当履行下列反间谍安全防范监督管理责任：

（一）根据主管行业特点，明确本行业反间谍安全防范工作要求；

（二）配合国家安全机关制定主管行业反间谍安全防范重点单位名录、开展反间谍安全防范工作；

（三）指导、督促主管行业所属重点单位履行反间谍安全防范义务；

（四）其他应当履行的反间谍安全防范行业管理责任。

有关行业主管部门应当与国家安全机关建立健全反间谍安全防范协作机制，加强信息互通、情况会商、协同指导、联合督查，共同做好反间谍安全防范工作。

第八条 机关、团体、企业事业组织和其他社会组织应当落实反间谍安全防范主体责任，履行下列义务：

（一）开展反间谍安全防范教育、培训，提高本单位人员的安全防范意识和应对能力；

（二）加强本单位反间谍安全防范管理，落实有关安全防范措施；

（三）及时向国家安全机关报告涉及间谍行为和其他危害国家安全行为的可疑情况；

（四）为国家安全机关依法执行任务提供便利或者其他协助；

（五）妥善应对和处置涉及本单位和本单位人员的反间谍安全防范突发情况；

（六）其他应当履行的反间谍安全防范义务。

第九条 国家安全机关根据单位性质、所属行业、涉密等级、涉外程度以及是否发生过危害国家安全案事件等因素，会同有关部门制定并定期调整反间谍安全防范重点单位名录，以书面形式告知重点单位。反间谍安全防范重点单位除履行本规定第八条规定的义务外，还应当履行下列义务：

（一）建立健全反间谍安全防范工作制度；

（二）明确本单位相关机构和人员承担反间谍安全防范职责；

（三）加强对涉密事项、场所、载体、数据、岗位和人员的日常安全防范管理，对涉密人员实行上岗前反间谍安全防范审查，与涉密人员签订安全防范承诺书；

（四）组织涉密、涉外人员向本单位报告涉及国家安全事项，并做好数据信息动态管理；

（五）做好涉外交流合作中的反间谍安全防范工作，制定并落实有关预案措施；

（六）做好本单位出国（境）团组、人员和长期驻外人员的反间谍安全防范行前教育、境外管理和回国（境）访谈工作；

（七）定期对涉密、涉外人员开展反间谍安全防范教育、培训；

（八）按照反间谍技术安全防范标准，配备必要的设备、设施，落实有关技术安全防范措施；

（九）定期对本单位反间谍安全防范工作进行自查，及时发现和消除安全隐患。

第十条 关键信息基础设施运营者除履行本规定第八条规定的义务外，还应当履行下列义务：

（一）对本单位安全管理机构负责人和关键岗位人员进行反间谍安全防范审查；

（二）定期对从业人员进行反间谍安全防范教育、培训；

（三）采取反间谍技术安全防范措施，防范、制止境外网络攻击、网络入侵、网络窃密等间谍行为，保障网络和信息核心技术、关键基础设施和重要领域信息系统及数据的安全。

列入反间谍安全防范重点单位名录的关键信息基础设施运营者，还应当履行本规定第九条规定的义务。

第三章 反间谍安全防范指导

第十一条 国家安全机关可以通过下列方式，对机关、团体、企业事业组织和其他社会组织落实反间谍安全防范责任进行指导：

（一）提供工作手册、指南等宣传教育材料；

（二）印发书面指导意见；

（三）举办工作培训；

（四）召开工作会议；

（五）提醒、劝告；

（六）其他指导方式。

第十二条 国家安全机关定期分析反间谍安全防范形势，开展风险评估，通报有关单位，向有关单位提出加强和改进反间谍安全防范工作的意见和建议。

第十三条 国家安全机关运用网络、媒体平台、国家安全教育基地（馆）等，开展反间谍安全防范宣传教育。

第十四条 国家安全机关会同教育主管部门，指导学校向全体师生开展反间谍安全防范教育，对参加出国（境）学习、交流的师生加强反间谍安全防范行前教育和回国（境）访谈。

第十五条 国家安全机关会同科技主管部门，指导各类科研机构向科研人员开展反间谍安全防范教育，对参加出国（境）学习、交流的科研人员加强反间谍安全防范行前教育和回国（境）访谈。

第十六条 国家安全机关会同有关部门，组织、动员居（村）民委员会结合本地实际配合开展群众性反间谍安全防范宣传教育。

第十七条 国家安全机关会同宣传主管部门，协调和指导广播、电视、报刊、互联网等媒体开展反间谍安全防范宣传活动，制作、刊登、播放反间谍安全防范公益广告、典型案例、宣传教育节目或者其他宣传品，提高公众反间谍安全防范意识。

第十八条　公民、组织可以通过国家安全机关12339举报受理电话、网络举报受理平台或者国家安全机关公布的其他举报方式，举报间谍行为和其他危害国家安全的行为，以及各类反间谍安全防范问题线索。

第十九条　国家安全机关应当严格为举报人保密，保护举报人的人身财产安全。未经举报人同意，不得以任何方式公开或者泄露其个人信息。

公民因举报间谍行为或者其他危害国家安全行为，本人或者其近亲属的人身安全面临危险的，可以向国家安全机关请求予以保护。国家安全机关应当会同有关部门依法采取保护措施。

第二十条　对反间谍安全防范工作中取得显著成绩或者做出重大贡献的单位和个人，符合下列条件之一的，国家安全机关可以按照国家有关规定，会同有关部门、单位给予表彰、奖励：

（一）提供重要情况或者线索，为国家安全机关发现、破获间谍案件或者其他危害国家安全案件，或者为有关单位防范、消除涉及国家安全的重大风险隐患或者现实危害发挥重要作用的；

（二）密切配合国家安全机关执行任务，表现突出的；

（三）防范、制止间谍行为或者其他危害国家安全行为，表现突出的；

（四）主动采取措施，及时消除本单位涉及国家安全的重大风险隐患或者现实危害，挽回重大损失的；

（五）在反间谍安全防范工作中，有重大创新或者成效特别显著的；

（六）在反间谍安全防范工作中做出其他重大贡献的。

第四章　反间谍安全防范检查

第二十一条　国家安全机关对有下列情形之一的，经设区的市级以上国家安全机关负责人批准，并出具法律文书，可以对机关、团体、企业事业组织和其他社会组织开展反间谍安全防范检查：

（一）发现反间谍安全防范风险隐患；

（二）接到反间谍安全防范问题线索举报；

（三）依据有关单位的申请；

（四）因其他反间谍安全防范工作需要。

第二十二条　国家安全机关可以通过下列方式对机关、团体、企业事业组织和其他社会组织的反间谍安全防范工作进行检查：

（一）向有关单位和人员了解情况；

（二）调阅有关资料；

（三）听取有关工作说明；

（四）进入有关单位、场所实地查看；

（五）查验电子通信工具、器材等设备、设施；

（六）反间谍技术防范检查和检测；

（七）其他法律、法规、规章授权的检查方式。

第二十三条 经设区的市级以上国家安全机关负责人批准，国家安全机关可以对存在风险隐患的机关、团体、企业事业组织和其他社会组织的相关部位、场所和建筑物、内部设备设施、强弱电系统、计算机网络及信息系统、关键信息基础设施等开展反间谍技术防范检查检测，防范、发现和处置危害国家安全的情况。

第二十四条 国家安全机关可以采取下列方式开展反间谍技术防范检查检测：

（一）进入有关单位、场所，进行现场技术检查；

（二）使用专用设备，对有关部位、场所、链路、网络进行技术检测；

（三）对有关设备设施、网络、系统进行远程技术检测。

第二十五条 国家安全机关开展反间谍技术防范现场检查检测时，检查人员不得少于两人，并应当出示相应证件。

国家安全机关开展远程技术检测，应当事先告知被检测对象检测时间、检测范围等事项。

检查检测人员应当制作检查检测记录，如实记录检查检测情况。

第二十六条 国家安全机关在开展反间谍技术防范检查检测中，为防止危害发生或者扩大，可以依法责令被检查对象采取技术屏蔽、隔离、拆除或者停止使用相关设备设施、网络、系统等整改措施，指导和督促有关措施的落实，并在检查检测记录中注明。

第二十七条 国家安全机关可以根据反间谍安全防范检查情况，向被检查单位提出加强和改进反间谍安全防范工作的意见和建议，督促有关单位落实反间谍安全防范责任和义务。

第五章　法律责任

第二十八条 机关、团体、企业事业组织和其他社会组织违反本规定，有下列情形之一的，国家安全机关可以依法责令限期整改；被责令整改单位应当于整改期限届满前向国家安全机关提交整改报告，国家安全机关应当自收到整改报告之日起十五个工作日内对整改情况进行检查：

（一）不认真履行反间谍安全防范责任和义务，安全防范工作措施不落实或者落实不到位，存在明显问题隐患的；

（二）不接受国家安全机关反间谍安全防范指导和检查的；

（三）发生间谍案件，叛逃案件，为境外窃取、刺探、收买、非法提供国家秘密、情报案件，以及其他危害国家安全案事件的；

（四）发现涉及间谍行为和其他危害国家安全行为的可疑情况，迟报、漏报、瞒报，造成不良后果或者影响的；

（五）不配合或者阻碍国家安全机关依法执行任务的。

对未按照要求整改或者未达到整改要求的，国家安全机关可以依法约谈相关负责人，并将约谈情况通报该单位上级主管部门。

第二十九条 机关、团体、企业事业组织和其他社会组织及其工作人员未履行或者未按照规定履行反间谍安全防范责任和义务，造成不良后果或者影响的，国家安全机关可以向有关机关、单位移送问题线索，建议有关机关、单位按照管理权限对负有责任的领导人员和直接责任人员依规依纪依法予以处理；构成犯罪的，依法追究刑事责任。

第三十条 国家安全机关及其工作人员在反间谍安全防范指导和检查工作中，滥用职权、玩忽职守、徇私舞弊的，对负有责任的领导人员和直接责任人员依规依纪依法予以处理；构成犯罪的，依法追究刑事责任。

第六章 附 则

第三十一条 本规定自公布之日起施行。

反分裂国家法

1．2005年3月14日第十届全国人民代表大会第三次会议通过

2．2005年3月14日中华人民共和国主席令第34号公布

3．自公布之日起施行

第一条 **【立法目的】**为了反对和遏制“台独”分裂势力分裂国家，促进祖国和平统一，维护台湾海峡地区和平稳定，维护国家主权和领土完整，维护中华民族的根本利益，根据宪法，制定本法。

第二条 **【一个中国原则】**世界上只有一个中国，大陆和台湾同属一个中国，中国的主权和领土完整不容分割。维护国家主权和领土完整是包括台湾同胞在内的全中国人民的共同义务。

台湾是中国的一部分。国家绝不允许“台独”分裂势力以任何名义、任何方式把台湾从中国分裂出去。

第三条　【台湾问题是内政】台湾问题是中国内战的遗留问题。

解决台湾问题，实现祖国统一，是中国的内部事务，不受任何外国势力的干涉。

第四条　【完成祖国统一的神圣职责】完成统一祖国的大业是包括台湾同胞在内的全中国人民的神圣职责。

第五条　【和平统一与高度自治】坚持一个中国原则，是实现祖国和平统一的基础。

以和平方式实现祖国统一，最符合台湾海峡两岸同胞的根本利益。国家以最大的诚意，尽最大的努力，实现和平统一。

国家和平统一后，台湾可以实行不同于大陆的制度，高度自治。

第六条　【国家可采取的措施】国家采取下列措施，维护台湾海峡地区和平稳定，发展两岸关系：

（一）鼓励和推动两岸人员往来，增进了解，增强互信；

（二）鼓励和推动两岸经济交流与合作，直接通邮通航通商，密切两岸经济关系，互利互惠；

（三）鼓励和推动两岸教育、科技、文化、卫生、体育交流，共同弘扬中华文化的优秀传统；

（四）鼓励和推动两岸共同打击犯罪；

（五）鼓励和推动有利于维护台湾海峡地区和平稳定、发展两岸关系的其他活动。

国家依法保护台湾同胞的权利和利益。

第七条　【统一协商和谈判】国家主张通过台湾海峡两岸平等的协商和谈判，实现和平统一。协商和谈判可以有步骤、分阶段进行，方式可以灵活多样。

台湾海峡两岸可以就下列事项进行协商和谈判：

（一）正式结束两岸敌对状态；

（二）发展两岸关系的规划；

（三）和平统一的步骤和安排；

（四）台湾当局的政治地位；

（五）台湾地区在国际上与其地位相适应的活动空间；

（六）与实现和平统一有关的其他任何问题。

第八条 **【非和平方式的采取】**“台独”分裂势力以任何名义、任何方式造成台湾从中国分裂出去的事实，或者发生将会导致台湾从中国分裂出去的重大事变，或者和平统一的可能性完全丧失，国家得采取非和平方式及其他必要措施，捍卫国家主权和领土完整。

依照前款规定采取非和平方式及其他必要措施，由国务院、中央军事委员会决定和组织实施，并及时向全国人民代表大会常务委员会报告。

第九条 **【对非和平措施的限制】**依照本法规定采取非和平方式及其他必要措施并组织实施时，国家尽最大可能保护台湾平民和在台湾的外国人的生命财产安全和其他正当权益，减少损失；同时，国家依法保护台湾同胞在中国其他地区的权利和利益。

第十条 **【施行日期】**本法自公布之日起施行。

中华人民共和国保守国家秘密法

1. 1988年9月5日第七届全国人民代表大会常务委员会第三次会议通过

2. 2010年4月29日第十一届全国人民代表大会常务委员会第十四次会议修订

3. 自2010年10月1日起施行

目　　录

第一章　总　　则
第二章　国家秘密的范围和密级
第三章　保密制度
第四章　监督管理
第五章　法律责任
第六章　附　　则

第一章　总　　则

第一条 **【立法目的】**为了保守国家秘密，维护国家安全和利益，保障改革开放和社会主义建设事业的顺利进行，制定本法。

第二条 **【国家秘密】**国家秘密是关系国家安全和利益，依照法定程序确定，在一定时间内只限一定范围的人员知悉的事项。

第三条 **【保密义务】**国家秘密受法律保护。

一切国家机关、武装力量、政党、社会团体、企业事业单位和公民都有保守国家秘密的义务。

任何危害国家秘密安全的行为，都必须受到法律追究。

第四条 **【保密原则】**保守国家秘密的工作（以下简称保密工作），实行积极防范、突出重点、依法管理的方针，既确保国家秘密安全，又便利信息资源合理利用。

法律、行政法规规定公开的事项，应当依法公开。

第五条 **【主管部门】**国家保密行政管理部门主管全国的保密工作。县级以上地方各级保密行政管理部门主管本行政区域的保密工作。

第六条 **【涉密单位的管理责任】**国家机关和涉及国家秘密的单位（以下简称机关、单位）管理本机关和本单位的保密工作。

中央国家机关在其职权范围内，管理或者指导本系统的保密工作。

第七条 **【保密工作责任制】**机关、单位应当实行保密工作责任制，健全保密管理制度，完善保密防护措施，开展保密宣传教育，加强保密检查。

第八条 **【奖励】**国家对在保守、保护国家秘密以及改进保密技术、措施等方面成绩显著的单位或者个人给予奖励。

第二章 国家秘密的范围和密级

第九条 **【国家秘密范围】**下列涉及国家安全和利益的事项，泄露后可能损害国家在政治、经济、国防、外交等领域的安全和利益的，应当确定为国家秘密：

（一）国家事务重大决策中的秘密事项；

（二）国防建设和武装力量活动中的秘密事项；

（三）外交和外事活动中的秘密事项以及对外承担保密义务的秘密事项；

（四）国民经济和社会发展中的秘密事项；

（五）科学技术中的秘密事项；

（六）维护国家安全活动和追查刑事犯罪中的秘密事项；

（七）经国家保密行政管理部门确定的其他秘密事项。

政党的秘密事项中符合前款规定的，属于国家秘密。

第十条 **【密级】**国家秘密的密级分为绝密、机密、秘密三级。

绝密级国家秘密是最重要的国家秘密，泄露会使国家安全和利益遭受特别严重的损害；机密级国家秘密是重要的国家秘密，泄露会使国家安全和利益遭受严重的损害；秘密级国家秘密是一般的国家秘密，泄露会使国家安全和利益遭受损害。

第十一条 【密级的具体范围】国家秘密及其密级的具体范围，由国家保密行政管理部门分别会同外交、公安、国家安全和其他中央有关机关规定。

军事方面的国家秘密及其密级的具体范围，由中央军事委员会规定。

国家秘密及其密级的具体范围的规定，应当在有关范围内公布，并根据情况变化及时调整。

第十二条 【定密责任人】机关、单位负责人及其指定的人员为定密责任人，负责本机关、本单位的国家秘密确定、变更和解除工作。

机关、单位确定、变更和解除本机关、本单位的国家秘密，应当由承办人提出具体意见，经定密责任人审核批准。

第十三条 【定密权限】确定国家秘密的密级，应当遵守定密权限。

中央国家机关、省级机关及其授权的机关、单位可以确定绝密级、机密级和秘密级国家秘密；设区的市、自治州一级的机关及其授权的机关、单位可以确定机密级和秘密级国家秘密。具体的定密权限、授权范围由国家保密行政管理部门规定。

机关、单位执行上级确定的国家秘密事项，需要定密的，根据所执行的国家秘密事项的密级确定。下级机关、单位认为本机关、本单位产生的有关定密事项属于上级机关、单位的定密权限，应当先行采取保密措施，并立即报请上级机关、单位确定；没有上级机关、单位的，应当立即提请有相应定密权限的业务主管部门或者保密行政管理部门确定。

公安、国家安全机关在其工作范围内按照规定的权限确定国家秘密的密级。

第十四条 【确定密级】机关、单位对所产生的国家秘密事项，应当按照国家秘密及其密级的具体范围的规定确定密级，同时确定保密期限和知悉范围。

第十五条 【保密期限】国家秘密的保密期限，应当根据事项的性质和特点，按照维护国家安全和利益的需要，限定在必要的期限内；不能确定期限的，应当确定解密的条件。

国家秘密的保密期限，除另有规定外，绝密级不超过三十年，机密级不超过二十年，秘密级不超过十年。

机关、单位应当根据工作需要，确定具体的保密期限、解密时间或者解密条件。

机关、单位对在决定和处理有关事项工作过程中确定需要保密的事项，根据工作需要决定公开的，正式公布时即视为解密。

第十六条 【知悉范围】国家秘密的知悉范围，应当根据工作需要限定在最小范围。

国家秘密的知悉范围能够限定到具体人员的，限定到具体人员；不能限定到具体人员的，限定到机关、单位，由机关、单位限定到具体人员。

国家秘密的知悉范围以外的人员，因工作需要知悉国家秘密的，应当经过机关、单位负责人批准。

第十七条　【秘密标志】机关、单位对承载国家秘密的纸介质、光介质、电磁介质等载体（以下简称国家秘密载体）以及属于国家秘密的设备、产品，应当做出国家秘密标志。

不属于国家秘密的，不应当做出国家秘密标志。

第十八条　【密级、保密期限和知悉范围的变更】国家秘密的密级、保密期限和知悉范围，应当根据情况变化及时变更。国家秘密的密级、保密期限和知悉范围的变更，由原定密机关、单位决定，也可以由其上级机关决定。

国家秘密的密级、保密期限和知悉范围变更的，应当及时书面通知知悉范围内的机关、单位或者人员。

第十九条　【解密】国家秘密的保密期限已满的，自行解密。

机关、单位应当定期审核所确定的国家秘密。对在保密期限内因保密事项范围调整不再作为国家秘密事项，或者公开后不会损害国家安全和利益，不需要继续保密的，应当及时解密；对需要延长保密期限的，应当在原保密期限届满前重新确定保密期限。提前解密或者延长保密期限的，由原定密机关、单位决定，也可以由其上级机关决定。

第二十条　【密级不明确或者有争议的处理】机关、单位对是否属于国家秘密或者属于何种密级不明确或者有争议的，由国家保密行政管理部门或者省、自治区、直辖市保密行政管理部门确定。

第三章　保密制度

第二十一条　【秘密载体的保密制度】国家秘密载体的制作、收发、传递、使用、复制、保存、维修和销毁，应当符合国家保密规定。

绝密级国家秘密载体应当在符合国家保密标准的设施、设备中保存，并指定专人管理；未经原定密机关、单位或者其上级机关批准，不得复制和摘抄；收发、传递和外出携带，应当指定人员负责，并采取必要的安全措施。

第二十二条　【秘密的设备、产品的保密制度】属于国家秘密的设备、产品的研制、生产、运输、使用、保存、维修和销毁，应当符合国家保密规定。

第二十三条　【涉密信息系统的保密制度】存储、处理国家秘密的计算机信息系统（以下简称涉密信息系统）按照涉密程度实行分级保护。

涉密信息系统应当按照国家保密标准配备保密设施、设备。保密设施、设备应当与涉密信息系统同步规划，同步建设，同步运行。

涉密信息系统应当按照规定，经检查合格后，方可投入使用。

第二十四条　【针对涉密信息系统的禁止行为】机关、单位应当加强对涉密信息系统的管理，任何组织和个人不得有下列行为：

（一）将涉密计算机、涉密存储设备接入互联网及其他公共信息网络；

（二）在未采取防护措施的情况下，在涉密信息系统与互联网及其他公共信息网络之间进行信息交换；

（三）使用非涉密计算机、非涉密存储设备存储、处理国家秘密信息；

（四）擅自卸载、修改涉密信息系统的安全技术程序、管理程序；

（五）将未经安全技术处理的退出使用的涉密计算机、涉密存储设备赠送、出售、丢弃或者改作其他用途。

第二十五条　【针对秘密载体的禁止行为】机关、单位应当加强对国家秘密载体的管理，任何组织和个人不得有下列行为：

（一）非法获取、持有国家秘密载体；

（二）买卖、转送或者私自销毁国家秘密载体；

（三）通过普通邮政、快递等无保密措施的渠道传递国家秘密载体；

（四）邮寄、托运国家秘密载体出境；

（五）未经有关主管部门批准，携带、传递国家秘密载体出境。

第二十六条　【针对国家秘密的禁止行为】禁止非法复制、记录、存储国家秘密。

禁止在互联网及其他公共信息网络或者未采取保密措施的有线和无线通信中传递国家秘密。

禁止在私人交往和通信中涉及国家秘密。

第二十七条　【传媒的保密规定】报刊、图书、音像制品、电子出版物的编辑、出版、印制、发行，广播节目、电视节目、电影的制作和播放，互联网、移动通信网等公共信息网络及其他传媒的信息编辑、发布，应当遵守有关保密规定。

第二十八条　【网络运营商、服务商的保密规定】互联网及其他公共信息网络运营商、服务商应当配合公安机关、国家安全机关、检察机关对泄密案件进行调查；发现利用互联网及其他公共信息网络发布的信息涉及泄露国家秘密的，应当立即停止传输，保存有关记录，向公安机关、国家安全机关或者保密行政管理部门报告；应当根据公安机关、国家安全机关或者保密行政管理部门的要求，删除涉及泄露国家秘密的信息。

第二十九条 【公开信息与涉密采购的保密规定】机关、单位公开发布信息以及对涉及国家秘密的工程、货物、服务进行采购时，应当遵守保密规定。

第三十条 【对外交往涉密的注意事项】机关、单位对外交往与合作中需要提供国家秘密事项，或者任用、聘用的境外人员因工作需要知悉国家秘密的，应当报国务院有关主管部门或者省、自治区、直辖市人民政府有关主管部门批准，并与对方签订保密协议。

第三十一条 【涉密活动主办单位的保密规定】举办会议或者其他活动涉及国家秘密的，主办单位应当采取保密措施，并对参加人员进行保密教育，提出具体保密要求。

第三十二条 【保密要害部门与部位的保护】机关、单位应当将涉及绝密级或者较多机密级、秘密级国家秘密的机构确定为保密要害部门，将集中制作、存放、保管国家秘密载体的专门场所确定为保密要害部位，按照国家保密规定和标准配备、使用必要的技术防护设施、设备。

第三十三条 【军事禁区与保密场所不得擅自开放】军事禁区和属于国家秘密不对外开放的其他场所、部位，应当采取保密措施，未经有关部门批准，不得擅自决定对外开放或者扩大开放范围。

第三十四条 【涉密生产单位的保密审查】从事国家秘密载体制作、复制、维修、销毁，涉密信息系统集成，或者武器装备科研生产等涉及国家秘密业务的企业事业单位，应当经过保密审查，具体办法由国务院规定。

机关、单位委托企业事业单位从事前款规定的业务，应当与其签订保密协议，提出保密要求，采取保密措施。

第三十五条 【涉密人员的分类】在涉密岗位工作的人员（以下简称涉密人员），按照涉密程度分为核心涉密人员、重要涉密人员和一般涉密人员，实行分类管理。

任用、聘用涉密人员应当按照有关规定进行审查。

涉密人员应当具有良好的政治素质和品行，具有胜任涉密岗位所要求的工作能力。

涉密人员的合法权益受法律保护。

第三十六条 【涉密人员岗位要求】涉密人员上岗应当经过保密教育培训，掌握保密知识技能，签订保密承诺书，严格遵守保密规章制度，不得以任何方式泄露国家秘密。

第三十七条 【涉密人员的出境管理】涉密人员出境应当经有关部门批准，有关机关认为涉密人员出境将对国家安全造成危害或者对国家利益造成重大损失的，不得批准出境。

第三十八条 **【脱密期管理】**涉密人员离岗离职实行脱密期管理。涉密人员在脱密期内，应当按照规定履行保密义务，不得违反规定就业，不得以任何方式泄露国家秘密。

第三十九条 **【涉密人员的管理】**机关、单位应当建立健全涉密人员管理制度，明确涉密人员的权利、岗位责任和要求，对涉密人员履行职责情况开展经常性的监督检查。

第四十条 **【泄密报告制度】**国家工作人员或者其他公民发现国家秘密已经泄露或者可能泄露时，应当立即采取补救措施并及时报告有关机关、单位。机关、单位接到报告后，应当立即作出处理，并及时向保密行政管理部门报告。

第四章 监督管理

第四十一条 **【保密规章和标准的制定】**国家保密行政管理部门依照法律、行政法规的规定，制定保密规章和国家保密标准。

第四十二条 **【保密工作的指导和监督】**保密行政管理部门依法组织开展保密宣传教育、保密检查、保密技术防护和泄密案件查处工作，对机关、单位的保密工作进行指导和监督。

第四十三条 **【保密工作的错误纠正】**保密行政管理部门发现国家秘密确定、变更或者解除不当的，应当及时通知有关机关、单位予以纠正。

第四十四条 **【保密工作检查】**保密行政管理部门对机关、单位遵守保密制度的情况进行检查，有关机关、单位应当配合。保密行政管理部门发现机关、单位存在泄密隐患的，应当要求其采取措施，限期整改；对存在泄密隐患的设施、设备、场所，应当责令停止使用；对严重违反保密规定的涉密人员，应当建议有关机关、单位给予处分并调离涉密岗位；发现涉嫌泄露国家秘密的，应当督促、指导有关机关、单位进行调查处理。涉嫌犯罪的，移送司法机关处理。

第四十五条 **【秘密载体的收缴】**保密行政管理部门对保密检查中发现的非法获取、持有的国家秘密载体，应当予以收缴。

第四十六条 **【鉴定秘密的部门】**办理涉嫌泄露国家秘密案件的机关，需要对有关事项是否属于国家秘密以及属于何种密级进行鉴定的，由国家保密行政管理部门或者省、自治区、直辖市保密行政管理部门鉴定。

第四十七条 **【违规人员处理的监督】**机关、单位对违反保密规定的人员不依法给予处分的，保密行政管理部门应当建议纠正，对拒不纠正的，提请其上一级机关或者监察机关对该机关、单位负有责任的领导人员和直接责任人员依法予以处理。

第五章 法律责任

第四十八条 【违法责任】违反本法规定，有下列行为之一的，依法给予处分；构成犯罪的，依法追究刑事责任：

（一）非法获取、持有国家秘密载体的；

（二）买卖、转送或者私自销毁国家秘密载体的；

（三）通过普通邮政、快递等无保密措施的渠道传递国家秘密载体的；

（四）邮寄、托运国家秘密载体出境，或者未经有关主管部门批准，携带、传递国家秘密载体出境的；

（五）非法复制、记录、存储国家秘密的；

（六）在私人交往和通信中涉及国家秘密的；

（七）在互联网及其他公共信息网络或者未采取保密措施的有线和无线通信中传递国家秘密的；

（八）将涉密计算机、涉密存储设备接入互联网及其他公共信息网络的；

（九）在未采取防护措施的情况下，在涉密信息系统与互联网及其他公共信息网络之间进行信息交换的；

（十）使用非涉密计算机、非涉密存储设备存储、处理国家秘密信息的；

（十一）擅自卸载、修改涉密信息系统的安全技术程序、管理程序的；

（十二）将未经安全技术处理的退出使用的涉密计算机、涉密存储设备赠送、出售、丢弃或者改作其他用途的。

有前款行为尚不构成犯罪，且不适用处分的人员，由保密行政管理部门督促其所在机关、单位予以处理。

第四十九条 【单位违法责任】机关、单位违反本法规定，发生重大泄密案件的，由有关机关、单位依法对直接负责的主管人员和其他直接责任人员给予处分；不适用处分的人员，由保密行政管理部门督促其主管部门予以处理。

机关、单位违反本法规定，对应当定密的事项不定密，或者对不应当定密的事项定密，造成严重后果的，由有关机关、单位依法对直接负责的主管人员和其他直接责任人员给予处分。

第五十条 【网络运营商、服务商违法责任】互联网及其他公共信息网络运营商、服务商违反本法第二十八条规定的，由公安机关或者国家安全机关、信息产业主管部门按照各自职责分工依法予以处罚。

第五十一条 【保密管理人员违法责任】保密行政管理部门的工作人员在履行

保密管理职责中滥用职权、玩忽职守、徇私舞弊的，依法给予处分；构成犯罪的，依法追究刑事责任。

第六章　附　　则

第五十二条　**【解放军保密条例】**中央军事委员会根据本法制定中国人民解放军保密条例。

第五十三条　**【施行日期】**本法自2010年10月1日起施行。

中华人民共和国国家情报法

1. 2017年6月27日第十二届全国人民代表大会常务委员会第二十八次会议通过

2. 根据2018年4月27日第十三届全国人民代表大会常务委员会第二次会议《关于修改〈中华人民共和国国境卫生检疫法〉等六部法律的决定》修正

目　　录

第一章　总　　则
第二章　国家情报工作机构职权
第三章　国家情报工作保障
第四章　法律责任
第五章　附　　则

第一章　总　　则

第一条　**【立法目的】**为了加强和保障国家情报工作，维护国家安全和利益，根据宪法，制定本法。

第二条　**【国家情报工作意义】**国家情报工作坚持总体国家安全观，为国家重大决策提供情报参考，为防范和化解危害国家安全的风险提供情报支持，维护国家政权、主权、统一和领土完整、人民福祉、经济社会可持续发展和国家其他重大利益。

第三条　**【国家情报体制】**国家建立健全集中统一、分工协作、科学高效的国家情报体制。

中央国家安全领导机构对国家情报工作实行统一领导，制定国家情报工作方针政策，规划国家情报工作整体发展，建立健全国家情报工作协调机制，统筹协调各领域国家情报工作，研究决定国家情报工作中的重大事项。

中央军事委员会统一领导和组织军队情报工作。

第四条 **【工作原则】**国家情报工作坚持公开工作与秘密工作相结合、专门工作与群众路线相结合、分工负责与协作配合相结合的原则。

第五条 **【分工配合】**国家安全机关和公安机关情报机构、军队情报机构（以下统称国家情报工作机构）按照职责分工，相互配合，做好情报工作、开展情报行动。

各有关国家机关应当根据各自职能和任务分工，与国家情报工作机构密切配合。

第六条 **【国家情报工作机构及其工作人员的职责】**国家情报工作机构及其工作人员应当忠于国家和人民，遵守宪法和法律，忠于职守，纪律严明，清正廉洁，无私奉献，坚决维护国家安全和利益。

第七条 **【配合义务】**任何组织和公民都应当依法支持、协助和配合国家情报工作，保守所知悉的国家情报工作秘密。

国家对支持、协助和配合国家情报工作的个人和组织给予保护。

第八条 **【尊重和保障人权】**国家情报工作应当依法进行，尊重和保障人权，维护个人和组织的合法权益。

第九条 **【表彰和奖励】**国家对在国家情报工作中作出重大贡献的个人和组织给予表彰和奖励。

第二章 国家情报工作机构职权

第十条 **【根据需要在境内外开展情报工作】**国家情报工作机构根据工作需要，依法使用必要的方式、手段和渠道，在境内外开展情报工作。

第十一条 **【依法搜集和处理相关情报】**国家情报工作机构应当依法搜集和处理境外机构、组织、个人实施或者指使、资助他人实施的，或者境内外机构、组织、个人相勾结实施的危害中华人民共和国国家安全和利益行为的相关情报，为防范、制止和惩治上述行为提供情报依据或者参考。

第十二条 **【委托个人和组织开展相关工作】**国家情报工作机构可以按照国家有关规定，与有关个人和组织建立合作关系，委托开展相关工作。

第十三条 **【对外交流与合作】**国家情报工作机构可以按照国家有关规定，开展对外交流与合作。

第十四条 **【有权要求协助配合】**国家情报工作机构依法开展情报工作，可以要求有关机关、组织和公民提供必要的支持、协助和配合。

第十五条 **【技术侦察措施和身份保护措施】**国家情报工作机构根据工作需要，按照国家有关规定，经过严格的批准手续，可以采取技术侦察措施和身份保护措施。

第十六条 **【进入限制区域执行任务】**国家情报工作机构工作人员依法执行任务时，按照国家有关规定，经过批准，出示相应证件，可以进入限制进入的有关区域、场所，可以向有关机关、组织和个人了解、询问有关情况，可以查阅或者调取有关的档案、资料、物品。

第十七条 **【通行便利与优先使用征用】**国家情报工作机构工作人员因执行紧急任务需要，经出示相应证件，可以享受通行便利。

国家情报工作机构工作人员根据工作需要，按照国家有关规定，可以优先使用或者依法征用有关机关、组织和个人的交通工具、通信工具、场地和建筑物，必要时，可以设置相关工作场所和设备、设施，任务完成后应当及时归还或者恢复原状，并依照规定支付相应费用；造成损失的，应当补偿。

第十八条 **【免检便利】**国家情报工作机构根据工作需要，按照国家有关规定，可以提请海关、出入境边防检查等机关提供免检等便利。

第十九条 **【权利限制】**国家情报工作机构及其工作人员应当严格依法办事，不得超越职权、滥用职权，不得侵犯公民和组织的合法权益，不得利用职务便利为自己或者他人谋取私利，不得泄露国家秘密、商业秘密和个人信息。

第三章 国家情报工作保障

第二十条 **【法律保护】**国家情报工作机构及其工作人员依法开展情报工作，受法律保护。

第二十一条 **【特殊保障及管理制度】**国家加强国家情报工作机构建设，对其机构设置、人员、编制、经费、资产实行特殊管理，给予特殊保障。

国家建立适应情报工作需要的人员录用、选调、考核、培训、待遇、退出等管理制度。

第二十二条 **【提高工作能力】**国家情报工作机构应当适应情报工作需要，提高开展情报工作的能力。

国家情报工作机构应当运用科学技术手段，提高对情报信息的鉴别、筛选、综合和研判分析水平。

第二十三条 **【保护人身安全】**国家情报工作机构工作人员因执行任务，或者与国家情报工作机构建立合作关系的人员因协助国家情报工作，其本人或者近亲属人身安全受到威胁时，国家有关部门应当采取必要措施，予以保护、营救。

第二十四条 **【妥善安置】**对为国家情报工作作出贡献并需要安置的人员，国家给予妥善安置。

公安、民政、财政、卫生、教育、人力资源社会保障、退役军人事务、医疗保障等有关部门以及国有企业事业单位应当协助国家情报工作机构做好安置工作。

第二十五条 【**抚恤优待**】对因开展国家情报工作或者支持、协助和配合国家情报工作导致伤残或者牺牲、死亡的人员，按照国家有关规定给予相应的抚恤优待。

个人和组织因支持、协助和配合国家情报工作导致财产损失的，按照国家有关规定给予补偿。

第二十六条 【**监督和安全审查制度**】国家情报工作机构应当建立健全严格的监督和安全审查制度，对其工作人员遵守法律和纪律等情况进行监督，并依法采取必要措施，定期或者不定期进行安全审查。

第二十七条 【**检举、控告**】任何个人和组织对国家情报工作机构及其工作人员超越职权、滥用职权和其他违法违纪行为，有权检举、控告。受理检举、控告的有关机关应当及时查处，并将查处结果告知检举人、控告人。

对依法检举、控告国家情报工作机构及其工作人员的个人和组织，任何个人和组织不得压制和打击报复。

国家情报工作机构应当为个人和组织检举、控告、反映情况提供便利渠道，并为检举人、控告人保密。

第四章 法 律 责 任

第二十八条 【**阻碍国家情报工作机构及其工作人员工作的法律责任**】违反本法规定，阻碍国家情报工作机构及其工作人员依法开展情报工作的，由国家情报工作机构建议相关单位给予处分或者由国家安全机关、公安机关处警告或者十五日以下拘留；构成犯罪的，依法追究刑事责任。

第二十九条 【**泄露与国家情报工作有关的国家秘密的法律责任**】泄露与国家情报工作有关的国家秘密的，由国家情报工作机构建议相关单位给予处分或者由国家安全机关、公安机关处警告或者十五日以下拘留；构成犯罪的，依法追究刑事责任。

第三十条 【**冒充国家情报相关工作人员违法行为的法律责任**】冒充国家情报工作机构工作人员或者其他相关人员实施招摇撞骗、诈骗、敲诈勒索等行为的，依照《中华人民共和国治安管理处罚法》的规定处罚；构成犯罪的，依法追究刑事责任。

第三十一条 【**国家情报工作机构及其工作人员的法律责任**】国家情报工作机构及其工作人员有超越职权、滥用职权，侵犯公民和组织的合法权益，利用职务便利为自己或者他人谋取私利，泄露国家秘密、商业秘密和个人信息等违法违纪行为的，依法给予处分；构成犯罪的，依法追究刑事责任。

第五章 附 则

第三十二条 **【施行日期】**本法自2017年6月28日起施行。

中华人民共和国刑法（节录）

1. 1979年7月1日第五届全国人民代表大会第二次会议通过

2. 1997年3月14日第八届全国人民代表大会第五次会议修订

3. 根据1998年12月29日第九届全国人民代表大会常务委员会第六次会议通过的《关于惩治骗购外汇、逃汇和非法买卖外汇犯罪的决定》、1999年12月25日第九届全国人民代表大会常务委员会第十三次会议通过的《中华人民共和国刑法修正案》、2001年8月31日第九届全国人民代表大会常务委员会第二十三次会议通过的《中华人民共和国刑法修正案（二）》、2001年12月29日第九届全国人民代表大会常务委员会第二十五次会议通过的《中华人民共和国刑法修正案（三）》、2002年12月28日第九届全国人民代表大会常务委员会第三十一次会议通过的《中华人民共和国刑法修正案（四）》、2005年2月28日第十届全国人民代表大会常务委员会第十四次会议通过的《中华人民共和国刑法修正案（五）》、2006年6月29日第十届全国人民代表大会常务委员会第二十二次会议通过的《中华人民共和国刑法修正案（六）》、2009年2月28日第十一届全国人民代表大会常务委员会第七次会议通过的《中华人民共和国刑法修正案（七）》、2009年8月27日第十一届全国人民代表大会常务委员会第十次会议通过的《关于修改部分法律的决定》、2011年2月25日第十一届全国人民代表大会常务委员会第十九次会议通过的《中华人民共和国刑法修正案（八）》、2015年8月29日第十二届全国人民代表大会常务委员会第十六次会议通过的《中华人民共和国刑法修正案（九）》、2017年11月4日第十二届全国人民代表大会常务委员会第三十次会议通过的《中华人民共和国刑法修正案（十）》、2020年12月26日第十三届全国人民代表大会常务委员会第二十四次会议通过的《中华人民共和国刑法修正案（十一）》修正

第二编 分 则

第一章 危害国家安全罪

第一百零二条 **【背叛国家罪】**勾结外国，危害中华人民共和国的主权、领土完整和安全的，处无期徒刑或者十年以上有期徒刑。

与境外机构、组织、个人相勾结，犯前款罪的，依照前款的规定处罚。

第一百零三条　【分裂国家罪】组织、策划、实施分裂国家、破坏国家统一的，对首要分子或者罪行重大的，处无期徒刑或者十年以上有期徒刑；对积极参加的，处三年以上十年以下有期徒刑；对其他参加的，处三年以下有期徒刑、拘役、管制或者剥夺政治权利。

【煽动分裂国家罪】煽动分裂国家、破坏国家统一的，处五年以下有期徒刑、拘役、管制或者剥夺政治权利；首要分子或者罪行重大的，处五年以上有期徒刑。

第一百零四条　【武装叛乱、暴乱罪】组织、策划、实施武装叛乱或者武装暴乱的，对首要分子或者罪行重大的，处无期徒刑或者十年以上有期徒刑；对积极参加的，处三年以上十年以下有期徒刑；对其他参加的，处三年以下有期徒刑、拘役、管制或者剥夺政治权利。

策动、胁迫、勾引、收买国家机关工作人员、武装部队人员、人民警察、民兵进行武装叛乱或者武装暴乱的，依照前款的规定从重处罚。

第一百零五条　【颠覆国家政权罪】组织、策划、实施颠覆国家政权、推翻社会主义制度的，对首要分子或者罪行重大的，处无期徒刑或者十年以上有期徒刑；对积极参加的，处三年以上十年以下有期徒刑；对其他参加的，处三年以下有期徒刑、拘役、管制或者剥夺政治权利。

【煽动颠覆国家政权罪】以造谣、诽谤或者其他方式煽动颠覆国家政权、推翻社会主义制度的，处五年以下有期徒刑、拘役、管制或者剥夺政治权利；首要分子或者罪行重大的，处五年以上有期徒刑。

第一百零六条　【与境外勾结的处罚规定】与境外机构、组织、个人相勾结，实施本章第一百零三条、第一百零四条、第一百零五条规定之罪的，依照各该条的规定从重处罚。

第一百零七条　【资助危害国家安全犯罪活动罪】境内外机构、组织或者个人资助实施本章第一百零二条、第一百零三条、第一百零四条、第一百零五条规定之罪的，对直接责任人员，处五年以下有期徒刑、拘役、管制或者剥夺政治权利；情节严重的，处五年以上有期徒刑。

第一百零八条　【投敌叛变罪】投敌叛变的，处三年以上十年以下有期徒刑；情节严重或者带领武装部队人员、人民警察、民兵投敌叛变的，处十年以上有期徒刑或者无期徒刑。

第一百零九条　【叛逃罪】国家机关工作人员在履行公务期间，擅离岗位，叛逃境外或者在境外叛逃的，处五年以下有期徒刑、拘役、管制或者剥夺政治权利；情节严重的，处五年以上十年以下有期徒刑。

掌握国家秘密的国家工作人员叛逃境外或者在境外叛逃的，依照前款的规定从重处罚。

第一百一十条 **【间谍罪】**有下列间谍行为之一，危害国家安全的，处十年以上有期徒刑或者无期徒刑；情节较轻的，处三年以上十年以下有期徒刑：

（一）参加间谍组织或者接受间谍组织及其代理人的任务的；

（二）为敌人指示轰击目标的。

第一百一十一条 **【为境外窃取、刺探、收买、非法提供国家秘密、情报罪】**为境外的机构、组织、人员窃取、刺探、收买、非法提供国家秘密或者情报的，处五年以上十年以下有期徒刑；情节特别严重的，处十年以上有期徒刑或者无期徒刑；情节较轻的，处五年以下有期徒刑、拘役、管制或者剥夺政治权利。

第一百一十二条 **【资敌罪】**战时供给敌人武器装备、军用物资资敌的，处十年以上有期徒刑或者无期徒刑；情节较轻的，处三年以上十年以下有期徒刑。

第一百一十三条 **【危害国家安全罪适用死刑、没收财产的规定】**本章上述危害国家安全罪行中，除第一百零三条第二款、第一百零五条、第一百零七条、第一百零九条外，对国家和人民危害特别严重、情节特别恶劣的，可以判处死刑。

犯本章之罪的，可以并处没收财产。

最高人民法院关于审理为境外窃取、刺探、收买、非法提供国家秘密、情报案件具体应用法律若干问题的解释

1. 2000年11月20日最高人民法院审判委员会第1142次会议通过
2. 2001年1月17日公布
3. 法释〔2001〕4号
4. 自2001年1月22日起施行

为依法惩治为境外的机构、组织、人员窃取、刺探、收买、非法提供国家秘密、情报犯罪活动，维护国家安全和利益，根据刑法有关规定，现就审理这类案件具体应用法律的若干问题解释如下：

第一条 刑法第一百一十一条规定的“国家秘密”，是指《中华人民共和国保

守国家秘密法》第二条、第八条以及《中华人民共和国保守国家秘密法实施办法》第四条确定的事项。

刑法第一百一十一条规定的“情报”，是指关系国家安全和利益、尚未公开或者依照有关规定不应公开的事项。

对为境外机构、组织、人员窃取、刺探、收买、非法提供国家秘密之外的情报的行为，以为境外窃取、刺探、收买、非法提供情报罪定罪处罚。

第二条 为境外窃取、刺探、收买、非法提供国家秘密或者情报，具有下列情形之一的，属于“情节特别严重”，处十年以上有期徒刑、无期徒刑，可以并处没收财产：

（一）为境外窃取、刺探、收买、非法提供绝密级国家秘密的；

（二）为境外窃取、刺探、收买、非法提供三项以上机密级国家秘密的；

（三）为境外窃取、刺探、收买、非法提供国家秘密或者情报，对国家安全和利益造成其他特别严重损害的。

实施前款行为，对国家和人民危害特别严重、情节特别恶劣的，可以判处死刑，并处没收财产。

第三条 为境外窃取、刺探、收买、非法提供国家秘密或者情报，具有下列情形之一的，处五年以上十年以下有期徒刑，可以并处没收财产：

（一）为境外窃取、刺探、收买、非法提供机密级国家秘密的；

（二）为境外窃取、刺探、收买、非法提供三项以上秘密级国家秘密的；

（三）为境外窃取、刺探、收买、非法提供国家秘密或者情报，对国家安全和利益造成其他严重损害的。

第四条 为境外窃取、刺探、收买、非法提供秘密级国家秘密或者情报，属于“情节较轻”，处五年以下有期徒刑、拘役、管制或者剥夺政治权利，可以并处没收财产。

第五条 行为人知道或者应当知道没有标明密级的事项关系国家安全和利益，而为境外窃取、刺探、收买、非法提供的，依照刑法第一百一十一条的规定以为境外窃取、刺探、收买、非法提供国家秘密罪定罪处罚。

第六条 通过互联网将国家秘密或者情报非法发送给境外的机构、组织、个人的，依照刑法第一百一十一条的规定定罪处罚；将国家秘密通过互联网予以发布，情节严重的，依照刑法第三百九十八条的规定定罪处罚。

第七条 审理为境外窃取、刺探、收买、非法提供国家秘密案件，需要对有关事项是否属于国家秘密以及属于何种密级进行鉴定的，由国家保密工作部门或者省、自治区、直辖市保密工作部门鉴定。

中华人民共和国香港特别行政区维护国家安全法

1. 2020年6月30日第十三届全国人民代表大会常务委员会第二十次会议通过

2. 2020年6月30日中华人民共和国主席令第49号公布

3. 自公布之日起施行

目　　录

第一章　总　　则
第二章　香港特别行政区维护国家安全的职责和机构
　第一节　职　　责
　第二节　机　　构
第三章　罪行和处罚
　第一节　分裂国家罪
　第二节　颠覆国家政权罪
　第三节　恐怖活动罪
　第四节　勾结外国或者境外势力危害国家安全罪
　第五节　其他处罚规定
　第六节　效力范围
第四章　案件管辖、法律适用和程序
第五章　中央人民政府驻香港特别行政区维护国家安全机构
第六章　附　　则

第一章　总　　则

第一条　【立法目的】为坚定不移并全面准确贯彻“一国两制”、“港人治港”、高度自治的方针，维护国家安全，防范、制止和惩治与香港特别行政区有关的分裂国家、颠覆国家政权、组织实施恐怖活动和勾结外国或者境外势力危害国家安全等犯罪，保持香港特别行政区的繁荣和稳定，保障香港特别行政区居民的合法权益，根据中华人民共和国宪法、中华人民共和国香港特别行政区基本法和全国人民代表大会关于建立健全香港特别行政区维护国家安全的法律制度和执行机制的决定，制定本法。

第二条　【不得违背香港特别行政区基本法的根本性条款】关于香港特别行政

区法律地位的香港特别行政区基本法第一条和第十二条规定是香港特别行政区基本法的根本性条款。香港特别行政区任何机构、组织和个人行使权利和自由，不得违背香港特别行政区基本法第一条和第十二条的规定。

第三条　【中央的根本责任和香港的宪制责任】中央人民政府对香港特别行政区有关的国家安全事务负有根本责任。

香港特别行政区负有维护国家安全的宪制责任，应当履行维护国家安全的职责。

香港特别行政区行政机关、立法机关、司法机关应当依据本法和其他有关法律规定有效防范、制止和惩治危害国家安全的行为和活动。

第四条　【维护国家安全应当尊重和保障人权】香港特别行政区维护国家安全应当尊重和保障人权，依法保护香港特别行政区居民根据香港特别行政区基本法和《公民权利和政治权利国际公约》、《经济、社会与文化权利的国际公约》适用于香港的有关规定享有的包括言论、新闻、出版的自由，结社、集会、游行、示威的自由在内的权利和自由。

第五条　【法治原则与无罪推定原则】防范、制止和惩治危害国家安全犯罪，应当坚持法治原则。法律规定为犯罪行为的，依照法律定罪处刑；法律没有规定为犯罪行为的，不得定罪处刑。

任何人未经司法机关判罪之前均假定无罪。保障犯罪嫌疑人、被告人和其他诉讼参与人依法享有的辩护权和其他诉讼权利。任何人已经司法程序被最终确定有罪或者宣告无罪的，不得就同一行为再予审判或者惩罚。

第六条　【维护国家主权、统一和领土完整原则】维护国家主权、统一和领土完整是包括香港同胞在内的全中国人民的共同义务。

在香港特别行政区的任何机构、组织和个人都应当遵守本法和香港特别行政区有关维护国家安全的其他法律，不得从事危害国家安全的行为和活动。

香港特别行政区居民在参选或者就任公职时应当依法签署文件确认或者宣誓拥护中华人民共和国香港特别行政区基本法，效忠中华人民共和国香港特别行政区。

第二章　香港特别行政区维护国家安全的职责和机构

第一节　职　　责

第七条　【立法职责】香港特别行政区应当尽早完成香港特别行政区基本法规定的维护国家安全立法，完善相关法律。

第八条　【执法职责】香港特别行政区执法、司法机关应当切实执行本法和香港特别行政区现行法律有关防范、制止和惩治危害国家安全行为和活动的规定，有效维护国家安全。

第九条 **【宣传监督职责】**香港特别行政区应当加强维护国家安全和防范恐怖活动的工作。对学校、社会团体、媒体、网络等涉及国家安全的事宜，香港特别行政区政府应当采取必要措施，加强宣传、指导、监督和管理。

第十条 **【安全教育职责】**香港特别行政区应当通过学校、社会团体、媒体、网络等开展国家安全教育，提高香港特别行政区居民的国家安全意识和守法意识。

第十一条 **【行政长官负责制】**香港特别行政区行政长官应当就香港特别行政区维护国家安全事务向中央人民政府负责，并就香港特别行政区履行维护国家安全职责的情况提交年度报告。

如中央人民政府提出要求，行政长官应当就维护国家安全特定事项及时提交报告。

第二节 机 构

第十二条 **【维护国家安全委员会】**香港特别行政区设立维护国家安全委员会，负责香港特别行政区维护国家安全事务，承担维护国家安全的主要责任，并接受中央人民政府的监督和问责。

第十三条 **【维护国家安全委员会的组织设置】**香港特别行政区维护国家安全委员会由行政长官担任主席，成员包括政务司长、财政司长、律政司长、保安局局长、警务处处长、本法第十六条规定的警务处维护国家安全部门的负责人、入境事务处处长、海关关长和行政长官办公室主任。

香港特别行政区维护国家安全委员会下设秘书处，由秘书长领导。秘书长由行政长官提名，报中央人民政府任命。

第十四条 **【维护国家安全委员会的职责】**香港特别行政区维护国家安全委员会的职责为：

（一）分析研判香港特别行政区维护国家安全形势，规划有关工作，制定香港特别行政区维护国家安全政策；

（二）推进香港特别行政区维护国家安全的法律制度和执行机制建设；

（三）协调香港特别行政区维护国家安全的重点工作和重大行动。

香港特别行政区维护国家安全委员会的工作不受香港特别行政区任何其他机构、组织和个人的干涉，工作信息不予公开。香港特别行政区维护国家安全委员会作出的决定不受司法复核。

第十五条 **【国家安全事务顾问】**香港特别行政区维护国家安全委员会设立国家安全事务顾问，由中央人民政府指派，就香港特别行政区维护国家安全委员会履行职责相关事务提供意见。国家安全事务顾问列席香港特别行政区维护国家安全委员会会议。

第十六条　【警务处设立维护国家安全部门】香港特别行政区政府警务处设立维护国家安全的部门，配备执法力量。

警务处维护国家安全部门负责人由行政长官任命，行政长官任命前须书面征求本法第四十八条规定的机构的意见。警务处维护国家安全部门负责人在就职时应当宣誓拥护中华人民共和国香港特别行政区基本法，效忠中华人民共和国香港特别行政区，遵守法律，保守秘密。

警务处维护国家安全部门可以从香港特别行政区以外聘请合格的专门人员和技术人员，协助执行维护国家安全相关任务。

第十七条　【警务处维护国家安全部门的职责】警务处维护国家安全部门的职责为：

（一）收集分析涉及国家安全的情报信息；

（二）部署、协调、推进维护国家安全的措施和行动；

（三）调查危害国家安全犯罪案件；

（四）进行反干预调查和开展国家安全审查；

（五）承办香港特别行政区维护国家安全委员会交办的维护国家安全工作；

（六）执行本法所需的其他职责。

第十八条　【律政司国家安全犯罪案件检控部门及其负责人】香港特别行政区律政司设立专门的国家安全犯罪案件检控部门，负责危害国家安全犯罪案件的检控工作和其他相关法律事务。该部门检控官由律政司长征得香港特别行政区维护国家安全委员会同意后任命。

律政司国家安全犯罪案件检控部门负责人由行政长官任命，行政长官任命前须书面征求本法第四十八条规定的机构的意见。律政司国家安全犯罪案件检控部门负责人在就职时应当宣誓拥护中华人民共和国香港特别行政区基本法，效忠中华人民共和国香港特别行政区，遵守法律，保守秘密。

第十九条　【专门拨款维护国家安全】经行政长官批准，香港特别行政区政府财政司长应当从政府一般收入中拨出专门款项支付关于维护国家安全的开支并核准所涉及的人员编制，不受香港特别行政区现行有关法律规定的限制。财政司长须每年就该款项的控制和管理向立法会提交报告。

第三章　罪行和处罚

第一节　分裂国家罪

第二十条　【分裂国家罪的表现】任何人组织、策划、实施或者参与实施以下旨在分裂国家、破坏国家统一行为之一的，不论是否使用武力或者以武力相威胁，即属犯罪：

（一）将香港特别行政区或者中华人民共和国其他任何部分从中华人民共和国分离出去；

（二）非法改变香港特别行政区或者中华人民共和国其他任何部分的法律地位；

（三）将香港特别行政区或者中华人民共和国其他任何部分转归外国统治。

犯前款罪，对首要分子或者罪行重大的，处无期徒刑或者十年以上有期徒刑；对积极参加的，处三年以上十年以下有期徒刑；对其他参加的，处三年以下有期徒刑、拘役或者管制。

第二十一条　【煽动、协助、教唆、资助分裂国家罪】任何人煽动、协助、教唆、以金钱或者其他财物资助他人实施本法第二十条规定的犯罪的，即属犯罪。情节严重的，处五年以上十年以下有期徒刑；情节较轻的，处五年以下有期徒刑、拘役或者管制。

第二节　颠覆国家政权罪

第二十二条　【颠覆国家政权罪】任何人组织、策划、实施或者参与实施以下以武力、威胁使用武力或者其他非法手段旨在颠覆国家政权行为之一的，即属犯罪：

（一）推翻、破坏中华人民共和国宪法所确立的中华人民共和国根本制度；

（二）推翻中华人民共和国中央政权机关或者香港特别行政区政权机关；

（三）严重干扰、阻挠、破坏中华人民共和国中央政权机关或者香港特别行政区政权机关依法履行职能；

（四）攻击、破坏香港特别行政区政权机关履职场所及其设施，致使其无法正常履行职能。

犯前款罪，对首要分子或者罪行重大的，处无期徒刑或者十年以上有期徒刑；对积极参加的，处三年以上十年以下有期徒刑；对其他参加的，处三年以下有期徒刑、拘役或者管制。

第二十三条　【煽动、协助、教唆、资助颠覆国家政权罪】任何人煽动、协助、教唆、以金钱或者其他财物资助他人实施本法第二十二条规定的犯罪的，即属犯罪。情节严重的，处五年以上十年以下有期徒刑；情节较轻的，处五年以下有期徒刑、拘役或者管制。

第三节 恐怖活动罪

第二十四条 【组织、策划、实施、参与实施或威胁实施恐怖活动罪】 为胁迫中央人民政府、香港特别行政区政府或者国际组织或者威吓公众以图实现政治主张，组织、策划、实施、参与实施或者威胁实施以下造成或者意图造成严重社会危害的恐怖活动之一的，即属犯罪：

（一）针对人的严重暴力；

（二）爆炸、纵火或者投放毒害性、放射性、传染病病原体等物质；

（三）破坏交通工具、交通设施、电力设备、燃气设备或者其他易燃易爆设备；

（四）严重干扰、破坏水、电、燃气、交通、通讯、网络等公共服务和管理的电子控制系统；

（五）以其他危险方法严重危害公众健康或者安全。

犯前款罪，致人重伤、死亡或者使公私财产遭受重大损失的，处无期徒刑或者十年以上有期徒刑；其他情形，处三年以上十年以下有期徒刑。

第二十五条 【组织、领导恐怖活动组织罪】 组织、领导恐怖活动组织的，即属犯罪，处无期徒刑或者十年以上有期徒刑，并处没收财产；积极参加的，处三年以上十年以下有期徒刑，并处罚金；其他参加的，处三年以下有期徒刑、拘役或者管制，可以并处罚金。

本法所指的恐怖活动组织，是指实施或者意图实施本法第二十四条规定的恐怖活动罪行或者参与或者协助实施本法第二十四条规定的恐怖活动罪行的组织。

第二十六条 【帮助恐怖活动罪】 为恐怖活动组织、恐怖活动人员、恐怖活动实施提供培训、武器、信息、资金、物资、劳务、运输、技术或者场所等支持、协助、便利，或者制造、非法管有爆炸性、毒害性、放射性、传染病病原体等物质以及以其他形式准备实施恐怖活动的，即属犯罪。情节严重的，处五年以上十年以下有期徒刑，并处罚金或者没收财产；其他情形，处五年以下有期徒刑、拘役或者管制，并处罚金。

有前款行为，同时构成其他犯罪的，依照处罚较重的规定定罪处罚。

第二十七条 【宣扬恐怖主义、煽动实施恐怖活动罪】 宣扬恐怖主义、煽动实施恐怖活动的，即属犯罪。情节严重的，处五年以上十年以下有期徒刑，并处罚金或者没收财产；其他情形，处五年以下有期徒刑、拘役或者管制，并处罚金。

第二十八条 【不影响其他法律的适用】 本节规定不影响依据香港特别行政区

法律对其他形式的恐怖活动犯罪追究刑事责任并采取冻结财产等措施。

第四节 勾结外国或者境外势力危害国家安全罪

第二十九条 **【为境外窃取、刺探、收买、非法提供国家秘密、情报罪】**为外国或者境外机构、组织、人员窃取、刺探、收买、非法提供涉及国家安全的国家秘密或者情报的；请求外国或者境外机构、组织、人员实施，与外国或者境外机构、组织、人员串谋实施，或者直接或者间接接受外国或者境外机构、组织、人员的指使、控制、资助或者其他形式的支援实施以下行为之一的，均属犯罪：

（一）对中华人民共和国发动战争，或者以武力或者武力相威胁，对中华人民共和国主权、统一和领土完整造成严重危害；

（二）对香港特别行政区政府或者中央人民政府制定和执行法律、政策进行严重阻挠并可能造成严重后果；

（三）对香港特别行政区选举进行操控、破坏并可能造成严重后果；

（四）对香港特别行政区或者中华人民共和国进行制裁、封锁或者采取其他敌对行动；

（五）通过各种非法方式引发香港特别行政区居民对中央人民政府或者香港特别行政区政府的憎恨并可能造成严重后果。

犯前款罪，处三年以上十年以下有期徒刑；罪行重大的，处无期徒刑或者十年以上有期徒刑。

本条第一款规定涉及的境外机构、组织、人员，按共同犯罪定罪处刑。

第三十条 **【勾结外国或境外势力的从重处罚】**为实施本法第二十条、第二十二条规定的犯罪，与外国或者境外机构、组织、人员串谋，或者直接或者间接接受外国或者境外机构、组织、人员的指使、控制、资助或者其他形式的支援的，依照本法第二十条、第二十二条的规定从重处罚。

第五节 其他处罚规定

第三十一条 **【单位犯罪】**公司、团体等法人或者非法人组织实施本法规定的犯罪的，对该组织判处罚金。

公司、团体等法人或者非法人组织因犯本法规定的罪行受到刑事处罚的，应责令其暂停运作或者吊销其执照或者营业许可证。

第三十二条 **【追缴、没收违法所得、犯罪资金和工具】**因实施本法规定的犯罪而获得的资助、收益、报酬等违法所得以及用于或者意图用于犯罪的资金和工具，应当予以追缴、没收。

第三十三条 **【从轻、减轻、免除处罚的量刑情节】**有以下情形的，对有关犯罪行为人、犯罪嫌疑人、被告人可以从轻、减轻处罚；犯罪较轻的，可以免除处罚：

（一）在犯罪过程中，自动放弃犯罪或者自动有效地防止犯罪结果发生的；

（二）自动投案，如实供述自己的罪行的；

（三）揭发他人犯罪行为，查证属实，或者提供重要线索得以侦破其他案件的。

被采取强制措施的犯罪嫌疑人、被告人如实供述执法、司法机关未掌握的本人犯有本法规定的其他罪行的，按前款第二项规定处理。

第三十四条　【对不具有香港特别行政区永久性居民身份的人实施犯罪的驱逐出境】不具有香港特别行政区永久性居民身份的人实施本法规定的犯罪的，可以独立适用或者附加适用驱逐出境。

不具有香港特别行政区永久性居民身份的人违反本法规定，因任何原因不对其追究刑事责任的，也可以驱逐出境。

第三十五条　【资格或职务的丧失】任何人经法院判决犯危害国家安全罪行的，即丧失作为候选人参加香港特别行政区举行的立法会、区议会选举或者出任香港特别行政区任何公职或者行政长官选举委员会委员的资格；曾经宣誓或者声明拥护中华人民共和国香港特别行政区基本法、效忠中华人民共和国香港特别行政区的立法会议员、政府官员及公务人员、行政会议成员、法官及其他司法人员、区议员，即时丧失该等职务，并丧失参选或者出任上述职务的资格。

前款规定资格或者职务的丧失，由负责组织、管理有关选举或者公职任免的机构宣布。

第六节　效力范围

第三十六条　【属地管辖】任何人在香港特别行政区内实施本法规定的犯罪的，适用本法。犯罪的行为或者结果有一项发生在香港特别行政区内的，就认为是在香港特别行政区内犯罪。

在香港特别行政区注册的船舶或者航空器内实施本法规定的犯罪的，也适用本法。

第三十七条　【属人管辖】香港特别行政区永久性居民或者在香港特别行政区成立的公司、团体等法人或者非法人组织在香港特别行政区以外实施本法规定的犯罪的，适用本法。

第三十八条　【保护管辖】不具有香港特别行政区永久性居民身份的人在香港

特别行政区以外针对香港特别行政区实施本法规定的犯罪的，适用本法。

第三十九条 **【溯及力】**本法施行以后的行为，适用本法定罪处刑。

第四章 案件管辖、法律适用和程序

第四十条 **【管辖的例外】**香港特别行政区对本法规定的犯罪案件行使管辖权，但本法第五十五条规定的情形除外。

第四十一条 **【诉讼程序】**香港特别行政区管辖危害国家安全犯罪案件的立案侦查、检控、审判和刑罚的执行等诉讼程序事宜，适用本法和香港特别行政区本地法律。

未经律政司长书面同意，任何人不得就危害国家安全犯罪案件提出检控。但该规定不影响就有关犯罪依法逮捕犯罪嫌疑人并将其羁押，也不影响该等犯罪嫌疑人申请保释。

香港特别行政区管辖的危害国家安全犯罪案件的审判循公诉程序进行。

审判应当公开进行。因为涉及国家秘密、公共秩序等情形不宜公开审理的，禁止新闻界和公众旁听全部或者一部分审理程序，但判决结果应当一律公开宣布。

第四十二条 **【公正及时办理和保释的限制】**香港特别行政区执法、司法机关在适用香港特别行政区现行法律有关羁押、审理期限等方面的规定时，应当确保危害国家安全犯罪案件公正、及时办理，有效防范、制止和惩治危害国家安全犯罪。

对犯罪嫌疑人、被告人，除非法官有充足理由相信其不会继续实施危害国家安全行为的，不得准予保释。

第四十三条 **【相关措施的适用】**香港特别行政区政府警务处维护国家安全部门办理危害国家安全犯罪案件时，可以采取香港特别行政区现行法律准予警方等执法部门在调查严重犯罪案件时采取的各种措施，并可以采取以下措施：

（一）搜查可能存有犯罪证据的处所、车辆、船只、航空器以及其他有关地方和电子设备；

（二）要求涉嫌实施危害国家安全犯罪行为的人员交出旅行证件或者限制其离境；

（三）对用于或者意图用于犯罪的财产、因犯罪所得的收益等与犯罪相关的财产，予以冻结，申请限制令、押记令、没收令以及充公；

（四）要求信息发布人或者有关服务商移除信息或者提供协助；

（五）要求外国及境外政治性组织，外国及境外当局或者政治性组织的代理人提供资料；

（六）经行政长官批准，对有合理理由怀疑涉及实施危害国家安全犯罪的人员进行截取通讯和秘密监察；

（七）对有合理理由怀疑拥有与侦查有关的资料或者管有有关物料的人员，要求其回答问题和提交资料或者物料。

香港特别行政区维护国家安全委员会对警务处维护国家安全部门等执法机构采取本条第一款规定措施负有监督责任。

授权香港特别行政区行政长官会同香港特别行政区维护国家安全委员会为采取本条第一款规定措施制定相关实施细则。

第四十四条　【审理危害国家安全犯罪案件法官的指定】香港特别行政区行政长官应当从裁判官、区域法院法官、高等法院原讼法庭法官、上诉法庭法官以及终审法院法官中指定若干名法官，也可从暂委或者特委法官中指定若干名法官，负责处理危害国家安全犯罪案件。行政长官在指定法官前可征询香港特别行政区维护国家安全委员会和终审法院首席法官的意见。上述指定法官任期一年。

凡有危害国家安全言行的，不得被指定为审理危害国家安全犯罪案件的法官。在获任指定法官期间，如有危害国家安全言行的，终止其指定法官资格。

在裁判法院、区域法院、高等法院和终审法院就危害国家安全犯罪案件提起的刑事检控程序应当分别由各该法院的指定法官处理。

第四十五条　【依法进行刑事检控程序】除本法另有规定外，裁判法院、区域法院、高等法院和终审法院应当按照香港特别行政区的其他法律处理就危害国家安全犯罪案件提起的刑事检控程序。

第四十六条　【陪审团审理的例外】对高等法院原讼法庭进行的就危害国家安全犯罪案件提起的刑事检控程序，律政司长可基于保护国家秘密、案件具有涉外因素或者保障陪审员及其家人的人身安全等理由，发出证书指示相关诉讼毋须在有陪审团的情况下进行审理。凡律政司长发出上述证书，高等法院原讼法庭应当在没有陪审团的情况下进行审理，并由三名法官组成审判庭。

凡律政司长发出前款规定的证书，适用于相关诉讼的香港特别行政区任何法律条文关于“陪审团”或者“陪审团的裁决”，均应当理解为指法官或者法官作为事实裁断者的职能。

第四十七条　【证明书的取得及约束力】香港特别行政区法院在审理案件中遇有涉及有关行为是否涉及国家安全或者有关证据材料是否涉及国家秘密的认定问题，应取得行政长官就该等问题发出的证明书，上述证明书对法院有约束力。

第五章 中央人民政府驻香港特别行政区维护国家安全机构

第四十八条 【驻港维护国家安全公署】 中央人民政府在香港特别行政区设立维护国家安全公署。中央人民政府驻香港特别行政区维护国家安全公署依法履行维护国家安全职责，行使相关权力。

驻香港特别行政区维护国家安全公署人员由中央人民政府维护国家安全的有关机关联合派出。

第四十九条 【驻港维护国家安全公署的职责】 驻香港特别行政区维护国家安全公署的职责为：

（一）分析研判香港特别行政区维护国家安全形势，就维护国家安全重大战略和重要政策提出意见和建议；

（二）监督、指导、协调、支持香港特别行政区履行维护国家安全的职责；

（三）收集分析国家安全情报信息；

（四）依法办理危害国家安全犯罪案件。

第五十条 【驻港维护国家安全公署依法履职、接受监督】 驻香港特别行政区维护国家安全公署应当严格依法履行职责，依法接受监督，不得侵害任何个人和组织的合法权益。

驻香港特别行政区维护国家安全公署人员除须遵守全国性法律外，还应当遵守香港特别行政区法律。

驻香港特别行政区维护国家安全公署人员依法接受国家监察机关的监督。

第五十一条 【经费保障】 驻香港特别行政区维护国家安全公署的经费由中央财政保障。

第五十二条 【工作联系和工作协同】 驻香港特别行政区维护国家安全公署应当加强与中央人民政府驻香港特别行政区联络办公室、外交部驻香港特别行政区特派员公署、中国人民解放军驻香港部队的工作联系和工作协同。

第五十三条 【建立协调机制和协作机制】 驻香港特别行政区维护国家安全公署应当与香港特别行政区维护国家安全委员会建立协调机制，监督、指导香港特别行政区维护国家安全工作。

驻香港特别行政区维护国家安全公署的工作部门应当与香港特别行政区维护国家安全的有关机关建立协作机制，加强信息共享和行动配合。

第五十四条 【加强对境外组织和新闻机构的管理和服务】 驻香港特别行政区维护国家安全公署、外交部驻香港特别行政区特派员公署会同香港特别行政区政府采取必要措施，加强对外国和国际组织驻香港特别行政区机构、在香港特别行政区的外国和境外非政府组织和新闻机构的管理和服务。

第五十五条 **【特殊管辖权】**有以下情形之一的，经香港特别行政区政府或者驻香港特别行政区维护国家安全公署提出，并报中央人民政府批准，由驻香港特别行政区维护国家安全公署对本法规定的危害国家安全犯罪案件行使管辖权：

（一）案件涉及外国或者境外势力介入的复杂情况，香港特别行政区管辖确有困难的；

（二）出现香港特别行政区政府无法有效执行本法的严重情况的；

（三）出现国家安全面临重大现实威胁的情况的。

第五十六条 **【侦查、检察、审判的三权分工】**根据本法第五十五条规定管辖有关危害国家安全犯罪案件时，由驻香港特别行政区维护国家安全公署负责立案侦查，最高人民检察院指定有关检察机关行使检察权，最高人民法院指定有关法院行使审判权。

第五十七条 **【诉讼程序的法律适用】**根据本法第五十五条规定管辖案件的立案侦查、审查起诉、审判和刑罚的执行等诉讼程序事宜，适用《中华人民共和国刑事诉讼法》等相关法律的规定。

根据本法第五十五条规定管辖案件时，本法第五十六条规定的执法、司法机关依法行使相关权力，其为决定采取强制措施、侦查措施和司法裁判而签发的法律文书在香港特别行政区具有法律效力。对于驻香港特别行政区维护国家安全公署依法采取的措施，有关机构、组织和个人必须遵从。

第五十八条 **【委托辩护人的时间】**根据本法第五十五条规定管辖案件时，犯罪嫌疑人自被驻香港特别行政区维护国家安全公署第一次讯问或者采取强制措施之日起，有权委托律师作为辩护人。辩护律师可以依法为犯罪嫌疑人、被告人提供法律帮助。

犯罪嫌疑人、被告人被合法拘捕后，享有尽早接受司法机关公正审判的权利。

第五十九条 **【如实作证义务】**根据本法第五十五条规定管辖案件时，任何人如果知道本法规定的危害国家安全犯罪案件情况，都有如实作证的义务。

第六十条 **【驻港维护国家安全公署及其人员的权利和豁免】**驻香港特别行政区维护国家安全公署及其人员依据本法执行职务的行为，不受香港特别行政区管辖。

持有驻香港特别行政区维护国家安全公署制发的证件或者证明文件的人

员和车辆等在执行职务时不受香港特别行政区执法人员检查、搜查和扣押。

驻香港特别行政区维护国家安全公署及其人员享有香港特别行政区法律规定的其他权利和豁免。

第六十一条　【司法协助】驻香港特别行政区维护国家安全公署依据本法规定履行职责时，香港特别行政区政府有关部门须提供必要的便利和配合，对妨碍有关执行职务的行为依法予以制止并追究责任。

第六章　附　　则

第六十二条　【优先适用本法】香港特别行政区本地法律规定与本法不一致的，适用本法规定。

第六十三条　【保密义务】办理本法规定的危害国家安全犯罪案件的有关执法、司法机关及其人员或者办理其他危害国家安全犯罪案件的香港特别行政区执法、司法机关及其人员，应当对办案过程中知悉的国家秘密、商业秘密和个人隐私予以保密。

担任辩护人或者诉讼代理人的律师应当保守在执业活动中知悉的国家秘密、商业秘密和个人隐私。

配合办案的有关机构、组织和个人应当对案件有关情况予以保密。

第六十四条　【法律术语含义】香港特别行政区适用本法时，本法规定的“有期徒刑”“无期徒刑”“没收财产”和“罚金”分别指“监禁”“终身监禁”“充公犯罪所得”和“罚款”，“拘役”参照适用香港特别行政区相关法律规定的“监禁”“入劳役中心”“入教导所”，“管制”参照适用香港特别行政区相关法律规定的“社会服务令”“入感化院”，“吊销执照或者营业许可证”指香港特别行政区相关法律规定的“取消注册或者注册豁免，或者取消牌照”。

第六十五条　【解释权的归属】本法的解释权属于全国人民代表大会常务委员会。

第六十六条　【施行日期】本法自公布之日起施行。

三、国 土 安 全

中华人民共和国领海及毗连区法

1. 1992年2月25日第七届全国人民代表大会常务委员会第二十四次会议通过
2. 1992年2月25日中华人民共和国主席令第55号公布
3. 自公布之日起施行

第一条　【立法目的】为行使中华人民共和国对领海的主权和对毗连区的管制权，维护国家安全和海洋权益，制定本法。

第二条　【领海、陆地领土以及内水的含义】中华人民共和国领海为邻接中华人民共和国陆地领土和内水的一带海域。

中华人民共和国的陆地领土包括中华人民共和国大陆及其沿海岛屿、台湾及其包括钓鱼岛在内的附属各岛、澎湖列岛、东沙群岛、西沙群岛、中沙群岛、南沙群岛以及其他一切属于中华人民共和国的岛屿。

中华人民共和国领海基线向陆地一侧的水域为中华人民共和国的内水。

第三条　【中国领海的宽度及测定】中华人民共和国领海的宽度从领海基线量起为十二海里。

中华人民共和国领海基线采用直线基线法划定，由各相邻基点之间的直线连线组成。

中华人民共和国领海的外部界限为一条其每一点与领海基线的最近点距离等于十二海里的线。

第四条　【中国毗连区的含义及宽度】中华人民共和国毗连区为领海以外邻接领海的一带海域。毗连区的宽度为十二海里。

中华人民共和国毗连区的外部界限为一条其每一点与领海基线的最近点距离等于二十四海里的线。

第五条　【领海的主权范围】中华人民共和国对领海的主权及于领海上空、领海的海床及底土。

第六条　【外国船舶通过中国领海的一般规定】外国非军用船舶，享有依法无害通过中华人民共和国领海的权利。

外国军用船舶进入中华人民共和国领海，须经中华人民共和国政府批准。

第七条 【外国潜水艇通过中国领海的规定】外国潜水艇和其他潜水器通过中华人民共和国领海，必须在海面航行，并展示其旗帜。

第八条 【外国船舶通过中国领海应遵守中国的法律法规】外国船舶通过中华人民共和国领海，必须遵守中华人民共和国法律、法规，不得损害中华人民共和国的和平、安全和良好秩序。

外国核动力船舶和载运核物质、有毒物质或者其他危险物质的船舶通过中华人民共和国领海，必须持有有关证书，并采取特别预防措施。

中华人民共和国政府有权采取一切必要措施，以防止和制止对领海的非无害通过。

外国船舶违反中华人民共和国法律、法规的，由中华人民共和国有关机关依法处理。

第九条 【特殊情况下对通过中国领海的外国船舶的特殊规定】为维护航行安全和其他特殊需要，中华人民共和国政府可以要求通过中华人民共和国领海的外国船舶使用指定的航道或者依照规定的分道通航制航行，具体办法由中华人民共和国政府或者其有关主管部门公布。

第十条 【对违法的外国非民用船舶的处罚】外国军用船舶或者用于非商业目的的外国政府船舶在通过中华人民共和国领海时，违反中华人民共和国法律、法规的，中华人民共和国有关主管机关有权令其立即离开领海，对所造成的损失或者损害，船旗国应当负国际责任。

第十一条 【对在中国领海进行科研等活动的规定】任何国际组织、外国的组织或者个人，在中华人民共和国领海内进行科学研究、海洋作业等活动，须经中华人民共和国政府或者其有关主管部门批准，遵守中华人民共和国法律、法规。

违反前款规定，非法进入中华人民共和国领海进行科学研究、海洋作业等活动的，由中华人民共和国有关机关依法处理。

第十二条 【外国航空器进入中国领海上空的规定】外国航空器只有根据该国政府与中华人民共和国政府签订的协定、协议，或者经中华人民共和国政府或者其授权的机关批准或者接受，方可进入中华人民共和国领海上空。

第十三条 【中国在其毗连区内有法律管制权】中华人民共和国有权在毗连区内，为防止和惩处在其陆地领土、内水或者领海内违反有关安全、海关、财政、卫生或者入境出境管理的法律、法规的行为行使管制权。

第十四条 【中国有关主管机关对违法的外国船舶有紧追权】中华人民共和国

有关主管机关有充分理由认为外国船舶违反中华人民共和国法律、法规时，可以对该外国船舶行使紧追权。

追逐须在外国船舶或者其小艇之一或者以被追逐的船舶为母船进行活动的其他船艇在中华人民共和国的内水、领海或者毗连区内时开始。

如果外国船舶是在中华人民共和国毗连区内，追逐只有在本法第十三条所列有关法律、法规规定的权利受到侵犯时方可进行。

追逐只要没有中断，可以在中华人民共和国领海或者毗连区外继续进行。在被追逐的船舶进入其本国领海或者第三国领海时，追逐终止。

本条规定的紧追权由中华人民共和国军用船舶、军用航空器或者中华人民共和国政府授权的执行政府公务的船舶、航空器行使。

第十五条　【领海基线的公布主体】中华人民共和国领海基线由中华人民共和国政府公布。

第十六条　【有关规定】中华人民共和国政府依据本法制定有关规定。

第十七条　【施行日期】本法自公布之日起施行。

中华人民共和国专属经济区和大陆架法

1. 1998年6月26日第九届全国人民代表大会常务委员会第三次会议通过

2. 1998年6月26日中华人民共和国主席令第6号公布

3. 自公布之日起施行

第一条　【立法目的】为保障中华人民共和国对专属经济区和大陆架行使主权权利和管辖权，维护国家海洋权益，制定本法。

第二条　【专属经济区与大陆架的含义】中华人民共和国的专属经济区，为中华人民共和国领海以外并邻接领海的区域，从测算领海宽度的基线量起延至二百海里。

中华人民共和国的大陆架，为中华人民共和国领海以外依本国陆地领土的全部自然延伸，扩展到大陆边外缘的海底区域的海床和底土；如果从测算领海宽度的基线量起至大陆边外缘的距离不足二百海里，则扩展至二百海里。

中华人民共和国与海岸相邻或者相向国家关于专属经济区和大陆架的主张重叠的，在国际法的基础上按照公平原则以协议划定界限。

第三条　【中国在其专属经济区的权利】中华人民共和国在专属经济区为勘

查、开发、养护和管理海床上覆水域、海床及其底土的自然资源，以及进行其他经济性开发和勘查，如利用海水、海流和风力生产能等活动，行使主权权利。

中华人民共和国对专属经济区的人工岛屿、设施和结构的建造、使用和海洋科学研究、海洋环境的保护和保全，行使管辖权。

本法所称专属经济区的自然资源，包括生物资源和非生物资源。

第四条 【中国在其大陆架的权利】中华人民共和国为勘查大陆架和开发大陆架的自然资源，对大陆架行使主权权利。

中华人民共和国对大陆架的人工岛屿、设施和结构的建造、使用和海洋科学研究、海洋环境的保护和保全，行使管辖权。

中华人民共和国拥有授权和管理为一切目的在大陆架上进行钻探的专属权利。

本法所称大陆架的自然资源，包括海床和底土的矿物和其他非生物资源，以及属于定居种的生物，即在可捕捞阶段在海床上或者海床下不能移动或者其躯体须与海床或者底土保持接触才能移动的生物。

第五条 【非中国主体在中国专属经济区从事渔业活动的规定】任何国际组织、外国的组织或者个人进入中华人民共和国的专属经济区从事渔业活动，必须经中华人民共和国主管机关批准，并遵守中华人民共和国的法律、法规及中华人民共和国与有关国家签订的条约、协定。

中华人民共和国主管机关有权采取各种必要的养护和管理措施，确保专属经济区的生物资源不受过度开发的危害。

第六条 【中国对其专属经济区的鱼资源的管理和利用】中华人民共和国主管机关有权对专属经济区的跨界种群、高度洄游鱼种、海洋哺乳动物、源自中华人民共和国河流的溯河产卵种群、在中华人民共和国水域内度过大部分生命周期的降河产卵鱼种，进行养护和管理。

中华人民共和国对源自本国河流的溯河产卵种群，享有主要利益。

第七条 【非中国主体对中国专属经济区和大陆架利用的程序】任何国际组织、外国的组织或者个人对中华人民共和国的专属经济区和大陆架的自然资源进行勘查、开发活动或者在中华人民共和国的大陆架上为任何目的进行钻探，必须经中华人民共和国主管机关批准，并遵守中华人民共和国的法律、法规。

第八条 【中国对其专属经济区和大陆架的人工岛屿、设施和结构享有专属权利】中华人民共和国在专属经济区和大陆架有专属权利建造并授权和管理建造、操作和使用人工岛屿、设施和结构。

中华人民共和国对专属经济区和大陆架的人工岛屿、设施和结构行使专属管辖权，包括有关海关、财政、卫生、安全和出境入境的法律和法规方面的管辖权。

中华人民共和国主管机关有权在专属经济区和大陆架的人工岛屿、设施和结构周围设置安全地带，并可以在该地带采取适当措施，确保航行安全以及人工岛屿、设施和结构的安全。

第九条　【非中国主体对中国专属经济区和大陆架进行研究的程序】任何国际组织、外国的组织或者个人在中华人民共和国的专属经济区和大陆架进行海洋科学研究，必须经中华人民共和国主管机关批准，并遵守中华人民共和国的法律、法规。

第十条　【海洋环境的保护】中华人民共和国主管机关有权采取必要的措施，防止、减少和控制海洋环境的污染，保护和保全专属经济区和大陆架的海洋环境。

第十一条　【外国在中国专属经济区和大陆架以守法为前提的自由权利】任何国家在遵守国际法和中华人民共和国的法律、法规的前提下，在中华人民共和国的专属经济区享有航行、飞越的自由，在中华人民共和国的专属经济区和大陆架享有铺设海底电缆和管道的自由，以及与上述自由有关的其他合法使用海洋的便利。铺设海底电缆和管道的路线，必须经中华人民共和国主管机关同意。

第十二条　【中国在其专属经济区和大陆架享有紧追权等权利】中华人民共和国在行使勘查、开发、养护和管理专属经济区的生物资源的主权权利时，为确保中华人民共和国的法律、法规得到遵守，可以采取登临、检查、逮捕、扣留和进行司法程序等必要的措施。

中华人民共和国对在专属经济区和大陆架违反中华人民共和国法律、法规的行为，有权采取必要措施、依法追究法律责任，并可以行使紧追权。

第十三条　【权利的其他依据】中华人民共和国在专属经济区和大陆架享有的权利，本法未作规定的，根据国际法和中华人民共和国其他有关法律、法规行使。

第十四条　【本法不影响中国的历史性权利】本法的规定不影响中华人民共和国享有的历史性权利。

第十五条　【相关规定的制定】中华人民共和国政府可以根据本法制定有关规定。

第十六条　【施行日期】本法自公布之日起施行。

中华人民共和国出境入境管理法

1. 2012年6月30日第十一届全国人民代表大会常务委员会第二十七次会议通过
2. 2012年6月30日中华人民共和国主席令第57号公布
3. 自2013年7月1日起施行

目　　录

第一章　总　　则
第二章　中国公民出境入境
第三章　外国人入境出境
　第一节　签　　证
　第二节　入境出境
第四章　外国人停留居留
　第一节　停留居留
　第二节　永久居留
第五章　交通运输工具出境入境边防检查
第六章　调查和遣返
第七章　法律责任
第八章　附　　则

第一章　总　　则

第一条　【立法目的】为了规范出境入境管理，维护中华人民共和国的主权、安全和社会秩序，促进对外交往和对外开放，制定本法。

第二条　【调整范围】中国公民出境入境、外国人入境出境、外国人在中国境内停留居留的管理，以及交通运输工具出境入境的边防检查，适用本法。

第三条　【合法权益保护】国家保护中国公民出境入境合法权益。

在中国境内的外国人的合法权益受法律保护。在中国境内的外国人应当遵守中国法律，不得危害中国国家安全、损害社会公共利益、破坏社会公共秩序。

第四条　【出入境管理工作体制】公安部、外交部按照各自职责负责有关出境入境事务的管理。

中华人民共和国驻外使馆、领馆或者外交部委托的其他驻外机构（以下称驻外签证机关）负责在境外签发外国人入境签证。出入境边防检查机关负责实施出境入境边防检查。县级以上地方人民政府公安机关及其出入境管理机构负责外国人停留居留管理。

公安部、外交部可以在各自职责范围内委托县级以上地方人民政府公安机关出入境管理机构、县级以上地方人民政府外事部门受理外国人入境、停留居留申请。

公安部、外交部在出境入境事务管理中，应当加强沟通配合，并与国务院有关部门密切合作，按照各自职责分工，依法行使职权，承担责任。

第五条　【信息平台建设】国家建立统一的出境入境管理信息平台，实现有关管理部门信息共享。

第六条　【出入境边防检查】国家在对外开放的口岸设立出入境边防检查机关。

中国公民、外国人以及交通运输工具应当从对外开放的口岸出境入境，特殊情况下，可以从国务院或者国务院授权的部门批准的地点出境入境。出境入境人员和交通运输工具应当接受出境入境边防检查。

出入境边防检查机关负责对口岸限定区域实施管理。根据维护国家安全和出境入境管理秩序的需要，出入境边防检查机关可以对出境入境人员携带的物品实施边防检查。必要时，出入境边防检查机关可以对出境入境交通运输工具载运的货物实施边防检查，但是应当通知海关。

第七条　【留存人体生物识别信息】经国务院批准，公安部、外交部根据出境入境管理的需要，可以对留存出境入境人员的指纹等人体生物识别信息作出规定。

外国政府对中国公民签发签证、出境入境管理有特别规定的，中国政府可以根据情况采取相应的对等措施。

第八条　【管理与服务并重】履行出境入境管理职责的部门和机构应当切实采取措施，不断提升服务和管理水平，公正执法，便民高效，维护安全、便捷的出境入境秩序。

第二章　中国公民出境入境

第九条　【出境入境证件】中国公民出境入境，应当依法申请办理护照或者其他旅行证件。

中国公民前往其他国家或者地区，还需要取得前往国签证或者其他入境许可证明。但是，中国政府与其他国家政府签订互免签证协议或者公安部、外交部另有规定的除外。

中国公民以海员身份出境入境和在国外船舶上从事工作的，应当依法申请办理海员证。

第十条 【中国公民往来港澳台】中国公民往来内地与香港特别行政区、澳门特别行政区，中国公民往来大陆与台湾地区，应当依法申请办理通行证件，并遵守本法有关规定。具体管理办法由国务院规定。

第十一条 【出境入境查验程序和为中国公民提供便利措施】中国公民出境入境，应当向出入境边防检查机关交验本人的护照或者其他旅行证件等出境入境证件，履行规定的手续，经查验准许，方可出境入境。

具备条件的口岸，出入境边防检查机关应当为中国公民出境入境提供专用通道等便利措施。

第十二条 【不准出境情形】中国公民有下列情形之一的，不准出境：

（一）未持有效出境入境证件或者拒绝、逃避接受边防检查的；

（二）被判处刑罚尚未执行完毕或者属于刑事案件被告人、犯罪嫌疑人的；

（三）有未了结的民事案件，人民法院决定不准出境的；

（四）因妨害国（边）境管理受到刑事处罚或者因非法出境、非法居留、非法就业被其他国家或者地区遣返，未满不准出境规定年限的；

（五）可能危害国家安全和利益，国务院有关主管部门决定不准出境的；

（六）法律、行政法规规定不准出境的其他情形。

第十三条 【华侨回国定居】定居国外的中国公民要求回国定居的，应当在入境前向中华人民共和国驻外使馆、领馆或者外交部委托的其他驻外机构提出申请，也可以由本人或者经由国内亲属向拟定居地的县级以上地方人民政府侨务部门提出申请。

第十四条 【华侨在境内办理有关事务的身份证明】定居国外的中国公民在中国境内办理金融、教育、医疗、交通、电信、社会保险、财产登记等事务需要提供身份证明的，可以凭本人的护照证明其身份。

第三章 外国人入境出境

第一节 签 证

第十五条 【入境签证】外国人入境，应当向驻外签证机关申请办理签证，但是本法另有规定的除外。

第十六条 【签证种类】签证分为外交签证、礼遇签证、公务签证、普通签证。

对因外交、公务事由入境的外国人，签发外交、公务签证；对因身份特殊需要给予礼遇的外国人，签发礼遇签证。外交签证、礼遇签证、公务签证的签发范围和签发办法由外交部规定。

对因工作、学习、探亲、旅游、商务活动、人才引进等非外交、公务事由入境的外国人，签发相应类别的普通签证。普通签证的类别和签发办法由国务院规定。

第十七条　【签证登记项目】签证的登记项目包括：签证种类，持有人姓名、性别、出生日期、入境次数、入境有效期、停留期限，签发日期、地点，护照或者其他国际旅行证件号码等。

第十八条　【签证申请的条件和程序】外国人申请办理签证，应当向驻外签证机关提交本人的护照或者其他国际旅行证件，以及申请事由的相关材料，按照驻外签证机关的要求办理相关手续、接受面谈。

第十九条　【邀请函】外国人申请办理签证需要提供中国境内的单位或者个人出具的邀请函件的，申请人应当按照驻外签证机关的要求提供。出具邀请函件的单位或者个人应当对邀请内容的真实性负责。

第二十条　【口岸签证】出于人道原因需要紧急入境，应邀入境从事紧急商务、工程抢修或者具有其他紧急入境需要并持有有关主管部门同意在口岸申办签证的证明材料的外国人，可以在国务院批准办理口岸签证业务的口岸，向公安部委托的口岸签证机关（以下简称口岸签证机关）申请办理口岸签证。

旅行社按照国家有关规定组织入境旅游的，可以向口岸签证机关申请办理团体旅游签证。

外国人向口岸签证机关申请办理签证，应当提交本人的护照或者其他国际旅行证件，以及申请事由的相关材料，按照口岸签证机关的要求办理相关手续，并从申请签证的口岸入境。

口岸签证机关签发的签证一次入境有效，签证注明的停留期限不得超过三十日。

第二十一条　【不予签发签证的情形】外国人有下列情形之一的，不予签发签证：

（一）被处驱逐出境或者被决定遣送出境，未满不准入境规定年限的；

（二）患有严重精神障碍、传染性肺结核病或者有可能对公共卫生造成重大危害的其他传染病的；

（三）可能危害中国国家安全和利益、破坏社会公共秩序或者从事其他违法犯罪活动的；

（四）在申请签证过程中弄虚作假或者不能保障在中国境内期间所需费用的；

（五）不能提交签证机关要求提交的相关材料的；

（六）签证机关认为不宜签发签证的其他情形。

对不予签发签证的，签证机关可以不说明理由。

第二十二条　【免办签证情形】外国人有下列情形之一的，可以免办签证：

（一）根据中国政府与其他国家政府签订的互免签证协议，属于免办签证人员的；

（二）持有效的外国人居留证件的；

（三）持联程客票搭乘国际航行的航空器、船舶、列车从中国过境前往第三国或者地区，在中国境内停留不超过二十四小时且不离开口岸，或者在国务院批准的特定区域内停留不超过规定时限的；

（四）国务院规定的可以免办签证的其他情形。

第二十三条　【临时入境】有下列情形之一的外国人需要临时入境的，应当向出入境边防检查机关申请办理临时入境手续：

（一）外国船员及其随行家属登陆港口所在城市的；

（二）本法第二十二条第三项规定的人员需要离开口岸的；

（三）因不可抗力或者其他紧急原因需要临时入境的。

临时入境的期限不得超过十五日。

对申请办理临时入境手续的外国人，出入境边防检查机关可以要求外国人本人、载运其入境的交通运输工具的负责人或者交通运输工具出境入境业务代理单位提供必要的保证措施。

第二节　入境出境

第二十四条　【入境查验】外国人入境，应当向出入境边防检查机关交验本人的护照或者其他国际旅行证件、签证或者其他入境许可证明，履行规定的手续，经查验准许，方可入境。

第二十五条　【不准入境情形】外国人有下列情形之一的，不准入境：

（一）未持有效出境入境证件或者拒绝、逃避接受边防检查的；

（二）具有本法第二十一条第一款第一项至第四项规定情形的；

（三）入境后可能从事与签证种类不符的活动的；

（四）法律、行政法规规定不准入境的其他情形。

对不准入境的，出入境边防检查机关可以不说明理由。

第二十六条　【责令不准入境外国人返回】对未被准许入境的外国人，出入境边防检查机关应当责令其返回；对拒不返回的，强制其返回。外国人等待返回期间，不得离开限定的区域。

第二十七条　【出境查验】外国人出境，应当向出入境边防检查机关交验本人的护照或者其他国际旅行证件等出境入境证件，履行规定的手续，经查验准许，方可出境。

第二十八条　【不准出境的情形】外国人有下列情形之一的，不准出境：

（一）被判处刑罚尚未执行完毕或者属于刑事案件被告人、犯罪嫌疑人的，但是按照中国与外国签订的有关协议，移管被判刑人的除外；

（二）有未了结的民事案件，人民法院决定不准出境的；

（三）拖欠劳动者的劳动报酬，经国务院有关部门或者省、自治区、直辖市人民政府决定不准出境的；

（四）法律、行政法规规定不准出境的其他情形。

第四章　外国人停留居留

第一节　停留居留

第二十九条　【签证停留期限】外国人所持签证注明的停留期限不超过一百八十日的，持证人凭签证并按照签证注明的停留期限在中国境内停留。

需要延长签证停留期限的，应当在签证注明的停留期限届满七日前向停留地县级以上地方人民政府公安机关出入境管理机构申请，按照要求提交申请事由的相关材料。经审查，延期理由合理、充分的，准予延长停留期限；不予延长停留期限的，应当按期离境。

延长签证停留期限，累计不得超过签证原注明的停留期限。

第三十条　【居留证件】外国人所持签证注明入境后需要办理居留证件的，应当自入境之日起三十日内，向拟居留地县级以上地方人民政府公安机关出入境管理机构申请办理外国人居留证件。

申请办理外国人居留证件，应当提交本人的护照或者其他国际旅行证件，以及申请事由的相关材料，并留存指纹等人体生物识别信息。公安机关出入境管理机构应当自收到申请材料之日起十五日内进行审查并作出审查决定，根据居留事由签发相应类别和期限的外国人居留证件。

外国人工作类居留证件的有效期最短为九十日，最长为五年；非工作类居留证件的有效期最短为一百八十日，最长为五年。

第三十一条　【不予签发居留证件的情形】外国人有下列情形之一的，不予签发外国人居留证件：

（一）所持签证类别属于不应办理外国人居留证件的；

（二）在申请过程中弄虚作假的；

（三）不能按照规定提供相关证明材料的；

（四）违反中国有关法律、行政法规，不适合在中国境内居留的；

（五）签发机关认为不宜签发外国人居留证件的其他情形。

符合国家规定的专门人才、投资者或者出于人道等原因确需由停留变更为居留的外国人，经设区的市级以上地方人民政府公安机关出入境管理机构批准可以办理外国人居留证件。

第三十二条　【居留期限的延长】在中国境内居留的外国人申请延长居留期限的，应当在居留证件有效期限届满三十日前向居留地县级以上地方人民政府公安机关出入境管理机构提出申请，按照要求提交申请事由的相关材料。经审查，延期理由合理、充分的，准予延长居留期限；不予延长居留期限的，应当按期离境。

第三十三条　【居留证件登记项目】外国人居留证件的登记项目包括：持有人姓名、性别、出生日期、居留事由、居留期限，签发日期、地点，护照或者其他国际旅行证件号码等。

外国人居留证件登记事项发生变更的，持证件人应当自登记事项发生变更之日起十日内向居留地县级以上地方人民政府公安机关出入境管理机构申请办理变更。

第三十四条　【停留证件】免办签证入境的外国人需要超过免签期限在中国境内停留的，外国船员及其随行家属在中国境内停留需要离开港口所在城市，或者具有需要办理外国人停留证件其他情形的，应当按照规定办理外国人停留证件。

外国人停留证件的有效期最长为一百八十日。

第三十五条　【证件的换发、补发】外国人入境后，所持的普通签证、停留居留证件损毁、遗失、被盗抢或者有符合国家规定的事由需要换发、补发的，应当按照规定向停留居留地县级以上地方人民政府公安机关出入境管理机构提出申请。

第三十六条　【办理有关证件的决定为最终决定】公安机关出入境管理机构作出的不予办理普通签证延期、换发、补发，不予办理外国人停留居留证件、不予延长居留期限的决定为最终决定。

第三十七条　【停留居留要求】外国人在中国境内停留居留，不得从事与停留居留事由不相符的活动，并应当在规定的停留居留期限届满前离境。

第三十八条　【证件查验】年满十六周岁的外国人在中国境内停留居留，应当随身携带本人的护照或者其他国际旅行证件，或者外国人停留居留证件，接受公安机关的查验。

在中国境内居留的外国人，应当在规定的时间内到居留地县级以上地方人民政府公安机关交验外国人居留证件。

第三十九条　【住宿登记】外国人在中国境内旅馆住宿的，旅馆应当按照旅馆业治安管理的有关规定为其办理住宿登记，并向所在地公安机关报送外国人住宿登记信息。

外国人在旅馆以外的其他住所居住或者住宿的，应当在入住后二十四小时内由本人或者留宿人，向居住地的公安机关办理登记。

第四十条　【外国人在中国境内出生、死亡报告】在中国境内出生的外国婴儿，其父母或者代理人应当在婴儿出生六十日内，持该婴儿的出生证明到父母停留居留地县级以上地方人民政府公安机关出入境管理机构为其办理停留或者居留登记。

外国人在中国境内死亡的，其家属、监护人或者代理人，应当按照规定，持该外国人的死亡证明向县级以上地方人民政府公安机关出入境管理机构申报，注销外国人停留居留证件。

第四十一条　【外国人工作】外国人在中国境内工作，应当按照规定取得工作许可和工作类居留证件。任何单位和个人不得聘用未取得工作许可和工作类居留证件的外国人。

外国人在中国境内工作管理办法由国务院规定。

第四十二条　【工作管理和指导目录】国务院人力资源社会保障主管部门、外国专家主管部门会同国务院有关部门根据经济社会发展需要和人力资源供求状况制定并定期调整外国人在中国境内工作指导目录。

国务院教育主管部门会同国务院有关部门建立外国留学生勤工助学管理制度，对外国留学生勤工助学的岗位范围和时限作出规定。

第四十三条　【非法就业】外国人有下列行为之一的，属于非法就业：

（一）未按照规定取得工作许可和工作类居留证件在中国境内工作的；

（二）超出工作许可限定范围在中国境内工作的；

（三）外国留学生违反勤工助学管理规定，超出规定的岗位范围或者时限在中国境内工作的。

第四十四条　【有关区域限制】根据维护国家安全、公共安全的需要，公安机关、国家安全机关可以限制外国人、外国机构在某些地区设立居住或者办公场所；对已经设立的，可以限期迁离。

未经批准，外国人不得进入限制外国人进入的区域。

第四十五条 **【信息报告】**聘用外国人工作或者招收外国留学生的单位，应当按照规定向所在地公安机关报告有关信息。

公民、法人或者其他组织发现外国人有非法入境、非法居留、非法就业情形的，应当及时向所在地公安机关报告。

第四十六条 **【难民的停留居留】**申请难民地位的外国人，在难民地位甄别期间，可以凭公安机关签发的临时身份证明在中国境内停留；被认定为难民的外国人，可以凭公安机关签发的难民身份证件在中国境内停留居留。

第二节 永久居留

第四十七条 **【永久居留条件】**对中国经济社会发展作出突出贡献或者符合其他在中国境内永久居留条件的外国人，经本人申请和公安部批准，取得永久居留资格。

外国人在中国境内永久居留的审批管理办法由公安部、外交部会同国务院有关部门规定。

第四十八条 **【永久居留待遇】**取得永久居留资格的外国人，凭永久居留证件在中国境内居留和工作，凭本人的护照和永久居留证件出境入境。

第四十九条 **【永久居留资格的取消】**外国人有下列情形之一的，由公安部决定取消其在中国境内永久居留资格：

（一）对中国国家安全和利益造成危害的；

（二）被处驱逐出境的；

（三）弄虚作假骗取在中国境内永久居留资格的；

（四）在中国境内居留未达到规定时限的；

（五）不适宜在中国境内永久居留的其他情形。

第五章 交通运输工具出境入境边防检查

第五十条 **【出入境边防检查】**出境入境交通运输工具离开、抵达口岸时，应当接受边防检查。对交通运输工具的入境边防检查，在其最先抵达的口岸进行；对交通运输工具的出境边防检查，在其最后离开的口岸进行。特殊情况下，可以在有关主管机关指定的地点进行。

出境的交通运输工具自出境检查后至出境前，入境的交通运输工具自入境后至入境检查前，未经出入境边防检查机关按照规定程序许可，不得上下人员、装卸货物或者物品。

第五十一条 **【信息报告】**交通运输工具负责人或者交通运输工具出境入境业

务代理单位应当按照规定提前向出入境边防检查机关报告入境、出境的交通运输工具抵达、离开口岸的时间和停留地点，如实申报员工、旅客、货物或者物品等信息。

第五十二条　【配合边防检查】交通运输工具负责人、交通运输工具出境入境业务代理单位应当配合出境入境边防检查，发现违反本法规定行为的，应当立即报告并协助调查处理。

入境交通运输工具载运不准入境人员的，交通运输工具负责人应当负责载离。

第五十三条　【监护】出入境边防检查机关按照规定对处于下列情形之一的出境入境交通运输工具进行监护：

（一）出境的交通运输工具在出境边防检查开始后至出境前、入境的交通运输工具在入境后至入境边防检查完成前；

（二）外国船舶在中国内河航行期间；

（三）有必要进行监护的其他情形。

第五十四条　【登轮证件和船舶搭靠】因装卸物品、维修作业、参观访问等事由需要上下外国船舶的人员，应当向出入境边防检查机关申请办理登轮证件。

中国船舶与外国船舶或者外国船舶之间需要搭靠作业的，应当由船长或者交通运输工具出境入境业务代理单位向出入境边防检查机关申请办理船舶搭靠手续。

第五十五条　【船舶、航空器行驶规范】外国船舶、航空器在中国境内应当按照规定的路线、航线行驶。

出境入境的船舶、航空器不得驶入对外开放口岸以外地区。因不可预见的紧急情况或者不可抗力驶入的，应当立即向就近的出入境边防检查机关或者当地公安机关报告，并接受监护和管理。

第五十六条　【不准出境入境情形】交通运输工具有下列情形之一的，不准出境入境；已经驶离口岸的，可以责令返回：

（一）离开、抵达口岸时，未经查验准许擅自出境入境的；

（二）未经批准擅自改变出境入境口岸的；

（三）涉嫌载有不准出境入境人员，需要查验核实的；

（四）涉嫌载有危害国家安全、利益和社会公共秩序的物品，需要查验核实的；

（五）拒绝接受出入境边防检查机关管理的其他情形。

前款所列情形消失后，出入境边防检查机关对有关交通运输工具应当立即放行。

第五十七条 【**备案**】从事交通运输工具出境入境业务代理的单位，应当向出入境边防检查机关备案。从事业务代理的人员，由所在单位向出入境边防检查机关办理备案手续。

第六章 调查和遣返

第五十八条 【**实施主体**】本章规定的当场盘问、继续盘问、拘留审查、限制活动范围、遣送出境措施，由县级以上地方人民政府公安机关或者出入境边防检查机关实施。

第五十九条 【**当场盘问、继续盘问和传唤**】对涉嫌违反出境入境管理的人员，可以当场盘问；经当场盘问，有下列情形之一的，可以依法继续盘问：

（一）有非法出境入境嫌疑的；

（二）有协助他人非法出境入境嫌疑的；

（三）外国人有非法居留、非法就业嫌疑的；

（四）有危害国家安全和利益，破坏社会公共秩序或者从事其他违法犯罪活动嫌疑的。

当场盘问和继续盘问应当依据《中华人民共和国人民警察法》规定的程序进行。

县级以上地方人民政府公安机关或者出入境边防检查机关需要传唤涉嫌违反出境入境管理的人员的，依照《中华人民共和国治安管理处罚法》的有关规定执行。

第六十条 【**拘留审查**】外国人有本法第五十九条第一款规定情形之一的，经当场盘问或者继续盘问后仍不能排除嫌疑，需要作进一步调查的，可以拘留审查。

实施拘留审查，应当出示拘留审查决定书，并在二十四小时内进行询问。发现不应当拘留审查的，应当立即解除拘留审查。

拘留审查的期限不得超过三十日；案情复杂的，经上一级地方人民政府公安机关或者出入境边防检查机关批准可以延长至六十日。对国籍、身份不明的外国人，拘留审查期限自查清其国籍、身份之日起计算。

第六十一条 【**不适用拘留审查的情形**】外国人有下列情形之一的，不适用拘留审查，可以限制其活动范围：

（一）患有严重疾病的；

（二）怀孕或者哺乳自己不满一周岁婴儿的；

（三）未满十六周岁或者已满七十周岁的；

（四）不宜适用拘留审查的其他情形。

被限制活动范围的外国人，应当按照要求接受审查，未经公安机关批准，不得离开限定的区域。限制活动范围的期限不得超过六十日。对国籍、身份不明的外国人，限制活动范围期限自查清其国籍、身份之日起计算。

第六十二条　【遣送出境】外国人有下列情形之一的，可以遣送出境：

（一）被处限期出境，未在规定期限内离境的；

（二）有不准入境情形的；

（三）非法居留、非法就业的；

（四）违反本法或者其他法律、行政法规需要遣送出境的。

其他境外人员有前款所列情形之一的，可以依法遣送出境。

被遣送出境的人员，自被遣送出境之日起一至五年内不准入境。

第六十三条　【羁押场所和遣返场所】被拘留审查或者被决定遣送出境但不能立即执行的人员，应当羁押在拘留所或者遣返场所。

第六十四条　【行政救济】外国人对依照本法规定对其实施的继续盘问、拘留审查、限制活动范围、遣送出境措施不服的，可以依法申请行政复议，该行政复议决定为最终决定。

其他境外人员对依照本法规定对其实施的遣送出境措施不服，申请行政复议的，适用前款规定。

第六十五条　【边控通知】对依法决定不准出境或者不准入境的人员，决定机关应当按照规定及时通知出入境边防检查机关；不准出境、入境情形消失的，决定机关应当及时撤销不准出境、入境决定，并通知出入境边防检查机关。

第六十六条　【人身检查】根据维护国家安全和出境入境管理秩序的需要，必要时，出入境边防检查机关可以对出境入境的人员进行人身检查。人身检查应当由两名与受检查人同性别的边防检查人员进行。

第六十七条　【出境入境证件的无效、作废、注销和收缴】签证、外国人停留居留证件等出境入境证件发生损毁、遗失、被盗抢或者签发后发现持证人不符合签发条件等情形的，由签发机关宣布该出境入境证件作废。

伪造、变造、骗取或者被证件签发机关宣布作废的出境入境证件无效。

公安机关可以对前款规定的或被他人冒用的出境入境证件予以注销或者收缴。

第六十八条　【违法物品的扣押】对用于组织、运送、协助他人非法出境入境的交通运输工具，以及需要作为办案证据的物品，公安机关可以扣押。

对查获的违禁物品，涉及国家秘密的文件、资料以及用于实施违反出境入境管理活动的工具等，公安机关应当予以扣押，并依照相关法律、行政法规规定处理。

第六十九条 **【出境入境证件的鉴定】**出境入境证件的真伪由签发机关、出入境边防检查机关或者公安机关出入境管理机构认定。

第七章 法律责任

第七十条 **【实施主体】**本章规定的行政处罚，除本章另有规定外，由县级以上地方人民政府公安机关或者出入境边防检查机关决定；其中警告或者五千元以下罚款，可以由县级以上地方人民政府公安机关出入境管理机构决定。

第七十一条 **【非法出境入境的法律责任】**有下列行为之一的，处一千元以上五千元以下罚款；情节严重的，处五日以上十日以下拘留，可以并处二千元以上一万元以下罚款：

（一）持用伪造、变造、骗取的出境入境证件出境入境的；

（二）冒用他人出境入境证件出境入境的；

（三）逃避出境入境边防检查的；

（四）以其他方式非法出境入境的。

第七十二条 **【协助非法出境入境的法律责任】**协助他人非法出境入境的，处二千元以上一万元以下罚款；情节严重的，处十日以上十五日以下拘留，并处五千元以上二万元以下罚款，有违法所得的，没收违法所得。

单位有前款行为的，处一万元以上五万元以下罚款，有违法所得的，没收违法所得，并对其直接负责的主管人员和其他直接责任人员依照前款规定予以处罚。

第七十三条 **【骗取出境入境证件的法律责任】**弄虚作假骗取签证、停留居留证件等出境入境证件的，处二千元以上五千元以下罚款；情节严重的，处十日以上十五日以下拘留，并处五千元以上二万元以下罚款。

单位有前款行为的，处一万元以上五万元以下罚款，并对其直接负责的主管人员和其他直接责任人员依照前款规定予以处罚。

第七十四条 **【违法出具邀请函的法律责任】**违反本法规定，为外国人出具邀请函件或者其他申请材料的，处五千元以上一万元以下罚款，有违法所得的，没收违法所得，并责令其承担所邀请外国人的出境费用。

单位有前款行为的，处一万元以上五万元以下罚款，有违法所得的，没收违法所得，并责令其承担所邀请外国人的出境费用，对其直接负责的主管人员和其他直接责任人员依照前款规定予以处罚。

第七十五条 **【转道偷渡的法律责任】**中国公民出境后非法前往其他国家或者

地区被遣返的，出入境边防检查机关应当收缴其出境入境证件，出境入境证件签发机关自其被遣返之日起六个月至三年以内不予签发出境入境证件。

第七十六条 【违反出境入境管理的法律责任】有下列情形之一的，给予警告，可以并处二千元以下罚款：

（一）外国人拒不接受公安机关查验其出境入境证件的；

（二）外国人拒不交验居留证件的；

（三）未按照规定办理外国人出生登记、死亡申报的；

（四）外国人居留证件登记事项发生变更，未按照规定办理变更的；

（五）在中国境内的外国人冒用他人出境入境证件的；

（六）未按照本法第三十九条第二款规定办理登记的。

旅馆未按照规定办理外国人住宿登记的，依照《中华人民共和国治安管理处罚法》的有关规定予以处罚；未按照规定向公安机关报送外国人住宿登记信息的，给予警告；情节严重的，处一千元以上五千元以下罚款。

第七十七条 【外国人违反活动区域限制的法律责任】外国人未经批准，擅自进入限制外国人进入的区域，责令立即离开；情节严重的，处五日以上十日以下拘留。对外国人非法获取的文字记录、音像资料、电子数据和其他物品，予以收缴或者销毁，所用工具予以收缴。

外国人、外国机构违反本法规定，拒不执行公安机关、国家安全机关限期迁离决定的，给予警告并强制迁离；情节严重的，对有关责任人员处五日以上十五日以下拘留。

第七十八条 【非法居留的法律责任】外国人非法居留的，给予警告；情节严重的，处每非法居留一日五百元，总额不超过一万元的罚款或者五口以上十五日以下拘留。

因监护人或者其他负有监护责任的人未尽到监护义务，致使未满十六周岁的外国人非法居留的，对监护人或者其他负有监护责任的人给予警告，可以并处一千元以下罚款。

第七十九条 【协助非法入境、非法居留的法律责任】容留、藏匿非法入境、非法居留的外国人，协助非法入境、非法居留的外国人逃避检查，或者为非法居留的外国人违法提供出境入境证件的，处二千元以上一万元以下罚款；情节严重的，处五日以上十五日以下拘留，并处五千元以上二万元以下罚款，有违法所得的，没收违法所得。

单位有前款行为的，处一万元以上五万元以下罚款，有违法所得的，没收违法所得，并对其直接负责的主管人员和其他直接责任人员依照前款规定予以处罚。

第八十条　【非法就业的法律责任】外国人非法就业的，处五千元以上二万元以下罚款；情节严重的，处五日以上十五日以下拘留，并处五千元以上二万元以下罚款。

介绍外国人非法就业的，对个人处每非法介绍一人五千元，总额不超过五万元的罚款；对单位处每非法介绍一人五千元，总额不超过十万元的罚款；有违法所得的，没收违法所得。

非法聘用外国人的，处每非法聘用一人一万元，总额不超过十万元的罚款；有违法所得的，没收违法所得。

第八十一条　【违反停留居留规范的法律责任】外国人从事与停留居留事由不相符的活动，或者有其他违反中国法律、法规规定，不适宜在中国境内继续停留居留情形的，可以处限期出境。

外国人违反本法规定，情节严重，尚不构成犯罪的，公安部可以处驱逐出境。公安部的处罚决定为最终决定。

被驱逐出境的外国人，自被驱逐出境之日起十年内不准入境。

第八十二条　【违反口岸管理的法律责任】有下列情形之一的，给予警告，可以并处二千元以下罚款：

（一）扰乱口岸限定区域管理秩序的；

（二）外国船员及其随行家属未办理临时入境手续登陆的；

（三）未办理登轮证件上下外国船舶的。

违反前款第一项规定，情节严重的，可以并处五日以上十日以下拘留。

第八十三条　【交通运输工具违反边防检查管理的法律责任】交通运输工具有下列情形之一的，对其负责人处五千元以上五万元以下罚款：

（一）未经查验准许擅自出境入境或者未经批准擅自改变出境入境口岸的；

（二）未按照规定如实申报员工、旅客、货物或者物品等信息，或者拒绝协助出境入境边防检查的；

（三）违反出境入境边防检查规定上下人员、装卸货物或者物品的。

出境入境交通运输工具载运不准出境入境人员出境入境的，处每载运一人五千元以上一万元以下罚款。交通运输工具负责人证明其已经采取合理预防措施的，可以减轻或者免予处罚。

第八十四条　【交通运输工具违反出境入境管理的法律责任】交通运输工具有下列情形之一的，对其负责人处二千元以上二万元以下罚款：

（一）中国或者外国船舶未经批准擅自搭靠外国船舶的；

（二）外国船舶、航空器在中国境内未按照规定的路线、航线行驶的；

（三）出境入境的船舶、航空器违反规定驶入对外开放口岸以外地区的。

第八十五条 **【出境入境管理工作人员的法律责任】** 履行出境入境管理职责的工作人员，有下列行为之一的，依法给予处分：

（一）违反法律、行政法规，为不符合规定条件的外国人签发签证、外国人停留居留证件等出境入境证件的；

（二）违反法律、行政法规，审核验放不符合规定条件的人员或者交通运输工具出境入境的；

（三）泄露在出境入境管理工作中知悉的个人信息，侵害当事人合法权益的；

（四）不按照规定将依法收取的费用、收缴的罚款及没收的违法所得、非法财物上缴国库的；

（五）私分、侵占、挪用罚没、扣押的款物或者收取的费用的；

（六）滥用职权、玩忽职守、徇私舞弊，不依法履行法定职责的其他行为。

第八十六条 **【当场处罚】** 对违反出境入境管理行为处五百元以下罚款的，出入境边防检查机关可以当场作出处罚决定。

第八十七条 **【罚款与收缴相分离】** 对违反出境入境管理行为处罚款的，被处罚人应当自收到处罚决定书之日起十五日内，到指定的银行缴纳罚款。被处罚人在所在地没有固定住所，不当场收缴罚款事后难以执行或者在口岸向指定银行缴纳罚款确有困难的，可以当场收缴。

第八十八条 **【刑事责任】** 违反本法规定，构成犯罪的，依法追究刑事责任。

第八章 附 则

第八十九条 **【有关概念解释】** 本法下列用语的含义：

出境，是指由中国内地前往其他国家或者地区，由中国内地前往香港特别行政区、澳门特别行政区，由中国大陆前往台湾地区。

入境，是指由其他国家或者地区进入中国内地，由香港特别行政区、澳门特别行政区进入中国内地，由台湾地区进入中国大陆。

外国人，是指不具有中国国籍的人。

第九十条 **【制定边民管理规定】** 经国务院批准，同毗邻国家接壤的省、自治区可以根据中国与有关国家签订的边界管理协定制定地方性法规、地方政府规章，对两国边境接壤地区的居民往来作出规定。

第九十一条　【外交、领事人员的特别规定】外国驻中国的外交代表机构、领事机构成员以及享有特权和豁免的其他外国人，其入境出境及停留居留管理，其他法律另有规定的，依照其规定。

第九十二条　【出入境证件费用】外国人申请办理签证、外国人停留居留证件等出境入境证件或者申请办理证件延期、变更的，应当按照规定缴纳签证费、证件费。

第九十三条　【法律生效日期】本法自2013年7月1日起施行。《中华人民共和国外国人入境出境管理法》和《中华人民共和国公民出境入境管理法》同时废止。

中华人民共和国境外非政府组织境内活动管理法

1. 2016年4月28日第十二届全国人民代表大会常务委员会第二十次会议通过

2. 根据2017年11月4日第十二届全国人民代表大会常务委员会第三十次会议《关于修改〈中华人民共和国会计法〉等十一部法律的决定》修正

目　　录

第一章　总　　则
第二章　登记和备案
第三章　活动规范
第四章　便利措施
第五章　监督管理
第六章　法律责任
第七章　附　　则

第一章　总　　则

第一条　【立法目的】为了规范、引导境外非政府组织在中国境内的活动，保障其合法权益，促进交流与合作，制定本法。

第二条　【适用主体】境外非政府组织在中国境内开展活动适用本法。

本法所称境外非政府组织，是指在境外合法成立的基金会、社会团体、智库机构等非营利、非政府的社会组织。

第三条　【活动范围】境外非政府组织依照本法可以在经济、教育、科技、文化、卫生、体育、环保等领域和济困、救灾等方面开展有利于公益事业发展的活动。

第四条　【依法开展活动受法律保护】境外非政府组织在中国境内依法开展活动，受法律保护。

第五条　【境外非政府组织的禁止行为】境外非政府组织在中国境内开展活动应当遵守中国法律，不得危害中国的国家统一、安全和民族团结，不得损害中国国家利益、社会公共利益和公民、法人以及其他组织的合法权益。

境外非政府组织在中国境内不得从事或者资助营利性活动、政治活动，不得非法从事或者资助宗教活动。

第六条　【登记与业务主管机关】国务院公安部门和省级人民政府公安机关，是境外非政府组织在中国境内开展活动的登记管理机关。

国务院有关部门和单位、省级人民政府有关部门和单位，是境外非政府组织在中国境内开展活动的相应业务主管单位。

第七条　【监督管理主管机关与协调机制】县级以上人民政府公安机关和有关部门在各自职责范围内对境外非政府组织在中国境内开展活动依法实施监督管理、提供服务。

国家建立境外非政府组织监督管理工作协调机制，负责研究、协调、解决境外非政府组织在中国境内开展活动监督管理和服务便利中的重大问题。

第八条　【表彰公益贡献】国家对为中国公益事业发展做出突出贡献的境外非政府组织给予表彰。

第二章　登记和备案

第九条　【依法登记、设立代表机构】境外非政府组织在中国境内开展活动，应当依法登记设立代表机构；未登记设立代表机构需要在中国境内开展临时活动的，应当依法备案。

境外非政府组织未登记设立代表机构、开展临时活动未经备案的，不得在中国境内开展或者变相开展活动，不得委托、资助或者变相委托、资助中国境内任何单位和个人在中国境内开展活动。

第十条　【申请设立代表机构的条件】境外非政府组织符合下列条件，根据业务范围、活动地域和开展活动的需要，可以申请在中国境内登记设立代表机构：

（一）在境外合法成立；

（二）能够独立承担民事责任；

（三）章程规定的宗旨和业务范围有利于公益事业发展；

（四）在境外存续二年以上并实质性开展活动；

（五）法律、行政法规规定的其他条件。

第十一条　【设立代表机构须经主管单位同意】境外非政府组织申请登记设立代表机构，应当经业务主管单位同意。

业务主管单位的名录由国务院公安部门和省级人民政府公安机关会同有关部门公布。

第十二条　【提交文件、材料】境外非政府组织应当自业务主管单位同意之日起三十日内，向登记管理机关申请设立代表机构登记。申请设立代表机构登记，应当向登记管理机关提交下列文件、材料：

（一）申请书；

（二）符合本法第十条规定的证明文件、材料；

（三）拟设代表机构首席代表的身份证明、简历及其无犯罪记录证明材料或者声明；

（四）拟设代表机构的住所证明材料；

（五）资金来源证明材料；

（六）业务主管单位的同意文件；

（七）法律、行政法规规定的其他文件、材料。

登记管理机关审查境外非政府组织代表机构设立申请，根据需要可以组织专家进行评估。

登记管理机关应当自受理申请之日起六十日内作出准予登记或者不予登记的决定。

第十三条　【登记证书及后续事项】对准予登记的境外非政府组织代表机构，登记管理机关发给登记证书，并向社会公告。登记事项包括：

（一）名称；

（二）住所；

（三）业务范围；

（四）活动地域；

（五）首席代表；

（六）业务主管单位。

境外非政府组织代表机构凭登记证书依法办理税务登记，刻制印章，在中国境内的银行开立银行账户，并将税务登记证件复印件、印章式样以及银行账户报登记管理机关备案。

第十四条　【变更登记】境外非政府组织代表机构需要变更登记事项的，应当自业务主管单位同意之日起三十日内，向登记管理机关申请变更登记。

第十五条 **【注销登记】**有下列情形之一的，境外非政府组织代表机构由登记管理机关注销登记，并向社会公告：

（一）境外非政府组织撤销代表机构的；

（二）境外非政府组织终止的；

（三）境外非政府组织代表机构依法被撤销登记或者吊销登记证书的；

（四）由于其他原因终止的。

境外非政府组织代表机构注销登记后，设立该代表机构的境外非政府组织应当妥善办理善后事宜。境外非政府组织代表机构不具有法人资格，涉及相关法律责任的，由该境外非政府组织承担。

第十六条 **【未设代表机构开展临时活动应与中方合作】**境外非政府组织未在中国境内设立代表机构，在中国境内开展临时活动的，应当与中国的国家机关、人民团体、事业单位、社会组织（以下称中方合作单位）合作进行。

第十七条 **【临时活动审批备案】**境外非政府组织开展临时活动，中方合作单位应当按照国家规定办理审批手续，并在开展临时活动十五日前向其所在地的登记管理机关备案。备案应当提交下列文件、材料：

（一）境外非政府组织合法成立的证明文件、材料；

（二）境外非政府组织与中方合作单位的书面协议；

（三）临时活动的名称、宗旨、地域和期限等相关材料；

（四）项目经费、资金来源证明材料及中方合作单位的银行账户；

（五）中方合作单位获得批准的文件；

（六）法律、行政法规规定的其他文件、材料。

在赈灾、救援等紧急情况下，需要开展临时活动的，备案时间不受前款规定的限制。

临时活动期限不超过一年，确实需要延长期限的，应当重新备案。

登记管理机关认为备案的临时活动不符合本法第五条规定的，应当及时通知中方合作单位停止临时活动。

第三章 活动规范

第十八条 **【依登记开展活动】**境外非政府组织代表机构应当以登记的名称，在登记的业务范围和活动地域内开展活动。

境外非政府组织不得在中国境内设立分支机构，国务院另有规定的除外。

第十九条 **【活动计划上报及备案】**境外非政府组织代表机构应当于每年 12 月 31 日前将包含项目实施、资金使用等内容的下一年度活动计划报业务主管单位，业务主管单位同意后十日内报登记管理机关备案。特殊情况下需要调整活动计划的，应当及时向登记管理机关备案。

第二十条 【禁止附加违法条件】境外非政府组织在中国境内开展活动不得对中方合作单位、受益人附加违反中国法律法规的条件。

第二十一条 【活动资金来源及限制】境外非政府组织在中国境内活动资金包括：

（一）境外合法来源的资金；

（二）中国境内的银行存款利息；

（三）中国境内合法取得的其他资金。

境外非政府组织在中国境内活动不得取得或者使用前款规定以外的资金。

境外非政府组织及其代表机构不得在中国境内进行募捐。

第二十二条 【资金管理】设立代表机构的境外非政府组织应当通过代表机构在登记管理机关备案的银行账户管理用于中国境内的资金。

开展临时活动的境外非政府组织应当通过中方合作单位的银行账户管理用于中国境内的资金，实行单独记账，专款专用。

未经前两款规定的银行账户，境外非政府组织、中方合作单位和个人不得以其他任何形式在中国境内进行项目活动资金的收付。

第二十三条 【依登记或约定使用资金】境外非政府组织应当按照代表机构登记的业务范围、活动地域或者与中方合作单位协议的约定使用资金。

第二十四条 【执行中国统一会计制度】境外非政府组织代表机构应当执行中国统一的会计制度。财务会计报告应当经中国境内会计师事务所审计。

第二十五条 【依中国规定办理外汇收支】境外非政府组织在中国境内开展活动，应当按照中国有关外汇管理的规定办理外汇收支。

第二十六条 【依法纳税】境外非政府组织代表机构应当依法办理税务登记、纳税申报和税款缴纳等事项。

第二十七条 【人员聘用】境外非政府组织代表机构在中国境内聘用工作人员应当遵守法律、行政法规，并将聘用的工作人员信息报业务主管单位和登记管理机关备案。

第二十八条 【不得发展会员】境外非政府组织代表机构、开展临时活动的境外非政府组织不得在中国境内发展会员，国务院另有规定的除外。

第二十九条 【首席代表、代表】境外非政府组织代表机构应当设一名首席代表，可以根据业务需要设一至三名代表。

有下列情形之一的，不得担任首席代表、代表：

（一）无民事行为能力或者限制民事行为能力的；

（二）有犯罪记录的；

（三）依法被撤销登记、吊销登记证书的代表机构的首席代表、代表，自被撤销、吊销之日起未逾五年的；

（四）法律、行政法规规定的其他情形。

第三十条 **【开展临时活动】**开展临时活动的境外非政府组织，应当以经备案的名称开展活动。

境外非政府组织、中方合作单位应当于临时活动结束后三十日内将活动情况、资金使用情况等书面报送登记管理机关。

第三十一条 **【报送年度工作报告】**境外非政府组织代表机构应当于每年1月31日前向业务主管单位报送上一年度工作报告，经业务主管单位出具意见后，于3月31日前报送登记管理机关，接受年度检查。

年度工作报告应当包括经审计的财务会计报告、开展活动的情况以及人员和机构变动的情况等内容。

境外非政府组织代表机构应当将年度工作报告在登记管理机关统一的网站上向社会公开。

第三十二条 **【不得代理或接受未登记、备案的境外非政府组织的委托、资助】**中国境内任何单位和个人不得接受未登记代表机构、开展临时活动未经备案的境外非政府组织的委托、资助，代理或者变相代理境外非政府组织在中国境内开展活动。

第四章 便利措施

第三十三条 **【国家对合法活动提供便利】**国家保障和支持境外非政府组织在中国境内依法开展活动。各级人民政府有关部门应当为境外非政府组织在中国境内依法开展活动提供必要的便利和服务。

第三十四条 **【公安部门提供活动指引】**国务院公安部门和省级人民政府公安机关会同有关部门制定境外非政府组织活动领域和项目目录，公布业务主管单位名录，为境外非政府组织开展活动提供指引。

第三十五条 **【有关部门应提供政策咨询、活动指导及公开程序】**县级以上人民政府有关部门应当依法为境外非政府组织提供政策咨询、活动指导服务。

登记管理机关应当通过统一的网站，公布境外非政府组织申请设立代表机构以及开展临时活动备案的程序，供境外非政府组织查询。

第三十六条 **【税收优惠】**境外非政府组织代表机构依法享受税收优惠等政策。

第三十七条 **【禁止收取年度检查费用】**对境外非政府组织代表机构进行年度检查不得收取费用。

第三十八条 **【代表工作手续办理】**境外非政府组织代表机构首席代表和代表中的境外人员，可以凭登记证书、代表证明文件等依法办理就业等工作手续。

第五章 监 督 管 理

第三十九条 **【监督管理主体】**境外非政府组织在中国境内开展活动，应当接受公安机关、有关部门和业务主管单位的监督管理。

第四十条 **【业务主管单位的职责】**业务主管单位负责对境外非政府组织设立代表机构、变更登记事项、年度工作报告提出意见，指导、监督境外非政府组织及其代表机构依法开展活动，协助公安机关等部门查处境外非政府组织及其代表机构的违法行为。

第四十一条 **【公安机关职责及措施】**公安机关负责境外非政府组织代表机构的登记、年度检查，境外非政府组织临时活动的备案，对境外非政府组织及其代表机构的违法行为进行查处。

公安机关履行监督管理职责，发现涉嫌违反本法规定行为的，可以依法采取下列措施：

（一）约谈境外非政府组织代表机构的首席代表以及其他负责人；

（二）进入境外非政府组织在中国境内的住所、活动场所进行现场检查；

（三）询问与被调查事件有关的单位和个人，要求其对与被调查事件有关的事项作出说明；

（四）查阅、复制与被调查事件有关的文件、资料，对可能被转移、销毁、隐匿或者篡改的文件、资料予以封存；

（五）查封或者扣押涉嫌违法活动的场所、设施或者财物。

第四十二条 **【查询、冻结银行账户】**公安机关可以查询与被调查事件有关的单位和个人的银行账户，有关金融机构、金融监督管理机构应当予以配合。对涉嫌违法活动的银行账户资金，经设区的市级以上人民政府公安机关负责人批准，可以提请人民法院依法冻结；对涉嫌犯罪的银行账户资金，依照《中华人民共和国刑事诉讼法》的规定采取冻结措施。

第四十三条 **【各部门依职责监管】**国家安全、外交外事、财政、金融监督管理、海关、税务、外国专家等部门按照各自职责对境外非政府组织及其代表机构依法实施监督管理。

第四十四条 **【反洗钱部门的监管】**国务院反洗钱行政主管部门依法对境外非政府组织代表机构、中方合作单位以及接受境外非政府组织资金的中国境内单位和个人开立、使用银行账户过程中遵守反洗钱和反恐怖主义融资法律规定的情况进行监督管理。

第六章 法 律 责 任

第四十五条 【给予警告或者责令限期停止活动的违法情形】 境外非政府组织代表机构、开展临时活动的境外非政府组织或者中方合作单位有下列情形之一的，由设区的市级以上人民政府公安机关给予警告或者责令限期停止活动；没收非法财物和违法所得；情节严重的，由登记管理机关吊销登记证书、取缔临时活动：

（一）未按照规定办理变更登记、备案相关事项的；

（二）未按照登记或者备案的名称、业务范围、活动地域开展活动的；

（三）从事、资助营利性活动，进行募捐或者违反规定发展会员的；

（四）违反规定取得、使用资金，未按照规定开立、使用银行账户或者进行会计核算的；

（五）未按照规定报送年度活动计划、报送或者公开年度工作报告的；

（六）拒不接受或者不按照规定接受监督检查的。

境外非政府组织代表机构、开展临时活动的境外非政府组织或者中方合作单位以提供虚假材料等非法手段，取得代表机构登记证书或者进行临时活动备案的，或者有伪造、变造、买卖、出租、出借登记证书、印章行为的，依照前款规定处罚。

第四十六条 【取缔或责令停止违法行为的违法情形】 有下列情形之一的，由设区的市级以上人民政府公安机关予以取缔或者责令停止违法行为；没收非法财物和违法所得；对直接责任人员给予警告，情节严重的，处十日以下拘留：

（一）未经登记、备案，以境外非政府组织代表机构、境外非政府组织名义开展活动的；

（二）被撤销登记、吊销登记证书或者注销登记后以境外非政府组织代表机构名义开展活动的；

（三）境外非政府组织临时活动期限届满或者临时活动被取缔后在中国境内开展活动的；

（四）境外非政府组织未登记代表机构、临时活动未备案，委托、资助中国境内单位和个人在中国境内开展活动的。

中国境内单位和个人明知境外非政府组织未登记代表机构、临时活动未备案，与其合作的，或者接受其委托、资助，代理或者变相代理其开展活动、进行项目活动资金收付的，依照前款规定处罚。

第四十七条 **【吊销登记证书或取缔临时活动的违法情形】** 境外非政府组织、境外非政府组织代表机构有下列情形之一的，由登记管理机关吊销登记证书或者取缔临时活动；尚不构成犯罪的，由设区的市级以上人民政府公安机关对直接责任人员处十五日以下拘留：

（一）煽动抗拒法律、法规实施的；

（二）非法获取国家秘密的；

（三）造谣、诽谤或者发表、传播其他有害信息，危害国家安全或者损害国家利益的；

（四）从事或者资助政治活动，非法从事或者资助宗教活动的；

（五）有其他危害国家安全、损害国家利益或者社会公共利益情形的。

境外非政府组织、境外非政府组织代表机构有分裂国家、破坏国家统一、颠覆国家政权等犯罪行为的，由登记管理机关依照前款规定处罚，对直接责任人员依法追究刑事责任。

第四十八条 **【五年惩罚期】** 境外非政府组织、境外非政府组织代表机构违反本法规定被撤销登记、吊销登记证书或者临时活动被取缔的，自被撤销、吊销、取缔之日起五年内，不得在中国境内再设立代表机构或者开展临时活动。

未登记代表机构或者临时活动未备案开展活动的境外非政府组织，自活动被取缔之日起五年内，不得在中国境内再设立代表机构或者开展临时活动。

有本法第四十七条规定情形之一的境外非政府组织，国务院公安部门可以将其列入不受欢迎的名单，不得在中国境内再设立代表机构或者开展临时活动。

第四十九条 **【登记证书、印章的处理】** 境外非政府组织代表机构被责令限期停止活动的，由登记管理机关封存其登记证书、印章和财务凭证。对被撤销登记、吊销登记证书的，由登记管理机关收缴其登记证书、印章并公告作废。

第五十条 **【境外人员违法的强制措施】** 境外人员违反本法规定的，有关机关可以依法限期出境、遣送出境或者驱逐出境。

第五十一条 **【监管人员的追责】** 公安机关、有关部门和业务主管单位及其工作人员在境外非政府组织监督管理工作中，不履行职责或者滥用职权、玩忽职守、徇私舞弊的，依法追究法律责任。

第五十二条 **【违反治安管理行为的追责】** 违反本法规定，构成违反治安管理行为的，由公安机关依法给予治安管理处罚；构成犯罪的，依法追究刑事责任。

第七章 附 则

第五十三条 【境外学校、医院、研究机构或学术组织的合作交流和违法追责适用国家有关规定】境外学校、医院、自然科学和工程技术的研究机构或者学术组织与境内学校、医院、自然科学和工程技术的研究机构或者学术组织开展交流合作，按照国家有关规定办理。

前款规定的境外学校、医院、机构和组织在中国境内的活动违反本法第五条规定的，依法追究法律责任。

第五十四条 【施行日期】本法自2017年1月1日起施行。

中华人民共和国民用航空法（节录）

1. 1995年10月30日第八届全国人民代表大会常务委员会第十六次会议通过
2. 根据2009年8月27日第十一届全国人民代表大会常务委员会第十次会议《关于修改部分法律的决定》第一次修正
3. 根据2015年4月24日第十二届全国人民代表大会常务委员会第十四次会议《关于修改〈中华人民共和国计量法〉等五部法律的决定》第二次修正
4. 根据2016年11月7日第十二届全国人民代表大会常务委员会第二十四次会议《关于修改〈中华人民共和国对外贸易法〉等十二部法律的决定》第三次修正
5. 根据2017年11月4日第十二届全国人民代表大会常务委员会第三十次会议《关于修改〈中华人民共和国会计法〉等十一部法律的决定》第四次修正
6. 根据2018年12月29日第十三届全国人民代表大会常务委员会第七次会议《关于修改〈中华人民共和国劳动法〉等七部法律的决定》第五次修正
7. 根据2021年4月29日第十三届全国人民代表大会常务委员会第二十八次会议《关于修改〈中华人民共和国道路交通安全法〉等八部法律的决定》第六次修正

第七章 空中航行

第一节 空域管理

第七十条 【统一管理原则】国家对空域实行统一管理。

第七十一条 【空域划分】划分空域，应当兼顾民用航空和国防安全的需要以及公众的利益，使空域得到合理、充分、有效的利用。

第七十二条 【具体办法】空域管理的具体办法，由国务院、中央军事委员会制定。

第二节 飞行管理

第七十三条 **【管理单位】**在一个划定的管制空域内，由一个空中交通管制单位负责该空域内的航空器的空中交通管制。

第七十四条 **【飞行许可】**民用航空器在管制空域内进行飞行活动，应当取得空中交通管制单位的许可。

第七十五条 **【飞行航路与飞行高度】**民用航空器应当按照空中交通管制单位指定的航路和飞行高度飞行；因故确需偏离指定的航路或者改变飞行高度飞行的，应当取得空中交通管制单位的许可。

第七十六条 **【飞行规则】**在中华人民共和国境内飞行的航空器，必须遵守统一的飞行规则。

进行目视飞行的民用航空器，应当遵守目视飞行规则，并与其他航空器、地面障碍物体保持安全距离。

进行仪表飞行的民用航空器，应当遵守仪表飞行规则。

飞行规则由国务院、中央军事委员会制定。

第七十七条 **【飞行限制】**民用航空器机组人员的飞行时间、执勤时间不得超过国务院民用航空主管部门规定的时限。

民用航空器机组人员受到酒类饮料、麻醉剂或者其他药物的影响，损及工作能力的，不得执行飞行任务。

第七十八条 **【不得飞入禁区和限飞区】**民用航空器除按照国家规定经特别批准外，不得飞入禁区；除遵守规定的限制条件外，不得飞入限制区。

前款规定的禁区和限制区，依照国家规定划定。

第七十九条 **【飞越城市上空】**民用航空器不得飞越城市上空；但是，有下列情形之一的除外：

（一）起飞、降落或者指定的航路所必需的；

（二）飞行高度足以使该航空器在发生紧急情况时离开城市上空，而不致危及地面上的人员、财产安全的；

（三）按照国家规定的程序获得批准的。

第八十条 **【投掷物品】**飞行中，民用航空器不得投掷物品；但是，有下列情形之一的除外：

（一）飞行安全所必需的；

（二）执行救助任务或者符合社会公共利益的其他飞行任务所必需的。

第八十一条 **【不得飞出领空】**民用航空器未经批准不得飞出中华人民共和国领空。

对未经批准正在飞离中华人民共和国领空的民用航空器，有关部门有权根据具体情况采取必要措施，予以制止。

第三节 飞行保障

第八十二条 【空中交通服务】空中交通管制单位应当为飞行中的民用航空器提供空中交通服务，包括空中交通管制服务、飞行情报服务和告警服务。

提供空中交通管制服务，旨在防止民用航空器同航空器、民用航空器同障碍物体相撞，维持并加速空中交通的有秩序的活动。

提供飞行情报服务，旨在提供有助于安全和有效地实施飞行的情报和建议。

提供告警服务，旨在当民用航空器需要搜寻援救时，通知有关部门，并根据要求协助该有关部门进行搜寻援救。

第八十三条 【航路回归】空中交通管制单位发现民用航空器偏离指定航路、迷失航向时，应当迅速采取一切必要措施，使其回归航路。

第八十四条 【航路设备】航路上应当设置必要的导航、通信、气象和地面监视设备。

第八十五条 【航路障碍物】航路上影响飞行安全的自然障碍物体，应当在航图上标明；航路上影响飞行安全的人工障碍物体，应当设置飞行障碍灯和标志，并使其保持正常状态。

第八十六条 【影响飞行安全设施修建】在距离航路边界三十公里以内的地带，禁止修建靶场和其他可能影响飞行安全的设施；但是，平射轻武器靶场除外。

在前款规定地带以外修建固定的或者临时性对空发射场，应当按照国家规定获得批准；对空发射场的发射方向，不得与航路交叉。

第八十七条 【影响飞行安全活动】任何可能影响飞行安全的活动，应当依法获得批准，并采取确保飞行安全的必要措施，方可进行。

第八十八条 【电台频率管理】国务院民用航空主管部门应当依法对民用航空无线电台和分配给民用航空系统使用的专用频率实施管理。

任何单位或者个人使用的无线电台和其他仪器、装置，不得妨碍民用航空无线电专用频率的正常使用。对民用航空无线电专用频率造成有害干扰的，有关单位或者个人应当迅速排除干扰；未排除干扰前，应当停止使用该无线电台或者其他仪器、装置。

第八十九条 【邮电通讯、气象机构服务】邮电通信企业应当对民用航空电信传递优先提供服务。

国家气象机构应当对民用航空气象机构提供必要的气象资料。

第四节 飞行必备文件

第九十条 【应携文件】从事飞行的民用航空器，应当携带下列文件：

（一）民用航空器国籍登记证书；

（二）民用航空器适航证书；

（三）机组人员相应的执照；

（四）民用航空器航行记录簿；

（五）装有无线电设备的民用航空器，其无线电台执照；

（六）载有旅客的民用航空器，其所载旅客姓名及其出发地点和目的地点的清单；

（七）载有货物的民用航空器，其所载货物的舱单和明细的申报单；

（八）根据飞行任务应当携带的其他文件。

民用航空器未按规定携带前款所列文件的，国务院民用航空主管部门或者其授权的地区民用航空管理机构可以禁止该民用航空器起飞。

第十五章 法律责任

第一百九十一条 【劫持航空器责任】以暴力、胁迫或者其他方法劫持航空器的，依照刑法有关规定追究刑事责任。

第一百九十二条 【使用暴力危及飞行安全责任】对飞行中的民用航空器上的人员使用暴力，危及飞行安全的，依照刑法有关规定追究刑事责任。

第一百九十三条 【携带托运危险品责任】违反本法规定，隐匿携带炸药、雷管或者其他危险品乘坐民用航空器，或者以非危险品品名托运危险品的，依照刑法有关规定追究刑事责任。

企业事业单位犯前款罪的，判处罚金，并对直接负责的主管人员和其他直接责任人员依照前款规定追究刑事责任。

隐匿携带枪支子弹、管制刀具乘坐民用航空器的，依照刑法有关规定追究刑事责任。

第一百九十四条 【运输危险品责任】公共航空运输企业违反本法第一百零一条的规定运输危险品的，由国务院民用航空主管部门没收违法所得，可以并处违法所得一倍以下的罚款。

公共航空运输企业有前款行为，导致发生重大事故的，没收违法所得，判处罚金；并对直接负责的主管人员和其他直接责任人员依照刑法有关规定追究刑事责任。

第一百九十五条 【故意或唆使他人放置危险品责任】故意在使用中的民用航

空器上放置危险品或者唆使他人放置危险品，足以毁坏该民用航空器，危及飞行安全的，依照刑法有关规定追究刑事责任。

第一百九十六条 **【传递虚假情报责任】**故意传递虚假情报，扰乱正常飞行秩序，使公私财产遭受重大损失的，依照刑法有关规定追究刑事责任。

第一百九十七条 **【盗窃、故意损毁、移动使用中的航行设施责任】**盗窃或者故意损毁、移动使用中的航行设施，危及飞行安全，足以使民用航空器发生坠落、毁坏危险的，依照刑法有关规定追究刑事责任。

第一百九十八条 **【聚众扰乱民用机场秩序责任】**聚众扰乱民用机场秩序的，依照刑法有关规定追究刑事责任。

第一百九十九条 **【玩忽职守】**航空人员玩忽职守，或者违反规章制度，导致发生重大飞行事故，造成严重后果的，依照刑法有关规定追究刑事责任。

第二百条 **【治安管理处罚】**违反本法规定，尚不够刑事处罚，应当给予治安管理处罚的，依照治安管理处罚法的规定处罚。

第二百零一条 **【违反有关适航证书规定的责任】**违反本法第三十七条的规定，民用航空器无适航证书而飞行，或者租用的外国民用航空器未经国务院民用航空主管部门对其原国籍登记国发给的适航证书审查认可或者另发适航证书而飞行的，由国务院民用航空主管部门责令停止飞行，没收违法所得，可以并处违法所得一倍以上五倍以下的罚款；没有违法所得的，处以十万元以上一百万元以下的罚款。

适航证书失效或者超过适航证书规定范围飞行的，依照前款规定处罚。

第二百零二条 **【违反有关型号合格证书、型号认可证书的规定的责任】**违反本法第三十四条、第三十六条第二款的规定，将未取得型号合格证书、型号认可证书的民用航空器及其发动机、螺旋桨或者民用航空器上的设备投入生产的，由国务院民用航空主管部门责令停止生产，没收违法所得，可以并处违法所得一倍以下的罚款；没有违法所得的，处以五万元以上五十万元以下的罚款。

第二百零三条 **【违反有关生产许可证书、维修许可证书规定的责任】**违反本法第三十五条的规定，未取得生产许可证书、维修许可证书而从事生产、维修活动的，违反本法第九十二条、第一百四十七条第二款的规定，未取得公共航空运输经营许可证或者通用航空经营许可证而从事公共航空运输或者从事经营性通用航空的，国务院民用航空主管部门可以责令停止生产、维修或者经营活动。

第二百零四条 **【生产、维修质量事故责任】**已取得本法第三十五条规定的生产许可证书、维修许可证书的企业，因生产、维修的质量问题造成严重事故的，国务院民用航空主管部门可以吊销其生产许可证书或者维修许可证书。

第二百零五条 **【违反关于航空人员执照、体检合格证书规定的责任】**违反本法第四十条的规定，未取得航空人员执照、体格检查合格证书而从事相应的民用航空活动的，由国务院民用航空主管部门责令停止民用航空活动，在国务院民用航空主管部门规定的限期内不得申领有关执照和证书，对其所在单位处以二十万元以下的罚款。

第二百零六条 **【机长责任】**有下列违法情形之一的，由国务院民用航空主管部门对民用航空器的机长给予警告或者吊扣执照一个月至六个月的处罚，情节较重的，可以给予吊销执照的处罚：

（一）机长违反本法第四十五条第一款的规定，未对民用航空器实施检查而起飞的；

（二）民用航空器违反本法第七十五条的规定，未按照空中交通管制单位指定的航路和飞行高度飞行，或者违反本法第七十九条的规定飞越城市上空的。

第二百零七条 **【民用航空器所有人或承租人责任】**违反本法第七十四条的规定，民用航空器未经空中交通管制单位许可进行飞行活动的，由国务院民用航空主管部门责令停止飞行，对该民用航空器所有人或者承租人处以一万元以上十万元以下的罚款；对该民用航空器的机长给予警告或者吊扣执照一个月至六个月的处罚，情节较重的，可以给予吊销执照的处罚。

第二百零八条 **【机长、机组人员违法责任】**民用航空器的机长或者机组其他人员有下列行为之一的，由国务院民用航空主管部门给予警告或者吊扣执照一个月至六个月的处罚；有第（二）项或者第（三）项所列行为的，可以给予吊销执照的处罚：

（一）在执行飞行任务时，不按照本法第四十一条的规定携带执照和体格检查合格证书的；

（二）民用航空器遇险时，违反本法第四十八条的规定离开民用航空器的；

（三）违反本法第七十七条第二款的规定执行飞行任务的。

第二百零九条 **【违法投掷物品责任】**违反本法第八十条的规定，民用航空器在飞行中投掷物品的，由国务院民用航空主管部门给予警告，可以对直接责任人员处以二千元以上二万元以下的罚款。

第二百一十条 **【违法开放使用民用机场责任】**违反本法第六十二条的规定，

未取得机场使用许可证开放使用民用机场的，由国务院民用航空主管部门责令停止开放使用；没收违法所得，可以并处违法所得一倍以下的罚款。

第二百一十一条　【公共航空运输企业、通用航空企业违法责任】公共航空运输企业、通用航空企业违反本法规定，情节较重的，除依照本法规定处罚外，国务院民用航空主管部门可以吊销其经营许可证。

从事非经营性通用航空未向国务院民用航空主管部门备案的，由国务院民用航空主管部门责令改正；逾期未改正的，处三万元以下罚款。

第二百一十二条　【航空管理机构工作人员违法责任】国务院民用航空主管部门和地区民用航空管理机构的工作人员，玩忽职守、滥用职权、徇私舞弊，构成犯罪的，依法追究刑事责任；尚不构成犯罪的，依法给予行政处分。

民用航空情报工作规则

1. 2016年3月17日交通运输部令第12号公布

2. 根据2022年11月1日交通运输部令2022年第35号《关于修改〈民用航空情报工作规则〉的决定》修正

第一章　总　　则

第一条　为规范民用航空情报工作，保障空中航行的安全、正常和效率，依据《中华人民共和国民用航空法》和《中华人民共和国飞行基本规则》，制定本规则。

第二条　本规则适用于中华人民共和国领域内的民用航空情报工作。提供民用航空情报服务以及其他与民用航空情报工作有关的单位和个人应当遵守本规则。

第三条　民用航空情报服务的任务是收集、整理、编辑民用航空资料，设计、制作、发布有关中华人民共和国领域内以及根据我国缔结或者参加的国际条约规定区域内的航空情报服务产品，提供及时、准确、完整的民用航空活动所需的航空情报。

第四条　中国民用航空局（以下简称民航局）负责统一管理全国民用航空情报工作，民航地区管理局（以下简称地区管理局）负责监督管理本地区民用航空情报工作。

第五条　中华人民共和国领域内以及根据我国缔结或者参加的国际条约规定，

由中华人民共和国提供空中交通服务的飞行情报区的民用航空情报服务由民航局空中交通管理局（以下简称民航局空管局）负责组织实施。

第六条 民用航空活动应当接受和使用统一有效的民用航空情报。

第七条 民航局鼓励和支持民用航空情报的技术研究与创新。

第八条 本规则所用术语的含义在本规则附件一《定义》中规定。

第二章 一般规定

第九条 民用航空情报工作的基本内容包括：

（一）收集、整理、审核民用航空情报原始资料和数据；

（二）编辑出版一体化航空情报资料和各种航图等；

（三）制定、审核机场使用细则；

（四）接收处理、审核发布航行通告；

（五）提供飞行前和飞行后航空情报服务以及空中交通管理工作所必需的航空资料与服务；

（六）负责航空地图、航空资料及数据产品的提供工作；

（七）组织实施航空情报人员的技术业务培训。

第十条 民用航空情报服务机构应当建立航空情报质量管理制度，并对运行情况实施持续监控和定期评审。

航空情报质量管理制度应当包括航空情报工作各阶段实施质量管理所需的资源、程序和方法等，确保航空情报符合准确性、分辨率、完整性、及时性、完好性、可追溯性和格式的要求。

第十一条 依法发布的一体化民用航空情报系列资料是实施空中航行的基本依据。一体化民用航空情报系列资料由下列内容组成：

（一）航空资料汇编、航空资料汇编修订、航空资料汇编补充资料；

（二）航行通告及飞行前资料公告；

（三）航空资料通报；

（四）有效的航行通告校核单和明语摘要。

第十二条 民用航空情报工作中应当采用国家法定计量单位，根据需要可在公布的航空情报服务产品中添加英制注释。

第十三条 民用航空情报所涉及的地理位置坐标和高程数据应当基于国家规定或者批准的大地坐标系统及高程系统。

对外提供的地理坐标和所采用的坐标系统应当经国家测绘主管部门核准。

第十四条 对外提供的民用航空情报所涉及的时间参考系统应当采用协调世界时。

第十五条 民用航空情报工作涉及国家秘密的，应当按照国家法律、行政法规和有关规定执行。

第十六条 依法发布的民用航空资料，未经民航局批准，任何单位和个人不得翻印、交换、转售和转让。

第三章 民用航空情报服务机构与职责

第十七条 民用航空情报服务机构包括：

（一）全国民用航空情报中心；

（二）地区民用航空情报中心；

（三）机场民用航空情报单位。

第十八条 民用航空情报服务机构由民航局设立或者批准设立。民用航空情报服务工作由民用航空情报服务机构实施，民用航空情报服务机构应当在指定的职责范围内提供民用航空情报服务。

第十九条 全国民用航空情报中心应当履行下列职责：

（一）协调全国民用航空情报的运行工作；

（二）负责与联检单位、民航局有关部门、民航局空管局有关部门等原始资料提供单位建立联系，收集航空情报原始资料；

（三）审核、整理、发布《中国民航国内航空资料汇编》、《中华人民共和国航空资料汇编》、航空资料汇编补充资料、航空资料通报、《军用备降机场手册》，负责航图的编辑出版和修订工作；

（四）提供有关航空资料和信息的咨询服务；

（五）负责我国航空情报服务产品的发行；

（六）负责国内、国际间航行通告、航空资料和航空数据的交换工作，审核指导全国民航航行通告的发布；

（七）负责航行通告预定分发制度的建立与实施；

（八）承担全国航空情报自动化系统的运行监控；

（九）向各地区民用航空情报中心提供航空情报业务运行、人员培训等技术支持。

第二十条 地区民用航空情报中心应当履行下列职责：

（一）协调本地区民用航空情报的运行工作；

（二）收集、初步审核、上报本地区各有关业务部门提供的航空情报原始资料；

（三）接收、处理、发布航行通告，指导检查本地区航行通告的发布工作；

（四）组织实施本地区航空资料和数据的管理；

（五）负责本地区航空情报自动化系统的运行监控；

（六）向本地区机场航空情报单位提供航空情报业务运行、人员培训等技术支持。

地区民用航空情报中心可同时承担所在机场民用航空情报单位的职责。

第二十一条 机场民用航空情报单位应当履行下列职责：

（一）收集、初步审核、上报本机场及与本机场有关业务单位提供的航空情报原始资料；

（二）接收、处理、发布航行通告；

（三）组织实施本机场飞行前和飞行后航空情报服务；

（四）负责本单位及本机场空中交通管理部门所需的航空资料、航空地图的管理和供应工作。

第二十二条 全国民用航空情报中心、地区民用航空情报中心、国际机场民用航空情报单位应当提供24小时航空情报服务；其他航空情报服务机构应当在其负责区域内航空器飞行的整个期间及前后各90分钟的时间内提供航空情报服务。民用航空情报服务机构应当安排航空情报员在规定的服务时间内值勤。

第二十三条 航空情报服务机构应当制定相应的应急预案，并应当每年组织应急演练。

第二十四条 航空情报服务机构应当建立工作差错追究制度。

第二十五条 航空情报服务机构应当具备下列基本条件：

（一）航空情报服务机构应使用配置统一的航空情报自动化处理系统和连接航空固定电信网的计算机终端；

（二）配备符合提供航空情报服务工作需要的，持有有效航空情报员执照的专业技术人员；

（三）设有值班、飞行准备和资料存储等功能的基本工作场所；

（四）配备满足工作所需的办公、通讯和资料存储等基本设施设备和工具；

（五）配备本单位所需的民用航空情报服务产品，与航空情报工作紧密相关的法规标准和规定，供咨询和飞行前讲解使用的参考图表和文件等；

（六）国际机场及其他对外开放机场的航空情报服务机构应当配备与之通航国家的航空资料以及相关的国际民航组织出版物；

（七）配备航空情报服务需要的其他设施和设备。

第二十六条 航空情报服务机构的办公场所应当设在便于机组接受航空情报服

务的位置。

第四章 航空情报人员资质与培训

第二十七条 从事航空情报服务工作的人员，应当按照《民用航空情报员执照管理规则》的要求，取得航空情报员执照，并按规定保持有效。未持有有效执照的人员，不得在航空情报服务机构独立从事航空情报服务工作。

第二十八条 航空情报人员所在单位应当按照规定组织对航空情报人员的专业培训，航空情报人员应当按照规定接受培训和考核。航空情报人员的培训工作，按照民用航空情报培训相关规定执行。

第二十九条 承担民用航空情报专业培训任务的机构应当具备下列基本条件：

（一）具有民航局规定数量的教员；

（二）具有民航局认可的教材；

（三）具有相应的教学设施。

第三十条 航空情报人员所在单位应当有计划地补充、培养专业技术人才，不断提高航空情报人员的业务素质。

第三十一条 民用航空情报员应当加入飞行机组进行一年不少于两次的航线实习。

第五章 航空情报原始资料的提供和收集

第三十二条 航空情报原始资料分为基本资料和临时资料。

基本资料是有效期在半年（含）以上较为稳定的资料，主要用于编辑《中华人民共和国航空资料汇编》、《中国民航国内航空资料汇编》、各种航图以及航空资料通报。

临时资料是有效期在半年以内和临时有变更的资料，主要用于发布航行通告和航空资料汇编补充资料。

第三十三条 下列有关业务部门或者单位，应当向所在地的航空情报服务机构提供及时、准确、完整的航空情报原始资料：

（一）空域规划和空中交通管制部门：

空中规则和空中交通服务的规定，以及与国际民航公约附件的差异；

空中交通服务空域和航路的设立、变动或者撤消；

空中交通管制、搜寻援救服务的规定及变动；

空中走廊、禁区、限制区、危险区等特殊空域的设立、改变或者撤消；

炮射、气球、跳伞、航空表演等影响飞行的活动；

航路的关闭、开放；

机场的进场和离场飞行程序；

机场的仪表和目视进近程序；

主要临近机场；

噪声限制规定和减噪程序；

机场地面运行规定；

飞行限制和警告。

（二）航务管理部门：

机场运行标准和航务管理的有关规定；

机场起飞和着陆最低标准。

（三）通信导航监视部门：

通信导航监视规定，以及与国际民航公约附件的差异；

机场或者航路的导航和地空通信设施的建立、撤消、工作中断和恢复，频率、识别信号、位置、发射种类和工作时间的改变及工作不正常等情况；

地名代码，部门代号的增减或者改变。

（四）机场管理机构：

机场地理位置和管理资料；

机场地勤服务和设施；

机场服务单位工作时间；

跑道、滑行道、机坪、停机位的布局、数量、物理特性及其变化；

机场、跑道、滑行道、机坪、停机位的全部或者部分的关闭、恢复或者运行限制；

直升机着陆区域；

目视导航设施、机场助航灯光系统、风向标的设置及其主要部分的改变、中断和恢复、撤消；

跑道、滑行道、机坪、飞机等待位置等道面标志和障碍物位置标志的设置、改变或者撤消；

飞行区和障碍物限制面内影响起飞、爬升、进近、着陆、复飞安全的障碍物的增加、排除或者变动，障碍灯或者危险灯标设置、中断和恢复；

飞行区内不停航施工及其影响跑道、滑行道、机坪、停机位使用的，其开工和计划完工时间、每日施工开始和结束时间、施工区域的安全标志和灯光的设置发生变化；

机场救援和消防设施保障等级及其重要变动；

跑道、滑行道、停机坪积雪、积水情况及其清除和可用状况等发布雪情通告的情报；

扫雪计划，扫雪设备和顺序；

鸟群活动。

（五）机场油料供应部门：

机场航空油料牌号和加油设备的可用情况。

（六）气象服务机构：

气象规定，以及与国际民航公约附件的差异；

机场气象特征和气候资料；

气象设施（包括广播）及程序的建立、更改或者撤消。

（七）国际运输管理部门：

简化手续规定，以及与国际民航公约附件的差异；

国际运输规定；

海关、出入境有关规定；

卫生检疫的规定。

（八）航行收费管理部门：

国际飞行的收费规定。

（九）其他相关业务部门：

与国际民航公约附件的差异，地形、地理信息等。

第三十四条 航空情报原始资料提供部门或者单位应当指定机构或者专人，负责向航空情报服务机构提供航空情报原始资料，并与航空情报服务机构保持直接的、固定的联系。

第三十五条 航空情报原始资料提供部门或者单位应当按照下述的时间要求，提前将原始资料通知航空情报服务机构：

（一）按航空资料定期颁发制生效的航空情报，应当在共同生效日期表中选择适当的生效日期，并在预计生效日期80天前提供原始资料。

（二）不按照航空资料定期颁发制生效的航空情报，应当至少在生效日期56天前提供原始资料，但用于拍发航行通告的除外。

（三）以航行通告发布的航空情报，应当在生效时间24小时以前提供原始资料。临时性的禁区、危险区、限制区以及有关空域限制的，应当在生效日期7天前提供原始资料。不可预见的临时性资料应当立即提供。

第三十六条 向航空情报服务机构提供原始资料时，应当填写本规则附件二《航空情报原始资料通知单》。提交航空情报原始资料的方式包括直接送达、特快专递、传真等。向同级航空情报服务机构提供原始资料时，通常采用直接送达的方式。

需对外公布的法律、法规、规章和专用技术名词等航空情报原始资料应当附有英文译稿。

第三十七条 航空情报服务机构应当依据《航空情报原始资料通知单》编辑修订航空情报服务产品，签发航行通告。《航空情报原始资料通知单》应作为正式记录存档备查。

原始资料提供部门或者单位应当详细、准确地填写《航空情报原始资料通知单》，必要时，应当增加附图。

第三十八条 原始资料提供部门或者单位应当采取措施，确保向航空情报服务机构提供的原始资料符合规定的准确性、分辨率、完整性、及时性、完好性、可追溯性和格式的要求。涉及多个提供部门或者单位的，由主办部门协调一致后，统一提供给航空情报服务机构。

第三十九条 全国民用航空情报中心和地区民用航空情报中心应当设立专门部门，负责航空情报原始资料的收集和管理。

第四十条 航空情报服务机构应当建立核实和验证程序，对收到的航空情报原始资料及时进行审核，审核的主要内容包括：

（一）来源于规定的原始资料提供部门；

（二）符合规定的格式；

（三）正确执行航空资料定期颁发制；

（四）满足航空情报原始资料的质量要求；

（五）有必要发布一体化民用航空情报系列资料。

经审核不符合以上要求的航空情报原始资料，航空情报服务机构应当将其退回并说明原因。

第四十一条 航空情报服务机构应当与航空情报原始资料提供部门或者单位签订原始资料提供协议，明确双方职责和要求，确保及时和完整地提供原始资料。

航空情报服务机构与航空情报原始资料提供部门或者单位应当建立定期协调、定期培训机制；建立资料定期符合性检查机制，对发布资料进行全面检查校核；建立航空资料和航空情报原始资料的复核机制，将航空情报原始资料采用等情况反馈给航空情报原始资料提供部门或者单位。

第六章 航空情报服务产品

第一节 一般规定

第四十二条 民用航空情报服务产品分为基本服务产品和非基本服务产品。

基本服务产品包括：《中华人民共和国航空资料汇编》、《中国民航国内航空资料汇编》和《军用备降机场手册》及其修订，航空资料汇编补充资料和航空资料通报。

非基本服务产品是指根据民航发展和用户需要制作或者发布的专用航空资料。

第四十三条 航空情报服务产品由全国民用航空情报中心编印发行。航空情报服务产品应当综合配套，并保证准确和完整。

第四十四条 采用航空资料定期颁发制颁发的航空资料，其执行日期应当从航空资料定期颁发制的共同生效日期表（以下简称共同生效日期表）中选定。共同生效日期表见本规则附件三。

全国民用航空情报中心一般按照共同生效日期表挑选相近的日期发行资料。

采用航空资料定期颁发制颁发的航空资料具体见本规则附件四。

第四十五条 按航空资料定期颁发制颁发的航空情报基本服务产品，应当遵守下列规定：

（一）生效日期应当从共同生效日期表中挑选；

（二）生效后的 28 天内不得进行更改，除非持续时间不超过 28 天；

（三）至少在生效日期前 42 天颁发；

（四）以纸张印刷形式颁发的，应当标注“AIRAC”。

共同生效日期无资料颁发的，应当在该生效日期的前一个周期内，以航行通告或者其他适宜的方式，颁发“无资料”通知。

第四十六条 航空情报服务产品应当逐步实行电子媒介和互联网分发，减少纸张发行。

第四十七条 航空情报服务产品应当以快捷、可靠的方式直接分发至用户指定的地址，并建立用户记录和分发反馈记录。

第四十八条 根据我国与有关国家签订的国际航空运输协定，需双方相互提供航空情报服务产品的，由全国民用航空情报中心负责组织实施。

第四十九条 航空情报服务产品应当按照规定使用、修订、更换和销毁。航空情报服务产品用户，应当建立完善的资料管理制度，确保资料的可靠、准确、完整。

第二节　中华人民共和国航空资料汇编

第五十条 《中华人民共和国航空资料汇编》是外国民用航空器在我国境内飞行必备的综合性资料。

第五十一条 《中华人民共和国航空资料汇编》应当根据我国民用航空法律、

法规和规章，并应参照国际民用航空组织有关文件的规定和要求，用中、英两种文字编辑出版。

第五十二条 《中华人民共和国航空资料汇编》应当符合本规则附件五的要求，包括经批准国际机场及其他对外开放机场、航路、设施以及有关的规章制度等内容。

第五十三条 《中华人民共和国航空资料汇编》应当采用活页资料形式，每页资料上印有易于查找的页码标志，并且在资料下方注明出版日期、生效日期。

第五十四条 需要对外提供未编入《中华人民共和国航空资料汇编》的资料，应当由民航局报经国家有关主管部门批准。

第三节 中国民航国内航空资料汇编

第五十五条 《中国民航国内航空资料汇编》是我国民用航空器进行境内飞行必备的综合性资料，应当使用中文编辑出版。

第五十六条 《中国民航国内航空资料汇编》应当符合本规则附件六的要求，包括民用机场和军民合用机场的民用部分、航路、设施以及有关的规章制度等内容。

机场需要编印和提供使用的航图种类，应当符合本章第四节的要求。

第五十七条 《中国民航国内航空资料汇编》应当采用活页资料形式，分成若干分册出版。每页资料印有易于查找的页码标志、资料的出版日期和生效日期。

第五十八条 为保证我国民用航空器在军用机场备降的需要，应当出版《军用备降机场手册》，作为《中国民航国内航空资料汇编》的补充。

编入《军用备降机场手册》的军用机场资料应当经有关军事单位批准。

第五十九条 仅用于通用航空的民用机场航空资料可以由地区民用航空情报中心根据需要参照《中国民航国内航空资料汇编》的要求编辑、分发，并向全国民用航空情报中心备案。

第六十条 《中国民航国内航空资料汇编》、《军用备降机场手册》不得向外国任何单位或者个人提供。

第四节 航 图

第六十一条 航图是保证航空器运行以及其他航空活动所需要的有关规定、限制、标准、数据和地形等，以一定的图表形式集中编绘、提供使用的各种图的总称。

第六十二条 航图分为特种航图和航空地图。

特种航图包括机场障碍物 A 型图、机场障碍物 B 型图、精密进近地形图、航路图、区域图、标准仪表进场图、标准仪表离场图、仪表进近图、目视进近图、机场图、机场地面活动图、停机位置图、空中走廊图、放油区图等。

航空地图包括世界航图、航空图和小比例尺航空领航图等，航空地图按照规定和实际需要绘制、使用。

第六十三条 编辑制作航图应当符合《民用航空图编绘规范》要求。

第六十四条 绘制航图应采用国家测绘主管部门提供的航空地图或者地形图作为参照图或者底图。绘制的航图比例尺应当等于或者小于参照图或者底图的比例尺。航图一般使用高斯－克吕格投影，其中航路图、区域图使用等角正割圆锥投影。

第六十五条 航图应当标绘与其飞行阶段相关的资料，标绘的资料应当符合下列要求：

（一）资料的标绘应当准确、清晰、不变形、不杂乱，在所有的正常使用条件下均易于判读；

（二）航图的着色或者色调和字体大小，便于驾驶员在不同的自然或者人工光线的条件下判读；

（三）不同航图上标绘的资料，应当按相应的飞行阶段，从一幅图平稳地过渡到另一幅图。

第六十六条 航图上应当标注航图的种类名称、地名和机场名、航图代号、出版单位、出版日期、生效日期、磁北、真北、磁差、比例尺等要素。

第六十七条 航空地图为特别制定的航图补充基础资料，主要用于目视飞行及制定飞行计划。

第六十八条 航路图主要用于机组仪表飞行时，沿规定的空中交通服务航路和程序实施领航。

航路图标绘的资料密集，难以清晰表示时，应当绘制区域图。

第六十九条 提供仪表飞行的机场及其跑道，应当绘制标准仪表进场图、标准仪表离场图。

第七十条 提供仪表飞行的跑道，应当绘制包括进近、着陆、复飞、等待程序及机场运行最低标准等内容的仪表进近图。

提供Ⅱ、Ⅲ类精密仪表进近的跑道，还应当绘制精密进近地形图。

第七十一条 提供目视飞行的跑道，应当绘制目视进近图。

第七十二条 对于民用机场，应当绘制机场图。

机场图中无法清晰表示滑行道与停机位置之间的滑行路线的，应当补充绘制机场地面活动图；需要进一步清楚地表示停机位置的，应当补充绘制停机位置图。

第七十三条 对于民用机场，应当绘制机场障碍物A型图，起飞航径区内无重要障碍物的机场可以不绘制，但应当在《中华人民共和国航空资料汇编》和《中国民航国内航空资料汇编》中予以说明。

机场周围净空条件复杂的，应当绘制机场障碍物B型图。

第七十四条 空中走廊图、放油区图等按照国家有关主管部门的规定绘制。

第五节 航空资料汇编补充资料

第七十五条 航空资料汇编补充资料应当公布有效期在3个月以上的临时变更，或者有效期不到3个月但篇幅大、图表多的临时性数据资料。

第七十六条 航空资料汇编补充资料以黄色纸张印刷，补充资料的全部内容或者部分内容有效的，该补充资料应保留在航空资料汇编中。

第七十七条 航空资料汇编补充资料不定期出版，按照日历年顺序编号。航空资料汇编补充资料发布后应当以触发性航行通告的形式予以提示。

第六节 航空资料汇编修订

第七十八条 《中华人民共和国航空资料汇编》、《中国民航国内航空资料汇编》和《军用备降机场手册》内容的变更，应当发布《中华人民共和国航空资料汇编》修订、《中国民航国内航空资料汇编》修订和《军用备降机场手册》修订等航空资料汇编修订，以保持汇编资料的准确和完整。

航空资料汇编修订发布后，应当以触发性航行通告的形式予以提示。

第七十九条 每期航空资料汇编修订单中，应当标明修订资料汇编的名称、编号、出版部门、出版日期和生效日期等。

修订应当采用固定、统一的格式，便于用户识别换页。

第八十条 以航行通告方式发布过的航空情报，需要纳入或者修订相应的航空资料汇编时，应当及时印发航空资料汇编修订，并在修订单中注明被编入的航行通告编号。

第八十一条 航空资料汇编修订页中主要内容的变动，应当以明显的符号或者文字注释予以提示。

第八十二条 全国民用航空情报中心应当定期印发航空资料汇编校核单，校核单应当列出全部有效资料的页码编号和出版日期。

第七节 航空资料通报

第八十三条 涉及法律法规、空中航行、技术与管理、飞行安全等方面内容，但不适宜以航空资料汇编或者航行通告形式公布的，应当以航空资料通报方式公布（具体内容见本规则附件七），主要包括：

（一）有关法律、法规、程序、设施的任何重大变更的长期预报；

（二）有关可能影响飞行安全的解释性和咨询性资料；

（三）有关技术、法律、行政性事务的解释性和咨询性资料或者通知。

第八十四条 航空资料通报不定期印发，航空资料通报应当按日历年连续编号，每年至少发布一次现行有效的航空资料通报校核单。

第七章 航行通告

第八十五条 航行通告是有关航行的设施、服务、程序等的设立、状况、变化，以及涉及航行安全的危险情况及其变化的通知。

航行通告的收集整理、审核发布工作，应当由民用航空情报服务机构负责实施，其他任何单位和个人不得发布航行通告。

第八十六条 航行通告分为国际、国内和地区系列的航行通告，S 系列的雪情通告，以及 V 系列的火山通告：

（一）国际系列航行通告，用于国际分发，由全国民用航空情报中心国际航行通告室发布。

（二）国内系列航行通告，用于国内分发，由全国民用航空情报中心、地区民用航空情报中心发布。

（三）地区系列航行通告，用于本地区内分发，由各机场民用航空情报单位发布至所在地的地区民用航空情报中心。

（四）S 系列的雪情通告，由各机场民用航空情报单位直接发至全国民用航空情报中心、地区民用航空情报中心以及与本场航班运行有关的机场民用航空情报单位。对外开放机场的雪情通告，由全国民用航空情报中心国际航行通告室向国外转发。雪情通告自每年 7 月 1 日起至次年 6 月 30 日止，从 0001 号开始编发。

（五）V 系列的火山通告，由火山所在地的地区民用航空情报中心或者机场民用航空情报单位，负责发至全国民用航空情报中心及有关机场民用航空情报单位，全国民用航空情报中心国际通告室负责对国外转发。

第八十七条 遇有下列情况之一的，航空情报服务机构应当及时发布航行通告：

（一）机场或者跑道的设立、关闭或者运行重要变化；

（二）机场、航空情报、空中交通、通信、气象、搜寻救援等航空服务的设立、撤消或者运行的重要变化；

（三）无线电导航和地空通信服务的设置、撤消及工作能力的重大变化，包括：无线电导航和地空通信服务的中断或者恢复、频率的更改、服务时间的变化、识别信号的变化、方向性助航设施的方向调整、设施位置的改变、总发射功率50%以上的增减、广播时间或者内容的变化，以及任何无线电导航和地空通信发生异常或者不可靠的情况；

（四）目视助航设施的设置、撤消或者重要变动；

（五）机场灯光系统的主要组成部分的中断或者恢复；

（六）空中航行服务程序的设立，撤消或者重要变化；

（七）机动区内重大缺陷或者运行障碍的出现或者清除；

（八）燃油、滑油和氧气供应的限制和改变；

（九）可用搜寻援救设施和服务的重要改变；

（十）标志空中航行重要障碍物的危险灯标的设置、撤消和恢复；

（十一）有关规定中出现更改或者变化而且需要立即执行的；

（十二）未在航空资料中公布的障碍物、军事活动、航空表演、航空竞赛、大型跳伞活动、无线电频率干扰、航天活动、烟花等影响空中航行的危险情况的出现；

（十三）起飞、爬升、复飞、进近区和跑道升降带内影响空中航行的障碍物的设置、移除或者变动；

（十四）禁区、限制区和危险区的设立或者中止，包括生效和停止时间及使用状况的变化；

（十五）存在拦截可能并且需要在VHF紧急频率121.5MHz长守的区域、航路或航段的设立或者中止；

（十六）地名代码的分配、取消或者更改；

（十七）机场救援和消防设施常规保障水平的重要变动。只有涉及改变保障等级时，方可签发航行通告，并说明变化的等级；

（十八）活动区内因雪、雪浆、冰和积水导致危险情况的出现、消除或者重要变化；

（十九）由于发生流行病而需要更改防疫注射和检疫要求；

（二十）太阳宇宙射线预报；

（二十一）火山活动有关的动态重要变化，火山爆发的地点、日期和时间，火山灰云的水平范围、垂直范围，包括移动方向以及可能受影响的飞行高度层、航路或者航段；

（二十二）在核子或者化学活动中，向大气层释放辐射物质或者有毒物质的事发地点、日期、时间，受影响的飞行高度层、航路、航段以及活动方向；

（二十三）人道主义救援任务的实施以及由此受到影响的空中航行的各种程序或者限制；

（二十四）空中交通服务和有关支持服务中断或者部分中断所采取的短期紧急措施；

（二十五）影响空中航行的冲突区，包括有关该冲突威胁的性质、范围和后果；

（二十六）发生可能影响航空器运行的其他情况。

第八十八条 遇有下列情况之一的，航空情报服务机构不得以航行通告形式发布，应在飞行前讲解或者通知驻地航空公司：

（一）停机坪和滑行道上的例行维修工作，不影响航空器安全活动的；

（二）施划跑道标志的工作，但航空器可以在其他可用跑道上安全运行，或者施工设备可以随时移开的；

（三）机场附近有临时障碍物，但不影响航空器运行的；

（四）机场灯光设施局部故障，但不直接影响航空器运行的；

（五）地空通信出现局部、暂时的故障，但有适当备用频率可用的；

（六）缺少停机坪信号指挥服务及道路交通管制的；

（七）机场活动区有关位置标记牌、目的地标记牌或者其他指令标记牌不适用时；

（八）其他类似的临时性情况。

第八十九条 航空情报服务机构应当建立航行通告的校核制度。

航空情报服务机构应当每个日历月至少拍发一次规定格式的航行通告校核单，校核单应当列出现行有效的航行通告清单。

第九十条 全国民用航空情报中心应当定期印发有效航行通告明语摘要。

第九十一条 航行通告应当按照标准格式，通过航空固定通信网络发布。

第九十二条 航行通告的发布应当采用航行通告预定分发制度，将航行通告直接分发给预先指定的收报单位。

第九十三条 全国民用航空情报中心应当就航空资料汇编修订、航空资料汇编补充资料、航空资料通报的发布，签发提示生效信息的触发性航行通告。

触发性航行通告的生效日期应当与航空资料汇编修订、航空资料汇编补充资料、航空资料通报的生效日期相同，并保持14天有效。

第九十四条 机场管理机构应当及时评估湿和污染跑道表面状况，满足跑道表面状况通报条件时，应当及时向机场民用航空情报单位提供跑道表面状况原始资料。

跑道表面状况原始资料最长有效时间不超过8小时。超过8小时的原始资料自动失效，机场管理机构应当及时向机场民用航空情报单位提供新的跑道表面状况原始资料。

机场民用航空情报单位应当根据跑道表面状况原始资料，按照规定的格式及时发布雪情通告。

第九十五条 雪情通告的最长有效时间不超过8小时。超过8小时的雪情通告自动失效。

机场民用航空情报单位收到机场管理机构提供的新的跑道表面状况报告原始资料后，应当及时发布新的雪情通告，上一份雪情通告同时失效。

雪情通告出现错误时应当发布新的雪情通告，不得签发雪情通告更正报，错误的雪情通告同时失效。

失效的雪情通告不得作为运行依据。

第九十六条 地区民用航空情报中心或者机场民用航空情报单位收到火山活动的报告应当发布火山通告。火山通告最长有效时间为24小时，当告警等级发生变化时应当发布新的火山通告。

第八章 飞行前和飞行后航空情报服务

第一节 飞行前航空情报服务

第九十七条 机场民用航空情报单位的飞行前航空情报服务主要包括：飞行前资料公告、讲解服务及资料查询。

第九十八条 接受飞行前航空情报服务的单位，应当与有关机场民用航空情报单位签订服务协议。服务协议应当明确双方的责任与义务、服务内容与方式等。

第九十九条 机场民用航空情报单位的航空情报员，应当于每日本机场飞行活动开始前90分钟，完成提供飞行前航空情报服务的各项准备工作，主要包括：

（一）了解当日的飞行计划和动态；

（二）检查处理航行通告；

（三）了解机场、航路、设施的变化情况和有关的气象资料；

（四）检查必备的各种资料、规章是否完整、准确；

（五）检查本单位设备的工作情况。

第一百条 机场民用航空情报单位应当提供飞行前资料公告，提供飞行前资料公告应当遵守以下规定：

（一）飞行前资料公告至少包括制作时间、发布单位、有效期、起飞站、第一降落站及其备降场、航路以及与本次飞行有关的航行通告和其他紧急资料；

（二）提供的飞行前资料公告不得早于预计起飞前90分钟从航行通告处理系统中提取；

（三）飞行前资料公告的提供情况应有相应记录。

第一百零一条 航空情报员认为有必要或者机组有要求时，应当提供讲解服务。

第一百零二条 航空情报员在提供讲解服务时，应当按照讲解服务清单，逐项进行提示或者检查，结合不同飞行的要求，对有关项目进行重点讲解。讲解服务清单的内容应当包括：

（一）法规与程序，包括航空资料及其修订、航空资料补充资料、空域使用的程序、空中交通服务程序、高度表拨正程序；

（二）气象服务简况，包括气象设施、预报和报告的可用情况以及其他获得有效气象情报的规定；

（三）航路及目的地信息，包括可用航路的建议，保证航路安全高度的航迹、距离、地理和地形特征，机场和机场设施的可用性，导航设施的可用性，搜寻援救的组织、程序和设施；

（四）通讯设施和程序，包括地空通信设施的可用性、通信程序、无线电频率和工作时间；

（五）航行中的危险情况；

（六）其他影响飞行的重要信息。

第一百零三条 为我国机组提供飞行前航空情报服务时，航空情报员应当讲解和受理查询与该机组飞行任务有关的资料。为外国机组提供飞行前航空情报服务时，航空情报员只能讲解和受理查询《中华人民共和国航空资料汇编》、批准对外提供的航行规定以及国际航行规定和资料。

第一百零四条 向机组提供自我准备所需要的规定和资料，包括：

（一）设立地图板，张挂航空地图。航空地图上，应当标画飞行情报区、管制区界线和航路、机场的有关数据。对外开放机场，还应当张挂或者展示适当比例尺的、标有国际航路、国际机场的世界挂图或者世界区域图。

（二）备有供机组查阅的航空资料，包括《中华人民共和国航空资料汇编》、《中国民用航空国内航空资料汇编》、《军用备降机场手册》、通信和导航资料以及其他与飞行有关的资料。对外开放机场，还应当备有供国际飞行机组查阅的其他资料。

（三）备有供机组查阅的规章、文件。对外开放机场，还应当备有国际民航组织的有关文件。

第二节　飞行后航空情报收集

第一百零五条　机场民用航空情报单位，应当收集机组飞行后对有关飞行保障设施工作情况的意见、鸟群活动等信息，以及机组填写的《空中交通服务设施服务状况及鸟情状况报告单》，具体内容见附件八。

第一百零六条　机场民用航空情报单位收集到《空中交通服务设施服务状况及鸟情状况报告单》或者其他相关信息后，应当根据信息内容及时转告有关部门处理。

第一百零七条　收到《空中交通服务设施服务状况及鸟情状况报告单》或者其他相关信息的有关部门，应当及时核实有关情况，并将处理情况反馈机场民用航空情报单位。

第九章　航空情报自动化系统管理

第一百零八条　航空情报自动化系统是用于航空情报原始资料的收集、整理、审核以及航空情报服务产品的设计、制作与发布的信息系统。

第一百零九条　航空情报自动化系统包括民用航空情报数据库管理系统、航空情报动态信息管理系统、航空情报原始资料采集系统、航空情报发布系统等。

第一百一十条　航空情报自动化系统由民航局空管局统一管理。

航空情报服务机构应当按照规定统一配置航空情报自动化系统。

第一百一十一条　航空情报自动化系统应当由航空情报服务机构的专职人员负责监控和维护。

第一百一十二条　具有独立数据库的航空情报服务机构的航空情报自动化系统，应当建立本地的系统备份。

第一百一十三条　全国民用航空情报中心及地区民用航空情报中心应当建立航空情报自动化系统异地备份机制。

第一百一十四条　地区民用航空情报中心应当在本辖区内指定一个机场民用航空情报单位的系统作为本地区异地备份系统。

第一百一十五条　航空情报服务机构以外的用户，需要接入航空情报自动化系统的，应当由民航局空管局批准。

第十章　法律责任

第一百一十六条　民用航空情报服务机构违反本规则第十条规定，未按本规则要求建立航空情报质量管理制度的，地区管理局应当责令限期改正，并给予警告；逾期未改正的，对其主要负责人处以200元以上1000元以下罚款，并对单位处以5000元以上1万元以下罚款。

第一百一十七条 航空情报服务机构违反本规则第二十五条规定，不符合设置条件或者不能满足提供航空情报服务要求的，地区管理局应当责令限期改正，并给予警告；逾期未改正的，对其主要负责人处以200元以上1000元以下罚款，并对单位处以1万元以上3万元以下罚款。

第一百一十八条 航空情报服务机构未按本规则规定履行工作职责的，地区管理局应当责令限期改正，并给予警告；逾期未改正或者造成严重后果的，对其主要负责人处以200元以上1000元以下罚款，并对单位处以1万元以上3万元以下罚款。

第一百一十九条 航空情报原始资料提供单位未按照要求提供资料的，地区管理局应当责令限期改正，并给予警告；逾期未改正或者情节严重的，对其主要负责人处以200元以上1000元以下罚款，并对单位处以1万元以上3万元以下罚款。

第一百二十条 违反本规则规定获得或者使用航空情报的个人和单位应当由民航地区管理局责令限期改正，并给予警告；逾期未改正或者情节严重的，对个人或者其主要负责人处以200元以上1000元以下罚款，并对单位处以1万元以上3万元以下罚款。

第十一章 附 则

第一百二十一条 本规则自2016年4月17日起施行。1988年5月16日民航局发布的《民用航空航行情报工作规则》（CCAR－175 TM）同时废止。

附件：（略）

四、军 事 安 全

中华人民共和国戒严法

1. 1996年3月1日第八届全国人民代表大会常务委员会第十八次会议通过
2. 1996年3月1日中华人民共和国主席令第61号公布
3. 自1996年3月1日起施行

目　　录

第一章　总　　则
第二章　戒严的实施
第三章　实施戒严的措施
第四章　戒严执勤人员的职责
第五章　附　　则

第一章　总　　则

第一条　【立法根据】 根据中华人民共和国宪法，制定本法。

第二条　【戒严条件】 在发生严重危及国家的统一、安全或者社会公共安全的动乱、暴乱或者严重骚乱，不采取非常措施不足以维护社会秩序、保护人民的生命和财产安全的紧急状态时，国家可以决定实行戒严。

第三条　【戒严决定的程序】 全国或者个别省、自治区、直辖市的戒严，由国务院提请全国人民代表大会常务委员会决定；中华人民共和国主席根据全国人民代表大会常务委员会的决定，发布戒严令。

省、自治区、直辖市的范围内部分地区的戒严，由国务院决定，国务院总理发布戒严令。

第四条　【戒严期内对公民权利的限制】 戒严期间，为保证戒严的实施和维护社会治安秩序，国家可以依照本法在戒严地区内，对宪法、法律规定的公民权利和自由的行使作出特别规定。

第五条　【戒严区内人民政府的职责】 戒严地区内的人民政府应当依照本法采取必要的措施，尽快恢复正常社会秩序，保障人民的生命和财产安全以及基本生活必需品的供应。

第六条 【戒严区内组织和个人的义务】戒严地区内的一切组织和个人，必须严格遵守戒严令和实施戒严令的规定，积极协助人民政府恢复正常社会秩序。

第七条 【国家保护有关主体的合法权益】国家对遵守戒严令和实施戒严令的规定的组织和个人，采取有效措施保护其合法权益不受侵犯。

第八条 【执行戒严任务的主体】戒严任务由人民警察、人民武装警察执行；必要时，国务院可以向中央军事委员会提出，由中央军事委员会决定派出人民解放军协助执行戒严任务。

第二章 戒严的实施

第九条 【戒严实施机关】全国或者个别省、自治区、直辖市的戒严，由国务院组织实施。

省、自治区、直辖市的范围内部分地区的戒严，由省、自治区、直辖市人民政府组织实施；必要时，国务院可以直接组织实施。

组织实施戒严的机关称为戒严实施机关。

第十条 【戒严指挥机构】戒严实施机关建立戒严指挥机构，由戒严指挥机构协调执行戒严任务的有关方面的行动，统一部署和实施戒严措施。

执行戒严任务的人民解放军，在戒严指挥机构的统一部署下，由中央军事委员会指定的军事机关实施指挥。

第十一条 【戒严令的内容】戒严令应当规定戒严的地域范围、起始时间、实施机关等事项。

第十二条 【解除戒严的条件和程序】根据本法第二条规定实行戒严的紧急状态消除后，应当及时解除戒严。

解除戒严的程序与决定戒严的程序相同。

第三章 实施戒严的措施

第十三条 【戒严措施】戒严期间，戒严实施机关可以决定在戒严地区采取下列措施，并可以制定具体实施办法：

（一）禁止或者限制集会、游行、示威、街头讲演以及其他聚众活动；

（二）禁止罢工、罢市、罢课；

（三）实行新闻管制；

（四）实行通讯、邮政、电信管制；

（五）实行出境入境管制；

（六）禁止任何反对戒严的活动。

第十四条 【戒严期间的交通管制】戒严期间，戒严实施机关可以决定在戒严地区采取交通管制措施，限制人员进出交通管制区域，并对进出交通管制区域人员的证件、车辆、物品进行检查。

第十五条 【戒严期间的宵禁措施】戒严期间，戒严实施机关可以决定在戒严地区采取宵禁措施。宵禁期间，在实行宵禁地区的街道或者其他公共场所通行，必须持有本人身份证件和戒严实施机关制发的特别通行证。

第十六条 【戒严期间特殊物品的管理】戒严期间，戒严实施机关或者戒严指挥机构可以在戒严地区对下列物品采取特别管理措施：

（一）武器、弹药；

（二）管制刀具；

（三）易燃易爆物品；

（四）化学危险物品、放射性物品、剧毒物品等。

第十七条 【戒严期间的政府征用】根据执行戒严任务的需要，戒严地区的县级以上人民政府可以临时征用国家机关、企业事业组织、社会团体以及公民个人的房屋、场所、设施、运输工具、工程机械等。在非常紧急的情况下，执行戒严任务的人民警察、人民武装警察、人民解放军的现场指挥员可以直接决定临时征用，地方人民政府应当给予协助。实施征用应当开具征用单据。

前款规定的临时征用物，在使用完毕或者戒严解除后应当及时归还；因征用造成损坏的，由县级以上人民政府按照国家有关规定给予相应补偿。

第十八条 【戒严期内需加强警卫的单位、场所】戒严期间，对戒严地区的下列单位、场所，采取措施，加强警卫：

（一）首脑机关；

（二）军事机关和重要军事设施；

（三）外国驻华使领馆、国际组织驻华代表机构和国宾下榻处；

（四）广播电台、电视台、国家通讯社等重要新闻单位及其重要设施；

（五）与国计民生有重大关系的公用企业和公共设施；

（六）机场、火车站和港口；

（七）监狱、劳教场所、看守所；

（八）其他需要加强警卫的单位和场所。

第十九条 【戒严地区生活必需品的特别管理】为保障戒严地区内的人民基本生活必需品的供应，戒严实施机关可以对基本生活必需品的生产、运输、供应、价格，采取特别管理措施。

第二十条 【戒严措施的公布与停止】戒严实施机关依照本法采取的实施戒严令的措施和办法，需要公众遵守的，应当公布；在实施过程中，根据情况，对于不需要继续实施的措施和办法，应当及时公布停止实施。

第四章 戒严执勤人员的职责

第二十一条 【戒严执勤人员】执行戒严任务的人民警察、人民武装警察和人民解放军是戒严执勤人员。

戒严执勤人员执行戒严任务时，应当佩带由戒严实施机关统一规定的标志。

第二十二条 【戒严执勤人员的检查权】戒严执勤人员依照戒严实施机关的规定，有权对戒严地区公共道路上或者其他公共场所内的人员的证件、车辆、物品进行检查。

第二十三条 【戒严执勤人员的扣留权、搜查权】戒严执勤人员依照戒严实施机关的规定，有权对违反宵禁规定的人予以扣留，直至清晨宵禁结束；并有权对被扣留者的人身进行搜查，对其携带的物品进行检查。

第二十四条 【戒严执勤人员的拘留权】戒严执勤人员依照戒严实施机关的规定，有权对下列人员立即予以拘留：

（一）正在实施危害国家安全、破坏社会秩序的犯罪或者有重大嫌疑的；

（二）阻挠或者抗拒戒严执勤人员执行戒严任务的；

（三）抗拒交通管制或者宵禁规定的；

（四）从事其他抗拒戒严令的活动的。

第二十五条 【戒严执勤人员搜查权】戒严执勤人员依照戒严实施机关的规定，有权对被拘留的人员的人身进行搜查，有权对犯罪嫌疑分子的住所和涉嫌藏匿犯罪分子、犯罪嫌疑分子或者武器、弹药等危险物品的场所进行搜查。

第二十六条 【违法聚众的处理程序】在戒严地区有下列聚众情形之一、阻止无效的，戒严执勤人员根据有关规定，可以使用警械强行制止或者驱散，并将其组织者和拒不服从的人员强行带离现场或者立即予以拘留：

（一）非法进行集会、游行、示威以及其他聚众活动的；

（二）非法占据公共场所或者在公共场所煽动进行破坏活动的；

（三）冲击国家机关或者其他重要单位、场所的；

（四）扰乱交通秩序或者故意堵塞交通的；

（五）哄抢或者破坏机关、团体、企业事业组织和公民个人的财产的。

第二十七条 【戒严执勤人员拘留逮捕的特殊规定】戒严执勤人员对于依照本法规定予以拘留的人员，应当及时登记和讯问，发现不需要继续拘留的，应当立即释放。

戒严期间拘留、逮捕的程序和期限可以不受中华人民共和国刑事诉讼法有关规定的限制，但逮捕须经人民检察院批准或者决定。

第二十八条　【戒严执勤人员的枪械使用】在戒严地区遇有下列特别紧急情形之一，使用警械无法制止时，戒严执勤人员可以使用枪支等武器：

（一）公民或者戒严执勤人员的生命安全受到暴力危害时；

（二）拘留、逮捕、押解人犯，遇有暴力抗拒、行凶或者脱逃时；

（三）遇暴力抢夺武器、弹药时；

（四）警卫的重要对象、目标受到暴力袭击，或者有受到暴力袭击的紧迫危险时；

（五）在执行消防、抢险、救护作业以及其他重大紧急任务中，受到严重暴力阻挠时；

（六）法律、行政法规规定可以使用枪支等武器的其他情形。

戒严执勤人员必须严格遵守使用枪支等武器的规定。

第二十九条　【戒严执勤人员的职责】戒严执勤人员应当遵守法律、法规和执勤规则，服从命令，履行职责，尊重当地民族风俗习惯，不得侵犯和损害公民的合法权益。

第三十条　【戒严执勤人员的法律保护和责任】戒严执勤人员依法执行任务的行为受法律保护。

戒严执勤人员违反本法规定，滥用职权，侵犯和损害公民合法权益的，依法追究法律责任。

第五章　附　　则

第三十一条　【对局部骚乱的处理】在个别县、市的局部范围内突然发生严重骚乱，严重危及国家安全、社会公共安全和人民的生命财产安全，国家没有作出戒严决定时，当地省级人民政府报经国务院批准，可以决定并组织人民警察、人民武装警察实施交通管制和现场管制，限制人员进出管制区域，对进出管制区域人员的证件、车辆、物品进行检查，对参与骚乱的人可以强行予以驱散、强行带离现场、搜查，对组织者和拒不服从的人员可以立即予以拘留；在人民警察、人民武装警察力量还不足以维持社会秩序时，可以报请国务院向中央军事委员会提出，由中央军事委员会决定派出人民解放军协助当地人民政府恢复和维持正常社会秩序。

第三十二条　【施行日期】本法自公布之日起施行。

中华人民共和国人民防空法

1. 1996年10月29日第八届全国人民代表大会常务委员会第二十二次会议通过
2. 根据2009年8月27日第十一届全国人民代表大会常务委员会第十次会议《关于修改部分法律的决定》修正

目　　录

第一章　总　　则
第二章　防护重点
第三章　人民防空工程
第四章　通信和警报
第五章　疏　　散
第六章　群众防空组织
第七章　人民防空教育
第八章　法律责任
第九章　附　　则

第一章　总　　则

第一条　【立法目的】为了有效地组织人民防空，保护人民的生命和财产安全，保障社会主义现代化建设的顺利进行，制定本法。

第二条　【人民防空及其指导思想】人民防空是国防的组成部分。国家根据国防需要，动员和组织群众采取防护措施，防范和减轻空袭危害。

人民防空实行长期准备、重点建设、平战结合的方针，贯彻与经济建设协调发展、与城市建设相结合的原则。

第三条　【人民防空建设的计划】县级以上人民政府应当将人民防空建设纳入国民经济和社会发展计划。

第四条　【人民防空经费】人民防空经费由国家和社会共同负担。

中央负担的人民防空经费，列入中央预算；县级以上地方各级人民政府负担的人民防空经费，列入地方各级预算。

有关单位应当按照国家规定负担人民防空费用。

第五条　【人民防空设施建设】国家对人民防空设施建设按照有关规定给予

优惠。

国家鼓励、支持企业事业组织、社会团体和个人，通过多种途径，投资进行人民防空工程建设；人民防空工程平时由投资者使用管理，收益归投资者所有。

第六条 【人民防空工作的领导】国务院、中央军事委员会领导全国的人民防空工作。

大军区根据国务院、中央军事委员会的授权领导本区域的人民防空工作。

县级以上地方各级人民政府和同级军事机关领导本行政区域的人民防空工作。

第七条 【人民防空工作的管理】国家人民防空主管部门管理全国的人民防空工作。

大军区人民防空主管部门管理本区域的人民防空工作。

县级以上地方各级人民政府人民防空主管部门管理本行政区域的人民防空工作。

中央国家机关人民防空主管部门管理中央国家机关的人民防空工作。

人民防空主管部门的设置、职责和任务，由国务院、中央军事委员会规定。

县级以上人民政府的计划、规划、建设等有关部门在各自的职责范围内负责有关的人民防空工作。

第八条 【组织、个人的权利和义务】一切组织和个人都有得到人民防空保护的权利，都必须依法履行人民防空的义务。

第九条 【人民防空设施不受侵犯】国家保护人民防空设施不受侵害。禁止任何组织或者个人破坏、侵占人民防空设施。

第十条 【奖励】县级以上人民政府和军事机关对在人民防空工作中做出显著成绩的组织或者个人，给予奖励。

第二章 防护重点

第十一条 【对城市实行分类防空】城市是人民防空的重点。国家对城市实行分类防护。

城市的防护类别、防护标准，由国务院、中央军事委员会规定。

第十二条 【防空袭方案及实施计划】城市人民政府应当制定防空袭方案及实施计划，必要时可以组织演习。

第十三条 【人民防空工程建设规划】城市人民政府应当制定人民防空工程建设规划，并纳入城市总体规划。

第十四条　【地下工程建设】城市的地下交通干线以及其他地下工程的建设，应当兼顾人民防空需要。

第十五条　【为战时储备必需物资的工程】为战时储备粮食、医药、油料和其他必需物资的工程，应当建在地下或者其他隐蔽地点。

第十六条　【重要的经济目标】对重要的经济目标，有关部门必须采取有效防护措施，并制定应急抢险抢修方案。

前款所称重要的经济目标，包括重要的工矿企业、科研基地、交通枢纽、通信枢纽、桥梁、水库、仓库、电站等。

第十七条　【监督检查】人民防空主管部门应当依照规定对城市和经济目标的人民防空建设进行监督检查。被检查单位应当如实提供情况和必要的资料。

第三章　人民防空工程

第十八条　【人民防空工程的范围】人民防空工程包括为保障战时人员与物资掩蔽、人民防空指挥、医疗救护等而单独修建的地下防护建筑，以及结合地面建筑修建的战时可用于防空的地下室。

第十九条　【人民防空工程建设的指导、规划】国家对人民防空工程建设，按照不同的防护要求，实行分类指导。

国家根据国防建设的需要，结合城市建设和经济发展水平，制定人民防空工程建设规划。

第二十条　【建设人民防空工程的指导思想】建设人民防空工程，应当在保证战时使用效能的前提下，有利于平时的经济建设、群众的生产生活和工程的开发利用。

第二十一条　【负责组织修建的单位】人民防空指挥工程、公用的人员掩蔽工程和疏散干道工程由人民防空主管部门负责组织修建；医疗救护、物资储备等专用工程由其他有关部门负责组织修建。

有关单位负责修建本单位的人员与物资掩蔽工程。

第二十二条　【城市新建民用建筑】城市新建民用建筑，按照国家有关规定修建战时可用于防空的地下室。

第二十三条　【防护标准与质量标准】人民防空工程建设的设计、施工、质量必须符合国家规定的防护标准和质量标准。

人民防空工程专用设备的定型、生产必须符合国家规定的标准。

第二十四条　【保障与提供条件】县级以上人民政府有关部门对人民防空工程所需的建设用地应当依法予以保障；对人民防空工程连接城市的道路、供电、供热、供水、排水、通信等系统的设施建设，应当提供必要的条件。

第二十五条 **【维护管理】**人民防空主管部门对人民防空工程的维护管理进行监督检查。

公用的人民防空工程的维护管理由人民防空主管部门负责。

有关单位应当按照国家规定对已经修建或者使用的人民防空工程进行维护管理，使其保持良好使用状态。

第二十六条 **【平时利用】**国家鼓励平时利用人民防空工程为经济建设和人民生活服务。平时利用人民防空工程，不得影响其防空效能。

第二十七条 **【不得进行影响使用、降低防护能力的作业】**任何组织或者个人不得进行影响人民防空工程使用或者降低人民防空工程防护能力的作业，不得向人民防空工程内排入废水、废气和倾倒废弃物，不得在人民防空工程内生产、储存爆炸、剧毒、易燃、放射性和腐蚀性物品。

第二十八条 **【拆除】**任何组织或者个人不得擅自拆除本法第二十一条规定的人民防空工程；确需拆除的，必须报经人民防空主管部门批准，并由拆除单位负责补建或者补偿。

第四章 通信和警报

第二十九条 **【保障畅通】**国家保障人民防空通信、警报的畅通，以迅速准确地传递、发放防空警报信号，有效地组织、指挥人民防空。

第三十条 **【主管部门】**国家人民防空主管部门负责制定全国的人民防空通信、警报建设规划，组织全国的人民防空通信、警报网的建设和管理。

县级以上地方各级人民政府人民防空主管部门负责制定本行政区域的人民防空通信、警报建设规划，组织本行政区域人民防空通信、警报网的建设和管理。

第三十一条 **【保障部门】**邮电部门、军队通信部门和人民防空主管部门应当按照国家规定的任务和人民防空通信、警报建设规划，对人民防空通信实施保障。

第三十二条 **【保障与提供条件】**人民防空主管部门建设通信、警报网所需的电路、频率，邮电部门、军队通信部门、无线电管理机构应当予以保障；安装人民防空通信、警报设施，有关单位或者个人应当提供方便条件，不得阻挠。

国家用于人民防空通信的专用频率和防空警报音响信号，任何组织或者个人不得占用、混同。

第三十三条 **【战时优先】**通信、广播、电视系统，战时必须优先传递、发放防空警报信号。

第三十四条 【军队有关部门的义务】军队有关部门应当向人民防空主管部门通报空中情报，协助训练有关专业人员。

第三十五条 【通信、警报设施的维护管理】人民防空通信、警报设施必须保持良好使用状态。

设置在有关单位的人民防空警报设施，由其所在单位维护管理，不得擅自拆除。

县级以上地方各级人民政府根据需要可以组织试鸣防空警报；并在试鸣的五日以前发布公告。

第三十六条 【平时为抢险救灾服务】人民防空通信、警报设施平时应当为抢险救灾服务。

第五章 疏 散

第三十七条 【统一组织】人民防空疏散由县级以上人民政府统一组织。

人民防空疏散必须根据国家发布的命令实施，任何组织不得擅自行动。

第三十八条 【城市人民防空疏散】城市人民防空疏散计划，由县级以上人民政府根据需要组织有关部门制定。

预定的疏散地区，在本行政区域内的，由本级人民政府确定；跨越本行政区域的，由上一级人民政府确定。

第三十九条 【做好准备工作】县级以上人民政府应当组织有关部门和单位，做好城市疏散人口安置和物资储运、供应的准备工作。

第四十条 【农村人口的疏散】农村人口在有必要疏散时，由当地人民政府按照就近的原则组织实施。

第六章 群众防空组织

第四十一条 【群众防空组织】县级以上地方各级人民政府应当根据人民防空的需要，组织有关部门建立群众防空组织。

群众防空组织战时担负抢险抢修、医疗救护、防火灭火、防疫灭菌、消毒和消除沾染、保障通信联络、抢救人员和抢运物资、维护社会治安等任务，平时应当协助防汛、防震等部门担负抢险救灾任务。

第四十二条 【负责组建部门】群众防空组织由下列部门负责组建：

（一）城建、公用、电力等部门组建抢险抢修队；

（二）卫生、医药部门组建医疗救护队；

（三）公安部门组建消防队、治安队；

（四）卫生、化工、环保等部门组建防化防疫队；

（五）邮电部门组建通信队；

（六）交通运输部门组建运输队。

红十字会组织依法进行救护工作。

第四十三条 **【所需装备、器材和经费的提供】**群众防空组织所需装备、器材和经费由人民防空主管部门和组建单位提供。

第四十四条 **【专业训练】**群众防空组织应当根据人民防空主管部门制定的训练大纲和训练计划进行专业训练。

第七章 人民防空教育

第四十五条 **【人民防空教育】**国家开展人民防空教育，使公民增强国防观念，掌握人民防空的基本知识和技能。

第四十六条 **【教育计划的制定及组织实施】**国家人民防空主管部门负责组织制定人民防空教育计划，规定教育内容。

在校学生的人民防空教育，由各级教育主管部门和人民防空主管部门组织实施。

国家机关、社会团体、企业事业组织人员的人民防空教育，由所在单位组织实施；其他人员的人民防空教育，由城乡基层人民政府组织实施。

第四十七条 **【协助开展人民防空教育】**新闻、出版、广播、电影、电视、文化等有关部门应当协助开展人民防空教育。

第八章 法律责任

第四十八条 **【不修建战时防空地下室的法律责任】**城市新建民用建筑，违反国家有关规定不修建战时可用于防空的地下室的，由县级以上人民政府人民防空主管部门对当事人给予警告，并责令限期修建，可以并处十万元以下的罚款。

第四十九条 **【处警告、限期改正、罚款、赔偿损失的行为】**有下列行为之一的，由县级以上人民政府人民防空主管部门对当事人给予警告，并责令限期改正违法行为，可以对个人并处五千元以下的罚款、对单位并处一万元至五万元的罚款；造成损失的，应当依法赔偿损失：

（一）侵占人民防空工程的；

（二）不按照国家规定的防护标准和质量标准修建人民防空工程的；

（三）违反国家有关规定，改变人民防空工程主体结构、拆除人民防空工程设备设施或者采用其他方法危害人民防空工程的安全和使用效能的；

（四）拆除人民防空工程后拒不补建的；

（五）占用人民防空通信专用频率、使用与防空警报相同的音响信号或者擅自拆除人民防空通信、警报设备设施的；

（六）阻挠安装人民防空通信、警报设施，拒不改正的；

（七）向人民防空工程内排入废水、废气或者倾倒废弃物的。

第五十条　【故意损坏人民防空设施的法律责任】违反本法规定，故意损坏人民防空设施或者在人民防空工程内生产、储存爆炸、剧毒、易燃、放射性等危险品，尚不构成犯罪的，依照治安管理处罚法的有关规定处罚；构成犯罪的，依法追究刑事责任。

第五十一条　【人民防空主管部门工作人员渎职的法律责任】人民防空主管部门的工作人员玩忽职守、滥用职权、徇私舞弊或者有其他违法、失职行为构成犯罪的，依法追究刑事责任；尚不构成犯罪的，依法给予行政处分。

第九章　附　　则

第五十二条　【实施办法】省、自治区、直辖市人民代表大会常务委员会可以根据本法制定实施办法。

第五十三条　【施行日期】本法自1997年1月1日起施行。

中华人民共和国国防动员法

1．2010年2月26日第十一届全国人民代表大会常务委员会第十三次会议通过

2．2010年2月26日中华人民共和国主席令第25号公布

3．自2010年7月1日起施行

目　　录

第一章　总　　则
第二章　组织领导机构及其职权
第三章　国防动员计划、实施预案与潜力统计调查
第四章　与国防密切相关的建设项目和重要产品
第五章　预备役人员的储备与征召
第六章　战略物资储备与调用
第七章　军品科研、生产与维修保障
第八章　战争灾害的预防与救助
第九章　国防勤务
第十章　民用资源征用与补偿

第十一章 宣传教育
第十二章 特别措施
第十三章 法律责任
第十四章 附　　则

第一章 总　　则

第一条 【立法目的】 为了加强国防建设，完善国防动员制度，保障国防动员工作的顺利进行，维护国家的主权、统一、领土完整和安全，根据宪法，制定本法。

第二条 【适用对象】 国防动员的准备、实施以及相关活动，适用本法。

第三条 【国防动员建设目标】 国家加强国防动员建设，建立健全与国防安全需要相适应、与经济社会发展相协调、与突发事件应急机制相衔接的国防动员体系，增强国防动员能力。

第四条 【国防动员原则】 国防动员坚持平战结合、军民结合、寓军于民的方针，遵循统一领导、全民参与、长期准备、重点建设、统筹兼顾、有序高效的原则。

第五条 【公民和组织的义务】 公民和组织在和平时期应当依法完成国防动员准备工作；国家决定实施国防动员后，应当完成规定的国防动员任务。

第六条 【经费保障】 国家保障国防动员所需经费。国防动员经费按照事权划分的原则，分别列入中央和地方财政预算。

第七条 【表彰和奖励】 国家对在国防动员工作中作出突出贡献的公民和组织，给予表彰和奖励。

第二章 组织领导机构及其职权

第八条 【国防动员的决定权限与发布】 国家的主权、统一、领土完整和安全遭受威胁时，全国人民代表大会常务委员会依照宪法和有关法律的规定，决定全国总动员或者局部动员。国家主席根据全国人民代表大会常务委员会的决定，发布动员令。

第九条 【全国国防动员的组织实施】 国务院、中央军事委员会共同领导全国的国防动员工作，制定国防动员工作的方针、政策和法规，向全国人民代表大会常务委员会提出实施全国总动员或者局部动员的议案，根据全国人民代表大会常务委员会的决定和国家主席发布的动员令，组织国防动员的实施。

国家的主权、统一、领土完整和安全遭受直接威胁必须立即采取应对措施时，国务院、中央军事委员会可以根据应急处置的需要，采取本法规定的必要的国防动员措施，同时向全国人民代表大会常务委员会报告。

第十条 【地方国防动员的组织实施】地方人民政府应当贯彻和执行国防动员工作的方针、政策和法律、法规；国家决定实施国防动员后，应当根据上级下达的国防动员任务，组织本行政区域国防动员的实施。

县级以上地方人民政府依照法律规定的权限管理本行政区域的国防动员工作。

第十一条 【负责国防动员工作的部门】县级以上人民政府有关部门和军队有关部门在各自的职责范围内，负责有关的国防动员工作。

第十二条 【国防动员委员会的职责】国家国防动员委员会在国务院、中央军事委员会的领导下负责组织、指导、协调全国的国防动员工作；按照规定的权限和程序议定的事项，由国务院和中央军事委员会的有关部门按照各自职责分工组织实施。军区国防动员委员会、县级以上地方各级国防动员委员会负责组织、指导、协调本区域的国防动员工作。

第十三条 【国防动员委员会的办事机构】国防动员委员会的办事机构承担本级国防动员委员会的日常工作，依法履行有关的国防动员职责。

第十四条 【国防动员的解除】国家的主权、统一、领土完整和安全遭受的威胁消除后，应当按照决定实施国防动员的权限和程序解除国防动员的实施措施。

第三章 国防动员计划、实施预案与潜力统计调查

第十五条 【国防动员计划、实施预案与潜力统计调查制度】国家实行国防动员计划、国防动员实施预案和国防动员潜力统计调查制度。

第十六条 【国防动员计划和实施预案的编制】国防动员计划和国防动员实施预案，根据国防动员的方针和原则、国防动员潜力状况和军事需求编制。军事需求由军队有关部门按照规定的权限和程序提出。

国防动员实施预案与突发事件应急处置预案应当在指挥、力量使用、信息和保障等方面相互衔接。

第十七条 【编制和审批的有关规定】各级国防动员计划和国防动员实施预案的编制和审批，按照国家有关规定执行。

第十八条 【政府及相关部门的职责】县级以上人民政府应当将国防动员的相关内容纳入国民经济和社会发展计划。军队有关部门应当将国防动员实施预案纳入战备计划。

县级以上人民政府及其有关部门和军队有关部门应当按照职责落实国防动员计划和国防动员实施预案。

第十九条 【统计机构的职责】县级以上人民政府统计机构和有关部门应当根

据国防动员的需要，准确及时地向本级国防动员委员会的办事机构提供有关统计资料。提供的统计资料不能满足需要时，国防动员委员会办事机构可以依据《中华人民共和国统计法》和国家有关规定组织开展国防动员潜力专项统计调查。

第二十条　【评估检查制度】国家建立国防动员计划和国防动员实施预案执行情况的评估检查制度。

第四章　与国防密切相关的建设项目和重要产品

第二十一条　【具备国防功能】根据国防动员的需要，与国防密切相关的建设项目和重要产品应当贯彻国防要求，具备国防功能。

第二十二条　【项目和产品目录】与国防密切相关的建设项目和重要产品目录，由国务院经济发展综合管理部门会同国务院其他有关部门以及军队有关部门拟定，报国务院、中央军事委员会批准。

列入目录的建设项目和重要产品，其军事需求由军队有关部门提出；建设项目审批、核准和重要产品设计定型时，县级以上人民政府有关主管部门应当按照规定征求军队有关部门的意见。

第二十三条　【质量要求】列入目录的建设项目和重要产品，应当依照有关法律、行政法规和贯彻国防要求的技术规范和标准进行设计、生产、施工、监理和验收，保证建设项目和重要产品的质量。

第二十四条　【补贴或者其他优惠政策】企业事业单位投资或者参与投资列入目录的建设项目建设或者重要产品研究、开发、制造的，依照有关法律、行政法规和国家有关规定，享受补贴或者其他政策优惠。

第二十五条　【指导和政策扶持】县级以上人民政府应当对列入目录的建设项目和重要产品贯彻国防要求工作给予指导和政策扶持，有关部门应当按照职责做好有关的管理工作。

第五章　预备役人员的储备与征召

第二十六条　【预备役人员储备制度】国家实行预备役人员储备制度。

国家根据国防动员的需要，按照规模适度、结构科学、布局合理的原则，储备所需的预备役人员。

国务院、中央军事委员会根据国防动员的需要，决定预备役人员储备的规模、种类和方式。

第二十七条　【预备役人员储备的形式】预备役人员按照专业对口、便于动员的原则，采取预编到现役部队、编入预备役部队、编入民兵组织或者其他形式进行储备。

国家根据国防动员的需要，建立预备役专业技术兵员储备区。

国家为预备役人员训练、储备提供条件和保障。预备役人员应当依法参加训练。

第二十八条　【储备工作的组织实施】县级以上地方人民政府兵役机关负责组织实施本行政区域预备役人员的储备工作。县级以上地方人民政府有关部门、预备役人员所在乡（镇）人民政府、街道办事处或者企业事业单位，应当协助兵役机关做好预备役人员储备的有关工作。

第二十九条　【离开预备役登记地报告制度】预编到现役部队和编入预备役部队的预备役人员、预定征召的其他预备役人员，离开预备役登记地一个月以上的，应当向其预备役登记的兵役机关报告。

第三十条　【征召通知】国家决定实施国防动员后，县级人民政府兵役机关应当根据上级的命令，迅速向被征召的预备役人员下达征召通知。

接到征召通知的预备役人员应当按照通知要求，到指定地点报到。

第三十一条　【协助征召工作】被征召的预备役人员所在单位应当协助兵役机关做好预备役人员的征召工作。

从事交通运输的单位和个人，应当优先运送被征召的预备役人员。

第三十二条　【国防动员后不得擅自离开登记地】国家决定实施国防动员后，预定征召的预备役人员，未经其预备役登记地的县级人民政府兵役机关批准，不得离开预备役登记地；已经离开预备役登记地的，接到兵役机关通知后，应当立即返回或者到指定地点报到。

第六章　战略物资储备与调用

第三十三条　【战略物资储备和调用制度】国家实行适应国防动员需要的战略物资储备和调用制度。

战略物资储备由国务院有关主管部门组织实施。

第三十四条　【承担战略物资储备任务单位的职责】承担战略物资储备任务的单位，应当按照国家有关规定和标准对储备物资进行保管和维护，定期调整更换，保证储备物资的使用效能和安全。

国家按照有关规定对承担战略物资储备任务的单位给予补贴。

第三十五条　【战略物资调用的规定与批准】战略物资按照国家有关规定调用。国家决定实施国防动员后，战略物资的调用由国务院和中央军事委员会批准。

第三十六条　【其他物资的储备和调用的规定】国防动员所需的其他物资的储备和调用，依照有关法律、行政法规的规定执行。

第七章 军品科研、生产与维修保障

第三十七条 【军品科研、生产和维修保障的动员体系】国家建立军品科研、生产和维修保障动员体系，根据战时军队订货和装备保障的需要，储备军品科研、生产和维修保障能力。

本法所称军品，是指用于军事目的的装备、物资以及专用生产设备、器材等。

第三十八条 【军品科研、生产和维修保障方案】军品科研、生产和维修保障能力储备的种类、布局和规模，由国务院有关主管部门会同军队有关部门提出方案，报国务院、中央军事委员会批准后组织实施。

第三十九条 【承担转产、扩大生产军品和维修保障任务单位的职责】承担转产、扩大生产军品和维修保障任务的单位，应当根据所担负的国防动员任务，储备所需的设备、材料、配套产品、技术，建立所需的专业技术队伍，制定和完善预案与措施。

第四十条 【各级人民政府的协调与支持】各级人民政府应当支持和帮助承担转产、扩大生产军品任务的单位开发和应用先进的军民两用技术，推广军民通用的技术标准，提高转产、扩大生产军品的综合保障能力。

国务院有关主管部门应当对重大的跨地区、跨行业的转产、扩大生产军品任务的实施进行协调，并给予支持。

第四十一条 【承担转产、扩大生产军品任务的单位职责】国家决定实施国防动员后，承担转产、扩大生产军品任务的单位，应当按照国家军事订货合同和转产、扩大生产的要求，组织军品科研、生产，保证军品质量，按时交付订货，协助军队完成维修保障任务。为转产、扩大生产军品提供能源、材料、设备和配套产品的单位，应当优先满足转产、扩大生产军品的需要。

国家对因承担转产、扩大生产军品任务造成直接经济损失的单位给予补偿。

第八章 战争灾害的预防与救助

第四十二条 【战争灾害的预防与救助制度】国家实行战争灾害的预防与救助制度，保护人民生命和财产安全，保障国防动员潜力和持续动员能力。

第四十三条 【分级防护制度】国家建立军事、经济、社会目标和首脑机关分级防护制度。分级防护标准由国务院、中央军事委员会规定。

军事、经济、社会目标和首脑机关的防护工作，由县级以上人民政府会同有关军事机关共同组织实施。

第四十四条 【承担防护任务的单位职责】承担军事、经济、社会目标和首脑机关防护任务的单位，应当制定防护计划和抢险抢修预案，组织防护演练，落实防护措施，提高综合防护效能。

第四十五条 【平战结合的医疗卫生救护体系】国家建立平战结合的医疗卫生救护体系。国家决定实施国防动员后，动员医疗卫生人员、调用药品器材和设备设施，保障战时医疗救护和卫生防疫。

第四十六条 【人员、物资的疏散和隐蔽工作的组织实施】国家决定实施国防动员后，人员、物资的疏散和隐蔽，在本行政区域进行的，由本级人民政府决定并组织实施；跨行政区域进行的，由相关行政区域共同的上一级人民政府决定并组织实施。

承担人员、物资疏散和隐蔽任务的单位，应当按照有关人民政府的决定，在规定时间内完成疏散和隐蔽任务。

第四十七条 【启动应急救助机制】战争灾害发生时，当地人民政府应当迅速启动应急救助机制，组织力量抢救伤员、安置灾民、保护财产，尽快消除战争灾害后果，恢复正常生产生活秩序。

遭受战争灾害的人员和组织应当及时采取自救、互救措施，减少战争灾害造成的损失。

第九章 国防勤务

第四十八条 【国防勤务】国家决定实施国防动员后，县级以上人民政府根据国防动员实施的需要，可以动员符合本法规定条件的公民和组织担负国防勤务。

本法所称国防勤务，是指支援保障军队作战、承担预防与救助战争灾害以及协助维护社会秩序的任务。

第四十九条 【担负国防勤务的公民】十八周岁至六十周岁的男性公民和十八周岁至五十五周岁的女性公民，应当担负国防勤务；但有下列情形之一的，免予担负国防勤务：

（一）在托儿所、幼儿园和孤儿院、养老院、残疾人康复机构、救助站等社会福利机构从事管理和服务工作的公民；

（二）从事义务教育阶段学校教学、管理和服务工作的公民；

（三）怀孕和在哺乳期内的女性公民；

（四）患病无法担负国防勤务的公民；

（五）丧失劳动能力的公民；

（六）在联合国等政府间国际组织任职的公民；

（七）其他经县级以上人民政府决定免予担负国防勤务的公民。

有特殊专长的专业技术人员担负特定的国防勤务，不受前款规定的年龄限制。

第五十条 【担负国防勤务人员的职责】被确定担负国防勤务的人员，应当服从指挥、履行职责、遵守纪律、保守秘密。担负国防勤务的人员所在单位应当给予支持和协助。

第五十一条 【担负国防勤务的部门】交通运输、邮政、电信、医药卫生、食品和粮食供应、工程建筑、能源化工、大型水利设施、民用核设施、新闻媒体、国防科研生产和市政设施保障等单位，应当依法担负国防勤务。

前款规定的单位平时应当按照专业对口、人员精干、应急有效的原则组建专业保障队伍，组织训练、演练，提高完成国防勤务的能力。

第五十二条 【国防勤务工作的组织与指挥】公民和组织担负国防勤务，由县级以上人民政府负责组织。

担负预防与救助战争灾害、协助维护社会秩序勤务的公民和专业保障队伍，由当地人民政府指挥，并提供勤务和生活保障；跨行政区域执行勤务的，由相关行政区域的县级以上地方人民政府组织落实相关保障。

担负支援保障军队作战勤务的公民和专业保障队伍，由军事机关指挥，伴随部队行动的由所在部队提供勤务和生活保障；其他的由当地人民政府提供勤务和生活保障。

第五十三条 【担负国防勤务的人员的待遇与抚恤】担负国防勤务的人员在执行勤务期间，继续享有原工作单位的工资、津贴和其他福利待遇；没有工作单位的，由当地县级人民政府参照民兵执行战备勤务的补贴标准给予补贴；因执行国防勤务伤亡的，由当地县级人民政府依照《军人抚恤优待条例》等有关规定给予抚恤优待。

第十章 民用资源征用与补偿

第五十四条 【民用资源的征用】国家决定实施国防动员后，储备物资无法及时满足动员需要的，县级以上人民政府可以依法对民用资源进行征用。

本法所称民用资源，是指组织和个人所有或者使用的用于社会生产、服务和生活的设施、设备、场所和其他物资。

第五十五条 【民用资源的征用程序】任何组织和个人都有接受依法征用民用资源的义务。

需要使用民用资源的中国人民解放军现役部队和预备役部队、中国人民武装警察部队、民兵组织，应当提出征用需求，由县级以上地方人民政府统一组织征用。县级以上地方人民政府应当对被征用的民用资源予以登记，向被征用人出具凭证。

第五十六条 **【免予征用的民用资源】**下列民用资源免予征用：

（一）个人和家庭生活必需的物品和居住场所；

（二）托儿所、幼儿园和孤儿院、养老院、残疾人康复机构、救助站等社会福利机构保障儿童、老人、残疾人和救助对象生活必需的物品和居住场所；

（三）法律、行政法规规定免予征用的其他民用资源。

第五十七条 **【民用资源的改造】**被征用的民用资源根据军事要求需要进行改造的，由县级以上地方人民政府会同有关军事机关组织实施。

承担改造任务的单位应当按照使用单位提出的军事要求和改造方案进行改造，并保证按期交付使用。改造所需经费由国家负担。

第五十八条 **【民用资源的返还与补偿】**被征用的民用资源使用完毕，县级以上地方人民政府应当及时组织返还；经过改造的，应当恢复原使用功能后返还；不能修复或者灭失的，以及因征用造成直接经济损失的，按照国家有关规定给予补偿。

第五十九条 **【其他征用民用资源或者采取临时性管制措施的规定】**中国人民解放军现役部队和预备役部队、中国人民武装警察部队、民兵组织进行军事演习、训练，需要征用民用资源或者采取临时性管制措施的，按照国务院、中央军事委员会的有关规定执行。

第十一章 宣传教育

第六十条 **【宣传教育的组织】**各级人民政府应当组织开展国防动员的宣传教育，增强公民的国防观念和依法履行国防义务的意识。有关军事机关应当协助做好国防动员的宣传教育工作。

第六十一条 **【单位团体组织学习】**国家机关、社会团体、企业事业单位和基层群众性自治组织，应当组织所属人员学习和掌握必要的国防知识与技能。

第六十二条 **【宣传工作的开展】**各级人民政府应当运用各种宣传媒体和宣传手段，对公民进行爱国主义、革命英雄主义宣传教育，激发公民的爱国热情，鼓励公民踊跃参战支前，采取多种形式开展拥军优属和慰问活动，按照国家有关规定做好抚恤优待工作。

新闻出版、广播影视和网络传媒等单位，应当按照国防动员的要求做好宣传教育和相关工作。

第十二章 特别措施

第六十三条 **【特别措施范围】**国家决定实施国防动员后，根据需要，可以依法在实施国防动员的区域采取下列特别措施：

（一）对金融、交通运输、邮政、电信、新闻出版、广播影视、信息网络、能源水源供应、医药卫生、食品和粮食供应、商业贸易等行业实行管制；

（二）对人员活动的区域、时间、方式以及物资、运载工具进出的区域进行必要的限制；

（三）在国家机关、社会团体和企业事业单位实行特殊工作制度；

（四）为武装力量优先提供各种交通保障；

（五）需要采取的其他特别措施。

第六十四条 **【特别措施的决定权限】**在全国或者部分省、自治区、直辖市实行特别措施，由国务院、中央军事委员会决定并组织实施；在省、自治区、直辖市范围内的部分地区实行特别措施，由国务院、中央军事委员会决定，由特别措施实施区域所在省、自治区、直辖市人民政府和同级军事机关组织实施。

第六十五条 **【特别措施的组织实施】**组织实施特别措施的机关应当在规定的权限、区域和时限内实施特别措施。特别措施实施区域内的公民和组织，应当服从组织实施特别措施的机关的管理。

第六十六条 **【特别措施的终止】**采取特别措施不再必要时，应当及时终止。

第六十七条 **【法律程序的中止】**因国家发布动员令，诉讼、行政复议、仲裁活动不能正常进行的，适用有关时效中止和程序中止的规定，但法律另有规定的除外。

第十三章 法律责任

第六十八条 **【公民不履行义务行为的处理】**公民有下列行为之一的，由县级人民政府责令限期改正；逾期不改的，强制其履行义务：

（一）预编到现役部队和编入预备役部队的预备役人员、预定征召的其他预备役人员离开预备役登记地一个月以上未向预备役登记的兵役机关报告的；

（二）国家决定实施国防动员后，预定征召的预备役人员未经预备役登记的兵役机关批准离开预备役登记地，或者未按照兵役机关要求及时返回，或者未到指定地点报到的；

（三）拒绝、逃避征召或者拒绝、逃避担负国防勤务的；

（四）拒绝、拖延民用资源征用或者阻碍对被征用的民用资源进行改造的；

（五）干扰、破坏国防动员工作秩序或者阻碍从事国防动员工作的人员依法履行职责的。

第六十九条　【企业事业单位不履行义务的处理】企业事业单位有下列行为之一的，由有关人民政府责令限期改正；逾期不改的，强制其履行义务，并可以处以罚款：

（一）在承建的贯彻国防要求的建设项目中未按照国防要求和技术规范、标准进行设计或者施工、生产的；

（二）因管理不善导致战略储备物资丢失、损坏或者不服从战略物资调用的；

（三）未按照转产、扩大生产军品和维修保障任务的要求进行军品科研、生产和维修保障能力储备，或者未按照规定组建专业技术队伍的；

（四）拒绝、拖延执行专业保障任务的；

（五）拒绝或者故意延误军事订货的；

（六）拒绝、拖延民用资源征用或者阻碍对被征用的民用资源进行改造的；

（七）阻挠公民履行征召、担负国防勤务义务的。

第七十条　【管理人员的违纪处分】有下列行为之一的，对直接负责的主管人员和其他直接责任人员，依法给予处分：

（一）拒不执行上级下达的国防动员命令的；

（二）滥用职权或者玩忽职守，给国防动员工作造成严重损失的；

（三）对征用的民用资源，拒不登记、出具凭证，或者违反规定使用造成严重损坏，以及不按照规定予以返还或者补偿的；

（四）泄露国防动员秘密的；

（五）贪污、挪用国防动员经费、物资的；

（六）滥用职权，侵犯和损害公民或者组织合法权益的。

第七十一条　【违反本法的治安处罚与刑事责任】违反本法规定，构成违反治安管理行为的，依法给予治安管理处罚；构成犯罪的，依法追究刑事责任。

第十四章　附　　则

第七十二条　【施行日期】本法自2010年7月1日起施行。

中华人民共和国国防法

1. 1997年3月14日第八届全国人民代表大会第五次会议通过
2. 根据2009年8月27日第十一届全国人民代表大会常务委员会第十次会议《关于修改部分法律的决定》修正
3. 2020年12月26日第十三届全国人民代表大会常务委员会第二十四次会议修订

目　录

第一章　总　　则
第二章　国家机构的国防职权
第三章　武装力量
第四章　边防、海防、空防和其他重大安全领域防卫
第五章　国防科研生产和军事采购
第六章　国防经费和国防资产
第七章　国防教育
第八章　国防动员和战争状态
第九章　公民、组织的国防义务和权利
第十章　军人的义务和权益
第十一章　对外军事关系
第十二章　附　　则

第一章　总　　则

第一条　【立法目的】为了建设和巩固国防，保障改革开放和社会主义现代化建设的顺利进行，实现中华民族伟大复兴，根据宪法，制定本法。

第二条　【适用范围】国家为防备和抵抗侵略，制止武装颠覆和分裂，保卫国家主权、统一、领土完整、安全和发展利益所进行的军事活动，以及与军事有关的政治、经济、外交、科技、教育等方面的活动，适用本法。

第三条　【国防与国防现代化】国防是国家生存与发展的安全保障。

国家加强武装力量建设，加强边防、海防、空防和其他重大安全领域防卫建设，发展国防科研生产，普及全民国防教育，完善国防动员体系，实现国防现代化。

第四条 【指导思想】国防活动坚持以马克思列宁主义、毛泽东思想、邓小平理论、“三个代表”重要思想、科学发展观、习近平新时代中国特色社会主义思想为指导，贯彻习近平强军思想，坚持总体国家安全观，贯彻新时代军事战略方针，建设与我国国际地位相称、与国家安全和发展利益相适应的巩固国防和强大武装力量。

第五条 【统一领导】国家对国防活动实行统一的领导。

第六条 【国防政策】中华人民共和国奉行防御性国防政策，独立自主、自力更生地建设和巩固国防，实行积极防御，坚持全民国防。

国家坚持经济建设和国防建设协调、平衡、兼容发展，依法开展国防活动，加快国防和军队现代化，实现富国和强军相统一。

第七条 【公民的职责与义务】保卫祖国、抵抗侵略是中华人民共和国每一个公民的神圣职责。

中华人民共和国公民应当依法履行国防义务。

一切国家机关和武装力量、各政党和各人民团体、企业事业组织、社会组织和其他组织，都应当支持和依法参与国防建设，履行国防职责，完成国防任务。

第八条 【拥军优属】国家和社会尊重、优待军人，保障军人的地位和合法权益，开展各种形式的拥军优属活动，让军人成为全社会尊崇的职业。

中国人民解放军和中国人民武装警察部队开展拥政爱民活动，巩固军政军民团结。

第九条 【国际军事交流与合作】中华人民共和国积极推进国际军事交流与合作，维护世界和平，反对侵略扩张行为。

第十条 【表彰和奖励】对在国防活动中作出贡献的组织和个人，依照有关法律、法规的规定给予表彰和奖励。

第十一条 【追究法律责任情形】任何组织和个人违反本法和有关法律，拒绝履行国防义务或者危害国防利益的，依法追究法律责任。

公职人员在国防活动中，滥用职权、玩忽职守、徇私舞弊的，依法追究法律责任。

第二章 国家机构的国防职权

第十二条 【全国人大的国防职权】全国人民代表大会依照宪法规定，决定战争和和平的问题，并行使宪法规定的国防方面的其他职权。

全国人民代表大会常务委员会依照宪法规定，决定战争状态的宣布，决定全国总动员或者局部动员，并行使宪法规定的国防方面的其他职权。

第十三条 【中华人民共和国主席的国防职权】 中华人民共和国主席根据全国人民代表大会的决定和全国人民代表大会常务委员会的决定，宣布战争状态，发布动员令，并行使宪法规定的国防方面的其他职权。

第十四条 【国务院的国防职权】 国务院领导和管理国防建设事业，行使下列职权：

（一）编制国防建设的有关发展规划和计划；

（二）制定国防建设方面的有关政策和行政法规；

（三）领导和管理国防科研生产；

（四）管理国防经费和国防资产；

（五）领导和管理国民经济动员工作和人民防空、国防交通等方面的建设和组织实施工作；

（六）领导和管理拥军优属工作和退役军人保障工作；

（七）与中央军事委员会共同领导民兵的建设，征兵工作，边防、海防、空防和其他重大安全领域防卫的管理工作；

（八）法律规定的与国防建设事业有关的其他职权。

第十五条 【中央军委的国防职权】 中央军事委员会领导全国武装力量，行使下列职权：

（一）统一指挥全国武装力量；

（二）决定军事战略和武装力量的作战方针；

（三）领导和管理中国人民解放军、中国人民武装警察部队的建设，制定规划、计划并组织实施；

（四）向全国人民代表大会或者全国人民代表大会常务委员会提出议案；

（五）根据宪法和法律，制定军事法规，发布决定和命令；

（六）决定中国人民解放军、中国人民武装警察部队的体制和编制，规定中央军事委员会机关部门、战区、军兵种和中国人民武装警察部队等单位的任务和职责；

（七）依照法律、军事法规的规定，任免、培训、考核和奖惩武装力量成员；

（八）决定武装力量的武器装备体制，制定武器装备发展规划、计划，协同国务院领导和管理国防科研生产；

（九）会同国务院管理国防经费和国防资产；

（十）领导和管理人民武装动员、预备役工作；

（十一）组织开展国际军事交流与合作；

（十二）法律规定的其他职权。

第十六条 【中央军委主席负责制】中央军事委员会实行主席负责制。

第十七条 【协调机制】国务院和中央军事委员会建立协调机制，解决国防事务的重大问题。

中央国家机关与中央军事委员会机关有关部门可以根据情况召开会议，协调解决有关国防事务的问题。

第十八条 【地方各级国家机构的国防职权】地方各级人民代表大会和县级以上地方各级人民代表大会常务委员会在本行政区域内，保证有关国防事务的法律、法规的遵守和执行。

地方各级人民政府依照法律规定的权限，管理本行政区域内的征兵、民兵、国民经济动员、人民防空、国防交通、国防设施保护，以及退役军人保障和拥军优属等工作。

第十九条 【军地联席会议】地方各级人民政府和驻地军事机关根据需要召开军地联席会议，协调解决本行政区域内有关国防事务的问题。

军地联席会议由地方人民政府的负责人和驻地军事机关的负责人共同召集。军地联席会议的参加人员由会议召集人确定。

军地联席会议议定的事项，由地方人民政府和驻地军事机关根据各自职责和任务分工办理，重大事项应当分别向上级报告。

第三章 武装力量

第二十条 【武装力量的任务】中华人民共和国的武装力量属于人民。它的任务是巩固国防，抵抗侵略，保卫祖国，保卫人民的和平劳动，参加国家建设事业，全心全意为人民服务。

第二十一条 【武装力量受共产党领导】中华人民共和国的武装力量受中国共产党领导。武装力量中的中国共产党组织依照中国共产党章程进行活动。

第二十二条 【武装力量的组成以及各自担负的任务】中华人民共和国的武装力量，由中国人民解放军、中国人民武装警察部队、民兵组成。

中国人民解放军由现役部队和预备役部队组成，在新时代的使命任务是为巩固中国共产党领导和社会主义制度，为捍卫国家主权、统一、领土完整，为维护国家海外利益，为促进世界和平与发展，提供战略支撑。现役部队是国家的常备军，主要担负防卫作战任务，按照规定执行非战争军事行动任务。预备役部队按照规定进行军事训练、执行防卫作战任务和非战争军事行动任务；根据国家发布的动员令，由中央军事委员会下达命令转为现役部队。

中国人民武装警察部队担负执勤、处置突发社会安全事件、防范和处置恐怖活动、海上维权执法、抢险救援和防卫作战以及中央军事委员会赋予的其他任务。

民兵在军事机关的指挥下，担负战备勤务、执行非战争军事行动任务和防卫作战任务。

第二十三条　【武装力量须遵守宪法和法律】中华人民共和国的武装力量必须遵守宪法和法律。

第二十四条　【强军之路】中华人民共和国武装力量建设坚持走中国特色强军之路，坚持政治建军、改革强军、科技强军、人才强军、依法治军，加强军事训练，开展政治工作，提高保障水平，全面推进军事理论、军队组织形态、军事人员和武器装备现代化，构建中国特色现代作战体系，全面提高战斗力，努力实现党在新时代的强军目标。

第二十五条　【武装力量的规模】中华人民共和国武装力量的规模应当与保卫国家主权、安全、发展利益的需要相适应。

第二十六条　【兵役与衔级制度】中华人民共和国的兵役分为现役和预备役。军人和预备役人员的服役制度由法律规定。

中国人民解放军、中国人民武装警察部队依照法律规定实行衔级制度。

第二十七条　【文职人员制度】中国人民解放军、中国人民武装警察部队在规定岗位实行文职人员制度。

第二十八条　【军旗、军徽与武警警察部队旗、徽】中国人民解放军军旗、军徽是中国人民解放军的象征和标志。中国人民武装警察部队旗、徽是中国人民武装警察部队的象征和标志。

公民和组织应当尊重中国人民解放军军旗、军徽和中国人民武装警察部队旗、徽。

中国人民解放军军旗、军徽和中国人民武装警察部队旗、徽的图案、样式以及使用管理办法由中央军事委员会规定。

第二十九条　【三个禁止】国家禁止任何组织或者个人非法建立武装组织，禁止非法武装活动，禁止冒充军人或者武装力量组织。

第四章　边防、海防、空防和其他重大安全领域防卫

第三十条　【建设边防、海防和空防】中华人民共和国的领陆、领水、领空神圣不可侵犯。国家建设强大稳固的现代边防、海防和空防，采取有效的防卫和管理措施，保卫领陆、领水、领空的安全，维护国家海洋权益。

国家采取必要的措施，维护在太空、电磁、网络空间等其他重大安全领域的活动、资产和其他利益的安全。

第三十一条 【防卫工作的领导和按职权分工】 中央军事委员会统一领导边防、海防、空防和其他重大安全领域的防卫工作。

中央国家机关、地方各级人民政府和有关军事机关，按照规定的职权范围，分工负责边防、海防、空防和其他重大安全领域的管理和防卫工作，共同维护国家的安全和利益。

第三十二条 【国防设施的建设和保障】 国家根据边防、海防、空防和其他重大安全领域防卫的需要，加强防卫力量建设，建设作战、指挥、通信、测控、导航、防护、交通、保障等国防设施。各级人民政府和军事机关应当依照法律、法规的规定，保障国防设施的建设，保护国防设施的安全。

第五章 国防科研生产和军事采购

第三十三条 【发展国防科研生产】 国家建立和完善国防科技工业体系，发展国防科研生产，为武装力量提供性能先进、质量可靠、配套完善、便于操作和维修的武器装备以及其他适用的军用物资，满足国防需要。

第三十四条 【国防科技工业的方针和规划】 国防科技工业实行军民结合、平战结合、军品优先、创新驱动、自主可控的方针。

国家统筹规划国防科技工业建设，坚持国家主导、分工协作、专业配套、开放融合，保持规模适度、布局合理的国防科研生产能力。

第三十五条 【促进国防科技进步】 国家充分利用全社会优势资源，促进国防科学技术进步，加快技术自主研发，发挥高新技术在武器装备发展中的先导作用，增加技术储备，完善国防知识产权制度，促进国防科技成果转化，推进科技资源共享和协同创新，提高国防科研能力和武器装备技术水平。

第三十六条 【国防科技人才培养和权益保护】 国家创造有利的环境和条件，加强国防科学技术人才培养，鼓励和吸引优秀人才进入国防科研生产领域，激发人才创新活力。

国防科学技术工作者应当受到全社会的尊重。国家逐步提高国防科学技术工作者的待遇，保护其合法权益。

第三十七条 【采购制度】 国家依法实行军事采购制度，保障武装力量所需武器装备和物资、工程、服务的采购供应。

第三十八条 【统一领导和计划调控】 国家对国防科研生产实行统一领导和计划调控；注重发挥市场机制作用，推进国防科研生产和军事采购活动公平竞争。

国家为承担国防科研生产任务和接受军事采购的组织和个人依法提供必要的保障条件和优惠政策。地方各级人民政府应当依法对承担国防科研生产任务和接受军事采购的组织和个人给予协助和支持。

承担国防科研生产任务和接受军事采购的组织和个人应当保守秘密，及时高效完成任务，保证质量，提供相应的服务保障。

国家对供应武装力量的武器装备和物资、工程、服务，依法实行质量责任追究制度。

第六章　国防经费和国防资产

第三十九条　【保障国防经费】国家保障国防事业的必要经费。国防经费的增长应当与国防需求和国民经济发展水平相适应。

国防经费依法实行预算管理。

第四十条　【国防资产】国家为武装力量建设、国防科研生产和其他国防建设直接投入的资金、划拨使用的土地等资源，以及由此形成的用于国防目的的武器装备和设备设施、物资器材、技术成果等属于国防资产。

国防资产属于国家所有。

第四十一条　【国防资产的调整、处分和管理】国家根据国防建设和经济建设的需要，确定国防资产的规模、结构和布局，调整和处分国防资产。

国防资产的管理机构和占有、使用单位，应当依法管理国防资产，充分发挥国防资产的效能。

第四十二条　【国防资产的保护】国家保护国防资产不受侵害，保障国防资产的安全、完整和有效。

禁止任何组织或者个人破坏、损害和侵占国防资产。未经国务院、中央军事委员会或者国务院、中央军事委员会授权的机构批准，国防资产的占有、使用单位不得改变国防资产用于国防的目的。国防资产中的技术成果，在坚持国防优先、确保安全的前提下，可以根据国家有关规定用于其他用途。

国防资产的管理机构或者占有、使用单位对不再用于国防目的的国防资产，应当按照规定报批，依法改作其他用途或者进行处置。

第七章　国 防 教 育

第四十三条　【开展国防教育】国家通过开展国防教育，使全体公民增强国防观念、强化忧患意识、掌握国防知识、提高国防技能、发扬爱国主义精神，依法履行国防义务。

普及和加强国防教育是全社会的共同责任。

第四十四条　【国防教育的方针、原则】国防教育贯彻全民参与、长期坚持、讲求实效的方针，实行经常教育与集中教育相结合、普及教育与重点教育相结合、理论教育与行为教育相结合的原则。

第四十五条 【国防教育工作的开展】 国防教育主管部门应当加强国防教育的组织管理，其他有关部门应当按照规定的职责做好国防教育工作。

军事机关应当支持有关机关和组织开展国防教育工作，依法提供有关便利条件。

一切国家机关和武装力量、各政党和各人民团体、企业事业组织、社会组织和其他组织，都应当组织本地区、本部门、本单位开展国防教育。

学校的国防教育是全民国防教育的基础。各级各类学校应当设置适当的国防教育课程，或者在有关课程中增加国防教育的内容。普通高等学校和高中阶段学校应当按照规定组织学生军事训练。

公职人员应当积极参加国防教育，提升国防素养，发挥在全民国防教育中的模范带头作用。

第四十六条 【国防教育计划、经费】 各级人民政府应当将国防教育纳入国民经济和社会发展计划，保障国防教育所需的经费。

第八章 国防动员和战争状态

第四十七条 【国防动员】 中华人民共和国的主权、统一、领土完整、安全和发展利益遭受威胁时，国家依照宪法和法律规定，进行全国总动员或者局部动员。

第四十八条 【国防动员准备纳入国家发展规划和计划】 国家将国防动员准备纳入国家总体发展规划和计划，完善国防动员体制，增强国防动员潜力，提高国防动员能力。

第四十九条 【战略物资储备】 国家建立战略物资储备制度。战略物资储备应当规模适度、储存安全、调用方便、定期更换，保障战时的需要。

第五十条 【国防动员准备和实施】 国家国防动员领导机构、中央国家机关、中央军事委员会机关有关部门按照职责分工，组织国防动员准备和实施工作。

一切国家机关和武装力量、各政党和各人民团体、企业事业组织、社会组织、其他组织和公民，都必须依照法律规定完成国防动员准备工作；在国家发布动员令后，必须完成规定的国防动员任务。

第五十一条 【依法征收、征用及补偿】 国家根据国防动员需要，可以依法征收、征用组织和个人的设备设施、交通工具、场所和其他财产。

县级以上人民政府对被征收、征用者因征收、征用所造成的直接经济损失，按照国家有关规定给予公平、合理的补偿。

第五十二条 【战争状态】 国家依照宪法规定宣布战争状态，采取各种措施集中人力、物力和财力，领导全体公民保卫祖国、抵抗侵略。

第九章 公民、组织的国防义务和权利

第五十三条 【兵役工作】依照法律服兵役和参加民兵组织是中华人民共和国公民的光荣义务。

各级兵役机关和基层人民武装机构应当依法办理兵役工作，按照国务院和中央军事委员会的命令完成征兵任务，保证兵员质量。有关国家机关、人民团体、企业事业组织、社会组织和其他组织，应当依法完成民兵和预备役工作，协助完成征兵任务。

第五十四条 【企事业单位和个人的国防义务】企业事业组织和个人承担国防科研生产任务或者接受军事采购，应当按照要求提供符合质量标准的武器装备或者物资、工程、服务。

企业事业组织和个人应当按照国家规定在与国防密切相关的建设项目中贯彻国防要求，依法保障国防建设和军事行动的需要。车站、港口、机场、道路等交通设施的管理、运营单位应当为军人和军用车辆、船舶的通行提供优先服务，按照规定给予优待。

第五十五条 【公民的国防义务】公民应当接受国防教育。

公民和组织应当保护国防设施，不得破坏、危害国防设施。

公民和组织应当遵守保密规定，不得泄露国防方面的国家秘密，不得非法持有国防方面的秘密文件、资料和其他秘密物品。

第五十六条 【支持国防建设】公民和组织应当支持国防建设，为武装力量的军事训练、战备勤务、防卫作战、非战争军事行动等活动提供便利条件或者其他协助。

国家鼓励和支持符合条件的公民和企业投资国防事业，保障投资者的合法权益并依法给予政策优惠。

第五十七条 【提出建议、制止危害或检举的权利】公民和组织有对国防建设提出建议的权利，有对危害国防利益的行为进行制止或者检举的权利。

第五十八条 【职责、义务和抚恤优待】民兵、预备役人员和其他公民依法参加军事训练，担负战备勤务、防卫作战、非战争军事行动等任务时，应当履行自己的职责和义务；国家和社会保障其享有相应的待遇，按照有关规定对其实行抚恤优待。

公民和组织因国防建设和军事活动在经济上受到直接损失的，可以依照国家有关规定获得补偿。

第十章 军人的义务和权益

第五十九条 【军人】军人必须忠于祖国，忠于中国共产党，履行职责，英勇

战斗，不怕牺牲，捍卫祖国的安全、荣誉和利益。

第六十条 **【遵守法纪】**军人必须模范地遵守宪法和法律，遵守军事法规，执行命令，严守纪律。

第六十一条 **【发扬军队的优良传统】**军人应当发扬人民军队的优良传统，热爱人民，保护人民，积极参加社会主义现代化建设，完成抢险救灾等任务。

第六十二条 **【表彰制度】**军人应当受到全社会的尊崇。

国家建立军人功勋荣誉表彰制度。

国家采取有效措施保护军人的荣誉、人格尊严，依照法律规定对军人的婚姻实行特别保护。

军人依法履行职责的行为受法律保护。

第六十三条 **【优待军人】**国家和社会优待军人。

国家建立与军事职业相适应、与国民经济发展相协调的军人待遇保障制度。

第六十四条 **【退役军人保障制度】**国家建立退役军人保障制度，妥善安置退役军人，维护退役军人的合法权益。

第六十五条 **【抚恤优待残疾军人】**国家和社会抚恤优待残疾军人，对残疾军人的生活和医疗依法给予特别保障。

因战、因公致残或者致病的残疾军人退出现役后，县级以上人民政府应当及时接收安置，并保障其生活不低于当地的平均生活水平。

第六十六条 **【优待军人家属和烈士家属】**国家和社会优待军人家属，抚恤优待烈士家属和因公牺牲、病故军人的家属。

第十一章 对外军事关系

第六十七条 **【我国对外军事关系的原则】**中华人民共和国坚持互相尊重主权和领土完整、互不侵犯、互不干涉内政、平等互利、和平共处五项原则，维护以联合国为核心的国际体系和以国际法为基础的国际秩序，坚持共同、综合、合作、可持续的安全观，推动构建人类命运共同体，独立自主地处理对外军事关系，开展军事交流与合作。

第六十八条 **【履行国际安全义务】**中华人民共和国遵循以联合国宪章宗旨和原则为基础的国际关系基本准则，依照国家有关法律运用武装力量，保护海外中国公民、组织、机构和设施的安全，参加联合国维和、国际救援、海上护航、联演联训、打击恐怖主义等活动，履行国际安全义务，维护国家海外利益。

第六十九条 **【支持国际社会有关活动】**中华人民共和国支持国际社会实施的

有利于维护世界和地区和平、安全、稳定的与军事有关的活动，支持国际社会为公正合理地解决国际争端以及国际军备控制、裁军和防扩散所做的努力，参与安全领域多边对话谈判，推动制定普遍接受、公正合理的国际规则。

第七十条　【遵守有关条约、协定】中华人民共和国在对外军事关系中遵守同外国、国际组织缔结或者参加的有关条约和协定。

第十二章　附　　则

第七十一条　【军人的含义及适用】本法所称军人，是指在中国人民解放军服现役的军官、军士、义务兵等人员。

本法关于军人的规定，适用于人民武装警察。

第七十二条　【特别行政区防务】中华人民共和国特别行政区的防务，由特别行政区基本法和有关法律规定。

第七十三条　【施行日期】本法自2021年1月1日起施行。

中华人民共和国军事设施保护法

1. 1990年2月23日第七届全国人民代表大会常务委员会第十二次会议通过

2. 根据2009年8月27日第十一届全国人民代表大会常务委员会第十次会议《关于修改部分法律的决定》第一次修正

3. 根据2014年6月27日第十二届全国人民代表大会常务委员会第九次会议《关于修改〈中华人民共和国军事设施保护法〉的决定》第二次修正

4. 2021年6月10日第十三届全国人民代表大会常务委员会第二十九次会议修订

目　　录

第一章　总　　则
第二章　军事禁区、军事管理区的划定
第三章　军事禁区的保护
第四章　军事管理区的保护
第五章　没有划入军事禁区、军事管理区的军事设施的保护
第六章　管理职责
第七章　法律责任
第八章　附　　则

第一章 总 则

第一条 【立法目的】为了保护军事设施的安全，保障军事设施的使用效能和军事活动的正常进行，加强国防现代化建设，巩固国防，抵御侵略，根据宪法，制定本法。

第二条 【军事设施】本法所称军事设施，是指国家直接用于军事目的的下列建筑、场地和设备：

（一）指挥机关，地上和地下的指挥工程、作战工程；

（二）军用机场、港口、码头；

（三）营区、训练场、试验场；

（四）军用洞库、仓库；

（五）军用信息基础设施，军用侦察、导航、观测台站，军用测量、导航、助航标志；

（六）军用公路、铁路专用线，军用输电线路，军用输油、输水、输气管道；

（七）边防、海防管控设施；

（八）国务院和中央军事委员会规定的其他军事设施。

前款规定的军事设施，包括军队为执行任务必需设置的临时设施。

第三条 【军事设施保护工作】军事设施保护工作坚持中国共产党的领导。各级人民政府和军事机关应当共同保护军事设施，维护国防利益。

国务院、中央军事委员会按照职责分工，管理全国的军事设施保护工作。地方各级人民政府会同有关军事机关，管理本行政区域内的军事设施保护工作。

有关军事机关应当按照规定的权限和程序，提出需要地方人民政府落实的军事设施保护需求，地方人民政府应当会同有关军事机关制定具体保护措施并予以落实。

设有军事设施的地方，有关军事机关和县级以上地方人民政府应当建立军地军事设施保护协调机制，相互配合，监督、检查军事设施的保护工作，协调解决军事设施保护工作中的问题。

第四条 【保护义务】中华人民共和国的组织和公民都有保护军事设施的义务。

禁止任何组织或者个人破坏、危害军事设施。

任何组织或者个人对破坏、危害军事设施的行为，都有权检举、控告。

第五条 【统筹兼顾】国家统筹兼顾经济建设、社会发展和军事设施保护，促进经济社会发展和军事设施保护相协调。

第六条　【分类保护、确保重点方针】国家对军事设施实行分类保护、确保重点的方针。军事设施的分类和保护标准，由国务院和中央军事委员会规定。

第七条　【扶持政策、措施】国家对因设有军事设施、经济建设受到较大影响的地方，采取相应扶持政策和措施。具体办法由国务院和中央军事委员会规定。

第八条　【表彰、奖励】对在军事设施保护工作中做出突出贡献的组织和个人，依照有关法律、法规的规定给予表彰和奖励。

第二章　军事禁区、军事管理区的划定

第九条　【军事禁区、军事管理区】军事禁区、军事管理区根据军事设施的性质、作用、安全保密的需要和使用效能的要求划定，具体划定标准和确定程序，由国务院和中央军事委员会规定。

本法所称军事禁区，是指设有重要军事设施或者军事设施安全保密要求高、具有重大危险因素，需要国家采取特殊措施加以重点保护，依照法定程序和标准划定的军事区域。

本法所称军事管理区，是指设有较重要军事设施或者军事设施安全保密要求较高、具有较大危险因素，需要国家采取特殊措施加以保护，依照法定程序和标准划定的军事区域。

第十条　【军事禁区、军事管理区的确定】军事禁区、军事管理区由国务院和中央军事委员会确定，或者由有关军事机关根据国务院和中央军事委员会的规定确定。

军事禁区、军事管理区的撤销或者变更，依照前款规定办理。

第十一条　【负责军事禁区、军事管理区范围划定的机关】陆地和水域的军事禁区、军事管理区的范围，由省、自治区、直辖市人民政府和有关军级以上军事机关共同划定，或者由省、自治区、直辖市人民政府、国务院有关部门和有关军级以上军事机关共同划定。空中军事禁区和特别重要的陆地、水域军事禁区的范围，由国务院和中央军事委员会划定。

军事禁区、军事管理区的范围调整，依照前款规定办理。

第十二条　【设置标志牌】军事禁区、军事管理区应当由县级以上地方人民政府按照国家统一规定的样式设置标志牌。

第十三条　【军事禁区、军事管理区范围的划定或者调整】军事禁区、军事管理区范围的划定或者调整，应当在确保军事设施安全保密和使用效能的前提下，兼顾经济建设、生态环境保护和当地居民的生产生活。

因军事设施建设需要划定或者调整军事禁区、军事管理区范围的，应当在军事设施建设项目开工建设前完成。但是，经战区级以上军事机关批准的除外。

第十四条　【依法办理征收、征用不动产等情形】军事禁区、军事管理区范围的划定或者调整，需要征收、征用土地、房屋等不动产，压覆矿产资源，或者使用海域、空域等的，依照有关法律、法规的规定办理。

第十五条　【临时军事禁区、临时军事管理区范围的划定】军队为执行任务设置的临时军事设施需要划定陆地、水域临时军事禁区、临时军事管理区范围的，由县级以上地方人民政府和有关团级以上军事机关共同划定，并各自向上一级机关备案。其中，涉及有关海事管理机构职权的，应当在划定前征求其意见。划定之后，由县级以上地方人民政府或者有关海事管理机构予以公告。

军队执行任务结束后，应当依照前款规定的程序及时撤销划定的陆地、水域临时军事禁区、临时军事管理区。

第三章　军事禁区的保护

第十六条　【军事禁区障碍物或者界线标志的设置】军事禁区管理单位应当根据具体条件，按照划定的范围，为陆地军事禁区修筑围墙、设置铁丝网等障碍物，为水域军事禁区设置障碍物或者界线标志。

水域军事禁区的范围难以在实际水域设置障碍物或者界线标志的，有关海事管理机构应当向社会公告水域军事禁区的位置和边界。海域的军事禁区应当在海图上标明。

第十七条　【禁止进入军事禁区】禁止陆地、水域军事禁区管理单位以外的人员、车辆、船舶等进入军事禁区，禁止航空器在陆地、水域军事禁区上空进行低空飞行，禁止对军事禁区进行摄影、摄像、录音、勘察、测量、定位、描绘和记述。但是，经有关军事机关批准的除外。

禁止航空器进入空中军事禁区，但依照国家有关规定获得批准的除外。

使用军事禁区的摄影、摄像、录音、勘察、测量、定位、描绘和记述资料，应当经有关军事机关批准。

第十八条　【陆地和水域军事禁区内的禁止行为】在陆地军事禁区内，禁止建造、设置非军事设施，禁止开发利用地下空间。但是，经战区级以上军事机关批准的除外。

在水域军事禁区内，禁止建造、设置非军事设施，禁止从事水产养殖、捕捞以及其他妨碍军用舰船行动、危害军事设施安全和使用效能的活动。

第十九条 **【安全警戒标志的设置】**在陆地、水域军事禁区内采取的防护措施不足以保证军事设施安全保密和使用效能，或者陆地、水域军事禁区内的军事设施具有重大危险因素的，省、自治区、直辖市人民政府和有关军事机关，或者省、自治区、直辖市人民政府、国务院有关部门和有关军事机关根据军事设施性质、地形和当地经济建设、社会发展情况，可以在共同划定陆地、水域军事禁区范围的同时，在禁区外围共同划定安全控制范围，并在其外沿设置安全警戒标志。

安全警戒标志由县级以上地方人民政府按照国家统一规定的样式设置，地点由军事禁区管理单位和当地县级以上地方人民政府共同确定。

水域军事禁区外围安全控制范围难以在实际水域设置安全警戒标志的，依照本法第十六条第二款的规定执行。

第二十条 **【军事禁区外安全控制范围内的限制行为】**划定陆地、水域军事禁区外围安全控制范围，不改变原土地及土地附着物、水域的所有权。在陆地、水域军事禁区外围安全控制范围内，当地居民可以照常生产生活，但是不得进行爆破、射击以及其他危害军事设施安全和使用效能的活动。

因划定军事禁区外围安全控制范围影响不动产所有权人或者用益物权人行使权利的，依照有关法律、法规的规定予以补偿。

第四章 军事管理区的保护

第二十一条 **【军事管理区障碍物、界线标志的设置】**军事管理区管理单位应当根据具体条件，按照划定的范围，为军事管理区修筑围墙、设置铁丝网或者界线标志。

第二十二条 **【军事管理区许可进入】**军事管理区管理单位以外的人员、车辆、船舶等进入军事管理区，或者对军事管理区进行摄影、摄像、录音、勘察、测量、定位、描绘和记述，必须经军事管理区管理单位批准。

第二十三条 **【陆地和水域军事管理区内的禁止行为】**在陆地军事管理区内，禁止建造、设置非军事设施，禁止开发利用地下空间。但是，经军级以上军事机关批准的除外。

在水域军事管理区内，禁止从事水产养殖；未经军级以上军事机关批准，不得建造、设置非军事设施；从事捕捞或者其他活动，不得影响军用舰船的战备、训练、执勤等行动。

第二十四条 **【军民合用设施的管理办法】**划为军事管理区的军民合用港口的水域，实行军地分区管理；在地方管理的水域内需要新建非军事设施的，必须事先征得军事设施管理单位的同意。

划为军事管理区的军民合用机场、港口、码头的管理办法，由国务院和中央军事委员会规定。

第五章 没有划入军事禁区、军事管理区的军事设施的保护

第二十五条 【军事设施保护】没有划入军事禁区、军事管理区的军事设施，军事设施管理单位应当采取措施予以保护；军队团级以上管理单位也可以委托当地人民政府予以保护。

第二十六条 【采石、取土、爆破等活动不得危害军事设施】在没有划入军事禁区、军事管理区的军事设施一定距离内进行采石、取土、爆破等活动，不得危害军事设施的安全和使用效能。

第二十七条 【安全保护范围的划定】没有划入军事禁区、军事管理区的作战工程外围应当划定安全保护范围。作战工程的安全保护范围，应当根据作战工程性质、地形和当地经济建设、社会发展情况，由省、自治区、直辖市人民政府和有关军事机关共同划定，或者由省、自治区、直辖市人民政府、国务院有关部门和有关军事机关共同划定。在作战工程布局相对集中的地区，作战工程安全保护范围可以连片划定。县级以上地方人民政府应当按照有关规定为作战工程安全保护范围设置界线标志。

作战工程安全保护范围的撤销或者调整，依照前款规定办理。

第二十八条 【安全保护范围内的注意事项】划定作战工程安全保护范围，不改变原土地及土地附着物的所有权。在作战工程安全保护范围内，当地居民可以照常生产生活，但是不得进行开山采石、采矿、爆破；从事修筑建筑物、构筑物、道路和进行农田水利基本建设、采伐林木等活动，不得危害作战工程安全和使用效能。

因划定作战工程安全保护范围影响不动产所有权人或者用益物权人行使权利的，依照有关法律、法规的规定予以补偿。

禁止私自开启封闭的作战工程，禁止破坏作战工程的伪装，禁止阻断进出作战工程的通道。未经作战工程管理单位师级以上的上级主管军事机关批准，不得对作战工程进行摄影、摄像、录音、勘察、测量、定位、描绘和记述，不得在作战工程内存放非军用物资器材或者从事种植、养殖等生产活动。

新建工程和建设项目，确实难以避开作战工程的，应当按照国家有关规定提出拆除或者迁建、改建作战工程的申请；申请未获批准的，不得拆除或者迁建、改建作战工程。

第二十九条 【军用机场净空保护区域内的禁止行为】在军用机场净空保护区域内，禁止修建超出机场净空标准的建筑物、构筑物或者其他设施，不得从

事影响飞行安全和机场助航设施使用效能的活动。

军用机场管理单位应当定期检查机场净空保护情况，发现修建的建筑物、构筑物或者其他设施超过军用机场净空保护标准的，应当及时向有关军事机关和当地人民政府主管部门报告。有关军事机关和当地人民政府主管部门应当依照本法规定及时处理。

第三十条　【有关军事机关和地方人民政府的义务】有关军事机关应当向地方人民政府通报当地军用机场净空保护有关情况和需求。

地方人民政府应当向有关军事机关通报可能影响军用机场净空保护的当地有关国土空间规划和高大建筑项目建设计划。

地方人民政府应当制定保护措施，督促有关单位对军用机场净空保护区域内的高大建筑物、构筑物或者其他设施设置飞行障碍标志。

第三十一条　【净空保护工作】军民合用机场以及由军队管理的保留旧机场、直升机起落坪的净空保护工作，适用军用机场净空保护的有关规定。

公路飞机跑道的净空保护工作，参照军用机场净空保护的有关规定执行。

第三十二条　【保护军用管线安全】地方各级人民政府和有关军事机关采取委托看管、分段负责等方式，实行军民联防，保护军用管线安全。

地下军用管线应当设立路由标石或者永久性标志，易遭损坏的路段、部位应当设置标志牌。已经公布具体位置、边界和路由的海域水下军用管线应当在海图上标明。

第三十三条　【军用无线电固定设置电磁环境保护范围内的禁止行为】在军用无线电固定设施电磁环境保护范围内，禁止建造、设置影响军用无线电固定设施使用效能的设备和电磁障碍物体，不得从事影响军用无线电固定设施电磁环境的活动。

军用无线电固定设施电磁环境的保护措施，由军地无线电管理机构按照国家无线电管理相关规定和标准共同确定。

军事禁区、军事管理区内无线电固定设施电磁环境的保护，适用前两款规定。

军用无线电固定设施电磁环境保护涉及军事系统与非军事系统间的无线电管理事宜的，按照国家无线电管理的有关规定执行。

第三十四条　【对边防、海防管控设施的保护】未经国务院和中央军事委员会批准或者国务院和中央军事委员会授权的机关批准，不得拆除、移动边防、海防管控设施，不得在边防、海防管控设施上搭建、设置民用设施。在边防、海防管控设施周边安排建设项目，不得危害边防、海防管控设施安全和使用效能。

第三十五条　【对军用测量标志的保护】任何组织和个人不得损毁或者擅自移动军用测量标志。在军用测量标志周边安排建设项目，不得危害军用测量标志安全和使用效能。

军用测量标志的保护，依照有关法律、法规的规定执行。

第六章　管理职责

第三十六条　【编制国民经济和社会发展规划等应兼顾军事设施保护的需要】县级以上地方人民政府编制国民经济和社会发展规划、安排可能影响军事设施保护的建设项目，国务院有关部门、地方人民政府编制国土空间规划等规划，应当兼顾军事设施保护的需要，并按照规定书面征求有关军事机关的意见。必要时，可以由地方人民政府会同有关部门、有关军事机关对建设项目进行评估。

国务院有关部门或者县级以上地方人民政府有关部门审批前款规定的建设项目，应当审查征求军事机关意见的情况；对未按规定征求军事机关意见的，应当要求补充征求意见；建设项目内容在审批过程中发生的改变可能影响军事设施保护的，应当再次征求有关军事机关的意见。

有关军事机关应当自收到征求意见函之日起三十日内提出书面答复意见；需要请示上级军事机关或者需要勘察、测量、测试的，答复时间可以适当延长，但通常不得超过九十日。

第三十七条　【配合地方经济建设、生态环保和社会发展需求】军队编制军事设施建设规划、组织军事设施项目建设，应当考虑地方经济建设、生态环境保护和社会发展的需要，符合国土空间规划等规划的总体要求，并进行安全保密环境评估和环境影响评价。涉及国土空间规划等规划的，应当征求国务院有关部门、地方人民政府的意见，尽量避开生态保护红线、自然保护地、地方经济建设热点区域和民用设施密集区域。确实不能避开，需要将生产生活设施拆除或者迁建的，应当依法进行。

第三十八条　【地方政府的建设项目或者旅游景点应避开军事设施】县级以上地方人民政府安排建设项目或者开辟旅游景点，应当避开军事设施。确实不能避开，需要将军事设施拆除、迁建或者改作民用的，由省、自治区、直辖市人民政府或者国务院有关部门和战区级军事机关商定，并报国务院和中央军事委员会批准或者国务院和中央军事委员会授权的机关批准；需要将军事设施改建的，由有关军事机关批准。

因前款原因将军事设施拆除、迁建、改建或者改作民用的，由提出需求的地方人民政府依照有关规定给予有关军事机关政策支持或者经费补助。将军事设施迁建、改建涉及用地用海用岛的，地方人民政府应当依法及时办理相关手续。

第三十九条 **【拆除军事设施】**军事设施因军事任务调整、周边环境变化和自然损毁等原因，失去使用效能并无需恢复重建的，军事设施管理单位应当按照规定程序及时报国务院和中央军事委员会批准或者国务院和中央军事委员会授权的机关批准，予以拆除或者改作民用。

军队执行任务结束后，应当及时将设置的临时军事设施拆除。

第四十条 **【军民合用设施需经批准】**军用机场、港口实行军民合用的，需经国务院和中央军事委员会批准。军用码头实行军民合用的，需经省、自治区、直辖市人民政府或者国务院有关部门会同战区级军事机关批准。

第四十一条 **【制定具体保护措施】**军事禁区、军事管理区和没有划入军事禁区、军事管理区的军事设施，县级以上地方人民政府应当会同军事设施管理单位制定具体保护措施，可以公告施行。

划入军事禁区、军事管理区的军事设施的具体保护措施，应当随军事禁区、军事管理区范围划定方案一并报批。

第四十二条 **【各级军事机关的职责】**各级军事机关应当严格履行保护军事设施的职责，教育军队人员爱护军事设施，保守军事设施秘密，建立健全保护军事设施的规章制度，监督、检查、解决军事设施保护工作中的问题。

有关军事机关应当支持配合军事设施保护执法、司法活动。

第四十三条 **【军事设施管理单位的职责】**军事设施管理单位应当认真执行有关保护军事设施的规章制度，建立军事设施档案，对军事设施进行检查、维护。

军事设施管理单位对军事设施的重要部位应当采取安全监控和技术防范措施，并及时根据军事设施保护需要和科技进步升级完善。

军事设施管理单位不得将军事设施用于非军事目的，但因执行应急救援等紧急任务的除外。

第四十四条 **【军事设施管理单位的报告义务】**军事设施管理单位应当了解掌握军事设施周边建设项目等情况，发现可能危害军事设施安全和使用效能的，应当及时向有关军事机关和当地人民政府主管部门报告，并配合有关部门依法处理。

第四十五条 **【军事禁区、军事管理区管理单位的职责】**军事禁区、军事管理区的管理单位应当依照有关法律、法规的规定，保护军事禁区、军事管理区内的生态环境、自然资源和文物。

第四十六条 **【军用管线的保护】**军事设施管理单位必要时应当向县级以上地方人民政府提供地下、水下军用管线的位置资料。地方进行建设时，当地人民政府应当对地下、水下军用管线予以保护。

第四十七条 **【各级人民政府的职责】**各级人民政府应当加强国防和军事设施保护教育，使全体公民增强国防观念，保护军事设施，保守军事设施秘密，制止破坏、危害军事设施的行为。

第四十八条 **【定期检查和评估】**县级以上地方人民政府应当会同有关军事机关，定期组织检查和评估本行政区域内军事设施保护情况，督促限期整改影响军事设施保护的隐患和问题，完善军事设施保护措施。

第四十九条 **【军事设施保护目标责任制和考核评价制度】**国家实行军事设施保护目标责任制和考核评价制度，将军事设施保护目标完成情况作为对地方人民政府、有关军事机关和军事设施管理单位及其负责人考核评价的内容。

第五十条 **【设立公安机构】**军事禁区、军事管理区需要公安机关协助维护治安管理秩序的，经国务院和中央军事委员会决定或者由有关军事机关提请省、自治区、直辖市公安机关批准，可以设立公安机构。

第五十一条 **【违法行为的制止】**违反本法规定，有下列情形之一的，军事设施管理单位的执勤人员应当予以制止：

（一）非法进入军事禁区、军事管理区或者在陆地、水域军事禁区上空低空飞行的；

（二）对军事禁区、军事管理区非法进行摄影、摄像、录音、勘察、测量、定位、描绘和记述的；

（三）进行破坏、危害军事设施的活动的。

第五十二条 **【有第51条所列情形的处理措施】**有本法第五十一条所列情形之一，不听制止的，军事设施管理单位依照国家有关规定，可以采取下列措施：

（一）强制带离、控制非法进入军事禁区、军事管理区或者驾驶、操控航空器在陆地、水域军事禁区上空低空飞行的人员，对违法情节严重的人员予以扣留并立即移送公安、国家安全等有管辖权的机关；

（二）立即制止信息传输等行为，扣押用于实施违法行为的器材、工具或者其他物品，并移送公安、国家安全等有管辖权的机关；

（三）在紧急情况下，清除严重危害军事设施安全和使用效能的障碍物；

（四）在危及军事设施安全或者执勤人员生命安全等紧急情况下依法使

用武器。

军人、军队文职人员和军队其他人员有本法第五十一条所列情形之一的，依照军队有关规定处理。

第七章 法律责任

第五十三条 【违法从事水产养殖等活动的处罚】 违反本法第十七条、第十八条、第二十三条规定，擅自进入水域军事禁区，在水域军事禁区内从事水产养殖、捕捞，在水域军事管理区内从事水产养殖，或者在水域军事管理区内从事捕捞等活动影响军用舰船行动的，由交通运输、渔业等主管部门给予警告，责令离开，没收渔具、渔获物。

第五十四条 【违法建造军事设施的处罚】 违反本法第十八条、第二十三条、第二十四条规定，在陆地、水域军事禁区、军事管理区内建造、设置非军事设施，擅自开发利用陆地军事禁区、军事管理区地下空间，或者在划为军事管理区的军民合用港口地方管理的水域未征得军事设施管理单位同意建造、设置非军事设施的，由住房和城乡建设、自然资源、交通运输、渔业等主管部门责令停止兴建活动，对已建成的责令限期拆除。

第五十五条 【违法进行开山采石等活动的处罚】 违反本法第二十八条第一款规定，在作战工程安全保护范围内开山采石、采矿、爆破的，由自然资源、生态环境等主管部门以及公安机关责令停止违法行为，没收采出的产品和违法所得；修筑建筑物、构筑物、道路或者进行农田水利基本建设影响作战工程安全和使用效能的，由自然资源、生态环境、交通运输、农业农村、住房和城乡建设等主管部门给予警告，责令限期改正。

第五十六条 【违法破坏作战工程的处罚】 违反本法第二十八条第三款规定，私自开启封闭的作战工程，破坏作战工程伪装，阻断作战工程通道，将作战工程用于存放非军用物资器材或者种植、养殖等生产活动的，由公安机关以及自然资源等主管部门责令停止违法行为，限期恢复原状。

第五十七条 【擅自拆除作战工程等行为的处罚】 违反本法第二十八条第四款、第三十四条规定，擅自拆除、迁建、改建作战工程，或者擅自拆除、移动边防、海防管控设施的，由住房和城乡建设主管部门、公安机关等责令停止违法行为，限期恢复原状。

第五十八条 【违法修建超高建筑物等的处罚】 违反本法第二十九条第一款规定，在军用机场净空保护区域内修建超出军用机场净空保护标准的建筑物、构筑物或者其他设施的，由住房和城乡建设、自然资源主管部门责令限期拆除超高部分。

第五十九条　【违法建造影响军用无线电固定设施的处罚】违反本法第三十三条规定，在军用无线电固定设施电磁环境保护范围内建造、设置影响军用无线电固定设施使用效能的设备和电磁障碍物体，或者从事影响军用无线电固定设施电磁环境的活动的，由自然资源、生态环境等主管部门以及无线电管理机构给予警告，责令限期改正；逾期不改正的，查封干扰设备或者强制拆除障碍物。

第六十条　【依治安管理处罚法第23条处罚】有下列行为之一的，适用《中华人民共和国治安管理处罚法》第二十三条的处罚规定：

（一）非法进入军事禁区、军事管理区或者驾驶、操控航空器在陆地、水域军事禁区上空低空飞行，不听制止的；

（二）在军事禁区外围安全控制范围内，或者在没有划入军事禁区、军事管理区的军事设施一定距离内，进行危害军事设施安全和使用效能的活动，不听制止的；

（三）在军用机场净空保护区域内，进行影响飞行安全和机场助航设施使用效能的活动，不听制止的；

（四）对军事禁区、军事管理区非法进行摄影、摄像、录音、勘察、测量、定位、描绘和记述，不听制止的；

（五）其他扰乱军事禁区、军事管理区管理秩序和危害军事设施安全的行为，情节轻微，尚不够刑事处罚的。

第六十一条　【依治安管理处罚法第28条处罚】违反国家规定，故意干扰军用无线电设施正常工作的，或者对军用无线电设施产生有害干扰，拒不按照有关主管部门的要求改正的，依照《中华人民共和国治安管理处罚法》第二十八条的规定处罚。

第六十二条　【依治安管理处罚法第33条处罚】毁坏边防、海防管控设施以及军事禁区、军事管理区的围墙、铁丝网、界线标志或者其他军事设施的，依照《中华人民共和国治安管理处罚法》第三十三条的规定处罚。

第六十三条　【追究刑事责任的行为】有下列行为之一，构成犯罪的，依法追究刑事责任：

（一）破坏军事设施的；

（二）过失损坏军事设施，造成严重后果的；

（三）盗窃、抢夺、抢劫军事设施的装备、物资、器材的；

（四）泄露军事设施秘密，或者为境外的机构、组织、人员窃取、刺探、收买、非法提供军事设施秘密的；

（五）破坏军用无线电固定设施电磁环境，干扰军用无线电通讯，情节严重的；

（六）其他扰乱军事禁区、军事管理区管理秩序和危害军事设施安全的行为，情节严重的。

第六十四条　【对军人、军队文职人员和军队其他人员违法行为的处罚】军人、军队文职人员和军队其他人员有下列行为之一，按照军队有关规定给予处分；构成犯罪的，依法追究刑事责任：

（一）有本法第五十三条至第六十三条规定行为的；

（二）擅自将军事设施用于非军事目的，或者有其他滥用职权行为的；

（三）擅离职守或者玩忽职守的。

第六十五条　【对公职人员违法行为的处罚】公职人员在军事设施保护工作中有玩忽职守、滥用职权、徇私舞弊等行为的，依法给予处分；构成犯罪的，依法追究刑事责任。

第六十六条　【海警机构和有关部门依法处罚】违反本法规定，破坏、危害军事设施的，属海警机构职权范围的，由海警机构依法处理。

违反本法规定，有其他破坏、危害军事设施行为的，由有关主管部门依法处理。

第六十七条　【赔偿责任】违反本法规定，造成军事设施损失的，依法承担赔偿责任。

第六十八条　【战时违法的法律责任】战时违反本法的，依法从重追究法律责任。

第八章　附　　则

第六十九条　【武警部队所属军事设施的保护】中国人民武装警察部队所属军事设施的保护，适用本法。

第七十条　【重要武器装备设施的保护】国防科技工业重要武器装备的科研、生产、试验、存储等设施的保护，参照本法有关规定执行。具体办法和设施目录由国务院和中央军事委员会规定。

第七十一条　【立法委任】国务院和中央军事委员会根据本法制定实施办法。

第七十二条　【施行日期】本法自2021年8月1日起施行。

民用运力国防动员条例

1. 2003年9月11日国务院、中央军事委员会令第391号公布
2. 根据2011年1月8日国务院令第588号《关于废止和修改部分行政法规的决定》第一次修订
3. 根据2019年3月2日国务院令第709号《关于修改部分行政法规的决定》第二次修订

第一章 总 则

第一条 为了维护国家主权、统一、领土完整和安全，保证有效地组织和实施民用运力国防动员，根据《中华人民共和国国防法》和其他有关法律，制定本条例。

第二条 民用运力国防动员，包括动员准备和动员实施。

在战时及平时特殊情况下，根据国防动员需要，国家有权依法对机关、社会团体、企业、事业单位和公民个人（以下简称单位和个人）所拥有或者管理的民用运载工具及相关设备、设施、人员，进行统一组织和调用。

国家在和平时期进行民用运力国防动员准备，增强动员潜力，保障战时及平时特殊情况下实施民用运力国防动员的需要。

第三条 一切拥有或者管理民用运力的单位和个人都应当依法履行民用运力国防动员义务。

因履行民用运力国防动员义务而遭受直接财产损失、人员伤亡的，依法享有获得补偿、抚恤的权利。

第四条 国家国防动员机构在国务院和中央军事委员会领导下，负责组织领导全国的民用运力国防动员工作。

军区国防动员机构负责组织领导本区域的民用运力国防动员工作。

县级以上地方各级国防动员机构负责组织领导本行政区域的民用运力国防动员工作。

第五条 国家国防交通主管机构负责具体实施全国的民用运力国防动员工作。

军区国防交通主管机构负责具体实施本区域的有关民用运力国防动员工作。

县级以上地方各级人民政府国防交通主管机构负责具体实施本行政区域的民用运力国防动员工作。

第六条 各级国民经济动员机构、人民武装动员机构和县级以上人民政府交通运输管理部门以及其他有关部门在各自的职责范围内，负责有关的民用运力国防动员工作。

第七条 县级以上各级人民政府应当采取有效措施，加强民用运力国防动员准备工作，将民用运力国防动员准备工作纳入国民经济和社会发展计划，增强动员潜力，支持和督促其有关部门依法履行职责，落实民用运力国防动员的各项工作。

第八条 国家支持、鼓励单位和个人建造、购买、经营平战结合的民用运载工具及相关设备，按照有关规定给予扶持。

第九条 单位和个人在民用运力国防动员工作中做出突出贡献，有下列情形之一的，依照国家和地方有关规定给予表彰、奖励：

（一）提供重要或者急需的民用运力，在保障军事行动中作用明显的；

（二）组织和开展民用运力国防动员活动，取得突出成绩的；

（三）坚决执行民用运力国防动员命令，克服困难，出色完成任务的；

（四）勇于同干扰和破坏民用运力国防动员的行为作斗争，避免重大损失的；

（五）在民用运载工具及相关设备贯彻国防要求或者加装改造方面，有重大发明创造，军事或者经济效益显著的。

第二章 民用运力国防动员的准备

第十条 国家国防交通主管机构应当会同国家国民经济动员机构、国务院交通运输管理部门和其他有关部门、军队有关部门，根据民用运载工具及相关设备的设计、建造情况，按照突出重点、注重实效的原则，拟订新建民用运载工具及相关设备贯彻国防要求的总体规划，报国家国防动员机构批准。

国家国民经济动员机构应当根据批准的总体规划，拟订新建民用运载工具及相关设备贯彻国防要求的具体实施计划并组织实施。

第十一条 国务院交通运输管理部门和其他有关部门，省、自治区、直辖市人民政府，应当加强对本行业、本行政区域内设计、建造民用运载工具及相关设备贯彻国防要求工作的管理和指导，为承担设计、建造任务的单位和个人提供政策和技术支持，保障有关国防要求的落实。

第十二条 设计、建造列入贯彻国防要求具体实施计划的民用运载工具及相关设备的单位和个人，必须严格按照贯彻国防要求的设计标准和技术规范进行设计、建造。

出资建造民用运载工具及相关设备的单位和个人，不得阻碍设计、建造单位和个人为贯彻国防要求所进行的设计、建造活动。

设计、建造民用运载工具及相关设备，因贯彻国防要求所发生的费用，由中央财政和县级以上地方各级财政给予适当补助。具体办法由国家国防交通主管机构会同国务院财政部门制定。

第十三条 贯彻国防要求的民用运载工具及相关设备竣工验收时，下达任务的机构和有关国防交通主管机构应当参加验收并签署意见，验收合格并经所在地国防交通主管机构登记后，方可交付使用。

第十四条 县级以上人民政府交通运输管理部门、公安交通管理部门和其他有关部门，应当结合本部门年度的交通工具统计、登记和审验（核）工作，按照民用运力国防动员准备登记的要求，于每年1月31日前，向同级国防交通主管机构报送上一年度民用运力登记的有关资料和情况。

报送的民用运力资料和情况不符合规定要求的，国防交通主管机构可以要求前款所列有关部门按照规定要求重新提供，有关部门不得拒绝。

第十五条 各级国防交通主管机构应当对民用运力资料和情况分类整理，登记造册，妥善保管，及时更新。下级国防交通主管机构应当按照民用运力国防动员的要求将本级民用运力情况报送上一级国防交通主管机构；同时根据需要，及时向军队有关单位通报本地区的民用运力情况。

国防交通主管机构以及获得情况通报的军队有关单位对民用运力资料和情况负有保密义务。

第十六条 军队、人民武装警察部队、民兵组织，应当根据所担负的任务，评估和测算民用运力国防动员需求，并按照规定的程序将所需民用运载工具及相关设备的类型、数量及其技术要求等情况报送有关国防交通主管机构。

第十七条 国防交通主管机构应当根据民用运力情况和使用单位提出的需求，组织拟订民用运力国防动员预案。

全国民用运力国防动员预案，由国家国防交通主管机构会同国务院有关部门和军队有关部门拟订，报国家国防动员机构批准。

军区民用运力国防动员预案，由军区国防交通主管机构根据全国民用运力国防动员预案，会同军区有关部门和区域内的省、自治区、直辖市人民政府有关部门拟订，报军区国防动员机构批准，并报国家国防交通主管机构备案。

省、自治区、直辖市民用运力国防动员预案，由省、自治区、直辖市人民政府国防交通主管机构根据军区民用运力国防动员预案，会同本级人民政府有关部门和同级军事机关拟订，报本级国防动员机构批准，并报军区国防交通主管机构备案。

第十八条 海军、空军、第二炮兵（以下简称军兵种）根据所担负的特殊任务，需要单独制定民用运力国防动员预案的，经国家国防交通主管机构同意后，由军兵种主管国防交通工作的机构会同有关军区和省、自治区、直辖市人民政府的国防交通主管机构以及其他有关部门拟订；经所属的军兵种审核同意后，报国家国防动员机构批准。

第十九条 民用运力国防动员预案应当明确动员的任务、程序、要求和保障措施，便于操作执行，能够满足军事行动的需要。

第二十条 民用运力国防动员预案的调整，按照原拟订程序和批准权限办理。

第二十一条 国防交通主管机构应当会同人民武装动员机构，根据民用运力国防动员预案，组织和指导有关部门确定预征民用运力，并将预征民用运载工具及相关设备的类型、数量、技术标准和对操作、保障人员的要求通知有关单位和个人。

接到通知的单位和个人，应当按照要求做好预征民用运力的组织、技术保障等准备工作。

第二十二条 预征民用运载工具及相关设备，需要进行加装改造论证和试验的，由国防交通主管机构会同同级国民经济动员机构，根据民用运力国防动员预案制定实施方案，并组织实施。其中重大论证课题和试验项目的实施方案应当报国家国防动员机构批准；涉及加装武器装备的，按照武器装备加装改造的有关规定办理。

第二十三条 承担民用运载工具及相关设备加装改造论证课题和试验项目的单位，应当按照规定的时间与要求完成论证和试验任务，并将论证结论和试验结果的资料报送国防交通主管机构和国民经济动员机构。

拥有或者管理需要加装改造的预征民用运载工具及相关设备的单位和个人，应当向承担加装改造论证课题和试验项目的单位提供民用运载工具及相关设备的原始资料和情况，为加装改造论证课题和试验项目的顺利实施提供方便。

第二十四条 国民经济动员机构和国防交通主管机构，应当根据加装改造任务的要求，指导、帮助有关单位建立和完善加装改造的技术、材料及相关设备的储备制度。

第二十五条 人民武装动员机构应当会同国防交通主管机构和军队负责军事交通运输工作的部门，根据民用运力国防动员准备要求，结合预征民用运力担负的运输生产任务，组织预征民用运力进行必要的军事训练和专业技术训练。

参加预征民用运力训练的人员，训练期间的误工补贴或者在原单位的工资、奖金、福利待遇以及伙食补助、往返差旅费等，训练人员纳入民兵组织的，依照国家有关民兵参加军事训练的规定执行；训练人员未纳入民兵组织的，参照国家有关民兵参加军事训练的规定执行。

第二十六条 国防交通主管机构应当会同同级人民政府交通运输管理部门和其他有关部门，加强对预征民用运力的动态管理，建立相应的管理制度，采用先进的科技手段收集和掌握预征民用运力的动态信息。

拥有或者管理预征民用运力的单位和个人，应当按照规定及时向国防交通主管机构报送预征民用运力的变动情况。

第二十七条 军区级以上单位批准的军事训练、演习，可以征用民用运力。

军事训练、演习需要征用民用运力的，按照中央军事委员会规定的程序报军区级以上单位批准后，由国防交通主管机构根据民用运力国防动员预案组织实施。

军事训练、演习征用民用运力的补偿费用，按照租用方式计价结算。具体办法由国务院财政部门会同国务院有关部门和军队有关部门制定。

第三章 民用运力国防动员的实施

第二十八条 战时的民用运力国防动员，依据国家主席发布的动员令实施。

平时特殊情况下的民用运力国防动员，依据国务院、中央军事委员会发布的民用运力国防动员决定实施。

第二十九条 国防交通主管机构应当根据上级下达的民用运力国防动员任务和使用单位提出的申请，按照快速动员的要求，迅速启动、实施民用运力国防动员预案。

在实施民用运力国防动员预案的过程中，需要对预案进行调整的，按照规定程序、权限办理。

第三十条 国防交通主管机构应当会同人民武装动员机构，按照上级下达的民用运力国防动员要求，通知被征民用运力的单位和个人，明确其被征民用运载工具及相关设备的类型、数量和操作、保障人员，以及民用运力集结的时间、地点和方式。

被征民用运力的单位和个人必须按照通知要求，组织被征民用运力在规定时限内到达集结地点，并保证被征民用运载工具及相关设备的技术状态和操作、保障人员的技能符合军事行动的要求。

第三十一条 被征民用运力集结地的人民武装动员机构应当会同国防交通主管机构及有关部门组成精干的指挥机构，对集结后的民用运力进行登记编组，查验整备情况，组织必要的应急训练，保证按时交付使用单位；被征民用运力来不及集结的，人民武装动员机构可以与使用单位商定报到时间和地点，并立即通知被征民用运力的单位和个人。被征民用运力交付使用单位时，应当办理交接手续。

被征民用运力交接后，有关民用运载工具及相关设备的安全防护、后勤保障和装备维修等，由使用单位负责，其执行任务所在地的人民政府予以协助。

第三十二条 被征民用运载工具及相关设备需要加装改造的，由国民经济动员机构会同国防交通主管机构和使用单位，按照民用运力国防动员预案确定的加装改造方案组织实施。

承担民用运载工具及相关设备加装改造任务的单位和个人，应当严格按照国家安全技术标准和国防要求进行加装改造，保证按期交付使用。

第三十三条 民用运力国防动员实施过程中，因情况紧急来不及报告的，使用单位可以按照民用运力国防动员预案直接在当地征用所需的民用运力，但必须同时按照规定的程序补报。

第三十四条 民用运力国防动员实施过程中，需要使用港口、码头、机场、车站和其他设施的，由国防交通主管机构事先向有关部门或者单位提出使用要求，有关部门和单位应当予以配合、支持。

第三十五条 使用民用运力的单位应当尽最大可能保证人员安全，并尽量避免民用运载工具及相关设备、设施受到损毁。

第三十六条 国务院、中央军事委员会根据民用运力国防动员的紧急需要，决定对某一行业或者地区的民用运力实施管制时，被实施民用运力管制的单位和个人，必须服从管制指挥机构的统一指挥，保证其拥有或者管理的民用运载工具及相关设备、设施和保障系统处于良好状态。

第四章 补偿与抚恤

第三十七条 民用运力国防动员任务完成后，使用民用运力的单位应当收拢民用运力，清查动员民用运力数量，统计民用运载工具及相关设备、设施的损失、损坏情况以及操作、保障人员的伤亡情况，按照有关规定办理移交手续，并出具民用运力使用、损毁情况证明。

第三十八条 加装改造的民用运载工具及相关设备需要并能够恢复原有功能的，国民经济动员机构应当在移交前会同国防交通主管机构和使用单位组织实施恢复工作。恢复工作完成并通过相应的检验后，应当及时移交。

加装改造的民用运载工具及相关设备不影响原使用功能的，可以不实施恢复工作。国防交通主管机构应当登记造册，列为民用运力国防动员储备。

第三十九条 拥有或者管理民用运力的单位和个人，因履行民用运力国防动员义务造成的下列直接财产损失，由中央财政和县级以上地方各级财政给予适当补偿：

（一）民用运载工具及相关设备和港口、码头、机场、车站等设施的灭失、损坏、折旧；

（二）民用运载工具及相关设备和港口、码头、机场、车站等设施的操作、保障人员的工资或者津贴；

（三）应当给予合理补偿的其他直接财产损失。

补偿的具体办法，由国务院财政部门会同有关部门制定。

第四十条 拥有或者管理民用运力的单位和个人，凭使用单位出具的使用、损毁证明，向当地的国防交通主管机构申报，经国防交通主管机构审核情况属实，并报有关人民政府批准后，由当地的国防交通主管机构负责在规定的期限内实施补偿。

第四十一条 拥有或者管理民用运力的单位和个人，因履行民用运力国防动员义务遭受人员伤亡的，其抚恤优待的办法和标准，由县级以上地方人民政府退役军人事务部门依照《军人抚恤优待条例》的规定执行。

第五章 经费保障

第四十二条 民用运力国防动员所需费用，由中央财政和县级以上地方各级财政共同负担。

中央财政负担的费用，列入中央预算；县级以上地方各级财政负担的费用，列入本级政府预算。

第四十三条 民用运力国防动员准备所需费用，由国家和县级以上地方各级人民政府国防交通主管机构，根据本年度民用运力国防动员工作任务编制预算，报本级人民政府批准。

第四十四条 民用运力国防动员实施所需费用，按照国家在战时及平时特殊情况下有关国防动员经费保障办法执行。

第四十五条 民用运力国防动员经费应当专款专用，并接受财政、审计部门的监督。

第六章 法律责任

第四十六条 违反本条例的规定，预征民用运力的单位或者个人逃避或者拒不履行民用运力国防动员义务的，由设区的市级人民政府国防交通主管机构责令改正；拒不改正的，强制其履行义务，可以对单位处2万元以上10万元以下的罚款，对个人处2000元以上1万元以下的罚款；构成犯罪的，依法追究刑事责任。

第四十七条 违反本条例的规定，被征民用运力的单位或者个人未按照规定的时间、地点和要求集结应征民用运力，由设区的市级人民政府国防交通主管机构责令改正；构成犯罪的，依法追究刑事责任。

第四十八条 违反本条例的规定，承担设计、建造或者加装改造任务的单位、个人，未按照国防要求对民用运载工具及相关设备进行设计、建造、加装改造，或者出资建造民用运载工具及相关设备的单位、个人阻碍有关设计、建造或者加装改造的，由设区的市级人民政府国防交通主管机构责令改正；拒不改正的，强制其履行义务，可以对单位处 5 万元以上 20 万元以下的罚款，对个人处 5000 元以上 5 万元以下的罚款；构成犯罪的，依法追究刑事责任。

第四十九条 破坏预征民用运载工具及相关设备或者以其他方式阻碍、干扰民用运力国防动员活动，造成损失或者不良影响的，由公安机关依照《中华人民共和国治安管理处罚法》给予处罚；构成犯罪的，依法追究刑事责任。

第五十条 违反本条例的规定，县级以上人民政府交通运输管理部门、公安交通管理部门和其他有关部门拒绝向国防交通主管机构报送或者迟延报送上一年度民用运力登记的有关资料和情况的，由本级人民政府责令限期报送；逾期未报送的，对负有直接责任的主管人员和其他直接责任人员，由有关主管机关依法给予记过、记大过、降级的行政处分。

第五十一条 违反本条例的规定，国防交通主管机构、国民经济动员机构、人民武装动员机构、民用运力使用单位有下列情形之一的，由有关主管机关对负有直接责任的主管人员和其他直接责任人员依法给予记大过、降级、撤职的行政处分或者依照《中国人民解放军纪律条令》的有关规定给予纪律处分；构成犯罪的，依法追究刑事责任：

（一）泄露所收集、掌握的民用运力资料和情况的；

（二）超越权限，擅自动员民用运力的；

（三）对被征用民用运力管理不善，造成严重损失的；

（四）不出具民用运力使用、损毁证明，经有关主管机关指出拒不改正的；

（五）违反专款专用的规定，擅自使用民用运力国防动员经费的。

第七章 附　　则

第五十二条 平时特殊情况，是指发生危及国家主权、统一、领土完整和安全的武装冲突以及其他突发性事件。

第五十三条 本条例自 2004 年 1 月 1 日起施行。

五、经 济 安 全

中华人民共和国反垄断法

1. 2007年8月30日第十届全国人民代表大会常务委员会第二十九次会议通过
2. 根据2022年6月24日第十三届全国人民代表大会常务委员会第三十五次会议《关于修改〈中华人民共和国反垄断法〉的决定》修正

目　　录

第一章　总　　则
第二章　垄断协议
第三章　滥用市场支配地位
第四章　经营者集中
第五章　滥用行政权力排除、限制竞争
第六章　对涉嫌垄断行为的调查
第七章　法律责任
第八章　附　　则

第一章　总　　则

第一条　**【立法目的】**为了预防和制止垄断行为，保护市场公平竞争，鼓励创新，提高经济运行效率，维护消费者利益和社会公共利益，促进社会主义市场经济健康发展，制定本法。

第二条　**【调整对象和适用范围】**中华人民共和国境内经济活动中的垄断行为，适用本法；中华人民共和国境外的垄断行为，对境内市场竞争产生排除、限制影响的，适用本法。

第三条　**【垄断行为的基本种类】**本法规定的垄断行为包括：

（一）经营者达成垄断协议；

（二）经营者滥用市场支配地位；

（三）具有或者可能具有排除、限制竞争效果的经营者集中。

第四条　**【工作领导、竞争政策和竞争规则】**反垄断工作坚持中国共产党的领导。

国家坚持市场化、法治化原则，强化竞争政策基础地位，制定和实施与社会主义市场经济相适应的竞争规则，完善宏观调控，健全统一、开放、竞争、有序的市场体系。

第五条 【公平竞争审查制度】国家建立健全公平竞争审查制度。

行政机关和法律、法规授权的具有管理公共事务职能的组织在制定涉及市场主体经济活动的规定时，应当进行公平竞争审查。

第六条 【对经营者集中的原则规定】经营者可以通过公平竞争、自愿联合，依法实施集中，扩大经营规模，提高市场竞争能力。

第七条 【禁止滥用市场支配地位的原则规定】具有市场支配地位的经营者，不得滥用市场支配地位，排除、限制竞争。

第八条 【对特定行业经营者的规范】国有经济占控制地位的关系国民经济命脉和国家安全的行业以及依法实行专营专卖的行业，国家对其经营者的合法经营活动予以保护，并对经营者的经营行为及其商品和服务的价格依法实施监管和调控，维护消费者利益，促进技术进步。

前款规定行业的经营者应当依法经营，诚实守信，严格自律，接受社会公众的监督，不得利用其控制地位或者专营专卖地位损害消费者利益。

第九条 【对数字经济领域反垄断的原则规定】经营者不得利用数据和算法、技术、资本优势以及平台规则等从事本法禁止的垄断行为。

第十条 【对行政性垄断的原则规定】行政机关和法律、法规授权的具有管理公共事务职能的组织不得滥用行政权力，排除、限制竞争。

第十一条 【反垄断规则制度和反垄断监管】国家健全完善反垄断规则制度，强化反垄断监管力量，提高监管能力和监管体系现代化水平，加强反垄断执法司法，依法公正高效审理垄断案件，健全行政执法和司法衔接机制，维护公平竞争秩序。

第十二条 【国务院反垄断委员会的职能】国务院设立反垄断委员会，负责组织、协调、指导反垄断工作，履行下列职责：

（一）研究拟订有关竞争政策；

（二）组织调查、评估市场总体竞争状况，发布评估报告；

（三）制定、发布反垄断指南；

（四）协调反垄断行政执法工作；

（五）国务院规定的其他职责。

国务院反垄断委员会的组成和工作规则由国务院规定。

第十三条　【国务院反垄断执法机构】国务院反垄断执法机构负责反垄断统一执法工作。

国务院反垄断执法机构根据工作需要，可以授权省、自治区、直辖市人民政府相应的机构，依照本法规定负责有关反垄断执法工作。

第十四条　【行业协会的自律】行业协会应当加强行业自律，引导本行业的经营者依法竞争，合规经营，维护市场竞争秩序。

第十五条　【经营者和相关市场的定义】本法所称经营者，是指从事商品生产、经营或者提供服务的自然人、法人和非法人组织。

本法所称相关市场，是指经营者在一定时期内就特定商品或者服务（以下统称商品）进行竞争的商品范围和地域范围。

第二章　垄断协议

第十六条　【垄断协议的定义】本法所称垄断协议，是指排除、限制竞争的协议、决定或者其他协同行为。

第十七条　【横向垄断协议】禁止具有竞争关系的经营者达成下列垄断协议：

（一）固定或者变更商品价格；

（二）限制商品的生产数量或者销售数量；

（三）分割销售市场或者原材料采购市场；

（四）限制购买新技术、新设备或者限制开发新技术、新产品；

（五）联合抵制交易；

（六）国务院反垄断执法机构认定的其他垄断协议。

第十八条　【纵向垄断协议和安全港规则】禁止经营者与交易相对人达成下列垄断协议：

（一）固定向第三人转售商品的价格；

（二）限定向第三人转售商品的最低价格；

（三）国务院反垄断执法机构认定的其他垄断协议。

对前款第一项和第二项规定的协议，经营者能够证明其不具有排除、限制竞争效果的，不予禁止。

经营者能够证明其在相关市场的市场份额低于国务院反垄断执法机构规定的标准，并符合国务院反垄断执法机构规定的其他条件的，不予禁止。

第十九条　【轴辐协议】经营者不得组织其他经营者达成垄断协议或者为其他经营者达成垄断协议提供实质性帮助。

第二十条　【垄断协议的豁免】经营者能够证明所达成的协议属于下列情形之一的，不适用本法第十七条、第十八条第一款、第十九条的规定：

（一）为改进技术、研究开发新产品的；

（二）为提高产品质量、降低成本、增进效率，统一产品规格、标准或者实行专业化分工的；

（三）为提高中小经营者经营效率，增强中小经营者竞争力的；

（四）为实现节约能源、保护环境、救灾救助等社会公共利益的；

（五）因经济不景气，为缓解销售量严重下降或者生产明显过剩的；

（六）为保障对外贸易和对外经济合作中的正当利益的；

（七）法律和国务院规定的其他情形。

属于前款第一项至第五项情形，不适用本法第十七条、第十八条第一款、第十九条规定的，经营者还应当证明所达成的协议不会严重限制相关市场的竞争，并且能够使消费者分享由此产生的利益。

第二十一条　【禁止行业协会组织从事垄断协议】行业协会不得组织本行业的经营者从事本章禁止的垄断行为。

第三章　滥用市场支配地位

第二十二条　【市场支配地位定义和滥用市场支配地位的情形】禁止具有市场支配地位的经营者从事下列滥用市场支配地位的行为：

（一）以不公平的高价销售商品或者以不公平的低价购买商品；

（二）没有正当理由，以低于成本的价格销售商品；

（三）没有正当理由，拒绝与交易相对人进行交易；

（四）没有正当理由，限定交易相对人只能与其进行交易或者只能与其指定的经营者进行交易；

（五）没有正当理由搭售商品，或者在交易时附加其他不合理的交易条件；

（六）没有正当理由，对条件相同的交易相对人在交易价格等交易条件上实行差别待遇；

（七）国务院反垄断执法机构认定的其他滥用市场支配地位的行为。

具有市场支配地位的经营者不得利用数据和算法、技术以及平台规则等从事前款规定的滥用市场支配地位的行为。

本法所称市场支配地位，是指经营者在相关市场内具有能够控制商品价格、数量或者其他交易条件，或者能够阻碍、影响其他经营者进入相关市场能力的市场地位。

第二十三条　【认定市场支配地位的因素】认定经营者具有市场支配地位，应当依据下列因素：

（一）该经营者在相关市场的市场份额，以及相关市场的竞争状况；

（二）该经营者控制销售市场或者原材料采购市场的能力；

（三）该经营者的财力和技术条件；

（四）其他经营者对该经营者在交易上的依赖程度；

（五）其他经营者进入相关市场的难易程度；

（六）与认定该经营者市场支配地位有关的其他因素。

第二十四条　【市场支配地位推定】有下列情形之一的，可以推定经营者具有市场支配地位：

（一）一个经营者在相关市场的市场份额达到二分之一的；

（二）两个经营者在相关市场的市场份额合计达到三分之二的；

（三）三个经营者在相关市场的市场份额合计达到四分之三的。

有前款第二项、第三项规定的情形，其中有的经营者市场份额不足十分之一的，不应当推定该经营者具有市场支配地位。

被推定具有市场支配地位的经营者，有证据证明不具有市场支配地位的，不应当认定其具有市场支配地位。

第四章　经营者集中

第二十五条　【经营者集中的情形】经营者集中是指下列情形：

（一）经营者合并；

（二）经营者通过取得股权或者资产的方式取得对其他经营者的控制权；

（三）经营者通过合同等方式取得对其他经营者的控制权或者能够对其他经营者施加决定性影响。

第二十六条　【经营者集中申报】经营者集中达到国务院规定的申报标准的，经营者应当事先向国务院反垄断执法机构申报，未申报的不得实施集中。

经营者集中未达到国务院规定的申报标准，但有证据证明该经营者集中具有或者可能具有排除、限制竞争效果的，国务院反垄断执法机构可以要求经营者申报。

经营者未依照前两款规定进行申报的，国务院反垄断执法机构应当依法进行调查。

第二十七条　【经营者集中申报的豁免】经营者集中有下列情形之一的，可以不向国务院反垄断执法机构申报：

（一）参与集中的一个经营者拥有其他每个经营者百分之五十以上有表决权的股份或者资产的；

（二）参与集中的每个经营者百分之五十以上有表决权的股份或者资产

被同一个未参与集中的经营者拥有的。

第二十八条 【经营者集中申报提交的文件和资料】 经营者向国务院反垄断执法机构申报集中，应当提交下列文件、资料：

（一）申报书；

（二）集中对相关市场竞争状况影响的说明；

（三）集中协议；

（四）参与集中的经营者经会计师事务所审计的上一会计年度财务会计报告；

（五）国务院反垄断执法机构规定的其他文件、资料。

申报书应当载明参与集中的经营者的名称、住所、经营范围、预定实施集中的日期和国务院反垄断执法机构规定的其他事项。

第二十九条 【资料补正】 经营者提交的文件、资料不完备的，应当在国务院反垄断执法机构规定的期限内补交文件、资料。经营者逾期未补交文件、资料的，视为未申报。

第三十条 【经营者集中的初步审查】 国务院反垄断执法机构应当自收到经营者提交的符合本法第二十八条规定的文件、资料之日起三十日内，对申报的经营者集中进行初步审查，作出是否实施进一步审查的决定，并书面通知经营者。国务院反垄断执法机构作出决定前，经营者不得实施集中。

国务院反垄断执法机构作出不实施进一步审查的决定或者逾期未作出决定的，经营者可以实施集中。

第三十一条 【经营者集中的进一步审查】 国务院反垄断执法机构决定实施进一步审查的，应当自决定之日起九十日内审查完毕，作出是否禁止经营者集中的决定，并书面通知经营者。作出禁止经营者集中的决定，应当说明理由。审查期间，经营者不得实施集中。

有下列情形之一的，国务院反垄断执法机构经书面通知经营者，可以延长前款规定的审查期限，但最长不得超过六十日：

（一）经营者同意延长审查期限的；

（二）经营者提交的文件、资料不准确，需要进一步核实的；

（三）经营者申报后有关情况发生重大变化的。

国务院反垄断执法机构逾期未作出决定的，经营者可以实施集中。

第三十二条 【经营者集中的停钟制度】 有下列情形之一的，国务院反垄断执法机构可以决定中止计算经营者集中的审查期限，并书面通知经营者：

（一）经营者未按照规定提交文件、资料，导致审查工作无法进行；

（二）出现对经营者集中审查具有重大影响的新情况、新事实，不经核实将导致审查工作无法进行；

（三）需要对经营者集中附加的限制性条件进一步评估，且经营者提出中止请求。

自中止计算审查期限的情形消除之日起，审查期限继续计算，国务院反垄断执法机构应当书面通知经营者。

第三十三条　【审查考虑的因素】审查经营者集中，应当考虑下列因素：

（一）参与集中的经营者在相关市场的市场份额及其对市场的控制力；

（二）相关市场的市场集中度；

（三）经营者集中对市场进入、技术进步的影响；

（四）经营者集中对消费者和其他有关经营者的影响；

（五）经营者集中对国民经济发展的影响；

（六）国务院反垄断执法机构认为应当考虑的影响市场竞争的其他因素。

第三十四条　【经营者集中的禁止及豁免】经营者集中具有或者可能具有排除、限制竞争效果的，国务院反垄断执法机构应当作出禁止经营者集中的决定。但是，经营者能够证明该集中对竞争产生的有利影响明显大于不利影响，或者符合社会公共利益的，国务院反垄断执法机构可以作出对经营者集中不予禁止的决定。

第三十五条　【附条件批准集中】对不予禁止的经营者集中，国务院反垄断执法机构可以决定附加减少集中对竞争产生不利影响的限制性条件。

第三十六条　【决定和公告】国务院反垄断执法机构应当将禁止经营者集中的决定或者对经营者集中附加限制性条件的决定，及时向社会公布。

第三十七条　【分类分级审查】国务院反垄断执法机构应当健全经营者集中分类分级审查制度，依法加强对涉及国计民生等重要领域的经营者集中的审查，提高审查质量和效率。

第三十八条　【反垄断审查和国家安全审查】对外资并购境内企业或者以其他方式参与经营者集中，涉及国家安全的，除依照本法规定进行经营者集中审查外，还应当按照国家有关规定进行国家安全审查。

第五章　滥用行政权力排除、限制竞争

第三十九条　【禁止指定交易】行政机关和法律、法规授权的具有管理公共事务职能的组织不得滥用行政权力，限定或者变相限定单位或者个人经营、购买、使用其指定的经营者提供的商品。

第四十条　【禁止妨碍经营者进入相关市场或实行不平等待遇】行政机关和法

律、法规授权的具有管理公共事务职能的组织不得滥用行政权力，通过与经营者签订合作协议、备忘录等方式，妨碍其他经营者进入相关市场或者对其他经营者实行不平等待遇，排除、限制竞争。

第四十一条　【禁止妨碍商品在地区间自由流通】行政机关和法律、法规授权的具有管理公共事务职能的组织不得滥用行政权力，实施下列行为，妨碍商品在地区之间的自由流通：

（一）对外地商品设定歧视性收费项目、实行歧视性收费标准，或者规定歧视性价格；

（二）对外地商品规定与本地同类商品不同的技术要求、检验标准，或者对外地商品采取重复检验、重复认证等歧视性技术措施，限制外地商品进入本地市场；

（三）采取专门针对外地商品的行政许可，限制外地商品进入本地市场；

（四）设置关卡或者采取其他手段，阻碍外地商品进入或者本地商品运出；

（五）妨碍商品在地区之间自由流通的其他行为。

第四十二条　【禁止排斥或限制经营者参加招标投标及其他经营活动】行政机关和法律、法规授权的具有管理公共事务职能的组织不得滥用行政权力，以设定歧视性资质要求、评审标准或者不依法发布信息等方式，排斥或者限制经营者参加招标投标以及其他经营活动。

第四十三条　【禁止排斥、限制、强制或者变相强制在本地投资或者设立分支机构】行政机关和法律、法规授权的具有管理公共事务职能的组织不得滥用行政权力，采取与本地经营者不平等待遇等方式，排斥、限制、强制或者变相强制外地经营者在本地投资或者设立分支机构。

第四十四条　【禁止强制经营者从事垄断行为】行政机关和法律、法规授权的具有管理公共事务职能的组织不得滥用行政权力，强制或者变相强制经营者从事本法规定的垄断行为。

第四十五条　【禁止制定含有排除、限制竞争内容的规定】行政机关和法律、法规授权的具有管理公共事务职能的组织不得滥用行政权力，制定含有排除、限制竞争内容的规定。

第六章　对涉嫌垄断行为的调查

第四十六条　【涉嫌垄断行为的举报和调查】反垄断执法机构依法对涉嫌垄断行为进行调查。

对涉嫌垄断行为，任何单位和个人有权向反垄断执法机构举报。反垄断执法机构应当为举报人保密。

举报采用书面形式并提供相关事实和证据的，反垄断执法机构应当进行必要的调查。

第四十七条 【调查措施】反垄断执法机构调查涉嫌垄断行为，可以采取下列措施：

（一）进入被调查的经营者的营业场所或者其他有关场所进行检查；

（二）询问被调查的经营者、利害关系人或者其他有关单位或者个人，要求其说明有关情况；

（三）查阅、复制被调查的经营者、利害关系人或者其他有关单位或者个人的有关单证、协议、会计账簿、业务函电、电子数据等文件、资料；

（四）查封、扣押相关证据；

（五）查询经营者的银行账户。

采取前款规定的措施，应当向反垄断执法机构主要负责人书面报告，并经批准。

第四十八条 【调查程序】反垄断执法机构调查涉嫌垄断行为，执法人员不得少于二人，并应当出示执法证件。

执法人员进行询问和调查，应当制作笔录，并由被询问人或者被调查人签字。

第四十九条 【保密义务】反垄断执法机构及其工作人员对执法过程中知悉的商业秘密、个人隐私和个人信息依法负有保密义务。

第五十条 【被调查者的配合调查义务】被调查的经营者、利害关系人或者其他有关单位或者个人应当配合反垄断执法机构依法履行职责，不得拒绝、阻碍反垄断执法机构的调查。

第五十一条 【被调查者陈述意见的权利】被调查的经营者、利害关系人有权陈述意见。反垄断执法机构应当对被调查的经营者、利害关系人提出的事实、理由和证据进行核实。

第五十二条 【对垄断行为的处理和公布】反垄断执法机构对涉嫌垄断行为调查核实后，认为构成垄断行为的，应当依法作出处理决定，并可以向社会公布。

第五十三条 【经营者承诺制度】对反垄断执法机构调查的涉嫌垄断行为，被调查的经营者承诺在反垄断执法机构认可的期限内采取具体措施消除该行为后果的，反垄断执法机构可以决定中止调查。中止调查的决定应当载明被调查的经营者承诺的具体内容。

反垄断执法机构决定中止调查的，应当对经营者履行承诺的情况进行监督。经营者履行承诺的，反垄断执法机构可以决定终止调查。

有下列情形之一的，反垄断执法机构应当恢复调查：

（一）经营者未履行承诺的；

（二）作出中止调查决定所依据的事实发生重大变化的；

（三）中止调查的决定是基于经营者提供的不完整或者不真实的信息作出的。

第五十四条　【行政性垄断被调查者的配合调查义务】反垄断执法机构依法对涉嫌滥用行政权力排除、限制竞争的行为进行调查，有关单位或者个人应当配合。

第五十五条　【对涉嫌违法主体的约谈】经营者、行政机关和法律、法规授权的具有管理公共事务职能的组织，涉嫌违反本法规定的，反垄断执法机构可以对其法定代表人或者负责人进行约谈，要求其提出改进措施。

第七章　法律责任

第五十六条　【垄断协议的法律责任】经营者违反本法规定，达成并实施垄断协议的，由反垄断执法机构责令停止违法行为，没收违法所得，并处上一年度销售额百分之一以上百分之十以下的罚款，上一年度没有销售额的，处五百万元以下的罚款；尚未实施所达成的垄断协议的，可以处三百万元以下的罚款。经营者的法定代表人、主要负责人和直接责任人员对达成垄断协议负有个人责任的，可以处一百万元以下的罚款。

经营者组织其他经营者达成垄断协议或者为其他经营者达成垄断协议提供实质性帮助的，适用前款规定。

经营者主动向反垄断执法机构报告达成垄断协议的有关情况并提供重要证据的，反垄断执法机构可以酌情减轻或者免除对该经营者的处罚。

行业协会违反本法规定，组织本行业的经营者达成垄断协议的，由反垄断执法机构责令改正，可以处三百万元以下的罚款；情节严重的，社会团体登记管理机关可以依法撤销登记。

第五十七条　【经营者滥用市场支配地位的法律责任】经营者违反本法规定，滥用市场支配地位的，由反垄断执法机构责令停止违法行为，没收违法所得，并处上一年度销售额百分之一以上百分之十以下的罚款。

第五十八条　【经营者违法实施经营者集中的法律责任】经营者违反本法规定实施集中，且具有或者可能具有排除、限制竞争效果的，由国务院反垄断执法机构责令停止实施集中、限期处分股份或者资产、限期转让营业以及采取其他必要措施恢复到集中前的状态，处上一年度销售额百分之十以下的罚款；不具有排除、限制竞争效果的，处五百万元以下的罚款。

第五十九条 【反垄断罚款的裁量因素】对本法第五十六条、第五十七条、第五十八条规定的罚款，反垄断执法机构确定具体罚款数额时，应当考虑违法行为的性质、程度、持续时间和消除违法行为后果的情况等因素。

第六十条 【反垄断民事责任和检察公益诉讼】经营者实施垄断行为，给他人造成损失的，依法承担民事责任。

经营者实施垄断行为，损害社会公共利益的，设区的市级以上人民检察院可以依法向人民法院提起民事公益诉讼。

第六十一条 【行政性垄断的法律责任】行政机关和法律、法规授权的具有管理公共事务职能的组织滥用行政权力，实施排除、限制竞争行为的，由上级机关责令改正；对直接负责的主管人员和其他直接责任人员依法给予处分。反垄断执法机构可以向有关上级机关提出依法处理的建议。行政机关和法律、法规授权的具有管理公共事务职能的组织应当将有关改正情况书面报告上级机关和反垄断执法机构。

法律、行政法规对行政机关和法律、法规授权的具有管理公共事务职能的组织滥用行政权力实施排除、限制竞争行为的处理另有规定的，依照其规定。

第六十二条 【妨碍反垄断调查的法律责任】对反垄断执法机构依法实施的审查和调查，拒绝提供有关材料、信息，或者提供虚假材料、信息，或者隐匿、销毁、转移证据，或者有其他拒绝、阻碍调查行为的，由反垄断执法机构责令改正，对单位处上一年度销售额百分之一以下的罚款，上一年度没有销售额或者销售额难以计算的，处五百万元以下的罚款；对个人处五十万元以下的罚款。

第六十三条 【罚款的特别威慑】违反本法规定，情节特别严重、影响特别恶劣、造成特别严重后果的，国务院反垄断执法机构可以在本法第五十六条、第五十七条、第五十八条、第六十二条规定的罚款数额的二倍以上五倍以下确定具体罚款数额。

第六十四条 【违法经营者的信用记录】经营者因违反本法规定受到行政处罚的，按照国家有关规定记入信用记录，并向社会公示。

第六十五条 【行政复议和行政诉讼】对反垄断执法机构依据本法第三十四条、第三十五条作出的决定不服的，可以先依法申请行政复议；对行政复议决定不服的，可以依法提起行政诉讼。

对反垄断执法机构作出的前款规定以外的决定不服的，可以依法申请行政复议或者提起行政诉讼。

第六十六条 【执法人员的违法责任】反垄断执法机构工作人员滥用职权、玩忽职守、徇私舞弊或者泄露执法过程中知悉的商业秘密、个人隐私和个人信息的，依法给予处分。

第六十七条 【刑事责任】违反本法规定，构成犯罪的，依法追究刑事责任。

第八章 附 则

第六十八条 【反垄断和知识产权保护】经营者依照有关知识产权的法律、行政法规规定行使知识产权的行为，不适用本法；但是，经营者滥用知识产权，排除、限制竞争的行为，适用本法。

第六十九条 【农业生产经营活动的除外适用】农业生产者及农村经济组织在农产品生产、加工、销售、运输、储存等经营活动中实施的联合或者协同行为，不适用本法。

第七十条 【施行日期】本法自2008年8月1日起施行。

中华人民共和国反不正当竞争法

1. 1993年9月2日第八届全国人民代表大会常务委员会第三次会议通过

2. 2017年11月4日第十二届全国人民代表大会常务委员会第三十次会议修订

3. 根据2019年4月23日第十三届全国人民代表大会常务委员会第十次会议《关于修改〈中华人民共和国建筑法〉等八部法律的决定》修正

目 录

第一章 总 则
第二章 不正当竞争行为
第三章 对涉嫌不正当竞争行为的调查
第四章 法律责任
第五章 附 则

第一章 总 则

第一条 【立法目的】为了促进社会主义市场经济健康发展，鼓励和保护公平竞争，制止不正当竞争行为，保护经营者和消费者的合法权益，制定本法。

第二条 **【原则与概念】**经营者在生产经营活动中，应当遵循自愿、平等、公平、诚信的原则，遵守法律和商业道德。

本法所称的不正当竞争行为，是指经营者在生产经营活动中，违反本法规定，扰乱市场竞争秩序，损害其他经营者或者消费者的合法权益的行为。

本法所称的经营者，是指从事商品生产、经营或者提供服务（以下所称商品包括服务）的自然人、法人和非法人组织。

第三条 **【各级政府职责】**各级人民政府应当采取措施，制止不正当竞争行为，为公平竞争创造良好的环境和条件。

国务院建立反不正当竞争工作协调机制，研究决定反不正当竞争重大政策，协调处理维护市场竞争秩序的重大问题。

第四条 **【政府部门职责】**县级以上人民政府履行工商行政管理职责的部门对不正当竞争行为进行查处；法律、行政法规规定由其他部门查处的，依照其规定。

第五条 **【监督、自律】**国家鼓励、支持和保护一切组织和个人对不正当竞争行为进行社会监督。

国家机关及其工作人员不得支持、包庇不正当竞争行为。

行业组织应当加强行业自律，引导、规范会员依法竞争，维护市场竞争秩序。

第二章　不正当竞争行为

第六条 **【禁止实施混淆行为】**经营者不得实施下列混淆行为，引人误认为是他人商品或者与他人存在特定联系：

（一）擅自使用与他人有一定影响的商品名称、包装、装潢等相同或者近似的标识；

（二）擅自使用他人有一定影响的企业名称（包括简称、字号等）、社会组织名称（包括简称等）、姓名（包括笔名、艺名、译名等）；

（三）擅自使用他人有一定影响的域名主体部分、网站名称、网页等；

（四）其他足以引人误认为是他人商品或者与他人存在特定联系的混淆行为。

第七条 **【禁止贿赂方式经营】**经营者不得采用财物或者其他手段贿赂下列单位或者个人，以谋取交易机会或者竞争优势：

（一）交易相对方的工作人员；

（二）受交易相对方委托办理相关事务的单位或者个人；

（三）利用职权或者影响力影响交易的单位或者个人。

经营者在交易活动中，可以以明示方式向交易相对方支付折扣，或者向中间人支付佣金。经营者向交易相对方支付折扣、向中间人支付佣金的，应当如实入账。接受折扣、佣金的经营者也应当如实入账。

经营者的工作人员进行贿赂的，应当认定为经营者的行为；但是，经营者有证据证明该工作人员的行为与为经营者谋取交易机会或者竞争优势无关的除外。

第八条　【禁止虚假或引人误解的商业宣传】经营者不得对其商品的性能、功能、质量、销售状况、用户评价、曾获荣誉等作虚假或者引人误解的商业宣传，欺骗、误导消费者。

经营者不得通过组织虚假交易等方式，帮助其他经营者进行虚假或者引人误解的商业宣传。

第九条　【禁止实施侵犯商业秘密的行为】经营者不得实施下列侵犯商业秘密的行为：

（一）以盗窃、贿赂、欺诈、胁迫、电子侵入或者其他不正当手段获取权利人的商业秘密；

（二）披露、使用或者允许他人使用以前项手段获取的权利人的商业秘密；

（三）违反保密义务或者违反权利人有关保守商业秘密的要求，披露、使用或者允许他人使用其所掌握的商业秘密；

（四）教唆、引诱、帮助他人违反保密义务或者违反权利人有关保守商业秘密的要求，获取、披露、使用或者允许他人使用权利人的商业秘密。

经营者以外的其他自然人、法人和非法人组织实施前款所列违法行为的，视为侵犯商业秘密。

第三人明知或者应知商业秘密权利人的员工、前员工或者其他单位、个人实施本条第一款所列违法行为，仍获取、披露、使用或者允许他人使用该商业秘密的，视为侵犯商业秘密。

本法所称的商业秘密，是指不为公众所知悉、具有商业价值并经权利人采取相应保密措施的技术信息、经营信息等商业信息。

第十条　【有奖销售的禁止情形】经营者进行有奖销售不得存在下列情形：

（一）所设奖的种类、兑奖条件、奖金金额或者奖品等有奖销售信息不明确，影响兑奖；

（二）采用谎称有奖或者故意让内定人员中奖的欺骗方式进行有奖销售；

（三）抽奖式的有奖销售，最高奖的金额超过五万元。

第十一条 【禁止损害商誉】经营者不得编造、传播虚假信息或者误导性信息，损害竞争对手的商业信誉、商品声誉。

第十二条 【网络生产经营规范】经营者利用网络从事生产经营活动，应当遵守本法的各项规定。

经营者不得利用技术手段，通过影响用户选择或者其他方式，实施下列妨碍、破坏其他经营者合法提供的网络产品或者服务正常运行的行为：

（一）未经其他经营者同意，在其合法提供的网络产品或者服务中，插入链接、强制进行目标跳转；

（二）误导、欺骗、强迫用户修改、关闭、卸载其他经营者合法提供的网络产品或者服务；

（三）恶意对其他经营者合法提供的网络产品或者服务实施不兼容；

（四）其他妨碍、破坏其他经营者合法提供的网络产品或者服务正常运行的行为。

第三章 对涉嫌不正当竞争行为的调查

第十三条 【监督机关职权】监督检查部门调查涉嫌不正当竞争行为，可以采取下列措施：

（一）进入涉嫌不正当竞争行为的经营场所进行检查；

（二）询问被调查的经营者、利害关系人及其他有关单位、个人，要求其说明有关情况或者提供与被调查行为有关的其他资料；

（三）查询、复制与涉嫌不正当竞争行为有关的协议、账簿、单据、文件、记录、业务函电和其他资料；

（四）查封、扣押与涉嫌不正当竞争行为有关的财物；

（五）查询涉嫌不正当竞争行为的经营者的银行账户。

采取前款规定的措施，应当向监督检查部门主要负责人书面报告，并经批准。采取前款第四项、第五项规定的措施，应当向设区的市级以上人民政府监督检查部门主要负责人书面报告，并经批准。

监督检查部门调查涉嫌不正当竞争行为，应当遵守《中华人民共和国行政强制法》和其他有关法律、行政法规的规定，并应当将查处结果及时向社会公开。

第十四条 【被调查者的协作义务】监督检查部门调查涉嫌不正当竞争行为，被调查的经营者、利害关系人及其他有关单位、个人应当如实提供有关资料或者情况。

第十五条 【保密义务】监督检查部门及其工作人员对调查过程中知悉的商业

秘密负有保密义务。

第十六条　**【举报】**对涉嫌不正当竞争行为，任何单位和个人有权向监督检查部门举报，监督检查部门接到举报后应当依法及时处理。

监督检查部门应当向社会公开受理举报的电话、信箱或者电子邮件地址，并为举报人保密。对实名举报并提供相关事实和证据的，监督检查部门应当将处理结果告知举报人。

第四章　法律责任

第十七条　**【民事责任及赔偿范围】**经营者违反本法规定，给他人造成损害的，应当依法承担民事责任。

经营者的合法权益受到不正当竞争行为损害的，可以向人民法院提起诉讼。

因不正当竞争行为受到损害的经营者的赔偿数额，按照其因被侵权所受到的实际损失确定；实际损失难以计算的，按照侵权人因侵权所获得的利益确定。经营者恶意实施侵犯商业秘密行为，情节严重的，可以在按照上述方法确定数额的一倍以上五倍以下确定赔偿数额。赔偿数额还应当包括经营者为制止侵权行为所支付的合理开支。

经营者违反本法第六条、第九条规定，权利人因被侵权所受到的实际损失、侵权人因侵权所获得的利益难以确定的，由人民法院根据侵权行为的情节判决给予权利人五百万元以下的赔偿。

第十八条　**【实施混淆行为的责任】**经营者违反本法第六条规定实施混淆行为的，由监督检查部门责令停止违法行为，没收违法商品。违法经营额五万元以上的，可以并处违法经营额五倍以下的罚款；没有违法经营额或者违法经营额不足五万元的，可以并处二十五万元以下的罚款。情节严重的，吊销营业执照。

经营者登记的企业名称违反本法第六条规定的，应当及时办理名称变更登记；名称变更前，由原企业登记机关以统一社会信用代码代替其名称。

第十九条　**【贿赂责任】**经营者违反本法第七条规定贿赂他人的，由监督检查部门没收违法所得，处十万元以上三百万元以下的罚款。情节严重的，吊销营业执照。

第二十条　**【涉虚假或引人误解宣传的责任】**经营者违反本法第八条规定对其商品作虚假或者引人误解的商业宣传，或者通过组织虚假交易等方式帮助其他经营者进行虚假或者引人误解的商业宣传的，由监督检查部门责令停止违法行为，处二十万元以上一百万元以下的罚款；情节严重的，处一百万元以上二百万元以下的罚款，可以吊销营业执照。

经营者违反本法第八条规定，属于发布虚假广告的，依照《中华人民共和国广告法》的规定处罚。

第二十一条 **【侵犯商业秘密的责任】**经营者以及其他自然人、法人和非法人组织违反本法第九条规定侵犯商业秘密的，由监督检查部门责令停止违法行为，没收违法所得，处十万元以上一百万元以下的罚款；情节严重的，处五十万元以上五百万元以下的罚款。

第二十二条 **【违法有奖销售的责任】**经营者违反本法第十条规定进行有奖销售的，由监督检查部门责令停止违法行为，处五万元以上五十万元以下的罚款。

第二十三条 **【违法损害竞争对手商誉的责任】**经营者违反本法第十一条规定损害竞争对手商业信誉、商品声誉的，由监督检查部门责令停止违法行为、消除影响，处十万元以上五十万元以下的罚款；情节严重的，处五十万元以上三百万元以下的罚款。

第二十四条 **【妨碍、破坏网络产品或服务正常运行的责任】**经营者违反本法第十二条规定妨碍、破坏其他经营者合法提供的网络产品或者服务正常运行的，由监督检查部门责令停止违法行为，处十万元以上五十万元以下的罚款；情节严重的，处五十万元以上三百万元以下的罚款。

第二十五条 **【从轻或减轻、免予处罚】**经营者违反本法规定从事不正当竞争，有主动消除或者减轻违法行为危害后果等法定情形的，依法从轻或者减轻行政处罚；违法行为轻微并及时纠正，没有造成危害后果的，不予行政处罚。

第二十六条 **【信用记录公示】**经营者违反本法规定从事不正当竞争，受到行政处罚的，由监督检查部门记入信用记录，并依照有关法律、行政法规的规定予以公示。

第二十七条 **【民事责任优先承担】**经营者违反本法规定，应当承担民事责任、行政责任和刑事责任，其财产不足以支付的，优先用于承担民事责任。

第二十八条 **【拒绝、阻碍调查的责任】**妨害监督检查部门依照本法履行职责，拒绝、阻碍调查的，由监督检查部门责令改正，对个人可以处五千元以下的罚款，对单位可以处五万元以下的罚款，并可以由公安机关依法给予治安管理处罚。

第二十九条 **【行政复议或诉讼】**当事人对监督检查部门作出的决定不服的，可以依法申请行政复议或者提起行政诉讼。

第三十条 **【渎职处分】**监督检查部门的工作人员滥用职权、玩忽职守、徇私舞弊或者泄露调查过程中知悉的商业秘密的，依法给予处分。

第三十一条 **【刑事责任】**违反本法规定，构成犯罪的，依法追究刑事责任。

第三十二条 **【不存在侵犯商业秘密的证据提供】**在侵犯商业秘密的民事审判程序中，商业秘密权利人提供初步证据，证明其已经对所主张的商业秘密采取保密措施，且合理表明商业秘密被侵犯，涉嫌侵权人应当证明权利人所主张的商业秘密不属于本法规定的商业秘密。

商业秘密权利人提供初步证据合理表明商业秘密被侵犯，且提供以下证据之一的，涉嫌侵权人应当证明其不存在侵犯商业秘密的行为：

（一）有证据表明涉嫌侵权人有渠道或者机会获取商业秘密，且其使用的信息与该商业秘密实质上相同；

（二）有证据表明商业秘密已经被涉嫌侵权人披露、使用或者有被披露、使用的风险；

（三）有其他证据表明商业秘密被涉嫌侵权人侵犯。

第五章　附　　则

第三十三条 **【施行日期】**本法自 2018 年 1 月 1 日起施行。

中华人民共和国刑法（节录）

1. 1979 年 7 月 1 日第五届全国人民代表大会第二次会议通过

2. 1997 年 3 月 14 日第八届全国人民代表大会第五次会议修订

3. 根据 1998 年 12 月 29 日第九届全国人民代表大会常务委员会第六次会议通过的《关于惩治骗购外汇、逃汇和非法买卖外汇犯罪的决定》、1999 年 12 月 25 日第九届全国人民代表大会常务委员会第十三次会议通过的《中华人民共和国刑法修正案》、2001 年 8 月 31 日第九届全国人民代表大会常务委员会第二十三次会议通过的《中华人民共和国刑法修正案（二）》、2001 年 12 月 29 日第九届全国人民代表大会常务委员会第二十五次会议通过的《中华人民共和国刑法修正案（三）》、2002 年 12 月 28 日第九届全国人民代表大会常务委员会第三十一次会议通过的《中华人民共和国刑法修正案（四）》、2005 年 2 月 28 日第十届全国人民代表大会常务委员会第十四次会议通过的《中华人民共和国刑法修正案（五）》、2006 年 6 月 29 日第十届全国人民代表大会常务委员会第二十二次会议通过的《中华人民共和国刑法修正案（六）》、2009 年 2 月 28 日第十一届全国人民代表大会常务委员会第七次会议通过的《中华人民共和国刑法修正案（七）》、2009 年 8 月 27 日第

十一届全国人民代表大会常务委员会第十次会议通过的《关于修改部分法律的决定》、2011年2月25日第十一届全国人民代表大会常务委员会第十九次会议通过的《中华人民共和国刑法修正案（八）》、2015年8月29日第十二届全国人民代表大会常务委员会第十六次会议通过的《中华人民共和国刑法修正案（九）》、2017年11月4日第十二届全国人民代表大会常务委员会第三十次会议通过的《中华人民共和国刑法修正案（十）》、2020年12月26日第十三届全国人民代表大会常务委员会第二十四次会议通过的《中华人民共和国刑法修正案（十一）》修正

第二编　分　　则

第三章　破坏社会主义市场经济秩序罪

第一节　生产、销售伪劣商品罪

第一百四十条　【生产、销售伪劣产品罪】生产者、销售者在产品中掺杂、掺假，以假充真，以次充好或者以不合格产品冒充合格产品，销售金额五万元以上不满二十万元的，处二年以下有期徒刑或者拘役，并处或者单处销售金额百分之五十以上二倍以下罚金；销售金额二十万元以上不满五十万元的，处二年以上七年以下有期徒刑，并处销售金额百分之五十以上二倍以下罚金；销售金额五十万元以上不满二百万元的，处七年以上有期徒刑，并处销售金额百分之五十以上二倍以下罚金；销售金额二百万元以上的，处十五年有期徒刑或者无期徒刑，并处销售金额百分之五十以上二倍以下罚金或者没收财产。

第一百四十一条　【生产、销售、提供假药罪】生产、销售假药的，处三年以下有期徒刑或者拘役，并处罚金；对人体健康造成严重危害或者有其他严重情节的，处三年以上十年以下有期徒刑，并处罚金；致人死亡或者有其他特别严重情节的，处十年以上有期徒刑、无期徒刑或者死刑，并处罚金或者没收财产。

药品使用单位的人员明知是假药而提供给他人使用的，依照前款的规定处罚。

第一百四十二条　【生产、销售、提供劣药罪】生产、销售劣药，对人体健康造成严重危害的，处三年以上十年以下有期徒刑，并处罚金；后果特别严重的，处十年以上有期徒刑或者无期徒刑，并处罚金或者没收财产。

药品使用单位的人员明知是劣药而提供给他人使用的，依照前款的规定处罚。

第一百四十二条之一　【妨害药品管理罪】违反药品管理法规，有下列情形之一，足以严重危害人体健康的，处三年以下有期徒刑或者拘役，并处或者单处罚金；对人体健康造成严重危害或者有其他严重情节的，处三年以上七年以下有期徒刑，并处罚金：

（一）生产、销售国务院药品监督管理部门禁止使用的药品的；

（二）未取得药品相关批准证明文件生产、进口药品或者明知是上述药品而销售的；

（三）药品申请注册中提供虚假的证明、数据、资料、样品或者采取其他欺骗手段的；

（四）编造生产、检验记录的。

有前款行为，同时又构成本法第一百四十一条、第一百四十二条规定之罪或者其他犯罪的，依照处罚较重的规定定罪处罚。

第一百四十三条　【生产、销售不符合安全标准的食品罪】生产、销售不符合食品安全标准的食品，足以造成严重食物中毒事故或者其他严重食源性疾病的，处三年以下有期徒刑或者拘役，并处罚金；对人体健康造成严重危害或者有其他严重情节的，处三年以上七年以下有期徒刑，并处罚金；后果特别严重的，处七年以上有期徒刑或者无期徒刑，并处罚金或者没收财产。

第一百四十四条　【生产、销售有毒、有害食品罪】在生产、销售的食品中掺入有毒、有害的非食品原料的，或者销售明知掺有有毒、有害的非食品原料的食品的，处五年以下有期徒刑，并处罚金；对人体健康造成严重危害或者有其他严重情节的，处五年以上十年以下有期徒刑，并处罚金；致人死亡或者有其他特别严重情节的，依照本法第一百四十一条的规定处罚。

第一百四十五条　【生产、销售不符合标准的医用器材罪】生产不符合保障人体健康的国家标准、行业标准的医疗器械、医用卫生材料，或者销售明知是不符合保障人体健康的国家标准、行业标准的医疗器械、医用卫生材料，足以严重危害人体健康的，处三年以下有期徒刑或者拘役，并处销售金额百分之五十以上二倍以下罚金；对人体健康造成严重危害的，处三年以上十年以下有期徒刑，并处销售金额百分之五十以上二倍以下罚金；后果特别严重的，处十年以上有期徒刑或者无期徒刑，并处销售金额百分之五十以上二倍以下罚金或者没收财产。

第一百四十六条　【生产、销售不符合安全标准的产品罪】生产不符合保障人身、财产安全的国家标准、行业标准的电器、压力容器、易燃易爆产品或者其他不符合保障人身、财产安全的国家标准、行业标准的产品，或者销售明知是以上不符合保障人身、财产安全的国家标准、行业标准的产品，造成严重后果的，处五年以下有期徒刑，并处销售金额百分之五十以上二倍以下罚金；后果特别严重的，处五年以上有期徒刑，并处销售金额百分之五十以上二倍以下罚金。

第一百四十七条 **【生产、销售伪劣农药、兽药、化肥、种子罪】**生产假农药、假兽药、假化肥，销售明知是假的或者失去使用效能的农药、兽药、化肥、种子，或者生产者、销售者以不合格的农药、兽药、化肥、种子冒充合格的农药、兽药、化肥、种子，使生产遭受较大损失的，处三年以下有期徒刑或者拘役，并处或者单处销售金额百分之五十以上二倍以下罚金；使生产遭受重大损失的，处三年以上七年以下有期徒刑，并处销售金额百分之五十以上二倍以下罚金；使生产遭受特别重大损失的，处七年以上有期徒刑或者无期徒刑，并处销售金额百分之五十以上二倍以下罚金或者没收财产。

第一百四十八条 **【生产、销售不符合卫生标准的化妆品罪】**生产不符合卫生标准的化妆品，或者销售明知是不符合卫生标准的化妆品，造成严重后果的，处三年以下有期徒刑或者拘役，并处或者单处销售金额百分之五十以上二倍以下罚金。

第一百四十九条 **【对生产、销售伪劣商品行为的法条适用】**生产、销售本节第一百四十一条至第一百四十八条所列产品，不构成各该条规定的犯罪，但是销售金额在五万元以上的，依照本节第一百四十条的规定定罪处罚。

生产、销售本节第一百四十一条至第一百四十八条所列产品，构成各该条规定的犯罪，同时又构成本节第一百四十条规定之罪的，依照处罚较重的规定定罪处罚。

第一百五十条 **【单位犯生产、销售伪劣商品罪的处罚规定】**单位犯本节第一百四十条至第一百四十八条规定之罪的，对单位判处罚金，并对其直接负责的主管人员和其他直接责任人员，依照各该条的规定处罚。

第二节 走 私 罪

第一百五十一条 **【走私武器、弹药罪；走私核材料罪；走私假币罪】**走私武器、弹药、核材料或者伪造的货币的，处七年以上有期徒刑，并处罚金或者没收财产；情节特别严重的，处无期徒刑，并处没收财产；情节较轻的，处三年以上七年以下有期徒刑，并处罚金。

【走私文物罪；走私贵重金属罪；走私珍贵动物、珍贵动物制品罪】走私国家禁止出口的文物、黄金、白银和其他贵重金属或者国家禁止进出口的珍贵动物及其制品的，处五年以上十年以下有期徒刑，并处罚金；情节特别严重的，处十年以上有期徒刑或者无期徒刑，并处没收财产；情节较轻的，处五年以下有期徒刑，并处罚金。

【走私国家禁止进出口的货物、物品罪】走私珍稀植物及其制品等国家禁止进出口的其他货物、物品的，处五年以下有期徒刑或者拘役，并处或者单处罚金；情节严重的，处五年以上有期徒刑，并处罚金。

单位犯本条规定之罪的，对单位判处罚金，并对其直接负责的主管人员和其他直接责任人员，依照本条各款的规定处罚。

第一百五十二条 【走私淫秽物品罪】以牟利或者传播为目的，走私淫秽的影片、录像带、录音带、图片、书刊或者其他淫秽物品的，处三年以上十年以下有期徒刑，并处罚金；情节严重的，处十年以上有期徒刑或者无期徒刑，并处罚金或者没收财产；情节较轻的，处三年以下有期徒刑、拘役或者管制，并处罚金。

【走私废物罪】逃避海关监管将境外固体废物、液态废物和气态废物运输进境，情节严重的，处五年以下有期徒刑，并处或者单处罚金；情节特别严重的，处五年以上有期徒刑，并处罚金。

单位犯前两款罪的，对单位判处罚金，并对其直接负责的主管人员和其他直接责任人员，依照前两款的规定处罚。

第一百五十三条 【走私普通货物、物品罪】走私本法第一百五十一条、第一百五十二条、第三百四十七条规定以外的货物、物品的，根据情节轻重，分别依照下列规定处罚：

（一）走私货物、物品偷逃应缴税额较大或者一年内曾因走私被给予二次行政处罚后又走私的，处三年以下有期徒刑或者拘役，并处偷逃应缴税额一倍以上五倍以下罚金。

（二）走私货物、物品偷逃应缴税额巨大或者有其他严重情节的，处三年以上十年以下有期徒刑，并处偷逃应缴税额一倍以上五倍以下罚金。

（三）走私货物、物品偷逃应缴税额特别巨大或者有其他特别严重情节的，处十年以上有期徒刑或者无期徒刑，并处偷逃应缴税额一倍以上五倍以下罚金或者没收财产。

单位犯前款罪的，对单位判处罚金，并对其直接负责的主管人员和其他直接责任人员，处三年以下有期徒刑或者拘役；情节严重的，处三年以上十年以下有期徒刑；情节特别严重的，处十年以上有期徒刑。

对多次走私未经处理的，按照累计走私货物、物品的偷逃应缴税额处罚。

第一百五十四条 【走私普通货物、物品罪】下列走私行为，根据本节规定构成犯罪的，依照本法第一百五十三条的规定定罪处罚：

（一）未经海关许可并且未补缴应缴税额，擅自将批准进口的来料加工、来件装配、补偿贸易的原材料、零件、制成品、设备等保税货物，在境内销售牟利的；

（二）未经海关许可并且未补缴应缴税额，擅自将特定减税、免税进口的货物、物品，在境内销售牟利的。

第一百五十五条　【以走私罪论处的间接走私行为】下列行为，以走私罪论处，依照本节的有关规定处罚：

（一）直接向走私人非法收购国家禁止进口物品的，或者直接向走私人非法收购走私进口的其他货物、物品，数额较大的；

（二）在内海、领海、界河、界湖运输、收购、贩卖国家禁止进出口物品的，或者运输、收购、贩卖国家限制进出口货物、物品，数额较大，没有合法证明的。

第一百五十六条　【走私共犯】与走私罪犯通谋，为其提供贷款、资金、帐号、发票、证明，或者为其提供运输、保管、邮寄或者其他方便的，以走私罪的共犯论处。

第一百五十七条　【武装掩护走私、抗拒缉私的处罚规定】武装掩护走私的，依照本法第一百五十一条第一款的规定从重处罚。

以暴力、威胁方法抗拒缉私的，以走私罪和本法第二百七十七条规定的阻碍国家机关工作人员依法执行职务罪，依照数罪并罚的规定处罚。

第三节　妨害对公司、企业的管理秩序罪

第一百五十八条　【虚报注册资本罪】申请公司登记使用虚假证明文件或者采取其他欺诈手段虚报注册资本，欺骗公司登记主管部门，取得公司登记，虚报注册资本数额巨大、后果严重或者有其他严重情节的，处三年以下有期徒刑或者拘役，并处或者单处虚报注册资本金额百分之一以上百分之五以下罚金。

单位犯前款罪的，对单位判处罚金，并对其直接负责的主管人员和其他直接责任人员，处三年以下有期徒刑或者拘役。

第一百五十九条　【虚假出资、抽逃出资罪】公司发起人、股东违反公司法的规定未交付货币、实物或者未转移财产权，虚假出资，或者在公司成立后又抽逃其出资，数额巨大、后果严重或者有其他严重情节的，处五年以下有期徒刑或者拘役，并处或者单处虚假出资金额或者抽逃出资金额百分之二以上百分之十以下罚金。

单位犯前款罪的，对单位判处罚金，并对其直接负责的主管人员和其他直接责任人员，处五年以下有期徒刑或者拘役。

第一百六十条　【欺诈发行证券罪】在招股说明书、认股书、公司、企业债券募集办法等发行文件中隐瞒重要事实或者编造重大虚假内容，发行股票或者公司、企业债券、存托凭证或者国务院依法认定的其他证券，数额巨大、后果严重或者有其他严重情节的，处五年以下有期徒刑或者拘役，并处或者单处罚金；数额特别巨大、后果特别严重或者有其他特别严重情节的，处五年以上有期徒刑，并处罚金。

控股股东、实际控制人组织、指使实施前款行为的，处五年以下有期徒刑或者拘役，并处或者单处非法募集资金金额百分之二十以上一倍以下罚金；数额特别巨大、后果特别严重或者有其他特别严重情节的，处五年以上有期徒刑，并处非法募集资金金额百分之二十以上一倍以下罚金。

单位犯前两款罪的，对单位判处非法募集资金金额百分之二十以上一倍以下罚金，并对其直接负责的主管人员和其他直接责任人员，依照第一款的规定处罚。

第一百六十一条　【违规披露、不披露重要信息罪】依法负有信息披露义务的公司、企业向股东和社会公众提供虚假的或者隐瞒重要事实的财务会计报告，或者对依法应当披露的其他重要信息不按照规定披露，严重损害股东或者其他人利益，或者有其他严重情节的，对其直接负责的主管人员和其他直接责任人员，处五年以下有期徒刑或者拘役，并处或者单处罚金；情节特别严重的，处五年以上十年以下有期徒刑，并处罚金。

前款规定的公司、企业的控股股东、实际控制人实施或者组织、指使实施前款行为的，或者隐瞒相关事项导致前款规定的情形发生的，依照前款的规定处罚。

犯前款罪的控股股东、实际控制人是单位的，对单位判处罚金，并对其直接负责的主管人员和其他直接责任人员，依照第一款的规定处罚。

第一百六十二条　【妨害清算罪】公司、企业进行清算时，隐匿财产，对资产负债表或者财产清单作虚伪记载或者在未清偿债务前分配公司、企业财产，严重损害债权人或者其他人利益的，对其直接负责的主管人员和其他直接责任人员，处五年以下有期徒刑或者拘役，并处或者单处二万元以上二十万元以下罚金。

第一百六十二条之一　【隐匿、故意销毁会计凭证、会计账簿、财务会计报告罪】隐匿或者故意销毁依法应当保存的会计凭证、会计帐簿、财务会计报告，情节严重的，处五年以下有期徒刑或者拘役，并处或者单处二万元以上二十万元以下罚金。

单位犯前款罪的，对单位判处罚金，并对其直接负责的主管人员和其他直接责任人员，依照前款的规定处罚。

第一百六十二条之二 **【虚假破产罪】**公司、企业通过隐匿财产、承担虚构的债务或者以其他方法转移、处分财产，实施虚假破产，严重损害债权人或者其他人利益的，对其直接负责的主管人员和其他直接责任人员，处五年以下有期徒刑或者拘役，并处或者单处二万元以上二十万元以下罚金。

第一百六十三条 **【非国家工作人员受贿罪】**公司、企业或者其他单位的工作人员，利用职务上的便利，索取他人财物或者非法收受他人财物，为他人谋取利益，数额较大的，处三年以下有期徒刑或者拘役，并处罚金；数额巨大或者有其他严重情节的，处三年以上十年以下有期徒刑，并处罚金；数额特别巨大或者有其他特别严重情节的，处十年以上有期徒刑或者无期徒刑，并处罚金。

公司、企业或者其他单位的工作人员在经济往来中，利用职务上的便利，违反国家规定，收受各种名义的回扣、手续费，归个人所有的，依照前款的规定处罚。

国有公司、企业或者其他国有单位中从事公务的人员和国有公司、企业或者其他国有单位委派到非国有公司、企业以及其他单位从事公务的人员有前两款行为的，依照本法第三百八十五条、第三百八十六条的规定定罪处罚。

第一百六十四条 **【对非国家工作人员行贿罪】**为谋取不正当利益，给予公司、企业或者其他单位的工作人员以财物，数额较大的，处三年以下有期徒刑或者拘役，并处罚金；数额巨大的，处三年以上十年以下有期徒刑，并处罚金。

【对外国公职人员、国际公共组织官员行贿罪】为谋取不正当商业利益，给予外国公职人员或者国际公共组织官员以财物的，依照前款的规定处罚。

单位犯前两款罪的，对单位判处罚金，并对其直接负责的主管人员和其他直接责任人员，依照第一款的规定处罚。

行贿人在被追诉前主动交待行贿行为的，可以减轻处罚或者免除处罚。

第一百六十五条 **【非法经营同类营业罪】**国有公司、企业的董事、经理利用职务便利，自己经营或者为他人经营与其所任职公司、企业同类的营业，获取非法利益，数额巨大的，处三年以下有期徒刑或者拘役，并处或者单处罚金；数额特别巨大的，处三年以上七年以下有期徒刑，并处罚金。

第一百六十六条 **【为亲友非法牟利罪】**国有公司、企业、事业单位的工作人员，利用职务便利，有下列情形之一，使国家利益遭受重大损失的，处三年以下有期徒刑或者拘役，并处或者单处罚金；致使国家利益遭受特别重大损失的，处三年以上七年以下有期徒刑，并处罚金：

（一）将本单位的盈利业务交由自己的亲友进行经营的；

（二）以明显高于市场的价格向自己的亲友经营管理的单位采购商品或者以明显低于市场的价格向自己的亲友经营管理的单位销售商品的；

（三）向自己的亲友经营管理的单位采购不合格商品的。

第一百六十七条　【签订、履行合同失职被骗罪】国有公司、企业、事业单位直接负责的主管人员，在签订、履行合同过程中，因严重不负责任被诈骗，致使国家利益遭受重大损失的，处三年以下有期徒刑或者拘役；致使国家利益遭受特别重大损失的，处三年以上七年以下有期徒刑。

第一百六十八条　【国有公司、企业、事业单位人员失职罪；国有公司、企业、事业单位人员滥用职权罪】国有公司、企业的工作人员，由于严重不负责任或者滥用职权，造成国有公司、企业破产或者严重损失，致使国家利益遭受重大损失的，处三年以下有期徒刑或者拘役；致使国家利益遭受特别重大损失的，处三年以上七年以下有期徒刑。

国有事业单位的工作人员有前款行为，致使国家利益遭受重大损失的，依照前款的规定处罚。

国有公司、企业、事业单位的工作人员，徇私舞弊，犯前两款罪的，依照第一款的规定从重处罚。

第一百六十九条　【徇私舞弊低价折股、出售国有资产罪】国有公司、企业或者其上级主管部门直接负责的主管人员，徇私舞弊，将国有资产低价折股或者低价出售，致使国家利益遭受重大损失的，处三年以下有期徒刑或者拘役；致使国家利益遭受特别重大损失的，处三年以上七年以下有期徒刑。

第一百六十九条之一　【背信损害上市公司利益罪】上市公司的董事、监事、高级管理人员违背对公司的忠实义务，利用职务便利，操纵上市公司从事下列行为之一，致使上市公司利益遭受重大损失的，处三年以下有期徒刑或者拘役，并处或者单处罚金；致使上市公司利益遭受特别重大损失的，处三年以上七年以下有期徒刑，并处罚金：

（一）无偿向其他单位或者个人提供资金、商品、服务或者其他资产的；

（二）以明显不公平的条件，提供或者接受资金、商品、服务或者其他资产的；

（三）向明显不具有清偿能力的单位或者个人提供资金、商品、服务或者其他资产的；

（四）为明显不具有清偿能力的单位或者个人提供担保，或者无正当理由为其他单位或者个人提供担保的；

（五）无正当理由放弃债权、承担债务的；

（六）采用其他方式损害上市公司利益的。

上市公司的控股股东或者实际控制人，指使上市公司董事、监事、高级管理人员实施前款行为的，依照前款的规定处罚。

犯前款罪的上市公司的控股股东或者实际控制人是单位的，对单位判处罚金，并对其直接负责的主管人员和其他直接责任人员，依照第一款的规定处罚。

第四节　破坏金融管理秩序罪

第一百七十条　【伪造货币罪】伪造货币的，处三年以上十年以下有期徒刑，并处罚金；有下列情形之一的，处十年以上有期徒刑或者无期徒刑，并处罚金或者没收财产：

（一）伪造货币集团的首要分子；

（二）伪造货币数额特别巨大的；

（三）有其他特别严重情节的。

第一百七十一条　【出售、购买、运输假币罪】出售、购买伪造的货币或者明知是伪造的货币而运输，数额较大的，处三年以下有期徒刑或者拘役，并处二万元以上二十万元以下罚金；数额巨大的，处三年以上十年以下有期徒刑，并处五万元以上五十万元以下罚金；数额特别巨大的，处十年以上有期徒刑或者无期徒刑，并处五万元以上五十万元以下罚金或者没收财产。

【金融工作人员购买假币、以假币换取货币罪】银行或者其他金融机构的工作人员购买伪造的货币或者利用职务上的便利，以伪造的货币换取货币的，处三年以上十年以下有期徒刑，并处二万元以上二十万元以下罚金；数额巨大或者有其他严重情节的，处十年以上有期徒刑或者无期徒刑，并处二万元以上二十万元以下罚金或者没收财产；情节较轻的，处三年以下有期徒刑或者拘役，并处或者单处一万元以上十万元以下罚金。

伪造货币并出售或者运输伪造的货币的，依照本法第一百七十条的规定定罪从重处罚。

第一百七十二条　【持有、使用假币罪】明知是伪造的货币而持有、使用，数额较大的，处三年以下有期徒刑或者拘役，并处或者单处一万元以上十万元以下罚金；数额巨大的，处三年以上十年以下有期徒刑，并处二万元以上二十万元以下罚金；数额特别巨大的，处十年以上有期徒刑，并处五万元以上五十万元以下罚金或者没收财产。

第一百七十三条 **【变造货币罪】**变造货币，数额较大的，处三年以下有期徒刑或者拘役，并处或者单处一万元以上十万元以下罚金；数额巨大的，处三年以上十年以下有期徒刑，并处二万元以上二十万元以下罚金。

第一百七十四条 **【擅自设立金融机构罪】**未经国家有关主管部门批准，擅自设立商业银行、证券交易所、期货交易所、证券公司、期货经纪公司、保险公司或者其他金融机构的，处三年以下有期徒刑或者拘役，并处或者单处二万元以上二十万元以下罚金；情节严重的，处三年以上十年以下有期徒刑，并处五万元以上五十万元以下罚金。

【伪造、变造、转让金融机构经营许可证、批准文件罪】伪造、变造、转让商业银行、证券交易所、期货交易所、证券公司、期货经纪公司、保险公司或者其他金融机构的经营许可证或者批准文件的，依照前款的规定处罚。

单位犯前两款罪的，对单位判处罚金，并对其直接负责的主管人员和其他直接责任人员，依照第一款的规定处罚。

第一百七十五条 **【高利转贷罪】**以转贷牟利为目的，套取金融机构信贷资金高利转贷他人，违法所得数额较大的，处三年以下有期徒刑或者拘役，并处违法所得一倍以上五倍以下罚金；数额巨大的，处三年以上七年以下有期徒刑，并处违法所得一倍以上五倍以下罚金。

单位犯前款罪的，对单位判处罚金，并对其直接负责的主管人员和其他直接责任人员，处三年以下有期徒刑或者拘役。

第一百七十五条之一 **【骗取贷款、票据承兑、金融票证罪】**以欺骗手段取得银行或者其他金融机构贷款、票据承兑、信用证、保函等，给银行或者其他金融机构造成重大损失的，处三年以下有期徒刑或者拘役，并处或者单处罚金；给银行或者其他金融机构造成特别重大损失或者有其他特别严重情节的，处三年以上七年以下有期徒刑，并处罚金。

单位犯前款罪的，对单位判处罚金，并对其直接负责的主管人员和其他直接责任人员，依照前款的规定处罚。

第一百七十六条 **【非法吸收公众存款罪】**非法吸收公众存款或者变相吸收公众存款，扰乱金融秩序的，处三年以下有期徒刑或者拘役，并处或者单处罚金；数额巨大或者有其他严重情节的，处三年以上十年以下有期徒刑，并处罚金；数额特别巨大或者有其他特别严重情节的，处十年以上有期徒刑，并处罚金。

单位犯前款罪的，对单位判处罚金，并对其直接负责的主管人员和其他直接责任人员，依照前款的规定处罚。

有前两款行为，在提起公诉前积极退赃退赔，减少损害结果发生的，可以从轻或者减轻处罚。

第一百七十七条　【伪造、变造金融票证罪】有下列情形之一，伪造、变造金融票证的，处五年以下有期徒刑或者拘役，并处或者单处二万元以上二十万元以下罚金；情节严重的，处五年以上十年以下有期徒刑，并处五万元以上五十万元以下罚金；情节特别严重的，处十年以上有期徒刑或者无期徒刑，并处五万元以上五十万元以下罚金或者没收财产：

（一）伪造、变造汇票、本票、支票的；

（二）伪造、变造委托收款凭证、汇款凭证、银行存单等其他银行结算凭证的；

（三）伪造、变造信用证或者附随的单据、文件的；

（四）伪造信用卡的。

单位犯前款罪的，对单位判处罚金，并对其直接负责的主管人员和其他直接责任人员，依照前款的规定处罚。

第一百七十七条之一　【妨害信用卡管理罪】有下列情形之一，妨害信用卡管理的，处三年以下有期徒刑或者拘役，并处或者单处一万元以上十万元以下罚金；数量巨大或者有其他严重情节的，处三年以上十年以下有期徒刑，并处二万元以上二十万元以下罚金：

（一）明知是伪造的信用卡而持有、运输的，或者明知是伪造的空白信用卡而持有、运输，数量较大的；

（二）非法持有他人信用卡，数量较大的；

（三）使用虚假的身份证明骗领信用卡的；

（四）出售、购买、为他人提供伪造的信用卡或者以虚假的身份证明骗领的信用卡的。

【窃取、收买、非法提供信用卡信息罪】窃取、收买或者非法提供他人信用卡信息资料的，依照前款规定处罚。

银行或者其他金融机构的工作人员利用职务上的便利，犯第二款罪的，从重处罚。

第一百七十八条　【伪造、变造国家有价证券罪】伪造、变造国库券或者国家发行的其他有价证券，数额较大的，处三年以下有期徒刑或者拘役，并处或者单处二万元以上二十万元以下罚金；数额巨大的，处三年以上十年以下有期徒刑，并处五万元以上五十万元以下罚金；数额特别巨大的，处十年以上有期徒刑或者无期徒刑，并处五万元以上五十万元以下罚金或者没收财产。

【伪造、变造股票、公司、企业债券罪】伪造、变造股票或者公司、企业债券，数额较大的，处三年以下有期徒刑或者拘役，并处或者单处一万元以上十万元以下罚金；数额巨大的，处三年以上十年以下有期徒刑，并处二万元以上二十万元以下罚金。

单位犯前两款罪的，对单位判处罚金，并对其直接负责的主管人员和其他直接责任人员，依照前两款的规定处罚。

第一百七十九条　【擅自发行股票、公司、企业债券罪】未经国家有关主管部门批准，擅自发行股票或者公司、企业债券，数额巨大、后果严重或者有其他严重情节的，处五年以下有期徒刑或者拘役，并处或者单处非法募集资金金额百分之一以上百分之五以下罚金。

单位犯前款罪的，对单位判处罚金，并对其直接负责的主管人员和其他直接责任人员，处五年以下有期徒刑或者拘役。

第一百八十条　【内幕交易、泄露内幕信息罪】证券、期货交易内幕信息的知情人员或者非法获取证券、期货交易内幕信息的人员，在涉及证券的发行，证券、期货交易或者其他对证券、期货交易价格有重大影响的信息尚未公开前，买入或者卖出该证券，或者从事与该内幕信息有关的期货交易，或者泄露该信息，或者明示、暗示他人从事上述交易活动，情节严重的，处五年以下有期徒刑或者拘役，并处或者单处违法所得一倍以上五倍以下罚金；情节特别严重的，处五年以上十年以下有期徒刑，并处违法所得一倍以上五倍以下罚金。

单位犯前款罪的，对单位判处罚金，并对其直接负责的主管人员和其他直接责任人员，处五年以下有期徒刑或者拘役。

内幕信息、知情人员的范围，依照法律、行政法规的规定确定。

【利用未公开信息交易罪】证券交易所、期货交易所、证券公司、期货经纪公司、基金管理公司、商业银行、保险公司等金融机构的从业人员以及有关监管部门或者行业协会的工作人员，利用因职务便利获取的内幕信息以外的其他未公开的信息，违反规定，从事与该信息相关的证券、期货交易活动，或者明示、暗示他人从事相关交易活动，情节严重的，依照第一款的规定处罚。

第一百八十一条　【编造并传播证券、期货交易虚假信息罪】编造并且传播影响证券、期货交易的虚假信息，扰乱证券、期货交易市场，造成严重后果的，处五年以下有期徒刑或者拘役，并处或者单处一万元以上十万元以下罚金。

【诱骗投资者买卖证券、期货合约罪】证券交易所、期货交易所、证券公司、期货经纪公司的从业人员，证券业协会、期货业协会或者证券期货监督管理部门的工作人员，故意提供虚假信息或者伪造、变造、销毁交易记录，诱骗投资者买卖证券、期货合约，造成严重后果的，处五年以下有期徒刑或者拘役，并处或者单处一万元以上十万元以下罚金；情节特别恶劣的，处五年以上十年以下有期徒刑，并处二万元以上二十万元以下罚金。

单位犯前两款罪的，对单位判处罚金，并对其直接负责的主管人员和其他直接责任人员，处五年以下有期徒刑或者拘役。

第一百八十二条　【操纵证券、期货市场罪】有下列情形之一，操纵证券、期货市场，影响证券、期货交易价格或者证券、期货交易量，情节严重的，处五年以下有期徒刑或者拘役，并处或者单处罚金；情节特别严重的，处五年以上十年以下有期徒刑，并处罚金：

（一）单独或者合谋，集中资金优势、持股或者持仓优势或者利用信息优势联合或者连续买卖的；

（二）与他人串通，以事先约定的时间、价格和方式相互进行证券、期货交易的；

（三）在自己实际控制的帐户之间进行证券交易，或者以自己为交易对象，自买自卖期货合约的；

（四）不以成交为目的，频繁或者大量申报买入、卖出证券、期货合约并撤销申报的；

（五）利用虚假或者不确定的重大信息，诱导投资者进行证券、期货交易的；

（六）对证券、证券发行人、期货交易标的公开作出评价、预测或者投资建议，同时进行反向证券交易或者相关期货交易的；

（七）以其他方法操纵证券、期货市场的。

单位犯前款罪的，对单位判处罚金，并对其直接负责的主管人员和其他直接责任人员，依照前款的规定处罚。

第一百八十三条　【保险公司工作人员虚假理赔的犯罪及处罚】保险公司的工作人员利用职务上的便利，故意编造未曾发生的保险事故进行虚假理赔，骗取保险金归自己所有的，依照本法第二百七十一条的规定定罪处罚。

国有保险公司工作人员和国有保险公司委派到非国有保险公司从事公务的人员有前款行为的，依照本法第三百八十二条、第三百八十三条的规定定罪处罚。

第一百八十四条 【非国家工作人员受贿罪】银行或者其他金融机构的工作人员在金融业务活动中索取他人财物或者非法收受他人财物，为他人谋取利益的，或者违反国家规定，收受各种名义的回扣、手续费，归个人所有的，依照本法第一百六十三条的规定定罪处罚。

【受贿罪】国有金融机构工作人员和国有金融机构委派到非国有金融机构从事公务的人员有前款行为的，依照本法第三百八十五条、第三百八十六条的规定定罪处罚。

第一百八十五条 【挪用资金罪】商业银行、证券交易所、期货交易所、证券公司、期货经纪公司、保险公司或者其他金融机构的工作人员利用职务上的便利，挪用本单位或者客户资金的，依照本法第二百七十二条的规定定罪处罚。

【挪用公款罪】国有商业银行、证券交易所、期货交易所、证券公司、期货经纪公司、保险公司或者其他国有金融机构的工作人员和国有商业银行、证券交易所、期货交易所、证券公司、期货经纪公司、保险公司或者其他国有金融机构委派到前款规定中的非国有机构从事公务的人员有前款行为的，依照本法第三百八十四条的规定定罪处罚。

第一百八十五条之一 【背信运用受托财产罪】商业银行、证券交易所、期货交易所、证券公司、期货经纪公司、保险公司或者其他金融机构，违背受托义务，擅自运用客户资金或者其他委托、信托的财产，情节严重的，对单位判处罚金，并对其直接负责的主管人员和其他直接责任人员，处三年以下有期徒刑或者拘役，并处三万元以上三十万元以下罚金；情节特别严重的，处三年以上十年以下有期徒刑，并处五万元以上五十万元以下罚金。

【违法运用资金罪】社会保障基金管理机构、住房公积金管理机构等公众资金管理机构，以及保险公司、保险资产管理公司、证券投资基金管理公司，违反国家规定运用资金的，对其直接负责的主管人员和其他直接责任人员，依照前款的规定处罚。

第一百八十六条 【违法发放贷款罪】银行或者其他金融机构的工作人员违反国家规定发放贷款，数额巨大或者造成重大损失的，处五年以下有期徒刑或者拘役，并处一万元以上十万元以下罚金；数额特别巨大或者造成特别重大损失的，处五年以上有期徒刑，并处二万元以上二十万元以下罚金。

银行或者其他金融机构的工作人员违反国家规定，向关系人发放贷款的，依照前款的规定从重处罚。

单位犯前两款罪的，对单位判处罚金，并对其直接负责的主管人员和其他直接责任人员，依照前两款的规定处罚。

关系人的范围，依照《中华人民共和国商业银行法》和有关金融法规确定。

第一百八十七条　【吸收客户资金不入账罪】银行或者其他金融机构的工作人员吸收客户资金不入帐，数额巨大或者造成重大损失的，处五年以下有期徒刑或者拘役，并处二万元以上二十万元以下罚金；数额特别巨大或者造成特别重大损失的，处五年以上有期徒刑，并处五万元以上五十万元以下罚金。

单位犯前款罪的，对单位判处罚金，并对其直接负责的主管人员和其他直接责任人员，依照前款的规定处罚。

第一百八十八条　【违规出具金融票证罪】银行或者其他金融机构的工作人员违反规定，为他人出具信用证或者其他保函、票据、存单、资信证明，情节严重的，处五年以下有期徒刑或者拘役；情节特别严重的，处五年以上有期徒刑。

单位犯前款罪的，对单位判处罚金，并对其直接负责的主管人员和其他直接责任人员，依照前款的规定处罚。

第一百八十九条　【对违法票据承兑、付款、保证罪】银行或者其他金融机构的工作人员在票据业务中，对违反票据法规定的票据予以承兑、付款或者保证，造成重大损失的，处五年以下有期徒刑或者拘役；造成特别重大损失的，处五年以上有期徒刑。

单位犯前款罪的，对单位判处罚金，并对其直接负责的主管人员和其他直接责任人员，依照前款的规定处罚。

第一百九十条　【逃汇罪】公司、企业或者其他单位，违反国家规定，擅自将外汇存放境外，或者将境内的外汇非法转移到境外，数额较大的，对单位判处逃汇数额百分之五以上百分之三十以下罚金，并对其直接负责的主管人员和其他直接责任人员，处五年以下有期徒刑或者拘役；数额巨大或者有其他严重情节的，对单位判处逃汇数额百分之五以上百分之三十以下罚金，并对其直接负责的主管人员和其他直接责任人员，处五年以上有期徒刑。

第一百九十一条　【洗钱罪】为掩饰、隐瞒毒品犯罪、黑社会性质的组织犯罪、恐怖活动犯罪、走私犯罪、贪污贿赂犯罪、破坏金融管理秩序犯罪、金融诈骗犯罪的所得及其产生的收益的来源和性质，有下列行为之一的，没收实施以上犯罪的所得及其产生的收益，处五年以下有期徒刑或者拘役，并处或者单处罚金；情节严重的，处五年以上十年以下有期徒刑，并处罚金：

（一）提供资金帐户的；

（二）将财产转换为现金、金融票据、有价证券的；

（三）通过转帐或者其他支付结算方式转移资金的；

（四）跨境转移资产的；

（五）以其他方法掩饰、隐瞒犯罪所得及其收益的来源和性质的。

单位犯前款罪的，对单位判处罚金，并对其直接负责的主管人员和其他直接责任人员，依照前款的规定处罚。

第五节 金融诈骗罪

第一百九十二条 **【集资诈骗罪】**以非法占有为目的，使用诈骗方法非法集资，数额较大的，处三年以上七年以下有期徒刑，并处罚金；数额巨大或者有其他严重情节的，处七年以上有期徒刑或者无期徒刑，并处罚金或者没收财产。

单位犯前款罪的，对单位判处罚金，并对其直接负责的主管人员和其他直接责任人员，依照前款的规定处罚。

第一百九十三条 **【贷款诈骗罪】**有下列情形之一，以非法占有为目的，诈骗银行或者其他金融机构的贷款，数额较大的，处五年以下有期徒刑或者拘役，并处二万元以上二十万元以下罚金；数额巨大或者有其他严重情节的，处五年以上十年以下有期徒刑，并处五万元以上五十万元以下罚金；数额特别巨大或者有其他特别严重情节的，处十年以上有期徒刑或者无期徒刑，并处五万元以上五十万元以下罚金或者没收财产：

（一）编造引进资金、项目等虚假理由的；

（二）使用虚假的经济合同的；

（三）使用虚假的证明文件的；

（四）使用虚假的产权证明作担保或者超出抵押物价值重复担保的；

（五）以其他方法诈骗贷款的。

第一百九十四条 **【票据诈骗罪】**有下列情形之一，进行金融票据诈骗活动，数额较大的，处五年以下有期徒刑或者拘役，并处二万元以上二十万元以下罚金；数额巨大或者有其他严重情节的，处五年以上十年以下有期徒刑，并处五万元以上五十万元以下罚金；数额特别巨大或者有其他特别严重情节的，处十年以上有期徒刑或者无期徒刑，并处五万元以上五十万元以下罚金或者没收财产：

（一）明知是伪造、变造的汇票、本票、支票而使用的；

（二）明知是作废的汇票、本票、支票而使用的；

（三）冒用他人的汇票、本票、支票的；

（四）签发空头支票或者与其预留印鉴不符的支票，骗取财物的；

（五）汇票、本票的出票人签发无资金保证的汇票、本票或者在出票时作虚假记载，骗取财物的。

【金融凭证诈骗罪】使用伪造、变造的委托收款凭证、汇款凭证、银行存单等其他银行结算凭证的，依照前款的规定处罚。

第一百九十五条　【信用证诈骗罪】有下列情形之一，进行信用证诈骗活动的，处五年以下有期徒刑或者拘役，并处二万元以上二十万元以下罚金；数额巨大或者有其他严重情节的，处五年以上十年以下有期徒刑，并处五万元以上五十万元以下罚金；数额特别巨大或者有其他特别严重情节的，处十年以上有期徒刑或者无期徒刑，并处五万元以上五十万元以下罚金或者没收财产：

（一）使用伪造、变造的信用证或者附随的单据、文件的；

（二）使用作废的信用证的；

（三）骗取信用证的；

（四）以其他方法进行信用证诈骗活动的。

第一百九十六条　【信用卡诈骗罪】有下列情形之一，进行信用卡诈骗活动，数额较大的，处五年以下有期徒刑或者拘役，并处二万元以上二十万元以下罚金；数额巨大或者有其他严重情节的，处五年以上十年以下有期徒刑，并处五万元以上五十万元以下罚金；数额特别巨大或者有其他特别严重情节的，处十年以上有期徒刑或者无期徒刑，并处五万元以上五十万元以下罚金或者没收财产：

（一）使用伪造的信用卡，或者使用以虚假的身份证明骗领的信用卡的；

（二）使用作废的信用卡的；

（三）冒用他人信用卡的；

（四）恶意透支的。

前款所称恶意透支，是指持卡人以非法占有为目的，超过规定限额或者规定期限透支，并且经发卡银行催收后仍不归还的行为。

【盗窃罪】盗窃信用卡并使用的，依照本法第二百六十四条的规定定罪处罚。

第一百九十七条　【有价证券诈骗罪】使用伪造、变造的国库券或者国家发行的其他有价证券，进行诈骗活动，数额较大的，处五年以下有期徒刑或者拘役，并处二万元以上二十万元以下罚金；数额巨大或者有其他严重情节的，处五年以上十年以下有期徒刑，并处五万元以上五十万元以下罚金；数额特别巨大或者有其他特别严重情节的，处十年以上有期徒刑或者无期徒刑，并处五万元以上五十万元以下罚金或者没收财产。

第一百九十八条　【保险诈骗罪】有下列情形之一，进行保险诈骗活动，数额较大的，处五年以下有期徒刑或者拘役，并处一万元以上十万元以下罚金；数额巨大或者有其他严重情节的，处五年以上十年以下有期徒刑，并处二万元以上二十万元以下罚金；数额特别巨大或者有其他特别严重情节的，处十年以上有期徒刑，并处二万元以上二十万元以下罚金或者没收财产：

（一）投保人故意虚构保险标的，骗取保险金的；

（二）投保人、被保险人或者受益人对发生的保险事故编造虚假的原因或者夸大损失的程度，骗取保险金的；

（三）投保人、被保险人或者受益人编造未曾发生的保险事故，骗取保险金的；

（四）投保人、被保险人故意造成财产损失的保险事故，骗取保险金的；

（五）投保人、受益人故意造成被保险人死亡、伤残或者疾病，骗取保险金的。

有前款第四项、第五项所列行为，同时构成其他犯罪的，依照数罪并罚的规定处罚。

单位犯第一款罪的，对单位判处罚金，并对其直接负责的主管人员和其他直接责任人员，处五年以下有期徒刑或者拘役；数额巨大或者有其他严重情节的，处五年以上十年以下有期徒刑；数额特别巨大或者有其他特别严重情节的，处十年以上有期徒刑。

保险事故的鉴定人、证明人、财产评估人故意提供虚假的证明文件，为他人诈骗提供条件的，以保险诈骗的共犯论处。

第一百九十九条[①]　**【金融诈骗罪适用死刑和没收财产的规定】**犯本节第一百九十二条规定之罪，数额特别巨大并且给国家和人民利益造成特别重大损失的，处无期徒刑或者死刑，并处没收财产。

第二百条　【单位犯金融诈骗罪的处罚规定】单位犯本节第一百九十四条、第一百九十五条规定之罪的，对单位判处罚金，并对其直接负责的主管人员和其他直接责任人员，处五年以下有期徒刑或者拘役，可以并处罚金；数额巨大或者有其他严重情节的，处五年以上十年以下有期徒刑，并处罚金；数额

① 本条根据2015年8月29日《刑法修正案（九）》删除。

特别巨大或者有其他特别严重情节的，处十年以上有期徒刑或者无期徒刑，并处罚金。

第六节 危害税收征管罪

第二百零一条 **【逃税罪】**纳税人采取欺骗、隐瞒手段进行虚假纳税申报或者不申报，逃避缴纳税款数额较大并且占应纳税额百分之十以上的，处三年以下有期徒刑或者拘役，并处罚金；数额巨大并且占应纳税额百分之三十以上的，处三年以上七年以下有期徒刑，并处罚金。

扣缴义务人采取前款所列手段，不缴或者少缴已扣、已收税款，数额较大的，依照前款的规定处罚。

对多次实施前两款行为，未经处理的，按照累计数额计算。

有第一款行为，经税务机关依法下达追缴通知后，补缴应纳税款，缴纳滞纳金，已受行政处罚的，不予追究刑事责任；但是，五年内因逃避缴纳税款受过刑事处罚或者被税务机关给予二次以上行政处罚的除外。

第二百零二条 **【抗税罪】**以暴力、威胁方法拒不缴纳税款的，处三年以下有期徒刑或者拘役，并处拒缴税款一倍以上五倍以下罚金；情节严重的，处三年以上七年以下有期徒刑，并处拒缴税款一倍以上五倍以下罚金。

第二百零三条 **【逃避追缴欠税罪】**纳税人欠缴应纳税款，采取转移或者隐匿财产的手段，致使税务机关无法追缴欠缴的税款，数额在一万元以上不满十万元的，处三年以下有期徒刑或者拘役，并处或者单处欠缴税款一倍以上五倍以下罚金；数额在十万元以上的，处三年以上七年以下有期徒刑，并处欠缴税款一倍以上五倍以下罚金。

第二百零四条 **【骗取出口退税罪】**以假报出口或者其他欺骗手段，骗取国家出口退税款，数额较大的，处五年以下有期徒刑或者拘役，并处骗取税款一倍以上五倍以下罚金；数额巨大或者有其他严重情节的，处五年以上十年以下有期徒刑，并处骗取税款一倍以上五倍以下罚金；数额特别巨大或者有其他特别严重情节的，处十年以上有期徒刑或者无期徒刑，并处骗取税款一倍以上五倍以下罚金或者没收财产。

【逃税罪】纳税人缴纳税款后，采取前款规定的欺骗方法，骗取所缴纳的税款的，依照本法第二百零一条的规定定罪处罚；骗取税款超过所缴纳的税款部分，依照前款的规定处罚。

第二百零五条 **【虚开增值税专用发票、用于骗取出口退税、抵扣税款发票罪】**虚开增值税专用发票或者虚开用于骗取出口退税、抵扣税款的其他发票的，处三年以下有期徒刑或者拘役，并处二万元以上二十万元以下罚金；虚开的税款数额较大或者有其他严重情节的，处三年以上十年以下有期徒刑，并处五万元以上五十万元以下罚金；虚开的税款数额巨大或者有其他特别严重情节的，处十年以上有期徒刑或者无期徒刑，并处五万元以上五十万元以下罚金或者没收财产。

有前款行为骗取国家税款，数额特别巨大，情节特别严重，给国家利益造成特别重大损失的，处无期徒刑或者死刑，并处没收财产。[①]

单位犯本条规定之罪的，对单位判处罚金，并对其直接负责的主管人员和其他直接责任人员，处三年以下有期徒刑或者拘役；虚开的税款数额较大或者有其他严重情节的，处三年以上十年以下有期徒刑；虚开的税款数额巨大或者有其他特别严重情节的，处十年以上有期徒刑或者无期徒刑。

虚开增值税专用发票或者虚开用于骗取出口退税、抵扣税款的其他发票，是指有为他人虚开、为自己虚开、让他人为自己虚开、介绍他人虚开行为之一的。

第二百零五条之一　【虚开发票罪】虚开本法第二百零五条规定以外的其他发票，情节严重的，处二年以下有期徒刑、拘役或者管制，并处罚金；情节特别严重的，处二年以上七年以下有期徒刑，并处罚金。

单位犯前款罪的，对单位判处罚金，并对其直接负责的主管人员和其他直接责任人员，依照前款的规定处罚。

第二百零六条　【伪造、出售伪造的增值税专用发票罪】伪造或者出售伪造的增值税专用发票的，处三年以下有期徒刑、拘役或者管制，并处二万元以上二十万元以下罚金；数量较大或者有其他严重情节的，处三年以上十年以下有期徒刑，并处五万元以上五十万元以下罚金；数量巨大或者有其他特别严重情节的，处十年以上有期徒刑或者无期徒刑，并处五万元以上五十万元以下罚金或者没收财产。

伪造并出售伪造的增值税专用发票，数量特别巨大，情节特别严重，严重破坏经济秩序的，处无期徒刑或者死刑，并处没收财产。[②]

单位犯本条规定之罪的，对单位判处罚金，并对其直接负责的主管人员和其他直接责任人员，处三年以下有期徒刑、拘役或者管制；数量较大或者有其他严重情节的，处三年以上十年以下有期徒刑；数量巨大或者有其他特

① 本款根据2011年2月25日《刑法修正案（八）》删除。
② 本款根据2011年2月25日《刑法修正案（八）》删除。

别严重情节的，处十年以上有期徒刑或者无期徒刑。

第二百零七条 **【非法出售增值税专用发票罪】**非法出售增值税专用发票的，处三年以下有期徒刑、拘役或者管制，并处二万元以上二十万元以下罚金；数量较大的，处三年以上十年以下有期徒刑，并处五万元以上五十万元以下罚金；数量巨大的，处十年以上有期徒刑或者无期徒刑，并处五万元以上五十万元以下罚金或者没收财产。

第二百零八条 **【非法购买增值税专用发票、购买伪造的增值税专用发票罪】**非法购买增值税专用发票或者购买伪造的增值税专用发票的，处五年以下有期徒刑或者拘役，并处或者单处二万元以上二十万元以下罚金。

【虚开增值税专用发票、用于骗取出口退税、抵扣税款发票罪；伪造、出售伪造的增值税专用发票罪；非法出售增值税专用发票罪】非法购买增值税专用发票或者购买伪造的增值税专用发票又虚开或者出售的，分别依照本法第二百零五条、第二百零六条、第二百零七条的规定定罪处罚。

第二百零九条 **【非法制造、出售非法制造的用于骗取出口退税、抵扣税款发票罪】**伪造、擅自制造或者出售伪造、擅自制造的可以用于骗取出口退税、抵扣税款的其他发票的，处三年以下有期徒刑、拘役或者管制，并处二万元以上二十万元以下罚金；数量巨大的，处三年以上七年以下有期徒刑，并处五万元以上五十万元以下罚金；数量特别巨大的，处七年以上有期徒刑，并处五万元以上五十万元以下罚金或者没收财产。

【非法制造、出售非法制造的发票罪】伪造、擅自制造或者出售伪造、擅自制造的前款规定以外的其他发票的，处二年以下有期徒刑、拘役或者管制，并处或者单处一万元以上五万元以下罚金；情节严重的，处二年以上七年以下有期徒刑，并处五万元以上五十万元以下罚金。

【非法出售用于骗取出口退税、抵扣税款发票罪】非法出售可以用于骗取出口退税、抵扣税款的其他发票的，依照第一款的规定处罚。

【非法出售发票罪】非法出售第三款规定以外的其他发票的，依照第二款的规定处罚。

第二百一十条 **【盗窃罪】**盗窃增值税专用发票或者可以用于骗取出口退税、抵扣税款的其他发票的，依照本法第二百六十四条的规定定罪处罚。

【诈骗罪】使用欺骗手段骗取增值税专用发票或者可以用于骗取出口退税、抵扣税款的其他发票的，依照本法第二百六十六条的规定定罪处罚。

第二百一十条之一 **【持有伪造的发票罪】**明知是伪造的发票而持有，数量较大的，处二年以下有期徒刑、拘役或者管制，并处罚金；数量巨大的，处二年以上七年以下有期徒刑，并处罚金。

单位犯前款罪的，对单位判处罚金，并对其直接负责的主管人员和其他直接责任人员，依照前款的规定处罚。

第二百一十一条　【单位犯危害税收征管罪的处罚规定】单位犯本节第二百零一条、第二百零三条、第二百零四条、第二百零七条、第二百零八条、第二百零九条规定之罪的，对单位判处罚金，并对其直接负责的主管人员和其他直接责任人员，依照各该条的规定处罚。

第二百一十二条　【税务机关征缴优先原则】犯本节第二百零一条至第二百零五条规定之罪，被判处罚金、没收财产的，在执行前，应当先由税务机关追缴税款和所骗取的出口退税款。

第七节　侵犯知识产权罪

第二百一十三条　【假冒注册商标罪】未经注册商标所有人许可，在同一种商品、服务上使用与其注册商标相同的商标，情节严重的，处三年以下有期徒刑，并处或者单处罚金；情节特别严重的，处三年以上十年以下有期徒刑，并处罚金。

第二百一十四条　【销售假冒注册商标的商品罪】销售明知是假冒注册商标的商品，违法所得数额较大或者有其他严重情节的，处三年以下有期徒刑，并处或者单处罚金；违法所得数额巨大或者有其他特别严重情节的，处三年以上十年以下有期徒刑，并处罚金。

第二百一十五条　【非法制造、销售非法制造的注册商标标识罪】伪造、擅自制造他人注册商标标识或者销售伪造、擅自制造的注册商标标识，情节严重的，处三年以下有期徒刑，并处或者单处罚金；情节特别严重的，处三年以上十年以下有期徒刑，并处罚金。

第二百一十六条　【假冒专利罪】假冒他人专利，情节严重的，处三年以下有期徒刑或者拘役，并处或者单处罚金。

第二百一十七条　【侵犯著作权罪】以营利为目的，有下列侵犯著作权或者与著作权有关的权利的情形之一，违法所得数额较大或者有其他严重情节的，处三年以下有期徒刑，并处或者单处罚金；违法所得数额巨大或者有其他特别严重情节的，处三年以上十年以下有期徒刑，并处罚金：

（一）未经著作权人许可，复制发行、通过信息网络向公众传播其文字作品、音乐、美术、视听作品、计算机软件及法律、行政法规规定的其他作品的；

（二）出版他人享有专有出版权的图书的；

（三）未经录音录像制作者许可，复制发行、通过信息网络向公众传播其制作的录音录像的；

（四）未经表演者许可，复制发行录有其表演的录音录像制品，或者通过信息网络向公众传播其表演的；

（五）制作、出售假冒他人署名的美术作品的；

（六）未经著作权人或者与著作权有关的权利人许可，故意避开或者破坏权利人为其作品、录音录像制品等采取的保护著作权或者与著作权有关的权利的技术措施的。

第二百一十八条　【销售侵权复制品罪】以营利为目的，销售明知是本法第二百一十七条规定的侵权复制品，违法所得数额巨大或者有其他严重情节的，处五年以下有期徒刑，并处或者单处罚金。

第二百一十九条　【侵犯商业秘密罪】有下列侵犯商业秘密行为之一，情节严重的，处三年以下有期徒刑，并处或者单处罚金；情节特别严重的，处三年以上十年以下有期徒刑，并处罚金：

（一）以盗窃、贿赂、欺诈、胁迫、电子侵入或者其他不正当手段获取权利人的商业秘密的；

（二）披露、使用或者允许他人使用以前项手段获取的权利人的商业秘密的；

（三）违反保密义务或者违反权利人有关保守商业秘密的要求，披露、使用或者允许他人使用其所掌握的商业秘密的。

明知前款所列行为，获取、披露、使用或者允许他人使用该商业秘密的，以侵犯商业秘密论。

本条所称权利人，是指商业秘密的所有人和经商业秘密所有人许可的商业秘密使用人。

第二百一十九条之一　【为境外窃取、刺探、收买、非法提供商业秘密罪】为境外的机构、组织、人员窃取、刺探、收买、非法提供商业秘密的，处五年以下有期徒刑，并处或者单处罚金；情节严重的，处五年以上有期徒刑，并处罚金。

第二百二十条　【单位犯侵犯知识产权罪的处罚规定】单位犯本节第二百一十三条至第二百一十九条之一规定之罪的，对单位判处罚金，并对其直接负责的主管人员和其他直接责任人员，依照本节各该条的规定处罚。

第八节　扰乱市场秩序罪

第二百二十一条　【损害商业信誉、商品声誉罪】捏造并散布虚伪事实，损害他人的商业信誉、商品声誉，给他人造成重大损失或者有其他严重情节的，处二年以下有期徒刑或者拘役，并处或者单处罚金。

第二百二十二条 **【虚假广告罪】**广告主、广告经营者、广告发布者违反国家规定，利用广告对商品或者服务作虚假宣传，情节严重的，处二年以下有期徒刑或者拘役，并处或者单处罚金。

第二百二十三条 **【串通投标罪】**投标人相互串通投标报价，损害招标人或者其他投标人利益，情节严重的，处三年以下有期徒刑或者拘役，并处或者单处罚金。

投标人与招标人串通投标，损害国家、集体、公民的合法利益的，依照前款的规定处罚。

第二百二十四条 **【合同诈骗罪】**有下列情形之一，以非法占有为目的，在签订、履行合同过程中，骗取对方当事人财物，数额较大的，处三年以下有期徒刑或者拘役，并处或者单处罚金；数额巨大或者有其他严重情节的，处三年以上十年以下有期徒刑，并处罚金；数额特别巨大或者有其他特别严重情节的，处十年以上有期徒刑或者无期徒刑，并处罚金或者没收财产：

（一）以虚构的单位或者冒用他人名义签订合同的；

（二）以伪造、变造、作废的票据或者其他虚假的产权证明作担保的；

（三）没有实际履行能力，以先履行小额合同或者部分履行合同的方法，诱骗对方当事人继续签订和履行合同的；

（四）收受对方当事人给付的货物、货款、预付款或者担保财产后逃匿的；

（五）以其他方法骗取对方当事人财物的。

第二百二十四条之一 **【组织、领导传销活动罪】**组织、领导以推销商品、提供服务等经营活动为名，要求参加者以缴纳费用或者购买商品、服务等方式获得加入资格，并按照一定顺序组成层级，直接或者间接以发展人员的数量作为计酬或者返利依据，引诱、胁迫参加者继续发展他人参加，骗取财物，扰乱经济社会秩序的传销活动的，处五年以下有期徒刑或者拘役，并处罚金；情节严重的，处五年以上有期徒刑，并处罚金。

第二百二十五条 **【非法经营罪】**违反国家规定，有下列非法经营行为之一，扰乱市场秩序，情节严重的，处五年以下有期徒刑或者拘役，并处或者单处违法所得一倍以上五倍以下罚金；情节特别严重的，处五年以上有期徒刑，并处违法所得一倍以上五倍以下罚金或者没收财产：

（一）未经许可经营法律、行政法规规定的专营、专卖物品或者其他限制买卖的物品的；

（二）买卖进出口许可证、进出口原产地证明以及其他法律、行政法规规定的经营许可证或者批准文件的；

（三）未经国家有关主管部门批准非法经营证券、期货、保险业务的，或者非法从事资金支付结算业务的；

（四）其他严重扰乱市场秩序的非法经营行为。

第二百二十六条 **【强迫交易罪】**以暴力、威胁手段，实施下列行为之一，情节严重的，处三年以下有期徒刑或者拘役，并处或者单处罚金；情节特别严重的，处三年以上七年以下有期徒刑，并处罚金：

（一）强买强卖商品的；

（二）强迫他人提供或者接受服务的；

（三）强迫他人参与或者退出投标、拍卖的；

（四）强迫他人转让或者收购公司、企业的股份、债券或者其他资产的；

（五）强迫他人参与或者退出特定的经营活动的。

第二百二十七条 **【伪造、倒卖伪造的有价票证罪】**伪造或者倒卖伪造的车票、船票、邮票或者其他有价票证，数额较大的，处二年以下有期徒刑、拘役或者管制，并处或者单处票证价额一倍以上五倍以下罚金；数额巨大的，处二年以上七年以下有期徒刑，并处票证价额一倍以上五倍以下罚金。

【倒卖车票、船票罪】倒卖车票、船票，情节严重的，处三年以下有期徒刑、拘役或者管制，并处或者单处票证价额一倍以上五倍以下罚金。

第二百二十八条 **【非法转让、倒卖土地使用权罪】**以牟利为目的，违反土地管理法规，非法转让、倒卖土地使用权，情节严重的，处三年以下有期徒刑或者拘役，并处或者单处非法转让、倒卖土地使用权价额百分之五以上百分之二十以下罚金；情节特别严重的，处三年以上七年以下有期徒刑，并处非法转让、倒卖土地使用权价额百分之五以上百分之二十以下罚金。

第二百二十九条 **【提供虚假证明文件罪】**承担资产评估、验资、验证、会计、审计、法律服务、保荐、安全评价、环境影响评价、环境监测等职责的中介组织的人员故意提供虚假证明文件，情节严重的，处五年以下有期徒刑或者拘役，并处罚金；有下列情形之一的，处五年以上十年以下有期徒刑，并处罚金：

（一）提供与证券发行相关的虚假的资产评估、会计、审计、法律服务、保荐等证明文件，情节特别严重的；

（二）提供与重大资产交易相关的虚假的资产评估、会计、审计等证明文件，情节特别严重的；

（三）在涉及公共安全的重大工程、项目中提供虚假的安全评价、环境影响评价等证明文件，致使公共财产、国家和人民利益遭受特别重大损失的。

有前款行为，同时索取他人财物或者非法收受他人财物构成犯罪的，依照处罚较重的规定定罪处罚。

【出具证明文件重大失实罪】第一款规定的人员，严重不负责任，出具的证明文件有重大失实，造成严重后果的，处三年以下有期徒刑或者拘役，并处或者单处罚金。

第二百三十条 **【逃避商检罪】**违反进出口商品检验法的规定，逃避商品检验，将必须经商检机构检验的进口商品未报经检验而擅自销售、使用，或者将必须经商检机构检验的出口商品未报经检验合格而擅自出口，情节严重的，处三年以下有期徒刑或者拘役，并处或者单处罚金。

第二百三十一条 **【单位犯扰乱市场秩序罪的处罚规定】**单位犯本节第二百二十一条至第二百三十条规定之罪的，对单位判处罚金，并对其直接负责的主管人员和其他直接责任人员，依照本节各该条的规定处罚。

六、金 融 安 全

中华人民共和国反洗钱法

1. 2006年10月31日第十届全国人民代表大会常务委员会第二十四次会议通过
2. 2006年10月31日中华人民共和国主席令第56号公布
3. 自2007年1月1日起施行

目　　录

第一章　总　　则
第二章　反洗钱监督管理
第三章　金融机构反洗钱义务
第四章　反洗钱调查
第五章　反洗钱国际合作
第六章　法律责任
第七章　附　　则

第一章　总　　则

第一条　【立法目的】为了预防洗钱活动，维护金融秩序，遏制洗钱犯罪及相关犯罪，制定本法。

第二条　【定义】本法所称反洗钱，是指为了预防通过各种方式掩饰、隐瞒毒品犯罪、黑社会性质的组织犯罪、恐怖活动犯罪、走私犯罪、贪污贿赂犯罪、破坏金融管理秩序犯罪、金融诈骗犯罪等犯罪所得及其收益的来源和性质的洗钱活动，依照本法规定采取相关措施的行为。

第三条　【特定机构的反洗钱义务】在中华人民共和国境内设立的金融机构和按照规定应当履行反洗钱义务的特定非金融机构，应当依法采取预防、监控措施，建立健全客户身份识别制度、客户身份资料和交易记录保存制度、大额交易和可疑交易报告制度，履行反洗钱义务。

第四条　【监督管理部门】国务院反洗钱行政主管部门负责全国的反洗钱监督管理工作。国务院有关部门、机构在各自的职责范围内履行反洗钱监督管理职责。

国务院反洗钱行政主管部门、国务院有关部门、机构和司法机关在反洗钱工作中应当相互配合。

第五条 **【身份资料和交易信息的保密】**对依法履行反洗钱职责或者义务获得的客户身份资料和交易信息，应当予以保密；非依法律规定，不得向任何单位和个人提供。

反洗钱行政主管部门和其他依法负有反洗钱监督管理职责的部门、机构履行反洗钱职责获得的客户身份资料和交易信息，只能用于反洗钱行政调查。

司法机关依照本法获得的客户身份资料和交易信息，只能用于反洗钱刑事诉讼。

第六条 **【法律保护】**履行反洗钱义务的机构及其工作人员依法提交大额交易和可疑交易报告，受法律保护。

第七条 **【举报】**任何单位和个人发现洗钱活动，有权向反洗钱行政主管部门或者公安机关举报。接受举报的机关应当对举报人和举报内容保密。

第二章 反洗钱监督管理

第八条 **【反洗钱行政主管部门职责】**国务院反洗钱行政主管部门组织、协调全国的反洗钱工作，负责反洗钱的资金监测，制定或者会同国务院有关金融监督管理机构制定金融机构反洗钱规章，监督、检查金融机构履行反洗钱义务的情况，在职责范围内调查可疑交易活动，履行法律和国务院规定的有关反洗钱的其他职责。

国务院反洗钱行政主管部门的派出机构在国务院反洗钱行政主管部门的授权范围内，对金融机构履行反洗钱义务的情况进行监督、检查。

第九条 **【金融监督管理机构的职能】**国务院有关金融监督管理机构参与制定所监督管理的金融机构反洗钱规章，对所监督管理的金融机构提出按照规定建立健全反洗钱内部控制制度的要求，履行法律和国务院规定的有关反洗钱的其他职责。

第十条 **【反洗钱信息中心】**国务院反洗钱行政主管部门设立反洗钱信息中心，负责大额交易和可疑交易报告的接收、分析，并按照规定向国务院反洗钱行政主管部门报告分析结果，履行国务院反洗钱行政主管部门规定的其他职责。

第十一条 **【信息获取和工作通报】**国务院反洗钱行政主管部门为履行反洗钱资金监测职责，可以从国务院有关部门、机构获取所必需的信息，国务院有关部门、机构应当提供。

国务院反洗钱行政主管部门应当向国务院有关部门、机构定期通报反洗钱工作情况。

第十二条 【海关通报职责】海关发现个人出入境携带的现金、无记名有价证券超过规定金额的，应当及时向反洗钱行政主管部门通报。

前款应当通报的金额标准由国务院反洗钱行政主管部门会同海关总署规定。

第十三条 【报告义务】反洗钱行政主管部门和其他依法负有反洗钱监督管理职责的部门、机构发现涉嫌洗钱犯罪的交易活动，应当及时向侦查机关报告。

第十四条 【新增设金融机构的反洗钱内部控制制度要求】国务院有关金融监督管理机构审批新设金融机构或者金融机构增设分支机构时，应当审查新机构反洗钱内部控制制度的方案；对于不符合本法规定的设立申请，不予批准。

第三章 金融机构反洗钱义务

第十五条 【金融机构反洗钱内部控制制度】金融机构应当依照本法规定建立健全反洗钱内部控制制度，金融机构的负责人应当对反洗钱内部控制制度的有效实施负责。

金融机构应当设立反洗钱专门机构或者指定内设机构负责反洗钱工作。

第十六条 【客户身份识别制度】金融机构应当按照规定建立客户身份识别制度。

金融机构在与客户建立业务关系或者为客户提供规定金额以上的现金汇款、现钞兑换、票据兑付等一次性金融服务时，应当要求客户出示真实有效的身份证件或者其他身份证明文件，进行核对并登记。

客户由他人代理办理业务的，金融机构应当同时对代理人和被代理人的身份证件或者其他身份证明文件进行核对并登记。

与客户建立人身保险、信托等业务关系，合同的受益人不是客户本人的，金融机构还应当对受益人的身份证件或者其他身份证明文件进行核对并登记。

金融机构不得为身份不明的客户提供服务或者与其进行交易，不得为客户开立匿名账户或者假名账户。

金融机构对先前获得的客户身份资料的真实性、有效性或者完整性有疑问的，应当重新识别客户身份。

任何单位和个人在与金融机构建立业务关系或者要求金融机构为其提供一次性金融服务时，都应当提供真实有效的身份证件或者其他身份证明文件。

第十七条 【通过第三方识别客户身份】金融机构通过第三方识别客户身份的，应当确保第三方已经采取符合本法要求的客户身份识别措施；第三方未采取符合本法要求的客户身份识别措施的，由该金融机构承担未履行客户身份识别义务的责任。

第十八条　【身份信息核实】金融机构进行客户身份识别，认为必要时，可以向公安、工商行政管理等部门核实客户的有关身份信息。

第十九条　【身份资料和交易记录保存制度】金融机构应当按照规定建立客户身份资料和交易记录保存制度。

在业务关系存续期间，客户身份资料发生变更的，应当及时更新客户身份资料。

客户身份资料在业务关系结束后、客户交易信息在交易结束后，应当至少保存五年。

金融机构破产和解散时，应当将客户身份资料和客户交易信息移交国务院有关部门指定的机构。

第二十条　【大额交易和可疑交易报告制度】金融机构应当按照规定执行大额交易和可疑交易报告制度。

金融机构办理的单笔交易或者在规定期限内的累计交易超过规定金额或者发现可疑交易的，应当及时向反洗钱信息中心报告。

第二十一条　【各种制度具体办法的制定】金融机构建立客户身份识别制度、客户身份资料和交易记录保存制度的具体办法，由国务院反洗钱行政主管部门会同国务院有关金融监督管理机构制定。金融机构大额交易和可疑交易报告的具体办法，由国务院反洗钱行政主管部门制定。

第二十二条　【反洗钱培训和宣传】金融机构应当按照反洗钱预防、监控制度的要求，开展反洗钱培训和宣传工作。

第四章　反洗钱调查

第二十三条　【调查的进行】国务院反洗钱行政主管部门或者其省一级派出机构发现可疑交易活动，需要调查核实的，可以向金融机构进行调查，金融机构应当予以配合，如实提供有关文件和资料。

调查可疑交易活动时，调查人员不得少于二人，并出示合法证件和国务院反洗钱行政主管部门或者其省一级派出机构出具的调查通知书。调查人员少于二人或者未出示合法证件和调查通知书的，金融机构有权拒绝调查。

第二十四条　【询问】调查可疑交易活动，可以询问金融机构有关人员，要求其说明情况。

询问应当制作询问笔录。询问笔录应当交被询问人核对。记载有遗漏或者差错的，被询问人可以要求补充或者更正。被询问人确认笔录无误后，应当签名或者盖章；调查人员也应当在笔录上签名。

第二十五条 **【调查措施】**调查中需要进一步核查的，经国务院反洗钱行政主管部门或者其省一级派出机构的负责人批准，可以查阅、复制被调查对象的账户信息、交易记录和其他有关资料；对可能被转移、隐藏、篡改或者毁损的文件、资料，可以予以封存。

调查人员封存文件、资料，应当会同在场的金融机构工作人员查点清楚，当场开列清单一式二份，由调查人员和在场的金融机构工作人员签名或者盖章，一份交金融机构，一份附卷备查。

第二十六条 **【报案与强制措施】**经调查仍不能排除洗钱嫌疑的，应当立即向有管辖权的侦查机关报案。客户要求将调查所涉及的账户资金转往境外的，经国务院反洗钱行政主管部门负责人批准，可以采取临时冻结措施。

侦查机关接到报案后，对已依照前款规定临时冻结的资金，应当及时决定是否继续冻结。侦查机关认为需要继续冻结的，依照刑事诉讼法的规定采取冻结措施；认为不需要继续冻结的，应当立即通知国务院反洗钱行政主管部门，国务院反洗钱行政主管部门应当立即通知金融机构解除冻结。

临时冻结不得超过四十八小时。金融机构在按照国务院反洗钱行政主管部门的要求采取临时冻结措施后四十八小时内，未接到侦查机关继续冻结通知的，应当立即解除冻结。

第五章 反洗钱国际合作

第二十七条 **【国际合作】**中华人民共和国根据缔结或者参加的国际条约，或者按照平等互惠原则，开展反洗钱国际合作。

第二十八条 **【反洗钱信息资料交换】**国务院反洗钱行政主管部门根据国务院授权，代表中国政府与外国政府和有关国际组织开展反洗钱合作，依法与境外反洗钱机构交换与反洗钱有关的信息和资料。

第二十九条 **【司法协助】**涉及追究洗钱犯罪的司法协助，由司法机关依照有关法律的规定办理。

第六章 法 律 责 任

第三十条 **【反洗钱机构及工作人员的违法责任】**反洗钱行政主管部门和其他依法负有反洗钱监督管理职责的部门、机构从事反洗钱工作的人员有下列行为之一的，依法给予行政处分：

（一）违反规定进行检查、调查或者采取临时冻结措施的；

（二）泄露因反洗钱知悉的国家秘密、商业秘密或者个人隐私的；

（三）违反规定对有关机构和人员实施行政处罚的；

（四）其他不依法履行职责的行为。

第三十一条 **【金融机构的违法责任之一】**金融机构有下列行为之一的，由国务院反洗钱行政主管部门或者其授权的设区的市一级以上派出机构责令限期改正；情节严重的，建议有关金融监督管理机构依法责令金融机构对直接负责的董事、高级管理人员和其他直接责任人员给予纪律处分：

（一）未按照规定建立反洗钱内部控制制度的；

（二）未按照规定设立反洗钱专门机构或者指定内设机构负责反洗钱工作的；

（三）未按照规定对职工进行反洗钱培训的。

第三十二条 **【金融机构的违法责任之二】**金融机构有下列行为之一的，由国务院反洗钱行政主管部门或者其授权的设区的市一级以上派出机构责令限期改正；情节严重的，处二十万元以上五十万元以下罚款，并对直接负责的董事、高级管理人员和其他直接责任人员，处一万元以上五万元以下罚款：

（一）未按照规定履行客户身份识别义务的；

（二）未按照规定保存客户身份资料和交易记录的；

（三）未按照规定报送大额交易报告或者可疑交易报告的；

（四）与身份不明的客户进行交易或者为客户开立匿名账户、假名账户的；

（五）违反保密规定，泄露有关信息的；

（六）拒绝、阻碍反洗钱检查、调查的；

（七）拒绝提供调查材料或者故意提供虚假材料的。

金融机构有前款行为，致使洗钱后果发生的，处五十万元以上五百万元以下罚款，并对直接负责的董事、高级管理人员和其他直接责任人员处五万元以上五十万元以下罚款；情节特别严重的，反洗钱行政主管部门可以建议有关金融监督管理机构责令停业整顿或者吊销其经营许可证。

对有前两款规定情形的金融机构直接负责的董事、高级管理人员和其他直接责任人员，反洗钱行政主管部门可以建议有关金融监督管理机构依法责令金融机构给予纪律处分，或者建议依法取消其任职资格、禁止其从事有关金融行业工作。

第三十三条 **【刑事责任】**违反本法规定，构成犯罪的，依法追究刑事责任。

第七章 附　　则

第三十四条 **【金融机构的定义】**本法所称金融机构，是指依法设立的从事金融业务的政策性银行、商业银行、信用合作社、邮政储汇机构、信托投资公司、证券公司、期货经纪公司、保险公司以及国务院反洗钱行政主管部门确定并公布的从事金融业务的其他机构。

第三十五条　【具体办法的制定】应当履行反洗钱义务的特定非金融机构的范围、其履行反洗钱义务和对其监督管理的具体办法，由国务院反洗钱行政主管部门会同国务院有关部门制定。

第三十六条　【法律适用的特别规定】对涉嫌恐怖活动资金的监控适用本法；其他法律另有规定的，适用其规定。

第三十七条　【施行日期】本法自 2007 年 1 月 1 日起施行。

中华人民共和国银行业监督管理法

1．2003 年 12 月 27 日第十届全国人民代表大会常务委员会第六次会议通过

2．根据 2006 年 10 月 31 日第十届全国人民代表大会常务委员会第二十四次会议《关于修改〈中华人民共和国银行业监督管理法〉的决定》修正

目　　录

第一章　总　　则
第二章　监督管理机构
第三章　监督管理职责
第四章　监督管理措施
第五章　法律责任
第六章　附　　则

第一章　总　　则

第一条　【立法目的】为了加强对银行业的监督管理，规范监督管理行为，防范和化解银行业风险，保护存款人和其他客户的合法权益，促进银行业健康发展，制定本法。

第二条　【监管主体及对象】国务院银行业监督管理机构负责对全国银行业金融机构及其业务活动监督管理的工作。

本法所称银行业金融机构，是指在中华人民共和国境内设立的商业银行、城市信用合作社、农村信用合作社等吸收公众存款的金融机构以及政策性银行。

对在中华人民共和国境内设立的金融资产管理公司、信托投资公司、财务公司、金融租赁公司以及经国务院银行业监督管理机构批准设立的其他金融机构的监督管理，适用本法对银行业金融机构监督管理的规定。

国务院银行业监督管理机构依照本法有关规定，对经其批准在境外设立的金融机构以及前二款金融机构在境外的业务活动实施监督管理。

第三条　【监管目标及任务】银行业监督管理的目标是促进银行业的合法、稳健运行，维护公众对银行业的信心。

银行业监督管理应当保护银行业公平竞争，提高银行业竞争能力。

第四条　【监管原则】银行业监督管理机构对银行业实施监督管理，应当遵循依法、公开、公正和效率的原则。

第五条　【监管保护】银行业监督管理机构及其从事监督管理工作的人员依法履行监督管理职责，受法律保护。地方政府、各级政府部门、社会团体和个人不得干涉。

第六条　【信息共享机制】国务院银行业监督管理机构应当和中国人民银行、国务院其他金融监督管理机构建立监督管理信息共享机制。

第七条　【跨境监管】国务院银行业监督管理机构可以和其他国家或者地区的银行业监督管理机构建立监督管理合作机制，实施跨境监督管理。

第二章　监督管理机构

第八条　【派出机构】国务院银行业监督管理机构根据履行职责的需要设立派出机构。国务院银行业监督管理机构对派出机构实行统一领导和管理。

国务院银行业监督管理机构的派出机构在国务院银行业监督管理机构的授权范围内，履行监督管理职责。

第九条　【监管人员的技能要求】银行业监督管理机构从事监督管理工作的人员，应当具备与其任职相适应的专业知识和业务工作经验。

第十条　【监管人员的职务要求】银行业监督管理机构工作人员，应当忠于职守，依法办事，公正廉洁，不得利用职务便利牟取不正当的利益，不得在金融机构等企业中兼任职务。

第十一条　【监管人员的保密义务】银行业监督管理机构工作人员，应当依法保守国家秘密，并有责任为其监督管理的银行业金融机构及当事人保守秘密。

国务院银行业监督管理机构同其他国家或者地区的银行业监督管理机构交流监督管理信息，应当就信息保密作出安排。

第十二条　【监管责任制和内部监督】国务院银行业监督管理机构应当公开监督管理程序，建立监督管理责任制度和内部监督制度。

第十三条 【监管协助】银行业监督管理机构在处置银行业金融机构风险、查处有关金融违法行为等监督管理活动中，地方政府、各级有关部门应当予以配合和协助。

第十四条 【监督机构】国务院审计、监察等机关，应当依照法律规定对国务院银行业监督管理机构的活动进行监督。

第三章 监督管理职责

第十五条 【制定监管规章、规则】国务院银行业监督管理机构依照法律、行政法规制定并发布对银行业金融机构及其业务活动监督管理的规章、规则。

第十六条 【审批职责】国务院银行业监督管理机构依照法律、行政法规规定的条件和程序，审查批准银行业金融机构的设立、变更、终止以及业务范围。

第十七条 【股东审查】申请设立银行业金融机构，或者银行业金融机构变更持有资本总额或者股份总额达到规定比例以上的股东的，国务院银行业监督管理机构应当对股东的资金来源、财务状况、资本补充能力和诚信状况进行审查。

第十八条 【业务品种审批、备案】银行业金融机构业务范围内的业务品种，应当按照规定经国务院银行业监督管理机构审查批准或者备案。需要审查批准或者备案的业务品种，由国务院银行业监督管理机构依照法律、行政法规作出规定并公布。

第十九条 【金融机构设立及其业务活动监管】未经国务院银行业监督管理机构批准，任何单位或者个人不得设立银行业金融机构或者从事银行业金融机构的业务活动。

第二十条 【董事及高层任职资格管理】国务院银行业监督管理机构对银行业金融机构的董事和高级管理人员实行任职资格管理。具体办法由国务院银行业监督管理机构制定。

第二十一条 【审慎经营规则】银行业金融机构的审慎经营规则，由法律、行政法规规定，也可以由国务院银行业监督管理机构依照法律、行政法规制定。

前款规定的审慎经营规则，包括风险管理、内部控制、资本充足率、资产质量、损失准备金、风险集中、关联交易、资产流动性等内容。

银行业金融机构应当严格遵守审慎经营规则。

第二十二条 【申请事项的批准】国务院银行业监督管理机构应当在规定的期限，对下列申请事项作出批准或者不批准的书面决定；决定不批准的，应当说明理由：

（一）银行业金融机构的设立，自收到申请文件之日起六个月内；

（二）银行业金融机构的变更、终止，以及业务范围和增加业务范围内的业务品种，自收到申请文件之日起三个月内；

（三）审查董事和高级管理人员的任职资格，自收到申请文件之日起三十日内。

第二十三条 【非现场监管】银行业监督管理机构应当对银行业金融机构的业务活动及其风险状况进行非现场监管，建立银行业金融机构监督管理信息系统，分析、评价银行业金融机构的风险状况。

第二十四条 【现场检查】银行业监督管理机构应当对银行业金融机构的业务活动及其风险状况进行现场检查。

国务院银行业监督管理机构应当制定现场检查程序，规范现场检查行为。

第二十五条 【并表监管】国务院银行业监督管理机构应当对银行业金融机构实行并表监督管理。

第二十六条 【回复检查建议】国务院银行业监督管理机构对中国人民银行提出的检查银行业金融机构的建议，应当自收到建议之日起三十日内予以回复。

第二十七条 【监管评级体系和风险预警机制】国务院银行业监督管理机构应当建立银行业金融机构监督管理评级体系和风险预警机制，根据银行业金融机构的评级情况和风险状况，确定对其现场检查的频率、范围和需要采取的其他措施。

第二十八条 【突发事件的发现报告岗位责任制】国务院银行业监督管理机构应当建立银行业突发事件的发现、报告岗位责任制度。

银行业监督管理机构发现可能引发系统性银行业风险、严重影响社会稳定的突发事件的，应当立即向国务院银行业监督管理机构负责人报告；国务院银行业监督管理机构负责人认为需要向国务院报告的，应当立即向国务院报告，并告知中国人民银行、国务院财政部门等有关部门。

第二十九条 【联合处理银行业突发事件】国务院银行业监督管理机构应当会同中国人民银行、国务院财政部门等有关部门建立银行业突发事件处置制度，制定银行业突发事件处置预案，明确处置机构和人员及其职责、处置措施和处置程序，及时、有效地处置银行业突发事件。

第三十条 【统计数据报表的编制公布】国务院银行业监督管理机构负责统一编制全国银行业金融机构的统计数据、报表，并按照国家有关规定予以公布。

第三十一条 【指导监督自律组织活动】国务院银行业监督管理机构对银行业自律组织的活动进行指导和监督。

银行业自律组织的章程应当报国务院银行业监督管理机构备案。

第三十二条　【国际交流合作】国务院银行业监督管理机构可以开展与银行业监督管理有关的国际交流、合作活动。

第四章　监督管理措施

第三十三条　【报送相关资料】银行业监督管理机构根据履行职责的需要，有权要求银行业金融机构按照规定报送资产负债表、利润表和其他财务会计、统计报表、经营管理资料以及注册会计师出具的审计报告。

第三十四条　【现场检查措施】银行业监督管理机构根据审慎监管的要求，可以采取下列措施进行现场检查：

（一）进入银行业金融机构进行检查；

（二）询问银行业金融机构的工作人员，要求其对有关检查事项作出说明；

（三）查阅、复制银行业金融机构与检查事项有关的文件、资料，对可能被转移、隐匿或者毁损的文件、资料予以封存；

（四）检查银行业金融机构运用电子计算机管理业务数据的系统。

进行现场检查，应当经银行业监督管理机构负责人批准。现场检查时，检查人员不得少于二人，并应当出示合法证件和检查通知书；检查人员少于二人或者未出示合法证件和检查通知书的，银行业金融机构有权拒绝检查。

第三十五条　【要求重大事项说明】银行业监督管理机构根据履行职责的需要，可以与银行业金融机构董事、高级管理人员进行监督管理谈话，要求银行业金融机构董事、高级管理人员就银行业金融机构的业务活动和风险管理的重大事项作出说明。

第三十六条　【责令披露重大信息】银行业监督管理机构应当责令银行业金融机构按照规定，如实向社会公众披露财务会计报告、风险管理状况、董事和高级管理人员变更以及其他重大事项等信息。

第三十七条　【对违反审慎经营规则的处理】银行业金融机构违反审慎经营规则的，国务院银行业监督管理机构或者其省一级派出机构应当责令限期改正；逾期未改正的，或者其行为严重危及该银行业金融机构的稳健运行、损害存款人和其他客户合法权益的，经国务院银行业监督管理机构或者其省一级派出机构负责人批准，可以区别情形，采取下列措施：

（一）责令暂停部分业务、停止批准开办新业务；

（二）限制分配红利和其他收入；

（三）限制资产转让；

（四）责令控股股东转让股权或者限制有关股东的权利；

（五）责令调整董事、高级管理人员或者限制其权利；

（六）停止批准增设分支机构。

银行业金融机构整改后，应当向国务院银行业监督管理机构或者其省一级派出机构提交报告。国务院银行业监督管理机构或者其省一级派出机构经验收，符合有关审慎经营规则的，应当自验收完毕之日起三日内解除对其采取的前款规定的有关措施。

第三十八条　【机构的接管或重组】银行业金融机构已经或者可能发生信用危机，严重影响存款人和其他客户合法权益的，国务院银行业监督管理机构可以依法对该银行业金融机构实行接管或者促成机构重组，接管和机构重组依照有关法律和国务院的规定执行。

第三十九条　【机构撤销】银行业金融机构有违法经营、经营管理不善等情形，不予撤销将严重危害金融秩序、损害公众利益的，国务院银行业监督管理机构有权予以撤销。

第四十条　【对被接管、重组、撤销金融机构直接责任人的处理】银行业金融机构被接管、重组或者被撤销的，国务院银行业监督管理机构有权要求该银行业金融机构的董事、高级管理人员和其他工作人员，按照国务院银行业监督管理机构的要求履行职责。

在接管、机构重组或者撤销清算期间，经国务院银行业监督管理机构负责人批准，对直接负责的董事、高级管理人员和其他直接责任人员，可以采取下列措施：

（一）直接负责的董事、高级管理人员和其他直接责任人员出境将对国家利益造成重大损失的，通知出境管理机关依法阻止其出境；

（二）申请司法机关禁止其转移、转让财产或者对其财产设定其他权利。

第四十一条　【查询相关人账户及资金冻结】经国务院银行业监督管理机构或者其省一级派出机构负责人批准，银行业监督管理机构有权查询涉嫌金融违法的银行业金融机构及其工作人员以及关联行为人的账户；对涉嫌转移或者隐匿违法资金的，经银行业监督管理机构负责人批准，可以申请司法机关予以冻结。

第四十二条　【监督检查措施】银行业监督管理机构依法对银行业金融机构进行检查时，经设区的市一级以上银行业监督管理机构负责人批准，可以对与涉嫌违法事项有关的单位和个人采取下列措施：

（一）询问有关单位或者个人，要求其对有关情况作出说明；

（二）查阅、复制有关财务会计、财产权登记等文件、资料；

（三）对可能被转移、隐匿、毁损或者伪造的文件、资料，予以先行登记保存。

银行业监督管理机构采取前款规定措施，调查人员不得少于二人，并应当出示合法证件和调查通知书；调查人员少于二人或者未出示合法证件和调查通知书的，有关单位或者个人有权拒绝。对依法采取的措施，有关单位和个人应当配合，如实说明有关情况并提供有关文件、资料，不得拒绝、阻碍和隐瞒。

第五章　法 律 责 任

第四十三条　【工作人员违法犯罪情形】银行业监督管理机构从事监督管理工作的人员有下列情形之一的，依法给予行政处分；构成犯罪的，依法追究刑事责任：

（一）违反规定审查批准银行业金融机构的设立、变更、终止，以及业务范围和业务范围内的业务品种的；

（二）违反规定对银行业金融机构进行现场检查的；

（三）未依照本法第二十八条规定报告突发事件的；

（四）违反规定查询账户或者申请冻结资金的；

（五）违反规定对银行业金融机构采取措施或者处罚的；

（六）违反本法第四十二条规定对有关单位或者个人进行调查的；

（七）滥用职权、玩忽职守的其他行为。

银行业监督管理机构从事监督管理工作的人员贪污受贿，泄露国家秘密、商业秘密和个人隐私，构成犯罪的，依法追究刑事责任；尚不构成犯罪的，依法给予行政处分。

第四十四条　【对擅自设立金融机构或非法从事其业务活动的处罚】擅自设立银行业金融机构或者非法从事银行业金融机构的业务活动的，由国务院银行业监督管理机构予以取缔；构成犯罪的，依法追究刑事责任；尚不构成犯罪的，由国务院银行业监督管理机构没收违法所得，违法所得五十万元以上的，并处违法所得一倍以上五倍以下罚款；没有违法所得或者违法所得不足五十万元的，处五十万元以上二百万元以下罚款。

第四十五条　【对金融机构违规从业的处罚】银行业金融机构有下列情形之一，由国务院银行业监督管理机构责令改正，有违法所得的，没收违法所得，违法所得五十万元以上的，并处违法所得一倍以上五倍以下罚款；没有违法所得或者违法所得不足五十万元的，处五十万元以上二百万元以下罚款；情节特别严重或者逾期不改正的，可以责令停业整顿或者吊销其经营许可证；构成犯罪的，依法追究刑事责任：

（一）未经批准设立分支机构的；

（二）未经批准变更、终止的；

（三）违反规定从事未经批准或者未备案的业务活动的；

（四）违反规定提高或者降低存款利率、贷款利率的。

第四十六条　【对金融机构逃避监管的处罚】银行业金融机构有下列情形之一，由国务院银行业监督管理机构责令改正，并处二十万元以上五十万元以下罚款；情节特别严重或者逾期不改正的，可以责令停业整顿或者吊销其经营许可证；构成犯罪的，依法追究刑事责任：

（一）未经任职资格审查任命董事、高级管理人员的；

（二）拒绝或者阻碍非现场监管或者现场检查的；

（三）提供虚假的或者隐瞒重要事实的报表、报告等文件、资料的；

（四）未按照规定进行信息披露的；

（五）严重违反审慎经营规则的；

（六）拒绝执行本法第三十七条规定的措施的。

第四十七条　【对不按规定提供文件资料的处罚】银行业金融机构不按照规定提供报表、报告等文件、资料的，由银行业监督管理机构责令改正，逾期不改正的，处十万元以上三十万元以下罚款。

第四十八条　【对相关董事及高级管理人员违规的处罚】银行业金融机构违反法律、行政法规以及国家有关银行业监督管理规定的，银行业监督管理机构除依照本法第四十四条至第四十七条规定处罚外，还可以区别不同情形，采取下列措施：

（一）责令银行业金融机构对直接负责的董事、高级管理人员和其他直接责任人员给予纪律处分；

（二）银行业金融机构的行为尚不构成犯罪的，对直接负责的董事、高级管理人员和其他直接责任人员给予警告，处五万元以上五十万元以下罚款；

（三）取消直接负责的董事、高级管理人员一定期限直至终身的任职资格，禁止直接负责的董事、高级管理人员和其他直接责任人员一定期限直至终身从事银行业工作。

第四十九条　【对阻碍监管行为的处罚】阻碍银行业监督管理机构工作人员依法执行检查、调查职务的，由公安机关依法给予治安管理处罚；构成犯罪的，依法追究刑事责任。

第六章　附　　则

第五十条　**【金融机构监管】**对在中华人民共和国境内设立的政策性银行、金融资产管理公司的监督管理，法律、行政法规另有规定的，依照其规定。

第五十一条　**【金融监管规定】**对在中华人民共和国境内设立的外资银行业金融机构、中外合资银行业金融机构、外国银行业金融机构的分支机构的监督管理，法律、行政法规另有规定的，依照其规定。

第五十二条　**【施行日期】**本法自2004年2月1日起施行。

中华人民共和国反倾销条例

1．2001年11月26日国务院令第328号公布

2．根据2004年3月31日国务院令第401号《关于修改〈中华人民共和国反倾销条例〉的决定》修订

第一章　总　　则

第一条　为了维护对外贸易秩序和公平竞争，根据《中华人民共和国对外贸易法》的有关规定，制定本条例。

第二条　进口产品以倾销方式进入中华人民共和国市场，并对已经建立的国内产业造成实质损害或者产生实质损害威胁，或者对建立国内产业造成实质阻碍的，依照本条例的规定进行调查，采取反倾销措施。

第二章　倾销与损害

第三条　倾销，是指在正常贸易过程中进口产品以低于其正常价值的出口价格进入中华人民共和国市场。

对倾销的调查和确定，由商务部负责。

第四条　进口产品的正常价值，应当区别不同情况，按照下列方法确定：

（一）进口产品的同类产品，在出口国（地区）国内市场的正常贸易过程中有可比价格的，以该可比价格为正常价值；

（二）进口产品的同类产品，在出口国（地区）国内市场的正常贸易过程中没有销售的，或者该同类产品的价格、数量不能据以进行公平比较的，以该同类产品出口到一个适当第三国（地区）的可比价格或者以该同类产品在原产国（地区）的生产成本加合理费用、利润，为正常价值。

进口产品不直接来自原产国（地区）的，按照前款第（一）项规定确定正常价值；但是，在产品仅通过出口国（地区）转运、产品在出口国（地区）无生产或者在出口国（地区）中不存在可比价格等情形下，可以以该同类产品在原产国（地区）的价格为正常价值。

第五条 进口产品的出口价格，应当区别不同情况，按照下列方法确定：

（一）进口产品有实际支付或者应当支付的价格的，以该价格为出口价格；

（二）进口产品没有出口价格或者其价格不可靠的，以根据该进口产品首次转售给独立购买人的价格推定的价格为出口价格；但是，该进口产品未转售给独立购买人或者未按进口时的状态转售的，可以以商务部根据合理基础推定的价格为出口价格。

第六条 进口产品的出口价格低于其正常价值的幅度，为倾销幅度。

对进口产品的出口价格和正常价值，应当考虑影响价格的各种可比性因素，按照公平、合理的方式进行比较。

倾销幅度的确定，应当将加权平均正常价值与全部可比出口交易的加权平均价格进行比较，或者将正常价值与出口价格在逐笔交易的基础上进行比较。

出口价格在不同的购买人、地区、时期之间存在很大差异，按照前款规定的方法难以比较的，可以将加权平均正常价值与单一出口交易的价格进行比较。

第七条 损害，是指倾销对已经建立的国内产业造成实质损害或者产生实质损害威胁，或者对建立国内产业造成实质阻碍。

对损害的调查和确定，由商务部负责；其中，涉及农产品的反倾销国内产业损害调查，由商务部会同农业部进行。

第八条 在确定倾销对国内产业造成的损害时，应当审查下列事项：

（一）倾销进口产品的数量，包括倾销进口产品的绝对数量或者相对于国内同类产品生产或者消费的数量是否大量增加，或者倾销进口产品大量增加的可能性；

（二）倾销进口产品的价格，包括倾销进口产品的价格削减或者对国内同类产品的价格产生大幅度抑制、压低等影响；

（三）倾销进口产品对国内产业的相关经济因素和指标的影响；

（四）倾销进口产品的出口国（地区）、原产国（地区）的生产能力、出口能力，被调查产品的库存情况；

（五）造成国内产业损害的其他因素。

对实质损害威胁的确定，应当依据事实，不得仅依据指控、推测或者极小的可能性。

在确定倾销对国内产业造成的损害时，应当依据肯定性证据，不得将造成损害的非倾销因素归因于倾销。

第九条 倾销进口产品来自两个以上国家（地区），并且同时满足下列条件的，可以就倾销进口产品对国内产业造成的影响进行累积评估：

（一）来自每一国家（地区）的倾销进口产品的倾销幅度不小于2%，并且其进口量不属于可忽略不计的；

（二）根据倾销进口产品之间以及倾销进口产品与国内同类产品之间的竞争条件，进行累积评估是适当的。

可忽略不计，是指来自一个国家（地区）的倾销进口产品的数量占同类产品总进口量的比例低于3%；但是，低于3%的若干国家（地区）的总进口量超过同类产品总进口量7%的除外。

第十条 评估倾销进口产品的影响，应当针对国内同类产品的生产进行单独确定；不能针对国内同类产品的生产进行单独确定的，应当审查包括国内同类产品在内的最窄产品组或者范围的生产。

第十一条 国内产业，是指中华人民共和国国内同类产品的全部生产者，或者其总产量占国内同类产品全部总产量的主要部分的生产者；但是，国内生产者与出口经营者或者进口经营者有关联的，或者其本身为倾销进口产品的进口经营者的，可以排除在国内产业之外。

在特殊情形下，国内一个区域市场中的生产者，在该市场中销售其全部或者几乎全部的同类产品，并且该市场中同类产品的需求主要不是由国内其他地方的生产者供给的，可以视为一个单独产业。

第十二条 同类产品，是指与倾销进口产品相同的产品；没有相同产品的，以与倾销进口产品的特性最相似的产品为同类产品。

第三章 反倾销调查

第十三条 国内产业或者代表国内产业的自然人、法人或者有关组织（以下统称申请人），可以依照本条例的规定向商务部提出反倾销调查的书面申请。

第十四条 申请书应当包括下列内容：

（一）申请人的名称、地址及有关情况；

（二）对申请调查的进口产品的完整说明，包括产品名称、所涉及的出口国（地区）或者原产国（地区）、已知的出口经营者或者生产者、产品在出口国（地区）或者原产国（地区）国内市场消费时的价格信息、出口价格信息等；

（三）对国内同类产品生产的数量和价值的说明；

（四）申请调查进口产品的数量和价格对国内产业的影响；

（五）申请人认为需要说明的其他内容。

第十五条 申请书应当附具下列证据：

（一）申请调查的进口产品存在倾销；

（二）对国内产业的损害；

（三）倾销与损害之间存在因果关系。

第十六条 商务部应当自收到申请人提交的申请书及有关证据之日起60天内，对申请是否由国内产业或者代表国内产业提出、申请书内容及所附具的证据等进行审查，并决定立案调查或者不立案调查。

在决定立案调查前，应当通知有关出口国（地区）政府。

第十七条 在表示支持申请或者反对申请的国内产业中，支持者的产量占支持者和反对者的总产量的50%以上的，应当认定申请是由国内产业或者代表国内产业提出，可以启动反倾销调查；但是，表示支持申请的国内生产者的产量不足国内同类产品总产量的25%的，不得启动反倾销调查。

第十八条 在特殊情形下，商务部没有收到反倾销调查的书面申请，但有充分证据认为存在倾销和损害以及二者之间有因果关系的，可以决定立案调查。

第十九条 立案调查的决定，由商务部予以公告，并通知申请人、已知的出口经营者和进口经营者、出口国（地区）政府以及其他有利害关系的组织、个人（以下统称利害关系方）。

立案调查的决定一经公告，商务部应当将申请书文本提供给已知的出口经营者和出口国（地区）政府。

第二十条 商务部可以采用问卷、抽样、听证会、现场核查等方式向利害关系方了解情况，进行调查。

商务部应当为有关利害关系方提供陈述意见和论据的机会。

商务部认为必要时，可以派出工作人员赴有关国家（地区）进行调查；但是，有关国家（地区）提出异议的除外。

第二十一条 商务部进行调查时，利害关系方应当如实反映情况，提供有关资料。利害关系方不如实反映情况、提供有关资料的，或者没有在合理时间内提供必要信息的，或者以其他方式严重妨碍调查的，商务部可以根据已经获得的事实和可获得的最佳信息作出裁定。

第二十二条 利害关系方认为其提供的资料泄露后将产生严重不利影响的，可以向商务部申请对该资料按保密资料处理。

商务部认为保密申请有正当理由的，应当对利害关系方提供的资料按保密资料处理，同时要求利害关系方提供一份非保密的该资料概要。

按保密资料处理的资料，未经提供资料的利害关系方同意，不得泄露。

第二十三条 商务部应当允许申请人和利害关系方查阅本案有关资料；但是，属于按保密资料处理的除外。

第二十四条 商务部根据调查结果，就倾销、损害和二者之间的因果关系是否成立作出初裁决定，并予以公告。

第二十五条 初裁决定确定倾销、损害以及二者之间的因果关系成立的，商务部应当对倾销及倾销幅度、损害及损害程度继续进行调查，并根据调查结果作出终裁决定，予以公告。

在作出终裁决定前，应当由商务部将终裁决定所依据的基本事实通知所有已知的利害关系方。

第二十六条 反倾销调查，应当自立案调查决定公告之日起 12 个月内结束；特殊情况下可以延长，但延长期不得超过 6 个月。

第二十七条 有下列情形之一的，反倾销调查应当终止，并由商务部予以公告：

（一）申请人撤销申请的；

（二）没有足够证据证明存在倾销、损害或者二者之间有因果关系的；

（三）倾销幅度低于 2% 的；

（四）倾销进口产品实际或者潜在的进口量或者损害属于可忽略不计的；

（五）商务部认为不适宜继续进行反倾销调查的。

来自一个或者部分国家（地区）的被调查产品有前款第（二）、（三）、（四）项所列情形之一的，针对所涉产品的反倾销调查应当终止。

第四章 反倾销措施

第一节 临时反倾销措施

第二十八条 初裁决定确定倾销成立，并由此对国内产业造成损害的，可以采取下列临时反倾销措施：

（一）征收临时反倾销税；

（二）要求提供保证金、保函或者其他形式的担保。

临时反倾销税税额或者提供的保证金、保函或者其他形式担保的金额，应当不超过初裁决定确定的倾销幅度。

第二十九条 征收临时反倾销税，由商务部提出建议，国务院关税税则委员会根据商务部的建议作出决定，由商务部予以公告。要求提供保证金、保函或者其他形式的担保，由商务部作出决定并予以公告。海关自公告规定实施之日起执行。

第三十条 临时反倾销措施实施的期限，自临时反倾销措施决定公告规定实施之日起，不超过4个月；在特殊情形下，可以延长至9个月。

自反倾销立案调查决定公告之日起60天内，不得采取临时反倾销措施。

第二节 价格承诺

第三十一条 倾销进口产品的出口经营者在反倾销调查期间，可以向商务部作出改变价格或者停止以倾销价格出口的价格承诺。

商务部可以向出口经营者提出价格承诺的建议。

商务部不得强迫出口经营者作出价格承诺。

第三十二条 出口经营者不作出价格承诺或者不接受价格承诺的建议的，不妨碍对反倾销案件的调查和确定。出口经营者继续倾销进口产品的，商务部有权确定损害威胁更有可能出现。

第三十三条 商务部认为出口经营者作出的价格承诺能够接受并符合公共利益的，可以决定中止或者终止反倾销调查，不采取临时反倾销措施或者征收反倾销税。中止或者终止反倾销调查的决定由商务部予以公告。

商务部不接受价格承诺的，应当向有关出口经营者说明理由。

商务部对倾销以及由倾销造成的损害作出肯定的初裁决定前，不得寻求或者接受价格承诺。

第三十四条 依照本条例第三十三条第一款规定中止或者终止反倾销调查后，应出口经营者请求，商务部应当对倾销和损害继续进行调查；或者商务部认为有必要的，可以对倾销和损害继续进行调查。

根据前款调查结果，作出倾销或者损害的否定裁定的，价格承诺自动失效；作出倾销和损害的肯定裁定的，价格承诺继续有效。

第三十五条 商务部可以要求出口经营者定期提供履行其价格承诺的有关情况、资料，并予以核实。

第三十六条 出口经营者违反其价格承诺的，商务部依照本条例的规定，可以立即决定恢复反倾销调查；根据可获得的最佳信息，可以决定采取临时反倾销措施，并可以对实施临时反倾销措施前90天内进口的产品追溯征收反倾销税，但违反价格承诺前进口的产品除外。

第三节 反倾销税

第三十七条 终裁决定确定倾销成立，并由此对国内产业造成损害的，可以征收反倾销税。征收反倾销税应当符合公共利益。

第三十八条 征收反倾销税，由商务部提出建议，国务院关税税则委员会根据商务部的建议作出决定，由商务部予以公告。海关自公告规定实施之日起执行。

第三十九条 反倾销税适用于终裁决定公告之日后进口的产品，但属于本条例第三十六条、第四十三条、第四十四条规定的情形除外。

第四十条 反倾销税的纳税人为倾销进口产品的进口经营者。

第四十一条 反倾销税应当根据不同出口经营者的倾销幅度，分别确定。对未包括在审查范围内的出口经营者的倾销进口产品，需要征收反倾销税的，应当按照合理的方式确定对其适用的反倾销税。

第四十二条 反倾销税税额不超过终裁决定确定的倾销幅度。

第四十三条 终裁决定确定存在实质损害，并在此前已经采取临时反倾销措施的，反倾销税可以对已经实施临时反倾销措施的期间追溯征收。

终裁决定确定存在实质损害威胁，在先前不采取临时反倾销措施将会导致后来作出实质损害裁定的情况下已经采取临时反倾销措施的，反倾销税可以对已经实施临时反倾销措施的期间追溯征收。

终裁决定确定的反倾销税，高于已付或者应付的临时反倾销税或者为担保目的而估计的金额的，差额部分不予收取；低于已付或者应付的临时反倾销税或者为担保目的而估计的金额的，差额部分应当根据具体情况予以退还或者重新计算税额。

第四十四条 下列两种情形并存的，可以对实施临时反倾销措施之日前90天内进口的产品追溯征收反倾销税，但立案调查前进口的产品除外：

（一）倾销进口产品有对国内产业造成损害的倾销历史，或者该产品的进口经营者知道或者应当知道出口经营者实施倾销并且倾销对国内产业将造成损害的；

（二）倾销进口产品在短期内大量进口，并且可能会严重破坏即将实施的反倾销税的补救效果的。

商务部发起调查后，有充分证据证明前款所列两种情形并存的，可以对有关进口产品采取进口登记等必要措施，以便追溯征收反倾销税。

第四十五条 终裁决定确定不征收反倾销税的，或者终裁决定未确定追溯征收反倾销税的，已征收的临时反倾销税、已收取的保证金应当予以退还，保函或者其他形式的担保应当予以解除。

第四十六条 倾销进口产品的进口经营者有证据证明已经缴纳的反倾销税税额超过倾销幅度的，可以向商务部提出退税申请；商务部经审查、核实并提出建议，国务院关税税则委员会根据商务部的建议可以作出退税决定，由海关执行。

第四十七条 进口产品被征收反倾销税后，在调查期内未向中华人民共和国出口该产品的新出口经营者，能证明其与被征收反倾销税的出口经营者无关联的，可以向商务部申请单独确定其倾销幅度。商务部应当迅速进行审查并作出终裁决定。在审查期间，可以采取本条例第二十八条第一款第（二）项规定的措施，但不得对该产品征收反倾销税。

第五章 反倾销税和价格承诺的期限与复审

第四十八条 反倾销税的征收期限和价格承诺的履行期限不超过5年；但是，经复审确定终止征收反倾销税有可能导致倾销和损害的继续或者再度发生的，反倾销税的征收期限可以适当延长。

第四十九条 反倾销税生效后，商务部可以在有正当理由的情况下，决定对继续征收反倾销税的必要性进行复审；也可以在经过一段合理时间，应利害关系方的请求并对利害关系方提供的相应证据进行审查后，决定对继续征收反倾销税的必要性进行复审。

价格承诺生效后，商务部可以在有正当理由的情况下，决定对继续履行价格承诺的必要性进行复审；也可以在经过一段合理时间，应利害关系方的请求并对利害关系方提供的相应证据进行审查后，决定对继续履行价格承诺的必要性进行复审。

第五十条 根据复审结果，由商务部依照本条例的规定提出保留、修改或者取消反倾销税的建议，国务院关税税则委员会根据商务部的建议作出决定，由商务部予以公告；或者由商务部依照本条例的规定，作出保留、修改或者取消价格承诺的决定并予以公告。

第五十一条 复审程序参照本条例关于反倾销调查的有关规定执行。

复审期限自决定复审开始之日起，不超过12个月。

第五十二条 在复审期间，复审程序不妨碍反倾销措施的实施。

第六章 附 则

第五十三条 对依照本条例第二十五条作出的终裁决定不服的，对依照本条例第四章作出的是否征收反倾销税的决定以及追溯征收、退税、对新出口经营者征税的决定不服的，或者对依照本条例第五章作出的复审决定不服的，可以依法申请行政复议，也可以依法向人民法院提起诉讼。

第五十四条 依照本条例作出的公告，应当载明重要的情况、事实、理由、依据、结果和结论等内容。

第五十五条 商务部可以采取适当措施，防止规避反倾销措施的行为。

第五十六条 任何国家（地区）对中华人民共和国的出口产品采取歧视性反倾销措施的，中华人民共和国可以根据实际情况对该国家（地区）采取相应的措施。

第五十七条 商务部负责与反倾销有关的对外磋商、通知和争端解决事宜。

第五十八条 商务部可以根据本条例制定有关具体实施办法。

第五十九条 本条例自2002年1月1日起施行。1997年3月25日国务院发布的《中华人民共和国反倾销和反补贴条例》中关于反倾销的规定同时废止。

中华人民共和国反补贴条例

1. 2001年11月26日国务院令第329号公布

2. 根据2004年3月31日国务院令第402号《关于修改〈中华人民共和国反补贴条例〉的决定》修订

第一章 总　　则

第一条 为了维护对外贸易秩序和公平竞争，根据《中华人民共和国对外贸易法》的有关规定，制定本条例。

第二条 进口产品存在补贴，并对已经建立的国内产业造成实质损害或者产生实质损害威胁，或者对建立国内产业造成实质阻碍的，依照本条例的规定进行调查，采取反补贴措施。

第二章 补贴与损害

第三条 补贴，是指出口国（地区）政府或者其任何公共机构提供的并为接受者带来利益的财政资助以及任何形式的收入或者价格支持。

出口国（地区）政府或者其任何公共机构，以下统称出口国（地区）政府。

本条第一款所称财政资助，包括：

（一）出口国（地区）政府以拨款、贷款、资本注入等形式直接提供资金，或者以贷款担保等形式潜在地直接转让资金或者债务；

（二）出口国（地区）政府放弃或者不收缴应收收入；

（三）出口国（地区）政府提供除一般基础设施以外的货物、服务，或者由出口国（地区）政府购买货物；

（四）出口国（地区）政府通过向筹资机构付款，或者委托、指令私营机构履行上述职能。

第四条 依照本条例进行调查、采取反补贴措施的补贴，必须具有专向性。

具有下列情形之一的补贴，具有专向性：

（一）由出口国（地区）政府明确确定的某些企业、产业获得的补贴；

（二）由出口国（地区）法律、法规明确规定的某些企业、产业获得的补贴；

（三）指定特定区域内的企业、产业获得的补贴；

（四）以出口实绩为条件获得的补贴，包括本条例所附出口补贴清单列举的各项补贴；

（五）以使用本国（地区）产品替代进口产品为条件获得的补贴。

在确定补贴专向性时，还应当考虑受补贴企业的数量和企业受补贴的数额、比例、时间以及给与补贴的方式等因素。

第五条 对补贴的调查和确定，由商务部负责。

第六条 进口产品的补贴金额，应当区别不同情况，按照下列方式计算：

（一）以无偿拨款形式提供补贴的，补贴金额以企业实际接受的金额计算；

（二）以贷款形式提供补贴的，补贴金额以接受贷款的企业在正常商业贷款条件下应支付的利息与该项贷款的利息差额计算；

（三）以贷款担保形式提供补贴的，补贴金额以在没有担保情况下企业应支付的利息与有担保情况下企业实际支付的利息之差计算；

（四）以注入资本形式提供补贴的，补贴金额以企业实际接受的资本金额计算；

（五）以提供货物或者服务形式提供补贴的，补贴金额以该项货物或者服务的正常市场价格与企业实际支付的价格之差计算；

（六）以购买货物形式提供补贴的，补贴金额以政府实际支付价格与该项货物正常市场价格之差计算；

（七）以放弃或者不收缴应收收入形式提供补贴的，补贴金额以依法应缴金额与企业实际缴纳金额之差计算。

对前款所列形式以外的其他补贴，按照公平、合理的方式确定补贴金额。

第七条 损害，是指补贴对已经建立的国内产业造成实质损害或者产生实质损害威胁，或者对建立国内产业造成实质阻碍。

对损害的调查和确定，由商务部负责；其中，涉及农产品的反补贴国内产业损害调查，由商务部会同农业部进行。

第八条 在确定补贴对国内产业造成的损害时，应当审查下列事项：

（一）补贴可能对贸易造成的影响；

（二）补贴进口产品的数量，包括补贴进口产品的绝对数量或者相对于国内同类产品生产或者消费的数量是否大量增加，或者补贴进口产品大量增加的可能性；

（三）补贴进口产品的价格，包括补贴进口产品的价格削减或者对国内同类产品的价格产生大幅度抑制、压低等影响；

（四）补贴进口产品对国内产业的相关经济因素和指标的影响；

（五）补贴进口产品出口国（地区）、原产国（地区）的生产能力、出口能力，被调查产品的库存情况；

（六）造成国内产业损害的其他因素。

对实质损害威胁的确定，应当依据事实，不得仅依据指控、推测或者极小的可能性。

在确定补贴对国内产业造成的损害时，应当依据肯定性证据，不得将造成损害的非补贴因素归因于补贴。

第九条 补贴进口产品来自两个以上国家（地区），并且同时满足下列条件的，可以就补贴进口产品对国内产业造成的影响进行累积评估：

（一）来自每一国家（地区）的补贴进口产品的补贴金额不属于微量补贴，并且其进口量不属于可忽略不计的；

（二）根据补贴进口产品之间的竞争条件以及补贴进口产品与国内同类产品之间的竞争条件，进行累积评估是适当的。

微量补贴，是指补贴金额不足产品价值 1% 的补贴；但是，来自发展中国家（地区）的补贴进口产品的微量补贴，是指补贴金额不足产品价值 2% 的补贴。

第十条 评估补贴进口产品的影响，应当对国内同类产品的生产进行单独确定。不能对国内同类产品的生产进行单独确定的，应当审查包括国内同类产品在内的最窄产品组或者范围的生产。

第十一条 国内产业，是指中华人民共和国国内同类产品的全部生产者，或者其总产量占国内同类产品全部总产量的主要部分的生产者；但是，国内生产者与出口经营者或者进口经营者有关联的，或者其本身为补贴产品或者同类产品的进口经营者的，应当除外。

在特殊情形下，国内一个区域市场中的生产者，在该市场中销售其全部或者几乎全部的同类产品，并且该市场中同类产品的需求主要不是由国内其他地方的生产者供给的，可以视为一个单独产业。

第十二条 同类产品，是指与补贴进口产品相同的产品；没有相同产品的，以与补贴进口产品的特性最相似的产品为同类产品。

第三章 反补贴调查

第十三条 国内产业或者代表国内产业的自然人、法人或者有关组织（以下统称申请人），可以依照本条例的规定向商务部提出反补贴调查的书面申请。

第十四条 申请书应当包括下列内容：

（一）申请人的名称、地址及有关情况；

（二）对申请调查的进口产品的完整说明，包括产品名称、所涉及的出口国（地区）或者原产国（地区）、已知的出口经营者或者生产者等；

（三）对国内同类产品生产的数量和价值的说明；

（四）申请调查进口产品的数量和价格对国内产业的影响；

（五）申请人认为需要说明的其他内容。

第十五条 申请书应当附具下列证据：

（一）申请调查的进口产品存在补贴；

（二）对国内产业的损害；

（三）补贴与损害之间存在因果关系。

第十六条 商务部应当自收到申请人提交的申请书及有关证据之日起60天内，对申请是否由国内产业或者代表国内产业提出、申请书内容及所附具的证据等进行审查，并决定立案调查或者不立案调查。在特殊情形下，可以适当延长审查期限。

在决定立案调查前，应当就有关补贴事项向产品可能被调查的国家（地区）政府发出进行磋商的邀请。

第十七条 在表示支持申请或者反对申请的国内产业中，支持者的产量占支持者和反对者的总产量的50%以上的，应当认定申请是由国内产业或者代表国内产业提出，可以启动反补贴调查；但是，表示支持申请的国内生产者的产量不足国内同类产品总产量的25%的，不得启动反补贴调查。

第十八条 在特殊情形下，商务部没有收到反补贴调查的书面申请，但有充分证据认为存在补贴和损害以及二者之间有因果关系的，可以决定立案调查。

第十九条 立案调查的决定，由商务部予以公告，并通知申请人、已知的出口经营者、进口经营者以及其他有利害关系的组织、个人（以下统称利害关系方）和出口国（地区）政府。

立案调查的决定一经公告，商务部应当将申请书文本提供给已知的出口经营者和出口国（地区）政府。

第二十条 商务部可以采用问卷、抽样、听证会、现场核查等方式向利害关系方了解情况，进行调查。

商务部应当为有关利害关系方、利害关系国（地区）政府提供陈述意见和论据的机会。

商务部认为必要时，可以派出工作人员赴有关国家（地区）进行调查；但是，有关国家（地区）提出异议的除外。

第二十一条 商务部进行调查时，利害关系方、利害关系国（地区）政府应当如实反映情况，提供有关资料。利害关系方、利害关系国（地区）政府不如实反映情况、提供有关资料的，或者没有在合理时间内提供必要信息的，或者以其他方式严重妨碍调查的，商务部可以根据可获得的事实作出裁定。

第二十二条 利害关系方、利害关系国（地区）政府认为其提供的资料泄露后将产生严重不利影响的，可以向商务部申请对该资料按保密资料处理。

商务部认为保密申请有正当理由的，应当对利害关系方、利害关系国（地区）政府提供的资料按保密资料处理，同时要求利害关系方、利害关系国（地区）政府提供一份非保密的该资料概要。

按保密资料处理的资料，未经提供资料的利害关系方、利害关系国（地区）政府同意，不得泄露。

第二十三条 商务部应当允许申请人、利害关系方和利害关系国（地区）政府查阅本案有关资料；但是，属于按保密资料处理的除外。

第二十四条 在反补贴调查期间，应当给予产品被调查的国家（地区）政府继续进行磋商的合理机会。磋商不妨碍商务部根据本条例的规定进行调查，并采取反补贴措施。

第二十五条 商务部根据调查结果，就补贴、损害和二者之间的因果关系是否成立作出初裁决定，并予以公告。

第二十六条 初裁决定确定补贴、损害以及二者之间的因果关系成立的，商务部应当对补贴及补贴金额、损害及损害程度继续进行调查，并根据调查结果作出终裁决定，予以公告。

在作出终裁决定前，应当由商务部将终裁决定所依据的基本事实通知所有已知的利害关系方、利害关系国（地区）政府。

第二十七条 反补贴调查，应当自立案调查决定公告之日起12个月内结束；特殊情况下可以延长，但延长期不得超过6个月。

第二十八条 有下列情形之一的，反补贴调查应当终止，并由商务部予以公告：

（一）申请人撤销申请的；

（二）没有足够证据证明存在补贴、损害或者二者之间有因果关系的；

（三）补贴金额为微量补贴的；

（四）补贴进口产品实际或者潜在的进口量或者损害属于可忽略不计的；

（五）通过与有关国家（地区）政府磋商达成协议，不需要继续进行反补贴调查的；

（六）商务部认为不适宜继续进行反补贴调查的。

来自一个或者部分国家（地区）的被调查产品有前款第（二）、（三）、（四）、（五）项所列情形之一的，针对所涉产品的反补贴调查应当终止。

第四章 反补贴措施

第一节 临时措施

第二十九条 初裁决定确定补贴成立，并由此对国内产业造成损害的，可以采取临时反补贴措施。

临时反补贴措施采取以保证金或者保函作为担保的征收临时反补贴税的形式。

第三十条 采取临时反补贴措施，由商务部提出建议，国务院关税税则委员会根据商务部的建议作出决定，由商务部予以公告。海关自公告规定实施之日起执行。

第三十一条 临时反补贴措施实施的期限，自临时反补贴措施决定公告规定实施之日起，不超过4个月。

自反补贴立案调查决定公告之日起60天内，不得采取临时反补贴措施。

第二节 承诺

第三十二条 在反补贴调查期间，出口国（地区）政府提出取消、限制补贴或者其他有关措施的承诺，或者出口经营者提出修改价格的承诺的，商务部应当予以充分考虑。

商务部可以向出口经营者或者出口国（地区）政府提出有关价格承诺的建议。

商务部不得强迫出口经营者作出承诺。

第三十三条 出口经营者、出口国（地区）政府不作出承诺或者不接受有关价格承诺的建议的，不妨碍对反补贴案件的调查和确定。出口经营者继续补贴进口产品的，商务部有权确定损害威胁更有可能出现。

第三十四条 商务部认为承诺能够接受并符合公共利益的，可以决定中止或者终止反补贴调查，不采取临时反补贴措施或者征收反补贴税。中止或者终止反补贴调查的决定由商务部予以公告。

商务部不接受承诺的，应当向有关出口经营者说明理由。

商务部对补贴以及由补贴造成的损害作出肯定的初裁决定前，不得寻求或者接受承诺。在出口经营者作出承诺的情况下，未经其本国（地区）政府同意的，商务部不得寻求或者接受承诺。

第三十五条 依照本条例第三十四条第一款规定中止或者终止调查后，应出口国（地区）政府请求，商务部应当对补贴和损害继续进行调查；或者商务部认为有必要的，可以对补贴和损害继续进行调查。

根据调查结果，作出补贴或者损害的否定裁定的，承诺自动失效；作出补贴和损害的肯定裁定的，承诺继续有效。

第三十六条 商务部可以要求承诺已被接受的出口经营者或者出口国（地区）政府定期提供履行其承诺的有关情况、资料，并予以核实。

第三十七条 对违反承诺的，商务部依照本条例的规定，可以立即决定恢复反补贴调查；根据可获得的最佳信息，可以决定采取临时反补贴措施，并可以对实施临时反补贴措施前90天内进口的产品追溯征收反补贴税，但违反承诺前进口的产品除外。

第三节 反补贴税

第三十八条 在为完成磋商的努力没有取得效果的情况下，终裁决定确定补贴成立，并由此对国内产业造成损害的，可以征收反补贴税。征收反补贴税应当符合公共利益。

第三十九条 征收反补贴税，由商务部提出建议，国务院关税税则委员会根据商务部的建议作出决定，由商务部予以公告。海关自公告规定实施之日起执行。

第四十条 反补贴税适用于终裁决定公告之日后进口的产品，但属于本条例第三十七条、第四十四条、第四十五条规定的情形除外。

第四十一条 反补贴税的纳税人为补贴进口产品的进口经营者。

第四十二条 反补贴税应当根据不同出口经营者的补贴金额，分别确定。对实际上未被调查的出口经营者的补贴进口产品，需要征收反补贴税的，应当迅速审查，按照合理的方式确定对其适用的反补贴税。

第四十三条 反补贴税税额不得超过终裁决定确定的补贴金额。

第四十四条 终裁决定确定存在实质损害，并在此前已经采取临时反补贴措施的，反补贴税可以对已经实施临时反补贴措施的期间追溯征收。

终裁决定确定存在实质损害威胁，在先前不采取临时反补贴措施将会导致后来作出实质损害裁定的情况下已经采取临时反补贴措施的，反补贴税可以对已经实施临时反补贴措施的期间追溯征收。

终裁决定确定的反补贴税，高于保证金或者保函所担保的金额的，差额部分不予收取；低于保证金或者保函所担保的金额的，差额部分应当予以退还。

第四十五条 下列三种情形并存的，必要时可以对实施临时反补贴措施之日前90天内进口的产品追溯征收反补贴税：

（一）补贴进口产品在较短的时间内大量增加；

（二）此种增加对国内产业造成难以补救的损害；

（三）此种产品得益于补贴。

第四十六条 终裁决定确定不征收反补贴税的，或者终裁决定未确定追溯征收反补贴税的，对实施临时反补贴措施期间已收取的保证金应当予以退还，保函应当予以解除。

第五章 反补贴税和承诺的期限与复审

第四十七条 反补贴税的征收期限和承诺的履行期限不超过5年；但是，经复审确定终止征收反补贴税有可能导致补贴和损害的继续或者再度发生的，反补贴税的征收期限可以适当延长。

第四十八条 反补贴税生效后，商务部可以在有正当理由的情况下，决定对继续征收反补贴税的必要性进行复审；也可以在经过一段合理时间，应利害关系方的请求并对利害关系方提供的相应证据进行审查后，决定对继续征收反补贴税的必要性进行复审。

承诺生效后，商务部可以在有正当理由的情况下，决定对继续履行承诺的必要性进行复审；也可以在经过一段合理时间，应利害关系方的请求并对利害关系方提供的相应证据进行审查后，决定对继续履行承诺的必要性进行复审。

第四十九条 根据复审结果，由商务部依照本条例的规定提出保留、修改或者取消反补贴税的建议，国务院关税税则委员会根据商务部的建议作出决定，由商务部予以公告；或者由商务部依照本条例的规定，作出保留、修改或者取消承诺的决定并予以公告。

第五十条 复审程序参照本条例关于反补贴调查的有关规定执行。

复审期限自决定复审开始之日起，不超过12个月。

第五十一条 在复审期间，复审程序不妨碍反补贴措施的实施。

第六章 附 则

第五十二条 对依照本条例第二十六条作出的终裁决定不服的，对依照本条例第四章作出的是否征收反补贴税的决定以及追溯征收的决定不服的，或者对依照本条例第五章作出的复审决定不服的，可以依法申请行政复议，也可以依法向人民法院提起诉讼。

第五十三条 依照本条例作出的公告，应当载明重要的情况、事实、理由、依据、结果和结论等内容。

第五十四条 商务部可以采取适当措施，防止规避反补贴措施的行为。

第五十五条 任何国家（地区）对中华人民共和国的出口产品采取歧视性反补贴措施的，中华人民共和国可以根据实际情况对该国家（地区）采取相应的措施。

第五十六条 商务部负责与反补贴有关的对外磋商、通知和争端解决事宜。

第五十七条 商务部可以根据本条例制定有关具体实施办法。

第五十八条 本条例自2002年1月1日起施行。1997年3月25日国务院发布的《中华人民共和国反倾销和反补贴条例》中关于反补贴的规定同时废止。

中华人民共和国保障措施条例

1. 2001年11月26日国务院令第330号公布

2. 根据2004年3月31日国务院令第403号《关于修改〈中华人民共和国保障措施条例〉的决定》修订

第一章 总 则

第一条 为了促进对外贸易健康发展，根据《中华人民共和国对外贸易法》的有关规定，制定本条例。

第二条 进口产品数量增加，并对生产同类产品或者直接竞争产品的国内产业造成严重损害或者严重损害威胁（以下除特别指明外，统称损害）的，依照本条例的规定进行调查，采取保障措施。

第二章 调 查

第三条 与国内产业有关的自然人、法人或者其他组织（以下统称申请人），可以依照本条例的规定，向商务部提出采取保障措施的书面申请。

商务部应当及时对申请人的申请进行审查，决定立案调查或者不立案调查。

第四条 商务部没有收到采取保障措施的书面申请，但有充分证据认为国内产业因进口产品数量增加而受到损害的，可以决定立案调查。

第五条 立案调查的决定，由商务部予以公告。

商务部应当将立案调查的决定及时通知世界贸易组织保障措施委员会（以下简称保障措施委员会）。

第六条 对进口产品数量增加及损害的调查和确定，由商务部负责；其中，涉及农产品的保障措施国内产业损害调查，由商务部会同农业部进行。

第七条 进口产品数量增加，是指进口产品数量的绝对增加或者与国内生产相比的相对增加。

第八条 在确定进口产品数量增加对国内产业造成的损害时，应当审查下列相关因素：

（一）进口产品的绝对和相对增长率与增长量；

（二）增加的进口产品在国内市场中所占的份额；

（三）进口产品对国内产业的影响，包括对国内产业在产量、销售水平、市场份额、生产率、设备利用率、利润与亏损、就业等方面的影响；

（四）造成国内产业损害的其他因素。

对严重损害威胁的确定，应当依据事实，不能仅依据指控、推测或者极小的可能性。

在确定进口产品数量增加对国内产业造成的损害时，不得将进口增加以外的因素对国内产业造成的损害归因于进口增加。

第九条 在调查期间，商务部应当及时公布对案情的详细分析和审查的相关因素等。

第十条 国内产业，是指中华人民共和国国内同类产品或者直接竞争产品的全部生产者，或者其总产量占国内同类产品或者直接竞争产品全部总产量的主要部分的生产者。

第十一条 商务部应当根据客观的事实和证据，确定进口产品数量增加与国内产业的损害之间是否存在因果关系。

第十二条 商务部应当为进口经营者、出口经营者和其他利害关系方提供陈述意见和论据的机会。

调查可以采用调查问卷的方式，也可以采用听证会或者其他方式。

第十三条 调查中获得的有关资料，资料提供方认为需要保密的，商务部可以按保密资料处理。

保密申请有理由的，应当对资料提供方提供的资料按保密资料处理，同时要求资料提供方提供一份非保密的该资料概要。

按保密资料处理的资料，未经资料提供方同意，不得泄露。

第十四条 进口产品数量增加、损害的调查结果及其理由的说明，由商务部予以公布。

商务部应当将调查结果及有关情况及时通知保障措施委员会。

第十五条 商务部根据调查结果，可以作出初裁决定，也可以直接作出终裁决定，并予以公告。

第三章 保障措施

第十六条 有明确证据表明进口产品数量增加，在不采取临时保障措施将对国内产业造成难以补救的损害的紧急情况下，可以作出初裁决定，并采取临时保障措施。

临时保障措施采取提高关税的形式。

第十七条 采取临时保障措施，由商务部提出建议，国务院关税税则委员会根据商务部的建议作出决定，由商务部予以公告。海关自公告规定实施之日起执行。

在采取临时保障措施前，商务部应当将有关情况通知保障措施委员会。

第十八条 临时保障措施的实施期限，自临时保障措施决定公告规定实施之日起，不超过200 天。

第十九条 终裁决定确定进口产品数量增加，并由此对国内产业造成损害的，可以采取保障措施。实施保障措施应当符合公共利益。

保障措施可以采取提高关税、数量限制等形式。

第二十条 保障措施采取提高关税形式的，由商务部提出建议，国务院关税税则委员会根据商务部的建议作出决定，由商务部予以公告；采取数量限制形式的，由商务部作出决定并予以公告。海关自公告规定实施之日起执行。

商务部应当将采取保障措施的决定及有关情况及时通知保障措施委员会。

第二十一条 采取数量限制措施的，限制后的进口量不得低于最近 3 个有代表性年度的平均进口量；但是，有正当理由表明为防止或者补救严重损害而有必要采取不同水平的数量限制措施的除外。

采取数量限制措施，需要在有关出口国（地区）或者原产国（地区）之间进行数量分配的，商务部可以与有关出口国（地区）或者原产国（地区）就数量的分配进行磋商。

第二十二条 保障措施应当针对正在进口的产品实施，不区分产品来源国（地区）。

第二十三条 采取保障措施应当限于防止、补救严重损害并便利调整国内产业所必要的范围内。

第二十四条 在采取保障措施前，商务部应当为与有关产品的出口经营者有实质利益的国家（地区）政府提供磋商的充分机会。

第二十五条 终裁决定确定不采取保障措施的，已征收的临时关税应当予以退还。

第四章 保障措施的期限与复审

第二十六条 保障措施的实施期限不超过4年。

符合下列条件的，保障措施的实施期限可以适当延长：

（一）按照本条例规定的程序确定保障措施对于防止或者补救严重损害仍然有必要；

（二）有证据表明相关国内产业正在进行调整；

（三）已经履行有关对外通知、磋商的义务；

（四）延长后的措施不严于延长前的措施。

一项保障措施的实施期限及其延长期限，最长不超过10年。

第二十七条 保障措施实施期限超过1年的，应当在实施期间内按固定时间间隔逐步放宽。

第二十八条 保障措施实施期限超过3年的，商务部应当在实施期间内对该项措施进行中期复审。

复审的内容包括保障措施对国内产业的影响、国内产业的调整情况等。

第二十九条 保障措施属于提高关税的，商务部应当根据复审结果，依照本条例的规定，提出保留、取消或者加快放宽提高关税措施的建议，国务院关税税则委员会根据商务部的建议作出决定，由商务部予以公告；保障措施属于数量限制或者其他形式的，商务部应当根据复审结果，依照本条例的规定，作出保留、取消或者加快放宽数量限制措施的决定并予以公告。

第三十条 对同一进口产品再次采取保障措施的，与前次采取保障措施的时间间隔应当不短于前次采取保障措施的实施期限，并且至少为2年。

符合下列条件的，对一产品实施的期限为180天或者少于180天的保障措施，不受前款限制：

（一）自对该进口产品实施保障措施之日起，已经超过1年；

（二）自实施该保障措施之日起5年内，未对同一产品实施2次以上保障措施。

第五章 附 则

第三十一条 任何国家（地区）对中华人民共和国的出口产品采取歧视性保障措施的，中华人民共和国可以根据实际情况对该国家（地区）采取相应的措施。

第三十二条 商务部负责与保障措施有关的对外磋商、通知和争端解决事宜。

第三十三条 商务部可以根据本条例制定具体实施办法。

第三十四条 本条例自2002年1月1日起施行。

中华人民共和国外汇管理条例

1. 1996年1月29日国务院令第193号公布

2. 根据1997年1月14日国务院令第211号《关于修改〈中华人民共和国外汇管理条例〉的决定》修订

3. 2008年8月5日国务院令第532号修订公布

第一章 总 则

第一条 为了加强外汇管理，促进国际收支平衡，促进国民经济健康发展，制定本条例。

第二条 国务院外汇管理部门及其分支机构（以下统称外汇管理机关）依法履行外汇管理职责，负责本条例的实施。

第三条 本条例所称外汇，是指下列以外币表示的可以用作国际清偿的支付手段和资产：

（一）外币现钞，包括纸币、铸币；

（二）外币支付凭证或者支付工具，包括票据、银行存款凭证、银行卡等；

（三）外币有价证券，包括债券、股票等；

（四）特别提款权；

（五）其他外汇资产。

第四条 境内机构、境内个人的外汇收支或者外汇经营活动，以及境外机构、境外个人在境内的外汇收支或者外汇经营活动，适用本条例。

第五条 国家对经常性国际支付和转移不予限制。

第六条 国家实行国际收支统计申报制度。

国务院外汇管理部门应当对国际收支进行统计、监测，定期公布国际收支状况。

第七条　经营外汇业务的金融机构应当按照国务院外汇管理部门的规定为客户开立外汇账户，并通过外汇账户办理外汇业务。

经营外汇业务的金融机构应当依法向外汇管理机关报送客户的外汇收支及账户变动情况。

第八条　中华人民共和国境内禁止外币流通，并不得以外币计价结算，但国家另有规定的除外。

第九条　境内机构、境内个人的外汇收入可以调回境内或者存放境外；调回境内或者存放境外的条件、期限等，由国务院外汇管理部门根据国际收支状况和外汇管理的需要作出规定。

第十条　国务院外汇管理部门依法持有、管理、经营国家外汇储备，遵循安全、流动、增值的原则。

第十一条　国际收支出现或者可能出现严重失衡，以及国民经济出现或者可能出现严重危机时，国家可以对国际收支采取必要的保障、控制等措施。

第二章　经常项目外汇管理

第十二条　经常项目外汇收支应当具有真实、合法的交易基础。经营结汇、售汇业务的金融机构应当按照国务院外汇管理部门的规定，对交易单证的真实性及其与外汇收支的一致性进行合理审查。

外汇管理机关有权对前款规定事项进行监督检查。

第十三条　经常项目外汇收入，可以按照国家有关规定保留或者卖给经营结汇、售汇业务的金融机构。

第十四条　经常项目外汇支出，应当按照国务院外汇管理部门关于付汇与购汇的管理规定，凭有效单证以自有外汇支付或者向经营结汇、售汇业务的金融机构购汇支付。

第十五条　携带、申报外币现钞出入境的限额，由国务院外汇管理部门规定。

第三章　资本项目外汇管理

第十六条　境外机构、境外个人在境内直接投资，经有关主管部门批准后，应当到外汇管理机关办理登记。

境外机构、境外个人在境内从事有价证券或者衍生产品发行、交易，应当遵守国家关于市场准入的规定，并按照国务院外汇管理部门的规定办理登记。

第十七条　境内机构、境内个人向境外直接投资或者从事境外有价证券、衍生产品发行、交易，应当按照国务院外汇管理部门的规定办理登记。国家规定需要事先经有关主管部门批准或者备案的，应当在外汇登记前办理批准或者备案手续。

第十八条 国家对外债实行规模管理。借用外债应当按照国家有关规定办理，并到外汇管理机关办理外债登记。

国务院外汇管理部门负责全国的外债统计与监测，并定期公布外债情况。

第十九条 提供对外担保，应当向外汇管理机关提出申请，由外汇管理机关根据申请人的资产负债等情况作出批准或者不批准的决定；国家规定其经营范围需经有关主管部门批准的，应当在向外汇管理机关提出申请前办理批准手续。申请人签订对外担保合同后，应当到外汇管理机关办理对外担保登记。

经国务院批准为使用外国政府或者国际金融组织贷款进行转贷提供对外担保的，不适用前款规定。

第二十条 银行业金融机构在经批准的经营范围内可以直接向境外提供商业贷款。其他境内机构向境外提供商业贷款，应当向外汇管理机关提出申请，外汇管理机关根据申请人的资产负债等情况作出批准或者不批准的决定；国家规定其经营范围需经有关主管部门批准的，应当在向外汇管理机关提出申请前办理批准手续。

向境外提供商业贷款，应当按照国务院外汇管理部门的规定办理登记。

第二十一条 资本项目外汇收入保留或者卖给经营结汇、售汇业务的金融机构，应当经外汇管理机关批准，但国家规定无需批准的除外。

第二十二条 资本项目外汇支出，应当按照国务院外汇管理部门关于付汇与购汇的管理规定，凭有效单证以自有外汇支付或者向经营结汇、售汇业务的金融机构购汇支付。国家规定应当经外汇管理机关批准的，应当在外汇支付前办理批准手续。

依法终止的外商投资企业，按照国家有关规定进行清算、纳税后，属于外方投资者所有的人民币，可以向经营结汇、售汇业务的金融机构购汇汇出。

第二十三条 资本项目外汇及结汇资金，应当按照有关主管部门及外汇管理机关批准的用途使用。外汇管理机关有权对资本项目外汇及结汇资金使用和账户变动情况进行监督检查。

第四章　金融机构外汇业务管理

第二十四条 金融机构经营或者终止经营结汇、售汇业务，应当经外汇管理机关批准；经营或者终止经营其他外汇业务，应当按照职责分工经外汇管理机关或者金融业监督管理机构批准。

第二十五条 外汇管理机关对金融机构外汇业务实行综合头寸管理，具体办法由国务院外汇管理部门制定。

第二十六条 金融机构的资本金、利润以及因本外币资产不匹配需要进行人民币与外币间转换的，应当经外汇管理机关批准。

第五章 人民币汇率和外汇市场管理

第二十七条 人民币汇率实行以市场供求为基础的、有管理的浮动汇率制度。

第二十八条 经营结汇、售汇业务的金融机构和符合国务院外汇管理部门规定条件的其他机构，可以按照国务院外汇管理部门的规定在银行间外汇市场进行外汇交易。

第二十九条 外汇市场交易应当遵循公开、公平、公正和诚实信用的原则。

第三十条 外汇市场交易的币种和形式由国务院外汇管理部门规定。

第三十一条 国务院外汇管理部门依法监督管理全国的外汇市场。

第三十二条 国务院外汇管理部门可以根据外汇市场的变化和货币政策的要求，依法对外汇市场进行调节。

第六章 监督管理

第三十三条 外汇管理机关依法履行职责，有权采取下列措施：

（一）对经营外汇业务的金融机构进行现场检查；

（二）进入涉嫌外汇违法行为发生场所调查取证；

（三）询问有外汇收支或者外汇经营活动的机构和个人，要求其对与被调查外汇违法事件直接有关的事项作出说明；

（四）查阅、复制与被调查外汇违法事件直接有关的交易单证等资料；

（五）查阅、复制被调查外汇违法事件的当事人和直接有关的单位、个人的财务会计资料及相关文件，对可能被转移、隐匿或者毁损的文件和资料，可以予以封存；

（六）经国务院外汇管理部门或者省级外汇管理机关负责人批准，查询被调查外汇违法事件的当事人和直接有关的单位、个人的账户，但个人储蓄存款账户除外；

（七）对有证据证明已经或者可能转移、隐匿违法资金等涉案财产或者隐匿、伪造、毁损重要证据的，可以申请人民法院冻结或者查封。

有关单位和个人应当配合外汇管理机关的监督检查，如实说明有关情况并提供有关文件、资料，不得拒绝、阻碍和隐瞒。

第三十四条 外汇管理机关依法进行监督检查或者调查，监督检查或者调查的人员不得少于 2 人，并应当出示证件。监督检查、调查的人员少于 2 人或者未出示证件的，被监督检查、调查的单位和个人有权拒绝。

第三十五条 有外汇经营活动的境内机构，应当按照国务院外汇管理部门的规定报送财务会计报告、统计报表等资料。

第三十六条 经营外汇业务的金融机构发现客户有外汇违法行为的，应当及时向外汇管理机关报告。

第三十七条 国务院外汇管理部门为履行外汇管理职责，可以从国务院有关部门、机构获取所必需的信息，国务院有关部门、机构应当提供。

国务院外汇管理部门应当向国务院有关部门、机构通报外汇管理工作情况。

第三十八条 任何单位和个人都有权举报外汇违法行为。

外汇管理机关应当为举报人保密，并按照规定对举报人或者协助查处外汇违法行为有功的单位和个人给予奖励。

第七章 法律责任

第三十九条 有违反规定将境内外汇转移境外，或者以欺骗手段将境内资本转移境外等逃汇行为的，由外汇管理机关责令限期调回外汇，处逃汇金额30%以下的罚款；情节严重的，处逃汇金额30%以上等值以下的罚款；构成犯罪的，依法追究刑事责任。

第四十条 有违反规定以外汇收付应当以人民币收付的款项，或者以虚假、无效的交易单证等向经营结汇、售汇业务的金融机构骗购外汇等非法套汇行为的，由外汇管理机关责令对非法套汇资金予以回兑，处非法套汇金额30%以下的罚款；情节严重的，处非法套汇金额30%以上等值以下的罚款；构成犯罪的，依法追究刑事责任。

第四十一条 违反规定将外汇汇入境内的，由外汇管理机关责令改正，处违法金额30%以下的罚款；情节严重的，处违法金额30%以上等值以下的罚款。

非法结汇的，由外汇管理机关责令对非法结汇资金予以回兑，处违法金额30%以下的罚款。

第四十二条 违反规定携带外汇出入境的，由外汇管理机关给予警告，可以处违法金额20%以下的罚款。法律、行政法规规定由海关予以处罚的，从其规定。

第四十三条 有擅自对外借款、在境外发行债券或者提供对外担保等违反外债管理行为的，由外汇管理机关给予警告，处违法金额30%以下的罚款。

第四十四条 违反规定，擅自改变外汇或者结汇资金用途的，由外汇管理机关责令改正，没收违法所得，处违法金额30%以下的罚款；情节严重的，处违法金额30%以上等值以下的罚款。

有违反规定以外币在境内计价结算或者划转外汇等非法使用外汇行为的，由外汇管理机关责令改正，给予警告，可以处违法金额30%以下的罚款。

第四十五条 私自买卖外汇、变相买卖外汇、倒买倒卖外汇或者非法介绍买卖外汇数额较大的，由外汇管理机关给予警告，没收违法所得，处违法金额30%以下的罚款；情节严重的，处违法金额30%以上等值以下的罚款；构成犯罪的，依法追究刑事责任。

第四十六条 未经批准擅自经营结汇、售汇业务的，由外汇管理机关责令改正，有违法所得的，没收违法所得，违法所得50万元以上的，并处违法所得1倍以上5倍以下的罚款；没有违法所得或者违法所得不足50万元的，处50万元以上200万元以下的罚款；情节严重的，由有关主管部门责令停业整顿或者吊销业务许可证；构成犯罪的，依法追究刑事责任。

未经批准经营结汇、售汇业务以外的其他外汇业务的，由外汇管理机关或者金融业监督管理机构依照前款规定予以处罚。

第四十七条 金融机构有下列情形之一的，由外汇管理机关责令限期改正，没收违法所得，并处20万元以上100万元以下的罚款；情节严重或者逾期不改正的，由外汇管理机关责令停止经营相关业务：

（一）办理经常项目资金收付，未对交易单证的真实性及其与外汇收支的一致性进行合理审查的；

（二）违反规定办理资本项目资金收付的；

（三）违反规定办理结汇、售汇业务的；

（四）违反外汇业务综合头寸管理的；

（五）违反外汇市场交易管理的。

第四十八条 有下列情形之一的，由外汇管理机关责令改正，给予警告，对机构可以处30万元以下的罚款，对个人可以处5万元以下的罚款：

（一）未按照规定进行国际收支统计申报的；

（二）未按照规定报送财务会计报告、统计报表等资料的；

（三）未按照规定提交有效单证或者提交的单证不真实的；

（四）违反外汇账户管理规定的；

（五）违反外汇登记管理规定的；

（六）拒绝、阻碍外汇管理机关依法进行监督检查或者调查的。

第四十九条 境内机构违反外汇管理规定的，除依照本条例给予处罚外，对直接负责的主管人员和其他直接责任人员，应当给予处分；对金融机构负有直接责任的董事、监事、高级管理人员和其他直接责任人员给予警告，处5万元以上50万元以下的罚款；构成犯罪的，依法追究刑事责任。

第五十条 外汇管理机关工作人员徇私舞弊、滥用职权、玩忽职守，构成犯罪的，依法追究刑事责任；尚不构成犯罪的，依法给予处分。

第五十一条 当事人对外汇管理机关作出的具体行政行为不服的，可以依法申请行政复议；对行政复议决定仍不服的，可以依法向人民法院提起行政诉讼。

第八章 附 则

第五十二条 本条例下列用语的含义：

（一）境内机构，是指中华人民共和国境内的国家机关、企业、事业单位、社会团体、部队等，外国驻华外交领事机构和国际组织驻华代表机构除外。

（二）境内个人，是指中国公民和在中华人民共和国境内连续居住满1年的外国人，外国驻华外交人员和国际组织驻华代表除外。

（三）经常项目，是指国际收支中涉及货物、服务、收益及经常转移的交易项目等。

（四）资本项目，是指国际收支中引起对外资产和负债水平发生变化的交易项目，包括资本转移、直接投资、证券投资、衍生产品及贷款等。

第五十三条 非金融机构经营结汇、售汇业务，应当由国务院外汇管理部门批准，具体管理办法由国务院外汇管理部门另行制定。

第五十四条 本条例自公布之日起施行。

国务院办公厅关于建立外国投资者并购境内企业安全审查制度的通知

1. 2011年2月3日印发

2. 国办发〔2011〕6号

各省、自治区、直辖市人民政府，国务院各部委、各直属机构：

近年来，随着经济全球化的深入发展和我国对外开放的进一步扩大，外国投资者以并购方式进行的投资逐步增多，促进了我国利用外资方式多样化，在优化资源配置、推动技术进步、提高企业管理水平等方面发挥了积极作用。为引导外国投资者并购境内企业有序发展，维护国家安全，经国务院同意，现就建立外国投资者并购境内企业安全审查（以下简称并购安全审查）制度有关事项通知如下：

一、并购安全审查范围

（一）并购安全审查的范围为：外国投资者并购境内军工及军工配套企业，重点、敏感军事设施周边企业，以及关系国防安全的其他单位；外国投资者并购境内关系国家安全的重要农产品、重要能源和资源、重要基础设施、重要运输服务、关键技术、重大装备制造等企业，且实际控制权可能被外国投资者取得。

（二）外国投资者并购境内企业，是指下列情形：

1. 外国投资者购买境内非外商投资企业的股权或认购境内非外商投资企业增资，使该境内企业变更设立为外商投资企业。

2. 外国投资者购买境内外商投资企业中方股东的股权，或认购境内外商投资企业增资。

3. 外国投资者设立外商投资企业，并通过该外商投资企业协议购买境内企业资产并且运营该资产，或通过该外商投资企业购买境内企业股权。

4. 外国投资者直接购买境内企业资产，并以该资产投资设立外商投资企业运营该资产。

（三）外国投资者取得实际控制权，是指外国投资者通过并购成为境内企业的控股股东或实际控制人。包括下列情形：

1. 外国投资者及其控股母公司、控股子公司在并购后持有的股份总额在50%以上。

2. 数个外国投资者在并购后持有的股份总额合计在50%以上。

3. 外国投资者在并购后所持有的股份总额不足50%，但依其持有的股份所享有的表决权已足以对股东会或股东大会、董事会的决议产生重大影响。

4. 其他导致境内企业的经营决策、财务、人事、技术等实际控制权转移给外国投资者的情形。

二、并购安全审查内容

（一）并购交易对国防安全，包括对国防需要的国内产品生产能力、国内服务提供能力和有关设备设施的影响。

（二）并购交易对国家经济稳定运行的影响。

（三）并购交易对社会基本生活秩序的影响。

（四）并购交易对涉及国家安全关键技术研发能力的影响。

三、并购安全审查工作机制

（一）建立外国投资者并购境内企业安全审查部际联席会议（以下简称联席会议）制度，具体承担并购安全审查工作。

（二）联席会议在国务院领导下，由发展改革委、商务部牵头，根据外资并购所涉及的行业和领域，会同相关部门开展并购安全审查。

（三）联席会议的主要职责是：分析外国投资者并购境内企业对国家安全的影响；研究、协调外国投资者并购境内企业安全审查工作中的重大问题；对需要进行安全审查的外国投资者并购境内企业交易进行安全审查并作出决定。

四、并购安全审查程序

（一）外国投资者并购境内企业，应按照本通知规定，由投资者向商务部提出申请。对属于安全审查范围内的并购交易，商务部应在 5 个工作日内提请联席会议进行审查。

（二）外国投资者并购境内企业，国务院有关部门、全国性行业协会、同业企业及上下游企业认为需要进行并购安全审查的，可以通过商务部提出进行并购安全审查的建议。联席会议认为确有必要进行并购安全审查的，可以决定进行审查。

（三）联席会议对商务部提请安全审查的并购交易，首先进行一般性审查，对未能通过一般性审查的，进行特别审查。并购交易当事人应配合联席会议的安全审查工作，提供安全审查需要的材料、信息，接受有关询问。

一般性审查采取书面征求意见的方式进行。联席会议收到商务部提请安全审查的并购交易申请后，在 5 个工作日内，书面征求有关部门的意见。有关部门在收到书面征求意见函后，应在 20 个工作日内提出书面意见。如有关部门均认为并购交易不影响国家安全，则不再进行特别审查，由联席会议在收到全部书面意见后 5 个工作日内提出审查意见，并书面通知商务部。

如有部门认为并购交易可能对国家安全造成影响，联席会议应在收到书面意见后 5 个工作日内启动特别审查程序。启动特别审查程序后，联席会议组织对并购交易的安全评估，并结合评估意见对并购交易进行审查，意见基本一致的，由联席会议提出审查意见；存在重大分歧的，由联席会议报请国务院决定。联席会议自启动特别审查程序之日起 60 个工作日内完成特别审查，或报请国务院决定。审查意见由联席会议书面通知商务部。

（四）在并购安全审查过程中，申请人可向商务部申请修改交易方案或撤销并购交易。

（五）并购安全审查意见由商务部书面通知申请人。

（六）外国投资者并购境内企业行为对国家安全已经造成或可能造成重大影响的，联席会议应要求商务部会同有关部门终止当事人的交易，或采取转让相关股权、资产或其他有效措施，消除该并购行为对国家安全的影响。

五、其他规定

（一）有关部门和单位要树立全局观念，增强责任意识，保守国家秘密和商业秘密，提高工作效率，在扩大对外开放和提高利用外资水平的同时，推动外资并购健康发展，切实维护国家安全。

（二）外国投资者并购境内企业涉及新增固定资产投资的，按国家固定资产投资管理规定办理项目核准。

（三）外国投资者并购境内企业涉及国有产权变更的，按国家国有资产管理的有关规定办理。

（四）外国投资者并购境内金融机构的安全审查另行规定。

（五）香港特别行政区、澳门特别行政区、台湾地区的投资者进行并购，参照本通知的规定执行。

（六）并购安全审查制度自本通知发布之日起30日后实施。

中国人民银行突发事件应急预案管理办法

1. 2014年6月20日中国人民银行修订印发

2. 银发〔2014〕174号

第一章 总　　则

第一条 为规范人民银行系统突发事件应急预案（以下简称应急预案）的管理，增强应急预案的针对性、实用性和可操作性，依据《中华人民共和国中国人民银行法》、《中华人民共和国突发事件应对法》，参照国务院办公厅印发的《突发事件应急预案管理办法》，制定本办法。

第二条 本办法所称应急预案，是指人民银行各司局、党委各部门、分支机构、直属企事业单位和相关单位（以下统称各单位）为依法、快速、科学、有序应对突发事件，最大程度减少突发事件及其造成的损害而预先制定的工作方案。

本办法所称相关单位，包括中国银联、上海黄金交易所、汇达公司、交易商协会、上海清算所、支付清算协会等单位。

第三条 应急预案的规划、编制、审批、备案、演练、修订、培训、宣传教育等工作，适用本办法。

第四条 应急预案管理遵循统一规划、分类指导、分级负责、动态管理的原则。

第五条 对涉密的应急预案，应遵守人民银行各项保密制度规定，合理确定知悉范围，严格落实相关保密责任。

第六条 人民银行应急管理工作领导小组负责统一领导和部署人民银行应急预案体系建设和规划，审定人民银行总体应急预案，统筹协调人民银行与其他单位的应急预案编制和应急协作机制建设，以及人民银行应急管理工作的重大事项。各单位负责具体组织协调和落实本单位、本业务领域及辖内的应急预案编制、实施和管理工作。

人民银行应急管理工作领导小组办公室、各单位综合部门负责牵头落实本单位的应急管理工作，协调本单位应急预案体系建设，具体组织、指导、监督应急预案的编制、演练、评估、修订、培训、宣传教育等工作。

第二章 分类和内容

第七条 人民银行应急预案体系包括总体应急预案、专项应急预案、部门应急预案、分支机构应急预案、直属企事业单位和相关单位应急预案、内部应急预案六类：

（一）总体应急预案是应急预案体系的总纲，是人民银行组织应对突发事件的总体制度安排，主要规定突发事件应对的基本原则、组织体系、运行机制，以及应急保障的总体安排等。

（二）专项应急预案是为应对某一类型或某几种类型突发事件，或者针对重要目标物保护、重大活动保障、应急资源保障等重要专项工作而预先制定的涉及多个政府部门职责的工作方案，由人民银行总行或各级分支机构制订，并报本级政府批准后实施。

（三）部门应急预案是根据总体应急预案、专项应急预案和人民银行各司局（部门）职责，为应对相应司局（部门，业务领域）的突发事件，或者针对重要目标物保护、重大活动保障、应急资源保障等涉及部门工作而预先制定的工作方案，由总行相关司局（部门）牵头制定并组织实施。

（四）分支机构应急预案是指人民银行分支机构为与上级单位或业务归口司局（部门）的应急预案相衔接而制定的应急预案，或因自身业务需要制定的应急预案。鼓励相邻、相近的人民银行分支机构联合制定应对区域性突发事件的联合应急预案。

（五）直属企事业单位和相关单位应急预案是指人民银行直属企事业单位和相关单位根据自身职责和应急处置机制需要，为应对有关业务领域的突发事件制定的各项应急预案。

（六）内部应急预案是针对各单位机关内部工作制定的应急预案，包括为确保机关正常办公而针对自然灾害、事故灾难、突发公共卫生事件和突发重大刑事案件、群体性事件等预先制定的内部工作方案，由各单位自行制定。

第八条 各单位可根据应急预案和实际情况，编制应急预案操作手册，内容一般包括风险隐患分析、处置工作程序、响应措施、应急队伍和装备物资情况，以及相关联络人员名单等。

第九条 对预案应急响应是否分级、如何分级、如何界定分级响应措施等，具体由各单位根据实际情况确定。

第三章 预案编制、审批和备案

第十条 各单位应针对依法履职或经营管理中的多发易发突发事件、主要风险等，制定应急预案编制规划，有计划地开展应急预案编制，并根据实际情况变化适时修订完善编制规划。

应急预案的具体内容编制可参考本办法所附《应急预案编制指南》，但并不限于指南的内容。

第十一条 应急预案编制单位应成立预案编制工作小组，吸收预案涉及主要部门和单位业务相关人员、专家及有处置经验的人员参加。编制工作小组组长由应急预案编制部门或单位有关负责人担任。

第十二条 应急预案编制过程中应当广泛听取有关部门、单位和专家的意见，与相关的预案作好衔接。涉及其他部门、单位职责的，应当书面征求相关意见。

第十三条 总体应急预案由办公厅起草，经人民银行应急管理工作领导小组审定后，以人民银行发文发布施行。

第十四条 专项应急预案，由人民银行总行或各级分支机构的行内部门牵头制定，报经行领导审批后，书面征求相关政府部门、行外单位意见，经协商一致并报本级政府审批后以政府名义印发实施。

第十五条 部门应急预案由总行司局（部门）牵头制定，报经行领导审批后发文组织实施，并报办公厅备案。

第十六条 内部应急预案由各单位自行制定施行，并由其牵头制定部门报本单位办公厅（室）备案。

第十七条 分支机构应急预案、直属企事业单位和相关单位应急预案由各分支机构、直属企事业单位和相关单位依据上级单位或业务归口司局（部门）要求以及自身应急管理需要，自行制定和确定发文形式，报上一级单位办公厅（室）和业务归口部门备案。地方政府有预案备案要求的，可根据实际情况执行。

第十八条 各单位预案编制工作小组应当将预案送审稿及各有关单位复函和意见采纳情况说明、编制工作说明等有关材料报送应急预案审批单位。

第十九条 应急预案审核内容主要包括预案是否符合有关法律、行政法规，是否与有关应急预案进行衔接，各方面意见是否一致，主体内容是否完备，责任分工是否合理明确，应急响应级别设计是否合理，应对措施是否具体简明、管用可行等。必要时，应急预案审批单位可组织专家对应急预案进行评审。

第四章 应急演练

第二十条 应急预案编制单位应当建立应急演练制度，根据实际情况采取实战演练、桌面推演等方式，组织开展人员广泛参与、处置联动性强、形式多样、节约高效的应急演练。

专项应急预案、部门应急预案、分支机构应急预案、直属企事业单位和相关单位应急预案至少每 3 年各进行一次应急演练。

各单位每年开展的实战演练和突击抽演占演练总数的比例应不低于20%。

地震、台风、洪涝、滑坡、山洪泥石流等自然灾害易发区域所在地人民银行分支机构和直属企事业单位，以及重要金融业务网络和信息系统的运维单位，应当有针对性地经常组织开展应急演练。鼓励相邻、相近的人民银行分支机构联合进行应对区域性突发事件的联合应急预案演练；鼓励人民银行分支机构与当地政府有关部门联合进行专项应急预案演练。

第二十一条 各单位应根据实际需要，制订年度应急演练计划，于每年第一季度末报上一级单位办公厅（室）和业务归口部门备案。上一级单位办公厅（室）和业务归口部门可适时进行演练抽查。各单位应根据演练情况进行现场总结和事后总结。

第二十二条 应急演练组织单位应当组织演练评估。评估的主要内容包括：演练的执行情况，预案的合理性与可操作性，指挥协调和应急联动情况，应急人员的处置情况，演练所用设备装备的适用性，对完善预案、应急准备、保障措施、应急机制、应急措施等方面的意见和建议等。

鼓励委托第三方进行演练评估。

第五章 评估和修订

第二十三条 应急预案评估遵循“统一领导、分级负责、谁主办谁组织”的原则。

人民银行系统应急预案评估工作由人民银行应急管理工作领导小组统一领导。办公厅负责人民银行系统应急预案评估工作的总体组织协调。各单位应结合工作实际，建立定期评估制度，分析评价预案内容的针对性、实用性和可操作性，组织实施本部门、单位牵头制定的应急预案的评估。

第二十四条 应急预案评估原则上每3年开展一轮，每一轮评估周期为一年。各单位可根据实际需要，开展实时评估。

第二十五条 应急预案评估原则上以自评估方式为主，可灵活运用外部评估、交叉评估、相互评估等方式开展。

第二十六条 有下列情形之一的，应当及时修订应急预案：

（一）有关法律、行政法规、规章、标准、上位预案的有关规定发生变化的；

（二）应急指挥机构或其职责发生重大调整的；

（三）面临的风险发生重大变化的；

（四）重要应急资源发生重大变化的；

（五）预案中的其他重要信息发生变化的；

（六）在突发事件实际应对、应急演练和应急预案评估中发现问题需要作出重大调整的；

（七）应急预案制定单位认为应当修订的其他情况。

第二十七条 应急预案修订涉及组织指挥体系与职责、应急处置程序、主要处置措施、突发事件分级标准等重要内容的，修订工作应参照本办法规定的预案编制、审批、备案程序组织进行。仅涉及其他内容的，修订程序可适当简化。

第二十八条 确有因客观条件发生变化、风险等级降低或风险消失、系统变更等因素导致的应急预案存在条件不具备的情形，按照谁制定谁废止的原则，由应急预案制定单位提出申请并经相应程序审批通过后，可以发文废止该项应急预案。

第六章 培训和宣传教育

第二十九条 应急预案编制单位应通过编发培训材料、举办培训班、开展工作研讨、建立应急预案案例库等方式，对与应急预案密切相关的管理人员和专业人员组织开展培训。

各单位要将应急预案培训作为应急管理培训的重要内容，纳入领导干部培训、入职培训、应急管理干部日常培训内容。

第三十条 对需要公众以及本单位职工广泛参与的非涉密应急预案，应急预案编制单位应当充分利用互联网、广播、电视、报刊以及内网、宣传板报等多种形式广泛宣传，制作通俗易懂、好记管用的宣传普及资料，免费发放学习。

第七章 组织保障

第三十一条 各单位要明确机构和人员负责应急预案管理具体工作。

第三十二条 各单位要将应急预案规划、编制、审批、演练、评估、修订、培训、宣传教育等工作所需经费纳入预算统筹安排。

第三十三条 人民银行应急管理工作领导小组办公室牵头研究建设应急管理信息技术支持系统，各单位应充分利用技术支持平台加强应急预案管理工作。

第八章 附 则

第三十四条 各单位可根据实际情况制定实施细则。

第三十五条 本办法由人民银行办公厅负责解释。

第三十六条 本办法自印发之日起施行，2005 年 8 月 4 日起实施的《中国人民银行突发事件应急预案管理办法》（银发〔2005〕196 号文印发）同时废止。

附：应急预案编制指南（略）

外商投资安全审查办法

1. 2020 年 12 月 19 日发展改革委、商务部令第 37 号公布

2. 自 2021 年 1 月 18 日起施行

第一条 为了适应推动形成全面开放新格局的需要，在积极促进外商投资的同时有效预防和化解国家安全风险，根据《中华人民共和国外商投资法》《中华人民共和国国家安全法》和相关法律，制定本办法。

第二条 对影响或者可能影响国家安全的外商投资，依照本办法的规定进行安全审查。

本办法所称外商投资，是指外国投资者直接或者间接在中华人民共和国境内（以下简称境内）进行的投资活动，包括下列情形：

（一）外国投资者单独或者与其他投资者共同在境内投资新建项目或者设立企业；

（二）外国投资者通过并购方式取得境内企业的股权或者资产；

（三）外国投资者通过其他方式在境内投资。

第三条 国家建立外商投资安全审查工作机制（以下简称工作机制），负责组织、协调、指导外商投资安全审查工作。

工作机制办公室设在国家发展改革委，由国家发展改革委、商务部牵头，承担外商投资安全审查的日常工作。

第四条 下列范围内的外商投资，外国投资者或者境内相关当事人（以下统称当事人）应当在实施投资前主动向工作机制办公室申报：

（一）投资军工、军工配套等关系国防安全的领域，以及在军事设施和军工设施周边地域投资；

（二）投资关系国家安全的重要农产品、重要能源和资源、重大装备制造、重要基础设施、重要运输服务、重要文化产品与服务、重要信息技术和互联网产品与服务、重要金融服务、关键技术以及其他重要领域，并取得所投资企业的实际控制权。

前款第二项所称取得所投资企业的实际控制权，包括下列情形：

（一）外国投资者持有企业50%以上股权；

（二）外国投资者持有企业股权不足50%，但其所享有的表决权能够对董事会、股东会或者股东大会的决议产生重大影响；

（三）其他导致外国投资者能够对企业的经营决策、人事、财务、技术等产生重大影响的情形。

对本条第一款规定范围（以下称申报范围）内的外商投资，工作机制办公室有权要求当事人申报。

第五条 当事人向工作机制办公室申报外商投资前，可以就有关问题向工作机制办公室进行咨询。

第六条 当事人向工作机制办公室申报外商投资，应当提交下列材料：

（一）申报书；

（二）投资方案；

（三）外商投资是否影响国家安全的说明；

（四）工作机制办公室规定的其他材料。

申报书应当载明外国投资者的名称、住所、经营范围、投资的基本情况以及工作机制办公室规定的其他事项。

工作机制办公室根据工作需要，可以委托省、自治区、直辖市人民政府有关部门代为收取并转送本条第一款规定的材料。

第七条 工作机制办公室应当自收到当事人提交或者省、自治区、直辖市人民政府有关部门转送的符合本办法第六条规定的材料之日起15个工作日内，对申报的外商投资作出是否需要进行安全审查的决定，并书面通知当事人。工作机制办公室作出决定前，当事人不得实施投资。

工作机制办公室作出不需要进行安全审查决定的，当事人可以实施投资。

第八条 外商投资安全审查分为一般审查和特别审查。工作机制办公室决定对申报的外商投资进行安全审查的，应当自决定之日起30个工作日内完成一般审查。审查期间，当事人不得实施投资。

经一般审查，认为申报的外商投资不影响国家安全的，工作机制办公室应当作出通过安全审查的决定；认为影响或者可能影响国家安全的，工作机制办公室应当作出启动特别审查的决定。工作机制办公室作出的决定应当书面通知当事人。

第九条 工作机制办公室决定对申报的外商投资启动特别审查的，审查后应当按照下列规定作出决定，并书面通知当事人：

（一）申报的外商投资不影响国家安全的，作出通过安全审查的决定；

（二）申报的外商投资影响国家安全的，作出禁止投资的决定；通过附加条件能够消除对国家安全的影响，且当事人书面承诺接受附加条件的，可以作出附条件通过安全审查的决定，并在决定中列明附加条件。

特别审查应当自启动之日起60个工作日内完成；特殊情况下，可以延长审查期限。延长审查期限应当书面通知当事人。审查期间，当事人不得实施投资。

第十条 工作机制办公室对申报的外商投资进行安全审查期间，可以要求当事人补充提供相关材料，并向当事人询问有关情况。当事人应当予以配合。

当事人补充提供材料的时间不计入审查期限。

第十一条 工作机制办公室对申报的外商投资进行安全审查期间，当事人可以修改投资方案或者撤销投资。

当事人修改投资方案的，审查期限自工作机制办公室收到修改后的投资方案之日起重新计算；当事人撤销投资的，工作机制办公室终止审查。

第十二条 工作机制办公室对申报的外商投资作出通过安全审查决定的，当事人可以实施投资；作出禁止投资决定的，当事人不得实施投资，已经实施的，应当限期处分股权或者资产以及采取其他必要措施，恢复到投资实施前的状态，消除对国家安全的影响；作出附条件通过安全审查决定的，当事人应当按照附加条件实施投资。

第十三条 外商投资安全审查决定，由工作机制办公室会同有关部门、地方人民政府监督实施；对附条件通过安全审查的外商投资，可以采取要求提供有关证明材料、现场检查等方式，对附加条件的实施情况进行核实。

第十四条 工作机制办公室对申报的外商投资作出不需要进行安全审查或者通过安全审查的决定后，当事人变更投资方案，影响或者可能影响国家安全的，应当依照本办法的规定重新向工作机制办公室申报。

第十五条 有关机关、企业、社会团体、社会公众等认为外商投资影响或者可能影响国家安全的，可以向工作机制办公室提出进行安全审查的建议。

第十六条 对申报范围内的外商投资，当事人未依照本办法的规定申报即实施投资的，由工作机制办公室责令限期申报；拒不申报的，责令限期处分股权或者资产以及采取其他必要措施，恢复到投资实施前的状态，消除对国家安全的影响。

第十七条 当事人向工作机制办公室提供虚假材料或者隐瞒有关信息的，由工作机制办公室责令改正；提供虚假材料或者隐瞒有关信息骗取通过安全审查的，撤销相关决定；已经实施投资的，责令限期处分股权或者资产以及采取其他必要措施，恢复到投资实施前的状态，消除对国家安全的影响。

第十八条 附条件通过安全审查的外商投资，当事人未按照附加条件实施投资的，由工作机制办公室责令改正；拒不改正的，责令限期处分股权或者资产以及采取其他必要措施，恢复到投资实施前的状态，消除对国家安全的影响。

第十九条 当事人有本办法第十六条、第十七条、第十八条规定情形的，应当将其作为不良信用记录纳入国家有关信用信息系统，并按照国家有关规定实施联合惩戒。

第二十条 国家机关工作人员在外商投资安全审查工作中，滥用职权、玩忽职守、徇私舞弊、泄露国家秘密或者其所知悉的商业秘密的，依法给予处分；构成犯罪的，依法追究刑事责任。

第二十一条 香港特别行政区、澳门特别行政区、台湾地区投资者进行投资，影响或者可能影响国家安全的，参照本办法的规定执行。

第二十二条 外国投资者通过证券交易所或者国务院批准的其他证券交易场所购买境内企业股票，影响或者可能影响国家安全的，其适用本办法的具体办法由国务院证券监督管理机构会同工作机制办公室制定。

第二十三条 本办法自公布之日起三十日后施行。

七、粮 食 安 全

中华人民共和国农业法（节录）

1. 1993年7月2日第八届全国人民代表大会常务委员会第二次会议通过
2. 2002年12月28日第九届全国人民代表大会常务委员会第三十一次会议修订
3. 根据2009年8月27日第十一届全国人民代表大会常务委员会第十次会议《关于修改部分法律的决定》第一次修正
4. 根据2012年12月28日第十一届全国人民代表大会常务委员会第三十次会议《关于修改〈中华人民共和国农业法〉的决定》第二次修正

第五章　粮 食 安 全

第三十一条　【粮食生产与耕地保护】 国家采取措施保护和提高粮食综合生产能力，稳步提高粮食生产水平，保障粮食安全。

国家建立耕地保护制度，对基本农田依法实行特殊保护。

第三十二条　【对粮食主产区重点扶持】 国家在政策、资金、技术等方面对粮食主产区给予重点扶持，建设稳定的商品粮生产基地，改善粮食收贮及加工设施，提高粮食主产区的粮食生产、加工水平和经济效益。

国家支持粮食主产区与主销区建立稳定的购销合作关系。

第三十三条　【保护价制度】 在粮食的市场价格过低时，国务院可以决定对部分粮食品种实行保护价制度。保护价应当根据有利于保护农民利益、稳定粮食生产的原则确定。

农民按保护价制度出售粮食，国家委托的收购单位不得拒收。

县级以上人民政府应当组织财政、金融等部门以及国家委托的收购单位及时筹足粮食收购资金，任何部门、单位或者个人不得截留或者挪用。

第三十四条　【粮食储备】 国家建立粮食安全预警制度，采取措施保障粮食供给。国务院应当制定粮食安全保障目标与粮食储备数量指标，并根据需要组织有关主管部门进行耕地、粮食库存情况的核查。

国家对粮食实行中央和地方分级储备调节制度，建设仓储运输体系。承担国家粮食储备任务的企业应当按照国家规定保证储备粮的数量和质量。

第三十五条　**【粮食风险基金】**国家建立粮食风险基金，用于支持粮食储备、稳定粮食市场和保护农民利益。

第三十六条　**【改善食物营养结构】**国家提倡珍惜和节约粮食，并采取措施改善人民的食物营养结构。

中华人民共和国土地管理法（节录）

1. 1986年6月25日第六届全国人民代表大会常务委员会第十六次会议通过

2. 根据1988年12月29日第七届全国人民代表大会常务委员会第五次会议《关于修改〈中华人民共和国土地管理法〉的决定》第一次修正

3. 1998年8月29日第九届全国人民代表大会常务委员会第四次会议修订

4. 根据2004年8月28日第十届全国人民代表大会常务委员会第十一次会议《关于修改〈中华人民共和国土地管理法〉的决定》第二次修正

5. 根据2019年8月26日第十三届全国人民代表大会常务委员会第十二次会议《关于修改〈中华人民共和国土地管理法〉、〈中华人民共和国城市房地产管理法〉的决定》第三次修正

第四章　耕地保护

第三十条　**【耕地补偿制度】**国家保护耕地，严格控制耕地转为非耕地。

国家实行占用耕地补偿制度。非农业建设经批准占用耕地的，按照“占多少，垦多少”的原则，由占用耕地的单位负责开垦与所占用耕地的数量和质量相当的耕地；没有条件开垦或者开垦的耕地不符合要求的，应当按照省、自治区、直辖市的规定缴纳耕地开垦费，专款用于开垦新的耕地。

省、自治区、直辖市人民政府应当制定开垦耕地计划，监督占用耕地的单位按照计划开垦耕地或者按照计划组织开垦耕地，并进行验收。

第三十一条　**【耕地耕作层土壤】**县级以上地方人民政府可以要求占用耕地的单位将所占用耕地耕作层的土壤用于新开垦耕地、劣质地或者其他耕地的土壤改良。

第三十二条　**【耕地总量和质量】**省、自治区、直辖市人民政府应当严格执行土地利用总体规划和土地利用年度计划，采取措施，确保本行政区域内耕地总量不减少、质量不降低。耕地总量减少的，由国务院责令在规定期限内组织开垦与所减少耕地的数量与质量相当的耕地；耕地质量降低的，由国务院责令在规定期限内组织整治。新开垦和整治的耕地由国务院自然资源主管部门会同农业农村主管部门验收。

个别省、直辖市确因土地后备资源匮乏，新增建设用地后，新开垦耕地的数量不足以补偿所占用耕地的数量的，必须报经国务院批准减免本行政区域内开垦耕地的数量，易地开垦数量和质量相当的耕地。

第三十三条　【基本农田保护制度】国家实行永久基本农田保护制度。下列耕地应当根据土地利用总体规划划为永久基本农田，实行严格保护：

（一）经国务院农业农村主管部门或者县级以上地方人民政府批准确定的粮、棉、油、糖等重要农产品生产基地内的耕地；

（二）有良好的水利与水土保持设施的耕地，正在实施改造计划以及可以改造的中、低产田和已建成的高标准农田；

（三）蔬菜生产基地；

（四）农业科研、教学试验田；

（五）国务院规定应当划为永久基本农田的其他耕地。

各省、自治区、直辖市划定的永久基本农田一般应当占本行政区域内耕地的百分之八十以上，具体比例由国务院根据各省、自治区、直辖市耕地实际情况规定。

第三十四条　【永久基本农田的划定、管理】永久基本农田划定以乡（镇）为单位进行，由县级人民政府自然资源主管部门会同同级农业农村主管部门组织实施。永久基本农田应当落实到地块，纳入国家永久基本农田数据库严格管理。

乡（镇）人民政府应当将永久基本农田的位置、范围向社会公告，并设立保护标志。

第三十五条　【永久基本农田的转用、征收】永久基本农田经依法划定后，任何单位和个人不得擅自占用或者改变其用途。国家能源、交通、水利、军事设施等重点建设项目选址确实难以避让永久基本农田，涉及农用地转用或者土地征收的，必须经国务院批准。

禁止通过擅自调整县级土地利用总体规划、乡（镇）土地利用总体规划等方式规避永久基本农田农用地转用或者土地征收的审批。

第三十六条　【改良土壤】各级人民政府应当采取措施，引导因地制宜轮作休耕，改良土壤，提高地力，维护排灌工程设施，防止土地荒漠化、盐渍化、水土流失和土壤污染。

第三十七条　【非农业建设使用土地】非农业建设必须节约使用土地，可以利用荒地的，不得占用耕地；可以利用劣地的，不得占用好地。

禁止占用耕地建窑、建坟或者擅自在耕地上建房、挖砂、采石、采矿、取土等。

禁止占用永久基本农田发展林果业和挖塘养鱼。

第三十八条　【闲置、荒芜耕地】禁止任何单位和个人闲置、荒芜耕地。已经办理审批手续的非农业建设占用耕地，一年内不用而又可以耕种并收获的，应当由原耕种该幅耕地的集体或者个人恢复耕种，也可以由用地单位组织耕种；一年以上未动工建设的，应当按照省、自治区、直辖市的规定缴纳闲置费；连续二年未使用的，经原批准机关批准，由县级以上人民政府无偿收回用地单位的土地使用权；该幅土地原为农民集体所有的，应当交由原农村集体经济组织恢复耕种。

在城市规划区范围内，以出让方式取得土地使用权进行房地产开发的闲置土地，依照《中华人民共和国城市房地产管理法》的有关规定办理。

第三十九条　【土地开发】国家鼓励单位和个人按照土地利用总体规划，在保护和改善生态环境、防止水土流失和土地荒漠化的前提下，开发未利用的土地；适宜开发为农用地的，应当优先开发成农用地。

国家依法保护开发者的合法权益。

第四十条　【开垦条件】开垦未利用的土地，必须经过科学论证和评估，在土地利用总体规划划定的可开垦的区域内，经依法批准后进行。禁止毁坏森林、草原开垦耕地，禁止围湖造田和侵占江河滩地。

根据土地利用总体规划，对破坏生态环境开垦、围垦的土地，有计划有步骤地退耕还林、还牧、还湖。

第四十一条　【开垦组织使用权】开发未确定使用权的国有荒山、荒地、荒滩从事种植业、林业、畜牧业、渔业生产的，经县级以上人民政府依法批准，可以确定给开发单位或者个人长期使用。

第四十二条　【土地整理】国家鼓励土地整理。县、乡（镇）人民政府应当组织农村集体经济组织，按照土地利用总体规划，对田、水、路、林、村综合整治，提高耕地质量，增加有效耕地面积，改善农业生产条件和生态环境。

地方各级人民政府应当采取措施，改造中、低产田，整治闲散地和废弃地。

第四十三条　【土地复垦】因挖损、塌陷、压占等造成土地破坏，用地单位和个人应当按照国家有关规定负责复垦；没有条件复垦或者复垦不符合要求的，应当缴纳土地复垦费，专项用于土地复垦。复垦的土地应当优先用于农业。

中华人民共和国反食品浪费法

1. 2021年4月29日第十三届全国人民代表大会常务委员会第二十八次会议通过
2. 2021年4月29日中华人民共和国主席令第78号公布
3. 自公布之日起施行

第一条 【立法目的】为了防止食品浪费，保障国家粮食安全，弘扬中华民族传统美德，践行社会主义核心价值观，节约资源，保护环境，促进经济社会可持续发展，根据宪法，制定本法。

第二条 【食品的概念】本法所称食品，是指《中华人民共和国食品安全法》规定的食品，包括各种供人食用或者饮用的食物。

本法所称食品浪费，是指对可安全食用或者饮用的食品未能按照其功能目的合理利用，包括废弃、因不合理利用导致食品数量减少或者质量下降等。

第三条 【国家措施】国家厉行节约，反对浪费。

国家坚持多措并举、精准施策、科学管理、社会共治的原则，采取技术上可行、经济上合理的措施防止和减少食品浪费。

国家倡导文明、健康、节约资源、保护环境的消费方式，提倡简约适度、绿色低碳的生活方式。

第四条 【各级政府职责】各级人民政府应当加强对反食品浪费工作的领导，确定反食品浪费目标任务，建立健全反食品浪费工作机制，组织对食品浪费情况进行监测、调查、分析和评估，加强监督管理，推进反食品浪费工作。

县级以上地方人民政府应当每年向社会公布反食品浪费情况，提出加强反食品浪费措施，持续推动全社会反食品浪费。

第五条 【各部门职责分工】国务院发展改革部门应当加强对全国反食品浪费工作的组织协调；会同国务院有关部门每年分析评估食品浪费情况，整体部署反食品浪费工作，提出相关工作措施和意见，由各有关部门落实。

国务院商务主管部门应当加强对餐饮行业的管理，建立健全行业标准、服务规范；会同国务院市场监督管理部门等建立餐饮行业反食品浪费制度规范，采取措施鼓励餐饮服务经营者提供分餐服务、向社会公开其反食品浪费情况。

国务院市场监督管理部门应当加强对食品生产经营者反食品浪费情况的

监督，督促食品生产经营者落实反食品浪费措施。

国家粮食和物资储备部门应当加强粮食仓储流通过程中的节粮减损管理，会同国务院有关部门组织实施粮食储存、运输、加工标准。

国务院有关部门依照本法和国务院规定的职责，采取措施开展反食品浪费工作。

第六条　【公务用餐管理】机关、人民团体、国有企业事业单位应当按照国家有关规定，细化完善公务接待、会议、培训等公务活动用餐规范，加强管理，带头厉行节约，反对浪费。

公务活动需要安排用餐的，应当根据实际情况，节俭安排用餐数量、形式，不得超过规定的标准。

第七条　【餐饮服务经营者防止食品浪费措施】餐饮服务经营者应当采取下列措施，防止食品浪费：

（一）建立健全食品采购、储存、加工管理制度，加强服务人员职业培训，将珍惜粮食、反对浪费纳入培训内容；

（二）主动对消费者进行防止食品浪费提示提醒，在醒目位置张贴或者摆放反食品浪费标识，或者由服务人员提示说明，引导消费者按需适量点餐；

（三）提升餐饮供给质量，按照标准规范制作食品，合理确定数量、分量，提供小份餐等不同规格选择；

（四）提供团体用餐服务的，应当将防止食品浪费理念纳入菜单设计，按照用餐人数合理配置菜品、主食；

（五）提供自助餐服务的，应当主动告知消费规则和防止食品浪费要求，提供不同规格餐具，提醒消费者适量取餐。

餐饮服务经营者不得诱导、误导消费者超量点餐。

餐饮服务经营者可以通过在菜单上标注食品分量、规格、建议消费人数等方式充实菜单信息，为消费者提供点餐提示，根据消费者需要提供公勺公筷和打包服务。

餐饮服务经营者可以对参与“光盘行动”的消费者给予奖励；也可以对造成明显浪费的消费者收取处理厨余垃圾的相应费用，收费标准应当明示。

餐饮服务经营者可以运用信息化手段分析用餐需求，通过建设中央厨房、配送中心等措施，对食品采购、运输、储存、加工等进行科学管理。

第八条　【食堂用餐管理制度】设有食堂的单位应当建立健全食堂用餐管理制度，制定、实施防止食品浪费措施，加强宣传教育，增强反食品浪费意识。

单位食堂应当加强食品采购、储存、加工动态管理，根据用餐人数采购、做餐、配餐，提高原材料利用率和烹饪水平，按照健康、经济、规范的原则提供饮食，注重饮食平衡。

单位食堂应当改进供餐方式，在醒目位置张贴或者摆放反食品浪费标识，引导用餐人员适量点餐、取餐；对有浪费行为的，应当及时予以提醒、纠正。

第九条　【学校食堂餐饮服务管理】 学校应当对用餐人员数量、结构进行监测、分析和评估，加强学校食堂餐饮服务管理；选择校外供餐单位的，应当建立健全引进和退出机制，择优选择。

学校食堂、校外供餐单位应当加强精细化管理，按需供餐，改进供餐方式，科学营养配餐，丰富不同规格配餐和口味选择，定期听取用餐人员意见，保证菜品、主食质量。

第十条　【餐饮外卖平台】 餐饮外卖平台应当以显著方式提示消费者适量点餐。餐饮服务经营者通过餐饮外卖平台提供服务的，应当在平台页面上向消费者提供食品分量、规格或者建议消费人数等信息。

第十一条　【旅游用餐管理】 旅游经营者应当引导旅游者文明、健康用餐。旅行社及导游应当合理安排团队用餐，提醒旅游者适量点餐、取餐。有关行业应当将旅游经营者反食品浪费工作情况纳入相关质量标准等级评定指标。

第十二条　【食品经营者责任】 超市、商场等食品经营者应当对其经营的食品加强日常检查，对临近保质期的食品分类管理，作特别标示或者集中陈列出售。

第十三条　【文明、节俭举办活动】 各级人民政府及其有关部门应当采取措施，反对铺张浪费，鼓励和推动文明、节俭举办活动，形成浪费可耻、节约为荣的氛围。

婚丧嫁娶、朋友和家庭聚会、商务活动等需要用餐的，组织者、参加者应当适度备餐、点餐，文明、健康用餐。

第十四条　【个人和家庭良好习惯】 个人应当树立文明、健康、理性、绿色的消费理念，外出就餐时根据个人健康状况、饮食习惯和用餐需求合理点餐、取餐。

家庭及成员在家庭生活中，应当培养形成科学健康、物尽其用、防止浪费的良好习惯，按照日常生活实际需要采购、储存和制作食品。

第十五条　【降低损耗】 国家完善粮食和其他食用农产品的生产、储存、运输、加工标准，推广使用新技术、新工艺、新设备，引导适度加工和综合利用，降低损耗。

食品生产经营者应当采取措施，改善食品储存、运输、加工条件，防止食品变质，降低储存、运输中的损耗；提高食品加工利用率，避免过度加工和过量使用原材料。

第十六条 【标准制定、修改和保质期标注】制定和修改有关国家标准、行业标准和地方标准，应当将防止食品浪费作为重要考虑因素，在保证食品安全的前提下，最大程度防止浪费。

食品保质期应当科学合理设置，显著标注，容易辨识。

第十七条 【反食品浪费监督检查机制】各级人民政府及其有关部门应当建立反食品浪费监督检查机制，对发现的食品浪费问题及时督促整改。

食品生产经营者在食品生产经营过程中严重浪费食品的，县级以上地方人民政府市场监督管理、商务等部门可以对其法定代表人或者主要负责人进行约谈。被约谈的食品生产经营者应当立即整改。

第十八条 【反食品浪费工作成效评估和通报制度】机关事务管理部门会同有关部门建立机关食堂反食品浪费工作成效评估和通报制度，将反食品浪费纳入公共机构节约能源资源考核和节约型机关创建活动内容。

第十九条 【加强行业自律】食品、餐饮行业协会等应当加强行业自律，依法制定、实施反食品浪费等相关团体标准和行业自律规范，宣传、普及防止食品浪费知识，推广先进典型，引导会员自觉开展反食品浪费活动，对有浪费行为的会员采取必要的自律措施。

食品、餐饮行业协会等应当开展食品浪费监测，加强分析评估，每年向社会公布有关反食品浪费情况及监测评估结果，为国家机关制定法律、法规、政策、标准和开展有关问题研究提供支持，接受社会监督。

消费者协会和其他消费者组织应当对消费者加强饮食消费教育，引导形成自觉抵制浪费的消费习惯。

第二十条 【反食品浪费宣传教育】机关、人民团体、社会组织、企业事业单位和基层群众性自治组织应当将厉行节约、反对浪费作为群众性精神文明创建活动内容，纳入相关创建测评体系和各地市民公约、村规民约、行业规范等，加强反食品浪费宣传教育和科学普及，推动开展“光盘行动”，倡导文明、健康、科学的饮食文化，增强公众反食品浪费意识。

县级以上人民政府及其有关部门应当持续组织开展反食品浪费宣传教育，并将反食品浪费作为全国粮食安全宣传周的重要内容。

第二十一条 【反食品浪费专题教育活动】教育行政部门应当指导、督促学校加强反食品浪费教育和管理。

学校应当按照规定开展国情教育，将厉行节约、反对浪费纳入教育教学内容，通过学习实践、体验劳动等形式，开展反食品浪费专题教育活动，培养学生形成勤俭节约、珍惜粮食的习惯。

学校应当建立防止食品浪费的监督检查机制，制定、实施相应的奖惩措施。

第二十二条　【公益宣传】新闻媒体应当开展反食品浪费法律、法规以及相关标准和知识的公益宣传，报道先进典型，曝光浪费现象，引导公众树立正确饮食消费观念，对食品浪费行为进行舆论监督。有关反食品浪费的宣传报道应当真实、公正。

禁止制作、发布、传播宣扬量大多吃、暴饮暴食等浪费食品的节目或者音视频信息。

网络音视频服务提供者发现用户有违反前款规定行为的，应当立即停止传输相关信息；情节严重的，应当停止提供信息服务。

第二十三条　【捐赠需求对接机制】县级以上地方人民政府民政、市场监督管理部门等建立捐赠需求对接机制，引导食品生产经营者等在保证食品安全的前提下向有关社会组织、福利机构、救助机构等组织或者个人捐赠食品。有关组织根据需要，及时接收、分发食品。

国家鼓励社会力量参与食品捐赠活动。网络信息服务提供者可以搭建平台，为食品捐赠等提供服务。

第二十四条　【厨余垃圾源头减量义务】产生厨余垃圾的单位、家庭和个人应当依法履行厨余垃圾源头减量义务。

第二十五条　【营养知识普及】国家组织开展营养状况监测、营养知识普及，引导公民形成科学的饮食习惯，减少不健康饮食引起的疾病风险。

第二十六条　【科研税收支持】县级以上人民政府应当采取措施，对防止食品浪费的科学研究、技术开发等活动予以支持。

政府采购有关商品和服务，应当有利于防止食品浪费。

国家实行有利于防止食品浪费的税收政策。

第二十七条　【举报】任何单位和个人发现食品生产经营者等有食品浪费行为的，有权向有关部门和机关举报。接到举报的部门和机关应当及时依法处理。

第二十八条　【餐饮服务经营者、食品生产经营者的违法责任】违反本法规定，餐饮服务经营者未主动对消费者进行防止食品浪费提示提醒的，由县级以上地方人民政府市场监督管理部门或者县级以上地方人民政府指定的部门责令改正，给予警告。

违反本法规定，餐饮服务经营者诱导、误导消费者超量点餐造成明显浪费的，由县级以上地方人民政府市场监督管理部门或者县级以上地方人民政府指定的部门责令改正，给予警告；拒不改正的，处一千元以上一万元以下罚款。

违反本法规定，食品生产经营者在食品生产经营过程中造成严重食品浪费的，由县级以上地方人民政府市场监督管理部门或者县级以上地方人民政府指定的部门责令改正，拒不改正的，处五千元以上五万元以下罚款。

第二十九条　【食堂未制定有效措施的责任】违反本法规定，设有食堂的单位未制定或者未实施防止食品浪费措施的，由县级以上地方人民政府指定的部门责令改正，给予警告。

第三十条　【媒体违法传播的法律责任】违反本法规定，广播电台、电视台、网络音视频服务提供者制作、发布、传播宣扬量大多吃、暴饮暴食等浪费食品的节目或者音视频信息的，由广播电视、网信等部门按照各自职责责令改正，给予警告；拒不改正或者情节严重的，处一万元以上十万元以下罚款，并可以责令暂停相关业务、停业整顿，对直接负责的主管人员和其他直接责任人员依法追究法律责任。

第三十一条　【立法委任】省、自治区、直辖市或者设区的市、自治州根据具体情况和实际需要，制定本地方反食品浪费的具体办法。

第三十二条　【施行日期】本法自公布之日起施行。

中央储备粮管理条例

1. 2003年8月15日国务院令第388号公布

2. 根据2011年1月8日国务院令第588号《关于废止和修改部分行政法规的决定》第一次修订

3. 根据2016年2月6日国务院令第666号《关于修改部分行政法规的决定》第二次修订

第一章　总　　则

第一条　为了加强对中央储备粮的管理，保证中央储备粮数量真实、质量良好和储存安全，保护农民利益，维护粮食市场稳定，有效发挥中央储备粮在国家宏观调控中的作用，制定本条例。

第二条　本条例所称中央储备粮，是指中央政府储备的用于调节全国粮食供求总量，稳定粮食市场，以及应对重大自然灾害或者其他突发事件等情况的粮食和食用油。

第三条 从事和参与中央储备粮经营管理、监督活动的单位和个人，必须遵守本条例。

第四条 国家实行中央储备粮垂直管理体制，地方各级人民政府及有关部门应当对中央储备粮的垂直管理给予支持和协助。

第五条 中央储备粮的管理应当严格制度、严格管理、严格责任，确保中央储备粮数量真实、质量良好和储存安全，确保中央储备粮储得进、管得好、调得动、用得上并节约成本、费用。

未经国务院批准，任何单位和个人不得擅自动用中央储备粮。

第六条 国务院发展改革部门及国家粮食行政管理部门会同国务院财政部门负责拟订中央储备粮规模总量、总体布局和动用的宏观调控意见，对中央储备粮管理进行指导和协调；国家粮食行政管理部门负责中央储备粮的行政管理，对中央储备粮的数量、质量和储存安全实施监督检查。

第七条 国务院财政部门负责安排中央储备粮的贷款利息、管理费用等财政补贴，并保证及时、足额拨付；负责对中央储备粮有关财务执行情况实施监督检查。

第八条 中国储备粮管理总公司具体负责中央储备粮的经营管理，并对中央储备粮的数量、质量和储存安全负责。

中国储备粮管理总公司依照国家有关中央储备粮管理的行政法规、规章、国家标准和技术规范，建立、健全中央储备粮各项业务管理制度，并报国家粮食行政管理部门备案。

第九条 中国农业发展银行负责按照国家有关规定，及时、足额安排中央储备粮所需贷款，并对发放的中央储备粮贷款实施信贷监管。

第十条 任何单位和个人不得以任何方式骗取、挤占、截留、挪用中央储备粮贷款或者贷款利息、管理费用等财政补贴。

第十一条 任何单位和个人不得破坏中央储备粮的仓储设施，不得偷盗、哄抢或者损毁中央储备粮。

中央储备粮储存地的地方人民政府对破坏中央储备粮仓储设施，偷盗、哄抢或者损毁中央储备粮的违法行为，应当及时组织有关部门予以制止、查处。

第十二条 任何单位和个人对中央储备粮经营管理中的违法行为，均有权向国家粮食行政管理部门等有关部门举报。国家粮食行政管理部门等有关部门接到举报后，应当及时查处；举报事项的处理属于其他部门职责范围的，应当及时移送其他部门处理。

第二章 中央储备粮的计划

第十三条 中央储备粮的储存规模、品种和总体布局方案，由国务院发展改革部门及国家粮食行政管理部门会同国务院财政部门，根据国家宏观调控需要和财政承受能力提出，报国务院批准。

第十四条 中央储备粮的收购、销售计划，由国家粮食行政管理部门根据国务院批准的中央储备粮储存规模、品种和总体布局方案提出建议，经国务院发展改革部门、国务院财政部门审核同意后，由国务院发展改革部门及国家粮食行政管理部门会同国务院财政部门和中国农业发展银行共同下达中国储备粮管理总公司。

第十五条 中国储备粮管理总公司根据中央储备粮的收购、销售计划，具体组织实施中央储备粮的收购、销售。

第十六条 中央储备粮实行均衡轮换制度，每年轮换的数量一般为中央储备粮储存总量的20%至30%。

中国储备粮管理总公司应当根据中央储备粮的品质情况和入库年限，提出中央储备粮年度轮换的数量、品种和分地区计划，报国家粮食行政管理部门、国务院财政部门和中国农业发展银行批准。中国储备粮管理总公司在年度轮换计划内根据粮食市场供求状况，具体组织实施中央储备粮的轮换。

第十七条 中国储备粮管理总公司应当将中央储备粮收购、销售、年度轮换计划的具体执行情况，及时报国务院发展改革部门、国家粮食行政管理部门和国务院财政部门备案，并抄送中国农业发展银行。

第三章 中央储备粮的储存

第十八条 中国储备粮管理总公司直属企业为专门储存中央储备粮的企业。

中央储备粮也可以依照本条例的规定由具备条件的其他企业代储。

第十九条 代储中央储备粮的企业，应当具备下列条件：

（一）仓库容量达到国家规定的规模，仓库条件符合国家标准和技术规范的要求；

（二）具有与粮食储存功能、仓型、进出粮方式、粮食品种、储粮周期等相适应的仓储设备；

（三）具有符合国家标准的中央储备粮质量等级检测仪器和场所，具备检测中央储备粮储存期间仓库内温度、水分、害虫密度的条件；

（四）具有经过专业培训的粮油保管员、粮油质量检验员等管理技术人员；

（五）经营管理和信誉良好，并无严重违法经营记录。

选择代储中央储备粮的企业，应当遵循有利于中央储备粮的合理布局，有利于中央储备粮的集中管理和监督，有利于降低中央储备粮成本、费用的原则。

第二十条 具备本条例第十九条规定代储条件的企业，经国家粮食行政管理部门审核同意，取得代储中央储备粮的资格。

企业代储中央储备粮的资格认定办法，由国家粮食行政管理部门会同国务院财政部门，并征求中国农业发展银行和中国储备粮管理总公司的意见制定。

第二十一条 中国储备粮管理总公司负责从取得代储中央储备粮资格的企业中，根据中央储备粮的总体布局方案择优选定中央储备粮代储企业，报国家粮食行政管理部门、国务院财政部门和中国农业发展银行备案，并抄送当地粮食行政管理部门。

中国储备粮管理总公司应当与中央储备粮代储企业签订合同，明确双方的权利、义务和违约责任等事项。

中央储备粮代储企业不得将中央储备粮轮换业务与其他业务混合经营。

第二十二条 中国储备粮管理总公司直属企业、中央储备粮代储企业（以下统称承储企业）储存中央储备粮，应当严格执行国家有关中央储备粮管理的行政法规、规章、国家标准和技术规范，以及中国储备粮管理总公司依照有关行政法规、规章、国家标准和技术规范制定的各项业务管理制度。

第二十三条 承储企业必须保证入库的中央储备粮达到收购、轮换计划规定的质量等级，并符合国家规定的质量标准。

第二十四条 承储企业应当对中央储备粮实行专仓储存、专人保管、专账记载，保证中央储备粮账账相符、账实相符、质量良好、储存安全。

第二十五条 承储企业不得虚报、瞒报中央储备粮的数量，不得在中央储备粮中掺杂掺假、以次充好，不得擅自串换中央储备粮的品种、变更中央储备粮的储存地点，不得因延误轮换或者管理不善造成中央储备粮陈化、霉变。

第二十六条 承储企业不得以低价购进高价入账、高价售出低价入账、以旧粮顶替新粮、虚增入库成本等手段套取差价，骗取中央储备粮贷款和贷款利息、管理费用等财政补贴。

第二十七条 承储企业应当建立、健全中央储备粮的防火、防盗、防洪等安全管理制度，并配备必要的安全防护设施。

地方各级人民政府应当支持本行政区域内的承储企业做好中央储备粮的安全管理工作。

第二十八条 承储企业应当对中央储备粮的储存管理状况进行经常性检查；发现中央储备粮数量、质量和储存安全等方面的问题，应当及时处理；不能处理的，承储企业的主要负责人必须及时报告中国储备粮管理总公司或者其分支机构。

第二十九条 承储企业应当在轮换计划规定的时间内完成中央储备粮的轮换。

中央储备粮的轮换应当遵循有利于保证中央储备粮的数量、质量和储存安全，保持粮食市场稳定，防止造成市场粮价剧烈波动，节约成本、提高效率的原则。

中央储备粮轮换的具体管理办法，由国务院发展改革部门及国家粮食行政管理部门会同国务院财政部门，并征求中国农业发展银行和中国储备粮管理总公司的意见制定。

第三十条 中央储备粮的收购、销售、轮换原则上应当通过规范的粮食批发市场公开进行，也可以通过国家规定的其他方式进行。

第三十一条 承储企业不得以中央储备粮对外进行担保或者对外清偿债务。

承储企业依法被撤销、解散或者破产的，其储存的中央储备粮由中国储备粮管理总公司负责调出另储。

第三十二条 中央储备粮的管理费用补贴实行定额包干，由国务院财政部门拨付给中国储备粮管理总公司；中国储备粮管理总公司按照国务院财政部门的有关规定，通过中国农业发展银行补贴专户，及时、足额拨付到承储企业。中国储备粮管理总公司在中央储备粮管理费用补贴包干总额内，可以根据不同储存条件和实际费用水平，适当调整不同地区、不同品种、不同承储企业的管理费用补贴标准；但同一地区、同一品种、储存条件基本相同的承储企业的管理费用补贴标准原则上应当一致。

中央储备粮的贷款利息实行据实补贴，由国务院财政部门拨付。

第三十三条 中央储备粮贷款实行贷款与粮食库存值增减挂钩和专户管理、专款专用。

承储企业应当在中国农业发展银行开立基本账户，并接受中国农业发展银行的信贷监管。

中国储备粮管理总公司应当创造条件，逐步实行中央储备粮贷款统借统还。

第三十四条 中央储备粮的入库成本由国务院财政部门负责核定。中央储备粮的入库成本一经核定，中国储备粮管理总公司及其分支机构和承储企业必须遵照执行。

任何单位和个人不得擅自更改中央储备粮入库成本。

第三十五条 国家建立中央储备粮损失、损耗处理制度，及时处理所发生的损失、损耗。具体办法由国务院财政部门会同国家粮食行政管理部门，并征求中国储备粮管理总公司和中国农业发展银行的意见制定。

第三十六条 中国储备粮管理总公司应当定期统计、分析中央储备粮的储存管理情况，并将统计、分析情况报送国务院发展改革部门、国家粮食行政管理部门、国务院财政部门及中国农业发展银行。

第四章 中央储备粮的动用

第三十七条 国务院发展改革部门及国家粮食行政管理部门，应当完善中央储备粮的动用预警机制，加强对需要动用中央储备粮情况的监测，适时提出动用中央储备粮的建议。

第三十八条 出现下列情况之一的，可以动用中央储备粮：

（一）全国或者部分地区粮食明显供不应求或者市场价格异常波动；

（二）发生重大自然灾害或者其他突发事件需要动用中央储备粮；

（三）国务院认为需要动用中央储备粮的其他情形。

第三十九条 动用中央储备粮，由国务院发展改革部门及国家粮食行政管理部门会同国务院财政部门提出动用方案，报国务院批准。动用方案应当包括动用中央储备粮的品种、数量、质量、价格、使用安排、运输保障等内容。

第四十条 国务院发展改革部门及国家粮食行政管理部门，根据国务院批准的中央储备粮动用方案下达动用命令，由中国储备粮管理总公司具体组织实施。

紧急情况下，国务院直接决定动用中央储备粮并下达动用命令。

国务院有关部门和有关地方人民政府对中央储备粮动用命令的实施，应当给予支持、配合。

第四十一条 任何单位和个人不得拒绝执行或者擅自改变中央储备粮动用命令。

第五章 监督检查

第四十二条 国家粮食行政管理部门、国务院财政部门按照各自职责，依法对中国储备粮管理总公司及其分支机构、承储企业执行本条例及有关粮食法规的情况，进行监督检查。在监督检查过程中，可以行使下列职权：

（一）进入承储企业检查中央储备粮的数量、质量和储存安全；

（二）向有关单位和人员了解中央储备粮收购、销售、轮换计划及动用命令的执行情况；

（三）调阅中央储备粮经营管理的有关资料、凭证；

（四）对违法行为，依法予以处理。

第四十三条 国家粮食行政管理部门、国务院财政部门在监督检查中，发现中央储备粮数量、质量、储存安全等方面存在问题，应当责成中国储备粮管理总公司及其分支机构、承储企业立即予以纠正或者处理；发现中央储备粮代储企业不再具备代储条件，国家粮食行政管理部门应当取消其代储资格；发现中国储备粮管理总公司直属企业存在不适于储存中央储备粮的情况，国家粮食行政管理部门应当责成中国储备粮管理总公司对有关直属企业限期整改。

第四十四条 国家粮食行政管理部门、国务院财政部门的监督检查人员应当将监督检查情况作出书面记录，并由监督检查人员和被检查单位的负责人签字。被检查单位的负责人拒绝签字的，监督检查人员应当将有关情况记录在案。

第四十五条 审计机关依照审计法规定的职权和程序，对有关中央储备粮的财务收支情况实施审计监督；发现问题，应当及时予以处理。

第四十六条 中国储备粮管理总公司及其分支机构、承储企业，对国家粮食行政管理部门、国务院财政部门、审计机关的监督检查人员依法履行职责，应当予以配合。

任何单位和个人不得拒绝、阻挠、干涉国家粮食行政管理部门、国务院财政部门、审计机关的监督检查人员依法履行监督检查职责。

第四十七条 中国储备粮管理总公司及其分支机构应当加强对中央储备粮的经营管理和检查，对中央储备粮的数量、质量存在的问题，应当及时予以纠正；对危及中央储备粮储存安全的重大问题，应当立即采取有效措施予以处理，并报告国家粮食行政管理部门、国务院财政部门及中国农业发展银行。

第四十八条 中国农业发展银行应当按照资金封闭管理的规定，加强对中央储备粮贷款的信贷监管。中国储备粮管理总公司及其分支机构、承储企业对中国农业发展银行依法进行的信贷监管，应当予以配合，并及时提供有关资料和情况。

第六章 法律责任

第四十九条 国家机关工作人员违反本条例规定，有下列行为之一的，给予警告直至撤职的行政处分；情节严重的，给予降级直至开除的行政处分；构成犯罪的，依法追究刑事责任：

（一）不及时下达中央储备粮收购、销售及年度轮换计划的；

（二）给予不具备代储条件的企业代储中央储备粮资格，或者发现中央储备粮代储企业不再具备代储条件不及时取消其代储资格的；

（三）发现中国储备粮管理总公司直属企业存在不适于储存中央储备粮的情况不责成中国储备粮管理总公司对其限期整改的；

（四）接到举报、发现违法行为不及时查处的。

第五十条 中国储备粮管理总公司及其分支机构违反本条例规定，有下列行为之一的，由国家粮食行政管理部门责令改正；对直接负责的主管人员和其他直接责任人员，责成中国储备粮管理总公司给予警告直至撤职的纪律处分；情节严重的，对直接负责的主管人员和其他直接责任人员给予降级直至开除的纪律处分；构成犯罪的，依法追究刑事责任：

（一）拒不组织实施或者擅自改变中央储备粮收购、销售、年度轮换计划及动用命令的；

（二）选择未取得代储中央储备粮资格的企业代储中央储备粮的；

（三）发现中央储备粮的数量、质量存在问题不及时纠正，或者发现危及中央储备粮储存安全的重大问题，不立即采取有效措施处理并按照规定报告的；

（四）拒绝、阻挠、干涉国家粮食行政管理部门、国务院财政部门、审计机关的监督检查人员依法履行监督检查职责的。

第五十一条 承储企业违反本条例规定，有下列行为之一的，由国家粮食行政管理部门责成中国储备粮管理总公司对其限期改正；情节严重的，对中央储备粮代储企业，还应当取消其代储资格；对直接负责的主管人员和其他直接责任人员给予警告直至开除的纪律处分；构成犯罪的，依法追究刑事责任：

（一）入库的中央储备粮不符合质量等级和国家标准要求的；

（二）对中央储备粮未实行专仓储存、专人保管、专账记载，中央储备粮账账不符、账实不符的；

（三）发现中央储备粮的数量、质量和储存安全等方面的问题不及时处理，或者处理不了不及时报告的；

（四）拒绝、阻挠、干涉国家粮食行政管理部门、国务院财政部门、审计机关的监督检查人员或者中国储备粮管理总公司的检查人员依法履行职责的。

第五十二条 承储企业违反本条例规定，有下列行为之一的，由国家粮食行政管理部门责成中国储备粮管理总公司对其限期改正；有违法所得的，没收违法所得；对直接负责的主管人员给予降级直至开除的纪律处分；对其他直接责任人员给予警告直至开除的纪律处分；构成犯罪的，依法追究刑事责任；对中央储备粮代储企业，取消其代储资格：

（一）虚报、瞒报中央储备粮数量的；

（二）在中央储备粮中掺杂掺假、以次充好的；

（三）擅自串换中央储备粮的品种、变更中央储备粮储存地点的；

（四）造成中央储备粮陈化、霉变的；

（五）拒不执行或者擅自改变中央储备粮收购、销售、轮换计划和动用命令的；

（六）擅自动用中央储备粮的；

（七）以中央储备粮对外进行担保或者清偿债务的。

第五十三条 承储企业违反本条例规定，以低价购进高价入账、高价售出低价入账、以旧粮顶替新粮、虚增入库成本等手段套取差价，骗取中央储备粮贷款和贷款利息、管理费用等财政补贴的，由国家粮食行政管理部门、国务院财政部门按照各自职责责成中国储备粮管理总公司对其限期改正，并责令退回骗取的中央储备粮贷款和贷款利息、管理费用等财政补贴；有违法所得的，没收违法所得；对直接负责的主管人员给予降级直至开除的纪律处分；对其他直接责任人员给予警告直至开除的纪律处分；构成犯罪的，依法追究刑事责任；对中央储备粮代储企业，取消其代储资格。

第五十四条 中央储备粮代储企业将中央储备粮轮换业务与其他业务混合经营的，由国家粮食行政管理部门责成中国储备粮管理总公司对其限期改正；对直接负责的主管人员给予警告直至降级的纪律处分；造成中央储备粮损失的，对直接负责的主管人员给予撤职直至开除的纪律处分，并取消其代储资格。

第五十五条 违反本条例规定，挤占、截留、挪用中央储备粮贷款或者贷款利息、管理费用等财政补贴，或者擅自更改中央储备粮入库成本的，由国务院财政部门、中国农业发展银行按照各自职责责令改正或者给予信贷制裁；有违法所得的，没收违法所得；对直接负责的主管人员和其他直接责任人员依法给予撤职直至开除的纪律处分；构成犯罪的，依法追究刑事责任。

第五十六条 国家机关和中国农业发展银行的工作人员违反本条例规定，滥用职权、徇私舞弊或者玩忽职守，构成犯罪的，依法追究刑事责任；尚不构成犯罪的，依法给予降级直至开除的行政处分或者纪律处分。

第五十七条 违反本条例规定，破坏中央储备粮仓储设施，偷盗、哄抢、损毁中央储备粮，构成犯罪的，依法追究刑事责任；尚不构成犯罪的，依照《中华人民共和国治安管理处罚法》的规定予以处罚；造成财产损失的，依法承担民事赔偿责任。

第五十八条 本条例规定的对国家机关工作人员的行政处分，依照《中华人民共和国公务员法》的规定执行；对中国储备粮管理总公司及其分支机构、承储企业、中国农业发展银行工作人员的纪律处分，依照国家有关规定执行。

第七章 附 则

第五十九条 地方储备粮的管理办法，由省、自治区、直辖市参照本条例制定。

第六十条 本条例自公布之日起施行。

八、文 化 安 全

中华人民共和国非物质文化遗产法

1. 2011年2月25日第十一届全国人民代表大会常务委员会第十九次会议通过
2. 2011年2月25日中华人民共和国主席令第42号公布
3. 自2011年6月1日起施行

目　　录

第一章　总　　则
第二章　非物质文化遗产的调查
第三章　非物质文化遗产代表性项目名录
第四章　非物质文化遗产的传承与传播
第五章　法律责任
第六章　附　　则

第一章　总　　则

第一条　【立法目的】为了继承和弘扬中华民族优秀传统文化，促进社会主义精神文明建设，加强非物质文化遗产保护、保存工作，制定本法。

第二条　【非物质文化遗产定义及范围】本法所称非物质文化遗产，是指各族人民世代相传并视为其文化遗产组成部分的各种传统文化表现形式，以及与传统文化表现形式相关的实物和场所。包括：

（一）传统口头文学以及作为其载体的语言；
（二）传统美术、书法、音乐、舞蹈、戏剧、曲艺和杂技；
（三）传统技艺、医药和历法；
（四）传统礼仪、节庆等民俗；
（五）传统体育和游艺；
（六）其他非物质文化遗产。

属于非物质文化遗产组成部分的实物和场所，凡属文物的，适用《中华人民共和国文物保护法》的有关规定。

第三条 【非物质文化遗产保护原则与措施】国家对非物质文化遗产采取认定、记录、建档等措施予以保存，对体现中华民族优秀传统文化，具有历史、文学、艺术、科学价值的非物质文化遗产采取传承、传播等措施予以保护。

第四条 【保护非物质文化遗产的原则】保护非物质文化遗产，应当注重其真实性、整体性和传承性，有利于增强中华民族的文化认同，有利于维护国家统一和民族团结，有利于促进社会和谐和可持续发展。

第五条 【使用非物质文化遗产的原则】使用非物质文化遗产，应当尊重其形式和内涵。

禁止以歪曲、贬损等方式使用非物质文化遗产。

第六条 【政府的责任】县级以上人民政府应当将非物质文化遗产保护、保存工作纳入本级国民经济和社会发展规划，并将保护、保存经费列入本级财政预算。

国家扶持民族地区、边远地区、贫困地区的非物质文化遗产保护、保存工作。

第七条 【工作主管部门】国务院文化主管部门负责全国非物质文化遗产的保护、保存工作；县级以上地方人民政府文化主管部门负责本行政区域内非物质文化遗产的保护、保存工作。

县级以上人民政府其他有关部门在各自职责范围内，负责有关非物质文化遗产的保护、保存工作。

第八条 【人民政府宣传非物质文化遗产的责任】县级以上人民政府应当加强对非物质文化遗产保护工作的宣传，提高全社会保护非物质文化遗产的意识。

第九条 【全民参与原则】国家鼓励和支持公民、法人和其他组织参与非物质文化遗产保护工作。

第十条 【非物质文化遗产保护工作中的表彰和奖励】对在非物质文化遗产保护工作中做出显著贡献的组织和个人，按照国家有关规定予以表彰、奖励。

第二章 非物质文化遗产的调查

第十一条 【政府组织非物质文化遗产调查】县级以上人民政府根据非物质文化遗产保护、保存工作需要，组织非物质文化遗产调查。非物质文化遗产调查由文化主管部门负责进行。

县级以上人民政府其他有关部门可以对其工作领域内的非物质文化遗产进行调查。

第十二条 【调查方法和要求】文化主管部门和其他有关部门进行非物质文化

遗产调查，应当对非物质文化遗产予以认定、记录、建档，建立健全调查信息共享机制。

文化主管部门和其他有关部门进行非物质文化遗产调查，应当收集属于非物质文化遗产组成部分的代表性实物，整理调查工作中取得的资料，并妥善保存，防止损毁、流失。其他有关部门取得的实物图片、资料复制件，应当汇交给同级文化主管部门。

第十三条　【公开非物质文化遗产档案和信息】文化主管部门应当全面了解非物质文化遗产有关情况，建立非物质文化遗产档案及相关数据库。除依法应当保密的外，非物质文化遗产档案及相关数据信息应当公开，便于公众查阅。

第十四条　【公民、法人和其他组织进行调查的要求】公民、法人和其他组织可以依法进行非物质文化遗产调查。

第十五条　【境外组织和个人在我国境内进行调查的要求】境外组织或者个人在中华人民共和国境内进行非物质文化遗产调查，应当报经省、自治区、直辖市人民政府文化主管部门批准；调查在两个以上省、自治区、直辖市行政区域进行的，应当报经国务院文化主管部门批准；调查结束后，应当向批准调查的文化主管部门提交调查报告和调查中取得的实物图片、资料复制件。

境外组织在中华人民共和国境内进行非物质文化遗产调查，应当与境内非物质文化遗产学术研究机构合作进行。

第十六条　【调查活动中的禁止性规范】进行非物质文化遗产调查，应当征得调查对象的同意，尊重其风俗习惯，不得损害其合法权益。

第十七条　【濒临消失的非物质文化遗产的保护、保存】对通过调查或者其他途径发现的濒临消失的非物质文化遗产项目，县级人民政府文化主管部门应当立即予以记录并收集有关实物，或者采取其他抢救性保存措施；对需要传承的，应当采取有效措施支持传承。

第三章　非物质文化遗产代表性项目名录

第十八条　【建立代表性项目名录制度】国务院建立国家级非物质文化遗产代表性项目名录，将体现中华民族优秀传统文化，具有重大历史、文学、艺术、科学价值的非物质文化遗产项目列入名录予以保护。

省、自治区、直辖市人民政府建立地方非物质文化遗产代表性项目名录，将本行政区域内体现中华民族优秀传统文化，具有历史、文学、艺术、科学价值的非物质文化遗产项目列入名录予以保护。

第十九条 【推荐国家级非物质文化遗产代表性项目名录的要求】省、自治区、直辖市人民政府可以从本省、自治区、直辖市非物质文化遗产代表性项目名录中向国务院文化主管部门推荐列入国家级非物质文化遗产代表性项目名录的项目。推荐时应当提交下列材料：

（一）项目介绍，包括项目的名称、历史、现状和价值；

（二）传承情况介绍，包括传承范围、传承谱系、传承人的技艺水平、传承活动的社会影响；

（三）保护要求，包括保护应当达到的目标和应当采取的措施、步骤、管理制度；

（四）有助于说明项目的视听资料等材料。

第二十条 【建议列入国家级非物质文化遗产代表性名录的要求】公民、法人和其他组织认为某项非物质文化遗产体现中华民族优秀传统文化，具有重大历史、文学、艺术、科学价值的，可以向省、自治区、直辖市人民政府或者国务院文化主管部门提出列入国家级非物质文化遗产代表性项目名录的建议。

第二十一条 【可以同时列入国家级非物质文化遗产代表性项目名录的要求】相同的非物质文化遗产项目，其形式和内涵在两个以上地区均保持完整的，可以同时列入国家级非物质文化遗产代表性项目名录。

第二十二条 【非物质文化遗产评审程序及评审原则】国务院文化主管部门应当组织专家评审小组和专家评审委员会，对推荐或者建议列入国家级非物质文化遗产代表性项目名录的非物质文化遗产项目进行初评和审议。

初评意见应当经专家评审小组成员过半数通过。专家评审委员会对初评意见进行审议，提出审议意见。

评审工作应当遵循公开、公平、公正的原则。

第二十三条 【公示程序】国务院文化主管部门应当将拟列入国家级非物质文化遗产代表性项目名录的项目予以公示，征求公众意见。公示时间不得少于二十日。

第二十四条 【批准、公布程序】国务院文化主管部门根据专家评审委员会的审议意见和公示结果，拟订国家级非物质文化遗产代表性项目名录，报国务院批准、公布。

第二十五条 【非物质文化遗产保护规划】国务院文化主管部门应当组织制定保护规划，对国家级非物质文化遗产代表性项目予以保护。

省、自治区、直辖市人民政府文化主管部门应当组织制定保护规划，对本级人民政府批准公布的地方非物质文化遗产代表性项目予以保护。

制定非物质文化遗产代表性项目保护规划，应当对濒临消失的非物质文化遗产代表性项目予以重点保护。

第二十六条　【专项保护规划】对非物质文化遗产代表性项目集中、特色鲜明、形式和内涵保持完整的特定区域，当地文化主管部门可以制定专项保护规划，报经本级人民政府批准后，实行区域性整体保护。确定对非物质文化遗产实行区域性整体保护，应当尊重当地居民的意愿，并保护属于非物质文化遗产组成部分的实物和场所，避免遭受破坏。

实行区域性整体保护涉及非物质文化遗产集中地村镇或者街区空间规划的，应当由当地城乡规划主管部门依据相关法规制定专项保护规划。

第二十七条　【专项保护规划的监督和检查】国务院文化主管部门和省、自治区、直辖市人民政府文化主管部门应当对非物质文化遗产代表性项目保护规划的实施情况进行监督检查；发现保护规划未能有效实施的，应当及时纠正、处理。

第四章　非物质文化遗产的传承与传播

第二十八条　【建立非物质文化遗产的传承、传播制度】国家鼓励和支持开展非物质文化遗产代表性项目的传承、传播。

第二十九条　【代表性传承人的条件及评审程序】国务院文化主管部门和省、自治区、直辖市人民政府文化主管部门对本级人民政府批准公布的非物质文化遗产代表性项目，可以认定代表性传承人。

非物质文化遗产代表性项目的代表性传承人应当符合下列条件：

（一）熟练掌握其传承的非物质文化遗产；

（二）在特定领域内具有代表性，并在一定区域内具有较大影响；

（三）积极开展传承活动。

认定非物质文化遗产代表性项目的代表性传承人，应当参照执行本法有关非物质文化遗产代表性项目评审的规定，并将所认定的代表性传承人名单予以公布。

第三十条　【政府的责任】县级以上人民政府文化主管部门根据需要，采取下列措施，支持非物质文化遗产代表性项目的代表性传承人开展传承、传播活动：

（一）提供必要的传承场所；

（二）提供必要的经费资助其开展授徒、传艺、交流等活动；

（三）支持其参与社会公益性活动；

（四）支持其开展传承、传播活动的其他措施。

第三十一条 【代表性传承人的义务及退出机制】非物质文化遗产代表性项目的代表性传承人应当履行下列义务：

（一）开展传承活动，培养后继人才；

（二）妥善保存相关的实物、资料；

（三）配合文化主管部门和其他有关部门进行非物质文化遗产调查；

（四）参与非物质文化遗产公益性宣传。

非物质文化遗产代表性项目的代表性传承人无正当理由不履行前款规定义务的，文化主管部门可以取消其代表性传承人资格，重新认定该项目的代表性传承人；丧失传承能力的，文化主管部门可以重新认定该项目的代表性传承人。

第三十二条 【宣传、展示非物质文化遗产代表性项目】县级以上人民政府应当结合实际情况，采取有效措施，组织文化主管部门和其他有关部门宣传、展示非物质文化遗产代表性项目。

第三十三条 【非物质文化遗产的研究、整理及出版活动】国家鼓励开展与非物质文化遗产有关的科学技术研究和非物质文化遗产保护、保存方法研究，鼓励开展非物质文化遗产的记录和非物质文化遗产代表性项目的整理、出版等活动。

第三十四条 【非物质文化遗产的宣传、教育】学校应当按照国务院教育主管部门的规定，开展相关的非物质文化遗产教育。

新闻媒体应当开展非物质文化遗产代表性项目的宣传，普及非物质文化遗产知识。

第三十五条 【公共文化机构等的责任】图书馆、文化馆、博物馆、科技馆等公共文化机构和非物质文化遗产学术研究机构、保护机构以及利用财政性资金举办的文艺表演团体、演出场所经营单位等，应当根据各自业务范围，开展非物质文化遗产的整理、研究、学术交流和非物质文化遗产代表性项目的宣传、展示。

第三十六条 【展示场所和传承场所】国家鼓励和支持公民、法人和其他组织依法设立非物质文化遗产展示场所和传承场所，展示和传承非物质文化遗产代表性项目。

第三十七条 【非物质文化遗产生产性保护】国家鼓励和支持发挥非物质文化遗产资源的特殊优势，在有效保护的基础上，合理利用非物质文化遗产代表性项目开发具有地方、民族特色和市场潜力的文化产品和文化服务。

开发利用非物质文化遗产代表性项目的，应当支持代表性传承人开展传承活动，保护属于该项目组成部分的实物和场所。

县级以上地方人民政府应当对合理利用非物质文化遗产代表性项目的单位予以扶持。单位合理利用非物质文化遗产代表性项目的，依法享受国家规定的税收优惠。

第五章 法律责任

第三十八条 【对玩忽职守、滥用职权、徇私舞弊行为的法律责任】文化主管部门和其他有关部门的工作人员在非物质文化遗产保护、保存工作中玩忽职守、滥用职权、徇私舞弊的，依法给予处分。

第三十九条 【对侵犯调查对象风俗习惯行为的法律责任】文化主管部门和其他有关部门的工作人员进行非物质文化遗产调查时侵犯调查对象风俗习惯，造成严重后果的，依法给予处分。

第四十条 【破坏非物质文化遗产的法律责任】违反本法规定，破坏属于非物质文化遗产组成部分的实物和场所的，依法承担民事责任；构成违反治安管理行为的，依法给予治安管理处罚。

第四十一条 【境外组织和个人违反本法规定的法律责任】境外组织违反本法第十五条规定的，由文化主管部门责令改正，给予警告，没收违法所得及调查中取得的实物、资料；情节严重的，并处十万元以上五十万元以下的罚款。

境外个人违反本法第十五条第一款规定的，由文化主管部门责令改正，给予警告，没收违法所得及调查中取得的实物、资料；情节严重的，并处一万元以上五万元以下的罚款。

第四十二条 【刑事责任】违反本法规定，构成犯罪的，依法追究刑事责任。

第六章 附则

第四十三条 【建立地方名录的特别规定】建立地方非物质文化遗产代表性项目名录的办法，由省、自治区、直辖市参照本法有关规定制定。

第四十四条 【使用非物质文化遗产涉及的知识产权问题的法律适用及传统医药、传统工艺美术保护的特别规定】使用非物质文化遗产涉及知识产权的，适用有关法律、行政法规的规定。

对传统医药、传统工艺美术等的保护，其他法律、行政法规另有规定的，依照其规定。

第四十五条 【施行日期】本法自 2011 年 6 月 1 日起施行。

中华人民共和国文物保护法

1. 1982年11月19日第五届全国人民代表大会常务委员会第二十五次会议通过
2. 根据1991年6月29日第七届全国人民代表大会常务委员会第二十次会议《关于修改〈中华人民共和国文物保护法〉第三十条、第三十一条的决定》第一次修正
3. 2002年10月28日第九届全国人民代表大会常务委员会第三十次会议修订
4. 根据2007年12月29日第十届全国人民代表大会常务委员会第三十一次会议《关于修改〈中华人民共和国文物保护法〉的决定》第二次修正
5. 根据2013年6月29日第十二届全国人民代表大会常务委员会第三次会议《关于修改〈中华人民共和国文物保护法〉等十二部法律的决定》第三次修正
6. 根据2015年4月24日第十二届全国人民代表大会常务委员会第十四次会议《关于修改〈中华人民共和国文物保护法〉的决定》第四次修正
7. 根据2017年11月4日第十二届全国人民代表大会常务委员会第三十次会议《关于修改〈中华人民共和国会计法〉等十一部法律的决定》第五次修正

目　　录

第一章　总　　则
第二章　不可移动文物
第三章　考古发掘
第四章　馆藏文物
第五章　民间收藏文物
第六章　文物出境进境
第七章　法律责任
第八章　附　　则

第一章　总　　则

第一条　【立法目的】为了加强对文物的保护，继承中华民族优秀的历史文化遗产，促进科学研究工作，进行爱国主义和革命传统教育，建设社会主义精神文明和物质文明，根据宪法，制定本法。

第二条　【适用范围】在中华人民共和国境内，下列文物受国家保护：

（一）具有历史、艺术、科学价值的古文化遗址、古墓葬、古建筑、石窟寺和石刻、壁画；

（二）与重大历史事件、革命运动或者著名人物有关的以及具有重要纪念意义、教育意义或者史料价值的近代现代重要史迹、实物、代表性建筑；

（三）历史上各时代珍贵的艺术品、工艺美术品；

（四）历史上各时代重要的文献资料以及具有历史、艺术、科学价值的手稿和图书资料等；

（五）反映历史上各时代、各民族社会制度、社会生产、社会生活的代表性实物。

文物认定的标准和办法由国务院文物行政部门制定，并报国务院批准。

具有科学价值的古脊椎动物化石和古人类化石同文物一样受国家保护。

第三条　【文物的分类】古文化遗址、古墓葬、古建筑、石窟寺、石刻、壁画、近代现代重要史迹和代表性建筑等不可移动文物，根据它们的历史、艺术、科学价值，可以分别确定为全国重点文物保护单位，省级文物保护单位，市、县级文物保护单位。

历史上各时代重要实物、艺术品、文献、手稿、图书资料、代表性实物等可移动文物，分为珍贵文物和一般文物；珍贵文物分为一级文物、二级文物、三级文物。

第四条　【文物工作的方针】文物工作贯彻保护为主、抢救第一、合理利用、加强管理的方针。

第五条　【国有文物】中华人民共和国境内地下、内水和领海中遗存的一切文物，属于国家所有。

古文化遗址、古墓葬、石窟寺属于国家所有。国家指定保护的纪念建筑物、古建筑、石刻、壁画、近代现代代表性建筑等不可移动文物，除国家另有规定的以外，属于国家所有。

国有不可移动文物的所有权不因其所依附的土地所有权或者使用权的改变而改变。

下列可移动文物，属于国家所有：

（一）中国境内出土的文物，国家另有规定的除外；

（二）国有文物收藏单位以及其他国家机关、部队和国有企业、事业组织等收藏、保管的文物；

（三）国家征集、购买的文物；

（四）公民、法人和其他组织捐赠给国家的文物；

（五）法律规定属于国家所有的其他文物。

属于国家所有的可移动文物的所有权不因其保管、收藏单位的终止或者变更而改变。

国有文物所有权受法律保护，不容侵犯。

第六条　【法律保护非国有文物的所有权】属于集体所有和私人所有的纪念建筑物、古建筑和祖传文物以及依法取得的其他文物，其所有权受法律保护。文物的所有者必须遵守国家有关文物保护的法律、法规的规定。

第七条　【保护文物的义务】一切机关、组织和个人都有依法保护文物的义务。

第八条　【文物保护工作的主管部门】国务院文物行政部门主管全国文物保护工作。

地方各级人民政府负责本行政区域内的文物保护工作。县级以上地方人民政府承担文物保护工作的部门对本行政区域内的文物保护实施监督管理。

县级以上人民政府有关行政部门在各自的职责范围内，负责有关的文物保护工作。

第九条　【国家机关的义务】各级人民政府应当重视文物保护，正确处理经济建设、社会发展与文物保护的关系，确保文物安全。

基本建设、旅游发展必须遵守文物保护工作的方针，其活动不得对文物造成损害。

公安机关、工商行政管理部门、海关、城乡建设规划部门和其他有关国家机关，应当依法认真履行所承担的保护文物的职责，维护文物管理秩序。

第十条　【财政支持】国家发展文物保护事业。县级以上人民政府应当将文物保护事业纳入本级国民经济和社会发展规划，所需经费列入本级财政预算。

国家用于文物保护的财政拨款随着财政收入增长而增加。

国有博物馆、纪念馆、文物保护单位等的事业性收入，专门用于文物保护，任何单位或者个人不得侵占、挪用。

国家鼓励通过捐赠等方式设立文物保护社会基金，专门用于文物保护，任何单位或者个人不得侵占、挪用。

第十一条　【文物保护的观念培养和技术支持】文物是不可再生的文化资源。国家加强文物保护的宣传教育，增强全民文物保护的意识，鼓励文物保护的科学研究，提高文物保护的科学技术水平。

第十二条　【国家奖励】有下列事迹的单位或者个人，由国家给予精神鼓励或者物质奖励：

（一）认真执行文物保护法律、法规，保护文物成绩显著的；

（二）为保护文物与违法犯罪行为作坚决斗争的；

（三）将个人收藏的重要文物捐献给国家或者为文物保护事业作出捐赠的；

（四）发现文物及时上报或者上交，使文物得到保护的；

（五）在考古发掘工作中作出重大贡献的；

（六）在文物保护科学技术方面有重要发明创造或者其他重要贡献的；

（七）在文物面临破坏危险时，抢救文物有功的；

（八）长期从事文物工作，作出显著成绩的。

第二章　不可移动文物

第十三条　【不可移动文物的分类工作】国务院文物行政部门在省级、市、县级文物保护单位中，选择具有重大历史、艺术、科学价值的确定为全国重点文物保护单位，或者直接确定为全国重点文物保护单位，报国务院核定公布。

省级文物保护单位，由省、自治区、直辖市人民政府核定公布，并报国务院备案。

市级和县级文物保护单位，分别由设区的市、自治州和县级人民政府核定公布，并报省、自治区、直辖市人民政府备案。

尚未核定公布为文物保护单位的不可移动文物，由县级人民政府文物行政部门予以登记并公布。

第十四条　【历史文化名城、街区、村镇】保存文物特别丰富并且具有重大历史价值或者革命纪念意义的城市，由国务院核定公布为历史文化名城。

保存文物特别丰富并且具有重大历史价值或者革命纪念意义的城镇、街道、村庄，由省、自治区、直辖市人民政府核定公布为历史文化街区、村镇，并报国务院备案。

历史文化名城和历史文化街区、村镇所在地的县级以上地方人民政府应当组织编制专门的历史文化名城和历史文化街区、村镇保护规划，并纳入城市总体规划。

历史文化名城和历史文化街区、村镇的保护办法，由国务院制定。

第十五条　【不可移动文物保护范围的确定】各级文物保护单位，分别由省、自治区、直辖市人民政府和市、县级人民政府划定必要的保护范围，作出标志说明，建立记录档案，并区别情况分别设置专门机构或者专人负责管理。全国重点文物保护单位的保护范围和记录档案，由省、自治区、直辖市人民政府文物行政部门报国务院文物行政部门备案。

县级以上地方人民政府文物行政部门应当根据不同文物的保护需要，制定文物保护单位和未核定为文物保护单位的不可移动文物的具体保护措施，并公告施行。

第十六条　【城乡建设规划与文物保护】各级人民政府制定城乡建设规划，应当根据文物保护的需要，事先由城乡建设规划部门会同文物行政部门商定对本行政区域内各级文物保护单位的保护措施，并纳入规划。

第十七条　【建设工程与文物保护范围】文物保护单位的保护范围内不得进行其他建设工程或者爆破、钻探、挖掘等作业。但是，因特殊情况需要在文物保护单位的保护范围内进行其他建设工程或者爆破、钻探、挖掘等作业的，必须保证文物保护单位的安全，并经核定公布该文物保护单位的人民政府批准，在批准前应当征得上一级人民政府文物行政部门同意；在全国重点文物保护单位的保护范围内进行其他建设工程或者爆破、钻探、挖掘等作业的，必须经省、自治区、直辖市人民政府批准，在批准前应当征得国务院文物行政部门同意。

第十八条　【建设控制地带】根据保护文物的实际需要，经省、自治区、直辖市人民政府批准，可以在文物保护单位的周围划出一定的建设控制地带，并予以公布。

在文物保护单位的建设控制地带内进行建设工程，不得破坏文物保护单位的历史风貌；工程设计方案应当根据文物保护单位的级别，经相应的文物行政部门同意后，报城乡建设规划部门批准。

第十九条　【文物保护与环保】在文物保护单位的保护范围和建设控制地带内，不得建设污染文物保护单位及其环境的设施，不得进行可能影响文物保护单位安全及其环境的活动。对已有的污染文物保护单位及其环境的设施，应当限期治理。

第二十条　【建设工程选址与文物保护】建设工程选址，应当尽可能避开不可移动文物；因特殊情况不能避开的，对文物保护单位应当尽可能实施原址保护。

实施原址保护的，建设单位应当事先确定保护措施，根据文物保护单位的级别报相应的文物行政部门批准；未经批准的，不得开工建设。

无法实施原址保护，必须迁移异地保护或者拆除的，应当报省、自治区、直辖市人民政府批准；迁移或者拆除省级文物保护单位的，批准前须征得国务院文物行政部门同意。全国重点文物保护单位不得拆除；需要迁移的，须由省、自治区、直辖市人民政府报国务院批准。

依照前款规定拆除的国有不可移动文物中具有收藏价值的壁画、雕塑、建筑构件等，由文物行政部门指定的文物收藏单位收藏。

本条规定的原址保护、迁移、拆除所需费用，由建设单位列入建设工程预算。

第二十一条　【不可移动文物的修缮与保养】国有不可移动文物由使用人负责修缮、保养；非国有不可移动文物由所有人负责修缮、保养。非国有不可移动文物有损毁危险，所有人不具备修缮能力的，当地人民政府应当给予帮助；所有人具备修缮能力而拒不依法履行修缮义务的，县级以上人民政府可以给予抢救修缮，所需费用由所有人负担。

对文物保护单位进行修缮，应当根据文物保护单位的级别报相应的文物行政部门批准；对未核定为文物保护单位的不可移动文物进行修缮，应当报登记的县级人民政府文物行政部门批准。

文物保护单位的修缮、迁移、重建，由取得文物保护工程资质证书的单位承担。

对不可移动文物进行修缮、保养、迁移，必须遵守不改变文物原状的原则。

第二十二条　【遗址保护】不可移动文物已经全部毁坏的，应当实施遗址保护，不得在原址重建。但是，因特殊情况需要在原址重建的，由省、自治区、直辖市人民政府文物行政部门报省、自治区、直辖市人民政府批准；全国重点文物保护单位需要在原址重建的，由省、自治区、直辖市人民政府报国务院批准。

第二十三条　【文物作其他用途时的管理】核定为文物保护单位的属于国家所有的纪念建筑物或者古建筑，除可以建立博物馆、保管所或者辟为参观游览场所外，作其他用途的，市、县级文物保护单位应当经核定公布该文物保护单位的人民政府文物行政部门征得上一级文物行政部门同意后，报核定公布该文物保护单位的人民政府批准；省级文物保护单位应当经核定公布该文物保护单位的省级人民政府的文物行政部门审核同意后，报该省级人民政府批准；全国重点文物保护单位作其他用途的，应当由省、自治区、直辖市人民政府报国务院批准。国有未核定为文物保护单位的不可移动文物作其他用途的，应当报告县级人民政府文物行政部门。

第二十四条　【国有文物的转让、抵押与经营限制】国有不可移动文物不得转让、抵押。建立博物馆、保管所或者辟为参观游览场所的国有文物保护单位，不得作为企业资产经营。

第二十五条　【非国有文物的转让与抵押限制】非国有不可移动文物不得转

让、抵押给外国人。

非国有不可移动文物转让、抵押或者改变用途的，应当根据其级别报相应的文物行政部门备案。

第二十六条　【不可移动文物的使用限制】使用不可移动文物，必须遵守不改变文物原状的原则，负责保护建筑物及其附属文物的安全，不得损毁、改建、添建或者拆除不可移动文物。

对危害文物保护单位安全、破坏文物保护单位历史风貌的建筑物、构筑物，当地人民政府应当及时调查处理，必要时，对该建筑物、构筑物予以拆迁。

第三章　考古发掘

第二十七条　【考古发掘报批制】一切考古发掘工作，必须履行报批手续；从事考古发掘的单位，应当经国务院文物行政部门批准。

地下埋藏的文物，任何单位或者个人都不得私自发掘。

第二十八条　【考古发掘计划】从事考古发掘的单位，为了科学研究进行考古发掘，应当提出发掘计划，报国务院文物行政部门批准；对全国重点文物保护单位的考古发掘计划，应当经国务院文物行政部门审核后报国务院批准。国务院文物行政部门在批准或者审核前，应当征求社会科学研究机构及其他科研机构和有关专家的意见。

第二十九条　【大型基建的事先考古勘查】进行大型基本建设工程，建设单位应当事先报请省、自治区、直辖市人民政府文物行政部门组织从事考古发掘的单位在工程范围内有可能埋藏文物的地方进行考古调查、勘探。

考古调查、勘探中发现文物的，由省、自治区、直辖市人民政府文物行政部门根据文物保护的要求会同建设单位共同商定保护措施；遇有重要发现的，由省、自治区、直辖市人民政府文物行政部门及时报国务院文物行政部门处理。

第三十条　【建设工程的事先考古发掘】需要配合建设工程进行的考古发掘工作，应当由省、自治区、直辖市文物行政部门在勘探工作的基础上提出发掘计划，报国务院文物行政部门批准。国务院文物行政部门在批准前，应当征求社会科学研究机构及其他科研机构和有关专家的意见。

确因建设工期紧迫或者有自然破坏危险，对古文化遗址、古墓葬急需进行抢救发掘的，由省、自治区、直辖市人民政府文物行政部门组织发掘，并同时补办审批手续。

第三十一条　【事先考古工作的费用问题】凡因进行基本建设和生产建设需要

的考古调查、勘探、发掘，所需费用由建设单位列入建设工程预算。

第三十二条 【文物现场的保护】在进行建设工程或者在农业生产中，任何单位或者个人发现文物，应当保护现场，立即报告当地文物行政部门，文物行政部门接到报告后，如无特殊情况，应当在二十四小时内赶赴现场，并在七日内提出处理意见。文物行政部门可以报请当地人民政府通知公安机关协助保护现场；发现重要文物的，应当立即上报国务院文物行政部门，国务院文物行政部门应当在接到报告后十五日内提出处理意见。

依照前款规定发现的文物属于国家所有，任何单位或者个人不得哄抢、私分、藏匿。

第三十三条 【对外方进行的考古工作的管理】非经国务院文物行政部门报国务院特别许可，任何外国人或者外国团体不得在中华人民共和国境内进行考古调查、勘探、发掘。

第三十四条 【考古发掘文物的管理】考古调查、勘探、发掘的结果，应当报告国务院文物行政部门和省、自治区、直辖市人民政府文物行政部门。

考古发掘的文物，应当登记造册，妥善保管，按照国家有关规定移交给由省、自治区、直辖市人民政府文物行政部门或者国务院文物行政部门指定的国有博物馆、图书馆或者其他国有收藏文物的单位收藏。经省、自治区、直辖市人民政府文物行政部门批准，从事考古发掘的单位可以保留少量出土文物作为科研标本。

考古发掘的文物，任何单位或者个人不得侵占。

第三十五条 【出土文物的调用】根据保证文物安全、进行科学研究和充分发挥文物作用的需要，省、自治区、直辖市人民政府文物行政部门经本级人民政府批准，可以调用本行政区域内的出土文物；国务院文物行政部门经国务院批准，可以调用全国的重要出土文物。

第四章 馆藏文物

第三十六条 【馆藏文物档案】博物馆、图书馆和其他文物收藏单位对收藏的文物，必须区分文物等级，设置藏品档案，建立严格的管理制度，并报主管的文物行政部门备案。

县级以上地方人民政府文物行政部门应当分别建立本行政区域内的馆藏文物档案；国务院文物行政部门应当建立国家一级文物藏品档案和其主管的国有文物收藏单位馆藏文物档案。

第三十七条 【馆藏文物的获取途径】文物收藏单位可以通过下列方式取得文物：

（一）购买；

（二）接受捐赠；

（三）依法交换；

（四）法律、行政法规规定的其他方式。

国有文物收藏单位还可以通过文物行政部门指定保管或者调拨方式取得文物。

第三十八条　【文物收藏单位的保护义务】文物收藏单位应当根据馆藏文物的保护需要，按照国家有关规定建立、健全管理制度，并报主管的文物行政部门备案。未经批准，任何单位或者个人不得调取馆藏文物。

文物收藏单位的法定代表人对馆藏文物的安全负责。国有文物收藏单位的法定代表人离任时，应当按照馆藏文物档案办理馆藏文物移交手续。

第三十九条　【馆藏文物的调拨】国务院文物行政部门可以调拨全国的国有馆藏文物。省、自治区、直辖市人民政府文物行政部门可以调拨本行政区域内其主管的国有文物收藏单位馆藏文物；调拨国有馆藏一级文物，应当报国务院文物行政部门备案。

国有文物收藏单位可以申请调拨国有馆藏文物。

第四十条　【文物展览】文物收藏单位应当充分发挥馆藏文物的作用，通过举办展览、科学研究等活动，加强对中华民族优秀的历史文化和革命传统的宣传教育。

国有文物收藏单位之间因举办展览、科学研究等需借用馆藏文物的，应当报主管的文物行政部门备案；借用馆藏一级文物的，应当同时报国务院文物行政部门备案。

非国有文物收藏单位和其他单位举办展览需借用国有馆藏文物的，应当报主管的文物行政部门批准；借用国有馆藏一级文物，应当经国务院文物行政部门批准。

文物收藏单位之间借用文物的最长期限不得超过三年。

第四十一条　【文物交换】已经建立馆藏文物档案的国有文物收藏单位，经省、自治区、直辖市人民政府文物行政部门批准，并报国务院文物行政部门备案，其馆藏文物可以在国有文物收藏单位之间交换。

第四十二条　【对未建档案的收藏单位的活动限制】未建立馆藏文物档案的国有文物收藏单位，不得依照本法第四十条、第四十一条的规定处置其馆藏文物。

第四十三条　【调拨、交换、借用文物的补偿费用】依法调拨、交换、借用国有馆藏文物，取得文物的文物收藏单位可以对提供文物的文物收藏单位给予合理补偿，具体管理办法由国务院文物行政部门制定。

国有文物收藏单位调拨、交换、出借文物所得的补偿费用，必须用于改善文物的收藏条件和收集新的文物，不得挪作他用；任何单位或者个人不得侵占。

调拨、交换、借用的文物必须严格保管，不得丢失、损毁。

第四十四条 【处置文物的限制性规定】禁止国有文物收藏单位将馆藏文物赠与、出租或者出售给其他单位、个人。

第四十五条 【文物处置办法的制定】国有文物收藏单位不再收藏的文物的处置办法，由国务院另行制定。

第四十六条 【使用馆藏文物的注意义务】修复馆藏文物，不得改变馆藏文物的原状；复制、拍摄、拓印馆藏文物，不得对馆藏文物造成损害。具体管理办法由国务院制定。

不可移动文物的单体文物的修复、复制、拍摄、拓印，适用前款规定。

第四十七条 【配备文物保护设施的义务】博物馆、图书馆和其他收藏文物的单位应当按照国家有关规定配备防火、防盗、防自然损坏的设施，确保馆藏文物的安全。

第四十八条 【文物毁损的处理办法】馆藏一级文物损毁的，应当报国务院文物行政部门核查处理。其他馆藏文物损毁的，应当报省、自治区、直辖市人民政府文物行政部门核查处理；省、自治区、直辖市人民政府文物行政部门应当将核查处理结果报国务院文物行政部门备案。

馆藏文物被盗、被抢或者丢失的，文物收藏单位应当立即向公安机关报案，并同时向主管的文物行政部门报告。

第四十九条 【工作人员的行为限制】文物行政部门和国有文物收藏单位的工作人员不得借用国有文物，不得非法侵占国有文物。

第五章 民间收藏文物

第五十条 【民间收藏文物的获取途径】文物收藏单位以外的公民、法人和其他组织可以收藏通过下列方式取得的文物：

（一）依法继承或者接受赠与；

（二）从文物商店购买；

（三）从经营文物拍卖的拍卖企业购买；

（四）公民个人合法所有的文物相互交换或者依法转让；

（五）国家规定的其他合法方式。

文物收藏单位以外的公民、法人和其他组织收藏的前款文物可以依法流通。

第五十一条 【民间买卖文物的限制性规定】公民、法人和其他组织不得买卖下列文物：

（一）国有文物，但是国家允许的除外；

（二）非国有馆藏珍贵文物；

（三）国有不可移动文物中的壁画、雕塑、建筑构件等，但是依法拆除的国有不可移动文物中的壁画、雕塑、建筑构件等不属于本法第二十条第四款规定的应由文物收藏单位收藏的除外；

（四）来源不符合本法第五十条规定的文物。

第五十二条 【文物捐献】国家鼓励文物收藏单位以外的公民、法人和其他组织将其收藏的文物捐赠给国有文物收藏单位或者出借给文物收藏单位展览和研究。

国有文物收藏单位应当尊重并按照捐赠人的意愿，对捐赠的文物妥善收藏、保管和展示。

国家禁止出境的文物，不得转让、出租、质押给外国人。

第五十三条 【文物商店】文物商店应当由省、自治区、直辖市人民政府文物行政部门批准设立，依法进行管理。

文物商店不得从事文物拍卖经营活动，不得设立经营文物拍卖的拍卖企业。

第五十四条 【文物拍卖企业】依法设立的拍卖企业经营文物拍卖的，应当取得省、自治区、直辖市人民政府文物行政部门颁发的文物拍卖许可证。

经营文物拍卖的拍卖企业不得从事文物购销经营活动，不得设立文物商店。

第五十五条 【文物拍卖的限制性规定】文物行政部门的工作人员不得举办或者参与举办文物商店或者经营文物拍卖的拍卖企业。

文物收藏单位不得举办或者参与举办文物商店或者经营文物拍卖的拍卖企业。

禁止设立中外合资、中外合作和外商独资的文物商店或者经营文物拍卖的拍卖企业。

除经批准的文物商店、经营文物拍卖的拍卖企业外，其他单位或者个人不得从事文物的商业经营活动。

第五十六条 【拍卖与销售的限制与审核制度】文物商店不得销售、拍卖企业不得拍卖本法第五十一条规定的文物。

拍卖企业拍卖的文物，在拍卖前应当经省、自治区、直辖市人民政府文物行政部门审核，并报国务院文物行政部门备案。

第五十七条 【拍卖与销售的记录工作】省、自治区、直辖市人民政府文物行政部门应当建立文物购销、拍卖信息与信用管理系统。文物商店购买、销售文物，拍卖企业拍卖文物，应当按照国家有关规定作出记录，并于销售、拍卖文物后三十日内报省、自治区、直辖市人民政府文物行政部门备案。

拍卖文物时，委托人、买受人要求对其身份保密的，文物行政部门应当为其保密；但是，法律、行政法规另有规定的除外。

第五十八条 【优先购买制度】文物行政部门在审核拟拍卖的文物时，可以指定国有文物收藏单位优先购买其中的珍贵文物。购买价格由文物收藏单位的代表与文物的委托人协商确定。

第五十九条 【文物的拣选】银行、冶炼厂、造纸厂以及废旧物资回收单位，应当与当地文物行政部门共同负责拣选掺杂在金银器和废旧物资中的文物。拣选文物除供银行研究所必需的历史货币可以由人民银行留用外，应当移交当地文物行政部门。移交拣选文物，应当给予合理补偿。

第六章 文物出境进境

第六十条 【文物出境的限制】国有文物、非国有文物中的珍贵文物和国家规定禁止出境的其他文物，不得出境；但是依照本法规定出境展览或者因特殊需要经国务院批准出境的除外。

第六十一条 【文物出境审核制】文物出境，应当经国务院文物行政部门指定的文物进出境审核机构审核。经审核允许出境的文物，由国务院文物行政部门发给文物出境许可证，从国务院文物行政部门指定的口岸出境。

任何单位或者个人运送、邮寄、携带文物出境，应当向海关申报；海关凭文物出境许可证放行。

第六十二条 【文物出境展览】文物出境展览，应当报国务院文物行政部门批准；一级文物超过国务院规定数量的，应当报国务院批准。

一级文物中的孤品和易损品，禁止出境展览。

出境展览的文物出境，由文物进出境审核机构审核、登记。海关凭国务院文物行政部门或者国务院的批准文件放行。出境展览的文物复进境，由原文物进出境审核机构审核查验。

第六十三条 【文物临时进境】文物临时进境，应当向海关申报，并报文物进出境审核机构审核、登记。

临时进境的文物复出境，必须经原审核、登记的文物进出境审核机构审核查验；经审核查验无误的，由国务院文物行政部门发给文物出境许可证，海关凭文物出境许可证放行。

第七章　法律责任

第六十四条　【文物犯罪行为】违反本法规定，有下列行为之一，构成犯罪的，依法追究刑事责任：

（一）盗掘古文化遗址、古墓葬的；

（二）故意或者过失损毁国家保护的珍贵文物的；

（三）擅自将国有馆藏文物出售或者私自送给非国有单位或者个人的；

（四）将国家禁止出境的珍贵文物私自出售或者送给外国人的；

（五）以牟利为目的倒卖国家禁止经营的文物的；

（六）走私文物的；

（七）盗窃、哄抢、私分或者非法侵占国有文物的；

（八）应当追究刑事责任的其他妨害文物管理行为。

第六十五条　【民事责任与行政处罚】违反本法规定，造成文物灭失、损毁的，依法承担民事责任。

违反本法规定，构成违反治安管理行为的，由公安机关依法给予治安管理处罚。

违反本法规定，构成走私行为，尚不构成犯罪的，由海关依照有关法律、行政法规的规定给予处罚。

第六十六条　【建设行为违法】有下列行为之一，尚不构成犯罪的，由县级以上人民政府文物主管部门责令改正，造成严重后果的，处五万元以上五十万元以下的罚款；情节严重的，由原发证机关吊销资质证书：

（一）擅自在文物保护单位的保护范围内进行建设工程或者爆破、钻探、挖掘等作业的；

（二）在文物保护单位的建设控制地带内进行建设工程，其工程设计方案未经文物行政部门同意、报城乡建设规划部门批准，对文物保护单位的历史风貌造成破坏的；

（三）擅自迁移、拆除不可移动文物的；

（四）擅自修缮不可移动文物，明显改变文物原状的；

（五）擅自在原址重建已全部毁坏的不可移动文物，造成文物破坏的；

（六）施工单位未取得文物保护工程资质证书，擅自从事文物修缮、迁移、重建的。

刻划、涂污或者损坏文物尚不严重的，或者损毁依照本法第十五条第一款规定设立的文物保护单位标志的，由公安机关或者文物所在单位给予警告，可以并处罚款。

第六十七条　【污染文物环境】在文物保护单位的保护范围内或者建设控制地带内建设污染文物保护单位及其环境的设施的，或者对已有的污染文物保护单位及其环境的设施未在规定的期限内完成治理的，由环境保护行政部门依照有关法律、法规的规定给予处罚。

第六十八条　【文物转让、抵押与使用违法】有下列行为之一的，由县级以上人民政府文物主管部门责令改正，没收违法所得，违法所得一万元以上的，并处违法所得二倍以上五倍以下的罚款；违法所得不足一万元的，并处五千元以上二万元以下的罚款：

（一）转让或者抵押国有不可移动文物，或者将国有不可移动文物作为企业资产经营的；

（二）将非国有不可移动文物转让或者抵押给外国人的；

（三）擅自改变国有文物保护单位的用途的。

第六十九条　【历史文化名城、街区和村镇称号的撤销】历史文化名城的布局、环境、历史风貌等遭到严重破坏的，由国务院撤销其历史文化名城称号；历史文化城镇、街道、村庄的布局、环境、历史风貌等遭到严重破坏的，由省、自治区、直辖市人民政府撤销其历史文化街区、村镇称号；对负有责任的主管人员和其他直接责任人员依法给予行政处分。

第七十条　【文物收藏单位违法】有下列行为之一，尚不构成犯罪的，由县级以上人民政府文物主管部门责令改正，可以并处二万元以下的罚款，有违法所得的，没收违法所得：

（一）文物收藏单位未按照国家有关规定配备防火、防盗、防自然损坏的设施的；

（二）国有文物收藏单位法定代表人离任时未按照馆藏文物档案移交馆藏文物，或者所移交的馆藏文物与馆藏文物档案不符的；

（三）将国有馆藏文物赠与、出租或者出售给其他单位、个人的；

（四）违反本法第四十条、第四十一条、第四十五条规定处置国有馆藏文物的；

（五）违反本法第四十三条规定挪用或者侵占依法调拨、交换、出借文物所得补偿费用的。

第七十一条　【文物买卖和经营违法】买卖国家禁止买卖的文物或者将禁止出

境的文物转让、出租、质押给外国人，尚不构成犯罪的，由县级以上人民政府文物主管部门责令改正，没收违法所得，违法经营额一万元以上的，并处违法经营额二倍以上五倍以下的罚款；违法经营额不足一万元的，并处五千元以上二万元以下的罚款。

文物商店、拍卖企业有前款规定的违法行为的，由县级以上人民政府文物主管部门没收违法所得、非法经营的文物，违法经营额五万元以上的，并处违法经营额一倍以上三倍以下的罚款；违法经营额不足五万元的，并处五千元以上五万元以下的罚款；情节严重的，由原发证机关吊销许可证书。

第七十二条　【擅自从事文物商业经营活动】未经许可，擅自设立文物商店、经营文物拍卖的拍卖企业，或者擅自从事文物的商业经营活动，尚不构成犯罪的，由工商行政管理部门依法予以制止，没收违法所得、非法经营的文物，违法经营额五万元以上的，并处违法经营额二倍以上五倍以下的罚款；违法经营额不足五万元的，并处二万元以上十万元以下的罚款。

第七十三条　【文物机构经营活动违法】有下列情形之一的，由工商行政管理部门没收违法所得、非法经营的文物，违法经营额五万元以上的，并处违法经营额一倍以上三倍以下的罚款；违法经营额不足五万元的，并处五千元以上五万元以下的罚款；情节严重的，由原发证机关吊销许可证书：

（一）文物商店从事文物拍卖经营活动的；

（二）经营文物拍卖的拍卖企业从事文物购销经营活动的；

（三）拍卖企业拍卖的文物，未经审核的；

（四）文物收藏单位从事文物的商业经营活动的。

第七十四条　【文物隐匿行为】有下列行为之一，尚不构成犯罪的，由县级以上人民政府文物主管部门会同公安机关追缴文物；情节严重的，处五千元以上五万元以下的罚款：

（一）发现文物隐匿不报或者拒不上交的；

（二）未按照规定移交拣选文物的。

第七十五条　【责令改正的行为】有下列行为之一的，由县级以上人民政府文物主管部门责令改正：

（一）改变国有未核定为文物保护单位的不可移动文物的用途，未依照本法规定报告的；

（二）转让、抵押非国有不可移动文物或者改变其用途，未依照本法规定备案的；

（三）国有不可移动文物的使用人拒不依法履行修缮义务的；

（四）考古发掘单位未经批准擅自进行考古发掘，或者不如实报告考古发掘结果的；

（五）文物收藏单位未按照国家有关规定建立馆藏文物档案、管理制度，或者未将馆藏文物档案、管理制度备案的；

（六）违反本法第三十八条规定，未经批准擅自调取馆藏文物的；

（七）馆藏文物损毁未报文物行政部门核查处理，或者馆藏文物被盗、被抢或者丢失，文物收藏单位未及时向公安机关或者文物行政部门报告的；

（八）文物商店销售文物或者拍卖企业拍卖文物，未按照国家有关规定作出记录或者未将所作记录报文物行政部门备案的。

第七十六条 **【各文物机构工作人员的渎职行为】**文物行政部门、文物收藏单位、文物商店、经营文物拍卖的拍卖企业的工作人员，有下列行为之一的，依法给予行政处分，情节严重的，依法开除公职或者吊销其从业资格；构成犯罪的，依法追究刑事责任：

（一）文物行政部门的工作人员违反本法规定，滥用审批权限、不履行职责或者发现违法行为不予查处，造成严重后果的；

（二）文物行政部门和国有文物收藏单位的工作人员借用或者非法侵占国有文物的；

（三）文物行政部门的工作人员举办或者参与举办文物商店或者经营文物拍卖的拍卖企业的；

（四）因不负责任造成文物保护单位、珍贵文物损毁或者流失的；

（五）贪污、挪用文物保护经费的。

前款被开除公职或者被吊销从业资格的人员，自被开除公职或者被吊销从业资格之日起十年内不得担任文物管理人员或者从事文物经营活动。

第七十七条 **【国家工作人员的文物违法行为】**有本法第六十六条、第六十八条、第七十条、第七十一条、第七十四条、第七十五条规定所列行为之一的，负有责任的主管人员和其他直接责任人员是国家工作人员的，依法给予行政处分。

第七十八条 **【非文物机构工作人员的渎职行为】**公安机关、工商行政管理部门、海关、城乡建设规划部门和其他国家机关，违反本法规定滥用职权、玩忽职守、徇私舞弊，造成国家保护的珍贵文物损毁或者流失的，对负有责任的主管人员和其他直接责任人员依法给予行政处分；构成犯罪的，依法追究刑事责任。

第七十九条 **【没收文物的处理】**人民法院、人民检察院、公安机关、海关和工商行政管理部门依法没收的文物应当登记造册，妥善保管，结案后无偿移交文物行政部门，由文物行政部门指定的国有文物收藏单位收藏。

第八章 附 则

第八十条 **【施行日期】**本法自公布之日起施行。

九、科技安全

中华人民共和国科学技术进步法

1. 1993年7月2日第八届全国人民代表大会常务委员会第二次会议通过
2. 2007年12月29日第十届全国人民代表大会常务委员会第三十一次会议第一次修订
3. 2021年12月24日第十三届全国人民代表大会常务委员会第三十二次会议第二次修订

目　　录

第一章　总　　则
第二章　基础研究
第三章　应用研究与成果转化
第四章　企业科技创新
第五章　科学技术研究开发机构
第六章　科学技术人员
第七章　区域科技创新
第八章　国际科学技术合作
第九章　保障措施
第十章　监督管理
第十一章　法律责任
第十二章　附　　则

第一章　总　　则

第一条　**【立法宗旨】**为了全面促进科学技术进步，发挥科学技术第一生产力、创新第一动力、人才第一资源的作用，促进科技成果向现实生产力转化，推动科技创新支撑和引领经济社会发展，全面建设社会主义现代化国家，根据宪法，制定本法。

第二条　**【党的领导】**坚持中国共产党对科学技术事业的全面领导。

国家坚持新发展理念，坚持科技创新在国家现代化建设全局中的核心地位，把科技自立自强作为国家发展的战略支撑，实施科教兴国战略、人才强国战略和创新驱动发展战略，走中国特色自主创新道路，建设科技强国。

第三条 **【科技进步工作的目标】**科学技术进步工作应当面向世界科技前沿、面向经济主战场、面向国家重大需求、面向人民生命健康，为促进经济社会发展、维护国家安全和推动人类可持续发展服务。

国家鼓励科学技术研究开发，推动应用科学技术改造提升传统产业、发展高新技术产业和社会事业，支撑实现碳达峰碳中和目标，催生新发展动能，实现高质量发展。

第四条 **【增强创新效能】**国家完善高效、协同、开放的国家创新体系，统筹科技创新与制度创新，健全社会主义市场经济条件下新型举国体制，充分发挥市场配置创新资源的决定性作用，更好发挥政府作用，优化科技资源配置，提高资源利用效率，促进各类创新主体紧密合作、创新要素有序流动、创新生态持续优化，提升体系化能力和重点突破能力，增强创新体系整体效能。

国家构建和强化以国家实验室、国家科学技术研究开发机构、高水平研究型大学、科技领军企业为重要组成部分的国家战略科技力量，在关键领域和重点方向上发挥战略支撑引领作用和重大原始创新效能，服务国家重大战略需要。

第五条 **【加强安全管理】**国家统筹发展和安全，提高科技安全治理能力，健全预防和化解科技安全风险的制度机制，加强科学技术研究、开发与应用活动的安全管理，支持国家安全领域科技创新，增强科技创新支撑国家安全的能力和水平。

第六条 **【国家支持】**国家鼓励科学技术研究开发与高等教育、产业发展相结合，鼓励学科交叉融合和相互促进。

国家加强跨地区、跨行业和跨领域的科学技术合作，扶持革命老区、民族地区、边远地区、欠发达地区的科学技术进步。

国家加强军用与民用科学技术协调发展，促进军用与民用科学技术资源、技术开发需求的互通交流和技术双向转移，发展军民两用技术。

第七条 **【国家目标与鼓励自由探索相结合】**国家遵循科学技术活动服务国家目标与鼓励自由探索相结合的原则，超前部署重大基础研究、有重大产业应用前景的前沿技术研究和社会公益性技术研究，支持基础研究、前沿技术研究和社会公益性技术研究持续、稳定发展，加强原始创新和关键核心技术攻关，加快实现高水平科技自立自强。

第八条 **【保护科技人员合法权益】**国家保障开展科学技术研究开发的自由，鼓励科学探索和技术创新，保护科学技术人员自由探索等合法权益。

科学技术研究开发机构、高等学校、企业事业单位和公民有权自主选择课题，探索未知科学领域，从事基础研究、前沿技术研究和社会公益性技术研究。

第九条 **【学校培养】**学校及其他教育机构应当坚持理论联系实际，注重培养受教育者的独立思考能力、实践能力、创新能力和批判性思维，以及追求真理、崇尚创新、实事求是的科学精神。

国家发挥高等学校在科学技术研究中的重要作用，鼓励高等学校开展科学研究、技术开发和社会服务，培养具有社会责任感、创新精神和实践能力的高级专门人才。

第十条 **【尊重人才】**科学技术人员是社会主义现代化建设事业的重要人才力量，应当受到全社会的尊重。

国家坚持人才引领发展的战略地位，深化人才发展体制机制改革，全方位培养、引进、用好人才，营造符合科技创新规律和人才成长规律的环境，充分发挥人才第一资源作用。

第十一条 **【鼓励全社会参与和支持】**国家营造有利于科技创新的社会环境，鼓励机关、群团组织、企业事业单位、社会组织和公民参与和支持科学技术进步活动。

全社会都应当尊重劳动、尊重知识、尊重人才、尊重创造，形成崇尚科学的风尚。

第十二条 **【科技普及】**国家发展科学技术普及事业，普及科学技术知识，加强科学技术普及基础设施和能力建设，提高全体公民特别是青少年的科学文化素质。

科学技术普及是全社会的共同责任。国家建立健全科学技术普及激励机制，鼓励科学技术研究开发机构、高等学校、企业事业单位、社会组织、科学技术人员等积极参与和支持科学技术普及活动。

第十三条 **【保护知识产权】**国家制定和实施知识产权战略，建立和完善知识产权制度，营造尊重知识产权的社会环境，保护知识产权，激励自主创新。

企业事业单位、社会组织和科学技术人员应当增强知识产权意识，增强自主创新能力，提高创造、运用、保护、管理和服务知识产权的能力，提高知识产权质量。

第十四条 **【科技评价】**国家建立和完善有利于创新的科学技术评价制度。

科学技术评价应当坚持公开、公平、公正的原则，以科技创新质量、贡献、绩效为导向，根据不同科学技术活动的特点，实行分类评价。

第十五条　【各级政府职责】国务院领导全国科学技术进步工作，制定中长期科学和技术发展规划、科技创新规划，确定国家科学技术重大项目、与科学技术密切相关的重大项目。中长期科学和技术发展规划、科技创新规划应当明确指导方针，发挥战略导向作用，引导和统筹科技发展布局、资源配置和政策制定。

县级以上人民政府应当将科学技术进步工作纳入国民经济和社会发展规划，保障科学技术进步与经济建设和社会发展相协调。

地方各级人民政府应当采取有效措施，加强对科学技术进步工作的组织和管理，优化科学技术发展环境，推进科学技术进步。

第十六条　【科技行政部门职责】国务院科学技术行政部门负责全国科学技术进步工作的宏观管理、统筹协调、服务保障和监督实施；国务院其他有关部门在各自的职责范围内，负责有关的科学技术进步工作。

县级以上地方人民政府科学技术行政部门负责本行政区域的科学技术进步工作；县级以上地方人民政府其他有关部门在各自的职责范围内，负责有关的科学技术进步工作。

第十七条　【建立科学技术进步工作协调机制】国家建立科学技术进步工作协调机制，研究科学技术进步工作中的重大问题，协调国家科学技术计划项目的设立及相互衔接，协调科学技术资源配置、科学技术研究开发机构的整合以及科学技术研究开发与高等教育、产业发展相结合等重大事项。

第十八条　【科技工作者日】每年5月30日为全国科技工作者日。

国家建立和完善科学技术奖励制度，设立国家最高科学技术奖等奖项，对在科学技术进步活动中做出重要贡献的组织和个人给予奖励。具体办法由国务院规定。

国家鼓励国内外的组织或者个人设立科学技术奖项，对科学技术进步活动中做出贡献的组织和个人给予奖励。

第二章　基础研究

第十九条　【政策支持】国家加强基础研究能力建设，尊重科学发展规律和人才成长规律，强化项目、人才、基地系统布局，为基础研究发展提供良好的物质条件和有力的制度保障。

国家加强规划和部署，推动基础研究自由探索和目标导向有机结合，围绕科学技术前沿、经济社会发展、国家安全重大需求和人民生命健康，聚焦重大关键技术问题，加强新兴和战略产业等领域基础研究，提升科学技术的源头供给能力。

国家鼓励科学技术研究开发机构、高等学校、企业等发挥自身优势，加强基础研究，推动原始创新。

第二十条　**【财政支持】**国家财政建立稳定支持基础研究的投入机制。

国家鼓励有条件的地方人民政府结合本地区经济社会发展需要，合理确定基础研究财政投入，加强对基础研究的支持。

国家引导企业加大基础研究投入，鼓励社会力量通过捐赠、设立基金等方式多渠道投入基础研究，给予财政、金融、税收等政策支持。

逐步提高基础研究经费在全社会科学技术研究开发经费总额中的比例，与创新型国家和科技强国建设要求相适应。

第二十一条　**【设立自然科学基金】**国家设立自然科学基金，资助基础研究，支持人才培养和团队建设。确定国家自然科学基金资助项目，应当坚持宏观引导、自主申请、平等竞争、同行评审、择优支持的原则。

有条件的地方人民政府结合本地区经济社会实际情况和发展需要，可以设立自然科学基金，支持基础研究。

第二十二条　**【完善学科布局和知识体系建设】**国家完善学科布局和知识体系建设，推进学科交叉融合，促进基础研究与应用研究协调发展。

第二十三条　**【国家层面人才培养】**国家加大基础研究人才培养力度，强化对基础研究人才的稳定支持，提高基础研究人才队伍质量和水平。

国家建立满足基础研究需要的资源配置机制，建立与基础研究相适应的评价体系和激励机制，营造潜心基础研究的良好环境，鼓励和吸引优秀科学技术人员投身基础研究。

第二十四条　**【强化、完善基础研究基地建设】**国家强化基础研究基地建设。

国家完善基础研究的基础条件建设，推进开放共享。

第二十五条　**【高校人才培养】**国家支持高等学校加强基础学科建设和基础研究人才培养，增强基础研究自主布局能力，推动高等学校基础研究高质量发展。

第三章　应用研究与成果转化

第二十六条　**【促进基础研究与应用研究、成果转化融通发展】**国家鼓励以应用研究带动基础研究，促进基础研究与应用研究、成果转化融通发展。

国家完善共性基础技术供给体系，促进创新链产业链深度融合，保障产业链供应链安全。

第二十七条 【推动产学研紧密合作】国家建立和完善科研攻关协调机制，围绕经济社会发展、国家安全重大需求和人民生命健康，加强重点领域项目、人才、基地、资金一体化配置，推动产学研紧密合作，推动关键核心技术自主可控。

第二十八条 【关键核心技术攻关】国家完善关键核心技术攻关举国体制，组织实施体现国家战略需求的科学技术重大任务，系统布局具有前瞻性、战略性的科学技术重大项目，超前部署关键核心技术研发。

第二十九条 【围绕发展需求建设】国家加强面向产业发展需求的共性技术平台和科学技术研究开发机构建设，鼓励地方围绕发展需求建设应用研究科学技术研究开发机构。

国家鼓励科学技术研究开发机构、高等学校加强共性基础技术研究，鼓励以企业为主导，开展面向市场和产业化应用的研究开发活动。

第三十条 【加快科技成果转化】国家加强科技成果中试、工程化和产业化开发及应用，加快科技成果转化为现实生产力。

利用财政性资金设立的科学技术研究开发机构和高等学校，应当积极促进科技成果转化，加强技术转移机构和人才队伍建设，建立和完善促进科技成果转化制度。

第三十一条 【建立合作机制】国家鼓励企业、科学技术研究开发机构、高等学校和其他组织建立优势互补、分工明确、成果共享、风险共担的合作机制，按照市场机制联合组建研究开发平台、技术创新联盟、创新联合体等，协同推进研究开发与科技成果转化，提高科技成果转移转化成效。

第三十二条 【财政性科技计划项目承担者知识产权的取得、保护、实施和利益分配】利用财政性资金设立的科学技术计划项目所形成的科技成果，在不损害国家安全、国家利益和重大社会公共利益的前提下，授权项目承担者依法取得相关知识产权，项目承担者可以依法自行投资实施转化、向他人转让、联合他人共同实施转化、许可他人使用或者作价投资等。

项目承担者应当依法实施前款规定的知识产权，同时采取保护措施，并就实施和保护情况向项目管理机构提交年度报告；在合理期限内没有实施且无正当理由的，国家可以无偿实施，也可以许可他人有偿实施或者无偿实施。

项目承担者依法取得的本条第一款规定的知识产权，为了国家安全、国家利益和重大社会公共利益的需要，国家可以无偿实施，也可以许可他人有偿实施或者无偿实施。

项目承担者因实施本条第一款规定的知识产权所产生的利益分配，依照有关法律法规规定执行；法律法规没有规定的，按照约定执行。

第三十三条　【分配政策】国家实行以增加知识价值为导向的分配政策，按照国家有关规定推进知识产权归属和权益分配机制改革，探索赋予科学技术人员职务科技成果所有权或者长期使用权制度。

第三十四条　【境内优先使用】国家鼓励利用财政性资金设立的科学技术计划项目所形成的知识产权首先在境内使用。

前款规定的知识产权向境外的组织或者个人转让，或者许可境外的组织或者个人独占实施的，应当经项目管理机构批准；法律、行政法规对批准机构另有规定的，依照其规定。

第三十五条　【新技术应用原则】国家鼓励新技术应用，按照包容审慎原则，推动开展新技术、新产品、新服务、新模式应用试验，为新技术、新产品应用创造条件。

第三十六条　【鼓励和支持农业科技研究】国家鼓励和支持农业科学技术的应用研究，传播和普及农业科学技术知识，加快农业科技成果转化和产业化，促进农业科学技术进步，利用农业科学技术引领乡村振兴和农业农村现代化。

县级以上人民政府应当采取措施，支持公益性农业科学技术研究开发机构和农业技术推广机构进行农业新品种、新技术的研究开发、应用和推广。

地方各级人民政府应当鼓励和引导农业科学技术服务机构、科技特派员和农村群众性科学技术组织为种植业、林业、畜牧业、渔业等的发展提供科学技术服务，为农民提供科学技术培训和指导。

第三十七条　【科技研发两结合】国家推动科学技术研究开发与产品、服务标准制定相结合，科学技术研究开发与产品设计、制造相结合；引导科学技术研究开发机构、高等学校、企业和社会组织共同推进国家重大技术创新产品、服务标准的研究、制定和依法采用，参与国际标准制定。

第三十八条　【技术交易活动原则】国家培育和发展统一开放、互联互通、竞争有序的技术市场，鼓励创办从事技术评估、技术经纪和创新创业服务等活动的中介服务机构，引导建立社会化、专业化、网络化、信息化和智能化的技术交易服务体系和创新创业服务体系，推动科技成果的应用和推广。

技术交易活动应当遵循自愿平等、互利有偿和诚实信用的原则。

第四章　企业科技创新

第三十九条　【发挥企业在技术创新中的主体作用】国家建立以企业为主体，以市场为导向，企业同科学技术研究开发机构、高等学校紧密合作的技术创新体系，引导和扶持企业技术创新活动，支持企业牵头国家科技攻关任务，发挥企业在技术创新中的主体作用，推动企业成为技术创新决策、科研投入、组织科研和成果转化的主体，促进各类创新要素向企业集聚，提高企业技术创新能力。

国家培育具有影响力和竞争力的科技领军企业，充分发挥科技领军企业的创新带动作用。

第四十条　【鼓励企业开发技术创新活动】国家鼓励企业开展下列活动：

（一）设立内部科学技术研究开发机构；

（二）同其他企业或者科学技术研究开发机构、高等学校开展合作研究，联合建立科学技术研究开发机构和平台，设立科技企业孵化机构和创新创业平台，或者以委托等方式开展科学技术研究开发；

（三）培养、吸引和使用科学技术人员；

（四）同科学技术研究开发机构、高等学校、职业院校或者培训机构联合培养专业技术人才和高技能人才，吸引高等学校毕业生到企业工作；

（五）设立博士后工作站或者流动站；

（六）结合技术创新和职工技能培训，开展科学技术普及活动，设立向公众开放的普及科学技术的场馆或者设施。

第四十一条　【加强原始创新】国家鼓励企业加强原始创新，开展技术合作与交流，增加研究开发和技术创新的投入，自主确立研究开发课题，开展技术创新活动。

国家鼓励企业对引进技术进行消化、吸收和再创新。

企业开发新技术、新产品、新工艺发生的研究开发费用可以按照国家有关规定，税前列支并加计扣除，企业科学技术研究开发仪器、设备可以加速折旧。

第四十二条　【促进科技创新与企业创业】国家完善多层次资本市场，建立健全促进科技创新的机制，支持符合条件的科技型企业利用资本市场推动自身发展。

国家加强引导和政策扶持，多渠道拓宽创业投资资金来源，对企业的创业发展给予支持。

国家完善科技型企业上市融资制度，畅通科技型企业国内上市融资渠道，发挥资本市场服务科技创新的融资功能。

第四十三条　【税收优惠】下列企业按照国家有关规定享受税收优惠：

（一）从事高新技术产品研究开发、生产的企业；

（二）科技型中小企业；

（三）投资初创科技型企业的创业投资企业；

（四）法律、行政法规规定的与科学技术进步有关的其他企业。

第四十四条 【支持公共研发平台等建设和运营】国家对公共研究开发平台和科学技术中介、创新创业服务机构的建设和运营给予支持。

公共研究开发平台和科学技术中介、创新创业服务机构应当为中小企业的技术创新提供服务。

第四十五条 【保护知识产权】国家保护企业研究开发所取得的知识产权。企业应当不断提高知识产权质量和效益，增强自主创新能力和市场竞争能力。

第四十六条 【国企的技术创新】国有企业应当建立健全有利于技术创新的研究开发投入制度、分配制度和考核评价制度，完善激励约束机制。

国有企业负责人对企业的技术进步负责。对国有企业负责人的业绩考核，应当将企业的创新投入、创新能力建设、创新成效等情况纳入考核范围。

第四十七条 【创造公平竞争的市场环境】县级以上地方人民政府及其有关部门应当创造公平竞争的市场环境，推动企业技术进步。

国务院有关部门和省级人民政府应当通过制定产业、财政、金融、能源、环境保护和应对气候变化等政策，引导、促使企业研究开发新技术、新产品、新工艺，进行技术改造和设备更新，淘汰技术落后的设备、工艺，停止生产技术落后的产品。

第五章 科学技术研究开发机构

第四十八条 【国家统筹】国家统筹规划科学技术研究开发机构布局，建立和完善科学技术研究开发体系。

国家在事关国家安全和经济社会发展全局的重大科技创新领域建设国家实验室，建立健全以国家实验室为引领、全国重点实验室为支撑的实验室体系，完善稳定支持机制。

利用财政性资金设立的科学技术研究开发机构，应当坚持以国家战略需求为导向，提供公共科技供给和应急科技支撑。

第四十九条 【科研开发机构的设立】自然人、法人和非法人组织有权依法设立科学技术研究开发机构。境外的组织或者个人可以在中国境内依法独立设立科学技术研究开发机构，也可以与中国境内的组织或者个人联合设立科学技术研究开发机构。

从事基础研究、前沿技术研究、社会公益性技术研究的科学技术研究开发机构，可以利用财政性资金设立。利用财政性资金设立科学技术研究开发机构，应当优化配置，防止重复设置。

科学技术研究开发机构、高等学校可以设立博士后流动站或者工作站。科学技术研究开发机构可以依法在国外设立分支机构。

第五十条　【科研开发机构的权利】科学技术研究开发机构享有下列权利：

（一）依法组织或者参加学术活动；

（二）按照国家有关规定，自主确定科学技术研究开发方向和项目，自主决定经费使用、机构设置、绩效考核及薪酬分配、职称评审、科技成果转化及收益分配、岗位设置、人员聘用及合理流动等内部管理事务；

（三）与其他科学技术研究开发机构、高等学校和企业联合开展科学技术研究开发、技术咨询、技术服务等活动；

（四）获得社会捐赠和资助；

（五）法律、行政法规规定的其他权利。

第五十一条　【科研开发机构的职责】科学技术研究开发机构应当依法制定章程，按照章程规定的职能定位和业务范围开展科学技术研究开发活动；加强科研作风学风建设，建立和完善科研诚信、科技伦理管理制度，遵守科学研究活动管理规范；不得组织、参加、支持迷信活动。

利用财政性资金设立的科学技术研究开发机构开展科学技术研究开发活动，应当为国家目标和社会公共利益服务；有条件的，应当向公众开放普及科学技术的场馆或者设施，组织开展科学技术普及活动。

第五十二条　【院、所长负责制】利用财政性资金设立的科学技术研究开发机构，应当建立职责明确、评价科学、开放有序、管理规范的现代院所制度，实行院长或者所长负责制，建立科学技术委员会咨询制和职工代表大会监督制等制度，并吸收外部专家参与管理、接受社会监督；院长或者所长的聘用引入竞争机制。

第五十三条　【评估】国家完善利用财政性资金设立的科学技术研究开发机构的评估制度，评估结果作为机构设立、支持、调整、终止的依据。

第五十四条　【科技资源开放共享】利用财政性资金设立的科学技术研究开发机构，应当建立健全科学技术资源开放共享机制，促进科学技术资源的有效利用。

国家鼓励社会力量设立的科学技术研究开发机构，在合理范围内实行科学技术资源开放共享。

第五十五条　【鼓励社会力量创办科研机构】国家鼓励企业和其他社会力量自行创办科学技术研究开发机构，保障其合法权益。

社会力量设立的科学技术研究开发机构有权按照国家有关规定，平等竞争和参与实施利用财政性资金设立的科学技术计划项目。

国家完善对社会力量设立的非营利性科学技术研究开发机构税收优惠制度。

第五十六条 **【国家支持和引导】**国家支持发展新型研究开发机构等新型创新主体，完善投入主体多元化、管理制度现代化、运行机制市场化、用人机制灵活化的发展模式，引导新型创新主体聚焦科学研究、技术创新和研发服务。

第六章 科学技术人员

第五十七条 **【尊重和保护科技人才及其科技成果】**国家营造尊重人才、爱护人才的社会环境，公正平等、竞争择优的制度环境，待遇适当、保障有力的生活环境，为科学技术人员潜心科研创造良好条件。

国家采取多种措施，提高科学技术人员的社会地位，培养和造就专门的科学技术人才，保障科学技术人员投入科技创新和研究开发活动，充分发挥科学技术人员的作用。禁止以任何方式和手段不公正对待科学技术人员及其科技成果。

第五十八条 **【加快战略人才建设】**国家加快战略人才力量建设，优化科学技术人才队伍结构，完善战略科学家、科技领军人才等创新人才和团队的培养、发现、引进、使用、评价机制，实施人才梯队、科研条件、管理机制等配套政策。

第五十九条 **【人才教育培养】**国家完善创新人才教育培养机制，在基础教育中加强科学兴趣培养，在职业教育中加强技术技能人才培养，强化高等教育资源配置与科学技术领域创新人才培养的结合，加强完善战略性科学技术人才储备。

第六十条 **【激励措施】**各级人民政府、企业事业单位和社会组织应当采取措施，完善体现知识、技术等创新要素价值的收益分配机制，优化收入结构，建立工资稳定增长机制，提高科学技术人员的工资水平；对有突出贡献的科学技术人员给予优厚待遇和荣誉激励。

利用财政性资金设立的科学技术研究开发机构和高等学校的科学技术人员，在履行岗位职责、完成本职工作、不发生利益冲突的前提下，经所在单位同意，可以从事兼职工作获得合法收入。技术开发、技术咨询、技术服务等活动的奖酬金提取，按照科技成果转化有关规定执行。

国家鼓励科学技术研究开发机构、高等学校、企业等采取股权、期权、分红等方式激励科学技术人员。

第六十一条 **【继续教育】**各级人民政府和企业事业单位应当保障科学技术人

员接受继续教育的权利，并为科学技术人员的合理、畅通、有序流动创造环境和条件，发挥其专长。

第六十二条 **【岗位竞聘】**科学技术人员可以根据其学术水平和业务能力选择工作单位、竞聘相应的岗位，取得相应的职务或者职称。

科学技术人员应当信守工作承诺，履行岗位责任，完成职务或者职称相应工作。

第六十三条 **【科技人员分类评价】**国家实行科学技术人员分类评价制度，对从事不同科学技术活动的人员实行不同的评价标准和方式，突出创新价值、能力、贡献导向，合理确定薪酬待遇、配置学术资源、设置评价周期，形成有利于科学技术人员潜心研究和创新的人才评价体系，激发科学技术人员创新活力。

第六十四条 **【科技人员管理】**科学技术行政等有关部门和企业事业单位应当完善科学技术人员管理制度，增强服务意识和保障能力，简化管理流程，避免重复性检查和评估，减轻科学技术人员项目申报、材料报送、经费报销等方面的负担，保障科学技术人员科研时间。

第六十五条 **【特殊环境工作科技人员补贴】**科学技术人员在艰苦、边远地区或者恶劣、危险环境中工作，所在单位应当按照国家有关规定给予补贴，提供其岗位或者工作场所应有的职业健康卫生保护和安全保障，为其接受继续教育、业务培训等提供便利条件。

第六十六条 **【科技人员权利平等】**青年科学技术人员、少数民族科学技术人员、女性科学技术人员等在竞聘专业技术职务、参与科学技术评价、承担科学技术研究开发项目、接受继续教育等方面享有平等权利。鼓励老年科学技术人员在科学技术进步中发挥积极作用。

各级人民政府和企业事业单位应当为青年科学技术人员成长创造环境和条件，鼓励青年科学技术人员在科技领域勇于探索、敢于尝试，充分发挥青年科学技术人员的作用。发现、培养和使用青年科学技术人员的情况，应当作为评价科学技术进步工作的重要内容。

各级人民政府和企业事业单位应当完善女性科学技术人员培养、评价和激励机制，关心孕哺期女性科学技术人员，鼓励和支持女性科学技术人员在科学技术进步中发挥更大作用。

第六十七条 **【职业精神与职业道德】**科学技术人员应当大力弘扬爱国、创新、求实、奉献、协同、育人的科学家精神，坚守工匠精神，在各类科学技术活动中遵守学术和伦理规范，恪守职业道德，诚实守信；不得在科学技术活动中弄虚作假，不得参加、支持迷信活动。

第六十八条　【鼓励探索与责任豁免原则】国家鼓励科学技术人员自由探索、勇于承担风险，营造鼓励创新、宽容失败的良好氛围。原始记录等能够证明承担探索性强、风险高的科学技术研究开发项目的科学技术人员已经履行了勤勉尽责义务仍不能完成该项目的，予以免责。

第六十九条　【科研诚信记录】科研诚信记录作为对科学技术人员聘任专业技术职务或者职称、审批科学技术人员申请科学技术研究开发项目、授予科学技术奖励等的重要依据。

第七十条　【科技协会和科技社团】科学技术人员有依法创办或者参加科学技术社会团体的权利。

科学技术协会和科学技术社会团体按照章程在促进学术交流、推进学科建设、推动科技创新、开展科学技术普及活动、培养专门人才、开展咨询服务、加强科学技术人员自律和维护科学技术人员合法权益等方面发挥作用。

科学技术协会和科学技术社会团体的合法权益受法律保护。

第七章　区域科技创新

第七十一条　【国家统筹】国家统筹科学技术资源区域空间布局，推动中央科学技术资源与地方发展需求紧密衔接，采取多种方式支持区域科技创新。

第七十二条　【地方政府提供创新环境】县级以上地方人民政府应当支持科学技术研究和应用，为促进科技成果转化创造条件，为推动区域创新发展提供良好的创新环境。

第七十三条　【科学技术计划】县级以上人民政府及其有关部门制定的与产业发展相关的科学技术计划，应当体现产业发展的需求。

县级以上人民政府及其有关部门确定科学技术计划项目，应当鼓励企业平等竞争和参与实施；对符合产业发展需求、具有明确市场应用前景的项目，应当鼓励企业联合科学技术研究开发机构、高等学校共同实施。

地方重大科学技术计划实施应当与国家科学技术重大任务部署相衔接。

第七十四条　【建立、引导和扶持科技园区】国务院可以根据需要批准建立国家高新技术产业开发区、国家自主创新示范区等科技园区，并对科技园区的建设、发展给予引导和扶持，使其形成特色和优势，发挥集聚和示范带动效应。

第七十五条　【国家鼓励、支持地方科技创新发展】国家鼓励有条件的县级以上地方人民政府根据国家发展战略和地方发展需要，建设重大科技创新基地与平台，培育创新创业载体，打造区域科技创新高地。

国家支持有条件的地方建设科技创新中心和综合性科学中心，发挥辐射带动、深化创新改革和参与全球科技合作作用。

第七十六条　【区域科技创新合作机制和协同互助机制】国家建立区域科技创新合作机制和协同互助机制，鼓励地方各级人民政府及其有关部门开展跨区域创新合作，促进各类创新要素合理流动和高效集聚。

第七十七条　【区域创新平台的依托作用】国家重大战略区域可以依托区域创新平台，构建利益分享机制，促进人才、技术、资金等要素自由流动，推动科学仪器设备、科技基础设施、科学工程和科技信息资源等开放共享，提高科技成果区域转化效率。

第七十八条　【因地制宜】国家鼓励地方积极探索区域科技创新模式，尊重区域科技创新集聚规律，因地制宜选择具有区域特色的科技创新发展路径。

第八章　国际科学技术合作

第七十九条　【国家促进】国家促进开放包容、互惠共享的国际科学技术合作与交流，支撑构建人类命运共同体。

第八十条　【国际科技合作的目标】中华人民共和国政府发展同外国政府、国际组织之间的科学技术合作与交流。

国家鼓励科学技术研究开发机构、高等学校、科学技术社会团体、企业和科学技术人员等各类创新主体开展国际科学技术合作与交流，积极参与科学研究活动，促进国际科学技术资源开放流动，形成高水平的科技开放合作格局，推动世界科学技术进步。

第八十一条　【鼓励提供合作服务，增进合作与交流】国家鼓励企业事业单位、社会组织通过多种途径建设国际科技创新合作平台，提供国际科技创新合作服务。

鼓励企业事业单位、社会组织和科学技术人员参与和发起国际科学技术组织，增进国际科学技术合作与交流。

第八十二条　【加强国际人才合作】国家采取多种方式支持国内外优秀科学技术人才合作研发，应对人类面临的共同挑战，探索科学前沿。

国家支持科学技术研究开发机构、高等学校、企业和科学技术人员积极参与和发起组织实施国际大科学计划和大科学工程。

国家完善国际科学技术研究合作中的知识产权保护与科技伦理、安全审查机制。

第八十三条　【扩大科技计划对外开放合作】国家扩大科学技术计划对外开放合作，鼓励在华外资企业、外籍科学技术人员等承担和参与科学技术计划项目，完善境外科学技术人员参与国家科学技术计划项目的机制。

第八十四条 【完善社会服务和保障措施】国家完善相关社会服务和保障措施，鼓励在国外工作的科学技术人员回国，吸引外籍科学技术人员到中国从事科学技术研究开发工作。

科学技术研究开发机构及其他科学技术组织可以根据发展需要，聘用境外科学技术人员。利用财政性资金设立的科学技术研究开发机构、高等学校聘用境外科学技术人员从事科学技术研究开发工作的，应当为其工作和生活提供方便。

外籍杰出科学技术人员到中国从事科学技术研究开发工作的，按照国家有关规定，可以优先获得在华永久居留权或者取得中国国籍。

第九章 保障措施

第八十五条 【财政资金投入保障】国家加大财政性资金投入，并制定产业、金融、税收、政府采购等政策，鼓励、引导社会资金投入，推动全社会科学技术研究开发经费持续稳定增长。

第八十六条 【提高经费比例】国家逐步提高科学技术经费投入的总体水平；国家财政用于科学技术经费的增长幅度，应当高于国家财政经常性收入的增长幅度。全社会科学技术研究开发经费应当占国内生产总值适当的比例，并逐步提高。

第八十七条 【财政性科技资金投入事项】财政性科学技术资金应当主要用于下列事项的投入：

（一）科学技术基础条件与设施建设；

（二）基础研究和前沿交叉学科研究；

（三）对经济建设和社会发展具有战略性、基础性、前瞻性作用的前沿技术研究、社会公益性技术研究和重大共性关键技术研究；

（四）重大共性关键技术应用和高新技术产业化示范；

（五）关系生态环境和人民生命健康的科学技术研究开发和成果的应用、推广；

（六）农业新品种、新技术的研究开发和农业科技成果的应用、推广；

（七）科学技术人员的培养、吸引和使用；

（八）科学技术普及。

对利用财政性资金设立的科学技术研究开发机构，国家在经费、实验手段等方面给予支持。

第八十八条 【国家科技计划的设立原则】设立国家科学技术计划，应当按照国家需求，聚焦国家重大战略任务，遵循科学研究、技术创新和成果转化规律。

国家建立科学技术计划协调机制和绩效评估制度，加强专业化管理。

第八十九条　【国家基金】国家设立基金，资助中小企业开展技术创新，推动科技成果转化与应用。

国家在必要时可以设立支持基础研究、社会公益性技术研究、国际联合研究等方面的其他非营利性基金，资助科学技术进步活动。

第九十条　【税收优惠的活动】从事下列活动的，按照国家有关规定享受税收优惠：

（一）技术开发、技术转让、技术许可、技术咨询、技术服务；

（二）进口国内不能生产或者性能不能满足需要的科学研究、技术开发或者科学技术普及的用品；

（三）为实施国家重大科学技术专项、国家科学技术计划重大项目，进口国内不能生产的关键设备、原材料或者零部件；

（四）科学技术普及场馆、基地等开展面向公众开放的科学技术普及活动；

（五）捐赠资助开展科学技术活动；

（六）法律、国家有关规定规定的其他科学研究、技术开发与科学技术应用活动。

第九十一条　【政府采购】对境内自然人、法人和非法人组织的科技创新产品、服务，在功能、质量等指标能够满足政府采购需求的条件下，政府采购应当购买；首次投放市场的，政府采购应当率先购买，不得以商业业绩为由予以限制。

政府采购的产品尚待研究开发的，通过订购方式实施。采购人应当优先采用竞争性方式确定科学技术研究开发机构、高等学校或者企业进行研究开发，产品研发合格后按约定采购。

第九十二条　【知识产权质押融资】国家鼓励金融机构开展知识产权质押融资业务，鼓励和引导金融机构在信贷、投资等方面支持科学技术应用和高新技术产业发展，鼓励保险机构根据高新技术产业发展的需要开发保险品种，促进新技术应用。

第九十三条　【科技实验】国家遵循统筹规划、优化配置的原则，整合和设置国家科学技术研究实验基地。

国家鼓励设置综合性科学技术实验服务单位，为科学技术研究开发机构、高等学校、企业和科学技术人员提供或者委托他人提供科学技术实验服务。

第九十四条　【统筹购置大型科学仪器、设备】国家根据科学技术进步的需要，按照统筹规划、突出共享、优化配置、综合集成、政府主导、多方共建的原则，统筹购置大型科学仪器、设备，并开展对以财政性资金为主购置的大型科学仪器、设备的联合评议工作。

第九十五条　【学术期刊建设】国家加强学术期刊建设，完善科研论文和科学技术信息交流机制，推动开放科学的发展，促进科学技术交流和传播。

第九十六条　【鼓励资助】国家鼓励国内外的组织或者个人捐赠财产、设立科学技术基金，资助科学技术研究开发和科学技术普及。

第九十七条　【相关负责人的责任豁免】利用财政性资金设立的科学技术研究开发机构、高等学校和企业，在推进科技管理改革、开展科学技术研究开发、实施科技成果转化活动过程中，相关负责人锐意创新探索，出现决策失误、偏差，但尽到合理注意义务和监督管理职责，未牟取非法利益的，免除其决策责任。

第十章　监督管理

第九十八条　【科技法治化建设和科研作风学风建设】国家加强科技法治化建设和科研作风学风建设，建立和完善科研诚信制度和科技监督体系，健全科技伦理治理体制，营造良好科技创新环境。

第九十九条　【咨询和决策机制】国家完善科学技术决策的规则和程序，建立规范的咨询和决策机制，推进决策的科学化、民主化和法治化。

国家改革完善重大科学技术决策咨询制度。制定科学技术发展规划和重大政策，确定科学技术重大项目、与科学技术密切相关的重大项目，应当充分听取科学技术人员的意见，发挥智库作用，扩大公众参与，开展科学评估，实行科学决策。

第一百条　【财政性科技绩效管理】国家加强财政性科学技术资金绩效管理，提高资金配置效率和使用效益。财政性科学技术资金的管理和使用情况，应当接受审计机关、财政部门的监督检查。

科学技术行政等有关部门应当加强对利用财政性资金设立的科学技术计划实施情况的监督，强化科研项目资金协调、评估、监管。

任何组织和个人不得虚报、冒领、贪污、挪用、截留财政性科学技术资金。

第一百零一条　【项目分类管理机制】国家建立科学技术计划项目分类管理机制，强化对项目实效的考核评价。利用财政性资金设立的科学技术计划项目，应当坚持问题导向、目标导向、需求导向进行立项，按照国家有关规定择优确定项目承担者。

国家建立科技管理信息系统，建立评审专家库，健全科学技术计划项目的专家评审制度和评审专家的遴选、回避、保密、问责制度。

第一百零二条 【科技信息系统和资源库的建立和管理】国务院科学技术行政部门应当会同国务院有关主管部门，建立科学技术研究基地、科学仪器设备等资产和科学技术文献、科学技术数据、科学技术自然资源、科学技术普及资源等科学技术资源的信息系统和资源库，及时向社会公布科学技术资源的分布、使用情况。

科学技术资源的管理单位应当向社会公布所管理的科学技术资源的共享使用制度和使用情况，并根据使用制度安排使用；法律、行政法规规定应当保密的，依照其规定。

科学技术资源的管理单位不得侵犯科学技术资源使用者的知识产权，并应当按照国家有关规定确定收费标准。管理单位和使用者之间的其他权利义务关系由双方约定。

第一百零三条 【科技伦理管理】国家建立科技伦理委员会，完善科技伦理制度规范，加强科技伦理教育和研究，健全审查、评估、监管体系。

科学技术研究开发机构、高等学校、企业事业单位等应当履行科技伦理管理主体责任，按照国家有关规定建立健全科技伦理审查机制，对科学技术活动开展科技伦理审查。

第一百零四条 【科研诚信建设】国家加强科研诚信建设，建立科学技术项目诚信档案及科研诚信管理信息系统，坚持预防与惩治并举、自律与监督并重，完善对失信行为的预防、调查、处理机制。

县级以上地方人民政府和相关行业主管部门采取各种措施加强科研诚信建设，企业事业单位和社会组织应当履行科研诚信管理的主体责任。

任何组织和个人不得虚构、伪造科研成果，不得发布、传播虚假科研成果，不得从事学术论文及其实验研究数据、科学技术计划项目申报验收材料等的买卖、代写、代投服务。

第一百零五条 【科技统计调查制度、国家创新调查制度、科技报告制度】国家建立健全科学技术统计调查制度和国家创新调查制度，掌握国家科学技术活动基本情况，监测和评价国家创新能力。

国家建立健全科技报告制度，财政性资金资助的科学技术计划项目的承担者应当按照规定及时提交报告。

第一百零六条 【**科技保密制度**】国家实行科学技术保密制度，加强科学技术保密能力建设，保护涉及国家安全和利益的科学技术秘密。

国家依法实行重要的生物种质资源、遗传资源、数据资源等科学技术资源和关键核心技术出境管理制度。

第一百零七条 【**科技活动管理规范**】禁止危害国家安全、损害社会公共利益、危害人体健康、违背科研诚信和科技伦理的科学技术研究开发和应用活动。

从事科学技术活动，应当遵守科学技术活动管理规范。对严重违反科学技术活动管理规范的组织和个人，由科学技术行政等有关部门记入科研诚信严重失信行为数据库。

第十一章 法律责任

第一百零八条 【**实施渎职行为的法律责任**】违反本法规定，科学技术行政等有关部门及其工作人员，以及其他依法履行公职的人员滥用职权、玩忽职守、徇私舞弊的，对直接负责的主管人员和其他直接责任人员依法给予处分。

第一百零九条 【**滥用职权的法律责任**】违反本法规定，滥用职权阻挠、限制、压制科学技术研究开发活动，或者利用职权打压、排挤、刁难科学技术人员的，对直接负责的主管人员和其他直接责任人员依法给予处分。

第一百一十条 【**侵吞财产的法律责任**】违反本法规定，虚报、冒领、贪污、挪用、截留用于科学技术进步的财政性资金或者社会捐赠资金的，由有关主管部门责令改正，追回有关财政性资金，责令退还捐赠资金，给予警告或者通报批评，并可以暂停拨款，终止或者撤销相关科学技术活动；情节严重的，依法处以罚款，禁止一定期限内承担或者参与财政性资金支持的科学技术活动；对直接负责的主管人员和其他直接责任人员依法给予行政处罚和处分。

第一百一十一条 【**不履行科学技术资源共享使用义务的法律责任**】违反本法规定，利用财政性资金和国有资本购置大型科学仪器、设备后，不履行大型科学仪器、设备等科学技术资源共享使用义务的，由有关主管部门责令改正，给予警告或者通报批评，对直接负责的主管人员和其他直接责任人员依法给予处分。

第一百一十二条 【**违反职业精神和职业道德的法律责任**】违反本法规定，进行危害国家安全、损害社会公共利益、危害人体健康、违背科研诚信和科技伦理的科学技术研究开发和应用活动的，由科学技术人员所在单位或者有关主管部门责令改正；获得用于科学技术进步的财政性资金或者有违法所得的，由有关主管部门终止或者撤销相关科学技术活动，追回财政性资金，没收违法所得；情节严重的，由有关主管部门向社会公布其违法行为，依法给予行政处罚和处分，禁止一定期限内承担或者参与财政性资金支持的科学技术活动、申请相关科学技术活动行政许可；对直接负责的主管人员和其他直接责任人员依法给予行政处罚和处分。

违反本法规定，虚构、伪造科研成果，发布、传播虚假科研成果，或者从事学术论文及其实验研究数据、科学技术计划项目申报验收材料等的买卖、代写、代投服务的，由有关主管部门给予警告或者通报批评，处以罚款；有违法所得的，没收违法所得；情节严重的，吊销许可证件。

第一百一十三条　【违反科学技术活动管理规范的法律责任】违反本法规定，从事科学技术活动违反科学技术活动管理规范的，由有关主管部门责令限期改正，并可以追回有关财政性资金，给予警告或者通报批评，暂停拨款、终止或者撤销相关财政性资金支持的科学技术活动；情节严重的，禁止一定期限内承担或者参与财政性资金支持的科学技术活动，取消一定期限内财政性资金支持的科学技术活动管理资格；对直接负责的主管人员和其他直接责任人员依法给予处分。

第一百一十四条　【违反科研诚信的法律责任】违反本法规定，骗取国家科学技术奖励的，由主管部门依法撤销奖励，追回奖章、证书和奖金等，并依法给予处分。

违反本法规定，提名单位或者个人提供虚假数据、材料，协助他人骗取国家科学技术奖励的，由主管部门给予通报批评；情节严重的，暂停或者取消其提名资格，并依法给予处分。

第一百一十五条　【其他责任承担】违反本法规定的行为，本法未作行政处罚规定，其他有关法律、行政法规有规定的，依照其规定；造成财产损失或者其他损害的，依法承担民事责任；构成违反治安管理行为的，依法给予治安管理处罚；构成犯罪的，依法追究刑事责任。

第十二章　附　　则

第一百一十六条　【国防科技有关事项的制定机关】涉及国防科学技术进步的其他有关事项，由国务院、中央军事委员会规定。

第一百一十七条　【施行日期】本法自2022年1月1日起施行。

科学技术保密规定

1. 2015年11月16日科学技术部、国家保密局令第16号修订公布
2. 自公布之日起施行

第一章 总 则

第一条 为保障国家科学技术秘密安全，促进科学技术事业发展，根据《中华人民共和国保守国家秘密法》《中华人民共和国科学技术进步法》和《中华人民共和国保守国家秘密法实施条例》，制定本规定。

第二条 本规定所称国家科学技术秘密，是指科学技术规划、计划、项目及成果中，关系国家安全和利益，依照法定程序确定，在一定时间内只限一定范围的人员知悉的事项。

第三条 涉及国家科学技术秘密的国家机关、单位（以下简称机关、单位）以及个人开展保守国家科学技术秘密的工作（以下简称科学技术保密工作），适用本规定。

第四条 科学技术保密工作坚持积极防范、突出重点、依法管理的方针，既保障国家科学技术秘密安全，又促进科学技术发展。

第五条 科学技术保密工作应当与科学技术管理工作相结合，同步规划、部署、落实、检查、总结和考核，实行全程管理。

第六条 国家科学技术行政管理部门管理全国的科学技术保密工作。省、自治区、直辖市科学技术行政管理部门管理本行政区域的科学技术保密工作。

中央国家机关在其职责范围内，管理或者指导本行业、本系统的科学技术保密工作。

第七条 国家保密行政管理部门依法对全国的科学技术保密工作进行指导、监督和检查。县级以上地方各级保密行政管理部门依法对本行政区域的科学技术保密工作进行指导、监督和检查。

第八条 机关、单位应当实行科学技术保密工作责任制，健全科学技术保密管理制度，完善科学技术保密防护措施，开展科学技术保密宣传教育，加强科学技术保密检查。

第二章 国家科学技术秘密的范围和密级

第九条 关系国家安全和利益，泄露后可能造成下列后果之一的科学技术事项，应当确定为国家科学技术秘密：

（一）削弱国家防御和治安能力；

（二）降低国家科学技术国际竞争力；

（三）制约国民经济和社会长远发展；

（四）损害国家声誉、权益和对外关系。

国家科学技术秘密及其密级的具体范围（以下简称国家科学技术保密事项范围），由国家保密行政管理部门会同国家科学技术行政管理部门另行制定。

第十条 国家科学技术秘密的密级分为绝密、机密和秘密三级。国家科学技术秘密密级应当根据泄露后可能对国家安全和利益造成的损害程度确定。

除泄露后会给国家安全和利益带来特别严重损害的外，科学技术原则上不确定为绝密级国家科学技术秘密。

第十一条 有下列情形之一的科学技术事项，不得确定为国家科学技术秘密：

（一）国内外已经公开；

（二）难以采取有效措施控制知悉范围；

（三）无国际竞争力且不涉及国家防御和治安能力；

（四）已经流传或者受自然条件制约的传统工艺。

第三章 国家科学技术秘密的确定、变更和解除

第十二条 中央国家机关、省级机关及其授权的机关、单位可以确定绝密级、机密级和秘密级国家科学技术秘密；设区的市、自治州一级的机关及其授权的机关、单位可以确定机密级、秘密级国家科学技术秘密。

第十三条 国家科学技术秘密定密授权应当符合国家秘密定密管理的有关规定。中央国家机关作出的国家科学技术秘密定密授权，应当向国家科学技术行政管理部门和国家保密行政管理部门备案。省级机关，设区的市、自治州一级的机关作出的国家科学技术秘密定密授权，应当向省、自治区、直辖市科学技术行政管理部门和保密行政管理部门备案。

第十四条 机关、单位负责人及其指定的人员为国家科学技术秘密的定密责任人，负责本机关、本单位的国家科学技术秘密确定、变更和解除工作。

第十五条 机关、单位和个人产生需要确定为国家科学技术秘密的科学技术事项时，应当先行采取保密措施，并依照下列途径进行定密：

（一）属于本规定第十二条规定的机关、单位，根据定密权限自行定密；

（二）不属于本规定第十二条规定的机关、单位，向有相应定密权限的上级机关、单位提请定密；没有上级机关、单位的，向有相应定密权限的业务主管部门提请定密；没有业务主管部门的，向所在省、自治区、直辖市科

学技术行政管理部门提请定密；

（三）个人完成的符合本规定第九条规定的科学技术成果，应当经过评价、检测并确定成熟、可靠后，向所在省、自治区、直辖市科学技术行政管理部门提请定密。

第十六条 实行市场准入管理的技术或者实行市场准入管理的产品涉及的科学技术事项需要确定为国家科学技术秘密的，向批准准入的国务院有关主管部门提请定密。

第十七条 机关、单位在科学技术管理的以下环节，应当及时做好定密工作：

（一）编制科学技术规划；

（二）制定科学技术计划；

（三）科学技术项目立项；

（四）科学技术成果评价与鉴定；

（五）科学技术项目验收。

第十八条 确定国家科学技术秘密，应当同时确定其名称、密级、保密期限、保密要点和知悉范围。

第十九条 国家科学技术秘密保密要点是指必须确保安全的核心事项或者信息，主要涉及以下内容：

（一）不宜公开的国家科学技术发展战略、方针、政策、专项计划；

（二）涉密项目研制目标、路线和过程；

（三）敏感领域资源、物种、物品、数据和信息；

（四）关键技术诀窍、参数和工艺；

（五）科学技术成果涉密应用方向；

（六）其他泄露后会损害国家安全和利益的核心信息。

第二十条 国家科学技术秘密有下列情形之一的，应当及时变更密级、保密期限或者知悉范围：

（一）定密时所依据的法律法规或者国家科学技术保密事项范围已经发生变化的；

（二）泄露后对国家安全和利益的损害程度会发生明显变化的。

国家科学技术秘密的变更，由原定密机关、单位决定，也可由其上级机关、单位决定。

第二十一条 国家科学技术秘密的具体保密期限届满、解密时间已到或者符合解密条件的，自行解密。出现下列情形之一时，应当提前解密：

（一）已经扩散且无法采取补救措施的；

（二）法律法规或者国家科学技术保密事项范围调整后，不再属于国家科学技术秘密的；

（三）公开后不会损害国家安全和利益的。

提前解密由原定密机关、单位决定，也可由其上级机关、单位决定。

第二十二条 国家科学技术秘密需要延长保密期限的，应当在原保密期限届满前作出决定并书面通知原知悉范围内的机关、单位或者人员。延长保密期限由原定密机关、单位决定，也可由其上级机关、单位决定。

第二十三条 国家科学技术秘密确定、变更和解除应当进行备案：

（一）省、自治区、直辖市科学技术行政管理部门和中央国家机关有关部门每年 12 月 31 日前将本行政区域或者本部门当年确定、变更和解除的国家科学技术秘密情况报国家科学技术行政管理部门备案；

（二）其他机关、单位确定、变更和解除的国家科学技术秘密，应当在确定、变更、解除后 20 个工作日内报同级政府科学技术行政管理部门备案。

第二十四条 科学技术行政管理部门发现机关、单位国家科学技术秘密确定、变更和解除不当的，应当及时通知其纠正。

第二十五条 机关、单位对已定密事项是否属于国家科学技术秘密或者属于何种密级有不同意见的，按照国家有关保密规定解决。

第四章　国家科学技术秘密保密管理

第二十六条 国家科学技术行政管理部门管理全国的科学技术保密工作。主要职责如下：

（一）制定或者会同有关部门制定科学技术保密规章制度；

（二）指导和管理国家科学技术秘密定密工作；

（三）按规定审查涉外国家科学技术秘密事项；

（四）检查全国科学技术保密工作，协助国家保密行政管理部门查处泄露国家科学技术秘密案件；

（五）组织开展科学技术保密宣传教育和培训；

（六）表彰全国科学技术保密工作先进集体和个人。

国家科学技术行政管理部门设立国家科技保密办公室，负责国家科学技术保密管理的日常工作。

第二十七条 省、自治区、直辖市科学技术行政管理部门和中央国家机关有关部门，应当设立或者指定专门机构管理科学技术保密工作。主要职责如下：

（一）贯彻执行国家科学技术保密工作方针、政策，制定本行政区域、本部门或者本系统的科学技术保密规章制度；

（二）指导和管理本行政区域、本部门或者本系统的国家科学技术秘密定密工作；

（三）按规定审查涉外国家科学技术秘密事项；

（四）监督检查本行政区域、本部门或者本系统的科学技术保密工作，协助保密行政管理部门查处泄露国家科学技术秘密案件；

（五）组织开展本行政区域、本部门或者本系统科学技术保密宣传教育和培训；

（六）表彰本行政区域、本部门或者本系统的科学技术保密工作先进集体和个人。

第二十八条 机关、单位管理本机关、本单位的科学技术保密工作。主要职责如下：

（一）建立健全科学技术保密管理制度；

（二）设立或者指定专门机构管理科学技术保密工作；

（三）依法开展国家科学技术秘密定密工作，管理涉密科学技术活动、项目及成果；

（四）确定涉及国家科学技术秘密的人员（以下简称涉密人员），并加强对涉密人员的保密宣传、教育培训和监督管理；

（五）加强计算机及信息系统、涉密载体和涉密会议活动保密管理，严格对外科学技术交流合作和信息公开保密审查；

（六）发生资产重组、单位变更等影响国家科学技术秘密管理的事项时，及时向上级机关或者业务主管部门报告。

第二十九条 涉密人员应当遵守以下保密要求：

（一）严格执行国家科学技术保密法律法规和规章以及本机关、本单位科学技术保密制度；

（二）接受科学技术保密教育培训和监督检查；

（三）产生涉密科学技术事项时，先行采取保密措施，按规定提请定密，并及时向本机关、本单位科学技术保密管理机构报告；

（四）参加对外科学技术交流合作与涉外商务活动前向本机关、本单位科学技术保密管理机构报告；

（五）发表论文、申请专利、参加学术交流等公开行为前按规定履行保密审查手续；

（六）发现国家科学技术秘密正在泄露或者可能泄露时，立即采取补救措施，并向本机关、本单位科学技术保密管理机构报告；

（七）离岗离职时，与机关、单位签订保密协议，接受脱密期保密管理，严格保守国家科学技术秘密。

第三十条 机关、单位和个人在下列科学技术合作与交流活动中，不得涉及国家科学技术秘密：

（一）进行公开的科学技术讲学、进修、考察、合作研究等活动；

（二）利用互联网及其他公共信息网络、广播、电影、电视以及公开发行的报刊、书籍、图文资料和声像制品进行宣传、报道或者发表论文；

（三）进行公开的科学技术展览和展示等活动。

第三十一条 机关、单位和个人应当加强国家科学技术秘密信息保密管理，存储、处理国家科学技术秘密信息应当符合国家保密规定。任何机关、单位和个人不得有下列行为：

（一）非法获取、持有、复制、记录、存储国家科学技术秘密信息；

（二）使用非涉密计算机、非涉密存储设备存储、处理国家科学技术秘密；

（三）在互联网及其他公共信息网络或者未采取保密措施的有线和无线通信中传递国家科学技术秘密信息；

（四）通过普通邮政、快递等无保密措施的渠道传递国家科学技术秘密信息；

（五）在私人交往和通信中涉及国家科学技术秘密信息；

（六）其他违反国家保密规定的行为。

第三十二条 对外科学技术交流与合作中需要提供国家科学技术秘密的，应当经过批准，并与对方签订保密协议。绝密级国家科学技术秘密原则上不得对外提供，确需提供的，应当经中央国家机关有关主管部门同意后，报国家科学技术行政管理部门批准；机密级国家科学技术秘密对外提供应当报中央国家机关有关主管部门批准；秘密级国家科学技术秘密对外提供应当报中央国家机关有关主管部门或者省、自治区、直辖市人民政府有关主管部门批准。

有关主管部门批准对外提供国家科学技术秘密的，应当在10个工作日内向同级政府科学技术行政管理部门备案。

第三十三条 机关、单位开展涉密科学技术活动的，应当指定专人负责保密工作、明确保密纪律和要求，并加强以下方面保密管理：

（一）研究、制定涉密科学技术规划应当制定保密工作方案，签订保密责任书；

（二）组织实施涉密科学技术计划应当制定保密制度；

（三）举办涉密科学技术会议或者组织开展涉密科学技术展览、展示应当采取必要的保密管理措施，在符合保密要求的场所进行；

（四）涉密科学技术活动进行公开宣传报道前应当进行保密审查。

第三十四条 涉密科学技术项目应当按照以下要求加强保密管理：

（一）涉密科学技术项目在指南发布、项目申报、专家评审、立项批复、项目实施、结题验收、成果评价、转化应用及科学技术奖励各个环节应当建立保密制度；

（二）涉密科学技术项目下达单位与承担单位、承担单位与项目负责人、项目负责人与参研人员之间应当签订保密责任书；

（三）涉密科学技术项目的文件、资料及其他载体应当指定专人负责管理并建立台账；

（四）涉密科学技术项目进行对外科学技术交流与合作、宣传展示、发表论文、申请专利等，承担单位应当提前进行保密审查；

（五）涉密科学技术项目原则上不得聘用境外人员，确需聘用境外人员的，承担单位应当按规定报批。

第三十五条 涉密科学技术成果应当按以下要求加强保密管理：

（一）涉密科学技术成果在境内转让或者推广应用，应当报原定密机关、单位批准，并与受让方签订保密协议；

（二）涉密科学技术成果向境外出口，利用涉密科学技术成果在境外开办企业，在境内与外资、外企合作，应当按照本规定第三十二条规定报有关主管部门批准。

第三十六条 机关、单位应当按照国家规定，做好国家科学技术秘密档案归档和保密管理工作。

第三十七条 机关、单位应当为科学技术保密工作提供经费、人员和其他必要的保障条件。国家科学技术行政管理部门，省、自治区、直辖市科学技术行政管理部门应当将科学技术保密工作经费纳入部门预算。

第三十八条 机关、单位应当保障涉密人员正当合法权益。对参与国家科学技术秘密研制的科技人员，有关机关、单位不得因其成果不宜公开发表、交流、推广而影响其评奖、表彰和职称评定。

对确因保密原因不能在公开刊物上发表的论文，有关机关、单位应当对论文的实际水平给予客观、公正评价。

第三十九条 国家科学技术秘密申请知识产权保护应当遵守以下规定：

（一）绝密级国家科学技术秘密不得申请普通专利或者保密专利；

（二）机密级、秘密级国家科学技术秘密经原定密机关、单位批准可申请保密专利；

（三）机密级、秘密级国家科学技术秘密申请普通专利或者由保密专利转为普通专利的，应当先行办理解密手续。

第四十条 机关、单位对在科学技术保密工作方面作出贡献、成绩突出的集体和个人，应当给予表彰；对于违反科学技术保密规定的，给予批评教育；对于情节严重，给国家安全和利益造成损害的，应当依照有关法律、法规给予有关责任人员处分，构成犯罪的，依法追究刑事责任。

第五章 附　　则

第四十一条 涉及国防科学技术的保密管理，按有关部门规定执行。

第四十二条 本规定由科学技术部和国家保密局负责解释。

第四十三条 本规定自公布之日起施行，1995 年颁布的《科学技术保密规定》（国家科学技术委员会、国家保密局令第 20 号）同时废止。

国家科学技术秘密定密管理办法

1. 2018 年 8 月 8 日科技部印发

2. 国科发创〔2018〕124 号

第一章 总　　则

第一条 为了加强国家科学技术秘密定密管理，规范定密行为，根据《中华人民共和国保守国家秘密法》《中华人民共和国科学技术进步法》《中华人民共和国保守国家秘密法实施条例》《科学技术保密规定》和《国家秘密定密管理暂行规定》，制定本办法。

第二条 本办法所称国家科学技术秘密，是指科学技术规划、计划、项目及成果中，关系国家安全和利益，依照法定程序确定，在一定时间内只限一定范围的人员知悉的事项。

本办法所称定密，是指国家机关和涉及国家科学技术秘密的单位（以下简称机关、单位）依法确定、变更和解除国家科学技术秘密的活动。

第三条 机关、单位定密以及定密责任人的确定、定密授权、备案和监督等工作，适用本办法。

第四条 机关、单位定密应当坚持专业化、最小化、精准化、动态化原则，做到权责明确、依据充分、程序规范、及时准确，既确保国家科学技术秘密安全，又促进科学技术发展。

第五条 机关、单位应当依法开展定密工作，建立健全相关管理制度，定期组织培训和检查，接受科学技术行政管理部门和上级机关、单位或者业务主管部门的指导和监督。

第二章 定密授权

第六条 中央国家机关、省级机关以及设区的市、自治州一级的机关（以下简称授权机关）可以根据工作需要作出定密授权。

（一）中央国家机关可以在主管业务工作范围内作出授予绝密级、机密级和秘密级国家科学技术秘密定密权的决定；

（二）省级机关可以在主管业务工作范围内或者本行政区域内作出授予绝密级、机密级和秘密级国家科学技术秘密定密权的决定；

（三）设区的市、自治州一级的机关可以在主管业务工作范围内或者本行政区域内作出授予机密级和秘密级国家科学技术秘密定密权的决定。

定密授权不得超出授权机关的定密权限。被授权机关、单位不得再行授权。

第七条 授权机关根据工作需要，可以在本机关定密权限内对承担涉密科研管理任务的机关、单位，就具体事项作出定密授权。除此之外，不得作出定密授权。

第八条 定密授权决定应当以书面形式作出，明确被授权机关、单位的名称和具体定密权限、事项范围、授权期限。

第九条 被授权机关、单位不再承担授权范围内的涉密科研管理任务，授权机关应当及时撤销定密授权。

因科学技术保密法律法规和相关工作国家秘密范围（以下简称科学技术秘密事项范围）调整，授权事项密级发生变化，授权机关应当重新作出定密授权。

第三章 定密责任人

第十条 机关、单位负责人为本机关、本单位的定密责任人，对定密工作负总责。

根据工作需要，机关、单位负责人可以指定本机关、本单位分管涉及国家科学技术秘密业务工作的负责人、产生国家科学技术秘密较多的内设机构负责人或者由于岗位职责需要的其他工作人员为定密责任人，并明确相应的定密权限。

第十一条 定密责任人应当符合在涉密岗位工作的基本条件，接受定密培训，熟悉科学技术保密法律法规及定密规定，熟悉主管业务和相关行业工作科学技术秘密事项范围，以及国家科学技术秘密产生的部门、部位及工作环节，掌握定密程序和方法。

第十二条 定密责任人的职责：

（一）在定密权限范围内，审核批准本机关、本单位产生的以及无相应定密权限的机关、单位提请的国家科学技术秘密的名称、密级、保密期限、保密要点和知悉范围；

（二）同本机关、本单位确定的国家科学技术秘密持有单位（以下简称持密单位）签订保密责任书；

（三）对本机关、本单位确定的尚在保密期限内的国家科学技术秘密进行审核，作出是否变更或者解除的决定；

（四）对本机关、本单位产生的且无权定密的国家科学技术秘密事项，提请上级有相应定密权的机关、单位定密。

第十三条 机关、单位负责人发现其指定的定密责任人有下列情形之一的，应当作出调整：

（一）定密不当，情节严重的；

（二）因离岗离职无法继续履行定密职责的；

（三）科学技术行政管理部门建议调整的；

（四）因其他原因不宜从事定密工作的。

第四章 国家科学技术秘密的确定、变更和解除

第十四条 机关、单位确定国家科学技术秘密应当依据科学技术秘密事项范围进行。科学技术秘密事项范围没有明确规定但属于《科学技术保密规定》第九条规定情形的，应当确定为国家科学技术秘密。

第十五条 确定国家科学技术秘密，应当同时确定其名称、密级、保密期限、保密要点和知悉范围。

第十六条 国家科学技术秘密的名称应当符合科学技术的特点和规律。

第十七条 国家科学技术秘密的密级应当根据与国家安全和利益的关联程度确定为绝密、机密或者秘密。

第十八条 国家科学技术秘密的保密期限可以是应当保密的时间段，也可以是明确的解密时间；不能确定具体保密期限的，应当确定明确、具体、合法的解密条件。

国家科学技术秘密的保密期限，绝密级不超过 30 年，机密级不超过 20

年，秘密级不超过10年。

第十九条 国家科学技术秘密的保密要点包括：

（一）暂时不宜公开的国家科学技术发展战略、方针、政策、措施、规划、计划、方案和指南等；

（二）涉密项目研制目标、路线、过程，关键技术原理、诀窍、参数、成分、工艺，设计图纸、试验记录、制造说明、样品模型，专用软件、设备、装置、设施、实验室，情报来源和科研经费预算等；

（三）敏感领域资源、物种、物品、数据和信息等；

（四）民用技术应用于国防、军事、国家安全和治安等；

（五）国家间有特别约定的国际科学技术合作等。

第二十条 国家科学技术秘密的知悉范围包括允许知悉国家科学技术秘密名称、密级、保密期限和保密要点的机关、单位或者相关工作人员。

一般情况下，知悉范围不应当包括境外组织、机构、人员，境外驻华组织、机构或者外资企业等。

第二十一条 确定国家科学技术秘密应当按照以下途径进行：

（一）机关、单位对所产生的国家科学技术秘密事项有定密权限的，应当依法确定名称、密级、保密期限、保密要点和知悉范围；

（二）机关、单位对所产生的国家科学技术秘密事项没有定密权限的，应当先行采取保密措施，并向有相应定密权限的上级机关、单位提请定密；没有上级机关、单位的，向有相应定密权限的业务主管部门提请定密；没有业务主管部门的，向所在省、自治区、直辖市科学技术行政管理部门提请定密；

（三）实行市场准入管理的技术或者产品涉及的科学技术事项需要确定为国家科学技术秘密的，向批准准入的国务院有关主管部门提请定密。

第二十二条 根据实际定密工作需要，机关、单位可以聘请5至9名技术、经济、法律和管理等类别专家，组成专家组提供定密咨询意见，专家应当具有高级专业技术职务并与拟定密事项无利害关系。

第二十三条 定密时所依据科学技术秘密事项范围发生变化的，机关、单位应当在原定保密期限届满前对所确定国家科学技术秘密事项的密级、保密期限、保密要点、知悉范围及时作出变更。

国家科学技术秘密的变更，由原定密机关、单位决定，也可由其上级机关、单位决定。

第二十四条 国家科学技术秘密的密级、保密期限、保密要点和知悉范围可以单独或者同时进行变更。

第二十五条 持密单位在境内与非涉外机构开展科学技术交流、合作、转移转化等活动，如果涉及保密要点，应当由持密单位报请原定密机关、单位批准。

第二十六条 国家科学技术秘密的具体保密期限已满、解密时间已到或者符合解密条件的，自行解密。

第二十七条 尚在保密期限内的国家科学技术秘密，经审查有下列情形之一时，应当提前解密：

（一）已经扩散且无法采取补救措施的；

（二）科学技术秘密事项范围调整后，不再属于国家科学技术秘密的；

（三）公开后不会损害国家安全和利益的。

提前解密由原定密机关、单位决定，也可由其上级机关、单位决定。

第二十八条 机关、单位确定、变更和提前解除国家科学技术秘密，应当作出书面记录，并在作出决定后20个工作日内书面通知知悉范围内的机关、单位或者人员。书面记录、技术性和政策性材料，以及专家组名单应当归档备查。

第五章 备　　案

第二十九条 确定、变更和撤销定密授权的决定应当报科学技术行政管理部门备案。

（一）中央国家机关应当在作出决定的同时，报国家科学技术行政管理部门备案；

（二）省级机关，设区的市、自治州一级的机关应当在作出决定的同时，报省、自治区、直辖市科学技术行政管理部门备案。

第三十条 机关、单位确定和调整定密责任人，应当及时报同级政府科学技术行政管理部门备案。

第三十一条 机关、单位确定、变更和提前解除国家科学技术秘密应当进行备案：

（一）省、自治区、直辖市科学技术行政管理部门和中央国家机关有关部门每年12月31日前将本行政区域或者本部门当年确定、变更和提前解除的国家科学技术秘密情况报国家科学技术行政管理部门备案；

（二）其他机关、单位确定、变更和提前解除的国家科学技术秘密，应当在确定、变更、解除后20个工作日内报同级政府科学技术行政管理部门备案。

第六章 监督与法律责任

第三十二条 机关、单位应当定期对本机关、本单位定密责任人履职、定密授权、定密及备案等情况进行检查，对发现的问题及时纠正。

第三十三条 上级机关、单位或者业务主管部门应当依法进行指导和监督，发现下级机关、单位定密不当或者存在问题的，应当及时通知其纠正，也可以直接作出确定、变更或者解除的决定。

第三十四条 机关、单位未依法履行定密管理职责，导致定密工作不能正常进行的，应当给予通报批评；造成严重后果的，应当依法追究定密责任人和其他直接责任人员的责任。

第三十五条 定密责任人和具体开展定密工作的人员违反本办法，有下列行为之一的，机关、单位应当及时纠正并进行批评教育；造成严重后果的，依纪依法给予处分：

（一）应当确定国家科学技术秘密而未确定的；

（二）不应当确定国家科学技术秘密而确定的；

（三）超出定密权限定密的；

（四）未按照规定程序定密的；

（五）未按规定变更国家科学技术秘密的密级、保密期限、保密要点、知悉范围的；

（六）未按要求开展解密审核的；

（七）不应当解除国家科学技术秘密而解除的；

（八）应当解除国家科学技术秘密而未解除的；

（九）违反法律法规规定和本办法的其他行为。

第七章 附 则

第三十六条 涉及国防科学技术的定密管理，按有关部门规定执行。

第三十七条 本办法由科技部负责解释。

第三十八条 本办法自公布之日起施行。

十、网络信息安全

中华人民共和国网络安全法

1. 2016年11月7日第十二届全国人民代表大会常务委员会第二十四次会议通过
2. 2016年11月7日中华人民共和国主席令第53号公布
3. 自2017年6月1日起施行

目　录

第一章　总　　则
第二章　网络安全支持与促进
第三章　网络运行安全
　第一节　一般规定
　第二节　关键信息基础设施的运行安全
第四章　网络信息安全
第五章　监测预警与应急处置
第六章　法律责任
第七章　附　　则

第一章　总　　则

第一条　【立法目的】为了保障网络安全，维护网络空间主权和国家安全、社会公共利益，保护公民、法人和其他组织的合法权益，促进经济社会信息化健康发展，制定本法。

第二条　【适用范围】在中华人民共和国境内建设、运营、维护和使用网络，以及网络安全的监督管理，适用本法。

第三条　【方针体系】国家坚持网络安全与信息化发展并重，遵循积极利用、科学发展、依法管理、确保安全的方针，推进网络基础设施建设和互联互通，鼓励网络技术创新和应用，支持培养网络安全人才，建立健全网络安全保障体系，提高网络安全保护能力。

第四条　【国家制定完善网络安全战略】国家制定并不断完善网络安全战略，

明确保障网络安全的基本要求和主要目标，提出重点领域的网络安全政策、工作任务和措施。

第五条 【国家采取措施维护安全和秩序】国家采取措施，监测、防御、处置来源于中华人民共和国境内外的网络安全风险和威胁，保护关键信息基础设施免受攻击、侵入、干扰和破坏，依法惩治网络违法犯罪活动，维护网络空间安全和秩序。

第六条 【国家倡导形成网络良好环境】国家倡导诚实守信、健康文明的网络行为，推动传播社会主义核心价值观，采取措施提高全社会的网络安全意识和水平，形成全社会共同参与促进网络安全的良好环境。

第七条 【国家建立网络治理体系】国家积极开展网络空间治理、网络技术研发和标准制定、打击网络违法犯罪等方面的国际交流与合作，推动构建和平、安全、开放、合作的网络空间，建立多边、民主、透明的网络治理体系。

第八条 【主管部门】国家网信部门负责统筹协调网络安全工作和相关监督管理工作。国务院电信主管部门、公安部门和其他有关机关依照本法和有关法律、行政法规的规定，在各自职责范围内负责网络安全保护和监督管理工作。

县级以上地方人民政府有关部门的网络安全保护和监督管理职责，按照国家有关规定确定。

第九条 【网络运营者基本义务】网络运营者开展经营和服务活动，必须遵守法律、行政法规，尊重社会公德，遵守商业道德，诚实信用，履行网络安全保护义务，接受政府和社会的监督，承担社会责任。

第十条 【维护网络数据完整性、保密性、可用性】建设、运营网络或者通过网络提供服务，应当依照法律、行政法规的规定和国家标准的强制性要求，采取技术措施和其他必要措施，保障网络安全、稳定运行，有效应对网络安全事件，防范网络违法犯罪活动，维护网络数据的完整性、保密性和可用性。

第十一条 【网络行业组织按章程促进发展】网络相关行业组织按照章程，加强行业自律，制定网络安全行为规范，指导会员加强网络安全保护，提高网络安全保护水平，促进行业健康发展。

第十二条 【依法使用网络的权利保护与禁止行为】国家保护公民、法人和其他组织依法使用网络的权利，促进网络接入普及，提升网络服务水平，为社会提供安全、便利的网络服务，保障网络信息依法有序自由流动。

任何个人和组织使用网络应当遵守宪法法律，遵守公共秩序，尊重社会公德，不得危害网络安全，不得利用网络从事危害国家安全、荣誉和利益，煽动颠覆国家政权、推翻社会主义制度，煽动分裂国家、破坏国家统一，宣扬恐怖主义、极端主义，宣扬民族仇恨、民族歧视，传播暴力、淫秽色情信息，编造、传播虚假信息扰乱经济秩序和社会秩序，以及侵害他人名誉、隐私、知识产权和其他合法权益等活动。

第十三条 **【为未成年人提供安全健康的网络环境】**国家支持研究开发有利于未成年人健康成长的网络产品和服务，依法惩治利用网络从事危害未成年人身心健康的活动，为未成年人提供安全、健康的网络环境。

第十四条 **【对危害网络安全的举报】**任何个人和组织有权对危害网络安全的行为向网信、电信、公安等部门举报。收到举报的部门应当及时依法作出处理；不属于本部门职责的，应当及时移送有权处理的部门。

有关部门应当对举报人的相关信息予以保密，保护举报人的合法权益。

第二章 网络安全支持与促进

第十五条 **【网络安全国家标准、行业标准】**国家建立和完善网络安全标准体系。国务院标准化行政主管部门和国务院其他有关部门根据各自的职责，组织制定并适时修订有关网络安全管理以及网络产品、服务和运行安全的国家标准、行业标准。

国家支持企业、研究机构、高等学校、网络相关行业组织参与网络安全国家标准、行业标准的制定。

第十六条 **【政府投入与扶持】**国务院和省、自治区、直辖市人民政府应当统筹规划，加大投入，扶持重点网络安全技术产业和项目，支持网络安全技术的研究开发和应用，推广安全可信的网络产品和服务，保护网络技术知识产权，支持企业、研究机构和高等学校等参与国家网络安全技术创新项目。

第十七条 **【国家推进体系建设，鼓励安全服务】**国家推进网络安全社会化服务体系建设，鼓励有关企业、机构开展网络安全认证、检测和风险评估等安全服务。

第十八条 **【国家鼓励开发数据保护和利用技术，支持创新网络安全管理方式】**国家鼓励开发网络数据安全保护和利用技术，促进公共数据资源开放，推动技术创新和经济社会发展。

国家支持创新网络安全管理方式，运用网络新技术，提升网络安全保护水平。

第十九条 **【网络安全宣传教育】**各级人民政府及其有关部门应当组织开展经常性的网络安全宣传教育，并指导、督促有关单位做好网络安全宣传教育工作。

大众传播媒介应当有针对性地面向社会进行网络安全宣传教育。

第二十条　【国家支持网络安全人才培养】国家支持企业和高等学校、职业学校等教育培训机构开展网络安全相关教育与培训，采取多种方式培养网络安全人才，促进网络安全人才交流。

第三章　网络运行安全

第一节　一般规定

第二十一条　【网络安全等级保护制度】国家实行网络安全等级保护制度。网络运营者应当按照网络安全等级保护制度的要求，履行下列安全保护义务，保障网络免受干扰、破坏或者未经授权的访问，防止网络数据泄露或者被窃取、篡改：

（一）制定内部安全管理制度和操作规程，确定网络安全负责人，落实网络安全保护责任；

（二）采取防范计算机病毒和网络攻击、网络侵入等危害网络安全行为的技术措施；

（三）采取监测、记录网络运行状态、网络安全事件的技术措施，并按照规定留存相关的网络日志不少于六个月；

（四）采取数据分类、重要数据备份和加密等措施；

（五）法律、行政法规规定的其他义务。

第二十二条　【网络产品、服务应当符合国家标准强制性要求】网络产品、服务应当符合相关国家标准的强制性要求。网络产品、服务的提供者不得设置恶意程序；发现其网络产品、服务存在安全缺陷、漏洞等风险时，应当立即采取补救措施，按照规定及时告知用户并向有关主管部门报告。

网络产品、服务的提供者应当为其产品、服务持续提供安全维护；在规定或者当事人约定的期限内，不得终止提供安全维护。

网络产品、服务具有收集用户信息功能的，其提供者应当向用户明示并取得同意；涉及用户个人信息的，还应当遵守本法和有关法律、行政法规关于个人信息保护的规定。

第二十三条　【网络关键设备和网络安全专用产品的认证、检测】网络关键设备和网络安全专用产品应当按照相关国家标准的强制性要求，由具备资格的机构安全认证合格或者安全检测符合要求后，方可销售或者提供。国家网信部门会同国务院有关部门制定、公布网络关键设备和网络安全专用产品目录，并推动安全认证和安全检测结果互认，避免重复认证、检测。

第二十四条　【网络运营者应当要求用户提供真实身份信息】网络运营者为用户办理网络接入、域名注册服务，办理固定电话、移动电话等入网手续，或者为用户提供信息发布、即时通讯等服务，在与用户签订协议或者确认提供服务时，应当要求用户提供真实身份信息。用户不提供真实身份信息的，网络运营者不得为其提供相关服务。

国家实施网络可信身份战略，支持研究开发安全、方便的电子身份认证技术，推动不同电子身份认证之间的互认。

第二十五条 【网络运营者应当制定、实施应急预案】网络运营者应当制定网络安全事件应急预案，及时处置系统漏洞、计算机病毒、网络攻击、网络侵入等安全风险；在发生危害网络安全的事件时，立即启动应急预案，采取相应的补救措施，并按照规定向有关主管部门报告。

第二十六条 【开展网络安全活动、向社会发布安全信息，应遵守国家规定】开展网络安全认证、检测、风险评估等活动，向社会发布系统漏洞、计算机病毒、网络攻击、网络侵入等网络安全信息，应当遵守国家有关规定。

第二十七条 【任何人不得进行危害网络安全的活动】任何个人和组织不得从事非法侵入他人网络、干扰他人网络正常功能、窃取网络数据等危害网络安全的活动；不得提供专门用于从事侵入网络、干扰网络正常功能及防护措施、窃取网络数据等危害网络安全活动的程序、工具；明知他人从事危害网络安全的活动的，不得为其提供技术支持、广告推广、支付结算等帮助。

第二十八条 【网络运营者应为公安机关、国家安全机关提供技术支持和协助】网络运营者应当为公安机关、国家安全机关依法维护国家安全和侦查犯罪的活动提供技术支持和协助。

第二十九条 【国家支持网络运营者合作】国家支持网络运营者之间在网络安全信息收集、分析、通报和应急处置等方面进行合作，提高网络运营者的安全保障能力。

有关行业组织建立健全本行业的网络安全保护规范和协作机制，加强对网络安全风险的分析评估，定期向会员进行风险警示，支持、协助会员应对网络安全风险。

第三十条 【履行职责中获取的信息，不得用于其他用途】网信部门和有关部门在履行网络安全保护职责中获取的信息，只能用于维护网络安全的需要，不得用于其他用途。

第二节 关键信息基础设施的运行安全

第三十一条 【关键信息基础设施重点保护】国家对公共通信和信息服务、能源、交通、水利、金融、公共服务、电子政务等重要行业和领域，以及其他一旦遭到破坏、丧失功能或者数据泄露，可能严重危害国家安全、国计民生、公共利益的关键信息基础设施，在网络安全等级保护制度的基础上，实行重点保护。关键信息基础设施的具体范围和安全保护办法由国务院制定。

国家鼓励关键信息基础设施以外的网络运营者自愿参与关键信息基础设施保护体系。

第三十二条　【编制、实施关键信息基础设施安全规划】按照国务院规定的职责分工，负责关键信息基础设施安全保护工作的部门分别编制并组织实施本行业、本领域的关键信息基础设施安全规划，指导和监督关键信息基础设施运行安全保护工作。

第三十三条　【关键信息基础设施建设要求】建设关键信息基础设施应当确保其具有支持业务稳定、持续运行的性能，并保证安全技术措施同步规划、同步建设、同步使用。

第三十四条　【运营者的安全保护义务】除本法第二十一条的规定外，关键信息基础设施的运营者还应当履行下列安全保护义务：

（一）设置专门安全管理机构和安全管理负责人，并对该负责人和关键岗位的人员进行安全背景审查；

（二）定期对从业人员进行网络安全教育、技术培训和技能考核；

（三）对重要系统和数据库进行容灾备份；

（四）制定网络安全事件应急预案，并定期进行演练；

（五）法律、行政法规规定的其他义务。

第三十五条　【关键信息基础设施的国家安全审查】关键信息基础设施的运营者采购网络产品和服务，可能影响国家安全的，应当通过国家网信部门会同国务院有关部门组织的国家安全审查。

第三十六条　【安全保密协议的签订】关键信息基础设施的运营者采购网络产品和服务，应当按照规定与提供者签订安全保密协议，明确安全和保密义务与责任。

第三十七条　【收集和产生的个人信息和重要数据应当在境内储存】关键信息基础设施的运营者在中华人民共和国境内运营中收集和产生的个人信息和重要数据应当在境内存储。因业务需要，确需向境外提供的，应当按照国家网信部门会同国务院有关部门制定的办法进行安全评估；法律、行政法规另有规定的，依照其规定。

第三十八条　【网络安全及风险的检测评估】关键信息基础设施的运营者应当自行或者委托网络安全服务机构对其网络的安全性和可能存在的风险每年至少进行一次检测评估，并将检测评估情况和改进措施报送相关负责关键信息基础设施安全保护工作的部门。

第三十九条 **【关键信息基础设施的安全保护措施】**国家网信部门应当统筹协调有关部门对关键信息基础设施的安全保护采取下列措施：

（一）对关键信息基础设施的安全风险进行抽查检测，提出改进措施，必要时可以委托网络安全服务机构对网络存在的安全风险进行检测评估；

（二）定期组织关键信息基础设施的运营者进行网络安全应急演练，提高应对网络安全事件的水平和协同配合能力；

（三）促进有关部门、关键信息基础设施的运营者以及有关研究机构、网络安全服务机构等之间的网络安全信息共享；

（四）对网络安全事件的应急处置与网络功能的恢复等，提供技术支持和协助。

第四章 网络信息安全

第四十条 **【建立用户信息保护制度】**网络运营者应当对其收集的用户信息严格保密，并建立健全用户信息保护制度。

第四十一条 **【网络运营者对个人信息的收集、使用】**网络运营者收集、使用个人信息，应当遵循合法、正当、必要的原则，公开收集、使用规则，明示收集、使用信息的目的、方式和范围，并经被收集者同意。

网络运营者不得收集与其提供的服务无关的个人信息，不得违反法律、行政法规的规定和双方的约定收集、使用个人信息，并应当依照法律、行政法规的规定和与用户的约定，处理其保存的个人信息。

第四十二条 **【网络运营者应确保其收集的个人信息安全】**网络运营者不得泄露、篡改、毁损其收集的个人信息；未经被收集者同意，不得向他人提供个人信息。但是，经过处理无法识别特定个人且不能复原的除外。

网络运营者应当采取技术措施和其他必要措施，确保其收集的个人信息安全，防止信息泄露、毁损、丢失。在发生或者可能发生个人信息泄露、毁损、丢失的情况时，应当立即采取补救措施，按照规定及时告知用户并向有关主管部门报告。

第四十三条 **【个人有权要求对其信息予以删除或更正】**个人发现网络运营者违反法律、行政法规的规定或者双方的约定收集、使用其个人信息的，有权要求网络运营者删除其个人信息；发现网络运营者收集、存储的其个人信息有错误的，有权要求网络运营者予以更正。网络运营者应当采取措施予以删除或者更正。

第四十四条 **【个人和组织不得非法获取、向他人提供个人信息】**任何个人和组织不得窃取或者以其他非法方式获取个人信息，不得非法出售或者非法向他人提供个人信息。

第四十五条 【部门及其工作人员的保密义务】依法负有网络安全监督管理职责的部门及其工作人员，必须对在履行职责中知悉的个人信息、隐私和商业秘密严格保密，不得泄露、出售或者非法向他人提供。

第四十六条 【个人和组织不得利用网络实施违法犯罪活动】任何个人和组织应当对其使用网络的行为负责，不得设立用于实施诈骗，传授犯罪方法，制作或者销售违禁物品、管制物品等违法犯罪活动的网站、通讯群组，不得利用网络发布涉及实施诈骗，制作或者销售违禁物品、管制物品以及其他违法犯罪活动的信息。

第四十七条 【网络运营者应当对用户发布的信息进行管理】网络运营者应当加强对其用户发布的信息的管理，发现法律、行政法规禁止发布或者传输的信息的，应当立即停止传输该信息，采取消除等处置措施，防止信息扩散，保存有关记录，并向有关主管部门报告。

第四十八条 【电子信息、应用软件不得设置恶意程序，含有禁止信息】任何个人和组织发送的电子信息、提供的应用软件，不得设置恶意程序，不得含有法律、行政法规禁止发布或者传输的信息。

电子信息发送服务提供者和应用软件下载服务提供者，应当履行安全管理义务，知道其用户有前款规定行为的，应当停止提供服务，采取消除等处置措施，保存有关记录，并向有关主管部门报告。

第四十九条 【网络信息安全投诉、举报制度】网络运营者应当建立网络信息安全投诉、举报制度，公布投诉、举报方式等信息，及时受理并处理有关网络信息安全的投诉和举报。

网络运营者对网信部门和有关部门依法实施的监督检查，应当予以配合。

第五十条 【国家网信部门和有关部门对违法信息停止传播】国家网信部门和有关部门依法履行网络信息安全监督管理职责，发现法律、行政法规禁止发布或者传输的信息的，应当要求网络运营者停止传输，采取消除等处置措施，保存有关记录；对来源于中华人民共和国境外的上述信息，应当通知有关机构采取技术措施和其他必要措施阻断传播。

第五章 监测预警与应急处置

第五十一条 【网络安全监测预警和信息通报制度】国家建立网络安全监测预警和信息通报制度。国家网信部门应当统筹协调有关部门加强网络安全信息收集、分析和通报工作，按照规定统一发布网络安全监测预警信息。

第五十二条　【关键信息网络安全监测预警和信息通报制度】负责关键信息基础设施安全保护工作的部门，应当建立健全本行业、本领域的网络安全监测预警和信息通报制度，并按照规定报送网络安全监测预警信息。

第五十三条　【网络安全风险评估及应急预案】国家网信部门协调有关部门建立健全网络安全风险评估和应急工作机制，制定网络安全事件应急预案，并定期组织演练。

负责关键信息基础设施安全保护工作的部门应当制定本行业、本领域的网络安全事件应急预案，并定期组织演练。

网络安全事件应急预案应当按照事件发生后的危害程度、影响范围等因素对网络安全事件进行分级，并规定相应的应急处置措施。

第五十四条　【应对网络安全风险采取的措施】网络安全事件发生的风险增大时，省级以上人民政府有关部门应当按照规定的权限和程序，并根据网络安全风险的特点和可能造成的危害，采取下列措施：

（一）要求有关部门、机构和人员及时收集、报告有关信息，加强对网络安全风险的监测；

（二）组织有关部门、机构和专业人员，对网络安全风险信息进行分析评估，预测事件发生的可能性、影响范围和危害程度；

（三）向社会发布网络安全风险预警，发布避免、减轻危害的措施。

第五十五条　【网络安全事件的应对】发生网络安全事件，应当立即启动网络安全事件应急预案，对网络安全事件进行调查和评估，要求网络运营者采取技术措施和其他必要措施，消除安全隐患，防止危害扩大，并及时向社会发布与公众有关的警示信息。

第五十六条　【有关部门对网络运营者代表人或负责人约谈】省级以上人民政府有关部门在履行网络安全监督管理职责中，发现网络存在较大安全风险或者发生安全事件的，可以按照规定的权限和程序对该网络的运营者的法定代表人或者主要负责人进行约谈。网络运营者应当按照要求采取措施，进行整改，消除隐患。

第五十七条　【处置的法律依据】因网络安全事件，发生突发事件或者生产安全事故的，应当依照《中华人民共和国突发事件应对法》、《中华人民共和国安全生产法》等有关法律、行政法规的规定处置。

第五十八条　【特定区域限制网络通信】因维护国家安全和社会公共秩序，处置重大突发社会安全事件的需要，经国务院决定或者批准，可以在特定区域对网络通信采取限制等临时措施。

第六章 法律责任

第五十九条 **【不履行安全保护义务的法律责任】**网络运营者不履行本法第二十一条、第二十五条规定的网络安全保护义务的，由有关主管部门责令改正，给予警告；拒不改正或者导致危害网络安全等后果的，处一万元以上十万元以下罚款，对直接负责的主管人员处五千元以上五万元以下罚款。

关键信息基础设施的运营者不履行本法第三十三条、第三十四条、第三十六条、第三十八条规定的网络安全保护义务的，由有关主管部门责令改正，给予警告；拒不改正或者导致危害网络安全等后果的，处十万元以上一百万元以下罚款，对直接负责的主管人员处一万元以上十万元以下罚款。

第六十条 **【设置恶意程序，对安全缺陷、漏洞未及时补救，擅自终止安全维护的法律责任】**违反本法第二十二条第一款、第二款和第四十八条第一款规定，有下列行为之一的，由有关主管部门责令改正，给予警告；拒不改正或者导致危害网络安全等后果的，处五万元以上五十万元以下罚款，对直接负责的主管人员处一万元以上十万元以下罚款：

（一）设置恶意程序的；

（二）对其产品、服务存在的安全缺陷、漏洞等风险未立即采取补救措施，或者未按照规定及时告知用户并向有关主管部门报告的；

（三）擅自终止为其产品、服务提供安全维护的。

第六十一条 **【违反真实身份信息制度的法律责任】**网络运营者违反本法第二十四条第一款规定，未要求用户提供真实身份信息，或者对不提供真实身份信息的用户提供相关服务的，由有关主管部门责令改正；拒不改正或者情节严重的，处五万元以上五十万元以下罚款，并可以由有关主管部门责令暂停相关业务、停业整顿、关闭网站、吊销相关业务许可证或者吊销营业执照，对直接负责的主管人员和其他直接责任人员处一万元以上十万元以下罚款。

第六十二条 **【违法开展网络安全活动，发布安全信息的法律责任】**违反本法第二十六条规定，开展网络安全认证、检测、风险评估等活动，或者向社会发布系统漏洞、计算机病毒、网络攻击、网络侵入等网络安全信息的，由有关主管部门责令改正，给予警告；拒不改正或者情节严重的，处一万元以上十万元以下罚款，并可以由有关主管部门责令暂停相关业务、停业整顿、关闭网站、吊销相关业务许可证或者吊销营业执照，对直接负责的主管人员和其他直接责任人员处五千元以上五万元以下罚款。

第六十三条 **【从事或者辅助危害网络安全活动的法律责任】**违反本法第二十七条规定，从事危害网络安全的活动，或者提供专门用于从事危害网络安全活动的程序、工具，或者为他人从事危害网络安全的活动提供技术支持、广告推广、支付结算等帮助，尚不构成犯罪的，由公安机关没收违法所得，处五日以下拘留，可以并处五万元以上五十万元以下罚款；情节较重的，处五日以上十五日以下拘留，可以并处十万元以上一百万元以下罚款。

单位有前款行为的，由公安机关没收违法所得，处十万元以上一百万元以下罚款，并对直接负责的主管人员和其他直接责任人员依照前款规定处罚。

违反本法第二十七条规定，受到治安管理处罚的人员，五年内不得从事网络安全管理和网络运营关键岗位的工作；受到刑事处罚的人员，终身不得从事网络安全管理和网络运营关键岗位的工作。

第六十四条　【侵害个人信息的法律责任】网络运营者、网络产品或者服务的提供者违反本法第二十二条第三款、第四十一条至第四十三条规定，侵害个人信息依法得到保护的权利的，由有关主管部门责令改正，可以根据情节单处或者并处警告、没收违法所得、处违法所得一倍以上十倍以下罚款，没有违法所得的，处一百万元以下罚款，对直接负责的主管人员和其他直接责任人员处一万元以上十万元以下罚款；情节严重的，并可以责令暂停相关业务、停业整顿、关闭网站、吊销相关业务许可证或者吊销营业执照。

违反本法第四十四条规定，窃取或者以其他非法方式获取、非法出售或者非法向他人提供个人信息，尚不构成犯罪的，由公安机关没收违法所得，并处违法所得一倍以上十倍以下罚款，没有违法所得的，处一百万元以下罚款。

第六十五条　【使用未经或未通过安全审查的网络产品或服务的法律责任】关键信息基础设施的运营者违反本法第三十五条规定，使用未经安全审查或者安全审查未通过的网络产品或者服务的，由有关主管部门责令停止使用，处采购金额一倍以上十倍以下罚款；对直接负责的主管人员和其他直接责任人员处一万元以上十万元以下罚款。

第六十六条　【在境外存储或向境外提供网络数据的法律责任】关键信息基础设施的运营者违反本法第三十七条规定，在境外存储网络数据，或者向境外提供网络数据的，由有关主管部门责令改正，给予警告，没收违法所得，处五万元以上五十万元以下罚款，并可以责令暂停相关业务、停业整顿、关闭网站、吊销相关业务许可证或者吊销营业执照；对直接负责的主管人员和其他直接责任人员处一万元以上十万元以下罚款。

第六十七条　【设立用于实施违法犯罪活动的网站、通讯群组或发布违法犯罪活动信息的法律责任】违反本法第四十六条规定，设立用于实施违法犯罪活动的网站、通讯群组，或者利用网络发布涉及实施违法犯罪活动的信息，尚不构成犯罪的，由公安机关处五日以下拘留，可以并处一万元以上十万元以下罚款；情节较重的，处五日以上十五日以下拘留，可以并处五万元以上五十万元以下罚款。关闭用于实施违法犯罪活动的网站、通讯群组。

单位有前款行为的，由公安机关处十万元以上五十万元以下罚款，并对直接负责的主管人员和其他直接责任人员依照前款规定处罚。

第六十八条　【对法律法规禁止发布或传输的信息未采取处置措施的法律责任】网络运营者违反本法第四十七条规定，对法律、行政法规禁止发布或者传输的信息未停止传输、采取消除等处置措施、保存有关记录的，由有关主管部门责令改正，给予警告，没收违法所得；拒不改正或者情节严重的，处十万元以上五十万元以下罚款，并可以责令暂停相关业务、停业整顿、关闭网站、吊销相关业务许可证或者吊销营业执照，对直接负责的主管人员和其他直接责任人员处一万元以上十万元以下罚款。

电子信息发送服务提供者、应用软件下载服务提供者，不履行本法第四十八条第二款规定的安全管理义务的，依照前款规定处罚。

第六十九条　【不按要求采取处置措施，拒绝、阻碍监督检查，拒不提供技术支持协助的法律责任】网络运营者违反本法规定，有下列行为之一的，由有关主管部门责令改正；拒不改正或者情节严重的，处五万元以上五十万元以下罚款，对直接负责的主管人员和其他直接责任人员，处一万元以上十万元以下罚款：

（一）不按照有关部门的要求对法律、行政法规禁止发布或者传输的信息，采取停止传输、消除等处置措施的；

（二）拒绝、阻碍有关部门依法实施的监督检查的；

（三）拒不向公安机关、国家安全机关提供技术支持和协助的。

第七十条　【发布或传输禁止信息的法律责任】发布或者传输本法第十二条第二款和其他法律、行政法规禁止发布或者传输的信息的，依照有关法律、行政法规的规定处罚。

第七十一条　【违法行为记入信用档案】有本法规定的违法行为的，依照有关法律、行政法规的规定记入信用档案，并予以公示。

第七十二条　【国家机关政务网络运营者不履行安全保护义务的法律责任】国家机关政务网络的运营者不履行本法规定的网络安全保护义务的，由其上级机关或者有关机关责令改正；对直接负责的主管人员和其他直接责任人员依法给予处分。

第七十三条　【网信部门和有关部门违反信息使用用途及工作人员渎职的法律责任】网信部门和有关部门违反本法第三十条规定，将在履行网络安全保护职责中获取的信息用于其他用途的，对直接负责的主管人员和其他直接责任人员依法给予处分。

网信部门和有关部门的工作人员玩忽职守、滥用职权、徇私舞弊，尚不构成犯罪的，依法给予处分。

第七十四条　【民事责任、治安处罚、刑事责任】违反本法规定，给他人造成损害的，依法承担民事责任。

违反本法规定，构成违反治安管理行为的，依法给予治安管理处罚；构成犯罪的，依法追究刑事责任。

第七十五条　【境外机构、组织、个人损害关键信息基础设施的法律责任】境外的机构、组织、个人从事攻击、侵入、干扰、破坏等危害中华人民共和国的关键信息基础设施的活动，造成严重后果的，依法追究法律责任；国务院公安部门和有关部门并可以决定对该机构、组织、个人采取冻结财产或者其他必要的制裁措施。

第七章　附　　则

第七十六条　【用语定义】本法下列用语的含义：

（一）网络，是指由计算机或者其他信息终端及相关设备组成的按照一定的规则和程序对信息进行收集、存储、传输、交换、处理的系统。

（二）网络安全，是指通过采取必要措施，防范对网络的攻击、侵入、干扰、破坏和非法使用以及意外事故，使网络处于稳定可靠运行的状态，以及保障网络数据的完整性、保密性、可用性的能力。

（三）网络运营者，是指网络的所有者、管理者和网络服务提供者。

（四）网络数据，是指通过网络收集、存储、传输、处理和产生的各种电子数据。

（五）个人信息，是指以电子或者其他方式记录的能够单独或者与其他信息结合识别自然人个人身份的各种信息，包括但不限于自然人的姓名、出生日期、身份证件号码、个人生物识别信息、住址、电话号码等。

第七十七条　【涉密网络安全保护规定】存储、处理涉及国家秘密信息的网络的运行安全保护，除应当遵守本法外，还应当遵守保密法律、行政法规的规定。

第七十八条　【军事网络安全保护规定】军事网络的安全保护，由中央军事委员会另行规定。

第七十九条　【施行日期】本法自 2017 年 6 月 1 日起施行。

中华人民共和国密码法

1. 2019年10月26日第十三届全国人民代表大会常务委员会第十四次会议通过
2. 2019年10月26日中华人民共和国主席令第35号公布
3. 自2020年1月1日起施行

目　　录

第一章　总　　则
第二章　核心密码、普通密码
第三章　商用密码
第四章　法律责任
第五章　附　　则

第一章　总　　则

第一条　【立法目的】为了规范密码应用和管理，促进密码事业发展，保障网络与信息安全，维护国家安全和社会公共利益，保护公民、法人和其他组织的合法权益，制定本法。

第二条　【密码概念】本法所称密码，是指采用特定变换的方法对信息等进行加密保护、安全认证的技术、产品和服务。

第三条　【密码工作原则】密码工作坚持总体国家安全观，遵循统一领导、分级负责，创新发展、服务大局，依法管理、保障安全的原则。

第四条　【密码工作领导体制】坚持中国共产党对密码工作的领导。中央密码工作领导机构对全国密码工作实行统一领导，制定国家密码工作重大方针政策，统筹协调国家密码重大事项和重要工作，推进国家密码法治建设。

第五条　【密码工作管理体制】国家密码管理部门负责管理全国的密码工作。县级以上地方各级密码管理部门负责管理本行政区域的密码工作。

国家机关和涉及密码工作的单位在其职责范围内负责本机关、本单位或者本系统的密码工作。

第六条　【密码分类管理原则】国家对密码实行分类管理。

密码分为核心密码、普通密码和商用密码。

第七条　【核心密码、普通密码管理】核心密码、普通密码用于保护国家秘密信息，核心密码保护信息的最高密级为绝密级，普通密码保护信息的最高密级为机密级。

核心密码、普通密码属于国家秘密。密码管理部门依照本法和有关法律、行政法规、国家有关规定对核心密码、普通密码实行严格统一管理。

第八条　【商用密码管理】商用密码用于保护不属于国家秘密的信息。

公民、法人和其他组织可以依法使用商用密码保护网络与信息安全。

第九条　【密码科技进步、人才队伍建设和密码工作表彰奖励】国家鼓励和支持密码科学技术研究和应用，依法保护密码领域的知识产权，促进密码科学技术进步和创新。

国家加强密码人才培养和队伍建设，对在密码工作中作出突出贡献的组织和个人，按照国家有关规定给予表彰和奖励。

第十条　【密码安全教育】国家采取多种形式加强密码安全教育，将密码安全教育纳入国民教育体系和公务员教育培训体系，增强公民、法人和其他组织的密码安全意识。

第十一条　【密码工作规划和经费预算】县级以上人民政府应当将密码工作纳入本级国民经济和社会发展规划，所需经费列入本级财政预算。

第十二条　【禁止从事密码违法犯罪活动】任何组织或者个人不得窃取他人加密保护的信息或者非法侵入他人的密码保障系统。

任何组织或者个人不得利用密码从事危害国家安全、社会公共利益、他人合法权益等违法犯罪活动。

第二章　核心密码、普通密码

第十三条　【核心密码、普通密码管理原则】国家加强核心密码、普通密码的科学规划、管理和使用，加强制度建设，完善管理措施，增强密码安全保障能力。

第十四条　【核心密码、普通密码使用要求】在有线、无线通信中传递的国家秘密信息，以及存储、处理国家秘密信息的信息系统，应当依照法律、行政法规和国家有关规定使用核心密码、普通密码进行加密保护、安全认证。

第十五条　【核心密码、普通密码安全保密管理】从事核心密码、普通密码科研、生产、服务、检测、装备、使用和销毁等工作的机构（以下统称密码工作机构）应当按照法律、行政法规、国家有关规定以及核心密码、普通密码标准的要求，建立健全安全管理制度，采取严格的保密措施和保密责任制，确保核心密码、普通密码的安全。

第十六条　【核心密码、普通密码工作监督检查】密码管理部门依法对密码工作机构的核心密码、普通密码工作进行指导、监督和检查，密码工作机构应当配合。

第十七条 【核心密码、普通密码安全协作机制和安全问题查处】密码管理部门根据工作需要会同有关部门建立核心密码、普通密码的安全监测预警、安全风险评估、信息通报、重大事项会商和应急处置等协作机制，确保核心密码、普通密码安全管理的协同联动和有序高效。

密码工作机构发现核心密码、普通密码泄密或者影响核心密码、普通密码安全的重大问题、风险隐患的，应当立即采取应对措施，并及时向保密行政管理部门、密码管理部门报告，由保密行政管理部门、密码管理部门会同有关部门组织开展调查、处置，并指导有关密码工作机构及时消除安全隐患。

第十八条 【核心密码、普通密码工作机构和人员管理】国家加强密码工作机构建设，保障其履行工作职责。

国家建立适应核心密码、普通密码工作需要的人员录用、选调、保密、考核、培训、待遇、奖惩、交流、退出等管理制度。

第十九条 【核心密码、普通密码免检便利】密码管理部门因工作需要，按照国家有关规定，可以提请公安、交通运输、海关等部门对核心密码、普通密码有关物品和人员提供免检等便利，有关部门应当予以协助。

第二十条 【核心密码、普通密码工作人员监督和安全审查】密码管理部门和密码工作机构应当建立健全严格的监督和安全审查制度，对其工作人员遵守法律和纪律等情况进行监督，并依法采取必要措施，定期或者不定期组织开展安全审查。

第三章 商用密码

第二十一条 【商用密码管理原则】国家鼓励商用密码技术的研究开发、学术交流、成果转化和推广应用，健全统一、开放、竞争、有序的商用密码市场体系，鼓励和促进商用密码产业发展。

各级人民政府及其有关部门应当遵循非歧视原则，依法平等对待包括外商投资企业在内的商用密码科研、生产、销售、服务、进出口等单位（以下统称商用密码从业单位）。国家鼓励在外商投资过程中基于自愿原则和商业规则开展商用密码技术合作。行政机关及其工作人员不得利用行政手段强制转让商用密码技术。

商用密码的科研、生产、销售、服务和进出口，不得损害国家安全、社会公共利益或者他人合法权益。

第二十二条 【商用密码标准体系】国家建立和完善商用密码标准体系。

国务院标准化行政主管部门和国家密码管理部门依据各自职责，组织制定商用密码国家标准、行业标准。

国家支持社会团体、企业利用自主创新技术制定高于国家标准、行业标准相关技术要求的商用密码团体标准、企业标准。

第二十三条 **【商用密码国际标准化】**国家推动参与商用密码国际标准化活动，参与制定商用密码国际标准，推进商用密码中国标准与国外标准之间的转化运用。

国家鼓励企业、社会团体和教育、科研机构等参与商用密码国际标准化活动。

第二十四条 **【商用密码标准法律效力】**商用密码从业单位开展商用密码活动，应当符合有关法律、行政法规、商用密码强制性国家标准以及该从业单位公开标准的技术要求。

国家鼓励商用密码从业单位采用商用密码推荐性国家标准、行业标准，提升商用密码的防护能力，维护用户的合法权益。

第二十五条 **【商用密码检测认证体系和商用密码检测、认证机构管理】**国家推进商用密码检测认证体系建设，制定商用密码检测认证技术规范、规则，鼓励商用密码从业单位自愿接受商用密码检测认证，提升市场竞争力。

商用密码检测、认证机构应当依法取得相关资质，并依照法律、行政法规的规定和商用密码检测认证技术规范、规则开展商用密码检测认证。

商用密码检测、认证机构应当对其在商用密码检测认证中所知悉的国家秘密和商业秘密承担保密义务。

第二十六条 **【商用密码产品和服务市场准入管理】**涉及国家安全、国计民生、社会公共利益的商用密码产品，应当依法列入网络关键设备和网络安全专用产品目录，由具备资格的机构检测认证合格后，方可销售或者提供。商用密码产品检测认证适用《中华人民共和国网络安全法》的有关规定，避免重复检测认证。

商用密码服务使用网络关键设备和网络安全专用产品的，应当经商用密码认证机构对该商用密码服务认证合格。

第二十七条 **【关键信息基础设施商用密码使用要求和国家安全审查】**法律、行政法规和国家有关规定要求使用商用密码进行保护的关键信息基础设施，其运营者应当使用商用密码进行保护，自行或者委托商用密码检测机构开展商用密码应用安全性评估。商用密码应用安全性评估应当与关键信息基础设施安全检测评估、网络安全等级测评制度相衔接，避免重复评估、测评。

关键信息基础设施的运营者采购涉及商用密码的网络产品和服务，可能影响国家安全的，应当按照《中华人民共和国网络安全法》的规定，通过国家网信部门会同国家密码管理部门等有关部门组织的国家安全审查。

第二十八条　【商用密码进口许可和出口管制】国务院商务主管部门、国家密码管理部门依法对涉及国家安全、社会公共利益且具有加密保护功能的商用密码实施进口许可，对涉及国家安全、社会公共利益或者中国承担国际义务的商用密码实施出口管制。商用密码进口许可清单和出口管制清单由国务院商务主管部门会同国家密码管理部门和海关总署制定并公布。

大众消费类产品所采用的商用密码不实行进口许可和出口管制制度。

第二十九条　【电子政务电子认证服务管理】国家密码管理部门对采用商用密码技术从事电子政务电子认证服务的机构进行认定，会同有关部门负责政务活动中使用电子签名、数据电文的管理。

第三十条　【商用密码领域的行业协会等组织】商用密码领域的行业协会等组织依照法律、行政法规及其章程的规定，为商用密码从业单位提供信息、技术、培训等服务，引导和督促商用密码从业单位依法开展商用密码活动，加强行业自律，推动行业诚信建设，促进行业健康发展。

第三十一条　【商用密码事中事后监管和有关管理部门保密义务】密码管理部门和有关部门建立日常监管和随机抽查相结合的商用密码事中事后监管制度，建立统一的商用密码监督管理信息平台，推进事中事后监管与社会信用体系相衔接，强化商用密码从业单位自律和社会监督。

密码管理部门和有关部门及其工作人员不得要求商用密码从业单位和商用密码检测、认证机构向其披露源代码等密码相关专有信息，并对其在履行职责中知悉的商业秘密和个人隐私严格保密，不得泄露或者非法向他人提供。

第四章　法 律 责 任

第三十二条　【从事密码违法活动的法律责任】违反本法第十二条规定，窃取他人加密保护的信息，非法侵入他人的密码保障系统，或者利用密码从事危害国家安全、社会公共利益、他人合法权益等违法活动的，由有关部门依照《中华人民共和国网络安全法》和其他有关法律、行政法规的规定追究法律责任。

第三十三条　【核心密码、普通密码使用违法的法律责任】违反本法第十四条规定，未按照要求使用核心密码、普通密码的，由密码管理部门责令改正或者停止违法行为，给予警告；情节严重的，由密码管理部门建议有关国家机关、单位对直接负责的主管人员和其他直接责任人员依法给予处分或者处理。

第三十四条　【核心密码、普通密码泄密等安全问题的法律责任】违反本法规定，发生核心密码、普通密码泄密案件的，由保密行政管理部门、密码管理部门建议有关国家机关、单位对直接负责的主管人员和其他直接责任人员依法给予处分或者处理。

违反本法第十七条第二款规定，发现核心密码、普通密码泄密或者影响核心密码、普通密码安全的重大问题、风险隐患，未立即采取应对措施，或者未及时报告的，由保密行政管理部门、密码管理部门建议有关国家机关、单位对直接负责的主管人员和其他直接责任人员依法给予处分或者处理。

第三十五条　【商用密码检测、认证违法的法律责任】商用密码检测、认证机构违反本法第二十五条第二款、第三款规定开展商用密码检测认证的，由市场监督管理部门会同密码管理部门责令改正或者停止违法行为，给予警告，没收违法所得；违法所得三十万元以上的，可以并处违法所得一倍以上三倍以下罚款；没有违法所得或者违法所得不足三十万元的，可以并处十万元以上三十万元以下罚款；情节严重的，依法吊销相关资质。

第三十六条　【商用密码产品、服务市场准入违法的法律责任】违反本法第二十六条规定，销售或者提供未经检测认证或者检测认证不合格的商用密码产品，或者提供未经认证或者认证不合格的商用密码服务的，由市场监督管理部门会同密码管理部门责令改正或者停止违法行为，给予警告，没收违法产品和违法所得；违法所得十万元以上的，可以并处违法所得一倍以上三倍以下罚款；没有违法所得或者违法所得不足十万元的，可以并处三万元以上十万元以下罚款。

第三十七条　【商用密码使用违法的法律责任】关键信息基础设施的运营者违反本法第二十七条第一款规定，未按照要求使用商用密码，或者未按照要求开展商用密码应用安全性评估的，由密码管理部门责令改正，给予警告；拒不改正或者导致危害网络安全等后果的，处十万元以上一百万元以下罚款，对直接负责的主管人员处一万元以上十万元以下罚款。

关键信息基础设施的运营者违反本法第二十七条第二款规定，使用未经安全审查或者安全审查未通过的产品或者服务的，由有关主管部门责令停止使用，处采购金额一倍以上十倍以下罚款；对直接负责的主管人员和其他直接责任人员处一万元以上十万元以下罚款。

第三十八条　【商用密码进出口违法的法律责任】违反本法第二十八条实施进口许可、出口管制的规定，进出口商用密码的，由国务院商务主管部门或者海关依法予以处罚。

第三十九条 【电子政务电子认证服务违法的法律责任】违反本法第二十九条规定，未经认定从事电子政务电子认证服务的，由密码管理部门责令改正或者停止违法行为，给予警告，没收违法产品和违法所得；违法所得三十万元以上的，可以并处违法所得一倍以上三倍以下罚款；没有违法所得或者违法所得不足三十万元的，可以并处十万元以上三十万元以下罚款。

第四十条 【密码管理部门和有关部门、单位的工作人员违法的法律责任】密码管理部门和有关部门、单位的工作人员在密码工作中滥用职权、玩忽职守、徇私舞弊，或者泄露、非法向他人提供在履行职责中知悉的商业秘密和个人隐私的，依法给予处分。

第四十一条 【违反本法行为的刑事责任和民事责任】违反本法规定，构成犯罪的，依法追究刑事责任；给他人造成损害的，依法承担民事责任。

第五章 附 则

第四十二条 【密码管理规章】国家密码管理部门依照法律、行政法规的规定，制定密码管理规章。

第四十三条 【解放军和武警部队密码立法】中国人民解放军和中国人民武装警察部队的密码工作管理办法，由中央军事委员会根据本法制定。

第四十四条 【施行日期】本法自2020年1月1日起施行。

中华人民共和国数据安全法

1. 2021年6月10日第十三届全国人民代表大会常务委员会第二十九次会议通过
2. 2021年6月10日中华人民共和国主席令第84号公布
3. 自2021年9月1日起施行

目 录

第一章 总 则
第二章 数据安全与发展
第三章 数据安全制度
第四章 数据安全保护义务
第五章 政务数据安全与开放
第六章 法律责任

第七章　附　　则

第一章　总　　则

第一条　【立法目的】为了规范数据处理活动，保障数据安全，促进数据开发利用，保护个人、组织的合法权益，维护国家主权、安全和发展利益，制定本法。

第二条　【适用范围】在中华人民共和国境内开展数据处理活动及其安全监管，适用本法。

在中华人民共和国境外开展数据处理活动，损害中华人民共和国国家安全、公共利益或者公民、组织合法权益的，依法追究法律责任。

第三条　【概念】本法所称数据，是指任何以电子或者其他方式对信息的记录。

数据处理，包括数据的收集、存储、使用、加工、传输、提供、公开等。

数据安全，是指通过采取必要措施，确保数据处于有效保护和合法利用的状态，以及具备保障持续安全状态的能力。

第四条　【数据安全保障】维护数据安全，应当坚持总体国家安全观，建立健全数据安全治理体系，提高数据安全保障能力。

第五条　【主管机关】中央国家安全领导机构负责国家数据安全工作的决策和议事协调，研究制定、指导实施国家数据安全战略和有关重大方针政策，统筹协调国家数据安全的重大事项和重要工作，建立国家数据安全工作协调机制。

第六条　【职责分工】各地区、各部门对本地区、本部门工作中收集和产生的数据及数据安全负责。

工业、电信、交通、金融、自然资源、卫生健康、教育、科技等主管部门承担本行业、本领域数据安全监管职责。

公安机关、国家安全机关等依照本法和有关法律、行政法规的规定，在各自职责范围内承担数据安全监管职责。

国家网信部门依照本法和有关法律、行政法规的规定，负责统筹协调网络数据安全和相关监管工作。

第七条　【权益保护】国家保护个人、组织与数据有关的权益，鼓励数据依法合理有效利用，保障数据依法有序自由流动，促进以数据为关键要素的数字经济发展。

第八条　【数据处理原则】开展数据处理活动，应当遵守法律、法规，尊重社会公德和伦理，遵守商业道德和职业道德，诚实守信，履行数据安全保护义务，承担社会责任，不得危害国家安全、公共利益，不得损害个人、组织的合法权益。

第九条　【宣传普及】国家支持开展数据安全知识宣传普及，提高全社会的数据安全保护意识和水平，推动有关部门、行业组织、科研机构、企业、个人等共同参与数据安全保护工作，形成全社会共同维护数据安全和促进发展的良好环境。

第十条　【加强行业自律】相关行业组织按照章程，依法制定数据安全行为规范和团体标准，加强行业自律，指导会员加强数据安全保护，提高数据安全保护水平，促进行业健康发展。

第十一条　【国际交流合作】国家积极开展数据安全治理、数据开发利用等领域的国际交流与合作，参与数据安全相关国际规则和标准的制定，促进数据跨境安全、自由流动。

第十二条　【投诉举报】任何个人、组织都有权对违反本法规定的行为向有关主管部门投诉、举报。收到投诉、举报的部门应当及时依法处理。

有关主管部门应当对投诉、举报人的相关信息予以保密，保护投诉、举报人的合法权益。

第二章　数据安全与发展

第十三条　【国家统筹】国家统筹发展和安全，坚持以数据开发利用和产业发展促进数据安全，以数据安全保障数据开发利用和产业发展。

第十四条　【数据创新应用与数字经济发展规划】国家实施大数据战略，推进数据基础设施建设，鼓励和支持数据在各行业、各领域的创新应用。

省级以上人民政府应当将数字经济发展纳入本级国民经济和社会发展规划，并根据需要制定数字经济发展规划。

第十五条　【公共服务智能化】国家支持开发利用数据提升公共服务的智能化水平。提供智能化公共服务，应当充分考虑老年人、残疾人的需求，避免对老年人、残疾人的日常生活造成障碍。

第十六条　【数据开发利用和数据安全】国家支持数据开发利用和数据安全技术研究，鼓励数据开发利用和数据安全等领域的技术推广和商业创新，培育、发展数据开发利用和数据安全产品、产业体系。

第十七条　【数据安全标准】国家推进数据开发利用技术和数据安全标准体系建设。国务院标准化行政主管部门和国务院有关部门根据各自的职责，组织制定并适时修订有关数据开发利用技术、产品和数据安全相关标准。国家支持企业、社会团体和教育、科研机构等参与标准制定。

第十八条 **【数据安全检测】** 国家促进数据安全检测评估、认证等服务的发展，支持数据安全检测评估、认证等专业机构依法开展服务活动。

国家支持有关部门、行业组织、企业、教育和科研机构、有关专业机构等在数据安全风险评估、防范、处置等方面开展协作。

第十九条 **【数据交易管理制度】** 国家建立健全数据交易管理制度，规范数据交易行为，培育数据交易市场。

第二十条 **【专业人才培养】** 国家支持教育、科研机构和企业等开展数据开发利用技术和数据安全相关教育和培训，采取多种方式培养数据开发利用技术和数据安全专业人才，促进人才交流。

第三章 数据安全制度

第二十一条 **【数据分类分级保护制度】** 国家建立数据分类分级保护制度，根据数据在经济社会发展中的重要程度，以及一旦遭到篡改、破坏、泄露或者非法获取、非法利用，对国家安全、公共利益或者个人、组织合法权益造成的危害程度，对数据实行分类分级保护。国家数据安全工作协调机制统筹协调有关部门制定重要数据目录，加强对重要数据的保护。

关系国家安全、国民经济命脉、重要民生、重大公共利益等数据属于国家核心数据，实行更加严格的管理制度。

各地区、各部门应当按照数据分类分级保护制度，确定本地区、本部门以及相关行业、领域的重要数据具体目录，对列入目录的数据进行重点保护。

第二十二条 **【数据安全风险评估、报告、信息共享、监测预警机制】** 国家建立集中统一、高效权威的数据安全风险评估、报告、信息共享、监测预警机制。国家数据安全工作协调机制统筹协调有关部门加强数据安全风险信息的获取、分析、研判、预警工作。

第二十三条 **【数据安全应急处置机制】** 国家建立数据安全应急处置机制。发生数据安全事件，有关主管部门应当依法启动应急预案，采取相应的应急处置措施，防止危害扩大，消除安全隐患，并及时向社会发布与公众有关的警示信息。

第二十四条 **【数据安全审查制度】** 国家建立数据安全审查制度，对影响或者可能影响国家安全的数据处理活动进行国家安全审查。

依法作出的安全审查决定为最终决定。

第二十五条 **【出口管制】** 国家对与维护国家安全和利益、履行国际义务相关的属于管制物项的数据依法实施出口管制。

第二十六条 **【对等措施】** 任何国家或者地区在与数据和数据开发利用技术等

有关的投资、贸易等方面对中华人民共和国采取歧视性的禁止、限制或者其他类似措施的，中华人民共和国可以根据实际情况对该国家或者地区对等采取措施。

第四章 数据安全保护义务

第二十七条 **【全流程数据安全管理制度】**开展数据处理活动应当依照法律、法规的规定，建立健全全流程数据安全管理制度，组织开展数据安全教育培训，采取相应的技术措施和其他必要措施，保障数据安全。利用互联网等信息网络开展数据处理活动，应当在网络安全等级保护制度的基础上，履行上述数据安全保护义务。

重要数据的处理者应当明确数据安全负责人和管理机构，落实数据安全保护责任。

第二十八条 **【数据处理原则】**开展数据处理活动以及研究开发数据新技术，应当有利于促进经济社会发展，增进人民福祉，符合社会公德和伦理。

第二十九条 **【风险监测】**开展数据处理活动应当加强风险监测，发现数据安全缺陷、漏洞等风险时，应当立即采取补救措施；发生数据安全事件时，应当立即采取处置措施，按照规定及时告知用户并向有关主管部门报告。

第三十条 **【风险评估】**重要数据的处理者应当按照规定对其数据处理活动定期开展风险评估，并向有关主管部门报送风险评估报告。

风险评估报告应当包括处理的重要数据的种类、数量，开展数据处理活动的情况，面临的数据安全风险及其应对措施等。

第三十一条 **【出境安全管理】**关键信息基础设施的运营者在中华人民共和国境内运营中收集和产生的重要数据的出境安全管理，适用《中华人民共和国网络安全法》的规定；其他数据处理者在中华人民共和国境内运营中收集和产生的重要数据的出境安全管理办法，由国家网信部门会同国务院有关部门制定。

第三十二条 **【数据收集方式】**任何组织、个人收集数据，应当采取合法、正当的方式，不得窃取或者以其他非法方式获取数据。

法律、行政法规对收集、使用数据的目的、范围有规定的，应当在法律、行政法规规定的目的和范围内收集、使用数据。

第三十三条 **【数据交易中介义务】**从事数据交易中介服务的机构提供服务，应当要求数据提供方说明数据来源，审核交易双方的身份，并留存审核、交易记录。

第三十四条 **【行政许可】**法律、行政法规规定提供数据处理相关服务应当取得行政许可的，服务提供者应当依法取得许可。

第三十五条　【依法调取数据】公安机关、国家安全机关因依法维护国家安全或者侦查犯罪的需要调取数据，应当按照国家有关规定，经过严格的批准手续，依法进行，有关组织、个人应当予以配合。

第三十六条　【平等互惠原则】中华人民共和国主管机关根据有关法律和中华人民共和国缔结或者参加的国际条约、协定，或者按照平等互惠原则，处理外国司法或者执法机构关于提供数据的请求。非经中华人民共和国主管机关批准，境内的组织、个人不得向外国司法或者执法机构提供存储于中华人民共和国境内的数据。

第五章　政务数据安全与开放

第三十七条　【推进电子政务建设】国家大力推进电子政务建设，提高政务数据的科学性、准确性、时效性，提升运用数据服务经济社会发展的能力。

第三十八条　【保密义务】国家机关为履行法定职责的需要收集、使用数据，应当在其履行法定职责的范围内依照法律、行政法规规定的条件和程序进行；对在履行职责中知悉的个人隐私、个人信息、商业秘密、保密商务信息等数据应当依法予以保密，不得泄露或者非法向他人提供。

第三十九条　【数据安全管理制度】国家机关应当依照法律、行政法规的规定，建立健全数据安全管理制度，落实数据安全保护责任，保障政务数据安全。

第四十条　【数据安全保护】国家机关委托他人建设、维护电子政务系统，存储、加工政务数据，应当经过严格的批准程序，并应当监督受托方履行相应的数据安全保护义务。受托方应当依照法律、法规的规定和合同约定履行数据安全保护义务，不得擅自留存、使用、泄露或者向他人提供政务数据。

第四十一条　【政务数据公开原则】国家机关应当遵循公正、公平、便民的原则，按照规定及时、准确地公开政务数据。依法不予公开的除外。

第四十二条　【政务数据开放】国家制定政务数据开放目录，构建统一规范、互联互通、安全可控的政务数据开放平台，推动政务数据开放利用。

第四十三条　【本章适用】法律、法规授权的具有管理公共事务职能的组织为履行法定职责开展数据处理活动，适用本章规定。

第六章　法律责任

第四十四条　【约谈、整改】有关主管部门在履行数据安全监管职责中，发现数据处理活动存在较大安全风险的，可以按照规定的权限和程序对有关组织、个人进行约谈，并要求有关组织、个人采取措施进行整改，消除隐患。

第四十五条 【违反数据安全保护义务及国家核心数据管理制度的法律责任】 开展数据处理活动的组织、个人不履行本法第二十七条、第二十九条、第三十条规定的数据安全保护义务的，由有关主管部门责令改正，给予警告，可以并处五万元以上五十万元以下罚款，对直接负责的主管人员和其他直接责任人员可以处一万元以上十万元以下罚款；拒不改正或者造成大量数据泄露等严重后果的，处五十万元以上二百万元以下罚款，并可以责令暂停相关业务、停业整顿、吊销相关业务许可证或者吊销营业执照，对直接负责的主管人员和其他直接责任人员处五万元以上二十万元以下罚款。

违反国家核心数据管理制度，危害国家主权、安全和发展利益的，由有关主管部门处二百万元以上一千万元以下罚款，并根据情况责令暂停相关业务、停业整顿、吊销相关业务许可证或者吊销营业执照；构成犯罪的，依法追究刑事责任。

第四十六条 【违法向境外提供重要数据的法律责任】 违反本法第三十一条规定，向境外提供重要数据的，由有关主管部门责令改正，给予警告，可以并处十万元以上一百万元以下罚款，对直接负责的主管人员和其他直接责任人员可以处一万元以上十万元以下罚款；情节严重的，处一百万元以上一千万元以下罚款，并可以责令暂停相关业务、停业整顿、吊销相关业务许可证或者吊销营业执照，对直接负责的主管人员和其他直接责任人员处十万元以上一百万元以下罚款。

第四十七条 【中介机构违法责任】 从事数据交易中介服务的机构未履行本法第三十三条规定的义务的，由有关主管部门责令改正，没收违法所得，处违法所得一倍以上十倍以下罚款，没有违法所得或者违法所得不足十万元的，处十万元以上一百万元以下罚款，并可以责令暂停相关业务、停业整顿、吊销相关业务许可证或者吊销营业执照；对直接负责的主管人员和其他直接责任人员处一万元以上十万元以下罚款。

第四十八条 【不配合数据调取及未经批准向外国机构提供数据的法律责任】 违反本法第三十五条规定，拒不配合数据调取的，由有关主管部门责令改正，给予警告，并处五万元以上五十万元以下罚款，对直接负责的主管人员和其他直接责任人员处一万元以上十万元以下罚款。

违反本法第三十六条规定，未经主管机关批准向外国司法或者执法机构提供数据的，由有关主管部门给予警告，可以并处十万元以上一百万元以下罚款，对直接负责的主管人员和其他直接责任人员可以处一万元以上十万元以下罚款；造成严重后果的，处一百万元以上五百万元以下罚款，并可以责令暂停相关业务、停业整顿、吊销相关业务许可证或者吊销营业执照，对直接负责的主管人员和其他直接责任人员处五万元以上五十万元以下罚款。

第四十九条　【国家机关未履行数据安全保护义务的法律责任】国家机关不履行本法规定的数据安全保护义务的，对直接负责的主管人员和其他直接责任人员依法给予处分。

第五十条　【渎职】履行数据安全监管职责的国家工作人员玩忽职守、滥用职权、徇私舞弊的，依法给予处分。

第五十一条　【非法获取数据的法律责任】窃取或者以其他非法方式获取数据，开展数据处理活动排除、限制竞争，或者损害个人、组织合法权益的，依照有关法律、行政法规的规定处罚。

第五十二条　【民事、刑事责任】违反本法规定，给他人造成损害的，依法承担民事责任。

违反本法规定，构成违反治安管理行为的，依法给予治安管理处罚；构成犯罪的，依法追究刑事责任。

第七章　附　　则

第五十三条　【相关法律适用】开展涉及国家秘密的数据处理活动，适用《中华人民共和国保守国家秘密法》等法律、行政法规的规定。

在统计、档案工作中开展数据处理活动，开展涉及个人信息的数据处理活动，还应当遵守有关法律、行政法规的规定。

第五十四条　【立法委任】军事数据安全保护的办法，由中央军事委员会依据本法另行制定。

第五十五条　【施行日期】本法自2021年9月1日起施行。

中华人民共和国计算机信息系统安全保护条例

1. 1994年2月18日国务院令第147号发布

2. 根据2011年1月8日国务院令第588号《关于废止和修改部分行政法规的决定》修订

第一章　总　　则

第一条　为了保护计算机信息系统的安全，促进计算机的应用和发展，保障社会主义现代化建设的顺利进行，制定本条例。

第二条 本条例所称的计算机信息系统，是指由计算机及其相关的和配套的设备、设施（含网络）构成的，按照一定的应用目标和规则对信息进行采集、加工、存储、传输、检索等处理的人机系统。

第三条 计算机信息系统的安全保护，应当保障计算机及其相关的和配套的设备、设施（含网络）的安全，运行环境的安全，保障信息的安全，保障计算机功能的正常发挥，以维护计算机信息系统的安全运行。

第四条 计算机信息系统的安全保护工作，重点维护国家事务、经济建设、国防建设、尖端科学技术等重要领域的计算机信息系统的安全。

第五条 中华人民共和国境内的计算机信息系统的安全保护，适用本条例。

未联网的微型计算机的安全保护办法，另行制定。

第六条 公安部主管全国计算机信息系统安全保护工作。国家安全部、国家保密局和国务院其他有关部门，在国务院规定的职责范围内做好计算机信息系统安全保护的有关工作。

第七条 任何组织或个人，不得利用计算机信息系统从事危害国家利益、集体利益和公民合法利益的活动，不得危害计算机信息系统的安全。

第二章 安全保护制度

第八条 计算机信息系统的建设和应用，应当遵守法律、行政法规和国家其他有关规定。

第九条 计算机信息系统实行安全等级保护。安全等级的划分标准和安全等级保护的具体办法，由公安部会同有关部门制定。

第十条 计算机机房应当符合国家标准和国家有关规定。在计算机机房附近施工，不得危害计算机信息系统的安全。

第十一条 进行国际联网的计算机信息系统，由计算机信息系统的使用单位报省级以上人民政府公安机关备案。

第十二条 运输、携带、邮寄计算机信息媒体进出境的，应当如实向海关申报。

第十三条 计算机信息系统的使用单位应当建立健全安全管理制度，负责本单位计算机信息系统的安全保护工作。

第十四条 对计算机信息系统中发生的案件，有关使用单位应当在 24 小时内向当地县级以上人民政府公安机关报告。

第十五条 对计算机病毒和危害社会公共安全的其他有害数据的防治研究工作，由公安部归口管理。

第十六条 国家对计算机信息系统安全专用产品的销售实行许可证制度。具体办法由公安部会同有关部门制定。

第三章 安全监督

第十七条 公安机关对计算机信息系统保护工作行使下列监督职权：

（一）监督、检查、指导计算机信息系统安全保护工作；

（二）查处危害计算机信息系统安全的违法犯罪案件；

（三）履行计算机信息系统安全保护工作的其他监督职责。

第十八条 公安机关发现影响计算机信息系统安全的隐患时，应当及时通知使用单位采取安全保护措施。

第十九条 公安部在紧急情况下，可以就涉及计算机信息系统安全的特定事项发布专项通令。

第四章 法律责任

第二十条 违反本条例的规定，有下列行为之一的，由公安机关处以警告或者停机整顿：

（一）违反计算机信息系统安全等级保护制度，危害计算机信息系统安全的；

（二）违反计算机信息系统国际联网备案制度的；

（三）不按照规定时间报告计算机信息系统中发生的案件的；

（四）接到公安机关要求改进安全状况的通知后，在限期内拒不改进的；

（五）有危害计算机信息系统安全的其他行为的。

第二十一条 计算机机房不符合国家标准和国家其他有关规定的，或者在计算机机房附近施工危害计算机信息系统安全的，由公安机关会同有关单位进行处理。

第二十二条 运输、携带、邮寄计算机信息媒体进出境，不如实向海关申报的，由海关依照《中华人民共和国海关法》和本条例以及其他有关法律、法规的规定处理。

第二十三条 故意输入计算机病毒以及其他有害数据危害计算机信息系统安全的，或者未经许可出售计算机信息系统安全专用产品的，由公安机关处以警告或者对个人处以5000元以下的罚款、对单位处以15000元以下的罚款；有违法所得的，除予以没收外，可以处以违法所得1至3倍的罚款。

第二十四条 违反本条例的规定，构成违反治安管理行为的，依照《中华人民共和国治安管理处罚法》的有关规定处罚；构成犯罪的，依法追究刑事责任。

第二十五条 任何组织或者个人违反本条例的规定，给国家、集体或者他人财产造成损失的，应当依法承担民事责任。

第二十六条 当事人对公安机关依照本条例所作出的具体行政行为不服的，可以依法申请行政复议或者提起行政诉讼。

第二十七条 执行本条例的国家公务员利用职权，索取、收受贿赂或者有其他违法、失职行为，构成犯罪的，依法追究刑事责任；尚不构成犯罪的，给予行政处分。

第五章 附 则

第二十八条 本条例下列用语的含义：

计算机病毒，是指编制或者在计算机程序中插入的破坏计算机功能或者毁坏数据，影响计算机使用，并能自我复制的一组计算机指令或者程序代码。

计算机信息系统安全专用产品，是指用于保护计算机信息系统安全的专用硬件和软件产品。

第二十九条 军队的计算机信息系统安全保护工作，按照军队的有关法规执行。

第三十条 公安部可以根据本条例制定实施办法。

第三十一条 本条例自发布之日起施行。

计算机信息网络国际联网安全保护管理办法

1. 1997年12月30日公安部令第33号发布

2. 根据2011年1月8日国务院令第588号《关于废止和修改部分行政法规的决定》修订

第一章 总 则

第一条 为了加强对计算机信息网络国际联网的安全保护，维护公共秩序和社会稳定，根据《中华人民共和国计算机信息系统安全保护条例》、《中华人民共和国计算机信息网络国际联网管理暂行规定》和其他法律、行政法规的规定，制定本办法。

第二条 中华人民共和国境内的计算机信息网络国际联网安全保护管理，适用本办法。

第三条 公安部计算机管理监察机构负责计算机信息网络国际联网的安全保护管理工作。公安机关计算机管理监察机构应当保护计算机信息网络国际联网的公共安全，维护从事国际联网业务的单位和个人的合法权益和公众利益。

第四条 任何单位和个人不得利用国际联网危害国家安全、泄露国家秘密，不得侵犯国家的、社会的、集体的利益和公民的合法权益，不得从事违法犯罪活动。

第五条 任何单位和个人不得利用国际联网制作、复制、查阅和传播下列信息：

（一）煽动抗拒、破坏宪法和法律、行政法规实施的；

（二）煽动颠覆国家政权，推翻社会主义制度的；

（三）煽动分裂国家、破坏国家统一的；

（四）煽动民族仇恨、民族歧视，破坏民族团结的；

（五）捏造或者歪曲事实，散布谣言，扰乱社会秩序的；

（六）宣扬封建迷信、淫秽、色情、赌博、暴力、凶杀、恐怖，教唆犯罪的；

（七）公然侮辱他人或者捏造事实诽谤他人的；

（八）损害国家机关信誉的；

（九）其他违反宪法和法律、行政法规的。

第六条 任何单位和个人不得从事下列危害计算机信息网络安全的活动：

（一）未经允许，进入计算机信息网络或者使用计算机信息网络资源的；

（二）未经允许，对计算机信息网络功能进行删除、修改或者增加的；

（三）未经允许，对计算机信息网络中存储、处理或者传输的数据和应用程序进行删除、修改或者增加的；

（四）故意制作、传播计算机病毒等破坏性程序的；

（五）其他危害计算机信息网络安全的。

第七条 用户的通信自由和通信秘密受法律保护。任何单位和个人不得违反法律规定，利用国际联网侵犯用户的通信自由和通信秘密。

第二章 安全保护责任

第八条 从事国际联网业务的单位和个人应当接受公安机关的安全监督、检查和指导，如实向公安机关提供有关安全保护的信息、资料及数据文件，协助公安机关查处通过国际联网的计算机信息网络的违法犯罪行为。

第九条 国际出入口信道提供单位、互联单位的主管部门或者主管单位，应当依照法律和国家有关规定负责国际出入口信道、所属互联网络的安全保护管理工作。

第十条 互联单位、接入单位及使用计算机信息网络国际联网的法人和其他组织应当履行下列安全保护职责：

（一）负责本网络的安全保护管理工作，建立健全安全保护管理制度；

（二）落实安全保护技术措施，保障本网络的运行安全和信息安全；

（三）负责对本网络用户的安全教育和培训；

（四）对委托发布信息的单位和个人进行登记，并对所提供的信息内容按照本办法第五条进行审核；

（五）建立计算机信息网络电子公告系统的用户登记和信息管理制度；

（六）发现有本办法第四条、第五条、第六条、第七条所列情形之一的，应当保留有关原始记录，并在二十四小时内向当地公安机关报告；

（七）按照国家有关规定，删除本网络中含有本办法第五条内容的地址、目录或者关闭服务器。

第十一条 用户在接入单位办理入网手续时，应当填写用户备案表。备案表由公安部监制。

第十二条 互联单位、接入单位、使用计算机信息网络国际联网的法人和其他组织（包括跨省、自治区、直辖市联网的单位和所属的分支机构），应当自网络正式联通之日起三十日内，到所在地的省、自治区、直辖市人民政府公安机关指定的受理机关办理备案手续。

前款所列单位应当负责将接入本网络的接入单位和用户情况报当地公安机关备案，并及时报告本网络中接入单位和用户的变更情况。

第十三条 使用公用帐号的注册者应当加强对公用帐号的管理，建立帐号使用登记制度。用户帐号不得转借、转让。

第十四条 涉及国家事务、经济建设、国防建设、尖端科学技术等重要领域的单位办理备案手续时，应当出具其行政主管部门的审批证明。前款所列单位的计算机信息网络与国际联网，应当采取相应的安全保护措施。

第三章 安全监督

第十五条 省、自治区、直辖市公安厅（局），地（市）、县（市）公安局，应当有相应机构负责国际联网的安全保护管理工作。

第十六条 公安机关计算机管理监察机构应当掌握互联单位、接入单位和用户的备案情况，建立备案档案，进行备案统计，并按照国家有关规定逐级上报。

第十七条 公安机关计算机管理监察机构应当督促互联单位、接入单位及有关用户建立健全安全保护管理制度。监督、检查网络安全保护管理以及技术措施的落实情况。

公安机关计算机管理监察机构在组织安全检查时，有关单位应当派人参加。公安机关计算机管理监察机构对安全检查发现的问题，应当提出改进意见，作出详细记录，存档备查。

第十八条 公安机关计算机管理监察机构发现含有本办法第五条所列内容的地

址、目录或者服务器时，应当通知有关单位关闭或者删除。

第十九条 公安机关计算机管理监察机构应当负责追踪和查处通过计算机信息网络的违法行为和针对计算机信息网络的犯罪案件，对违反本办法第四条、第七条规定的违法犯罪行为，应当按照国家有关规定移送有关部门或者司法机关处理。

第四章 法律责任

第二十条 违反法律、行政法规，有本办法第五条、第六条所列行为之一的，由公安机关给予警告，有违法所得的，没收违法所得，对个人可以并处五千元以下的罚款，对单位可以并处一万五千元以下的罚款，情节严重的，并可以给予六个月以内停止联网、停机整顿的处罚，必要时可以建议原发证、审批机构吊销经营许可证或者取消联网资格；构成违反治安管理行为的，依照治安管理处罚法的规定处罚；构成犯罪的，依法追究刑事责任。

第二十一条 有下列行为之一的，由公安机关责令限期改正，给予警告，有违法所得的，没收违法所得；在规定的限期内未改正的，对单位的主管负责人员和其他直接责任人员可以并处五千元以下的罚款，对单位可以并处一万五千元以下的罚款；情节严重的，并可以给予六个月以内的停止联网、停机整顿的处罚，必要时可以建议原发证、审批机构吊销经营许可证或者取消联网资格。

（一）未建立安全保护管理制度的；

（二）未采取安全技术保护措施的；

（三）未对网络用户进行安全教育和培训的；

（四）未提供安全保护管理所需信息、资料及数据文件，或者所提供内容不真实的；

（五）对委托其发布的信息内容未进行审核或者对委托单位和个人未进行登记的；

（六）未建立电子公告系统的用户登记和信息管理制度的；

（七）未按照国家有关规定，删除网络地址、目录或者关闭服务器的；

（八）未建立公用帐号使用登记制度的；

（九）转借、转让用户帐号的。

第二十二条 违反本办法第四条、第七条规定的，依照有关法律、法规予以处罚。

第二十三条 违反本办法第十一条、第十二条规定，不履行备案职责的，由公安机关给予警告或者停机整顿不超过六个月的处罚。

第五章 附 则

第二十四条 与香港特别行政区和台湾、澳门地区联网的计算机信息网络的安全保护管理，参照本办法执行。

第二十五条 本办法自发布之日起施行。

关键信息基础设施安全保护条例

1. 2021年7月30日国务院令第745号公布

2. 自2021年9月1日起施行

第一章 总 则

第一条 为了保障关键信息基础设施安全，维护网络安全，根据《中华人民共和国网络安全法》，制定本条例。

第二条 本条例所称关键信息基础设施，是指公共通信和信息服务、能源、交通、水利、金融、公共服务、电子政务、国防科技工业等重要行业和领域的，以及其他一旦遭到破坏、丧失功能或者数据泄露，可能严重危害国家安全、国计民生、公共利益的重要网络设施、信息系统等。

第三条 在国家网信部门统筹协调下，国务院公安部门负责指导监督关键信息基础设施安全保护工作。国务院电信主管部门和其他有关部门依照本条例和有关法律、行政法规的规定，在各自职责范围内负责关键信息基础设施安全保护和监督管理工作。

省级人民政府有关部门依据各自职责对关键信息基础设施实施安全保护和监督管理。

第四条 关键信息基础设施安全保护坚持综合协调、分工负责、依法保护，强化和落实关键信息基础设施运营者（以下简称运营者）主体责任，充分发挥政府及社会各方面的作用，共同保护关键信息基础设施安全。

第五条 国家对关键信息基础设施实行重点保护，采取措施，监测、防御、处置来源于中华人民共和国境内外的网络安全风险和威胁，保护关键信息基础设施免受攻击、侵入、干扰和破坏，依法惩治危害关键信息基础设施安全的违法犯罪活动。

任何个人和组织不得实施非法侵入、干扰、破坏关键信息基础设施的活动，不得危害关键信息基础设施安全。

第六条 运营者依照本条例和有关法律、行政法规的规定以及国家标准的强制性要求，在网络安全等级保护的基础上，采取技术保护措施和其他必要措施，应对网络安全事件，防范网络攻击和违法犯罪活动，保障关键信息基础设施安全稳定运行，维护数据的完整性、保密性和可用性。

第七条 对在关键信息基础设施安全保护工作中取得显著成绩或者作出突出贡献的单位和个人，按照国家有关规定给予表彰。

第二章 关键信息基础设施认定

第八条 本条例第二条涉及的重要行业和领域的主管部门、监督管理部门是负责关键信息基础设施安全保护工作的部门（以下简称保护工作部门）。

第九条 保护工作部门结合本行业、本领域实际，制定关键信息基础设施认定规则，并报国务院公安部门备案。

制定认定规则应当主要考虑下列因素：

（一）网络设施、信息系统等对于本行业、本领域关键核心业务的重要程度；

（二）网络设施、信息系统等一旦遭到破坏、丧失功能或者数据泄露可能带来的危害程度；

（三）对其他行业和领域的关联性影响。

第十条 保护工作部门根据认定规则负责组织认定本行业、本领域的关键信息基础设施，及时将认定结果通知运营者，并通报国务院公安部门。

第十一条 关键信息基础设施发生较大变化，可能影响其认定结果的，运营者应当及时将相关情况报告保护工作部门。保护工作部门自收到报告之日起3个月内完成重新认定，将认定结果通知运营者，并通报国务院公安部门。

第三章 运营者责任义务

第十二条 安全保护措施应当与关键信息基础设施同步规划、同步建设、同步使用。

第十三条 运营者应当建立健全网络安全保护制度和责任制，保障人力、财力、物力投入。运营者的主要负责人对关键信息基础设施安全保护负总责，领导关键信息基础设施安全保护和重大网络安全事件处置工作，组织研究解决重大网络安全问题。

第十四条 运营者应当设置专门安全管理机构，并对专门安全管理机构负责人和关键岗位人员进行安全背景审查。审查时，公安机关、国家安全机关应当予以协助。

第十五条 专门安全管理机构具体负责本单位的关键信息基础设施安全保护工

作，履行下列职责：

（一）建立健全网络安全管理、评价考核制度，拟订关键信息基础设施安全保护计划；

（二）组织推动网络安全防护能力建设，开展网络安全监测、检测和风险评估；

（三）按照国家及行业网络安全事件应急预案，制定本单位应急预案，定期开展应急演练，处置网络安全事件；

（四）认定网络安全关键岗位，组织开展网络安全工作考核，提出奖励和惩处建议；

（五）组织网络安全教育、培训；

（六）履行个人信息和数据安全保护责任，建立健全个人信息和数据安全保护制度；

（七）对关键信息基础设施设计、建设、运行、维护等服务实施安全管理；

（八）按照规定报告网络安全事件和重要事项。

第十六条 运营者应当保障专门安全管理机构的运行经费、配备相应的人员，开展与网络安全和信息化有关的决策应当有专门安全管理机构人员参与。

第十七条 运营者应当自行或者委托网络安全服务机构对关键信息基础设施每年至少进行一次网络安全检测和风险评估，对发现的安全问题及时整改，并按照保护工作部门要求报送情况。

第十八条 关键信息基础设施发生重大网络安全事件或者发现重大网络安全威胁时，运营者应当按照有关规定向保护工作部门、公安机关报告。

发生关键信息基础设施整体中断运行或者主要功能故障、国家基础信息以及其他重要数据泄露、较大规模个人信息泄露、造成较大经济损失、违法信息较大范围传播等特别重大网络安全事件或者发现特别重大网络安全威胁时，保护工作部门应当在收到报告后，及时向国家网信部门、国务院公安部门报告。

第十九条 运营者应当优先采购安全可信的网络产品和服务；采购网络产品和服务可能影响国家安全的，应当按照国家网络安全规定通过安全审查。

第二十条 运营者采购网络产品和服务，应当按照国家有关规定与网络产品和服务提供者签订安全保密协议，明确提供者的技术支持和安全保密义务与责任，并对义务与责任履行情况进行监督。

第二十一条 运营者发生合并、分立、解散等情况，应当及时报告保护工作部门，并按照保护工作部门的要求对关键信息基础设施进行处置，确保安全。

第四章 保障和促进

第二十二条 保护工作部门应当制定本行业、本领域关键信息基础设施安全规划，明确保护目标、基本要求、工作任务、具体措施。

第二十三条 国家网信部门统筹协调有关部门建立网络安全信息共享机制，及时汇总、研判、共享、发布网络安全威胁、漏洞、事件等信息，促进有关部门、保护工作部门、运营者以及网络安全服务机构等之间的网络安全信息共享。

第二十四条 保护工作部门应当建立健全本行业、本领域的关键信息基础设施网络安全监测预警制度，及时掌握本行业、本领域关键信息基础设施运行状况、安全态势，预警通报网络安全威胁和隐患，指导做好安全防范工作。

第二十五条 保护工作部门应当按照国家网络安全事件应急预案的要求，建立健全本行业、本领域的网络安全事件应急预案，定期组织应急演练；指导运营者做好网络安全事件应对处置，并根据需要组织提供技术支持与协助。

第二十六条 保护工作部门应当定期组织开展本行业、本领域关键信息基础设施网络安全检查检测，指导监督运营者及时整改安全隐患、完善安全措施。

第二十七条 国家网信部门统筹协调国务院公安部门、保护工作部门对关键信息基础设施进行网络安全检查检测，提出改进措施。

有关部门在开展关键信息基础设施网络安全检查时，应当加强协同配合、信息沟通，避免不必要的检查和交叉重复检查。检查工作不得收取费用，不得要求被检查单位购买指定品牌或者指定生产、销售单位的产品和服务。

第二十八条 运营者对保护工作部门开展的关键信息基础设施网络安全检查检测工作，以及公安、国家安全、保密行政管理、密码管理等有关部门依法开展的关键信息基础设施网络安全检查工作应当予以配合。

第二十九条 在关键信息基础设施安全保护工作中，国家网信部门和国务院电信主管部门、国务院公安部门等应当根据保护工作部门的需要，及时提供技术支持和协助。

第三十条 网信部门、公安机关、保护工作部门等有关部门，网络安全服务机构及其工作人员对于在关键信息基础设施安全保护工作中获取的信息，只能用于维护网络安全，并严格按照有关法律、行政法规的要求确保信息安全，不得泄露、出售或者非法向他人提供。

第三十一条 未经国家网信部门、国务院公安部门批准或者保护工作部门、运营者授权，任何个人和组织不得对关键信息基础设施实施漏洞探测、渗透性测试等可能影响或者危害关键信息基础设施安全的活动。对基础电信网络实施漏洞探测、渗透性测试等活动，应当事先向国务院电信主管部门报告。

第三十二条 国家采取措施，优先保障能源、电信等关键信息基础设施安全运行。

能源、电信行业应当采取措施，为其他行业和领域的关键信息基础设施安全运行提供重点保障。

第三十三条 公安机关、国家安全机关依据各自职责依法加强关键信息基础设施安全保卫，防范打击针对和利用关键信息基础设施实施的违法犯罪活动。

第三十四条 国家制定和完善关键信息基础设施安全标准，指导、规范关键信息基础设施安全保护工作。

第三十五条 国家采取措施，鼓励网络安全专门人才从事关键信息基础设施安全保护工作；将运营者安全管理人员、安全技术人员培训纳入国家继续教育体系。

第三十六条 国家支持关键信息基础设施安全防护技术创新和产业发展，组织力量实施关键信息基础设施安全技术攻关。

第三十七条 国家加强网络安全服务机构建设和管理，制定管理要求并加强监督指导，不断提升服务机构能力水平，充分发挥其在关键信息基础设施安全保护中的作用。

第三十八条 国家加强网络安全军民融合，军地协同保护关键信息基础设施安全。

第五章 法律责任

第三十九条 运营者有下列情形之一的，由有关主管部门依据职责责令改正，给予警告；拒不改正或者导致危害网络安全等后果的，处10万元以上100万元以下罚款，对直接负责的主管人员处1万元以上10万元以下罚款：

（一）在关键信息基础设施发生较大变化，可能影响其认定结果时未及时将相关情况报告保护工作部门的；

（二）安全保护措施未与关键信息基础设施同步规划、同步建设、同步使用的；

（三）未建立健全网络安全保护制度和责任制的；

（四）未设置专门安全管理机构的；

（五）未对专门安全管理机构负责人和关键岗位人员进行安全背景审查的；

（六）开展与网络安全和信息化有关的决策没有专门安全管理机构人员参与的；

（七）专门安全管理机构未履行本条例第十五条规定的职责的；

（八）未对关键信息基础设施每年至少进行一次网络安全检测和风险评估，未对发现的安全问题及时整改，或者未按照保护工作部门要求报送情况的；

（九）采购网络产品和服务，未按照国家有关规定与网络产品和服务提供者签订安全保密协议的；

（十）发生合并、分立、解散等情况，未及时报告保护工作部门，或者未按照保护工作部门的要求对关键信息基础设施进行处置的。

第四十条 运营者在关键信息基础设施发生重大网络安全事件或者发现重大网络安全威胁时，未按照有关规定向保护工作部门、公安机关报告的，由保护工作部门、公安机关依据职责责令改正，给予警告；拒不改正或者导致危害网络安全等后果的，处10万元以上100万元以下罚款，对直接负责的主管人员处1万元以上10万元以下罚款。

第四十一条 运营者采购可能影响国家安全的网络产品和服务，未按照国家网络安全规定进行安全审查的，由国家网信部门等有关主管部门依据职责责令改正，处采购金额1倍以上10倍以下罚款，对直接负责的主管人员和其他直接责任人员处1万元以上10万元以下罚款。

第四十二条 运营者对保护工作部门开展的关键信息基础设施网络安全检查检测工作，以及公安、国家安全、保密行政管理、密码管理等有关部门依法开展的关键信息基础设施网络安全检查工作不予配合的，由有关主管部门责令改正；拒不改正的，处5万元以上50万元以下罚款，对直接负责的主管人员和其他直接责任人员处1万元以上10万元以下罚款；情节严重的，依法追究相应法律责任。

第四十三条 实施非法侵入、干扰、破坏关键信息基础设施，危害其安全的活动尚不构成犯罪的，依照《中华人民共和国网络安全法》有关规定，由公安机关没收违法所得，处5日以下拘留，可以并处5万元以上50万元以下罚款；情节较重的，处5日以上15日以下拘留，可以并处10万元以上100万元以下罚款。

单位有前款行为的，由公安机关没收违法所得，处10万元以上100万元以下罚款，并对直接负责的主管人员和其他直接责任人员依照前款规定处罚。

违反本条例第五条第二款和第三十一条规定，受到治安管理处罚的人员，5年内不得从事网络安全管理和网络运营关键岗位的工作；受到刑事处罚的人员，终身不得从事网络安全管理和网络运营关键岗位的工作。

第四十四条 网信部门、公安机关、保护工作部门和其他有关部门及其工作人员未履行关键信息基础设施安全保护和监督管理职责或者玩忽职守、滥用职权、徇私舞弊的，依法对直接负责的主管人员和其他直接责任人员给予处分。

第四十五条 公安机关、保护工作部门和其他有关部门在开展关键信息基础设施网络安全检查工作中收取费用，或者要求被检查单位购买指定品牌或者指定生产、销售单位的产品和服务的，由其上级机关责令改正，退还收取的费用；情节严重的，依法对直接负责的主管人员和其他直接责任人员给予处分。

第四十六条 网信部门、公安机关、保护工作部门等有关部门、网络安全服务机构及其工作人员将在关键信息基础设施安全保护工作中获取的信息用于其他用途，或者泄露、出售、非法向他人提供的，依法对直接负责的主管人员和其他直接责任人员给予处分。

第四十七条 关键信息基础设施发生重大和特别重大网络安全事件，经调查确定为责任事故的，除应当查明运营者责任并依法予以追究外，还应查明相关网络安全服务机构及有关部门的责任，对有失职、渎职及其他违法行为的，依法追究责任。

第四十八条 电子政务关键信息基础设施的运营者不履行本条例规定的网络安全保护义务的，依照《中华人民共和国网络安全法》有关规定予以处理。

第四十九条 违反本条例规定，给他人造成损害的，依法承担民事责任。

违反本条例规定，构成违反治安管理行为的，依法给予治安管理处罚；构成犯罪的，依法追究刑事责任。

第六章 附　　则

第五十条 存储、处理涉及国家秘密信息的关键信息基础设施的安全保护，还应当遵守保密法律、行政法规的规定。

关键信息基础设施中的密码使用和管理，还应当遵守相关法律、行政法规的规定。

第五十一条 本条例自2021年9月1日起施行。

通信网络安全防护管理办法

1. 2010年1月21日工业和信息化部令第11号公布
2. 自2010年3月1日起施行

第一条 为了加强对通信网络安全的管理，提高通信网络安全防护能力，保障通信网络安全畅通，根据《中华人民共和国电信条例》，制定本办法。

第二条 中华人民共和国境内的电信业务经营者和互联网域名服务提供者（以下统称“通信网络运行单位”）管理和运行的公用通信网和互联网（以下统称“通信网络”）的网络安全防护工作，适用本办法。

本办法所称互联网域名服务，是指设置域名数据库或者域名解析服务器，为域名持有者提供域名注册或者权威解析服务的行为。

本办法所称网络安全防护工作，是指为防止通信网络阻塞、中断、瘫痪或者被非法控制，以及为防止通信网络中传输、存储、处理的数据信息丢失、泄露或者被篡改而开展的工作。

第三条 通信网络安全防护工作坚持积极防御、综合防范、分级保护的原则。

第四条 中华人民共和国工业和信息化部（以下简称工业和信息化部）负责全国通信网络安全防护工作的统一指导、协调和检查，组织建立健全通信网络安全防护体系，制定通信行业相关标准。

各省、自治区、直辖市通信管理局（以下简称通信管理局）依据本办法的规定，对本行政区域内的通信网络安全防护工作进行指导、协调和检查。

工业和信息化部与通信管理局统称“电信管理机构”。

第五条 通信网络运行单位应当按照电信管理机构的规定和通信行业标准开展通信网络安全防护工作，对本单位通信网络安全负责。

第六条 通信网络运行单位新建、改建、扩建通信网络工程项目，应当同步建设通信网络安全保障设施，并与主体工程同时进行验收和投入运行。

通信网络安全保障设施的新建、改建、扩建费用，应当纳入本单位建设项目概算。

第七条 通信网络运行单位应当对本单位已正式投入运行的通信网络进行单元划分，并按照各通信网络单元遭到破坏后可能对国家安全、经济运行、社会秩序、公众利益的危害程度，由低到高分别划分为一级、二级、三级、四级、五级。

电信管理机构应当组织专家对通信网络单元的分级情况进行评审。

通信网络运行单位应当根据实际情况适时调整通信网络单元的划分和级别，并按照前款规定进行评审。

第八条 通信网络运行单位应当在通信网络定级评审通过后三十日内，将通信网络单元的划分和定级情况按照以下规定向电信管理机构备案：

（一）基础电信业务经营者集团公司向工业和信息化部申请办理其直接管理的通信网络单元的备案；基础电信业务经营者各省（自治区、直辖市）

子公司、分公司向当地通信管理局申请办理其负责管理的通信网络单元的备案；

（二）增值电信业务经营者向作出电信业务经营许可决定的电信管理机构备案；

（三）互联网域名服务提供者向工业和信息化部备案。

第九条 通信网络运行单位办理通信网络单元备案，应当提交以下信息：

（一）通信网络单元的名称、级别和主要功能；

（二）通信网络单元责任单位的名称和联系方式；

（三）通信网络单元主要负责人的姓名和联系方式；

（四）通信网络单元的拓扑架构、网络边界、主要软硬件及型号和关键设施位置；

（五）电信管理机构要求提交的涉及通信网络安全的其他信息。

前款规定的备案信息发生变化的，通信网络运行单位应当自信息变化之日起三十日内向电信管理机构变更备案。

通信网络运行单位报备的信息应当真实、完整。

第十条 电信管理机构应当对备案信息的真实性、完整性进行核查，发现备案信息不真实、不完整的，通知备案单位予以补正。

第十一条 通信网络运行单位应当落实与通信网络单元级别相适应的安全防护措施，并按照以下规定进行符合性评测：

（一）三级及三级以上通信网络单元应当每年进行一次符合性评测；

（二）二级通信网络单元应当每两年进行一次符合性评测。

通信网络单元的划分和级别调整的，应当自调整完成之日起九十日内重新进行符合性评测。

通信网络运行单位应当在评测结束后三十日内，将通信网络单元的符合性评测结果、整改情况或者整改计划报送通信网络单元的备案机构。

第十二条 通信网络运行单位应当按照以下规定组织对通信网络单元进行安全风险评估，及时消除重大网络安全隐患：

（一）三级及三级以上通信网络单元应当每年进行一次安全风险评估；

（二）二级通信网络单元应当每两年进行一次安全风险评估。

国家重大活动举办前，通信网络单元应当按照电信管理机构的要求进行安全风险评估。

通信网络运行单位应当在安全风险评估结束后三十日内，将安全风险评估结果、隐患处理情况或者处理计划报送通信网络单元的备案机构。

第十三条 通信网络运行单位应当对通信网络单元的重要线路、设备、系统和数据等进行备份。

第十四条 通信网络运行单位应当组织演练，检验通信网络安全防护措施的有效性。

通信网络运行单位应当参加电信管理机构组织开展的演练。

第十五条 通信网络运行单位应当建设和运行通信网络安全监测系统，对本单位通信网络的安全状况进行监测。

第十六条 通信网络运行单位可以委托专业机构开展通信网络安全评测、评估、监测等工作。

工业和信息化部应当根据通信网络安全防护工作的需要，加强对前款规定的受托机构的安全评测、评估、监测能力指导。

第十七条 电信管理机构应当对通信网络运行单位开展通信网络安全防护工作的情况进行检查。

电信管理机构可以采取以下检查措施：

（一）查阅通信网络运行单位的符合性评测报告和风险评估报告；

（二）查阅通信网络运行单位有关网络安全防护的文档和工作记录；

（三）向通信网络运行单位工作人员询问了解有关情况；

（四）查验通信网络运行单位的有关设施；

（五）对通信网络进行技术性分析和测试；

（六）法律、行政法规规定的其他检查措施。

第十八条 电信管理机构可以委托专业机构开展通信网络安全检查活动。

第十九条 通信网络运行单位应当配合电信管理机构及其委托的专业机构开展检查活动，对于检查中发现的重大网络安全隐患，应当及时整改。

第二十条 电信管理机构对通信网络安全防护工作进行检查，不得影响通信网络的正常运行，不得收取任何费用，不得要求接受检查的单位购买指定品牌或者指定单位的安全软件、设备或者其他产品。

第二十一条 电信管理机构及其委托的专业机构的工作人员对于检查工作中获悉的国家秘密、商业秘密和个人隐私，有保密的义务。

第二十二条 违反本办法第六条第一款、第七条第一款和第三款、第八条、第九条、第十一条、第十二条、第十三条、第十四条、第十五条、第十九条规定的，由电信管理机构依据职权责令改正；拒不改正的，给予警告，并处五千元以上三万元以下的罚款。

第二十三条 电信管理机构的工作人员违反本办法第二十条、第二十一条规定的，依法给予行政处分；构成犯罪的，依法追究刑事责任。

第二十四条 本办法自2010年3月1日起施行。

网络安全审查办法

1. 2021年12月28日国家互联网信息办公室、国家发展和改革委员会、工业和信息化部、公安部、国家安全部、财政部、商务部、中国人民银行、国家市场监督管理总局、国家广播电视总局、中国证券监督管理委员会、国家保密局、国家密码管理局令第8号公布

2. 自2022年2月15日起施行

第一条 为了确保关键信息基础设施供应链安全，保障网络安全和数据安全，维护国家安全，根据《中华人民共和国国家安全法》、《中华人民共和国网络安全法》、《中华人民共和国数据安全法》、《关键信息基础设施安全保护条例》，制定本办法。

第二条 关键信息基础设施运营者采购网络产品和服务，网络平台运营者开展数据处理活动，影响或者可能影响国家安全的，应当按照本办法进行网络安全审查。

前款规定的关键信息基础设施运营者、网络平台运营者统称为当事人。

第三条 网络安全审查坚持防范网络安全风险与促进先进技术应用相结合、过程公正透明与知识产权保护相结合、事前审查与持续监管相结合、企业承诺与社会监督相结合，从产品和服务以及数据处理活动安全性、可能带来的国家安全风险等方面进行审查。

第四条 在中央网络安全和信息化委员会领导下，国家互联网信息办公室会同中华人民共和国国家发展和改革委员会、中华人民共和国工业和信息化部、中华人民共和国公安部、中华人民共和国国家安全部、中华人民共和国财政部、中华人民共和国商务部、中国人民银行、国家市场监督管理总局、国家广播电视总局、中国证券监督管理委员会、国家保密局、国家密码管理局建立国家网络安全审查工作机制。

网络安全审查办公室设在国家互联网信息办公室，负责制定网络安全审查相关制度规范，组织网络安全审查。

第五条 关键信息基础设施运营者采购网络产品和服务的，应当预判该产品和服务投入使用后可能带来的国家安全风险。影响或者可能影响国家安全的，应当向网络安全审查办公室申报网络安全审查。

关键信息基础设施安全保护工作部门可以制定本行业、本领域预判指南。

第六条 对于申报网络安全审查的采购活动，关键信息基础设施运营者应当通过采购文件、协议等要求产品和服务提供者配合网络安全审查，包括承诺不利用提供产品和服务的便利条件非法获取用户数据、非法控制和操纵用户设备，无正当理由不中断产品供应或者必要的技术支持服务等。

第七条 掌握超过100万用户个人信息的网络平台运营者赴国外上市，必须向网络安全审查办公室申报网络安全审查。

第八条 当事人申报网络安全审查，应当提交以下材料：

（一）申报书；

（二）关于影响或者可能影响国家安全的分析报告；

（三）采购文件、协议、拟签订的合同或者拟提交的首次公开募股（IPO）等上市申请文件；

（四）网络安全审查工作需要的其他材料。

第九条 网络安全审查办公室应当自收到符合本办法第八条规定的审查申报材料起10个工作日内，确定是否需要审查并书面通知当事人。

第十条 网络安全审查重点评估相关对象或者情形的以下国家安全风险因素：

（一）产品和服务使用后带来的关键信息基础设施被非法控制、遭受干扰或者破坏的风险；

（二）产品和服务供应中断对关键信息基础设施业务连续性的危害；

（三）产品和服务的安全性、开放性、透明性、来源的多样性，供应渠道的可靠性以及因为政治、外交、贸易等因素导致供应中断的风险；

（四）产品和服务提供者遵守中国法律、行政法规、部门规章情况；

（五）核心数据、重要数据或者大量个人信息被窃取、泄露、毁损以及非法利用、非法出境的风险；

（六）上市存在关键信息基础设施、核心数据、重要数据或者大量个人信息被外国政府影响、控制、恶意利用的风险，以及网络信息安全风险；

（七）其他可能危害关键信息基础设施安全、网络安全和数据安全的因素。

第十一条 网络安全审查办公室认为需要开展网络安全审查的，应当自向当事人发出书面通知之日起30个工作日内完成初步审查，包括形成审查结论建议和将审查结论建议发送网络安全审查工作机制成员单位、相关部门征求意见；

情况复杂的，可以延长15个工作日。

第十二条 网络安全审查工作机制成员单位和相关部门应当自收到审查结论建议之日起15个工作日内书面回复意见。

网络安全审查工作机制成员单位、相关部门意见一致的，网络安全审查办公室以书面形式将审查结论通知当事人；意见不一致的，按照特别审查程序处理，并通知当事人。

第十三条 按照特别审查程序处理的，网络安全审查办公室应当听取相关单位和部门意见，进行深入分析评估，再次形成审查结论建议，并征求网络安全审查工作机制成员单位和相关部门意见，按程序报中央网络安全和信息化委员会批准后，形成审查结论并书面通知当事人。

第十四条 特别审查程序一般应当在90个工作日内完成，情况复杂的可以延长。

第十五条 网络安全审查办公室要求提供补充材料的，当事人、产品和服务提供者应当予以配合。提交补充材料的时间不计入审查时间。

第十六条 网络安全审查工作机制成员单位认为影响或者可能影响国家安全的网络产品和服务以及数据处理活动，由网络安全审查办公室按程序报中央网络安全和信息化委员会批准后，依照本办法的规定进行审查。

为了防范风险，当事人应当在审查期间按照网络安全审查要求采取预防和消减风险的措施。

第十七条 参与网络安全审查的相关机构和人员应当严格保护知识产权，对在审查工作中知悉的商业秘密、个人信息，当事人、产品和服务提供者提交的未公开材料，以及其他未公开信息承担保密义务；未经信息提供方同意，不得向无关方披露或者用于审查以外的目的。

第十八条 当事人或者网络产品和服务提供者认为审查人员有失客观公正，或者未能对审查工作中知悉的信息承担保密义务的，可以向网络安全审查办公室或者有关部门举报。

第十九条 当事人应当督促产品和服务提供者履行网络安全审查中作出的承诺。

网络安全审查办公室通过接受举报等形式加强事前事中事后监督。

第二十条 当事人违反本办法规定的，依照《中华人民共和国网络安全法》、《中华人民共和国数据安全法》的规定处理。

第二十一条 本办法所称网络产品和服务主要指核心网络设备、重要通信产品、高性能计算机和服务器、大容量存储设备、大型数据库和应用软件、网络安全设备、云计算服务，以及其他对关键信息基础设施安全、网络安全和数据安全有重要影响的网络产品和服务。

第二十二条 涉及国家秘密信息的，依照国家有关保密规定执行。

国家对数据安全审查、外商投资安全审查另有规定的，应当同时符合其规定。

第二十三条 本办法自2022年2月15日起施行。2020年4月13日公布的《网络安全审查办法》（国家互联网信息办公室、国家发展和改革委员会、工业和信息化部、公安部、国家安全部、财政部、商务部、中国人民银行、国家市场监督管理总局、国家广播电视总局、国家保密局、国家密码管理局令第6号）同时废止。

公共互联网网络安全威胁监测与处置办法

1. 2017年8月9日工业和信息化部印发

2. 工信部网安〔2017〕202号

第一条 为加强和规范公共互联网网络安全威胁监测与处置工作，消除安全隐患，制止攻击行为，避免危害发生，降低安全风险，维护网络秩序和公共利益，保护公民、法人和其他组织的合法权益，根据《中华人民共和国网络安全法》《全国人民代表大会常务委员会关于加强网络信息保护的决定》《中华人民共和国电信条例》等有关法律法规和工业和信息化部职责，制定本办法。

第二条 本办法所称公共互联网网络安全威胁是指公共互联网上存在或传播的、可能或已经对公众造成危害的网络资源、恶意程序、安全隐患或安全事件，包括：

（一）被用于实施网络攻击的恶意IP地址、恶意域名、恶意URL、恶意电子信息，包括木马和僵尸网络控制端，钓鱼网站，钓鱼电子邮件、短信/彩信、即时通信等；

（二）被用于实施网络攻击的恶意程序，包括木马、病毒、僵尸程序、移动恶意程序等；

（三）网络服务和产品中存在的安全隐患，包括硬件漏洞、代码漏洞、业务逻辑漏洞、弱口令、后门等；

（四）网络服务和产品已被非法入侵、非法控制的网络安全事件，包括主机受控、数据泄露、网页篡改等；

（五）其他威胁网络安全或存在安全隐患的情形。

第三条 工业和信息化部负责组织开展全国公共互联网网络安全威胁监测与处置工作。各省、自治区、直辖市通信管理局负责组织开展本行政区域内公共互联网网络安全威胁监测与处置工作。工业和信息化部和各省、自治区、直辖市通信管理局以下统称为电信主管部门。

第四条 网络安全威胁监测与处置工作坚持及时发现、科学认定、有效处置的原则。

第五条 相关专业机构、基础电信企业、网络安全企业、互联网企业、域名注册管理和服务机构等应当加强网络安全威胁监测与处置工作，明确责任部门、责任人和联系人，加强相关技术手段建设，不断提高网络安全威胁监测与处置的及时性、准确性和有效性。

第六条 相关专业机构、基础电信企业、网络安全企业、互联网企业、域名注册管理和服务机构等监测发现网络安全威胁后，属于本单位自身问题的，应当立即进行处置，涉及其他主体的，应当及时将有关信息按照规定的内容要素和格式提交至工业和信息化部和相关省、自治区、直辖市通信管理局。

工业和信息化部建立网络安全威胁信息共享平台，统一汇集、存储、分析、通报、发布网络安全威胁信息；制定相关接口规范，与相关单位网络安全监测平台实现对接。国家计算机网络应急技术处理协调中心负责平台建设和运行维护工作。

第七条 电信主管部门委托国家计算机网络应急技术处理协调中心、中国信息通信研究院等专业机构对相关单位提交的网络安全威胁信息进行认定，并提出处置建议。认定工作应当坚持科学严谨、公平公正、及时高效的原则。电信主管部门对参与认定工作的专业机构和人员加强管理与培训。

第八条 电信主管部门对专业机构的认定和处置意见进行审查后，可以对网络安全威胁采取以下一项或多项处置措施：

（一）通知基础电信企业、互联网企业、域名注册管理和服务机构等，由其对恶意IP地址（或宽带接入账号）、恶意域名、恶意URL、恶意电子邮件账号或恶意手机号码等，采取停止服务或屏蔽等措施。

（二）通知网络服务提供者，由其清除本单位网络、系统或网站中存在的可能传播扩散的恶意程序。

（三）通知存在漏洞、后门或已经被非法入侵、控制、篡改的网络服务和产品的提供者，由其采取整改措施，消除安全隐患；对涉及党政机关和关键信息基础设施的，同时通报其上级主管单位和网信部门。

（四）其他可以消除、制止或控制网络安全威胁的技术措施。

电信主管部门的处置通知应当通过书面或可验证来源的电子方式等形式送达相关单位，紧急情况下，可先电话通知，后补书面通知。

第九条 基础电信企业、互联网企业、域名注册管理和服务机构等应当为电信主管部门依法查询 IP 地址归属、域名注册等信息提供技术支持和协助，并按照电信主管部门的通知和时限要求采取相应处置措施，反馈处置结果。负责网络安全威胁认定的专业机构应当对相关处置情况进行验证。

第十条 相关组织或个人对按照本办法第八条第（一）款采取的处置措施不服的，有权在 10 个工作日内向做出处置决定的电信主管部门进行申诉。相关电信主管部门接到申诉后应当及时组织核查，并在 30 个工作日内予以答复。

第十一条 鼓励相关单位以行业自律或技术合作、技术服务等形式开展网络安全威胁监测与处置工作，并对处置行为负责，监测与处置结果应当及时报送电信主管部门。

第十二条 基础电信企业、互联网企业、域名注册管理和服务机构等未按照电信主管部门通知要求采取网络安全威胁处置措施的，由电信主管部门依据《中华人民共和国网络安全法》第五十六条、第五十九条、第六十条、第六十八条等规定进行约谈或给予警告、罚款等行政处罚。

第十三条 造成或可能造成严重社会危害或影响的公共互联网网络安全突发事件的监测与处置工作，按照国家和电信主管部门有关应急预案执行。

第十四条 各省、自治区、直辖市通信管理局可参照本办法制定本行政区域网络安全威胁监测与处置办法实施细则。

第十五条 本办法自 2018 年 1 月 1 日起实施。2009 年 4 月 13 日印发的《木马和僵尸网络监测与处置机制》和 2011 年 12 月 9 日印发的《移动互联网恶意程序监测与处置机制》同时废止。

公共互联网网络安全突发事件应急预案

1．2017 年 11 月 14 日工业和信息化部印发

2．工信部网安〔2017〕281 号

1．总则

1.1 编制目的

1.2 编制依据
1.3 适用范围
1.4 工作原则
2. 组织体系
2.1 领导机构与职责
2.2 办事机构与职责
2.3 其他相关单位职责
3. 事件分级
3.1 特别重大事件
3.2 重大事件
3.3 较大事件
3.4 一般事件
4. 监测预警
4.1 事件监测
4.2 预警监测
4.3 预警分级
4.4 预警发布
4.5 预警响应
4.6 预警解除
5. 应急处置
5.1 响应分级
5.2 先行处置
5.3 启动响应
5.4 事态跟踪
5.5 决策部署
5.6 结束响应
6. 事后总结
6.1 调查评估
6.2 奖惩问责
7. 预防与应急准备
7.1 预防保护
7.2 应急演练
7.3 宣传培训

7.4 手段建设
7.5 工具配备
8. 保障措施
8.1 落实责任
8.2 经费保障
8.3 队伍建设
8.4 社会力量
8.5 国际合作
9. 附则
9.1 预案管理
9.2 预案解释
9.3 预案实施时间

1. 总　　则

1.1 编制目的

建立健全公共互联网网络安全突发事件应急组织体系和工作机制，提高公共互联网网络安全突发事件综合应对能力，确保及时有效地控制、减轻和消除公共互联网网络安全突发事件造成的社会危害和损失，保证公共互联网持续稳定运行和数据安全，维护国家网络空间安全，保障经济运行和社会秩序。

1.2 编制依据

《中华人民共和国突发事件应对法》《中华人民共和国网络安全法》《中华人民共和国电信条例》等法律法规和《国家突发公共事件总体应急预案》《国家网络安全事件应急预案》等相关规定。

1.3 适用范围

本预案适用于面向社会提供服务的基础电信企业、域名注册管理和服务机构（以下简称域名机构）、互联网企业（含工业互联网平台企业）发生网络安全突发事件的应对工作。

本预案所称网络安全突发事件，是指突然发生的，由网络攻击、网络入侵、恶意程序等导致的，造成或可能造成严重社会危害或影响，需要电信主管部门组织采取应急处置措施予以应对的网络中断（拥塞）、系统瘫痪（异常）、数据泄露（丢失）、病毒传播等事件。

本预案所称电信主管部门包括工业和信息化部及各省（自治区、直辖市）通信管理局。

工业和信息化部对国家重大活动期间网络安全突发事件应对工作另有规定

的，从其规定。

1.4 工作原则

公共互联网网络安全突发事件应急工作坚持统一领导、分级负责；坚持统一指挥、密切协同、快速反应、科学处置；坚持预防为主，预防与应急相结合；落实基础电信企业、域名机构、互联网服务提供者的主体责任；充分发挥网络安全专业机构、网络安全企业和专家学者等各方面力量的作用。

2. 组织体系

2.1 领导机构与职责

在中央网信办统筹协调下，工业和信息化部网络安全和信息化领导小组（以下简称部领导小组）统一领导公共互联网网络安全突发事件应急管理工作，负责特别重大公共互联网网络安全突发事件的统一指挥和协调。

2.2 办事机构与职责

在中央网信办下设的国家网络安全应急办公室统筹协调下，在部领导小组统一领导下，工业和信息化部网络安全应急办公室（以下简称部应急办）负责公共互联网网络安全应急管理事务性工作；及时向部领导小组报告突发事件情况，提出特别重大网络安全突发事件应对措施建议；负责重大网络安全突发事件的统一指挥和协调；根据需要协调较大、一般网络安全突发事件应对工作。

部应急办具体工作由工业和信息化部网络安全管理局承担，有关单位明确负责人和联络员参与部应急办工作。

2.3 其他相关单位职责

各省（自治区、直辖市）通信管理局负责组织、指挥、协调本行政区域相关单位开展公共互联网网络安全突发事件的预防、监测、报告和应急处置工作。

基础电信企业、域名机构、互联网企业负责本单位网络安全突发事件预防、监测、报告和应急处置工作，为其他单位的网络安全突发事件应对提供技术支持。

国家计算机网络应急技术处理协调中心、中国信息通信研究院、中国软件评测中心、国家工业信息安全发展研究中心（以下统称网络安全专业机构）负责监测、报告公共互联网网络安全突发事件和预警信息，为应急工作提供决策支持和技术支撑。

鼓励网络安全企业支撑参与公共互联网网络安全突发事件应对工作。

3. 事件分级

根据社会影响范围和危害程度，公共互联网网络安全突发事件分为四级：

特别重大事件、重大事件、较大事件、一般事件。

3.1 特别重大事件

符合下列情形之一的，为特别重大网络安全事件：

（1）全国范围大量互联网用户无法正常上网；

（2）.CN 国家顶级域名系统解析效率大幅下降；

（3）1 亿以上互联网用户信息泄露；

（4）网络病毒在全国范围大面积爆发；

（5）其他造成或可能造成特别重大危害或影响的网络安全事件。

3.2 重大事件

符合下列情形之一的，为重大网络安全事件：

（1）多个省大量互联网用户无法正常上网；

（2）在全国范围有影响力的网站或平台访问出现严重异常；

（3）大型域名解析系统访问出现严重异常；

（4）1 千万以上互联网用户信息泄露；

（5）网络病毒在多个省范围内大面积爆发；

（6）其他造成或可能造成重大危害或影响的网络安全事件。

3.3 较大事件

符合下列情形之一的，为较大网络安全事件：

（1）1 个省内大量互联网用户无法正常上网；

（2）在省内有影响力的网站或平台访问出现严重异常；

（3）1 百万以上互联网用户信息泄露；

（4）网络病毒在 1 个省范围内大面积爆发；

（5）其他造成或可能造成较大危害或影响的网络安全事件。

3.4 一般事件

符合下列情形之一的，为一般网络安全事件：

（1）1 个地市大量互联网用户无法正常上网；

（2）10 万以上互联网用户信息泄露；

（3）其他造成或可能造成一般危害或影响的网络安全事件。

4. 监测预警

4.1 事件监测

基础电信企业、域名机构、互联网企业应当对本单位网络和系统的运行状况进行密切监测，一旦发生本预案规定的网络安全突发事件，应当立即通过电话等方式向部应急办和相关省（自治区、直辖市）通信管理局报告，不得迟报、谎报、瞒报、漏报。

网络安全专业机构、网络安全企业应当通过多种途径监测、收集已经发生的公共互联网网络安全突发事件信息，并及时向部应急办和相关省（自治区、直辖市）通信管理局报告。

报告突发事件信息时，应当说明事件发生时间、初步判定的影响范围和危害、已采取的应急处置措施和有关建议。

4.2 预警监测

基础电信企业、域名机构、互联网企业、网络安全专业机构、网络安全企业应当通过多种途径监测、收集漏洞、病毒、网络攻击最新动向等网络安全隐患和预警信息，对发生突发事件的可能性及其可能造成的影响进行分析评估；认为可能发生特别重大或重大突发事件的，应当立即向部应急办报告；认为可能发生较大或一般突发事件的，应当立即向相关省（自治区、直辖市）通信管理局报告。

4.3 预警分级

建立公共互联网网络突发事件预警制度，按照紧急程度、发展态势和可能造成的危害程度，公共互联网网络突发事件预警等级分为四级：由高到低依次用红色、橙色、黄色和蓝色标示，分别对应可能发生特别重大、重大、较大和一般网络安全突发事件。

4.4 预警发布

部应急办和各省（自治区、直辖市）通信管理局应当及时汇总分析突发事件隐患和预警信息，必要时组织相关单位、专业技术人员、专家学者进行会商研判。

认为需要发布红色预警的，由部应急办报国家网络安全应急办公室统一发布（或转发国家网络安全应急办公室发布的红色预警），并报部领导小组；认为需要发布橙色预警的，由部应急办统一发布，并报国家网络安全应急办公室和部领导小组；认为需要发布黄色、蓝色预警的，相关省（自治区、直辖市）通信管理局可在本行政区域内发布，并报部应急办，同时通报地方相关部门。对达不到预警级别但又需要发布警示信息的，部应急办和各省（自治区、直辖市）通信管理局可以发布风险提示信息。

发布预警信息时，应当包括预警级别、起始时间、可能的影响范围和造成的危害、应采取的防范措施、时限要求和发布机关等，并公布咨询电话。面向社会发布预警信息可通过网站、短信、微信等多种形式。

4.5 预警响应

4.5.1 黄色、蓝色预警响应

发布黄色、蓝色预警后，相关省（自治区、直辖市）通信管理局应当针对即将发生的网络安全突发事件的特点和可能造成的危害，采取下列措施：

（1）要求有关单位、机构和人员及时收集、报告有关信息，加强网络安全风险的监测；

（2）组织有关单位、机构和人员加强事态跟踪分析评估，密切关注事态发展，重要情况报部应急办；

（3）及时宣传避免、减轻危害的措施，公布咨询电话，并对相关信息的报道工作进行正确引导。

4.5.2 红色、橙色预警响应

发布红色、橙色预警后，部应急办除采取黄色、蓝色预警响应措施外，还应当针对即将发生的网络安全突发事件的特点和可能造成的危害，采取下列措施：

（1）要求各相关单位实行24小时值班，相关人员保持通信联络畅通；

（2）组织研究制定防范措施和应急工作方案，协调调度各方资源，做好各项准备工作，重要情况报部领导小组；

（3）组织有关单位加强对重要网络、系统的网络安全防护；

（4）要求相关网络安全专业机构、网络安全企业进入待命状态，针对预警信息研究制定应对方案，检查应急设备、软件工具等，确保处于良好状态。

4.6 预警解除

部应急办和省（自治区、直辖市）通信管理局发布预警后，应当根据事态发展，适时调整预警级别并按照权限重新发布；经研判不可能发生突发事件或风险已经解除的，应当及时宣布解除预警，并解除已经采取的有关措施。相关省（自治区、直辖市）通信管理局解除黄色、蓝色预警后，应及时向部应急办报告。

5. 应急处置

5.1 响应分级

公共互联网网络安全突发事件应急响应分为四级：Ⅰ级、Ⅱ级、Ⅲ级、Ⅳ级，分别对应已经发生的特别重大、重大、较大、一般事件的应急响应。

5.2 先行处置

公共互联网网络安全突发事件发生后，事发单位在按照本预案规定立即向电信主管部门报告的同时，应当立即启动本单位应急预案，组织本单位应急队伍和工作人员采取应急处置措施，尽最大努力恢复网络和系统运行，尽可能减少对用户和社会的影响，同时注意保存网络攻击、网络入侵或网络病毒的证据。

5.3　启动响应

Ⅰ级响应根据国家有关决定或经部领导小组批准后启动，由部领导小组统一指挥、协调。

Ⅱ级响应由部应急办决定启动，由部应急办统一指挥、协调。

Ⅲ级、Ⅳ级响应由相关省（自治区、直辖市）通信管理局决定启动，并负责指挥、协调。

启动Ⅰ级、Ⅱ级响应后，部应急办立即将突发事件情况向国家网络安全应急办公室等报告；部应急办和相关单位进入应急状态，实行24小时值班，相关人员保持联络畅通，相关单位派员参加部应急办工作；视情在部应急办设立应急恢复、攻击溯源、影响评估、信息发布、跨部门协调、国际协调等工作组。

启动Ⅲ级、Ⅳ级响应后，相关省（自治区、直辖市）通信管理局应及时将相关情况报部应急办。

5.4　事态跟踪

启动Ⅰ级、Ⅱ级响应后，事发单位和网络安全专业机构、网络安全企业应当持续加强监测，跟踪事态发展，检查影响范围，密切关注舆情，及时将事态发展变化、处置进展情况、相关舆情报部应急办。省（自治区、直辖市）通信管理局立即全面了解本行政区域受影响情况，并及时报部应急办。基础电信企业、域名机构、互联网企业立即了解自身网络和系统受影响情况，并及时报部应急办。

启动Ⅲ级、Ⅳ级响应后，相关省（自治区、直辖市）通信管理局组织相关单位加强事态跟踪研判。

5.5　决策部署

启动Ⅰ级、Ⅱ级响应后，部领导小组或部应急办紧急召开会议，听取各相关方面情况汇报，研究紧急应对措施，对应急处置工作进行决策部署。

针对突发事件的类型、特点和原因，要求相关单位采取以下措施：带宽紧急扩容、控制攻击源、过滤攻击流量、修补漏洞、查杀病毒、关闭端口、启用备份数据、暂时关闭相关系统等；对大规模用户信息泄露事件，要求事发单位及时告知受影响的用户，并告知用户减轻危害的措施；防止发生次生、衍生事件的必要措施；其他可以控制和减轻危害的措施。

做好信息报送。及时向国家网络安全应急办公室等报告突发事件处置进展情况；视情况由部应急办向相关职能部门、相关行业主管部门通报突发事件有关情况，必要时向相关部门请求提供支援。视情况向外国政府部门通报有关情况并请求协助。

注重信息发布。及时向社会公众通告突发事件情况，宣传避免或减轻危害的措施，公布咨询电话，引导社会舆论。未经部应急办同意，各相关单位不得擅自向社会发布突发事件相关信息。

启动Ⅲ级、Ⅳ级响应后，相关省（自治区、直辖市）通信管理局组织相关单位开展处置工作。处置中需要其他区域提供配合和支持的，接受请求的省（自治区、直辖市）通信管理局应当在权限范围内积极配合并提供必要的支持；必要时可报请部应急办予以协调。

5.6 结束响应

突发事件的影响和危害得到控制或消除后，Ⅰ级响应根据国家有关决定或经部领导小组批准后结束；Ⅱ级响应由部应急办决定结束，并报部领导小组；Ⅲ级、Ⅳ级响应由相关省（自治区、直辖市）通信管理局决定结束，并报部应急办。

6. 事后总结

6.1 调查评估

公共互联网网络安全突发事件应急响应结束后，事发单位要及时调查突发事件的起因（包括直接原因和间接原因）、经过、责任，评估突发事件造成的影响和损失，总结突发事件防范和应急处置工作的经验教训，提出处理意见和改进措施，在应急响应结束后10个工作日内形成总结报告，报电信主管部门。电信主管部门汇总并研究后，在应急响应结束后20个工作日内形成报告，按程序上报。

6.2 奖惩问责

工业和信息化部对网络安全突发事件应对工作中作出突出贡献的先进集体和个人给予表彰或奖励。

对不按照规定制定应急预案和组织开展演练，迟报、谎报、瞒报和漏报突发事件重要情况，或在预防、预警和应急工作中有其他失职、渎职行为的单位或个人，由电信主管部门给予约谈、通报或依法、依规给予问责或处分。基础电信企业有关情况纳入企业年度网络与信息安全责任考核。

7. 预防与应急准备

7.1 预防保护

基础电信企业、域名机构、互联网企业应当根据有关法律法规和国家、行业标准的规定，建立健全网络安全管理制度，采取网络安全防护技术措施，建设网络安全技术手段，定期进行网络安全检查和风险评估，及时消除隐患和风险。电信主管部门依法开展网络安全监督检查，指导督促相关单位消除安全隐患。

7.2 应急演练

电信主管部门应当组织开展公共互联网网络安全突发事件应急演练，提高相关单位网络安全突发事件应对能力。基础电信企业、大型互联网企业、域名机构要积极参与电信主管部门组织的应急演练，并应每年组织开展一次本单位网络安全应急演练，应急演练情况要向电信主管部门报告。

7.3 宣传培训

电信主管部门、网络安全专业机构组织开展网络安全应急相关法律法规、应急预案和基本知识的宣传教育和培训，提高相关企业和社会公众的网络安全意识和防护、应急能力。基础电信企业、域名机构、互联网企业要面向本单位员工加强网络安全应急宣传教育和培训。鼓励开展各种形式的网络安全竞赛。

7.4 手段建设

工业和信息化部规划建设统一的公共互联网网络安全应急指挥平台，汇集、存储、分析有关突发事件的信息，开展应急指挥调度。指导基础电信企业、大型互联网企业、域名机构和网络安全专业机构等单位规划建设本单位突发事件信息系统，并与工业和信息化部应急指挥平台实现互联互通。

7.5 工具配备

基础电信企业、域名机构、互联网企业和网络安全专业机构应加强对木马查杀、漏洞检测、网络扫描、渗透测试等网络安全应急装备、工具的储备，及时调整、升级软件硬件工具。鼓励研制开发相关技术装备和工具。

8. 保障措施

8.1 落实责任

各省（自治区、直辖市）通信管理局、基础电信企业、域名机构、互联网企业、网络安全专业机构要落实网络安全应急工作责任制，把责任落实到单位领导、具体部门、具体岗位和个人，建立健全本单位网络安全应急工作体制机制。

8.2 经费保障

工业和信息化部为部应急办、各省（自治区、直辖市）通信管理局、网络安全专业机构开展公共互联网网络安全突发事件应对工作提供必要的经费保障。基础电信企业、域名机构、大型互联网企业应当安排专项资金，支持本单位网络安全应急队伍建设、手段建设、应急演练、应急培训等工作开展。

8.3 队伍建设

网络安全专业机构要加强网络安全应急技术支撑队伍建设，不断提升网络安全突发事件预防保护、监测预警、应急处置、攻击溯源等能力。基础电信企业、域名机构、大型互联网企业要建立专门的网络安全应急队伍，提升本单位网络安全应急能力。支持网络安全企业提升应急支撑能力，促进网络安全应急产业发展。

8.4 社会力量

建立工业和信息化部网络安全应急专家组，充分发挥专家在应急处置工作中的作用。从网络安全专业机构、相关企业、科研院所、高等学校中选拔网络安全技术人才，形成网络安全技术人才库。

8.5 国际合作

工业和信息化部根据职责建立国际合作渠道，签订国际合作协议，必要时通过国际合作应对公共互联网网络安全突发事件。鼓励网络安全专业机构、基础电信企业、域名机构、互联网企业、网络安全企业开展网络安全国际交流与合作。

9. 附　　则

9.1 预案管理

本预案原则上每年评估一次，根据实际情况由工业和信息化部适时进行修订。

各省（自治区、直辖市）通信管理局要根据本预案，结合实际制定或修订本行政区域公共互联网网络安全突发事件应急预案，并报工业和信息化部备案。

基础电信企业、域名机构、互联网企业要制定本单位公共互联网网络安全突发事件应急预案。基础电信企业、域名机构、大型互联网企业的应急预案要向电信主管部门备案。

9.2 预案解释

本预案由工业和信息化部网络安全管理局负责解释。

9.3 预案实施时间

本预案自印发之日起实施。2009 年 9 月 29 日印发的《公共互联网网络安全应急预案》同时废止。

反网络病毒自律公约

2009年7月7日中国互联网协会发布

第一章 总 则

第一条 为防范、治理网络病毒，打击制造、销售、传播恶意软件工具的地下黑客产业链，构筑良好互联网环境，维护广大互联网用户利益，制定本公约。

第二条 本公约所称的网络病毒，是指利用计算机漏洞通过网络进行传播，消耗系统资源或网络带宽，以对被感染计算机进行控制或窃取、篡改、破坏被感染计算机用户信息和数据为目的，具有隐蔽性和非授权性特点的一组计算机指令或者程序代码。

第三条 所有认同并愿意遵守本公约的互联网运营机构（包括基础电信运营商、域名注册管理和服务机构、IDC等）、互联网服务机构（包括门户网站、搜索引擎服务商、网络游戏服务商、网络应用软件提供商、电子商务服务商等内容和应用服务提供商）、网络安全机构（包括网络安全产品提供商和服务提供商、网络安全研究机构等）、依托互联网开展业务的重要应用系统运行部门（如证券公司、银行等金融机构，水电能源公司等社会基础设施）等相关单位以及广大互联网用户构成反网络病毒自律联盟，履行公约约定的责任和义务，享有公约赋予的权利。

第四条 中国互联网协会网络信息安全工作委员会作为本公约的执行机构，负责本公约的组织实施。

第二章 自 律 内 容

第五条 严格遵守电信条例、信息安全保护条例等国家相关法律法规之规定，自觉接受政府监管和社会监督。

第六条 加强自律，积极抵制网络病毒的制造、传播和使用，构筑良好的互联网环境，维护互联网网络安全，促进互联网行业发展。

第七条 互联网运营机构和互联网服务机构应积极完善有关互联网服务的合同、协议等相关文件，在条款中明确用户在使用互联网及互联网业务过程中应承担的网络安全责任和义务。

第八条 互联网运营机构应积极抵制网络病毒的传播、使用等不良行为，拒绝为上述行为提供网络接入服务；一旦发现本单位签约客户从事上述不良活动，应立即通知用户停止相关活动或根据国家有关法律、法规、行政命令或服务合同采取抵制措施。

第九条 互联网服务机构应确保自有产品和服务安全可靠，积极抵制网络病毒制造、销售、传播，黑客技术培训等相关交易和交流活动，拒绝为上述活动提供信息发布、软件下载和内容链接等服务；一旦发现本单位签约客户从事上述不良活动，应立即通知用户停止相关活动或根据国家有关法律、法规、行政命令或客户服务合同采取抵制措施。

第十条 搜索引擎服务提供商（包括网络资源搜索及下载服务提供商）应在搜索结果中主动警示或屏蔽联盟确认的、传播网络病毒的恶意网站信息，以抵制网络病毒，维护用户利益。

第十一条 鼓励网络安全服务和研究机构自主创新、研发反网络病毒的新技术、新手段，为用户提供防护网络病毒的手段、工具，以及反网络病毒和网络安全防护的技术支持、信息咨询等服务。

第十二条 联盟成员应积极收集和发布网络病毒信息，及时举报其他成员违反本公约的行为；公约执行机构负责收集成员所发布的网络病毒信息，形成权威网络病毒信息库，以供成员查询和使用。

第十三条 针对联盟成员或社会举报的网络病毒和其它网络安全信息，被举报成员单位应积极核实，并采取有效的处置措施。

第十四条 联盟成员应积极配合政府部门开展针对网络病毒制造、销售、传播、使用相关的黑色产业链的打击行动。

第十五条 联盟成员应积极组织、参与反网络病毒和网络安全防护宣传教育活动，并面向公众提供反网络病毒和网络安全防护的技术支持、信息咨询等服务。

第十六条 联盟成员应加强相互间的交流与合作，增强反网络病毒的能力。

第十七条 联盟成员应积极参与反网络病毒相关的国际交流与合作，抵制跨境的网络病毒制造、传播、交易等不良活动。

第三章 公约的执行

第十八条 凡签署本公约的单位或个人应认真履行本公约约定的各项义务，违反本公约并造成不良影响的，由本公约的组织实施机构视情况给予内部警示、社会公示等处罚。

第十九条 反网络病毒联盟负责向成员单位及时传递政府有关法律、法规和政策信息，并代表行业向政府有关部门反映成员单位的意愿和要求，维护成员单位的合法权益，对成员单位遵守本公约的情况进行督促检查，并将结果向成员单位通报，向社会公众公布。

第二十条 本公约签署单位之间发生争议时，争议方应本着互谅互让、维护行业团结和整体利益的原则，争取以协商的方式解决争议，也可以请本公约执行机构进行调解。本公约执行机构有义务按照要求尽快组织相关调查，并将调查结果通报各相关单位。

第二十一条 本公约所有成员单位均有权对公约执行机构执行本公约的合法性和公正性进行监督，有权向执行机构的主管部门检举公约执行机构或其工作人员违反本公约的行为。

第二十二条 本公约执行机构及成员单位在实施和履行本公约的过程中必须遵守国家有关法律、法规。

第四章 附 则

第二十三条 本公约经公约发起单位法定代表人或其委托的代表签字后生效，并在生效后的30日内由反网络病毒联盟向社会公布。

第二十四条 凡接受本公约的单位和个人，均可以申请加入本公约。本公约成员也可以退出本公约，并通知公约执行机构。公约执行机构定期公布加入和退出本公约的成员名单。

第二十五条 本公约生效期间，经公约执行机构或本公约三分之一以上成员单位提议，并经三分之二以上成员单位同意，可以对本公约进行修改。

第二十六条 本公约由中国互联网协会网络信息安全工作委员会负责解释。

第二十七条 本公约自公布之日起施行。

十一、民族、宗教领域安全

全国人民代表大会常务委员会
关于取缔邪教组织、防范和惩治邪教活动的决定

1999年10月30日第九届全国人民代表大会常务委员会第十二次会议通过

为了维护社会稳定，保护人民利益，保障改革开放和社会主义现代化建设的顺利进行，必须取缔邪教组织、防范和惩治邪教活动。根据宪法和有关法律，特作如下决定：

一、坚决依法取缔邪教组织，严厉惩治邪教组织的各种犯罪活动。邪教组织冒用宗教、气功或者其他名义，采用各种手段扰乱社会秩序，危害人民群众生命财产安全和经济发展，必须依法取缔，坚决惩治。人民法院、人民检察院和公安、国家安全、司法行政机关要各司其职，共同做好这项工作。对组织和利用邪教组织破坏国家法律、行政法规实施，聚众闹事，扰乱社会秩序，以迷信邪说蒙骗他人，致人死亡，或者奸淫妇女、诈骗财物等犯罪活动，依法予以严惩。

二、坚持教育与惩罚相结合，团结、教育绝大多数被蒙骗的群众，依法严惩极少数犯罪分子。在依法处理邪教组织的工作中，要把不明真相参与邪教活动的人同组织和利用邪教组织进行非法活动、蓄意破坏社会稳定的犯罪分子区别开来。对受蒙骗的群众不予追究。对构成犯罪的组织者、策划者、指挥者和骨干分子，坚决依法追究刑事责任；对于自首或者有立功表现的，可以依法从轻、减轻或者免除处罚。

三、在全体公民中深入持久地开展宪法和法律的宣传教育，普及科学文化知识。依法取缔邪教组织，惩治邪教活动，有利于保护正常的宗教活动和公民的宗教信仰自由。要使广大人民群众充分认识邪教组织严重危害人类、危害社会的实质，自觉反对和抵制邪教组织的影响，进一步增强法制观念，遵守国家法律。

四、防范和惩治邪教活动，要动员和组织全社会的力量，进行综合治理。各级人民政府和司法机关应当认真落实责任制，把严防邪教组织的滋生和蔓延，防范和惩治邪教活动作为一项重要任务长期坚持下去，维护社会稳定。

宗教事务条例

1．2004年11月30日国务院令第426号公布
2．2017年8月26日国务院令第686号修订
3．自2018年2月1日起施行

第一章　总　　则

第一条　为了保障公民宗教信仰自由，维护宗教和睦与社会和谐，规范宗教事务管理，提高宗教工作法治化水平，根据宪法和有关法律，制定本条例。

第二条　公民有宗教信仰自由。

任何组织或者个人不得强制公民信仰宗教或者不信仰宗教，不得歧视信仰宗教的公民（以下称信教公民）或者不信仰宗教的公民（以下称不信教公民）。

信教公民和不信教公民、信仰不同宗教的公民应当相互尊重、和睦相处。

第三条　宗教事务管理坚持保护合法、制止非法、遏制极端、抵御渗透、打击犯罪的原则。

第四条　国家依法保护正常的宗教活动，积极引导宗教与社会主义社会相适应，维护宗教团体、宗教院校、宗教活动场所和信教公民的合法权益。

宗教团体、宗教院校、宗教活动场所和信教公民应当遵守宪法、法律、法规和规章，践行社会主义核心价值观，维护国家统一、民族团结、宗教和睦与社会稳定。

任何组织或者个人不得利用宗教进行危害国家安全、破坏社会秩序、损害公民身体健康、妨碍国家教育制度，以及其他损害国家利益、社会公共利益和公民合法权益等违法活动。

任何组织或者个人不得在不同宗教之间、同一宗教内部以及信教公民与不信教公民之间制造矛盾与冲突，不得宣扬、支持、资助宗教极端主义，不得利用宗教破坏民族团结、分裂国家和进行恐怖活动。

第五条　各宗教坚持独立自主自办的原则，宗教团体、宗教院校、宗教活动场所和宗教事务不受外国势力的支配。

宗教团体、宗教院校、宗教活动场所、宗教教职人员在相互尊重、平等、友好的基础上开展对外交往；其他组织或者个人在对外经济、文化等合作、交流活动中不得接受附加的宗教条件。

第六条 各级人民政府应当加强宗教工作，建立健全宗教工作机制，保障工作力量和必要的工作条件。

县级以上人民政府宗教事务部门依法对涉及国家利益和社会公共利益的宗教事务进行行政管理，县级以上人民政府其他有关部门在各自职责范围内依法负责有关的行政管理工作。

乡级人民政府应当做好本行政区域的宗教事务管理工作。村民委员会、居民委员会应当依法协助人民政府管理宗教事务。

各级人民政府应当听取宗教团体、宗教院校、宗教活动场所和信教公民的意见，协调宗教事务管理工作，为宗教团体、宗教院校和宗教活动场所提供公共服务。

第二章 宗教团体

第七条 宗教团体的成立、变更和注销，应当依照国家社会团体管理的有关规定办理登记。

宗教团体章程应当符合国家社会团体管理的有关规定。

宗教团体按照章程开展活动，受法律保护。

第八条 宗教团体具有下列职能：

（一）协助人民政府贯彻落实法律、法规、规章和政策，维护信教公民的合法权益；

（二）指导宗教教务，制定规章制度并督促落实；

（三）从事宗教文化研究，阐释宗教教义教规，开展宗教思想建设；

（四）开展宗教教育培训，培养宗教教职人员，认定、管理宗教教职人员；

（五）法律、法规、规章和宗教团体章程规定的其他职能。

第九条 全国性宗教团体和省、自治区、直辖市宗教团体可以根据本宗教的需要按照规定选派和接收宗教留学人员，其他任何组织或者个人不得选派和接收宗教留学人员。

第十条 宗教院校、宗教活动场所和宗教教职人员应当遵守宗教团体制定的规章制度。

第三章 宗教院校

第十一条 宗教院校由全国性宗教团体或者省、自治区、直辖市宗教团体设立。其他任何组织或者个人不得设立宗教院校。

第十二条 设立宗教院校，应当由全国性宗教团体向国务院宗教事务部门提出申请，或者由省、自治区、直辖市宗教团体向拟设立的宗教院校所在地的省、自治区、直辖市人民政府宗教事务部门提出申请。省、自治区、直辖市人民政府宗教事务部门应当自收到申请之日起30日内提出意见，报国务院宗教事务部门审批。

国务院宗教事务部门应当自收到全国性宗教团体的申请或者省、自治区、直辖市人民政府宗教事务部门报送的材料之日起60日内，作出批准或者不予批准的决定。

第十三条 设立宗教院校，应当具备下列条件：

（一）有明确的培养目标、办学章程和课程设置计划；

（二）有符合培养条件的生源；

（三）有必要的办学资金和稳定的经费来源；

（四）有教学任务和办学规模所必需的教学场所、设施设备；

（五）有专职的院校负责人、合格的专职教师和内部管理组织；

（六）布局合理。

第十四条 经批准设立的宗教院校，可以按照有关规定申请法人登记。

第十五条 宗教院校变更校址、校名、隶属关系、培养目标、学制、办学规模等以及合并、分设和终止，应当按照本条例第十二条规定的程序办理。

第十六条 宗教院校实行特定的教师资格认定、职称评审聘任和学生学位授予制度，具体办法由国务院宗教事务部门另行制定。

第十七条 宗教院校聘用外籍专业人员，应当经国务院宗教事务部门同意后，到所在地外国人工作管理部门办理相关手续。

第十八条 宗教团体和寺院、宫观、清真寺、教堂（以下称寺观教堂）开展培养宗教教职人员、学习时间在3个月以上的宗教教育培训，应当报设区的市级以上地方人民政府宗教事务部门审批。

第四章 宗教活动场所

第十九条 宗教活动场所包括寺观教堂和其他固定宗教活动处所。

寺观教堂和其他固定宗教活动处所的区分标准由省、自治区、直辖市人民政府宗教事务部门制定，报国务院宗教事务部门备案。

第二十条 设立宗教活动场所，应当具备下列条件：

（一）设立宗旨不违背本条例第四条、第五条的规定；

（二）当地信教公民有经常进行集体宗教活动的需要；

（三）有拟主持宗教活动的宗教教职人员或者符合本宗教规定的其他人员；

（四）有必要的资金，资金来源渠道合法；

（五）布局合理，符合城乡规划要求，不妨碍周围单位和居民的正常生产、生活。

第二十一条 筹备设立宗教活动场所，由宗教团体向拟设立的宗教活动场所所在地的县级人民政府宗教事务部门提出申请。县级人民政府宗教事务部门应当自收到申请之日起30日内提出审核意见，报设区的市级人民政府宗教事务部门。

设区的市级人民政府宗教事务部门应当自收到县级人民政府宗教事务部门报送的材料之日起30日内，对申请设立其他固定宗教活动处所的，作出批准或者不予批准的决定；对申请设立寺观教堂的，提出审核意见，报省、自治区、直辖市人民政府宗教事务部门审批。

省、自治区、直辖市人民政府宗教事务部门应当自收到设区的市级人民政府宗教事务部门报送的材料之日起30日内，作出批准或者不予批准的决定。

宗教活动场所的设立申请获批准后，方可办理该宗教活动场所的筹建事项。

第二十二条 宗教活动场所经批准筹备并建设完工后，应当向所在地的县级人民政府宗教事务部门申请登记。县级人民政府宗教事务部门应当自收到申请之日起30日内对该宗教活动场所的管理组织、规章制度建设等情况进行审核，对符合条件的予以登记，发给《宗教活动场所登记证》。

第二十三条 宗教活动场所符合法人条件的，经所在地宗教团体同意，并报县级人民政府宗教事务部门审查同意后，可以到民政部门办理法人登记。

第二十四条 宗教活动场所终止或者变更登记内容的，应当到原登记管理机关办理相应的注销或者变更登记手续。

第二十五条 宗教活动场所应当成立管理组织，实行民主管理。宗教活动场所管理组织的成员，经民主协商推选，并报该场所的登记管理机关备案。

第二十六条 宗教活动场所应当加强内部管理，依照有关法律、法规、规章的规定，建立健全人员、财务、资产、会计、治安、消防、文物保护、卫生防疫等管理制度，接受当地人民政府有关部门的指导、监督、检查。

第二十七条 宗教事务部门应当对宗教活动场所遵守法律、法规、规章情况，建立和执行场所管理制度情况，登记项目变更情况，以及宗教活动和涉外活动情况进行监督检查。宗教活动场所应当接受宗教事务部门的监督检查。

第二十八条 宗教活动场所内可以经销宗教用品、宗教艺术品和宗教出版物。

第二十九条 宗教活动场所应当防范本场所内发生重大事故或者发生违犯宗教禁忌等伤害信教公民宗教感情、破坏民族团结、影响社会稳定的事件。

发生前款所列事故或者事件时，宗教活动场所应当立即报告所在地的县级人民政府宗教事务部门。

第三十条 宗教团体、寺观教堂拟在寺观教堂内修建大型露天宗教造像，应当由省、自治区、直辖市宗教团体向省、自治区、直辖市人民政府宗教事务部门提出申请。省、自治区、直辖市人民政府宗教事务部门应当自收到申请之日起30日内提出意见，报国务院宗教事务部门审批。

国务院宗教事务部门应当自收到修建大型露天宗教造像报告之日起60日内，作出批准或者不予批准的决定。

宗教团体、寺观教堂以外的组织以及个人不得修建大型露天宗教造像。

禁止在寺观教堂外修建大型露天宗教造像。

第三十一条 有关单位和个人在宗教活动场所内设立商业服务网点、举办陈列展览、拍摄电影电视片和开展其他活动，应当事先征得该宗教活动场所同意。

第三十二条 地方各级人民政府应当根据实际需要，将宗教活动场所建设纳入土地利用总体规划和城乡规划。

宗教活动场所、大型露天宗教造像的建设应当符合土地利用总体规划、城乡规划和工程建设、文物保护等有关法律、法规。

第三十三条 在宗教活动场所内改建或者新建建筑物，应当经所在地县级以上地方人民政府宗教事务部门批准后，依法办理规划、建设等手续。

宗教活动场所扩建、异地重建的，应当按照本条例第二十一条规定的程序办理。

第三十四条 景区内有宗教活动场所的，其所在地的县级以上地方人民政府应当协调、处理宗教活动场所与景区管理组织及园林、林业、文物、旅游等方面的利益关系，维护宗教活动场所、宗教教职人员和信教公民的合法权益，保护正常的宗教活动。

以宗教活动场所为主要游览内容的景区的规划建设，应当与宗教活动场所的风格、环境相协调。

第三十五条 信教公民有进行经常性集体宗教活动需要，尚不具备条件申请设立宗教活动场所的，由信教公民代表向县级人民政府宗教事务部门提出申请，县级人民政府宗教事务部门征求所在地宗教团体和乡级人民政府意见后，可以为其指定临时活动地点。

在县级人民政府宗教事务部门指导下，所在地乡级人民政府对临时活动地点的活动进行监管。具备设立宗教活动场所条件后，办理宗教活动场所设立审批和登记手续。

临时活动地点的宗教活动应当符合本条例的相关规定。

第五章 宗教教职人员

第三十六条 宗教教职人员经宗教团体认定，报县级以上人民政府宗教事务部门备案，可以从事宗教教务活动。

藏传佛教活佛传承继位，在佛教团体的指导下，依照宗教仪轨和历史定制办理，报省级以上人民政府宗教事务部门或者省级以上人民政府批准。天主教的主教由天主教的全国性宗教团体报国务院宗教事务部门备案。

未取得或者已丧失宗教教职人员资格的，不得以宗教教职人员的身份从事活动。

第三十七条 宗教教职人员担任或者离任宗教活动场所主要教职，经本宗教的宗教团体同意后，报县级以上人民政府宗教事务部门备案。

第三十八条 宗教教职人员主持宗教活动、举行宗教仪式、从事宗教典籍整理、进行宗教文化研究、开展公益慈善等活动，受法律保护。

第三十九条 宗教教职人员依法参加社会保障并享有相关权利。宗教团体、宗教院校、宗教活动场所应当按照规定为宗教教职人员办理社会保险登记。

第六章 宗教活动

第四十条 信教公民的集体宗教活动，一般应当在宗教活动场所内举行，由宗教活动场所、宗教团体或者宗教院校组织，由宗教教职人员或者符合本宗教规定的其他人员主持，按照教义教规进行。

第四十一条 非宗教团体、非宗教院校、非宗教活动场所、非指定的临时活动地点不得组织、举行宗教活动，不得接受宗教性的捐赠。

非宗教团体、非宗教院校、非宗教活动场所不得开展宗教教育培训，不得组织公民出境参加宗教方面的培训、会议、活动等。

第四十二条 跨省、自治区、直辖市举行超过宗教活动场所容纳规模的大型宗教活动，或者在宗教活动场所外举行大型宗教活动，应当由主办的宗教团体、寺观教堂在拟举行日的30日前，向大型宗教活动举办地的设区的市级人民政府宗教事务部门提出申请。设区的市级人民政府宗教事务部门应当自受理之日起15日内，在征求本级人民政府公安机关意见后，作出批准或者不予批准的决定。作出批准决定的，由批准机关向省级人民政府宗教事务部门备案。

大型宗教活动应当按照批准通知书载明的要求依宗教仪轨进行，不得违反本条例第四条、第五条的有关规定。主办的宗教团体、寺观教堂应当采取有效措施防止意外事故的发生，保证大型宗教活动安全、有序进行。大型宗教活动举办地的乡级人民政府和县级以上地方人民政府有关部门应当依据各自职责实施必要的管理和指导。

第四十三条 信仰伊斯兰教的中国公民前往国外朝觐，由伊斯兰教全国性宗教团体负责组织。

第四十四条 禁止在宗教院校以外的学校及其他教育机构传教、举行宗教活动、成立宗教组织、设立宗教活动场所。

第四十五条 宗教团体、宗教院校和寺观教堂按照国家有关规定可以编印、发送宗教内部资料性出版物。出版公开发行的宗教出版物，按照国家出版管理的规定办理。

涉及宗教内容的出版物，应当符合国家出版管理的规定，并不得含有下列内容：

（一）破坏信教公民与不信教公民和睦相处的；

（二）破坏不同宗教之间和睦以及宗教内部和睦的；

（三）歧视、侮辱信教公民或者不信教公民的；

（四）宣扬宗教极端主义的；

（五）违背宗教的独立自主自办原则的。

第四十六条 超出个人自用、合理数量的宗教类出版物及印刷品进境，或者以其他方式进口宗教类出版物及印刷品，应当按照国家有关规定办理。

第四十七条 从事互联网宗教信息服务，应当经省级以上人民政府宗教事务部门审核同意后，按照国家互联网信息服务管理有关规定办理。

第四十八条 互联网宗教信息服务的内容应当符合有关法律、法规、规章和宗教事务管理的相关规定。

互联网宗教信息服务的内容，不得违反本条例第四十五条第二款的规定。

第七章 宗教财产

第四十九条 宗教团体、宗教院校、宗教活动场所对依法占有的属于国家、集体所有的财产，依照法律和国家有关规定管理和使用；对其他合法财产，依法享有所有权或者其他财产权利。

第五十条 宗教团体、宗教院校、宗教活动场所合法使用的土地，合法所有或者使用的房屋、构筑物、设施，以及其他合法财产、收益，受法律保护。

任何组织或者个人不得侵占、哄抢、私分、损毁或者非法查封、扣押、冻结、没收、处分宗教团体、宗教院校、宗教活动场所的合法财产，不得损毁宗教团体、宗教院校、宗教活动场所占有、使用的文物。

第五十一条 宗教团体、宗教院校、宗教活动场所所有的房屋和使用的土地等不动产，应当依法向县级以上地方人民政府不动产登记机构申请不动产登记，领取不动产权证书；产权变更、转移的，应当及时办理变更、转移登记。

涉及宗教团体、宗教院校、宗教活动场所土地使用权变更或者转移时，不动产登记机构应当征求本级人民政府宗教事务部门的意见。

第五十二条 宗教团体、宗教院校、宗教活动场所是非营利性组织，其财产和收入应当用于与其宗旨相符的活动以及公益慈善事业，不得用于分配。

第五十三条 任何组织或者个人捐资修建宗教活动场所，不享有该宗教活动场所的所有权、使用权，不得从该宗教活动场所获得经济收益。

禁止投资、承包经营宗教活动场所或者大型露天宗教造像，禁止以宗教名义进行商业宣传。

第五十四条 宗教活动场所用于宗教活动的房屋、构筑物及其附属的宗教教职人员生活用房不得转让、抵押或者作为实物投资。

第五十五条 为了公共利益需要，征收宗教团体、宗教院校或者宗教活动场所房屋的，应当按照国家房屋征收的有关规定执行。宗教团体、宗教院校或者宗教活动场所可以选择货币补偿，也可以选择房屋产权调换或者重建。

第五十六条 宗教团体、宗教院校、宗教活动场所、宗教教职人员可以依法兴办公益慈善事业。

任何组织或者个人不得利用公益慈善活动传教。

第五十七条 宗教团体、宗教院校、宗教活动场所可以按照国家有关规定接受境内外组织和个人的捐赠，用于与其宗旨相符的活动。

宗教团体、宗教院校、宗教活动场所不得接受境外组织和个人附带条件的捐赠，接受捐赠金额超过 10 万元的，应当报县级以上人民政府宗教事务部门审批。

宗教团体、宗教院校、宗教活动场所可以按照宗教习惯接受公民的捐赠，但不得强迫或者摊派。

第五十八条 宗教团体、宗教院校、宗教活动场所应当执行国家统一的财务、资产、会计制度，向所在地的县级以上人民政府宗教事务部门报告财务状况、收支情况和接受、使用捐赠情况，接受其监督管理，并以适当方式向信教公民公布。宗教事务部门应当与有关部门共享相关管理信息。

宗教团体、宗教院校、宗教活动场所应当按照国家有关财务、会计制度，建立健全会计核算、财务报告、财务公开等制度，建立健全财务管理机构，配备必要的财务会计人员，加强财务管理。

政府有关部门可以组织对宗教团体、宗教院校、宗教活动场所进行财务、资产检查和审计。

第五十九条 宗教团体、宗教院校、宗教活动场所应当依法办理税务登记。

宗教团体、宗教院校、宗教活动场所和宗教教职人员应当依法办理纳税申报，按照国家有关规定享受税收优惠。

税务部门应当依法对宗教团体、宗教院校、宗教活动场所和宗教教职人员实施税收管理。

第六十条 宗教团体、宗教院校、宗教活动场所注销或者终止的，应当进行财产清算，清算后的剩余财产应当用于与其宗旨相符的事业。

第八章 法律责任

第六十一条 国家工作人员在宗教事务管理工作中滥用职权、玩忽职守、徇私舞弊，应当给予处分的，依法给予处分；构成犯罪的，依法追究刑事责任。

第六十二条 强制公民信仰宗教或者不信仰宗教，或者干扰宗教团体、宗教院校、宗教活动场所正常的宗教活动的，由宗教事务部门责令改正；有违反治安管理行为的，依法给予治安管理处罚。

侵犯宗教团体、宗教院校、宗教活动场所和信教公民合法权益的，依法承担民事责任；构成犯罪的，依法追究刑事责任。

第六十三条 宣扬、支持、资助宗教极端主义，或者利用宗教进行危害国家安全、公共安全，破坏民族团结、分裂国家和恐怖活动，侵犯公民人身权利、民主权利，妨害社会管理秩序，侵犯公私财产等违法活动，构成犯罪的，依法追究刑事责任；尚不构成犯罪的，由有关部门依法给予行政处罚；对公民、法人或者其他组织造成损失的，依法承担民事责任。

宗教团体、宗教院校或者宗教活动场所有前款行为，情节严重的，有关部门应当采取必要的措施对其进行整顿，拒不接受整顿的，由登记管理机关或者批准设立机关依法吊销其登记证书或者设立许可。

第六十四条 大型宗教活动过程中发生危害国家安全、公共安全或者严重破坏社会秩序情况的，由有关部门依照法律、法规进行处置和处罚；主办的宗教团体、寺观教堂负有责任的，由登记管理机关责令其撤换主要负责人，情节严重的，由登记管理机关吊销其登记证书。

擅自举行大型宗教活动的，由宗教事务部门会同有关部门责令停止活动，可以并处10万元以上30万元以下的罚款；有违法所得、非法财物的，没收违法所得和非法财物。其中，大型宗教活动是宗教团体、宗教活动场所擅自举办的，登记管理机关还可以责令该宗教团体、宗教活动场所撤换直接负责的主管人员。

第六十五条 宗教团体、宗教院校、宗教活动场所有下列行为之一的，由宗教事务部门责令改正；情节较重的，由登记管理机关或者批准设立机关责令该宗教团体、宗教院校、宗教活动场所撤换直接负责的主管人员；情节严重的，由登记管理机关或者批准设立机关责令停止日常活动，改组管理组织，限期整改，拒不整改的，依法吊销其登记证书或者设立许可；有违法所得、非法财物的，予以没收：

（一）未按规定办理变更登记或者备案手续的；

（二）宗教院校违反培养目标、办学章程和课程设置要求的；

（三）宗教活动场所违反本条例第二十六条规定，未建立有关管理制度或者管理制度不符合要求的；

（四）宗教活动场所违反本条例第五十四条规定，将用于宗教活动的房屋、构筑物及其附属的宗教教职人员生活用房转让、抵押或者作为实物投资的；

（五）宗教活动场所内发生重大事故、重大事件未及时报告，造成严重后果的；

（六）违反本条例第五条规定，违背宗教的独立自主自办原则的；

（七）违反国家有关规定接受境内外捐赠的；

（八）拒不接受行政管理机关依法实施的监督管理的。

第六十六条 临时活动地点的活动违反本条例相关规定的，由宗教事务部门责令改正；情节严重的，责令停止活动，撤销该临时活动地点；有违法所得、非法财物的，予以没收。

第六十七条 宗教团体、宗教院校、宗教活动场所违反国家有关财务、会计、资产、税收管理规定的，由财政、税务等部门依据相关规定进行处罚；情节严重的，经财政、税务部门提出，由登记管理机关或者批准设立机关吊销其登记证书或者设立许可。

第六十八条 涉及宗教内容的出版物或者互联网宗教信息服务有本条例第四十五条第二款禁止内容的，由有关部门对相关责任单位及人员依法给予行政处罚；构成犯罪的，依法追究刑事责任。

擅自从事互联网宗教信息服务或者超出批准或备案项目提供服务的，由有关部门根据相关法律、法规处理。

第六十九条 擅自设立宗教活动场所的，宗教活动场所已被撤销登记或者吊销登记证书仍然进行宗教活动的，或者擅自设立宗教院校的，由宗教事务部门会同有关部门予以取缔，有违法所得、非法财物的，没收违法所得和非法财物，违法所得无法确定的，处5万元以下的罚款；有违法房屋、构筑物的，由规划、建设等部门依法处理；有违反治安管理行为的，依法给予治安管理处罚。

非宗教团体、非宗教院校、非宗教活动场所、非指定的临时活动地点组织、举行宗教活动，接受宗教性捐赠的，由宗教事务部门会同公安、民政、建设、教育、文化、旅游、文物等有关部门责令停止活动；有违法所得、非法财物的，没收违法所得和非法财物，可以并处违法所得1倍以上3倍以下的罚款；违法所得无法确定的，处5万元以下的罚款；构成犯罪的，依法追究刑事责任。

第七十条 擅自组织公民出境参加宗教方面的培训、会议、朝觐等活动的，或者擅自开展宗教教育培训的，由宗教事务部门会同有关部门责令停止活动，可以并处2万元以上20万元以下的罚款；有违法所得的，没收违法所得；构成犯罪的，依法追究刑事责任。

在宗教院校以外的学校及其他教育机构传教、举行宗教活动、成立宗教组织、设立宗教活动场所的，由其审批机关或者其他有关部门责令限期改正并予以警告；有违法所得的，没收违法所得；情节严重的，责令停止招生、吊销办学许可；构成犯罪的，依法追究刑事责任。

第七十一条 为违法宗教活动提供条件的，由宗教事务部门给予警告，有违法所得、非法财物的，没收违法所得和非法财物，情节严重的，并处2万元以上20万元以下的罚款；有违法房屋、构筑物的，由规划、建设等部门依法处理；有违反治安管理行为的，依法给予治安管理处罚。

第七十二条 违反本条例规定修建大型露天宗教造像的，由宗教事务部门会同国土、规划、建设、旅游等部门责令停止施工，限期拆除，有违法所得的，没收违法所得；情节严重的，并处造像建设工程造价百分之五以上百分之十以下的罚款。

投资、承包经营宗教活动场所或者大型露天宗教造像的，由宗教事务部门会同工商、规划、建设等部门责令改正，并没收违法所得；情节严重的，由登记管理机关吊销该宗教活动场所的登记证书，并依法追究相关人员的责任。

第七十三条 宗教教职人员有下列行为之一的，由宗教事务部门给予警告，没收违法所得和非法财物；情节严重的，由宗教事务部门建议有关宗教团体、宗教院校或者宗教活动场所暂停其主持教务活动或者取消其宗教教职人员身份，并追究有关宗教团体、宗教院校或者宗教活动场所负责人的责任；有违反治安管理行为的，依法给予治安管理处罚；构成犯罪的，依法追究刑事责任：

（一）宣扬、支持、资助宗教极端主义，破坏民族团结、分裂国家和进行恐怖活动或者参与相关活动的；

（二）受境外势力支配，擅自接受境外宗教团体或者机构委任教职，以及其他违背宗教的独立自主自办原则的；

（三）违反国家有关规定接受境内外捐赠的；

（四）组织、主持未经批准的在宗教活动场所外举行的宗教活动的；

（五）其他违反法律、法规、规章的行为。

第七十四条 假冒宗教教职人员进行宗教活动或者骗取钱财等违法活动的，由宗教事务部门责令停止活动；有违法所得、非法财物的，没收违法所得和非法财物，并处1万元以下的罚款；有违反治安管理行为的，依法给予治安管理处罚；构成犯罪的，依法追究刑事责任。

第七十五条 对宗教事务部门的行政行为不服的，可以依法申请行政复议；对行政复议决定不服的，可以依法提起行政诉讼。

第九章 附 则

第七十六条 内地与香港特别行政区、澳门特别行政区和台湾地区进行宗教交往，按照法律、行政法规和国家有关规定办理。

第七十七条 本条例自2018年2月1日起施行。

十二、防范和处置恐怖主义、极端主义

中华人民共和国反恐怖主义法

1. 2015年12月27日第十二届全国人民代表大会常务委员会第十八次会议通过
2. 根据2018年4月27日第十三届全国人民代表大会常务委员会第二次会议《关于修改〈中华人民共和国国境卫生检疫法〉等六部法律的决定》修正

目　　录

第一章　总　　则
第二章　恐怖活动组织和人员的认定
第三章　安全防范
第四章　情报信息
第五章　调　　查
第六章　应对处置
第七章　国际合作
第八章　保障措施
第九章　法律责任
第十章　附　　则

第一章　总　　则

第一条　**【立法目的】**为了防范和惩治恐怖活动，加强反恐怖主义工作，维护国家安全、公共安全和人民生命财产安全，根据宪法，制定本法。

第二条　**【国家反对恐怖主义】**国家反对一切形式的恐怖主义，依法取缔恐怖活动组织，对任何组织、策划、准备实施、实施恐怖活动，宣扬恐怖主义，煽动实施恐怖活动，组织、领导、参加恐怖活动组织，为恐怖活动提供帮助的，依法追究法律责任。

国家不向任何恐怖活动组织和人员作出妥协，不向任何恐怖活动人员提供庇护或者给予难民地位。

第三条　**【定义】**本法所称恐怖主义，是指通过暴力、破坏、恐吓等手段，制造社会恐慌、危害公共安全、侵犯人身财产，或者胁迫国家机关、国际组织，以实现其政治、意识形态等目的的主张和行为。

本法所称恐怖活动，是指恐怖主义性质的下列行为：

（一）组织、策划、准备实施、实施造成或者意图造成人员伤亡、重大财产损失、公共设施损坏、社会秩序混乱等严重社会危害的活动的；

（二）宣扬恐怖主义，煽动实施恐怖活动，或者非法持有宣扬恐怖主义的物品，强制他人在公共场所穿戴宣扬恐怖主义的服饰、标志的；

（三）组织、领导、参加恐怖活动组织的；

（四）为恐怖活动组织、恐怖活动人员、实施恐怖活动或者恐怖活动培训提供信息、资金、物资、劳务、技术、场所等支持、协助、便利的；

（五）其他恐怖活动。

本法所称恐怖活动组织，是指三人以上为实施恐怖活动而组成的犯罪组织。

本法所称恐怖活动人员，是指实施恐怖活动的人和恐怖活动组织的成员。

本法所称恐怖事件，是指正在发生或者已经发生的造成或者可能造成重大社会危害的恐怖活动。

第四条　【国家开展反恐工作和反对极端主义思想】国家将反恐怖主义纳入国家安全战略，综合施策，标本兼治，加强反恐怖主义的能力建设，运用政治、经济、法律、文化、教育、外交、军事等手段，开展反恐怖主义工作。

国家反对一切形式的以歪曲宗教教义或者其他方法煽动仇恨、煽动歧视、鼓吹暴力等极端主义，消除恐怖主义的思想基础。

第五条　【反恐怖主义工作的原则】反恐怖主义工作坚持专门工作与群众路线相结合，防范为主、惩防结合和先发制敌、保持主动的原则。

第六条　【依法原则、尊重公民宗教信仰和民族习俗原则】反恐怖主义工作应当依法进行，尊重和保障人权，维护公民和组织的合法权益。

在反恐怖主义工作中，应当尊重公民的宗教信仰自由和民族风俗习惯，禁止任何基于地域、民族、宗教等理由的歧视性做法。

第七条　【反恐怖主义工作领导机构】国家设立反恐怖主义工作领导机构，统一领导和指挥全国反恐怖主义工作。

设区的市级以上地方人民政府设立反恐怖主义工作领导机构，县级人民政府根据需要设立反恐怖主义工作领导机构，在上级反恐怖主义工作领导机构的领导和指挥下，负责本地区反恐怖主义工作。

第八条　【反恐怖主义工作实施主体】公安机关、国家安全机关和人民检察院、人民法院、司法行政机关以及其他有关国家机关，应当根据分工，实行工作责任制，依法做好反恐怖主义工作。

中国人民解放军、中国人民武装警察部队和民兵组织依照本法和其他有关法律、行政法规、军事法规以及国务院、中央军事委员会的命令，并根据反恐怖主义工作领导机构的部署，防范和处置恐怖活动。

有关部门应当建立联动配合机制，依靠、动员村民委员会、居民委员会、企业事业单位、社会组织，共同开展反恐怖主义工作。

第九条　【协助配合和报告义务】任何单位和个人都有协助、配合有关部门开展反恐怖主义工作的义务，发现恐怖活动嫌疑或者恐怖活动嫌疑人员的，应当及时向公安机关或者有关部门报告。

第十条　【表彰奖励】对举报恐怖活动或者协助防范、制止恐怖活动有突出贡献的单位和个人，以及在反恐怖主义工作中作出其他突出贡献的单位和个人，按照国家有关规定给予表彰、奖励。

第十一条　【实施恐怖活动犯罪的刑事责任】对在中华人民共和国领域外对中华人民共和国国家、公民或者机构实施的恐怖活动犯罪，或者实施的中华人民共和国缔结、参加的国际条约所规定的恐怖活动犯罪，中华人民共和国行使刑事管辖权，依法追究刑事责任。

第二章　恐怖活动组织和人员的认定

第十二条　【认定机构】国家反恐怖主义工作领导机构根据本法第三条的规定，认定恐怖活动组织和人员，由国家反恐怖主义工作领导机构的办事机构予以公告。

第十三条　【申请认定】国务院公安部门、国家安全部门、外交部门和省级反恐怖主义工作领导机构对于需要认定恐怖活动组织和人员的，应当向国家反恐怖主义工作领导机构提出申请。

第十四条　【资产冻结】金融机构和特定非金融机构对国家反恐怖主义工作领导机构的办事机构公告的恐怖活动组织和人员的资金或者其他资产，应当立即予以冻结，并按照规定及时向国务院公安部门、国家安全部门和反洗钱行政主管部门报告。

第十五条　【复核】被认定的恐怖活动组织和人员对认定不服的，可以通过国家反恐怖主义工作领导机构的办事机构申请复核。国家反恐怖主义工作领导机构应当及时进行复核，作出维持或者撤销认定的决定。复核决定为最终决定。

国家反恐怖主义工作领导机构作出撤销认定的决定的，由国家反恐怖主义工作领导机构的办事机构予以公告；资金、资产已被冻结的，应当解除冻结。

第十六条　【人民法院的认定】根据刑事诉讼法的规定，有管辖权的中级以上人民法院在审判刑事案件的过程中，可以依法认定恐怖活动组织和人员。对于在判决生效后需要由国家反恐怖主义工作领导机构的办事机构予以公告的，适用本章的有关规定。

第三章　安全防范

第十七条　【宣传教育】各级人民政府和有关部门应当组织开展反恐怖主义宣传教育，提高公民的反恐怖主义意识。

教育、人力资源行政主管部门和学校、有关职业培训机构应当将恐怖活动预防、应急知识纳入教育、教学、培训的内容。

新闻、广播、电视、文化、宗教、互联网等有关单位，应当有针对性地面向社会进行反恐怖主义宣传教育。

村民委员会、居民委员会应当协助人民政府以及有关部门，加强反恐怖主义宣传教育。

第十八条　【电信、互联网服务的技术支持和协助】电信业务经营者、互联网服务提供者应当为公安机关、国家安全机关依法进行防范、调查恐怖活动提供技术接口和解密等技术支持和协助。

第十九条　【对含有恐怖主义、极端主义的网络信息的处理机制】电信业务经营者、互联网服务提供者应当依照法律、行政法规规定，落实网络安全、信息内容监督制度和安全技术防范措施，防止含有恐怖主义、极端主义内容的信息传播；发现含有恐怖主义、极端主义内容的信息的，应当立即停止传输，保存相关记录，删除相关信息，并向公安机关或者有关部门报告。

网信、电信、公安、国家安全等主管部门对含有恐怖主义、极端主义内容的信息，应当按照职责分工，及时责令有关单位停止传输、删除相关信息，或者关闭相关网站、关停相关服务。有关单位应当立即执行，并保存相关记录，协助进行调查。对互联网上跨境传输的含有恐怖主义、极端主义内容的信息，电信主管部门应当采取技术措施，阻断传播。

第二十条　【物流运营单位安全查验制度和登记制度】铁路、公路、水上、航空的货运和邮政、快递等物流运营单位应当实行安全查验制度，对客户身份进行查验，依照规定对运输、寄递物品进行安全检查或者开封验视。对禁止运输、寄递，存在重大安全隐患，或者客户拒绝安全查验的物品，不得运输、寄递。

前款规定的物流运营单位，应当实行运输、寄递客户身份、物品信息登记制度。

第二十一条 **【身份查验】**电信、互联网、金融、住宿、长途客运、机动车租赁等业务经营者、服务提供者，应当对客户身份进行查验。对身份不明或者拒绝身份查验的，不得提供服务。

第二十二条 **【对危险物品标识、监控、监督和管制】**生产和进口单位应当依照规定对枪支等武器、弹药、管制器具、危险化学品、民用爆炸物品、核与放射物品作出电子追踪标识，对民用爆炸物品添加安检示踪标识物。

运输单位应当依照规定对运营中的危险化学品、民用爆炸物品、核与放射物品的运输工具通过定位系统实行监控。

有关单位应当依照规定对传染病病原体等物质实行严格的监督管理，严密防范传染病病原体等物质扩散或者流入非法渠道。

对管制器具、危险化学品、民用爆炸物品，国务院有关主管部门或者省级人民政府根据需要，在特定区域、特定时间，可以决定对生产、进出口、运输、销售、使用、报废实施管制，可以禁止使用现金、实物进行交易或者对交易活动作出其他限制。

第二十三条 **【危险物品发生流失情形的处理】**发生枪支等武器、弹药、危险化学品、民用爆炸物品、核与放射物品、传染病病原体等物质被盗、被抢、丢失或者其他流失的情形，案发单位应当立即采取必要的控制措施，并立即向公安机关报告，同时依照规定向有关主管部门报告。公安机关接到报告后，应当及时开展调查。有关主管部门应当配合公安机关开展工作。

任何单位和个人不得非法制作、生产、储存、运输、进出口、销售、提供、购买、使用、持有、报废、销毁前款规定的物品。公安机关发现的，应当予以扣押；其他主管部门发现的，应当予以扣押，并立即通报公安机关；其他单位、个人发现的，应当立即向公安机关报告。

第二十四条 **【国务院反洗钱主管部门等监督管理义务】**国务院反洗钱行政主管部门、国务院有关部门、机构依法对金融机构和特定非金融机构履行反恐怖主义融资义务的情况进行监督管理。

国务院反洗钱行政主管部门发现涉嫌恐怖主义融资的，可以依法进行调查，采取临时冻结措施。

第二十五条 **【审计、财政、税务等部门对涉嫌恐怖主义融资的通报】**审计、财政、税务等部门在依照法律、行政法规的规定对有关单位实施监督检查的过程中，发现资金流入流出涉嫌恐怖主义融资的，应当及时通报公安机关。

第二十六条　【海关对涉嫌恐怖主义融资的通报】海关在对进出境人员携带现金和无记名有价证券实施监管的过程中，发现涉嫌恐怖主义融资的，应当立即通报国务院反洗钱行政主管部门和有管辖权的公安机关。

第二十七条　【城乡规划应当符合反恐怖主义工作的需要】地方各级人民政府制定、组织实施城乡规划，应当符合反恐怖主义工作的需要。

地方各级人民政府应当根据需要，组织、督促有关建设单位在主要道路、交通枢纽、城市公共区域的重点部位，配备、安装公共安全视频图像信息系统等防范恐怖袭击的技防、物防设备、设施。

第二十八条　【对极端主义防范】公安机关和有关部门对宣扬极端主义，利用极端主义危害公共安全、扰乱公共秩序、侵犯人身财产、妨害社会管理的，应当及时予以制止，依法追究法律责任。

公安机关发现极端主义活动的，应当责令立即停止，将有关人员强行带离现场并登记身份信息，对有关物品、资料予以收缴，对非法活动场所予以查封。

任何单位和个人发现宣扬极端主义的物品、资料、信息的，应当立即向公安机关报告。

第二十九条　【对尚不构成犯罪人员的帮教和对服刑罪犯的管理、教育、矫正】对被教唆、胁迫、引诱参与恐怖活动、极端主义活动，或者参与恐怖活动、极端主义活动情节轻微，尚不构成犯罪的人员，公安机关应当组织有关部门、村民委员会、居民委员会、所在单位、就读学校、家庭和监护人对其进行帮教。

监狱、看守所、社区矫正机构应当加强对服刑的恐怖活动罪犯和极端主义罪犯的管理、教育、矫正等工作。监狱、看守所对恐怖活动罪犯和极端主义罪犯，根据教育改造和维护监管秩序的需要，可以与普通刑事罪犯混合关押，也可以个别关押。

第三十条　【社会危险性评估和安置教育】对恐怖活动罪犯和极端主义罪犯被判处徒刑以上刑罚的，监狱、看守所应当在刑满释放前根据其犯罪性质、情节和社会危害程度，服刑期间的表现，释放后对所居住社区的影响等进行社会危险性评估。进行社会危险性评估，应当听取有关基层组织和原办案机关的意见。经评估具有社会危险性的，监狱、看守所应当向罪犯服刑地的中级人民法院提出安置教育建议，并将建议书副本抄送同级人民检察院。

罪犯服刑地的中级人民法院对于确有社会危险性的，应当在罪犯刑满释放前作出责令其在刑满释放后接受安置教育的决定。决定书副本应当抄送同级人民检察院。被决定安置教育的人员对决定不服的，可以向上一级人民法院申请复议。

安置教育由省级人民政府组织实施。安置教育机构应当每年对被安置教育人员进行评估，对于确有悔改表现，不致再危害社会的，应当及时提出解除安置教育的意见，报决定安置教育的中级人民法院作出决定。被安置教育人员有权申请解除安置教育。

人民检察院对安置教育的决定和执行实行监督。

第三十一条 **【确定防范恐怖袭击的重点目标】**公安机关应当会同有关部门，将遭受恐怖袭击的可能性较大以及遭受恐怖袭击可能造成重大的人身伤亡、财产损失或者社会影响的单位、场所、活动、设施等确定为防范恐怖袭击的重点目标，报本级反恐怖主义工作领导机构备案。

第三十二条 **【重点目标管理单位的职责】**重点目标的管理单位应当履行下列职责：

（一）制定防范和应对处置恐怖活动的预案、措施，定期进行培训和演练；

（二）建立反恐怖主义工作专项经费保障制度，配备、更新防范和处置设备、设施；

（三）指定相关机构或者落实责任人员，明确岗位职责；

（四）实行风险评估，实时监测安全威胁，完善内部安全管理；

（五）定期向公安机关和有关部门报告防范措施落实情况。

重点目标的管理单位应当根据城乡规划、相关标准和实际需要，对重点目标同步设计、同步建设、同步运行符合本法第二十七条规定的技防、物防设备、设施。

重点目标的管理单位应当建立公共安全视频图像信息系统值班监看、信息保存使用、运行维护等管理制度，保障相关系统正常运行。采集的视频图像信息保存期限不得少于九十日。

对重点目标以外的涉及公共安全的其他单位、场所、活动、设施，其主管部门和管理单位应当依照法律、行政法规规定，建立健全安全管理制度，落实安全责任。

第三十三条 **【安全背景检查】**重点目标的管理单位应当对重要岗位人员进行安全背景审查。对有不适合情形的人员，应当调整工作岗位，并将有关情况通报公安机关。

第三十四条 **【大型活动承办单位以及重点目标管理单位的检查和报告】**大型

活动承办单位以及重点目标的管理单位应当依照规定，对进入大型活动场所、机场、火车站、码头、城市轨道交通站、公路长途客运站、口岸等重点目标的人员、物品和交通工具进行安全检查。发现违禁品和管制物品，应当予以扣留并立即向公安机关报告；发现涉嫌违法犯罪人员，应当立即向公安机关报告。

第三十五条　【公共交通运输工具营运单位的安全检查和保卫工作】对航空器、列车、船舶、城市轨道车辆、公共电汽车等公共交通运输工具，营运单位应当依照规定配备安保人员和相应设备、设施，加强安全检查和保卫工作。

第三十六条　【公安机关等部门对重点目标的监督管理】公安机关和有关部门应当掌握重点目标的基础信息和重要动态，指导、监督重点目标的管理单位履行防范恐怖袭击的各项职责。

公安机关、中国人民武装警察部队应当依照有关规定对重点目标进行警戒、巡逻、检查。

第三十七条　【飞行管制、民用航空、公安等主管部门的管理和防范】飞行管制、民用航空、公安等主管部门应当按照职责分工，加强空域、航空器和飞行活动管理，严密防范针对航空器或者利用飞行活动实施的恐怖活动。

第三十八条　【国（边）境地段和口岸的设置、巡逻和查验】各级人民政府和军事机关应当在重点国（边）境地段和口岸设置拦阻隔离网、视频图像采集和防越境报警设施。

公安机关和中国人民解放军应当严密组织国（边）境巡逻，依照规定对抵离国（边）境前沿、进出国（边）境管理区和国（边）境通道、口岸的人员、交通运输工具、物品，以及沿海沿边地区的船舶进行查验。

第三十九条　【出入境限制】出入境证件签发机关、出入境边防检查机关对恐怖活动人员和恐怖活动嫌疑人员，有权决定不准其出境入境、不予签发出境入境证件或者宣布其出境入境证件作废。

第四十条　【恐怖活动嫌疑人或涉恐活动物品的扣留】海关、出入境边防检查机关发现恐怖活动嫌疑人员或者涉嫌恐怖活动物品的，应当依法扣留，并立即移送公安机关或者国家安全机关。

第四十一条　【安全风险评估制度】国务院外交、公安、国家安全、发展改革、工业和信息化、商务、旅游等主管部门应当建立境外投资合作、旅游等安全风险评估制度，对中国在境外的公民以及驻外机构、设施、财产加强安全保护，防范和应对恐怖袭击。

第四十二条 **【安全防范制度和应对处置预案】**驻外机构应当建立健全安全防范制度和应对处置预案，加强对有关人员、设施、财产的安全保护。

第四章 情报信息

第四十三条 **【情报信息工作机制】**国家反恐怖主义工作领导机构建立国家反恐怖主义情报中心，实行跨部门、跨地区情报信息工作机制，统筹反恐怖主义情报信息工作。

有关部门应当加强反恐怖主义情报信息搜集工作，对搜集的有关线索、人员、行动类情报信息，应当依照规定及时统一归口报送国家反恐怖主义情报中心。

地方反恐怖主义工作领导机构应当建立跨部门情报信息工作机制，组织开展反恐怖主义情报信息工作，对重要的情报信息，应当及时向上级反恐怖主义工作领导机构报告，对涉及其他地方的紧急情报信息，应当及时通报相关地方。

第四十四条 **【加强基层基础工作】**公安机关、国家安全机关和有关部门应当依靠群众，加强基层基础工作，建立基层情报信息工作力量，提高反恐怖主义情报信息工作能力。

第四十五条 **【技术侦查措施】**公安机关、国家安全机关、军事机关在其职责范围内，因反恐怖主义情报信息工作的需要，根据国家有关规定，经过严格的批准手续，可以采取技术侦察措施。

依照前款规定获取的材料，只能用于反恐怖主义应对处置和对恐怖活动犯罪、极端主义犯罪的侦查、起诉和审判，不得用于其他用途。

第四十六条 **【有关部门及时提供信息】**有关部门对于在本法第三章规定的安全防范工作中获取的信息，应当根据国家反恐怖主义情报中心的要求，及时提供。

第四十七条 **【对情报信息的处理机制】**国家反恐怖主义情报中心、地方反恐怖主义工作领导机构以及公安机关等有关部门应当对有关情报信息进行筛查、研判、核查、监控，认为有发生恐怖事件危险，需要采取相应的安全防范、应对处置措施的，应当及时通报有关部门和单位，并可以根据情况发出预警。有关部门和单位应当根据通报做好安全防范、应对处置工作。

第四十八条 **【保密义务】**反恐怖主义工作领导机构、有关部门和单位、个人应当对履行反恐怖主义工作职责、义务过程中知悉的国家秘密、商业秘密和个人隐私予以保密。

违反规定泄露国家秘密、商业秘密和个人隐私的，依法追究法律责任。

第五章 调 查

第四十九条 **【调查核实义务】**公安机关接到恐怖活动嫌疑的报告或者发现恐怖活动嫌疑，需要调查核实的，应当迅速进行调查。

第五十条 **【调查方式】**公安机关调查恐怖活动嫌疑，可以依照有关法律规定对嫌疑人员进行盘问、检查、传唤，可以提取或者采集肖像、指纹、虹膜图像等人体生物识别信息和血液、尿液、脱落细胞等生物样本，并留存其签名。

公安机关调查恐怖活动嫌疑，可以通知了解有关情况的人员到公安机关或者其他地点接受询问。

第五十一条 **【如实提供义务】**公安机关调查恐怖活动嫌疑，有权向有关单位和个人收集、调取相关信息和材料。有关单位和个人应当如实提供。

第五十二条 **【查询、查封、扣押、冻结措施】**公安机关调查恐怖活动嫌疑，经县级以上公安机关负责人批准，可以查询嫌疑人员的存款、汇款、债券、股票、基金份额等财产，可以采取查封、扣押、冻结措施。查封、扣押、冻结的期限不得超过二个月，情况复杂的，可以经上一级公安机关负责人批准延长一个月。

第五十三条 **【约束措施】**公安机关调查恐怖活动嫌疑，经县级以上公安机关负责人批准，可以根据其危险程度，责令恐怖活动嫌疑人员遵守下列一项或者多项约束措施：

（一）未经公安机关批准不得离开所居住的市、县或者指定的处所；

（二）不得参加大型群众性活动或者从事特定的活动；

（三）未经公安机关批准不得乘坐公共交通工具或者进入特定的场所；

（四）不得与特定的人员会见或者通信；

（五）定期向公安机关报告活动情况；

（六）将护照等出入境证件、身份证件、驾驶证件交公安机关保存。

公安机关可以采取电子监控、不定期检查等方式对其遵守约束措施的情况进行监督。

采取前两款规定的约束措施的期限不得超过三个月。对不需要继续采取约束措施的，应当及时解除。

第五十四条 **【立案侦查】**公安机关经调查，发现犯罪事实或者犯罪嫌疑人的，应当依照刑事诉讼法的规定立案侦查。本章规定的有关期限届满，公安机关未立案侦查的，应当解除有关措施。

第六章 应 对 处 置

第五十五条 **【恐怖事件应对处置预案体系】**国家建立健全恐怖事件应对处置

预案体系。

国家反恐怖主义工作领导机构应当针对恐怖事件的规律、特点和可能造成的社会危害，分级、分类制定国家应对处置预案，具体规定恐怖事件应对处置的组织指挥体系和恐怖事件安全防范、应对处置程序以及事后社会秩序恢复等内容。

有关部门、地方反恐怖主义工作领导机构应当制定相应的应对处置预案。

第五十六条　【指挥长负责制和指挥负责机构】应对处置恐怖事件，各级反恐怖主义工作领导机构应当成立由有关部门参加的指挥机构，实行指挥长负责制。反恐怖主义工作领导机构负责人可以担任指挥长，也可以确定公安机关负责人或者反恐怖主义工作领导机构的其他成员单位负责人担任指挥长。

跨省、自治区、直辖市发生的恐怖事件或者特别重大恐怖事件的应对处置，由国家反恐怖主义工作领导机构负责指挥；在省、自治区、直辖市范围内发生的涉及多个行政区域的恐怖事件或者重大恐怖事件的应对处置，由省级反恐怖主义工作领导机构负责指挥。

第五十七条　【反恐怖主义工作机构处理恐怖事件的机制】恐怖事件发生后，发生地反恐怖主义工作领导机构应当立即启动恐怖事件应对处置预案，确定指挥长。有关部门和中国人民解放军、中国人民武装警察部队、民兵组织，按照反恐怖主义工作领导机构和指挥长的统一领导、指挥，协同开展打击、控制、救援、救护等现场应对处置工作。

上级反恐怖主义工作领导机构可以对应对处置工作进行指导，必要时调动有关反恐怖主义力量进行支援。

需要进入紧急状态的，由全国人民代表大会常务委员会或者国务院依照宪法和其他有关法律规定的权限和程序决定。

第五十八条　【公安机关处理恐怖事件的机制】发现恐怖事件或者疑似恐怖事件后，公安机关应当立即进行处置，并向反恐怖主义工作领导机构报告；中国人民解放军、中国人民武装警察部队发现正在实施恐怖活动的，应当立即予以控制并将案件及时移交公安机关。

反恐怖主义工作领导机构尚未确定指挥长的，由在场处置的公安机关职级最高的人员担任现场指挥员。公安机关未能到达现场的，由在场处置的中国人民解放军或者中国人民武装警察部队职级最高的人员担任现场指挥员。现场应对处置人员无论是否属于同一单位、系统，均应当服从现场指挥员的指挥。

指挥长确定后，现场指挥员应当向其请示、报告工作或者有关情况。

第五十九条 【境外机构、人员、重要设施遭受或者可能遭受恐怖袭击的处理机制】中华人民共和国在境外的机构、人员、重要设施遭受或者可能遭受恐怖袭击的，国务院外交、公安、国家安全、商务、金融、国有资产监督管理、旅游、交通运输等主管部门应当及时启动应对处置预案。国务院外交部门应当协调有关国家采取相应措施。

中华人民共和国在境外的机构、人员、重要设施遭受严重恐怖袭击后，经与有关国家协商同意，国家反恐怖主义工作领导机构可以组织外交、公安、国家安全等部门派出工作人员赴境外开展应对处置工作。

第六十条 【优先保护】应对处置恐怖事件，应当优先保护直接受到恐怖活动危害、威胁人员的人身安全。

第六十一条 【应对处置措施】恐怖事件发生后，负责应对处置的反恐怖主义工作领导机构可以决定由有关部门和单位采取下列一项或者多项应对处置措施：

（一）组织营救和救治受害人员，疏散、撤离并妥善安置受到威胁的人员以及采取其他救助措施；

（二）封锁现场和周边道路，查验现场人员的身份证件，在有关场所附近设置临时警戒线；

（三）在特定区域内实施空域、海（水）域管制，对特定区域内的交通运输工具进行检查；

（四）在特定区域内实施互联网、无线电、通讯管制；

（五）在特定区域内或者针对特定人员实施出境入境管制；

（六）禁止或者限制使用有关设备、设施，关闭或者限制使用有关场所，中止人员密集的活动或者可能导致危害扩大的生产经营活动；

（七）抢修被损坏的交通、电信、互联网、广播电视、供水、排水、供电、供气、供热等公共设施；

（八）组织志愿人员参加反恐怖主义救援工作，要求具有特定专长的人员提供服务；

（九）其他必要的应对处置措施。

采取前款第三项至第五项规定的应对处置措施，由省级以上反恐怖主义工作领导机构决定或者批准；采取前款第六项规定的应对处置措施，由设区的市级以上反恐怖主义工作领导机构决定。应对处置措施应当明确适用的时间和空间范围，并向社会公布。

第六十二条 【武器使用条件】人民警察、人民武装警察以及其他依法配备、携带武器的应对处置人员，对在现场持枪支、刀具等凶器或者使用其他危险方法，正在或者准备实施暴力行为的人员，经警告无效的，可以使用武器；紧急情况下或者警告后可能导致更为严重危害后果的，可以直接使用武器。

第六十三条 **【信息发布】**恐怖事件发生、发展和应对处置信息，由恐怖事件发生地的省级反恐怖主义工作领导机构统一发布；跨省、自治区、直辖市发生的恐怖事件，由指定的省级反恐怖主义工作领导机构统一发布。

任何单位和个人不得编造、传播虚假恐怖事件信息；不得报道、传播可能引起模仿的恐怖活动的实施细节；不得发布恐怖事件中残忍、不人道的场景；在恐怖事件的应对处置过程中，除新闻媒体经负责发布信息的反恐怖主义工作领导机构批准外，不得报道、传播现场应对处置的工作人员、人质身份信息和应对处置行动情况。

第六十四条 **【恢复生活生产和稳定社会秩序和公共情绪】**恐怖事件应对处置结束后，各级人民政府应当组织有关部门帮助受影响的单位和个人尽快恢复生活、生产，稳定受影响地区的社会秩序和公众情绪。

第六十五条 **【对受害者及其近亲属的救助】**当地人民政府应当及时给予恐怖事件受害人员及其近亲属适当的救助，并向失去基本生活条件的受害人员及其近亲属及时提供基本生活保障。卫生、医疗保障等主管部门应当为恐怖事件受害人员及其近亲属提供心理、医疗等方面的援助。

第六十六条 **【公安机关立案侦查】**公安机关应当及时对恐怖事件立案侦查，查明事件发生的原因、经过和结果，依法追究恐怖活动组织、人员的刑事责任。

第六十七条 **【分析、总结、改进和报告】**反恐怖主义工作领导机构应当对恐怖事件的发生和应对处置工作进行全面分析、总结评估，提出防范和应对处置改进措施，向上一级反恐怖主义工作领导机构报告。

第七章 国际合作

第六十八条 **【开展反恐国际合作】**中华人民共和国根据缔结或者参加的国际条约，或者按照平等互惠原则，与其他国家、地区、国际组织开展反恐怖主义合作。

第六十九条 **【情报信息交流、执法合作和国际资金监管合作】**国务院有关部门根据国务院授权，代表中国政府与外国政府和有关国际组织开展反恐怖主义政策对话、情报信息交流、执法合作和国际资金监管合作。

在不违背我国法律的前提下，边境地区的县级以上地方人民政府及其主管部门，经国务院或者中央有关部门批准，可以与相邻国家或者地区开展反恐怖主义情报信息交流、执法合作和国际资金监管合作。

第七十条 **【司法协助、引渡和移管】**涉及恐怖活动犯罪的刑事司法协助、引渡和被判刑人移管，依照有关法律规定执行。

第七十一条　【派员出境执行反恐怖主义任务】经与有关国家达成协议，并报国务院批准，国务院公安部门、国家安全部门可以派员出境执行反恐怖主义任务。

中国人民解放军、中国人民武装警察部队派员出境执行反恐怖主义任务，由中央军事委员会批准。

第七十二条　【国际合作取得的材料的使用】通过反恐怖主义国际合作取得的材料可以在行政处罚、刑事诉讼中作为证据使用，但我方承诺不作为证据使用的除外。

第八章　保障措施

第七十三条　【经费保障】国务院和县级以上地方各级人民政府应当按照事权划分，将反恐怖主义工作经费分别列入同级财政预算。

国家对反恐怖主义重点地区给予必要的经费支持，对应对处置大规模恐怖事件给予经费保障。

第七十四条　【建立反恐怖主义专业力量】公安机关、国家安全机关和有关部门，以及中国人民解放军、中国人民武装警察部队，应当依照法律规定的职责，建立反恐怖主义专业力量，加强专业训练，配备必要的反恐怖主义专业设备、设施。

县级、乡级人民政府根据需要，指导有关单位、村民委员会、居民委员会建立反恐怖主义工作力量、志愿者队伍，协助、配合有关部门开展反恐怖主义工作。

第七十五条　【致残致死人员的相应待遇】对因履行反恐怖主义工作职责或者协助、配合有关部门开展反恐怖主义工作导致伤残或者死亡的人员，按照国家有关规定给予相应的待遇。

第七十六条　【人身安全的保护措施】因报告和制止恐怖活动，在恐怖活动犯罪案件中作证，或者从事反恐怖主义工作，本人或者其近亲属的人身安全面临危险的，经本人或者其近亲属提出申请，公安机关、有关部门应当采取下列一项或者多项保护措施：

（一）不公开真实姓名、住址和工作单位等个人信息；

（二）禁止特定的人接触被保护人员；

（三）对人身和住宅采取专门性保护措施；

（四）变更被保护人员的姓名，重新安排住所和工作单位；

（五）其他必要的保护措施。

公安机关、有关部门应当依照前款规定，采取不公开被保护单位的真实名称、地址，禁止特定的人接近被保护单位，对被保护单位办公、经营场所采取专门性保护措施，以及其他必要的保护措施。

第七十七条 **【科研创新】**国家鼓励、支持反恐怖主义科学研究和技术创新，开发和推广使用先进的反恐怖主义技术、设备。

第七十八条 **【征用】**公安机关、国家安全机关、中国人民解放军、中国人民武装警察部队因履行反恐怖主义职责的紧急需要，根据国家有关规定，可以征用单位和个人的财产。任务完成后应当及时归还或者恢复原状，并依照规定支付相应费用；造成损失的，应当补偿。

因开展反恐怖主义工作对有关单位和个人的合法权益造成损害的，应当依法给予赔偿、补偿。有关单位和个人有权依法请求赔偿、补偿。

第九章 法律责任

第七十九条 **【有关实施恐怖活动的法律责任】**组织、策划、准备实施、实施恐怖活动，宣扬恐怖主义，煽动实施恐怖活动，非法持有宣扬恐怖主义的物品，强制他人在公共场所穿戴宣扬恐怖主义的服饰、标志，组织、领导、参加恐怖活动组织，为恐怖活动组织、恐怖活动人员、实施恐怖活动或者恐怖活动培训提供帮助的，依法追究刑事责任。

第八十条 **【宣扬恐怖主义、极端主义但尚不构成犯罪的法律责任】**参与下列活动之一，情节轻微，尚不构成犯罪的，由公安机关处十日以上十五日以下拘留，可以并处一万元以下罚款：

（一）宣扬恐怖主义、极端主义或者煽动实施恐怖活动、极端主义活动的；

（二）制作、传播、非法持有宣扬恐怖主义、极端主义的物品的；

（三）强制他人在公共场所穿戴宣扬恐怖主义、极端主义的服饰、标志的；

（四）为宣扬恐怖主义、极端主义或者实施恐怖主义、极端主义活动提供信息、资金、物资、劳务、技术、场所等支持、协助、便利的。

第八十一条 **【利用极端主义破坏国家法律制度实施的法律责任】**利用极端主义，实施下列行为之一，情节轻微，尚不构成犯罪的，由公安机关处五日以上十五日以下拘留，可以并处一万元以下罚款：

（一）强迫他人参加宗教活动，或者强迫他人向宗教活动场所、宗教教职人员提供财物或者劳务的；

（二）以恐吓、骚扰等方式驱赶其他民族或者有其他信仰的人员离开居住地的；

（三）以恐吓、骚扰等方式干涉他人与其他民族或者有其他信仰的人员交往、共同生活的；

（四）以恐吓、骚扰等方式干涉他人生活习俗、方式和生产经营的；

（五）阻碍国家机关工作人员依法执行职务的；

（六）歪曲、诋毁国家政策、法律、行政法规，煽动、教唆抵制人民政府依法管理的；

（七）煽动、胁迫群众损毁或者故意损毁居民身份证、户口簿等国家法定证件以及人民币的；

（八）煽动、胁迫他人以宗教仪式取代结婚、离婚登记的；

（九）煽动、胁迫未成年人不接受义务教育的；

（十）其他利用极端主义破坏国家法律制度实施的。

第八十二条　【拒绝提供有关证据的法律责任】明知他人有恐怖活动犯罪、极端主义犯罪行为，窝藏、包庇，情节轻微，尚不构成犯罪的，或者在司法机关向其调查有关情况、收集有关证据时，拒绝提供的，由公安机关处十日以上十五日以下拘留，可以并处一万元以下罚款。

第八十三条　【未冻结已公告的恐怖活动组织及人员的资金或其他资产的法律责任】金融机构和特定非金融机构对国家反恐怖主义工作领导机构的办事机构公告的恐怖活动组织及恐怖活动人员的资金或者其他资产，未立即予以冻结的，由公安机关处二十万元以上五十万元以下罚款，并对直接负责的董事、高级管理人员和其他直接责任人员处十万元以下罚款；情节严重的，处五十万元以上罚款，并对直接负责的董事、高级管理人员和其他直接责任人员，处十万元以上五十万元以下罚款，可以并处五日以上十五日以下拘留。

第八十四条　【电信业务经营者和互联网服务提供者未依法履行相应义务的法律责任】电信业务经营者、互联网服务提供者有下列情形之一的，由主管部门处二十万元以上五十万元以下罚款，并对其直接负责的主管人员和其他直接责任人员处十万元以下罚款；情节严重的，处五十万元以上罚款，并对其直接负责的主管人员和其他直接责任人员，处十万元以上五十万元以下罚款，可以由公安机关对其直接负责的主管人员和其他直接责任人员，处五日以上十五日以下拘留：

（一）未依照规定为公安机关、国家安全机关依法进行防范、调查恐怖活动提供技术接口和解密等技术支持和协助的；

（二）未按照主管部门的要求，停止传输、删除含有恐怖主义、极端主义内容的信息，保存相关记录，关闭相关网站或者关停相关服务的；

（三）未落实网络安全、信息内容监督制度和安全技术防范措施，造成含有恐怖主义、极端主义内容的信息传播，情节严重的。

第八十五条 【物流运营单位未依法履行相应义务的法律责任】铁路、公路、水上、航空的货运和邮政、快递等物流运营单位有下列情形之一的，由主管部门处十万元以上五十万元以下罚款，并对其直接负责的主管人员和其他直接责任人员处十万元以下罚款：

（一）未实行安全查验制度，对客户身份进行查验，或者未依照规定对运输、寄递物品进行安全检查或者开封验视的；

（二）对禁止运输、寄递，存在重大安全隐患，或者客户拒绝安全查验的物品予以运输、寄递的；

（三）未实行运输、寄递客户身份、物品信息登记制度的。

第八十六条 【未查验客户身份等行为的法律责任】电信、互联网、金融业务经营者、服务提供者未按规定对客户身份进行查验，或者对身份不明、拒绝身份查验的客户提供服务的，主管部门应当责令改正；拒不改正的，处二十万元以上五十万元以下罚款，并对其直接负责的主管人员和其他直接责任人员处十万元以下罚款；情节严重的，处五十万元以上罚款，并对其直接负责的主管人员和其他直接责任人员，处十万元以上五十万元以下罚款。

住宿、长途客运、机动车租赁等业务经营者、服务提供者有前款规定情形的，由主管部门处十万元以上五十万元以下罚款，并对其直接负责的主管人员和其他直接责任人员处十万元以下罚款。

第八十七条 【对危险物品未标识、监控、监督的法律责任】违反本法规定，有下列情形之一的，由主管部门给予警告，并责令改正；拒不改正的，处十万元以下罚款，并对其直接负责的主管人员和其他直接责任人员处一万元以下罚款：

（一）未依照规定对枪支等武器、弹药、管制器具、危险化学品、民用爆炸物品、核与放射物品作出电子追踪标识，对民用爆炸物品添加安检示踪标识物的；

（二）未依照规定对运营中的危险化学品、民用爆炸物品、核与放射物品的运输工具通过定位系统实行监控的；

（三）未依照规定对传染病病原体等物质实行严格的监督管理，情节严重的；

（四）违反国务院有关主管部门或者省级人民政府对管制器具、危险化学品、民用爆炸物品决定的管制或者限制交易措施的。

第八十八条　【防范恐怖袭击重点目标的管理、营运单位违反规定的法律责任】防范恐怖袭击重点目标的管理、营运单位违反本法规定，有下列情形之一的，由公安机关给予警告，并责令改正；拒不改正的，处十万元以下罚款，并对其直接负责的主管人员和其他直接责任人员处一万元以下罚款：

（一）未制定防范和应对处置恐怖活动的预案、措施的；

（二）未建立反恐怖主义工作专项经费保障制度，或者未配备防范和处置设备、设施的；

（三）未落实工作机构或者责任人员的；

（四）未对重要岗位人员进行安全背景审查，或者未将有不适合情形的人员调整工作岗位的；

（五）对公共交通运输工具未依照规定配备安保人员和相应设备、设施的；

（六）未建立公共安全视频图像信息系统值班监看、信息保存使用、运行维护等管理制度的。

大型活动承办单位以及重点目标的管理单位未依照规定对进入大型活动场所、机场、火车站、码头、城市轨道交通站、公路长途客运站、口岸等重点目标的人员、物品和交通工具进行安全检查的，公安机关应当责令改正；拒不改正的，处十万元以下罚款，并对其直接负责的主管人员和其他直接责任人员处一万元以下罚款。

第八十九条　【恐怖活动嫌疑人违反约束措施的法律责任】恐怖活动嫌疑人员违反公安机关责令其遵守的约束措施的，由公安机关给予警告，并责令改正；拒不改正的，处五日以上十五日以下拘留。

第九十条　【新闻媒体等单位违反规定的法律责任】新闻媒体等单位编造、传播虚假恐怖事件信息，报道、传播可能引起模仿的恐怖活动的实施细节，发布恐怖事件中残忍、不人道的场景，或者未经批准，报道、传播现场应对处置的工作人员、人质身份信息和应对处置行动情况的，由公安机关处二十万元以下罚款，并对其直接负责的主管人员和其他直接责任人员，处五日以上十五日以下拘留，可以并处五万元以下罚款。

个人有前款规定行为的，由公安机关处五日以上十五日以下拘留，可以并处一万元以下罚款。

第九十一条　【拒不配合反恐安全防范等行为的法律责任】拒不配合有关部门开展反恐怖主义安全防范、情报信息、调查、应对处置工作的，由主管部门处二千元以下罚款；造成严重后果的，处五日以上十五日以下拘留，可以并处一万元以下罚款。

单位有前款规定行为的，由主管部门处五万元以下罚款；造成严重后果的，处十万元以下罚款；并对其直接负责的主管人员和其他直接责任人员依照前款规定处罚。

第九十二条 **【阻碍有关部门开展反恐工作的法律责任】**阻碍有关部门开展反恐怖主义工作的，由公安机关处五日以上十五日以下拘留，可以并处五万元以下罚款。

单位有前款规定行为的，由公安机关处二十万元以下罚款，并对其直接负责的主管人员和其他直接责任人员依照前款规定处罚。

阻碍人民警察、人民解放军、人民武装警察依法执行职务的，从重处罚。

第九十三条 **【单位违反本法规定的法律责任】**单位违反本法规定，情节严重的，由主管部门责令停止从事相关业务、提供相关服务或者责令停产停业；造成严重后果的，吊销有关证照或者撤销登记。

第九十四条 **【反恐怖主义工作领导机构、有关部门的工作人员渎职行为的法律责任】**反恐怖主义工作领导机构、有关部门的工作人员在反恐怖主义工作中滥用职权、玩忽职守、徇私舞弊，或者有违反规定泄露国家秘密、商业秘密和个人隐私等行为，构成犯罪的，依法追究刑事责任；尚不构成犯罪的，依法给予处分。

反恐怖主义工作领导机构、有关部门及其工作人员在反恐怖主义工作中滥用职权、玩忽职守、徇私舞弊或者有其他违法违纪行为的，任何单位和个人有权向有关部门检举、控告。有关部门接到检举、控告后，应当及时处理并回复检举、控告人。

第九十五条 **【与恐怖主义无关的物品资金予以退还】**对依照本法规定查封、扣押、冻结、扣留、收缴的物品、资金等，经审查发现与恐怖主义无关的，应当及时解除有关措施，予以退还。

第九十六条 **【行政复议或行政诉讼】**有关单位和个人对依照本法作出的行政处罚和行政强制措施决定不服的，可以依法申请行政复议或者提起行政诉讼。

第十章 附 则

第九十七条 **【施行日期和决定废止】**本法自 2016 年 1 月 1 日起施行。2011 年 10 月 29 日第十一届全国人民代表大会常务委员会第二十三次会议通过的《全国人民代表大会常务委员会关于加强反恐怖工作有关问题的决定》同时废止。

中华人民共和国刑法（节录）

1. 1979年7月1日第五届全国人民代表大会第二次会议通过

2. 1997年3月14日第八届全国人民代表大会第五次会议修订

3. 根据1998年12月29日第九届全国人民代表大会常务委员会第六次会议通过的《关于惩治骗购外汇、逃汇和非法买卖外汇犯罪的决定》、1999年12月25日第九届全国人民代表大会常务委员会第十三次会议通过的《中华人民共和国刑法修正案》、2001年8月31日第九届全国人民代表大会常务委员会第二十三次会议通过的《中华人民共和国刑法修正案（二）》、2001年12月29日第九届全国人民代表大会常务委员会第二十五次会议通过的《中华人民共和国刑法修正案（三）》、2002年12月28日第九届全国人民代表大会常务委员会第三十一次会议通过的《中华人民共和国刑法修正案（四）》、2005年2月28日第十届全国人民代表大会常务委员会第十四次会议通过的《中华人民共和国刑法修正案（五）》、2006年6月29日第十届全国人民代表大会常务委员会第二十二次会议通过的《中华人民共和国刑法修正案（六）》、2009年2月28日第十一届全国人民代表大会常务委员会第七次会议通过的《中华人民共和国刑法修正案（七）》、2009年8月27日第十一届全国人民代表大会常务委员会第十次会议通过的《关于修改部分法律的决定》、2011年2月25日第十一届全国人民代表大会常务委员会第十九次会议通过的《中华人民共和国刑法修正案（八）》、2015年8月29日第十二届全国人民代表大会常务委员会第十六次会议通过的《中华人民共和国刑法修正案（九）》、2017年11月4日第十二届全国人民代表大会常务委员会第三十次会议通过的《中华人民共和国刑法修正案（十）》、2020年12月26日第十三届全国人民代表大会常务委员会第二十四次会议通过的《中华人民共和国刑法修正案（十一）》修正

第二编　分　　则

第二章　危害公共安全罪

第一百一十四条　【放火罪；决水罪；爆炸罪；投放危险物质罪；以危险方法危害公共安全罪】放火、决水、爆炸以及投放毒害性、放射性、传染病病原体等物质或者以其他危险方法危害公共安全，尚未造成严重后果的，处三年以上十年以下有期徒刑。

第一百一十五条　【放火罪；决水罪；爆炸罪；投放危险物质罪；以危险方法危害公共安全罪】放火、决水、爆炸以及投放毒害性、放射性、传染病病原体等物质或者以其他危险方法致人重伤、死亡或者使公私财产遭受重大损失的，处十年以上有期徒刑、无期徒刑或者死刑。

【失火罪；过失决水罪；过失爆炸罪；过失投放危险物质罪；过失以危险方法危害公共安全罪】过失犯前款罪的，处三年以上七年以下有期徒刑；情节较轻的，处三年以下有期徒刑或者拘役。

第一百一十六条 **【破坏交通工具罪】**破坏火车、汽车、电车、船只、航空器，足以使火车、汽车、电车、船只、航空器发生倾覆、毁坏危险，尚未造成严重后果的，处三年以上十年以下有期徒刑。

第一百一十七条 **【破坏交通设施罪】**破坏轨道、桥梁、隧道、公路、机场、航道、灯塔、标志或者进行其他破坏活动，足以使火车、汽车、电车、船只、航空器发生倾覆、毁坏危险，尚未造成严重后果的，处三年以上十年以下有期徒刑。

第一百一十八条 **【破坏电力设备罪；破坏易燃易爆设备罪】**破坏电力、燃气或者其他易燃易爆设备，危害公共安全，尚未造成严重后果的，处三年以上十年以下有期徒刑。

第一百一十九条 **【破坏交通工具罪；破坏交通设施罪；破坏电力设备罪；破坏易燃易爆设备罪】**破坏交通工具、交通设施、电力设备、燃气设备、易燃易爆设备，造成严重后果的，处十年以上有期徒刑、无期徒刑或者死刑。

【过失损坏交通工具罪；过失损坏交通设施罪；过失损坏电力设备罪；过失损坏易燃易爆设备罪】过失犯前款罪的，处三年以上七年以下有期徒刑；情节较轻的，处三年以下有期徒刑或者拘役。

第一百二十条 **【组织、领导、参加恐怖组织罪】**组织、领导恐怖活动组织的，处十年以上有期徒刑或者无期徒刑，并处没收财产；积极参加的，处三年以上十年以下有期徒刑，并处罚金；其他参加的，处三年以下有期徒刑、拘役、管制或者剥夺政治权利，可以并处罚金。

犯前款罪并实施杀人、爆炸、绑架等犯罪的，依照数罪并罚的规定处罚。

第一百二十条之一 **【帮助恐怖活动罪】**资助恐怖活动组织、实施恐怖活动的个人的，或者资助恐怖活动培训的，处五年以下有期徒刑、拘役、管制或者剥夺政治权利，并处罚金；情节严重的，处五年以上有期徒刑，并处罚金或者没收财产。

为恐怖活动组织、实施恐怖活动或者恐怖活动培训招募、运送人员的，依照前款的规定处罚。

单位犯前两款罪的，对单位判处罚金，并对其直接负责的主管人员和其他直接责任人员，依照第一款的规定处罚。

第一百二十条之二　【准备实施恐怖活动罪】有下列情形之一的，处五年以下有期徒刑、拘役、管制或者剥夺政治权利，并处罚金；情节严重的，处五年以上有期徒刑，并处罚金或者没收财产：

（一）为实施恐怖活动准备凶器、危险物品或者其他工具的；

（二）组织恐怖活动培训或者积极参加恐怖活动培训的；

（三）为实施恐怖活动与境外恐怖活动组织或者人员联络的；

（四）为实施恐怖活动进行策划或者其他准备的。

有前款行为，同时构成其他犯罪的，依照处罚较重的规定定罪处罚。

第一百二十条之三　【宣扬恐怖主义、极端主义、煽动实施恐怖活动罪】以制作、散发宣扬恐怖主义、极端主义的图书、音频视频资料或者其他物品，或者通过讲授、发布信息等方式宣扬恐怖主义、极端主义的，或者煽动实施恐怖活动的，处五年以下有期徒刑、拘役、管制或者剥夺政治权利，并处罚金；情节严重的，处五年以上有期徒刑，并处罚金或者没收财产。

第一百二十条之四　【利用极端主义破坏法律实施罪】利用极端主义煽动、胁迫群众破坏国家法律确立的婚姻、司法、教育、社会管理等制度实施的，处三年以下有期徒刑、拘役或者管制，并处罚金；情节严重的，处三年以上七年以下有期徒刑，并处罚金；情节特别严重的，处七年以上有期徒刑，并处罚金或者没收财产。

第一百二十条之五　【强制穿戴宣扬恐怖主义、极端主义服饰、标志罪】以暴力、胁迫等方式强制他人在公共场所穿着、佩戴宣扬恐怖主义、极端主义服饰、标志的，处三年以下有期徒刑、拘役或者管制，并处罚金。

第一百二十条之六　【非法持有宣扬恐怖主义、极端主义物品罪】明知是宣扬恐怖主义、极端主义的图书、音频视频资料或者其他物品而非法持有，情节严重的，处三年以下有期徒刑、拘役或者管制，并处或者单处罚金。

第一百二十一条　【劫持航空器罪】以暴力、胁迫或者其他方法劫持航空器的，处十年以上有期徒刑或者无期徒刑；致人重伤、死亡或者使航空器遭受严重破坏的，处死刑。

第一百二十二条　【劫持船只、汽车罪】以暴力、胁迫或者其他方法劫持船只、汽车的，处五年以上十年以下有期徒刑；造成严重后果的，处十年以上有期徒刑或者无期徒刑。

第一百二十三条　【暴力危及飞行安全罪】对飞行中的航空器上的人员使用暴

力，危及飞行安全，尚未造成严重后果的，处五年以下有期徒刑或者拘役；造成严重后果的，处五年以上有期徒刑。

第一百二十四条 **【破坏广播电视设施、公用电信设施罪】**破坏广播电视设施、公用电信设施，危害公共安全的，处三年以上七年以下有期徒刑；造成严重后果的，处七年以上有期徒刑。

【过失损坏广播电视设施、公用电信设施罪】过失犯前款罪的，处三年以上七年以下有期徒刑；情节较轻的，处三年以下有期徒刑或者拘役。

第一百二十五条 **【非法制造、买卖、运输、邮寄、储存枪支、弹药、爆炸物罪】**非法制造、买卖、运输、邮寄、储存枪支、弹药、爆炸物的，处三年以上十年以下有期徒刑；情节严重的，处十年以上有期徒刑、无期徒刑或者死刑。

【非法制造、买卖、运输、储存危险物质罪】非法制造、买卖、运输、储存毒害性、放射性、传染病病原体等物质，危害公共安全的，依照前款的规定处罚。

单位犯前两款罪的，对单位判处罚金，并对其直接负责的主管人员和其他直接责任人员，依照第一款的规定处罚。

第一百二十六条 **【违规制造、销售枪支罪】**依法被指定、确定的枪支制造企业、销售企业，违反枪支管理规定，有下列行为之一的，对单位判处罚金，并对其直接负责的主管人员和其他直接责任人员，处五年以下有期徒刑；情节严重的，处五年以上十年以下有期徒刑；情节特别严重的，处十年以上有期徒刑或者无期徒刑：

（一）以非法销售为目的，超过限额或者不按照规定的品种制造、配售枪支的；

（二）以非法销售为目的，制造无号、重号、假号的枪支的；

（三）非法销售枪支或者在境内销售为出口制造的枪支的。

第一百二十七条 **【盗窃、抢夺枪支、弹药、爆炸物、危险物质罪】**盗窃、抢夺枪支、弹药、爆炸物的，或者盗窃、抢夺毒害性、放射性、传染病病原体等物质，危害公共安全的，处三年以上十年以下有期徒刑；情节严重的，处十年以上有期徒刑、无期徒刑或者死刑。

【抢劫枪支、弹药、爆炸物、危险物质罪；盗窃、抢夺枪支、弹药、爆炸物、危险物质罪】抢劫枪支、弹药、爆炸物的，或者抢劫毒害性、放射性、传染病病原体等物质，危害公共安全的，或者盗窃、抢夺国家机关、军警人员、民兵的枪支、弹药、爆炸物的，处十年以上有期徒刑、无期徒刑或者死刑。

第一百二十八条 **【非法持有、私藏枪支、弹药罪】**违反枪支管理规定，非法持有、私藏枪支、弹药的，处三年以下有期徒刑、拘役或者管制；情节严重的，处三年以上七年以下有期徒刑。

【非法出租、出借枪支罪】依法配备公务用枪的人员，非法出租、出借枪支的，依照前款的规定处罚。

【非法出租、出借枪支罪】依法配置枪支的人员，非法出租、出借枪支，造成严重后果的，依照第一款的规定处罚。

单位犯第二款、第三款罪的，对单位判处罚金，并对其直接负责的主管人员和其他直接责任人员，依照第一款的规定处罚。

第一百二十九条 **【丢失枪支不报罪】**依法配备公务用枪的人员，丢失枪支不及时报告，造成严重后果的，处三年以下有期徒刑或者拘役。

第一百三十条 **【非法携带枪支、弹药、管制刀具、危险物品危及公共安全罪】**非法携带枪支、弹药、管制刀具或者爆炸性、易燃性、放射性、毒害性、腐蚀性物品，进入公共场所或者公共交通工具，危及公共安全，情节严重的，处三年以下有期徒刑、拘役或者管制。

第一百三十一条 **【重大飞行事故罪】**航空人员违反规章制度，致使发生重大飞行事故，造成严重后果的，处三年以下有期徒刑或者拘役；造成飞机坠毁或者人员死亡的，处三年以上七年以下有期徒刑。

第一百三十二条 **【铁路运营安全事故罪】**铁路职工违反规章制度，致使发生铁路运营安全事故，造成严重后果的，处三年以下有期徒刑或者拘役；造成特别严重后果的，处三年以上七年以下有期徒刑。

第一百三十三条 **【交通肇事罪】**违反交通运输管理法规，因而发生重大事故，致人重伤、死亡或者使公私财产遭受重大损失的，处三年以下有期徒刑或者拘役；交通运输肇事后逃逸或者有其他特别恶劣情节的，处三年以上七年以下有期徒刑；因逃逸致人死亡的，处七年以上有期徒刑。

第一百三十三条之一 **【危险驾驶罪】**在道路上驾驶机动车，有下列情形之一的，处拘役，并处罚金：

（一）追逐竞驶，情节恶劣的；

（二）醉酒驾驶机动车的；

（三）从事校车业务或者旅客运输，严重超过额定乘员载客，或者严重超过规定时速行驶的；

（四）违反危险化学品安全管理规定运输危险化学品，危及公共安全的。

机动车所有人、管理人对前款第三项、第四项行为负有直接责任的，依照前款的规定处罚。

有前两款行为，同时构成其他犯罪的，依照处罚较重的规定定罪处罚。

第一百三十三条之二 **【妨害安全驾驶罪】**对行驶中的公共交通工具的驾驶人员使用暴力或者抢控驾驶操纵装置，干扰公共交通工具正常行驶，危及公共安全的，处一年以下有期徒刑、拘役或者管制，并处或者单处罚金。

前款规定的驾驶人员在行驶的公共交通工具上擅离职守，与他人互殴或者殴打他人，危及公共安全的，依照前款的规定处罚。

有前两款行为，同时构成其他犯罪的，依照处罚较重的规定定罪处罚。

第一百三十四条 **【重大责任事故罪】**在生产、作业中违反有关安全管理的规定，因而发生重大伤亡事故或者造成其他严重后果的，处三年以下有期徒刑或者拘役；情节特别恶劣的，处三年以上七年以下有期徒刑。

【强令、组织他人违章冒险作业罪】强令他人违章冒险作业，或者明知存在重大事故隐患而不排除，仍冒险组织作业，因而发生重大伤亡事故或者造成其他严重后果的，处五年以下有期徒刑或者拘役；情节特别恶劣的，处五年以上有期徒刑。

第一百三十四条之一 **【危险作业罪】**在生产、作业中违反有关安全管理的规定，有下列情形之一，具有发生重大伤亡事故或者其他严重后果的现实危险的，处一年以下有期徒刑、拘役或者管制：

（一）关闭、破坏直接关系生产安全的监控、报警、防护、救生设备、设施，或者篡改、隐瞒、销毁其相关数据、信息的；

（二）因存在重大事故隐患被依法责令停产停业、停止施工、停止使用有关设备、设施、场所或者立即采取排除危险的整改措施，而拒不执行的；

（三）涉及安全生产的事项未经依法批准或者许可，擅自从事矿山开采、金属冶炼、建筑施工，以及危险物品生产、经营、储存等高度危险的生产作业活动的。

第一百三十五条 **【重大劳动安全事故罪】**安全生产设施或者安全生产条件不符合国家规定，因而发生重大伤亡事故或者造成其他严重后果的，对直接负责的主管人员和其他直接责任人员，处三年以下有期徒刑或者拘役；情节特别恶劣的，处三年以上七年以下有期徒刑。

第一百三十五条之一 **【大型群众性活动重大安全事故罪】**举办大型群众性活动违反安全管理规定，因而发生重大伤亡事故或者造成其他严重后果的，对直接负责的主管人员和其他直接责任人员，处三年以下有期徒刑或者拘役；

情节特别恶劣的，处三年以上七年以下有期徒刑。

第一百三十六条 **【危险物品肇事罪】**违反爆炸性、易燃性、放射性、毒害性、腐蚀性物品的管理规定，在生产、储存、运输、使用中发生重大事故，造成严重后果的，处三年以下有期徒刑或者拘役；后果特别严重的，处三年以上七年以下有期徒刑。

第一百三十七条 **【工程重大安全事故罪】**建设单位、设计单位、施工单位、工程监理单位违反国家规定，降低工程质量标准，造成重大安全事故的，对直接责任人员，处五年以下有期徒刑或者拘役，并处罚金；后果特别严重的，处五年以上十年以下有期徒刑，并处罚金。

第一百三十八条 **【教育设施重大安全事故罪】**明知校舍或者教育教学设施有危险，而不采取措施或者不及时报告，致使发生重大伤亡事故的，对直接责任人员，处三年以下有期徒刑或者拘役；后果特别严重的，处三年以上七年以下有期徒刑。

第一百三十九条 **【消防责任事故罪】**违反消防管理法规，经消防监督机构通知采取改正措施而拒绝执行，造成严重后果的，对直接责任人员，处三年以下有期徒刑或者拘役；后果特别严重的，处三年以上七年以下有期徒刑。

第一百三十九条之一 **【不报、谎报安全事故罪】**在安全事故发生后，负有报告职责的人员不报或者谎报事故情况，贻误事故抢救，情节严重的，处三年以下有期徒刑或者拘役；情节特别严重的，处三年以上七年以下有期徒刑。

涉及恐怖活动资产冻结管理办法

1. 2014年1月10日中国人民银行、公安部、国家安全部令〔2014〕第1号发布
2. 自发布之日起施行

第一条 为规范涉及恐怖活动资产冻结的程序和行为，维护国家安全和社会公共利益，根据《中华人民共和国反洗钱法》、《全国人大常委会关于加强反恐怖工作有关问题的决定》等法律，制定本办法。

第二条 本办法适用于在中华人民共和国境内依法设立的金融机构、特定非金融机构。

第三条 金融机构、特定非金融机构应当严格按照公安部发布的恐怖活动组织及恐怖活动人员名单、冻结资产的决定，依法对相关资产采取冻结措施。

第四条　金融机构、特定非金融机构应当制定冻结涉及恐怖活动资产的内部操作规程和控制措施，对分支机构和附属机构执行本办法的情况进行监督管理；指定专门机构或者人员关注并及时掌握恐怖活动组织及恐怖活动人员名单的变动情况；完善客户身份信息和交易信息管理，加强交易监测。

第五条　金融机构、特定非金融机构发现恐怖活动组织及恐怖活动人员拥有或者控制的资产，应当立即采取冻结措施。

对恐怖活动组织及恐怖活动人员与他人共同拥有或者控制的资产采取冻结措施，但该资产在采取冻结措施时无法分割或者确定份额的，金融机构、特定非金融机构应当一并采取冻结措施。

对按照本办法第十一条的规定收取的款项或者受让的资产，金融机构、特定非金融机构应当采取冻结措施。

第六条　金融机构、特定非金融机构采取冻结措施后，应当立即将资产数额、权属、位置、交易信息等情况以书面形式报告资产所在地县级公安机关和市、县国家安全机关，同时抄报资产所在地中国人民银行分支机构。地方公安机关和地方国家安全机关应当分别按照程序层报公安部和国家安全部。

金融机构、特定非金融机构采取冻结措施后，除中国人民银行及其分支机构、公安机关、国家安全机关另有要求外，应当及时告知客户，并说明采取冻结措施的依据和理由。

第七条　金融机构、特定非金融机构及其工作人员应当依法协助、配合公安机关和国家安全机关的调查、侦查，提供与恐怖活动组织及恐怖活动人员有关的信息、数据以及相关资产情况。

金融机构及其工作人员应当依法协助、配合中国人民银行及其省会（首府）城市中心支行以上分支机构的反洗钱调查，提供涉及恐怖活动组织及恐怖活动人员资产的情况。

第八条　金融机构、特定非金融机构及其工作人员对与采取冻结措施有关的工作信息应当保密，不得违反规定向任何单位及个人提供和透露，不得在采取冻结措施前通知资产的所有人、控制人或者管理人。

第九条　金融机构、特定非金融机构有合理理由怀疑客户或者其交易对手、相关资产涉及恐怖活动组织及恐怖活动人员的，应当根据中国人民银行的规定报告可疑交易，并依法向公安机关、国家安全机关报告。

第十条　金融机构、特定非金融机构不得擅自解除冻结措施。

符合下列情形之一的，金融机构、特定非金融机构应当立即解除冻结措施，并按照本办法第六条的规定履行报告程序：

（一）公安部公布的恐怖活动组织及恐怖活动人员名单有调整，不再需要采取冻结措施的；

（二）公安部或者国家安全部发现金融机构、特定非金融机构采取冻结措施有错误并书面通知的；

（三）公安机关或者国家安全机关依法调查、侦查恐怖活动，对有关资产的处理另有要求并书面通知的；

（四）人民法院做出的生效裁决对有关资产的处理有明确要求的；

（五）法律、行政法规规定的其他情形。

第十一条 涉及恐怖活动的资产被采取冻结措施期间，符合以下情形之一的，有关账户可以进行款项收取或者资产受让：

（一）收取被采取冻结措施的资产产生的孳息以及其他收益；

（二）受偿债权；

（三）为不影响正常的证券、期货交易秩序，执行恐怖活动组织及恐怖活动人员名单公布前生效的交易指令。

第十二条 因基本生活支出以及其他特殊原因需要使用被采取冻结措施的资产的，资产所有人、控制人或者管理人可以向资产所在地县级公安机关提出申请。

受理申请的公安机关应当按照程序层报公安部审核。公安部在收到申请之日起30日内进行审查处理；审查核准的，应当要求相关金融机构、特定非金融机构按照指定用途、金额、方式等处理有关资产。

第十三条 金融机构、特定非金融机构对根据本办法被采取冻结措施的资产的管理及处置，应当按照中国人民银行、中国银行业监督管理委员会、中国证券监督管理委员会、中国保险监督管理委员会的相关规定执行；没有规定的，参照公安机关、国家安全机关、检察机关的相关规定执行。

第十四条 资产所有人、控制人或者管理人对金融机构、特定非金融机构采取的冻结措施有异议的，可以向资产所在地县级公安机关提出异议。

受理异议的公安机关应当按照程序层报公安部。公安部在收到异议申请之日起30日内作出审查决定，并书面通知异议人；确属错误冻结的，应当决定解除冻结措施。

第十五条 境外有关部门以涉及恐怖活动为由，要求境内金融机构、特定非金融机构冻结相关资产、提供客户身份信息及交易信息的，金融机构、特定非金融机构应当告知对方通过外交途径或者司法协助途径提出请求；不得擅自采取冻结措施，不得擅自提供客户身份信息及交易信息。

第十六条 金融机构、特定非金融机构的境外分支机构和附属机构按照驻在国家（地区）法律规定和监管要求，对涉及恐怖活动的资产采取冻结措施的，应当将相关情况及时报告金融机构、特定非金融机构总部。

金融机构、特定非金融机构总部收到报告后，应当及时将相关情况报告总部所在地公安机关和国家安全机关，同时抄报总部所在地中国人民银行分支机构。地方公安机关和地方国家安全机关应当分别按照程序层报公安部和国家安全部。

第十七条 中国人民银行及其分支机构对金融机构执行本办法的情况进行监督、检查。

对特定非金融机构执行本办法的情况进行监督、检查的具体办法，由中国人民银行会同国务院有关部门另行制定。

第十八条 中国人民银行及其分支机构、公安机关、国家安全机关工作人员违反规定，泄露工作秘密导致有关资产被非法转移、隐匿，冻结措施错误造成其他财产损失的，依照有关规定给予处分；涉嫌构成犯罪的，移送司法机关依法追究刑事责任。

第十九条 金融机构及其工作人员违反本办法的，由中国人民银行及其地市中心支行以上分支机构按照《中华人民共和国反洗钱法》第三十一条、第三十二条以及中国人民银行有关规定处罚；涉嫌构成犯罪的，移送司法机关依法追究刑事责任。

第二十条 本办法所称金融机构、特定非金融机构，是指依据《中华人民共和国反洗钱法》等法律法规规定，应当履行反洗钱义务的机构。依据《非金融机构支付服务管理办法》（中国人民银行令〔2010〕第2号发布）取得《支付业务许可证》的支付机构适用本办法关于金融机构的规定。

本办法所称冻结措施，是指金融机构、特定非金融机构为防止其持有、管理或者控制的有关资产被转移、转换、处置而采取必要措施，包括但不限于：终止金融交易；拒绝资产的提取、转移、转换；停止金融账户的开立、变更、撤销和使用。

本办法所称资产包括但不限于：银行存款、汇款、旅行支票、银行支票、邮政汇票、保单、提单、仓单、股票、债券、汇票和信用证，房屋、车辆、船舶、货物，其他以电子或者数字形式证明资产所有权、其他权益的法律文件、证书等。

第二十一条 本办法由中国人民银行会同公安部、国家安全部解释。

第二十二条 本办法自发布之日起施行。

最高人民法院、最高人民检察院、公安部、司法部关于办理恐怖活动和极端主义犯罪案件适用法律若干问题的意见

1. 2018年3月16日发布
2. 高检会〔2018〕1号

为了依法惩治恐怖活动和极端主义犯罪，维护国家安全、社会稳定，保障人民群众生命财产安全，根据《中华人民共和国刑法》《中华人民共和国刑事诉讼法》《中华人民共和国反恐怖主义法》等法律规定，结合司法实践，制定本意见。

一、准确认定犯罪

（一）具有下列情形之一的，应当认定为刑法第一百二十条规定的“组织、领导恐怖活动组织”，以组织、领导恐怖组织罪定罪处罚：

1. 发起、建立恐怖活动组织的；

2. 恐怖活动组织成立后，对组织及其日常运行负责决策、指挥、管理的；

3. 恐怖活动组织成立后，组织、策划、指挥该组织成员进行恐怖活动的；

4. 其他组织、领导恐怖活动组织的情形。

具有下列情形之一的，应当认定为刑法第一百二十条规定的“积极参加”，以参加恐怖组织罪定罪处罚：

1. 纠集他人共同参加恐怖活动组织的；

2. 多次参加恐怖活动组织的；

3. 曾因参加恐怖活动组织、实施恐怖活动被追究刑事责任或者二年内受过行政处罚，又参加恐怖活动组织的；

4. 在恐怖活动组织中实施恐怖活动且作用突出的；

5. 在恐怖活动组织中积极协助组织、领导者实施组织、领导行为的；

6. 其他积极参加恐怖活动组织的情形。

参加恐怖活动组织，但不具有前两款规定情形的，应当认定为刑法第一百二十条规定的“其他参加”，以参加恐怖组织罪定罪处罚。

犯刑法第一百二十条规定的犯罪，又实施杀人、放火、爆炸、绑架、抢劫等犯罪的，依照数罪并罚的规定定罪处罚。

（二）具有下列情形之一的，依照刑法第一百二十条之一的规定，以帮助恐怖活动罪定罪处罚：

1. 以募捐、变卖房产、转移资金等方式为恐怖活动组织、实施恐怖活动的个人、恐怖活动培训筹集、提供经费，或者提供器材、设备、交通工具、武器装备等物资，或者提供其他物质便利的；

2. 以宣传、招收、介绍、输送等方式为恐怖活动组织、实施恐怖活动、恐怖活动培训招募人员的；

3. 以帮助非法出入境，或者为非法出入境提供中介服务、中转运送、停留住宿、伪造身份证明材料等便利，或者充当向导、帮助探查偷越国（边）境路线等方式，为恐怖活动组织、实施恐怖活动、恐怖活动培训运送人员的；

4. 其他资助恐怖活动组织、实施恐怖活动的个人、恐怖活动培训，或者为恐怖活动组织、实施恐怖活动、恐怖活动培训招募、运送人员的情形。

实施恐怖活动的个人，包括已经实施恐怖活动的个人，也包括准备实施、正在实施恐怖活动的个人。包括在我国领域内实施恐怖活动的个人，也包括在我国领域外实施恐怖活动的个人。包括我国公民，也包括外国公民和无国籍人。

帮助恐怖活动罪的主观故意，应当根据案件具体情况，结合行为人的具体行为、认知能力、一贯表现和职业等综合认定。

明知是恐怖活动犯罪所得及其产生的收益，为掩饰、隐瞒其来源和性质，而提供资金账户，协助将财产转换为现金、金融票据、有价证券，通过转账或者其他结算方式协助资金转移，协助将资金汇往境外的，以洗钱罪定罪处罚。事先通谋的，以相关恐怖活动犯罪的共同犯罪论处。

（三）具有下列情形之一的，依照刑法第一百二十条之二的规定，以准备实施恐怖活动罪定罪处罚：

1. 为实施恐怖活动制造、购买、储存、运输凶器，易燃易爆、易制爆品，腐蚀性、放射性、传染性、毒害性物品等危险物品，或者其他工具的；

2. 以当面传授、开办培训班、组建训练营、开办论坛、组织收听收看音频视频资料等方式，或者利用网站、网页、论坛、博客、微博客、网盘、即时通信、通讯群组、聊天室等网络平台、网络应用服务组织恐怖活动培训的，或者积极参加恐怖活动心理体能培训，传授、学习犯罪技能方法或者进行恐怖活动训练的；

3. 为实施恐怖活动，通过拨打电话、发送短信、电子邮件等方式，或者利用网站、网页、论坛、博客、微博客、网盘、即时通信、通讯群组、聊天室等网络平台、网络应用服务与境外恐怖活动组织、人员联络的；

4. 为实施恐怖活动出入境或者组织、策划、煽动、拉拢他人出入境的；

5. 为实施恐怖活动进行策划或者其他准备的情形。

（四）实施下列行为之一，宣扬恐怖主义、极端主义或者煽动实施恐怖活动的，依照刑法第一百二十条之三的规定，以宣扬恐怖主义、极端主义、煽动实施恐怖活动罪定罪处罚：

1. 编写、出版、印刷、复制、发行、散发、播放载有宣扬恐怖主义、极端主义内容的图书、报刊、文稿、图片或者音频视频资料的；

2. 设计、生产、制作、销售、租赁、运输、托运、寄递、散发、展示带有宣扬恐怖主义、极端主义内容的标识、标志、服饰、旗帜、徽章、器物、纪念品等物品的；

3. 利用网站、网页、论坛、博客、微博客、网盘、即时通信、通讯群组、聊天室等网络平台、网络应用服务等登载、张贴、复制、发送、播放、演示载有恐怖主义、极端主义内容的图书、报刊、文稿、图片或者音频视频资料的；

4. 网站、网页、论坛、博客、微博客、网盘、即时通信、通讯群组，聊天室等网络平台、网络应用服务的建立、开办、经营、管理者，明知他人利用网络平台、网络应用服务散布、宣扬恐怖主义、极端主义内容，经相关行政主管部门处罚后仍允许或者放任他人发布的；

5. 利用教经、讲经、解经、学经、婚礼、葬礼、纪念、聚会和文体活动等宣扬恐怖主义、极端主义、煽动实施恐怖活动的；

6. 其他宣扬恐怖主义、极端主义、煽动实施恐怖活动的行为。

（五）利用极端主义，实施下列行为之一的，依照刑法第一百二十条之四的规定，以利用极端主义破坏法律实施罪定罪处罚：

1. 煽动、胁迫群众以宗教仪式取代结婚、离婚登记，或者干涉婚姻自由的；

2. 煽动、胁迫群众破坏国家法律确立的司法制度实施的；

3. 煽动、胁迫群众干涉未成年人接受义务教育，或者破坏学校教育制度、国家教育考试制度等国家法律规定的教育制度的；

4. 煽动、胁迫群众抵制人民政府依法管理，或者阻碍国家机关工作人员依法执行职务的；

5. 煽动、胁迫群众损毁居民身份证、居民户口簿等国家法定证件以及人民币的；

6. 煽动、胁迫群众驱赶其他民族、有其他信仰的人员离开居住地，或者干涉他人生活和生产经营的；

7. 其他煽动、胁迫群众破坏国家法律制度实施的行为。

（六）具有下列情形之一的，依照刑法第一百二十条之五的规定，以强制穿戴宣扬恐怖主义、极端主义服饰、标志罪定罪处罚：

1. 以暴力、胁迫等方式强制他人在公共场所穿着、佩戴宣扬恐怖主义、极端主义服饰的；

2. 以暴力、胁迫等方式强制他人在公共场所穿着、佩戴含有恐怖主义、极端主义的文字、符号、图形、口号、徽章的服饰、标志的；

3. 其他强制他人穿戴宣扬恐怖主义、极端主义服饰、标志的情形。

（七）明知是载有宣扬恐怖主义、极端主义内容的图书、报刊、文稿、图片、音频视频资料、服饰、标志或者其他物品而非法持有，达到下列数量标准之一的，依照刑法第一百二十条之六的规定，以非法持有宣扬恐怖主义、极端主义物品罪定罪处罚：

1. 图书、刊物二十册以上，或者电子图书、刊物五册以上的；

2. 报纸一百份（张）以上，或者电子报纸二十份（张）以上的；

3. 文稿、图片一百篇（张）以上，或者电子文稿、图片二十篇（张）以上，或者电子文档五十万字符以上的；

4. 录音带、录像带等音像制品二十个以上，或者电子音频视频资料五个以上，或者电子音频视频资料二十分钟以上的；

5. 服饰、标志二十件以上的。

非法持有宣扬恐怖主义、极端主义的物品，虽未达到前款规定的数量标准，但具有多次持有，持有多类物品，造成严重后果或者恶劣社会影响，曾因实施恐怖活动、极端主义违法犯罪被追究刑事责任或者二年内受过行政处罚等情形之一的，也可以定罪处罚。

多次非法持有宣扬恐怖主义、极端主义的物品，未经处理的，数量应当累计计算。非法持有宣扬恐怖主义、极端主义的物品，涉及不同种类或者形式的，可以根据本条规定的不同数量标准的相应比例折算后累计计算。

非法持有宣扬恐怖主义、极端主义物品罪主观故意中的“明知”，应当根据案件具体情况，以行为人实施的客观行为为基础，结合其一贯表现，具体行为、程度、手段、事后态度，以及年龄、认知和受教育程度、所从事的职业等综合审查判断。

具有下列情形之一，行为人不能做出合理解释的，可以认定其“明知”，但有证据证明确属被蒙骗的除外：

1. 曾因实施恐怖活动、极端主义违法犯罪被追究刑事责任，或者二年内受过行政处罚，或者被责令改正后又实施的；

2. 在执法人员检查时，有逃跑、丢弃携带物品或者逃避、抗拒检查等行为，在其携带、藏匿或者丢弃的物品中查获宣扬恐怖主义、极端主义的物品的；

3. 采用伪装、隐匿、暗语、手势、代号等隐蔽方式制作、散发、持有宣扬恐怖主义、极端主义的物品的；

4. 以虚假身份、地址或者其他虚假方式办理托运，寄递手续，在托运、寄递的物品中查获宣扬恐怖主义、极端主义的物品的；

5. 有其他证据足以证明行为人应当知道的情形。

（八）犯刑法第一百二十条规定的犯罪，同时构成刑法第一百二十条之一至之六规定的犯罪的，依照处罚较重的规定定罪处罚。

犯刑法第一百二十条之一至之六规定的犯罪，同时构成其他犯罪的，依照处罚较重的规定定罪处罚。

（九）恐怖主义、极端主义，恐怖活动，恐怖活动组织，根据《中华人民共和国反恐怖主义法》等法律法规认定。

二、正确适用程序

（一）组织、领导、参加恐怖组织罪，帮助恐怖活动罪，准备实施恐怖活动罪，宣扬恐怖主义、煽动实施恐怖活动罪，强制穿戴宣扬恐怖主义服饰、标志罪，非法持有宣扬恐怖主义物品罪的第一审刑事案件由中级人民法院管辖；宣扬极端主义罪，利用极端主义破坏法律实施罪，强制穿戴宣扬极端主义服饰、标志罪，非法持有宣扬极端主义物品罪的第一审刑事案件由基层人民法院管辖。高级人民法院可以根据级别管辖的规定，结合本地区社会治安状况、案件数量等情况，决定实行相对集中管辖，指定辖区内特定的中级人民法院集中审理恐怖活动和极端主义犯罪第一审刑事案件，或者指定辖区内特定的基层人民法院集中审理极端主义犯罪第一审刑事案件，并将指定法院名单报最高人民法院备案。

（二）国家反恐怖主义工作领导机构对恐怖活动组织和恐怖活动人员作出认定并予以公告的，人民法院可以在办案中根据公告直接认定。国家反恐怖主义工作领导机构没有公告的，人民法院应当严格依照《中华人民共和国反恐怖主义法》有关恐怖活动组织和恐怖活动人员的定义认定，必要时，可以商地市级以上公安机关出具意见作为参考。

（三）宣扬恐怖主义、极端主义的图书、音频视频资料，服饰、标志或者其他物品的认定，应当根据《中华人民共和国反恐怖主义法》有关恐怖主义、极端主义的规定，从其记载的内容、外观特征等分析判断。公安机关应当对涉案物品全面审查并逐一标注或者摘录，提出审读意见，与扣押、移交物品清单及涉案物品原件一并移送人民检察院审查。人民检察院、人民法院可以结合在案证据、案件情况、办案经验等综合审查判断。

（四）恐怖活动和极端主义犯罪案件初查过程中收集提取的电子数据，以及通过网络在线提取的电子数据，可以作为证据使用。对于原始存储介质位于境外或者远程计算机信息系统上的恐怖活动和极端主义犯罪电子数据，可以通过网络在线提取。必要时，可以对远程计算机信息系统进行网络远程勘验。立案后，经设区的市一级以上公安机关负责人批准，可以采取技术侦查措施。对于恐怖活动和极端主义犯罪电子数据量大或者提取时间长等需要冻结的，经县级以上公安机关负责人或者检察长批准，可以进行冻结。对于电子数据涉及的专门性问题难以确定的，由具备资格的司法鉴定机构出具鉴定意见，或者由公安部指定的机构出具报告。

三、完善工作机制

（一）人民法院、人民检察院和公安机关办理恐怖活动和极端主义犯罪案件，应当互相配合，互相制约，确保法律有效执行。对于主要犯罪事实、关键证据和法律适用等可能产生分歧或者重大、疑难、复杂的恐怖活动和极端主义犯罪案件，公安机关商请听取有管辖权的人民检察院意见和建议的，人民检察院可以提出意见和建议。

（二）恐怖活动和极端主义犯罪案件一般由犯罪地公安机关管辖，犯罪嫌疑人居住地公安机关管辖更为适宜的，也可以由犯罪嫌疑人居住地公安机关管辖。移送案件应当一案一卷，将案件卷宗、提取物证和扣押物品等全部随案移交。移送案件的公安机关应当指派专人配合接收案件的公安机关开展后续案件办理工作。

（三）人民法院、人民检察院和公安机关办理恐怖活动和极端主义犯罪案件，应当坚持对涉案人员区别对待，实行教育转化。对被教唆、胁迫、引诱参与恐怖活动、极端主义活动，或者参与恐怖活动、极端主义活动情节轻微，尚不构成犯罪的人员，公安机关应当组织有关部门、村民委员会、居民委员会、所在单位、就读学校、家庭和监护人对其进行帮教。对被判处有期徒刑以上刑罚的恐怖活动罪犯和极端主义罪犯，服刑地的中级人民法院应当根据其社会危险性评估结果和安置教育建议，在其刑满释放前作出是否安置教育的决定。人民检察院依法对安置教育进行监督，对于实施安置教育过程中存在违法行为的，应当及时提出纠正意见或者检察建议。

十三、社 会 安 全

中华人民共和国突发事件应对法

1. 2007年8月30日第十届全国人民代表大会常务委员会第二十九次会议通过
2. 2007年8月30日中华人民共和国主席令第69号公布
3. 自2007年11月1日起施行

目 录

第一章 总 则
第二章 预防与应急准备
第三章 监测与预警
第四章 应急处置与救援
第五章 事后恢复与重建
第六章 法律责任
第七章 附 则

第一章 总 则

第一条 【立法宗旨】为了预防和减少突发事件的发生，控制、减轻和消除突发事件引起的严重社会危害，规范突发事件应对活动，保护人民生命财产安全，维护国家安全、公共安全、环境安全和社会秩序，制定本法。

第二条 【调整范围】突发事件的预防与应急准备、监测与预警、应急处置与救援、事后恢复与重建等应对活动，适用本法。

第三条 【突发事件的内涵、分类、分级和分级标准】本法所称突发事件，是指突然发生，造成或者可能造成严重社会危害，需要采取应急处置措施予以应对的自然灾害、事故灾难、公共卫生事件和社会安全事件。

按照社会危害程度、影响范围等因素，自然灾害、事故灾难、公共卫生事件分为特别重大、重大、较大和一般四级。法律、行政法规或者国务院另有规定的，从其规定。

突发事件的分级标准由国务院或者国务院确定的部门制定。

第四条 【建立突发事件应急管理体制的要求】国家建立统一领导、综合协调、分类管理、分级负责、属地管理为主的应急管理体制。

第五条 【突发事件应对工作原则和重大突发事件风险评估体系】突发事件应对工作实行预防为主、预防与应急相结合的原则。国家建立重大突发事件风险评估体系，对可能发生的突发事件进行综合性评估，减少重大突发事件的发生，最大限度地减轻重大突发事件的影响。

第六条 【提高避险救助能力】国家建立有效的社会动员机制，增强全民的公共安全和防范风险的意识，提高全社会的避险救助能力。

第七条 【突发事件应对分工】县级人民政府对本行政区域内突发事件的应对工作负责；涉及两个以上行政区域的，由有关行政区域共同的上一级人民政府负责，或者由各有关行政区域的上一级人民政府共同负责。

突发事件发生后，发生地县级人民政府应当立即采取措施控制事态发展，组织开展应急救援和处置工作，并立即向上一级人民政府报告，必要时可以越级上报。

突发事件发生地县级人民政府不能消除或者不能有效控制突发事件引起的严重社会危害的，应当及时向上级人民政府报告。上级人民政府应当及时采取措施，统一领导应急处置工作。

法律、行政法规规定由国务院有关部门对突发事件的应对工作负责的，从其规定；地方人民政府应当积极配合并提供必要的支持。

第八条 【突发事件领导机构、应急指挥机构及职责】国务院在总理领导下研究、决定和部署特别重大突发事件的应对工作；根据实际需要，设立国家突发事件应急指挥机构，负责突发事件应对工作；必要时，国务院可以派出工作组指导有关工作。

县级以上地方各级人民政府设立由本级人民政府主要负责人、相关部门负责人、驻当地中国人民解放军和中国人民武装警察部队有关负责人组成的突发事件应急指挥机构，统一领导、协调本级人民政府各有关部门和下级人民政府开展突发事件应对工作；根据实际需要，设立相关类别突发事件应急指挥机构，组织、协调、指挥突发事件应对工作。

上级人民政府主管部门应当在各自职责范围内，指导、协助下级人民政府及其相应部门做好有关突发事件的应对工作。

第九条 【突发事件应急办事机构】国务院和县级以上地方各级人民政府是突发事件应对工作的行政领导机关，其办事机构及具体职责由国务院规定。

第十条 【突发事件应对决定、命令公开原则】有关人民政府及其部门作出的应对突发事件的决定、命令，应当及时公布。

第十一条 【突发事件应对行为合理性原则和公民、法人、其他组织应对义务】有关人民政府及其部门采取的应对突发事件的措施，应当与突发事件可能造成的社会危害的性质、程度和范围相适应；有多种措施可供选择的，应当选择有利于最大程度地保护公民、法人和其他组织权益的措施。

公民、法人和其他组织有义务参与突发事件应对工作。

第十二条 【征用财产与补偿】有关人民政府及其部门为应对突发事件，可以征用单位和个人的财产。被征用的财产在使用完毕或者突发事件应急处置工作结束后，应当及时返还。财产被征用或者征用后毁损、灭失的，应当给予补偿。

第十三条 【时效中止和程序中止】因采取突发事件应对措施，诉讼、行政复议、仲裁活动不能正常进行的，适用有关时效中止和程序中止的规定，但法律另有规定的除外。

第十四条 【武装力量参加突发事件应急救援和处置】中国人民解放军、中国人民武装警察部队和民兵组织依照本法和其他有关法律、行政法规、军事法规的规定以及国务院、中央军事委员会的命令，参加突发事件的应急救援和处置工作。

第十五条 【突发事件应对国际合作与交流】中华人民共和国政府在突发事件的预防、监测与预警、应急处置与救援、事后恢复与重建等方面，同外国政府和有关国际组织开展合作与交流。

第十六条 【对突发事件处置工作的监督】县级以上人民政府作出应对突发事件的决定、命令，应当报本级人民代表大会常务委员会备案；突发事件应急处置工作结束后，应当向本级人民代表大会常务委员会作出专项工作报告。

第二章 预防与应急准备

第十七条 【突发事件应急预案体系】国家建立健全突发事件应急预案体系。

国务院制定国家突发事件总体应急预案，组织制定国家突发事件专项应急预案；国务院有关部门根据各自的职责和国务院相关应急预案，制定国家突发事件部门应急预案。

地方各级人民政府和县级以上地方各级人民政府有关部门根据有关法律、法规、规章、上级人民政府及其有关部门的应急预案以及本地区的实际情况，制定相应的突发事件应急预案。

应急预案制定机关应当根据实际需要和情势变化，适时修订应急预案。应急预案的制定、修订程序由国务院规定。

第十八条 **【突发事件应急预案的基本内容】**应急预案应当根据本法和其他有关法律、法规的规定，针对突发事件的性质、特点和可能造成的社会危害，具体规定突发事件应急管理工作的组织指挥体系与职责和突发事件的预防与预警机制、处置程序、应急保障措施以及事后恢复与重建措施等内容。

第十九条 **【城乡规划应当符合预防、处置突发事件的需要】**城乡规划应当符合预防、处置突发事件的需要，统筹安排应对突发事件所必需的设备和基础设施建设，合理确定应急避难场所。

第二十条 **【人民政府对危险源、危险区域的管理职责】**县级人民政府应当对本行政区域内容易引发自然灾害、事故灾难和公共卫生事件的危险源、危险区域进行调查、登记、风险评估，定期进行检查、监控，并责令有关单位采取安全防范措施。

省级和设区的市级人民政府应当对本行政区域内容易引发特别重大、重大突发事件的危险源、危险区域进行调查、登记、风险评估，组织进行检查、监控，并责令有关单位采取安全防范措施。

县级以上地方各级人民政府按照本法规定登记的危险源、危险区域，应当按照国家规定及时向社会公布。

第二十一条 **【基层政府和基层群众自治组织调解处理矛盾纠纷的职责】**县级人民政府及其有关部门、乡级人民政府、街道办事处、居民委员会、村民委员会应当及时调解处理可能引发社会安全事件的矛盾纠纷。

第二十二条 **【单位预防突发事件的义务】**所有单位应当建立健全安全管理制度，定期检查本单位各项安全防范措施的落实情况，及时消除事故隐患；掌握并及时处理本单位存在的可能引发社会安全事件的问题，防止矛盾激化和事态扩大；对本单位可能发生的突发事件和采取安全防范措施的情况，应当按照规定及时向所在地人民政府或者人民政府有关部门报告。

第二十三条 **【高危行业企业预防突发事件的义务】**矿山、建筑施工单位和易燃易爆物品、危险化学品、放射性物品等危险物品的生产、经营、储运、使用单位，应当制定具体应急预案，并对生产经营场所、有危险物品的建筑物、构筑物及周边环境开展隐患排查，及时采取措施消除隐患，防止发生突发事件。

第二十四条 **【公共交通工具、公共场所和其他人员密集场所的经营单位或者管理单位预防突发事件的义务】**公共交通工具、公共场所和其他人员密集场所的经营单位或者管理单位应当制定具体应急预案，为交通工具和有关场所配备报警装置和必要的应急救援设备、设施，注明其使用方法，并显著标明安全撤离的通道、路线，保证安全通道、出口的畅通。

有关单位应当定期检测、维护其报警装置和应急救援设备、设施，使其处于良好状态，确保正常使用。

第二十五条 **【突发事件应急管理培训】**县级以上人民政府应当建立健全突发事件应急管理培训制度，对人民政府及其有关部门负有处置突发事件职责的工作人员定期进行培训。

第二十六条 **【应急救援队伍建设】**县级以上人民政府应当整合应急资源，建立或者确定综合性应急救援队伍。人民政府有关部门可以根据实际需要设立专业应急救援队伍。

县级以上人民政府及其有关部门可以建立由成年志愿者组成的应急救援队伍。单位应当建立由本单位职工组成的专职或者兼职应急救援队伍。

县级以上人民政府应当加强专业应急救援队伍与非专业应急救援队伍的合作，联合培训、联合演练，提高合成应急、协同应急的能力。

第二十七条 **【政府和有关单位对专业应急救援人员的人身保障职责】**国务院有关部门、县级以上地方各级人民政府及其有关部门、有关单位应当为专业应急救援人员购买人身意外伤害保险，配备必要的防护装备和器材，减少应急救援人员的人身风险。

第二十八条 **【军队、武警和民兵组织开展应急救援专门训练】**中国人民解放军、中国人民武装警察部队和民兵组织应当有计划地组织开展应急救援的专门训练。

第二十九条 **【应急知识的宣传普及和应急演练】**县级人民政府及其有关部门、乡级人民政府、街道办事处应当组织开展应急知识的宣传普及活动和必要的应急演练。

居民委员会、村民委员会、企业事业单位应当根据所在地人民政府的要求，结合各自的实际情况，开展有关突发事件应急知识的宣传普及活动和必要的应急演练。

新闻媒体应当无偿开展突发事件预防与应急、自救与互救知识的公益宣传。

第三十条 **【学校开展应急知识教育】**各级各类学校应当把应急知识教育纳入教学内容，对学生进行应急知识教育，培养学生的安全意识和自救与互救能力。

教育主管部门应当对学校开展应急知识教育进行指导和监督。

第三十一条 **【突发事件应对工作的经费保障】**国务院和县级以上地方各级人

民政府应当采取财政措施，保障突发事件应对工作所需经费。

第三十二条 【应急物资储备】国家建立健全应急物资储备保障制度，完善重要应急物资的监管、生产、储备、调拨和紧急配送体系。

设区的市级以上人民政府和突发事件易发、多发地区的县级人民政府应当建立应急救援物资、生活必需品和应急处置装备的储备制度。

县级以上地方各级人民政府应当根据本地区的实际情况，与有关企业签订协议，保障应急救援物资、生活必需品和应急处置装备的生产、供给。

第三十三条 【应急通信保障】国家建立健全应急通信保障体系，完善公用通信网，建立有线与无线相结合、基础电信网络与机动通信系统相配套的应急通信系统，确保突发事件应对工作的通信畅通。

第三十四条 【公众支持和捐赠】国家鼓励公民、法人和其他组织为人民政府应对突发事件工作提供物资、资金、技术支持和捐赠。

第三十五条 【国家发展保险事业】国家发展保险事业，建立国家财政支持的巨灾风险保险体系，并鼓励单位和公民参加保险。

第三十六条 【人才培养和技术开发】国家鼓励、扶持具备相应条件的教学科研机构培养应急管理专门人才，鼓励、扶持教学科研机构和有关企业研究开发用于突发事件预防、监测、预警、应急处置与救援的新技术、新设备和新工具。

第三章 监测与预警

第三十七条 【统一的突发事件信息系统】国务院建立全国统一的突发事件信息系统。

县级以上地方各级人民政府应当建立或者确定本地区统一的突发事件信息系统，汇集、储存、分析、传输有关突发事件的信息，并与上级人民政府及其有关部门、下级人民政府及其有关部门、专业机构和监测网点的突发事件信息系统实现互联互通，加强跨部门、跨地区的信息交流与情报合作。

第三十八条 【信息收集和报告途径】县级以上人民政府及其有关部门、专业机构应当通过多种途径收集突发事件信息。

县级人民政府应当在居民委员会、村民委员会和有关单位建立专职或者兼职信息报告员制度。

获悉突发事件信息的公民、法人或者其他组织，应当立即向所在地人民政府、有关主管部门或者指定的专业机构报告。

第三十九条 【突发事件信息报告与通报】地方各级人民政府应当按照国家有关规定向上级人民政府报送突发事件信息。县级以上人民政府有关主管部门应当向本级人民政府相关部门通报突发事件信息。专业机构、监测网点和信息报告员应当及时向所在地人民政府及其有关主管部门报告突发事件信息。

有关单位和人员报送、报告突发事件信息，应当做到及时、客观、真实，不得迟报、谎报、瞒报、漏报。

第四十条 【突发事件隐患和预警信息会商、评估与报告】县级以上地方各级人民政府应当及时汇总分析突发事件隐患和预警信息，必要时组织相关部门、专业技术人员、专家学者进行会商，对发生突发事件的可能性及其可能造成的影响进行评估；认为可能发生重大或者特别重大突发事件的，应当立即向上级人民政府报告，并向上级人民政府有关部门、当地驻军和可能受到危害的毗邻或者相关地区的人民政府通报。

第四十一条 【突发事件监测制度】国家建立健全突发事件监测制度。

县级以上人民政府及其有关部门应当根据自然灾害、事故灾难和公共卫生事件的种类和特点，建立健全基础信息数据库，完善监测网络，划分监测区域，确定监测点，明确监测项目，提供必要的设备、设施，配备专职或者兼职人员，对可能发生的突发事件进行监测。

第四十二条 【突发事件预警制度】国家建立健全突发事件预警制度。

可以预警的自然灾害、事故灾难和公共卫生事件的预警级别，按照突发事件发生的紧急程度、发展势态和可能造成的危害程度分为一级、二级、三级和四级，分别用红色、橙色、黄色和蓝色标示，一级为最高级别。

预警级别的划分标准由国务院或者国务院确定的部门制定。

第四十三条 【发布预警】可以预警的自然灾害、事故灾难或者公共卫生事件即将发生或者发生的可能性增大时，县级以上地方各级人民政府应当根据有关法律、行政法规和国务院规定的权限和程序，发布相应级别的警报，决定并宣布有关地区进入预警期，同时向上一级人民政府报告，必要时可以越级上报，并向当地驻军和可能受到危害的毗邻或者相关地区的人民政府通报。

第四十四条 【三级、四级预警期内的应对措施】发布三级、四级警报，宣布进入预警期后，县级以上地方各级人民政府应当根据即将发生的突发事件的特点和可能造成的危害，采取下列措施：

（一）启动应急预案；

（二）责令有关部门、专业机构、监测网点和负有特定职责的人员及时收集、报告有关信息，向社会公布反映突发事件信息的渠道，加强对突发事件发生、发展情况的监测、预报和预警工作；

（三）组织有关部门和机构、专业技术人员、有关专家学者，随时对突发事件信息进行分析评估，预测发生突发事件可能性的大小、影响范围和强度以及可能发生的突发事件的级别；

（四）定时向社会发布与公众有关的突发事件预测信息和分析评估结果，并对相关信息的报道工作进行管理；

（五）及时按照有关规定向社会发布可能受到突发事件危害的警告，宣传避免、减轻危害的常识，公布咨询电话。

第四十五条　【一级、二级预警期内的应对措施】发布一级、二级警报，宣布进入预警期后，县级以上地方各级人民政府除采取本法第四十四条规定的措施外，还应当针对即将发生的突发事件的特点和可能造成的危害，采取下列一项或者多项措施：

（一）责令应急救援队伍、负有特定职责的人员进入待命状态，并动员后备人员做好参加应急救援和处置工作的准备；

（二）调集应急救援所需物资、设备、工具，准备应急设施和避难场所，并确保其处于良好状态、随时可以投入正常使用；

（三）加强对重点单位、重要部位和重要基础设施的安全保卫，维护社会治安秩序；

（四）采取必要措施，确保交通、通信、供水、排水、供电、供气、供热等公共设施的安全和正常运行；

（五）及时向社会发布有关采取特定措施避免或者减轻危害的建议、劝告；

（六）转移、疏散或者撤离易受突发事件危害的人员并予以妥善安置，转移重要财产；

（七）关闭或者限制使用易受突发事件危害的场所，控制或者限制容易导致危害扩大的公共场所的活动；

（八）法律、法规、规章规定的其他必要的防范性、保护性措施。

第四十六条　【社会安全事件上报制度】对即将发生或者已经发生的社会安全事件，县级以上地方各级人民政府及其有关主管部门应当按照规定向上一级人民政府及其有关主管部门报告，必要时可以越级上报。

第四十七条　【预警级别调整和预警解除】发布突发事件警报的人民政府应当根据事态的发展，按照有关规定适时调整预警级别并重新发布。

有事实证明不可能发生突发事件或者危险已经解除的，发布警报的人民政府应当立即宣布解除警报，终止预警期，并解除已经采取的有关措施。

第四章　应急处置与救援

第四十八条　【采取应急处置措施的要求】突发事件发生后，履行统一领导职责或者组织处置突发事件的人民政府应当针对其性质、特点和危害程度，立即组织有关部门，调动应急救援队伍和社会力量，依照本章的规定和有关法律、法规、规章的规定采取应急处置措施。

第四十九条　【自然灾害、事故灾难或者公共卫生事件的应急处置措施】自然灾害、事故灾难或者公共卫生事件发生后，履行统一领导职责的人民政府可以采取下列一项或者多项应急处置措施：

（一）组织营救和救治受害人员，疏散、撤离并妥善安置受到威胁的人员以及采取其他救助措施；

（二）迅速控制危险源，标明危险区域，封锁危险场所，划定警戒区，实行交通管制以及其他控制措施；

（三）立即抢修被损坏的交通、通信、供水、排水、供电、供气、供热等公共设施，向受到危害的人员提供避难场所和生活必需品，实施医疗救护和卫生防疫以及其他保障措施；

（四）禁止或者限制使用有关设备、设施，关闭或者限制使用有关场所，中止人员密集的活动或者可能导致危害扩大的生产经营活动以及采取其他保护措施；

（五）启用本级人民政府设置的财政预备费和储备的应急救援物资，必要时调用其他急需物资、设备、设施、工具；

（六）组织公民参加应急救援和处置工作，要求具有特定专长的人员提供服务；

（七）保障食品、饮用水、燃料等基本生活必需品的供应；

（八）依法从严惩处囤积居奇、哄抬物价、制假售假等扰乱市场秩序的行为，稳定市场价格，维护市场秩序；

（九）依法从严惩处哄抢财物、干扰破坏应急处置工作等扰乱社会秩序的行为，维护社会治安；

（十）采取防止发生次生、衍生事件的必要措施。

第五十条　【社会安全事件的应急处置措施】社会安全事件发生后，组织处置工作的人民政府应当立即组织有关部门并由公安机关针对事件的性质和特点，依照有关法律、行政法规和国家其他有关规定，采取下列一项或者多项应急处置措施：

（一）强制隔离使用器械相互对抗或者以暴力行为参与冲突的当事人，妥善解决现场纠纷和争端，控制事态发展；

（二）对特定区域内的建筑物、交通工具、设备、设施以及燃料、燃气、电力、水的供应进行控制；

（三）封锁有关场所、道路，查验现场人员的身份证件，限制有关公共场所内的活动；

（四）加强对易受冲击的核心机关和单位的警卫，在国家机关、军事机关、国家通讯社、广播电台、电视台、外国驻华使领馆等单位附近设置临时警戒线；

（五）法律、行政法规和国务院规定的其他必要措施。

严重危害社会治安秩序的事件发生时，公安机关应当立即依法出动警力，根据现场情况依法采取相应的强制性措施，尽快使社会秩序恢复正常。

第五十一条　【发生严重影响国民经济正常运行的突发事件的应急处置措施】 发生突发事件，严重影响国民经济正常运行时，国务院或者国务院授权的有关主管部门可以采取保障、控制等必要的应急措施，保障人民群众的基本生活需要，最大限度地减轻突发事件的影响。

第五十二条　【应急处置中的征用、征集和组织生产、运输】 履行统一领导职责或者组织处置突发事件的人民政府，必要时可以向单位和个人征用应急救援所需设备、设施、场地、交通工具和其他物资，请求其他地方人民政府提供人力、物力、财力或者技术支援，要求生产、供应生活必需品和应急救援物资的企业组织生产、保证供给，要求提供医疗、交通等公共服务的组织提供相应的服务。

履行统一领导职责或者组织处置突发事件的人民政府，应当组织协调运输经营单位，优先运送处置突发事件所需物资、设备、工具、应急救援人员和受到突发事件危害的人员。

第五十三条　【发布突发事件事态发展和应急处置工作的信息】 履行统一领导职责或者组织处置突发事件的人民政府，应当按照有关规定统一、准确、及时发布有关突发事件事态发展和应急处置工作的信息。

第五十四条　【禁止编造、传播虚假信息】 任何单位和个人不得编造、传播有关突发事件事态发展或者应急处置工作的虚假信息。

第五十五条　【居委会、村委会和其他组织在突发事件应急处置中的义务】 突发事件发生地的居民委员会、村民委员会和其他组织应当按照当地人民政府的决定、命令，进行宣传动员，组织群众开展自救和互救，协助维护社会秩序。

第五十六条　【有关单位在突发事件应急处置中的义务】 受到自然灾害危害或者发生事故灾难、公共卫生事件的单位，应当立即组织本单位应急救援队伍和工作人员营救受害人员，疏散、撤离、安置受到威胁的人员，控制危险源，标明危险区域，封锁危险场所，并采取其他防止危害扩大的必要措施，同时向所在地县级人民政府报告；对因本单位的问题引发的或者主体是本单位人员的社会安全事件，有关单位应当按照规定上报情况，并迅速派出负责人赶赴现场开展劝解、疏导工作。

突发事件发生地的其他单位应当服从人民政府发布的决定、命令，配合人民政府采取的应急处置措施，做好本单位的应急救援工作，并积极组织人员参加所在地的应急救援和处置工作。

第五十七条　【公民在突发事件应急处置中的义务】突发事件发生地的公民应当服从人民政府、居民委员会、村民委员会或者所属单位的指挥和安排，配合人民政府采取的应急处置措施，积极参加应急救援工作，协助维护社会秩序。

第五章　事后恢复与重建

第五十八条　【应急处置措施的停止】突发事件的威胁和危害得到控制或者消除后，履行统一领导职责或者组织处置突发事件的人民政府应当停止执行依照本法规定采取的应急处置措施，同时采取或者继续实施必要措施，防止发生自然灾害、事故灾难、公共卫生事件的次生、衍生事件或者重新引发社会安全事件。

第五十九条　【恢复与重建中政府的职责】突发事件应急处置工作结束后，履行统一领导职责的人民政府应当立即组织对突发事件造成的损失进行评估，组织受影响地区尽快恢复生产、生活、工作和社会秩序，制定恢复重建计划，并向上一级人民政府报告。

受突发事件影响地区的人民政府应当及时组织和协调公安、交通、铁路、民航、邮电、建设等有关部门恢复社会治安秩序，尽快修复被损坏的交通、通信、供水、排水、供电、供气、供热等公共设施。

第六十条　【恢复与重建中上一级政府的职责】受突发事件影响地区的人民政府开展恢复重建工作需要上一级人民政府支持的，可以向上一级人民政府提出请求。上一级人民政府应当根据受影响地区遭受的损失和实际情况，提供资金、物资支持和技术指导，组织其他地区提供资金、物资和人力支援。

第六十一条　【恢复与重建中的善后工作】国务院根据受突发事件影响地区遭受损失的情况，制定扶持该地区有关行业发展的优惠政策。

受突发事件影响地区的人民政府应当根据本地区遭受损失的情况，制定救助、补偿、抚慰、抚恤、安置等善后工作计划并组织实施，妥善解决因处置突发事件引发的矛盾和纠纷。

公民参加应急救援工作或者协助维护社会秩序期间，其在本单位的工资待遇和福利不变；表现突出、成绩显著的，由县级以上人民政府给予表彰或者奖励。

县级以上人民政府对在应急救援工作中伤亡的人员依法给予抚恤。

第六十二条 **【事后查明原因总结经验】**履行统一领导职责的人民政府应当及时查明突发事件的发生经过和原因，总结突发事件应急处置工作的经验教训，制定改进措施，并向上一级人民政府提出报告。

第六章 法律责任

第六十三条 **【政府和政府有关部门的行政责任】**地方各级人民政府和县级以上各级人民政府有关部门违反本法规定，不履行法定职责的，由其上级行政机关或者监察机关责令改正；有下列情形之一的，根据情节对直接负责的主管人员和其他直接责任人员依法给予处分：

（一）未按规定采取预防措施，导致发生突发事件，或者未采取必要的防范措施，导致发生次生、衍生事件的；

（二）迟报、谎报、瞒报、漏报有关突发事件的信息，或者通报、报送、公布虚假信息，造成后果的；

（三）未按规定及时发布突发事件警报、采取预警期的措施，导致损害发生的；

（四）未按规定及时采取措施处置突发事件或者处置不当，造成后果的；

（五）不服从上级人民政府对突发事件应急处置工作的统一领导、指挥和协调的；

（六）未及时组织开展生产自救、恢复重建等善后工作的；

（七）截留、挪用、私分或者变相私分应急救援资金、物资的；

（八）不及时归还征用的单位和个人的财产，或者对被征用财产的单位和个人不按规定给予补偿的。

第六十四条 **【有关单位的法律责任】**有关单位有下列情形之一的，由所在地履行统一领导职责的人民政府责令停产停业，暂扣或者吊销许可证或者营业执照，并处五万元以上二十万元以下的罚款；构成违反治安管理行为的，由公安机关依法给予处罚：

（一）未按规定采取预防措施，导致发生严重突发事件的；

（二）未及时消除已发现的可能引发突发事件的隐患，导致发生严重突发事件的；

（三）未做好应急设备、设施日常维护、检测工作，导致发生严重突发事件或者突发事件危害扩大的；

（四）突发事件发生后，不及时组织开展应急救援工作，造成严重后果的。

前款规定的行为，其他法律、行政法规规定由人民政府有关部门依法决定处罚的，从其规定。

第六十五条 **【编造、传播虚假信息的法律责任】**违反本法规定，编造并传播有关突发事件事态发展或者应急处置工作的虚假信息，或者明知是有关突发事件事态发展或者应急处置工作的虚假信息而进行传播的，责令改正，给予警告；造成严重后果的，依法暂停其业务活动或者吊销其执业许可证；负有直接责任的人员是国家工作人员的，还应当对其依法给予处分；构成违反治安管理行为的，由公安机关依法给予处罚。

第六十六条 **【违反本法规定的治安管理处罚】**单位或者个人违反本法规定，不服从所在地人民政府及其有关部门发布的决定、命令或者不配合其依法采取的措施，构成违反治安管理行为的，由公安机关依法给予处罚。

第六十七条 **【违反本法规定的民事责任】**单位或者个人违反本法规定，导致突发事件发生或者危害扩大，给他人人身、财产造成损害的，应当依法承担民事责任。

第六十八条 **【违反本法规定的刑事责任】**违反本法规定，构成犯罪的，依法追究刑事责任。

第七章 附 则

第六十九条 **【因发生突发事件进入紧急状态的条件、程序和紧急状态期间的非常措施】**发生特别重大突发事件，对人民生命财产安全、国家安全、公共安全、环境安全或者社会秩序构成重大威胁，采取本法和其他有关法律、法规、规章规定的应急处置措施不能消除或者有效控制、减轻其严重社会危害，需要进入紧急状态的，由全国人民代表大会常务委员会或者国务院依照宪法和其他有关法律规定的权限和程序决定。

紧急状态期间采取的非常措施，依照有关法律规定执行或者由全国人民代表大会常务委员会另行规定。

第七十条 **【施行日期】**本法自 2007 年 11 月 1 日起施行。

中华人民共和国枪支管理法

1. 1996年7月5日第八届全国人民代表大会常务委员会第二十次会议通过
2. 根据2009年8月27日第十一届全国人民代表大会常务委员会第十次会议《关于修改部分法律的决定》第一次修正
3. 根据2015年4月24日第十二届全国人民代表大会常务委员会第十四次会议《关于修改〈中华人民共和国港口法〉等七部法律的决定》第二次修正

目　　录

第一章　总　　则
第二章　枪支的配备和配置
第三章　枪支的制造和民用枪支的配售
第四章　枪支的日常管理
第五章　枪支的运输
第六章　枪支的入境和出境
第七章　法律责任
第八章　附　　则

第一章　总　　则

第一条　【立法目的】为了加强枪支管理，维护社会治安秩序，保障公共安全，制定本法。

第二条　【适用范围】中华人民共和国境内的枪支管理，适用本法。

对中国人民解放军、中国人民武装警察部队和民兵装备枪支的管理，国务院、中央军事委员会另有规定的，适用有关规定。

第三条　【严格管制枪支】国家严格管制枪支。禁止任何单位或者个人违反法律规定持有、制造（包括变造、装配）、买卖、运输、出租、出借枪支。

国家严厉惩处违反枪支管理的违法犯罪行为。任何单位和个人对违反枪支管理的行为有检举的义务。国家对检举人给予保护，对检举违反枪支管理犯罪活动有功的人员，给予奖励。

第四条　【枪支管理工作的主管机构】国务院公安部门主管全国的枪支管理工作。县级以上地方各级人民政府公安机关主管本行政区域内的枪支管理工作。

上级人民政府公安机关监督下级人民政府公安机关的枪支管理工作。

第二章　枪支的配备和配置

第五条　【配备公务用枪的范围】公安机关、国家安全机关、监狱、劳动教养机关的人民警察，人民法院的司法警察，人民检察院的司法警察和担负案件侦查任务的检察人员，海关的缉私人员，在依法履行职责时确有必要使用枪支的，可以配备公务用枪。

国家重要的军工、金融、仓储、科研等单位的专职守护、押运人员在执行守护、押运任务时确有必要使用枪支的，可以配备公务用枪。

配备公务用枪的具体办法，由国务院公安部门会同其他有关国家机关按照严格控制的原则制定，报国务院批准后施行。

第六条　【配置民用枪支的范围】下列单位可以配置民用枪支：

（一）经省级人民政府体育行政主管部门批准专门从事射击竞技体育运动的单位、经省级人民政府公安机关批准的营业性射击场，可以配置射击运动枪支；

（二）经省级以上人民政府林业行政主管部门批准的狩猎场，可以配置猎枪；

（三）野生动物保护、饲养、科研单位因业务需要，可以配置猎枪、麻醉注射枪。

猎民在猎区、牧民在牧区，可以申请配置猎枪。猎区和牧区的区域由省级人民政府划定。

配置民用枪支的具体办法，由国务院公安部门按照严格控制的原则制定，报国务院批准后施行。

第七条　【配备公务用枪的审批与证件发放】配备公务用枪，由国务院公安部门或者省级人民政府公安机关审批。

配备公务用枪时，由国务院公安部门或者省级人民政府公安机关发给公务用枪持枪证件。

第八条　【配置射击运动枪支】专门从事射击竞技体育运动的单位配置射击运动枪支，由国务院体育行政主管部门提出，由国务院公安部门审批。营业性射击场配置射击运动枪支，由省级人民政府公安机关报国务院公安部门批准。

配置射击运动枪支时，由省级人民政府公安机关发给民用枪支持枪证件。

第九条　【狩猎场配置猎枪】狩猎场配置猎枪，凭省级以上人民政府林业行政主管部门的批准文件，报省级以上人民政府公安机关审批，由设区的市级人民政府公安机关核发民用枪支配购证件。

第十条 【野生动物保护、饲养、科研单位与猎民、牧民配置猎枪、麻醉注射枪】野生动物保护、饲养、科研单位申请配置猎枪、麻醉注射枪的，应当凭其所在地的县级人民政府野生动物行政主管部门核发的狩猎证或者特许猎捕证和单位营业执照，向所在地的县级人民政府公安机关提出；猎民申请配置猎枪的，应当凭其所在地的县级人民政府野生动物行政主管部门核发的狩猎证和个人身份证件，向所在地的县级人民政府公安机关提出；牧民申请配置猎枪的，应当凭个人身份证件，向所在地的县级人民政府公安机关提出。

受理申请的公安机关审查批准后，应当报请设区的市级人民政府公安机关核发民用枪支配购证件。

第十一条 【申请领取民用枪支持枪证件】配购猎枪、麻醉注射枪的单位和个人，必须在配购枪支后三十日内向核发民用枪支配购证件的公安机关申请领取民用枪支持枪证件。

第十二条 【禁止携带出场、区】营业性射击场、狩猎场配置的民用枪支不得携带出营业性射击场、狩猎场。

猎民、牧民配置的猎枪不得携带出猎区、牧区。

第三章 枪支的制造和民用枪支的配售

第十三条 【特别许可制度】国家对枪支的制造、配售实行特别许可制度。未经许可，任何单位或者个人不得制造、买卖枪支。

第十四条 【公务用枪的制造】公务用枪，由国家指定的企业制造。

第十五条 【民用枪支的制造、配售】制造民用枪支的企业，由国务院有关主管部门提出，由国务院公安部门确定。

配售民用枪支的企业，由省级人民政府公安机关确定。

制造民用枪支的企业，由国务院公安部门核发民用枪支制造许可证件。配售民用枪支的企业，由省级人民政府公安机关核发民用枪支配售许可证件。

民用枪支制造许可证件、配售许可证件的有效期为三年；有效期届满，需要继续制造、配售民用枪支的，应当重新申请领取许可证件。

第十六条 【制造、配售民用枪支的限额管理】国家对制造、配售民用枪支的数量，实行限额管理。

制造民用枪支的年度限额，由国务院林业、体育等有关主管部门、省级人民政府公安机关提出，由国务院公安部门确定并统一编制民用枪支序号，下达到民用枪支制造企业。

配售民用枪支的年度限额，由国务院林业、体育等有关主管部门、省级人民政府公安机关提出，由国务院公安部门确定并下达到民用枪支配售企业。

第十七条 【不得自行销售与配售限额内配售】 制造民用枪支的企业不得超过限额制造民用枪支，所制造的民用枪支必须全部交由指定的民用枪支配售企业配售，不得自行销售。配售民用枪支的企业应当在配售限额内，配售指定的企业制造的民用枪支。

第十八条 【制造民用枪支的要求】 制造民用枪支的企业，必须严格按照国家规定的技术标准制造民用枪支，不得改变民用枪支的性能和结构；必须在民用枪支指定部位铸印制造厂的厂名、枪种代码和国务院公安部门统一编制的枪支序号，不得制造无号、重号、假号的民用枪支。

制造民用枪支的企业必须实行封闭式管理，采取必要的安全保卫措施，防止民用枪支以及民用枪支零部件丢失。

第十九条 【配售民用枪支的要求】 配售民用枪支，必须核对配购证件，严格按照配购证件载明的品种、型号和数量配售；配售弹药，必须核对持枪证件。民用枪支配售企业必须按照国务院公安部门的规定建立配售帐册，长期保管备查。

第二十条 【定期检查】 公安机关对制造、配售民用枪支的企业制造、配售、储存和帐册登记等情况，必须进行定期检查；必要时，可以派专人驻厂对制造企业进行监督、检查。

第二十一条 【民用枪支的研制和定型】 民用枪支的研制和定型，由国务院有关业务主管部门会同国务院公安部门组织实施。

第二十二条 【禁止制造、销售仿真枪】 禁止制造、销售仿真枪。

第四章 枪支的日常管理

第二十三条 【妥善保管枪支】 配备、配置枪支的单位和个人必须妥善保管枪支，确保枪支安全。

配备、配置枪支的单位，必须明确枪支管理责任，指定专人负责，应当有牢固的专用保管设施，枪支、弹药应当分开存放。对交由个人使用的枪支，必须建立严格的枪支登记、交接、检查、保养等管理制度，使用完毕，及时收回。

配备、配置给个人使用的枪支，必须采取有效措施，严防被盗、被抢、丢失或者发生其他事故。

第二十四条 【合法、安全使用枪支】 使用枪支的人员，必须掌握枪支的性能，遵守使用枪支的有关规定，保证枪支的合法、安全使用。使用公务用枪的人员，必须经过专门培训。

第二十五条　【必须遵守的规定】配备、配置枪支的单位和个人必须遵守下列规定：

（一）携带枪支必须同时携带持枪证件，未携带持枪证件的，由公安机关扣留枪支；

（二）不得在禁止携带枪支的区域、场所携带枪支；

（三）枪支被盗、被抢或者丢失的，立即报告公安机关。

第二十六条　【收回或上缴枪支和持枪证件】配备公务用枪的人员不再符合持枪条件时，由所在单位收回枪支和持枪证件。

配置民用枪支的单位和个人不再符合持枪条件时，必须及时将枪支连同持枪证件上缴核发持枪证件的公安机关；未及时上缴的，由公安机关收缴。

第二十七条　【枪支的报废与销毁】不符合国家技术标准、不能安全使用的枪支，应当报废。配备、持有枪支的单位和个人应当将报废的枪支连同持枪证件上缴核发持枪证件的公安机关；未及时上缴的，由公安机关收缴。报废的枪支应当及时销毁。

销毁枪支，由省级人民政府公安机关负责组织实施。

第二十八条　【查验制度】国家对枪支实行查验制度。持有枪支的单位和个人，应当在公安机关指定的时间、地点接受查验。公安机关在查验时，必须严格审查持枪单位和个人是否符合本法规定的条件，检查枪支状况及使用情况；对违法使用枪支、不符合持枪条件或者枪支应当报废的，必须收缴枪支和持枪证件。拒不接受查验的，枪支和持枪证件由公安机关收缴。

第二十九条　【特别管制措施】为了维护社会治安秩序的特殊需要，经国务院公安部门批准，县级以上地方各级人民政府公安机关可以对局部地区合法配备、配置的枪支采取集中保管等特别管制措施。

第五章　枪支的运输

第三十条　【运输枪支的许可】任何单位或者个人未经许可，不得运输枪支。需要运输枪支的，必须向公安机关如实申报运输枪支的品种、数量和运输的路线、方式，领取枪支运输许可证件。在本省、自治区、直辖市内运输的，向运往地设区的市级人民政府公安机关申请领取枪支运输许可证件；跨省、自治区、直辖市运输的，向运往地省级人民政府公安机关申请领取枪支运输许可证件。

没有枪支运输许可证件的，任何单位和个人都不得承运，并应当立即报告所在地公安机关。

公安机关对没有枪支运输许可证件或者没有按照枪支运输许可证件的规定运输枪支的，应当扣留运输的枪支。

第三十一条 【运输枪支的要求】运输枪支必须依照规定使用安全可靠的封闭式运输设备，由专人押运；途中停留住宿的，必须报告当地公安机关。

运输枪支、弹药必须依照规定分开运输。

第三十二条 【严禁邮寄枪支】严禁邮寄枪支，或者在邮寄的物品中夹带枪支。

第六章 枪支的入境和出境

第三十三条 【不得私自携带枪支入出境】国家严格管理枪支的入境和出境。任何单位或者个人未经许可，不得私自携带枪支入境、出境。

第三十四条 【外交代表机构、领事机构的人员携带枪支入出境】外国驻华外交代表机构、领事机构的人员携带枪支入境，必须事先报经中华人民共和国外交部批准；携带枪支出境，应当事先照会中华人民共和国外交部，办理有关手续。

依照前款规定携带入境的枪支，不得携带出所在的驻华机构。

第三十五条 【体育代表团携带射击运动枪支入出境】外国体育代表团入境参加射击竞技体育活动，或者中国体育代表团出境参加射击竞技体育活动，需要携带射击运动枪支入境、出境的，必须经国务院体育行政主管部门批准。

第三十六条 【其他人员携带枪支入出境的批准】本法第三十四条、第三十五条规定以外的其他人员携带枪支入境、出境，应当事先经国务院公安部门批准。

第三十七条 【经批准携带枪支入出境】经批准携带枪支入境的，入境时，应当凭批准文件在入境地边防检查站办理枪支登记，申请领取枪支携运许可证件，向海关申报，海关凭枪支携运许可证件放行；到达目的地后，凭枪支携运许可证件向设区的市级人民政府公安机关申请换发持枪证件。

经批准携带枪支出境的，出境时，应当凭批准文件向出境地海关申报，边防检查站凭批准文件放行。

第三十八条 【外国交通运输工具携带枪支入过境】外国交通运输工具携带枪支入境或者过境的，交通运输工具负责人必须向边防检查站申报，由边防检查站加封，交通运输工具出境时予以启封。

第七章 法律责任

第三十九条 【对未经许可制造、买卖、运输枪支的处罚】违反本法规定，未经许可制造、买卖或者运输枪支的，依照刑法有关规定追究刑事责任。

单位有前款行为的，对单位判处罚金，并对其直接负责的主管人员和其他直接责任人员依照刑法有关规定追究刑事责任。

第四十条　【枪支制造、销售企业违法的处罚】依法被指定、确定的枪支制造企业、销售企业，违反本法规定，有下列行为之一的，对单位判处罚金，并对其直接负责的主管人员和其他直接责任人员依照刑法有关规定追究刑事责任；公安机关可以责令其停业整顿或者吊销其枪支制造许可证件、枪支配售许可证件：

（一）超过限额或者不按照规定的品种制造、配售枪支的；

（二）制造无号、重号、假号的枪支的；

（三）私自销售枪支或者在境内销售为出口制造的枪支的。

第四十一条　【对非法持有、私藏、运输、携带枪支的处罚】违反本法规定，非法持有、私藏枪支的，非法运输、携带枪支入境、出境的，依照刑法有关规定追究刑事责任。

第四十二条　【对违法运输枪支的处罚】违反本法规定，运输枪支未使用安全可靠的运输设备、不设专人押运、枪支弹药未分开运输或者运输途中停留住宿不报告公安机关，情节严重的，依照刑法有关规定追究刑事责任；未构成犯罪的，由公安机关对直接责任人员处十五日以下拘留。

第四十三条　【对违法出租、出借枪支的处罚】违反枪支管理规定，出租、出借公务用枪的，依照刑法有关规定处罚。

单位有前款行为的，对其直接负责的主管人员和其他直接责任人员依照前款规定处罚。

配置民用枪支的单位，违反枪支管理规定，出租、出借枪支，造成严重后果或者有其他严重情节的，对其直接负责的主管人员和其他直接责任人员依照刑法有关规定处罚。

配置民用枪支的个人，违反枪支管理规定，出租、出借枪支，造成严重后果的，依照刑法有关规定处罚。

违反枪支管理规定，出租、出借枪支，情节轻微未构成犯罪的，由公安机关对个人或者单位负有直接责任的主管人员和其他直接责任人员处十五日以下拘留，可以并处五千元以下罚款；对出租、出借的枪支，应当予以没收。

第四十四条　【其他处罚情形】违反本法规定，有下列行为之一的，由公安机关对个人或者单位负有直接责任的主管人员和其他直接责任人员处警告或者十五日以下拘留；构成犯罪的，依法追究刑事责任：

（一）未按照规定的技术标准制造民用枪支的；

（二）在禁止携带枪支的区域、场所携带枪支的；

（三）不上缴报废枪支的；

（四）枪支被盗、被抢或者丢失，不及时报告的；

（五）制造、销售仿真枪的。

有前款第（一）项至第（三）项所列行为的，没收其枪支，可以并处五千元以下罚款；有前款第（五）项所列行为的，由公安机关、工商行政管理部门按照各自职责范围没收其仿真枪，可以并处制造、销售金额五倍以下的罚款，情节严重的，由工商行政管理部门吊销营业执照。

第四十五条　【对公安机关工作人员的处罚】公安机关工作人员有下列行为之一的，依法追究刑事责任；未构成犯罪的，依法给予行政处分：

（一）向本法第五条、第六条规定以外的单位和个人配备、配置枪支的；

（二）违法发给枪支管理证件的；

（三）将没收的枪支据为己有的；

（四）不履行枪支管理职责，造成后果的。

第八章　附　　则

第四十六条　【枪支】本法所称枪支，是指以火药或者压缩气体等为动力，利用管状器具发射金属弹丸或者其他物质，足以致人伤亡或者丧失知觉的各种枪支。

第四十七条　【气步枪、道具枪支、保存或展览枪支的管理办法】单位和个人为开展游艺活动，可以配置口径不超过 4.5 毫米的气步枪。具体管理办法由国务院公安部门制定。

制作影视剧使用的道具枪支的管理办法，由国务院公安部门会同国务院广播电影电视行政主管部门制定。

博物馆、纪念馆、展览馆保存或者展览枪支的管理办法，由国务院公安部门会同国务院有关行政主管部门制定。

第四十八条　【主要零部件和弹药的管理】制造、配售、运输枪支的主要零部件和用于枪支的弹药，适用本法的有关规定。

第四十九条　【枪支管理证件的制定】枪支管理证件由国务院公安部门制定。

第五十条　【施行日期】本法自 1996 年 10 月 1 日起施行。

国家突发公共事件总体应急预案

1. 2006年1月8日国务院发布
2. 自发布之日起施行

1 总 则

1.1 编制目的

提高政府保障公共安全和处置突发公共事件的能力，最大程度地预防和减少突发公共事件及其造成的损害，保障公众的生命财产安全，维护国家安全和社会稳定，促进经济社会全面、协调、可持续发展。

1.2 编制依据

依据宪法及有关法律、行政法规，制定本预案。

1.3 分类分级

本预案所称突发公共事件是指突然发生，造成或者可能造成重大人员伤亡、财产损失、生态环境破坏和严重社会危害，危及公共安全的紧急事件。

根据突发公共事件的发生过程、性质和机理，突发公共事件主要分为以下四类：

（1）自然灾害。主要包括水旱灾害，气象灾害，地震灾害，地质灾害，海洋灾害，生物灾害和森林草原火灾等。

（2）事故灾难。主要包括工矿商贸等企业的各类安全事故，交通运输事故，公共设施和设备事故，环境污染和生态破坏事件等。

（3）公共卫生事件。主要包括传染病疫情，群体性不明原因疾病，食品安全和职业危害，动物疫情，以及其他严重影响公众健康和生命安全的事件。

（4）社会安全事件。主要包括恐怖袭击事件，经济安全事件和涉外突发事件等。

各类突发公共事件按照其性质、严重程度、可控性和影响范围等因素，一般分为四级：Ⅰ级（特别重大）、Ⅱ级（重大）、Ⅲ级（较大）和Ⅳ级（一般）。

1.4 适用范围

本预案适用于涉及跨省级行政区划的，或超出事发地省级人民政府处置能力的特别重大突发公共事件应对工作。

本预案指导全国的突发公共事件应对工作。

1.5　工作原则

（1）以人为本，减少危害。切实履行政府的社会管理和公共服务职能，把保障公众健康和生命财产安全作为首要任务，最大程度地减少突发公共事件及其造成的人员伤亡和危害。

（2）居安思危，预防为主。高度重视公共安全工作，常抓不懈，防患于未然。增强忧患意识，坚持预防与应急相结合，常态与非常态相结合，做好应对突发公共事件的各项准备工作。

（3）统一领导，分级负责。在党中央、国务院的统一领导下，建立健全分类管理、分级负责，条块结合、属地管理为主的应急管理体制，在各级党委领导下，实行行政领导责任制，充分发挥专业应急指挥机构的作用。

（4）依法规范，加强管理。依据有关法律和行政法规，加强应急管理，维护公众的合法权益，使应对突发公共事件的工作规范化、制度化、法制化。

（5）快速反应，协同应对。加强以属地管理为主的应急处置队伍建设，建立联动协调制度，充分动员和发挥乡镇、社区、企事业单位、社会团体和志愿者队伍的作用，依靠公众力量，形成统一指挥、反应灵敏、功能齐全、协调有序、运转高效的应急管理机制。

（6）依靠科技，提高素质。加强公共安全科学研究和技术开发，采用先进的监测、预测、预警、预防和应急处置技术及设施，充分发挥专家队伍和专业人员的作用，提高应对突发公共事件的科技水平和指挥能力，避免发生次生、衍生事件；加强宣传和培训教育工作，提高公众自救、互救和应对各类突发公共事件的综合素质。

1.6　应急预案体系

全国突发公共事件应急预案体系包括：

（1）突发公共事件总体应急预案。总体应急预案是全国应急预案体系的总纲，是国务院应对特别重大突发公共事件的规范性文件。

（2）突发公共事件专项应急预案。专项应急预案主要是国务院及其有关部门为应对某一类型或某几种类型突发公共事件而制定的应急预案。

（3）突发公共事件部门应急预案。部门应急预案是国务院有关部门根据总体应急预案、专项应急预案和部门职责为应对突发公共事件制定的预案。

（4）突发公共事件地方应急预案。具体包括：省级人民政府的突发公共事件总体应急预案、专项应急预案和部门应急预案；各市（地）、县（市）人民政府及其基层政权组织的突发公共事件应急预案。上述预案在省级人民政府的领导下，按照分类管理、分级负责的原则，由地方人民政府及其有关部门分别制定。

（5）企事业单位根据有关法律法规制定的应急预案。

（6）举办大型会展和文化体育等重大活动，主办单位应当制定应急预案。

各类预案将根据实际情况变化不断补充、完善。

2 组织体系

2.1 领导机构

国务院是突发公共事件应急管理工作的最高行政领导机构。在国务院总理领导下，由国务院常务会议和国家相关突发公共事件应急指挥机构（以下简称相关应急指挥机构）负责突发公共事件的应急管理工作；必要时，派出国务院工作组指导有关工作。

2.2 办事机构

国务院办公厅设国务院应急管理办公室，履行值守应急、信息汇总和综合协调职责，发挥运转枢纽作用。

2.3 工作机构

国务院有关部门依据有关法律、行政法规和各自的职责，负责相关类别突发公共事件的应急管理工作。具体负责相关类别的突发公共事件专项和部门应急预案的起草与实施，贯彻落实国务院有关决定事项。

2.4 地方机构

地方各级人民政府是本行政区域突发公共事件应急管理工作的行政领导机构，负责本行政区域各类突发公共事件的应对工作。

2.5 专家组

国务院和各应急管理机构建立各类专业人才库，可以根据实际需要聘请有关专家组成专家组，为应急管理提供决策建议，必要时参加突发公共事件的应急处置工作。

3 运行机制

3.1 预测与预警

各地区、各部门要针对各种可能发生的突发公共事件，完善预测预警机制，建立预测预警系统，开展风险分析，做到早发现、早报告、早处置。

3.1.1 预警级别和发布

根据预测分析结果，对可能发生和可以预警的突发公共事件进行预警。预警级别依据突发公共事件可能造成的危害程度、紧急程度和发展势态，一般划分为四级：Ⅰ级（特别严重）、Ⅱ级（严重）、Ⅲ级（较重）和Ⅳ级（一般），依次用红色、橙色、黄色和蓝色表示。

预警信息包括突发公共事件的类别、预警级别、起始时间、可能影响范围、警示事项、应采取的措施和发布机关等。

预警信息的发布、调整和解除可通过广播、电视、报刊、通信、信息网络、警报器、宣传车或组织人员逐户通知等方式进行，对老、幼、病、残、孕等特殊人群以及学校等特殊场所和警报盲区应当采取有针对性的公告方式。

3.2 应急处置

3.2.1 信息报告

特别重大或者重大突发公共事件发生后，各地区、各部门要立即报告，最迟不得超过4小时，同时通报有关地区和部门。应急处置过程中，要及时续报有关情况。

3.2.2 先期处置

突发公共事件发生后，事发地的省级人民政府或者国务院有关部门在报告特别重大、重大突发公共事件信息的同时，要根据职责和规定的权限启动相关应急预案，及时、有效地进行处置，控制事态。

在境外发生涉及中国公民和机构的突发事件，我驻外使领馆、国务院有关部门和有关地方人民政府要采取措施控制事态发展，组织开展应急救援工作。

3.2.3 应急响应

对于先期处置未能有效控制事态的特别重大突发公共事件，要及时启动相关预案，由国务院相关应急指挥机构或国务院工作组统一指挥或指导有关地区、部门开展处置工作。

现场应急指挥机构负责现场的应急处置工作。

需要多个国务院相关部门共同参与处置的突发公共事件，由该类突发公共事件的业务主管部门牵头，其他部门予以协助。

3.2.4 应急结束

特别重大突发公共事件应急处置工作结束，或者相关危险因素消除后，现场应急指挥机构予以撤销。

3.3 恢复与重建

3.3.1 善后处置

要积极稳妥、深入细致地做好善后处置工作。对突发公共事件中的伤亡人员、应急处置工作人员，以及紧急调集、征用有关单位及个人的物资，要按照规定给予抚恤、补助或补偿，并提供心理及司法援助。有关部门要做好疫病防治和环境污染消除工作。保险监管机构督促有关保险机构及时做好有关单位和个人损失的理赔工作。

3.3.2 调查与评估

要对特别重大突发公共事件的起因、性质、影响、责任、经验教训和恢复重建等问题进行调查评估。

3.3.3 恢复重建

根据受灾地区恢复重建计划组织实施恢复重建工作。

3.4 信息发布

突发公共事件的信息发布应当及时、准确、客观、全面。事件发生的第一时间要向社会发布简要信息，随后发布初步核实情况、政府应对措施和公众防范措施等，并根据事件处置情况做好后续发布工作。

信息发布形式主要包括授权发布、散发新闻稿、组织报道、接受记者采访、举行新闻发布会等。

4 应急保障

各有关部门要按照职责分工和相关预案做好突发公共事件的应对工作，同时根据总体预案切实做好应对突发公共事件的人力、物力、财力、交通运输、医疗卫生及通信保障等工作，保证应急救援工作的需要和灾区群众的基本生活，以及恢复重建工作的顺利进行。

4.1 人力资源

公安（消防）、医疗卫生、地震救援、海上搜救、矿山救护、森林消防、防洪抢险、核与辐射、环境监控、危险化学品事故救援、铁路事故、民航事故、基础信息网络和重要信息系统事故处置，以及水、电、油、气等工程抢险救援队伍是应急救援的专业队伍和骨干力量。地方各级人民政府和有关部门、单位要加强应急救援队伍的业务培训和应急演练，建立联动协调机制，提高装备水平；动员社会团体、企事业单位以及志愿者等各种社会力量参与应急救援工作；增进国际间的交流与合作。要加强以乡镇和社区为单位的公众应急能力建设，发挥其在应对突发公共事件中的重要作用。

中国人民解放军和中国人民武装警察部队是处置突发公共事件的骨干和突击力量，按照有关规定参加应急处置工作。

4.2 财力保障

要保证所需突发公共事件应急准备和救援工作资金。对受突发公共事件影响较大的行业、企事业单位和个人要及时研究提出相应的补偿或救助政策。要对突发公共事件财政应急保障资金的使用和效果进行监管和评估。

鼓励自然人、法人或者其他组织（包括国际组织）按照《中华人民共和国公益事业捐赠法》等有关法律、法规的规定进行捐赠和援助。

4.3 物资保障

要建立健全应急物资监测网络、预警体系和应急物资生产、储备、调拨及紧急配送体系，完善应急工作程序，确保应急所需物资和生活用品的及时供应，并加强对物资储备的监督管理，及时予以补充和更新。

地方各级人民政府应根据有关法律、法规和应急预案的规定，做好物资储备工作。

4.4 基本生活保障

要做好受灾群众的基本生活保障工作，确保灾区群众有饭吃、有水喝、有衣穿、有住处、有病能得到及时医治。

4.5 医疗卫生保障

卫生部门负责组建医疗卫生应急专业技术队伍，根据需要及时赴现场开展医疗救治、疾病预防控制等卫生应急工作。及时为受灾地区提供药品、器械等卫生和医疗设备。必要时，组织动员红十字会等社会卫生力量参与医疗卫生救助工作。

4.6 交通运输保障

要保证紧急情况下应急交通工具的优先安排、优先调度、优先放行，确保运输安全畅通；要依法建立紧急情况社会交通运输工具的征用程序，确保抢险救灾物资和人员能够及时、安全送达。

根据应急处置需要，对现场及相关通道实行交通管制，开设应急救援“绿色通道”，保证应急救援工作的顺利开展。

4.7 治安维护

要加强对重点地区、重点场所、重点人群、重要物资和设备的安全保护，依法严厉打击违法犯罪活动。必要时，依法采取有效管制措施，控制事态，维护社会秩序。

4.8 人员防护

要指定或建立与人口密度、城市规模相适应的应急避险场所，完善紧急疏散管理办法和程序，明确各级责任人，确保在紧急情况下公众安全、有序的转移或疏散。

要采取必要的防护措施，严格按照程序开展应急救援工作，确保人员安全。

4.9 通信保障

建立健全应急通信、应急广播电视保障工作体系，完善公用通信网，建立有线和无线相结合、基础电信网络与机动通信系统相配套的应急通信系统，确保通信畅通。

4.10 公共设施

有关部门要按照职责分工，分别负责煤、电、油、气、水的供给，以及废水、废气、固体废弃物等有害物质的监测和处理。

4.11 科技支撑

要积极开展公共安全领域的科学研究；加大公共安全监测、预测、预警、预防和应急处置技术研发的投入，不断改进技术装备，建立健全公共安全应急技术平台，提高我国公共安全科技水平；注意发挥企业在公共安全领域的研发作用。

5 监督管理

5.1 预案演练

各地区、各部门要结合实际，有计划、有重点地组织有关部门对相关预案进行演练。

5.2 宣传和培训

宣传、教育、文化、广电、新闻出版等有关部门要通过图书、报刊、音像制品和电子出版物、广播、电视、网络等，广泛宣传应急法律法规和预防、避险、自救、互救、减灾等常识，增强公众的忧患意识、社会责任意识和自救、互救能力。各有关方面要有计划地对应急救援和管理人员进行培训，提高其专业技能。

5.3 责任与奖惩

突发公共事件应急处置工作实行责任追究制。

对突发公共事件应急管理工作中做出突出贡献的先进集体和个人要给予表彰和奖励。

对迟报、谎报、瞒报和漏报突发公共事件重要情况或者应急管理工作中有其他失职、渎职行为的，依法对有关责任人给予行政处分；构成犯罪的，依法追究刑事责任。

6 附　则

6.1 预案管理

根据实际情况的变化，及时修订本预案。

本预案自发布之日起实施。

突发事件应急预案管理办法

1. 2013年10月25日国务院办公厅印发
2. 国办发〔2013〕101号

第一章　总　　则

第一条　为规范突发事件应急预案（以下简称应急预案）管理，增强应急预案的针对性、实用性和可操作性，依据《中华人民共和国突发事件应对法》等法律、行政法规，制订本办法。

第二条　本办法所称应急预案，是指各级人民政府及其部门、基层组织、企事业单位、社会团体等为依法、迅速、科学、有序应对突发事件，最大程度减少突发事件及其造成的损害而预先制定的工作方案。

第三条　应急预案的规划、编制、审批、发布、备案、演练、修订、培训、宣传教育等工作，适用本办法。

第四条　应急预案管理遵循统一规划、分类指导、分级负责、动态管理的原则。

第五条　应急预案编制要依据有关法律、行政法规和制度，紧密结合实际，合理确定内容，切实提高针对性、实用性和可操作性。

第二章　分类和内容

第六条　应急预案按照制定主体划分，分为政府及其部门应急预案、单位和基层组织应急预案两大类。

第七条　政府及其部门应急预案由各级人民政府及其部门制定，包括总体应急预案、专项应急预案、部门应急预案等。

总体应急预案是应急预案体系的总纲，是政府组织应对突发事件的总体制度安排，由县级以上各级人民政府制定。

专项应急预案是政府为应对某一类型或某几种类型突发事件，或者针对重要目标物保护、重大活动保障、应急资源保障等重要专项工作而预先制定的涉及多个部门职责的工作方案，由有关部门牵头制订，报本级人民政府批准后印发实施。

部门应急预案是政府有关部门根据总体应急预案、专项应急预案和部门职责，为应对本部门（行业、领域）突发事件，或者针对重要目标物保护、重大活动保障、应急资源保障等涉及部门工作而预先制定的工作方案，由各级政府有关部门制定。

鼓励相邻、相近的地方人民政府及其有关部门联合制定应对区域性、流域性突发事件的联合应急预案。

第八条 总体应急预案主要规定突发事件应对的基本原则、组织体系、运行机制，以及应急保障的总体安排等，明确相关各方的职责和任务。

针对突发事件应对的专项和部门应急预案，不同层级的预案内容各有所侧重。国家层面专项和部门应急预案侧重明确突发事件的应对原则、组织指挥机制、预警分级和事件分级标准、信息报告要求、分级响应及响应行动、应急保障措施等，重点规范国家层面应对行动，同时体现政策性和指导性；省级专项和部门应急预案侧重明确突发事件的组织指挥机制、信息报告要求、分级响应及响应行动、队伍物资保障及调动程序、市县级政府职责等，重点规范省级层面应对行动，同时体现指导性；市县级专项和部门应急预案侧重明确突发事件的组织指挥机制、风险评估、监测预警、信息报告、应急处置措施、队伍物资保障及调动程序等内容，重点规范市（地）级和县级层面应对行动，体现应急处置的主体职能；乡镇街道专项和部门应急预案侧重明确突发事件的预警信息传播、组织先期处置和自救互救、信息收集报告、人员临时安置等内容，重点规范乡镇层面应对行动，体现先期处置特点。

针对重要基础设施、生命线工程等重要目标物保护的专项和部门应急预案，侧重明确风险隐患及防范措施、监测预警、信息报告、应急处置和紧急恢复等内容。

针对重大活动保障制定的专项和部门应急预案，侧重明确活动安全风险隐患及防范措施、监测预警、信息报告、应急处置、人员疏散撤离组织和路线等内容。

针对为突发事件应对工作提供队伍、物资、装备、资金等资源保障的专项和部门应急预案，侧重明确组织指挥机制、资源布局、不同种类和级别突发事件发生后的资源调用程序等内容。

联合应急预案侧重明确相邻、相近地方人民政府及其部门间信息通报、处置措施衔接、应急资源共享等应急联动机制。

第九条 单位和基层组织应急预案由机关、企业、事业单位、社会团体和居委会、村委会等法人和基层组织制定，侧重明确应急响应责任人、风险隐患监测、信息报告、预警响应、应急处置、人员疏散撤离组织和路线、可调用或可请求援助的应急资源情况及如何实施等，体现自救互救、信息报告和先期处置特点。

大型企业集团可根据相关标准规范和实际工作需要，参照国际惯例，建立本集团应急预案体系。

第十条 政府及其部门、有关单位和基层组织可根据应急预案，并针对突发事件现场处置工作灵活制定现场工作方案，侧重明确现场组织指挥机制、应急队伍分工、不同情况下的应对措施、应急装备保障和自我保障等内容。

第十一条 政府及其部门、有关单位和基层组织可结合本地区、本部门和本单位具体情况，编制应急预案操作手册，内容一般包括风险隐患分析、处置工作程序、响应措施、应急队伍和装备物资情况，以及相关单位联络人员和电话等。

第十二条 对预案应急响应是否分级、如何分级、如何界定分级响应措施等，由预案制定单位根据本地区、本部门和本单位的实际情况确定。

第三章 预 案 编 制

第十三条 各级人民政府应当针对本行政区域多发易发突发事件、主要风险等，制定本级政府及其部门应急预案编制规划，并根据实际情况变化适时修订完善。

单位和基层组织可根据应对突发事件需要，制定本单位、本基层组织应急预案编制计划。

第十四条 应急预案编制部门和单位应组成预案编制工作小组，吸收预案涉及主要部门和单位业务相关人员、有关专家及有现场处置经验的人员参加。编制工作小组组长由应急预案编制部门或单位有关负责人担任。

第十五条 编制应急预案应当在开展风险评估和应急资源调查的基础上进行。

（一）风险评估。针对突发事件特点，识别事件的危害因素，分析事件可能产生的直接后果以及次生、衍生后果，评估各种后果的危害程度，提出控制风险、治理隐患的措施。

（二）应急资源调查。全面调查本地区、本单位第一时间可调用的应急队伍、装备、物资、场所等应急资源状况和合作区域内可请求援助的应急资源状况，必要时对本地居民应急资源情况进行调查，为制定应急响应措施提供依据。

第十六条 政府及其部门应急预案编制过程中应当广泛听取有关部门、单位和专家的意见，与相关的预案作好衔接。涉及其他单位职责的，应当书面征求相关单位意见。必要时，向社会公开征求意见。

单位和基层组织应急预案编制过程中，应根据法律、行政法规要求或实际需要，征求相关公民、法人或其他组织的意见。

第四章　审批、备案和公布

第十七条　预案编制工作小组或牵头单位应当将预案送审稿及各有关单位复函和意见采纳情况说明、编制工作说明等有关材料报送应急预案审批单位。因保密等原因需要发布应急预案简本的，应当将应急预案简本一起报送审批。

第十八条　应急预案审核内容主要包括预案是否符合有关法律、行政法规，是否与有关应急预案进行了衔接，各方面意见是否一致，主体内容是否完备，责任分工是否合理明确，应急响应级别设计是否合理，应对措施是否具体简明、管用可行等。必要时，应急预案审批单位可组织有关专家对应急预案进行评审。

第十九条　国家总体应急预案报国务院审批，以国务院名义印发；专项应急预案报国务院审批，以国务院办公厅名义印发；部门应急预案由部门有关会议审议决定，以部门名义印发，必要时，可以由国务院办公厅转发。

地方各级人民政府总体应急预案应当经本级人民政府常务会议审议，以本级人民政府名义印发；专项应急预案应当经本级人民政府审批，必要时经本级人民政府常务会议或专题会议审议，以本级人民政府办公厅（室）名义印发；部门应急预案应当经部门有关会议审议，以部门名义印发，必要时，可以由本级人民政府办公厅（室）转发。

单位和基层组织应急预案须经本单位或基层组织主要负责人或分管负责人签发，审批方式根据实际情况确定。

第二十条　应急预案审批单位应当在应急预案印发后的20个工作日内依照下列规定向有关单位备案：

（一）地方人民政府总体应急预案报送上一级人民政府备案。

（二）地方人民政府专项应急预案抄送上一级人民政府有关主管部门备案。

（三）部门应急预案报送本级人民政府备案。

（四）涉及需要与所在地政府联合应急处置的中央单位应急预案，应当向所在地县级人民政府备案。

法律、行政法规另有规定的从其规定。

第二十一条　自然灾害、事故灾难、公共卫生类政府及其部门应急预案，应向社会公布。对确需保密的应急预案，按有关规定执行。

第五章　应急演练

第二十二条　应急预案编制单位应当建立应急演练制度，根据实际情况采取实战演练、桌面推演等方式，组织开展人员广泛参与、处置联动性强、形式多样、节约高效的应急演练。

专项应急预案、部门应急预案至少每3年进行一次应急演练。

地震、台风、洪涝、滑坡、山洪泥石流等自然灾害易发区域所在地政府，重要基础设施和城市供水、供电、供气、供热等生命线工程经营管理单位，矿山、建筑施工单位和易燃易爆物品、危险化学品、放射性物品等危险物品生产、经营、储运、使用单位，公共交通工具、公共场所和医院、学校等人员密集场所的经营单位或者管理单位等，应当有针对性地经常组织开展应急演练。

第二十三条 应急演练组织单位应当组织演练评估。评估的主要内容包括：演练的执行情况，预案的合理性与可操作性，指挥协调和应急联动情况，应急人员的处置情况，演练所用设备装备的适用性，对完善预案、应急准备、应急机制、应急措施等方面的意见和建议等。

鼓励委托第三方进行演练评估。

第六章 评估和修订

第二十四条 应急预案编制单位应当建立定期评估制度，分析评价预案内容的针对性、实用性和可操作性，实现应急预案的动态优化和科学规范管理。

第二十五条 有下列情形之一的，应当及时修订应急预案：

（一）有关法律、行政法规、规章、标准、上位预案中的有关规定发生变化的；

（二）应急指挥机构及其职责发生重大调整的；

（三）面临的风险发生重大变化的；

（四）重要应急资源发生重大变化的；

（五）预案中的其他重要信息发生变化的；

（六）在突发事件实际应对和应急演练中发现问题需要作出重大调整的；

（七）应急预案制定单位认为应当修订的其他情况。

第二十六条 应急预案修订涉及组织指挥体系与职责、应急处置程序、主要处置措施、突发事件分级标准等重要内容的，修订工作应参照本办法规定的预案编制、审批、备案、公布程序组织进行。仅涉及其他内容的，修订程序可根据情况适当简化。

第二十七条 各级政府及其部门、企事业单位、社会团体、公民等，可以向有关预案编制单位提出修订建议。

第七章 培训和宣传教育

第二十八条 应急预案编制单位应当通过编发培训材料、举办培训班、开展工作研讨等方式，对与应急预案实施密切相关的管理人员和专业救援人员等组织开展应急预案培训。

各级政府及其有关部门应将应急预案培训作为应急管理培训的重要内容，纳入领导干部培训、公务员培训、应急管理干部日常培训内容。

第二十九条 对需要公众广泛参与的非涉密的应急预案，编制单位应当充分利用互联网、广播、电视、报刊等多种媒体广泛宣传，制作通俗易懂、好记管用的宣传普及材料，向公众免费发放。

第八章 组织保障

第三十条 各级政府及其有关部门应对本行政区域、本行业（领域）应急预案管理工作加强指导和监督。国务院有关部门可根据需要编写应急预案编制指南，指导本行业（领域）应急预案编制工作。

第三十一条 各级政府及其有关部门、各有关单位要指定专门机构和人员负责相关具体工作，将应急预案规划、编制、审批、发布、演练、修订、培训、宣传教育等工作所需经费纳入预算统筹安排。

第九章 附 则

第三十二条 国务院有关部门、地方各级人民政府及其有关部门、大型企业集团等可根据实际情况，制定相关实施办法。

第三十三条 本办法由国务院办公厅负责解释。

第三十四条 本办法自印发之日起施行。

十四、核　安　全

中华人民共和国放射性污染防治法

1. 2003年6月28日第十届全国人民代表大会常务委员会第三次会议通过
2. 2003年6月28日中华人民共和国主席令第6号公布
3. 自2003年10月1日起施行

目　　录

第一章　总　　则
第二章　放射性污染防治的监督管理
第三章　核设施的放射性污染防治
第四章　核技术利用的放射性污染防治
第五章　铀（钍）矿和伴生放射性矿开发利用的放射性污染防治
第六章　放射性废物管理
第七章　法律责任
第八章　附　　则

第一章　总　　则

第一条　**【立法目的】**为了防治放射性污染，保护环境，保障人体健康，促进核能、核技术的开发与和平利用，制定本法。

第二条　**【调整范围】**本法适用于中华人民共和国领域和管辖的其他海域在核设施选址、建造、运行、退役和核技术、铀（钍）矿、伴生放射性矿开发利用过程中发生的放射性污染的防治活动。

第三条　**【工作方针】**国家对放射性污染的防治，实行预防为主、防治结合、严格管理、安全第一的方针。

第四条　**【科技开发和国际合作】**国家鼓励、支持放射性污染防治的科学研究和技术开发利用，推广先进的放射性污染防治技术。

国家支持开展放射性污染防治的国际交流与合作。

第五条　**【环保规划和宣传教育】**县级以上人民政府应当将放射性污染防治工

作纳入环境保护规划。

县级以上人民政府应当组织开展有针对性的放射性污染防治宣传教育，使公众了解放射性污染防治的有关情况和科学知识。

第六条 **【检举控告权】**任何单位和个人有权对造成放射性污染的行为提出检举和控告。

第七条 **【奖励】**在放射性污染防治工作中做出显著成绩的单位和个人，由县级以上人民政府给予奖励。

第八条 **【管理体制】**国务院环境保护行政主管部门对全国放射性污染防治工作依法实施统一监督管理。

国务院卫生行政部门和其他有关部门依据国务院规定的职责，对有关的放射性污染防治工作依法实施监督管理。

第二章 放射性污染防治的监督管理

第九条 **【防治标准】**国家放射性污染防治标准由国务院环境保护行政主管部门根据环境安全要求、国家经济技术条件制定。国家放射性污染防治标准由国务院环境保护行政主管部门和国务院标准化行政主管部门联合发布。

第十条 **【监测制度】**国家建立放射性污染监测制度。国务院环境保护行政主管部门会同国务院其他有关部门组织环境监测网络，对放射性污染实施监测管理。

第十一条 **【监督检查制度】**国务院环境保护行政主管部门和国务院其他有关部门，按照职责分工，各负其责，互通信息，密切配合，对核设施、铀（钍）矿开发利用中的放射性污染防治进行监督检查。

县级以上地方人民政府环境保护行政主管部门和同级其他有关部门，按照职责分工，各负其责，互通信息，密切配合，对本行政区域内核技术利用、伴生放射性矿开发利用中的放射性污染防治进行监督检查。

监督检查人员进行现场检查时，应当出示证件。被检查的单位必须如实反映情况，提供必要的资料。监督检查人员应当为被检查单位保守技术秘密和业务秘密。对涉及国家秘密的单位和部位进行检查时，应当遵守国家有关保守国家秘密的规定，依法办理有关审批手续。

第十二条 **【责任原则】**核设施营运单位、核技术利用单位、铀（钍）矿和伴生放射性矿开发利用单位，负责本单位放射性污染的防治，接受环境保护行政主管部门和其他有关部门的监督管理，并依法对其造成的放射性污染承担责任。

第十三条 **【安全与防护措施】**核设施营运单位、核技术利用单位、铀（钍）

矿和伴生放射性矿开发利用单位，必须采取安全与防护措施，预防发生可能导致放射性污染的各类事故，避免放射性污染危害。

核设施营运单位、核技术利用单位、铀（钍）矿和伴生放射性矿开发利用单位，应当对其工作人员进行放射性安全教育、培训，采取有效的防护安全措施。

第十四条　【资格与资质管理】国家对从事放射性污染防治的专业人员实行资格管理制度；对从事放射性污染监测工作的机构实行资质管理制度。

第十五条　【运输规定】运输放射性物质和含放射源的射线装置，应当采取有效措施，防止放射性污染。具体办法由国务院规定。

第十六条　【放射性标识和警示说明】放射性物质和射线装置应当设置明显的放射性标识和中文警示说明。生产、销售、使用、贮存、处置放射性物质和射线装置的场所，以及运输放射性物质和含放射源的射线装置的工具，应当设置明显的放射性标志。

第十七条　【达标规定】含有放射性物质的产品，应当符合国家放射性污染防治标准；不符合国家放射性污染防治标准的，不得出厂和销售。

使用伴生放射性矿渣和含有天然放射性物质的石材做建筑和装修材料，应当符合国家建筑材料放射性核素控制标准。

第三章　核设施的放射性污染防治

第十八条　【核设施选址】核设施选址，应当进行科学论证，并按照国家有关规定办理审批手续。在办理核设施选址审批手续前，应当编制环境影响报告书，报国务院环境保护行政主管部门审查批准；未经批准，有关部门不得办理核设施选址批准文件。

第十九条　【核设施安全许可】核设施营运单位在进行核设施建造、装料、运行、退役等活动前，必须按照国务院有关核设施安全监督管理的规定，申请领取核设施建造、运行许可证和办理装料、退役等审批手续。

核设施营运单位领取有关许可证或者批准文件后，方可进行相应的建造、装料、运行、退役等活动。

第二十条　【核设施环境影响评价】核设施营运单位应当在申请领取核设施建造、运行许可证和办理退役审批手续前编制环境影响报告书，报国务院环境保护行政主管部门审查批准；未经批准，有关部门不得颁发许可证和办理批准文件。

第二十一条　【防治设施建设及验收】与核设施相配套的放射性污染防治设施，应当与主体工程同时设计、同时施工、同时投入使用。

放射性污染防治设施应当与主体工程同时验收；验收合格的，主体工程方可投入生产或者使用。

第二十二条 **【进口核设施标准】**进口核设施，应当符合国家放射性污染防治标准；没有相应的国家放射性污染防治标准的，采用国务院环境保护行政主管部门指定的国外有关标准。

第二十三条 **【核设施规划限制区制度】**核动力厂等重要核设施外围地区应当划定规划限制区。规划限制区的划定和管理办法，由国务院规定。

第二十四条 **【监测规定】**核设施营运单位应当对核设施周围环境中所含的放射性核素的种类、浓度以及核设施流出物中的放射性核素总量实施监测，并定期向国务院环境保护行政主管部门和所在地省、自治区、直辖市人民政府环境保护行政主管部门报告监测结果。

国务院环境保护行政主管部门负责对核动力厂等重要核设施实施监督性监测，并根据需要对其他核设施的流出物实施监测。监督性监测系统的建设、运行和维护费用由财政预算安排。

第二十五条 **【营运单位职责】**核设施营运单位应当建立健全安全保卫制度，加强安全保卫工作，并接受公安部门的监督指导。

核设施营运单位应当按照核设施的规模和性质制定核事故场内应急计划，做好应急准备。

出现核事故应急状态时，核设施营运单位必须立即采取有效的应急措施控制事故，并向核设施主管部门和环境保护行政主管部门、卫生行政部门、公安部门以及其他有关部门报告。

第二十六条 **【核事故应急制度】**国家建立健全核事故应急制度。

核设施主管部门、环境保护行政主管部门、卫生行政部门、公安部门以及其他有关部门，在本级人民政府的组织领导下，按照各自的职责依法做好核事故应急工作。

中国人民解放军和中国人民武装警察部队按照国务院、中央军事委员会的有关规定在核事故应急中实施有效的支援。

第二十七条 **【核设施退役】**核设施营运单位应当制定核设施退役计划。

核设施的退役费用和放射性废物处置费用应当预提，列入投资概算或者生产成本。核设施的退役费用和放射性废物处置费用的提取和管理办法，由国务院财政部门、价格主管部门会同国务院环境保护行政主管部门、核设施主管部门规定。

第四章 核技术利用的放射性污染防治

第二十八条 **【许可登记制度】**生产、销售、使用放射性同位素和射线装置的单位，应当按照国务院有关放射性同位素与射线装置放射防护的规定申请领取许可证，办理登记手续。

转让、进口放射性同位素和射线装置的单位以及装备有放射性同位素的仪表的单位，应当按照国务院有关放射性同位素与射线装置放射防护的规定办理有关手续。

第二十九条　【环境影响评价和放射性同位素备案制】生产、销售、使用放射性同位素和加速器、中子发生器以及含放射源的射线装置的单位，应当在申请领取许可证前编制环境影响评价文件，报省、自治区、直辖市人民政府环境保护行政主管部门审查批准；未经批准，有关部门不得颁发许可证。

国家建立放射性同位素备案制度。具体办法由国务院规定。

第三十条　【放射防护设施的建设】新建、改建、扩建放射工作场所的放射防护设施，应当与主体工程同时设计、同时施工、同时投入使用。

放射防护设施应当与主体工程同时验收；验收合格的，主体工程方可投入生产或者使用。

第三十一条　【放射性同位素存放要求】放射性同位素应当单独存放，不得与易燃、易爆、腐蚀性物品等一起存放，其贮存场所应当采取有效的防火、防盗、防射线泄漏的安全防护措施，并指定专人负责保管。贮存、领取、使用、归还放射性同位素时，应当进行登记、检查，做到账物相符。

第三十二条　【放射性废物和废旧放射源处理】生产、使用放射性同位素和射线装置的单位，应当按照国务院环境保护行政主管部门的规定对其产生的放射性废物进行收集、包装、贮存。

生产放射源的单位，应当按照国务院环境保护行政主管部门的规定回收和利用废旧放射源；使用放射源的单位，应当按照国务院环境保护行政主管部门的规定将废旧放射源交回生产放射源的单位或者送交专门从事放射性固体废物贮存、处置的单位。

第三十三条　【放射源的安全保护措施】生产、销售、使用、贮存放射源的单位，应当建立健全安全保卫制度，指定专人负责，落实安全责任制，制定必要的事故应急措施。发生放射源丢失、被盗和放射性污染事故时，有关单位和个人必须立即采取应急措施，并向公安部门、卫生行政部门和环境保护行政主管部门报告。

公安部门、卫生行政部门和环境保护行政主管部门接到放射源丢失、被盗和放射性污染事故报告后，应当报告本级人民政府，并按照各自的职责立即组织采取有效措施，防止放射性污染蔓延，减少事故损失。当地人民政府应当及时将有关情况告知公众，并做好事故的调查、处理工作。

第五章 铀（钍）矿和伴生放射性矿开发利用的放射性污染防治

第三十四条 【编制环境影响报告书及报批】开发利用或者关闭铀（钍）矿的单位，应当在申请领取采矿许可证或者办理退役审批手续前编制环境影响报告书，报国务院环境保护行政主管部门审查批准。

开发利用伴生放射性矿的单位，应当在申请领取采矿许可证前编制环境影响报告书，报省级以上人民政府环境保护行政主管部门审查批准。

第三十五条 【“三同时”要求和验收规定】与铀（钍）矿和伴生放射性矿开发利用建设项目相配套的放射性污染防治设施，应当与主体工程同时设计、同时施工、同时投入使用。

放射性污染防治设施应当与主体工程同时验收；验收合格的，主体工程方可投入生产或者使用。

第三十六条 【铀（钍）矿流出物和周围环境监测】铀（钍）矿开发利用单位应当对铀（钍）矿的流出物和周围的环境实施监测，并定期向国务院环境保护行政主管部门和所在地省、自治区、直辖市人民政府环境保护行政主管部门报告监测结果。

第三十七条 【尾矿处置】对铀（钍）矿和伴生放射性矿开发利用过程中产生的尾矿，应当建造尾矿库进行贮存、处置；建造的尾矿库应当符合放射性污染防治的要求。

第三十八条 【铀（钍）矿退役计划】铀（钍）矿开发利用单位应当制定铀（钍）矿退役计划。铀矿退役费用由国家财政预算安排。

第六章 放射性废物管理

第三十九条 【尽量减少废物排放】核设施营运单位、核技术利用单位、铀（钍）矿和伴生放射性矿开发利用单位，应当合理选择和利用原材料，采用先进的生产工艺和设备，尽量减少放射性废物的产生量。

第四十条 【排放须符合标准】向环境排放放射性废气、废液，必须符合国家放射性污染防治标准。

第四十一条 【申请、报告放射性核素排放量】产生放射性废气、废液的单位向环境排放符合国家放射性污染防治标准的放射性废气、废液，应当向审批环境影响评价文件的环境保护行政主管部门申请放射性核素排放量，并定期报告排放计量结果。

第四十二条 【放射性废液受控排放】产生放射性废液的单位，必须按照国家放射性污染防治标准的要求，对不得向环境排放的放射性废液进行处理或者贮存。

产生放射性废液的单位，向环境排放符合国家放射性污染防治标准的放射性废液，必须采用符合国务院环境保护行政主管部门规定的排放方式。

禁止利用渗井、渗坑、天然裂隙、溶洞或者国家禁止的其他方式排放放射性废液。

第四十三条 **【放射性固体废物处置方式】**低、中水平放射性固体废物在符合国家规定的区域实行近地表处置。

高水平放射性固体废物实行集中的深地质处置。

α放射性固体废物依照前款规定处置。

禁止在内河水域和海洋上处置放射性固体废物。

第四十四条 **【处置场所选址规划和地方政府责任】**国务院核设施主管部门会同国务院环境保护行政主管部门根据地质条件和放射性固体废物处置的需要，在环境影响评价的基础上编制放射性固体废物处置场所选址规划，报国务院批准后实施。

有关地方人民政府应当根据放射性固体废物处置场所选址规划，提供放射性固体废物处置场所的建设用地，并采取有效措施支持放射性固体废物的处置。

第四十五条 **【放射性固体废物处置的收费】**产生放射性固体废物的单位，应当按照国务院环境保护行政主管部门的规定，对其产生的放射性固体废物进行处理后，送交放射性固体废物处置单位处置，并承担处置费用。

放射性固体废物处置费用收取和使用管理办法，由国务院财政部门、价格主管部门会同国务院环境保护行政主管部门规定。

第四十六条 **【固体废物处置许可证制度】**设立专门从事放射性固体废物贮存、处置的单位，必须经国务院环境保护行政主管部门审查批准，取得许可证。具体办法由国务院规定。

禁止未经许可或者不按照许可的有关规定从事贮存和处置放射性固体废物的活动。

禁止将放射性固体废物提供或者委托给无许可证的单位贮存和处置。

第四十七条 **【禁止入境规定】**禁止将放射性废物和被放射性污染的物品输入中华人民共和国境内或者经中华人民共和国境内转移。

第七章 法律责任

第四十八条 **【监管人员违法责任】**放射性污染防治监督管理人员违反法律规

定，利用职务上的便利收受他人财物、谋取其他利益，或者玩忽职守，有下列行为之一的，依法给予行政处分；构成犯罪的，依法追究刑事责任：

（一）对不符合法定条件的单位颁发许可证和办理批准文件的；

（二）不依法履行监督管理职责的；

（三）发现违法行为不予查处的。

第四十九条　【对违规报告、拒绝检查的处罚】违反本法规定，有下列行为之一的，由县级以上人民政府环境保护行政主管部门或者其他有关部门依据职权责令限期改正，可以处二万元以下罚款：

（一）不按照规定报告有关环境监测结果的；

（二）拒绝环境保护行政主管部门和其他有关部门进行现场检查，或者被检查时不如实反映情况和提供必要资料的。

第五十条　【违反环境影响评价规定】违反本法规定，未编制环境影响评价文件，或者环境影响评价文件未经环境保护行政主管部门批准，擅自进行建造、运行、生产和使用等活动的，由审批环境影响评价文件的环境保护行政主管部门责令停止违法行为，限期补办手续或者恢复原状，并处一万元以上二十万元以下罚款。

第五十一条　【违反防治、防护设施建设规定】违反本法规定，未建造放射性污染防治设施、放射防护设施，或者防治防护设施未经验收合格，主体工程即投入生产或者使用的，由审批环境影响评价文件的环境保护行政主管部门责令停止违法行为，限期改正，并处五万元以上二十万元以下罚款。

第五十二条　【擅自进行核设施建造等活动】违反本法规定，未经许可或者批准，核设施营运单位擅自进行核设施的建造、装料、运行、退役等活动的，由国务院环境保护行政主管部门责令停止违法行为，限期改正，并处二十万元以上五十万元以下罚款；构成犯罪的，依法追究刑事责任。

第五十三条　【违反放射性同位素和射线装置规定】违反本法规定，生产、销售、使用、转让、进口、贮存放射性同位素和射线装置以及装备有放射性同位素的仪表的，由县级以上人民政府环境保护行政主管部门或者其他有关部门依据职权责令停止违法行为，限期改正；逾期不改正的，责令停产停业或者吊销许可证；有违法所得的，没收违法所得；违法所得十万元以上的，并处违法所得一倍以上五倍以下罚款；没有违法所得或者违法所得不足十万元的，并处一万元以上十万元以下罚款；构成犯罪的，依法追究刑事责任。

第五十四条　【产生放射性废物单位的违规责任】违反本法规定，有下列行为之一的，由县级以上人民政府环境保护行政主管部门责令停止违法行为，限期改正，处以罚款；构成犯罪的，依法追究刑事责任：

（一）未建造尾矿库或者不按照放射性污染防治的要求建造尾矿库，贮存、处置铀（钍）矿和伴生放射性矿的尾矿的；

（二）向环境排放不得排放的放射性废气、废液的；

（三）不按照规定的方式排放放射性废液，利用渗井、渗坑、天然裂隙、溶洞或者国家禁止的其他方式排放放射性废液的；

（四）不按照规定处理或者贮存不得向环境排放的放射性废液的；

（五）将放射性固体废物提供或者委托给无许可证的单位贮存和处置的。

有前款第（一）项、第（二）项、第（三）项、第（五）项行为之一的，处十万元以上二十万元以下罚款；有前款第（四）项行为的，处一万元以上十万元以下罚款。

第五十五条　【违反放射性标识规定安全保卫、报告制度】违反本法规定，有下列行为之一的，由县级以上人民政府环境保护行政主管部门或者其他有关部门依据职权责令限期改正；逾期不改正的，责令停产停业，并处二万元以上十万元以下罚款；构成犯罪的，依法追究刑事责任：

（一）不按照规定设置放射性标识、标志、中文警示说明的；

（二）不按照规定建立健全安全保卫制度和制定事故应急计划或者应急措施的；

（三）不按照规定报告放射源丢失、被盗情况或者放射性污染事故的。

第五十六条　【产生放射性固体废物单位的违规责任】产生放射性固体废物的单位，不按照本法第四十五条的规定对其产生的放射性固体废物进行处置的，由审批该单位立项环境影响评价文件的环境保护行政主管部门责令停止违法行为，限期改正；逾期不改正的，指定有处置能力的单位代为处置，所需费用由产生放射性固体废物的单位承担，可以并处二十万元以下罚款；构成犯罪的，依法追究刑事责任。

第五十七条　【违法从事放射性固体废物贮存和处置】违反本法规定，有下列行为之一的，由省级以上人民政府环境保护行政主管部门责令停产停业或者吊销许可证；有违法所得的，没收违法所得；违法所得十万元以上的，并处违法所得一倍以上五倍以下罚款；没有违法所得或者违法所得不足十万元的，并处五万元以上十万元以下罚款；构成犯罪的，依法追究刑事责任：

（一）未经许可，擅自从事贮存和处置放射性固体废物活动的；

（二）不按照许可的有关规定从事贮存和处置放射性固体废物活动的。

第五十八条　【放射性废物和被放射性污染的物品非法入境】向中华人民共和

国境内输入放射性废物和被放射性污染的物品，或者经中华人民共和国境内转移放射性废物和被放射性污染的物品的，由海关责令退运该放射性废物和被放射性污染的物品，并处五十万元以上一百万元以下罚款；构成犯罪的，依法追究刑事责任。

第五十九条 **【放射性污染损害民事责任】**因放射性污染造成他人损害的，应当依法承担民事责任。

第八章 附 则

第六十条 **【军用设施、装备的放射性污染防治】**军用设施、装备的放射性污染防治，由国务院和军队的有关主管部门依照本法规定的原则和国务院、中央军事委员会规定的职责实施监督管理。

第六十一条 **【相关职业病防治】**劳动者在职业活动中接触放射性物质造成的职业病的防治，依照《中华人民共和国职业病防治法》的规定执行。

第六十二条 **【用语含义】**本法中下列用语的含义：

（一）放射性污染，是指由于人类活动造成物料、人体、场所、环境介质表面或者内部出现超过国家标准的放射性物质或者射线。

（二）核设施，是指核动力厂（核电厂、核热电厂、核供汽供热厂等）和其他反应堆（研究堆、实验堆、临界装置等）；核燃料生产、加工、贮存和后处理设施；放射性废物的处理和处置设施等。

（三）核技术利用，是指密封放射源、非密封放射源和射线装置在医疗、工业、农业、地质调查、科学研究和教学等领域中的使用。

（四）放射性同位素，是指某种发生放射性衰变的元素中具有相同原子序数但质量不同的核素。

（五）放射源，是指除研究堆和动力堆核燃料循环范畴的材料以外，永久密封在容器中或者有严密包层并呈固态的放射性材料。

（六）射线装置，是指 X 线机、加速器、中子发生器以及含放射源的装置。

（七）伴生放射性矿，是指含有较高水平天然放射性核素浓度的非铀矿（如稀土矿和磷酸盐矿等）。

（八）放射性废物，是指含有放射性核素或者被放射性核素污染，其浓度或者比活度大于国家确定的清洁解控水平，预期不再使用的废弃物。

第六十三条 **【施行日期】**本法自 2003 年 10 月 1 日起施行。

中华人民共和国核安全法

1．2017年9月1日第十二届全国人民代表大会常务委员会第二十九次会议通过

2．2017年9月1日中华人民共和国主席令第73号公布

3．自2018年1月1日起施行

目 录

第一章 总 则
第二章 核设施安全
第三章 核材料和放射性废物安全
第四章 核事故应急
第五章 信息公开和公众参与
第六章 监督检查
第七章 法律责任
第八章 附 则

第一章 总 则

第一条 【立法目的】为了保障核安全，预防与应对核事故，安全利用核能，保护公众和从业人员的安全与健康，保护生态环境，促进经济社会可持续发展，制定本法。

第二条 【适用范围】在中华人民共和国领域及管辖的其他海域内，对核设施、核材料及相关放射性废物采取充分的预防、保护、缓解和监管等安全措施，防止由于技术原因、人为原因或者自然灾害造成核事故，最大限度减轻核事故情况下的放射性后果的活动，适用本法。

核设施，是指：

（一）核电厂、核热电厂、核供汽供热厂等核动力厂及装置；

（二）核动力厂以外的研究堆、实验堆、临界装置等其他反应堆；

（三）核燃料生产、加工、贮存和后处理设施等核燃料循环设施；

（四）放射性废物的处理、贮存、处置设施。

核材料，是指：

（一）铀-235材料及其制品；

（二）铀-233 材料及其制品；

（三）钚-239 材料及其制品；

（四）法律、行政法规规定的其他需要管制的核材料。

放射性废物，是指核设施运行、退役产生的，含有放射性核素或者被放射性核素污染，其浓度或者比活度大于国家确定的清洁解控水平，预期不再使用的废弃物。

第三条　【核安全观】国家坚持理性、协调、并进的核安全观，加强核安全能力建设，保障核事业健康发展。

第四条　【方针原则】从事核事业必须遵循确保安全的方针。

核安全工作必须坚持安全第一、预防为主、责任明确、严格管理、纵深防御、独立监管、全面保障的原则。

第五条　【责任单位】核设施营运单位对核安全负全面责任。

为核设施营运单位提供设备、工程以及服务等的单位，应当负相应责任。

第六条　【主管部门】国务院核安全监督管理部门负责核安全的监督管理。

国务院核工业主管部门、能源主管部门和其他有关部门在各自职责范围内负责有关的核安全管理工作。

国家建立核安全工作协调机制，统筹协调有关部门推进相关工作。

第七条　【核安全规划】国务院核安全监督管理部门会同国务院有关部门编制国家核安全规划，报国务院批准后组织实施。

第八条　【核安全标准】国家坚持从高从严建立核安全标准体系。

国务院有关部门按照职责分工制定核安全标准。核安全标准是强制执行的标准。

核安全标准应当根据经济社会发展和科技进步适时修改。

第九条　【核安全文化】国家制定核安全政策，加强核安全文化建设。

国务院核安全监督管理部门、核工业主管部门和能源主管部门应当建立培育核安全文化的机制。

核设施营运单位和为其提供设备、工程以及服务等的单位应当积极培育和建设核安全文化，将核安全文化融入生产、经营、科研和管理的各个环节。

第十条　【核安全技术】国家鼓励和支持核安全相关科学技术的研究、开发和利用，加强知识产权保护，注重核安全人才的培养。

国务院有关部门应当在相关科研规划中安排与核设施、核材料安全和辐射环境监测、评估相关的关键技术研究专项，推广先进、可靠的核安全技术。

核设施营运单位和为其提供设备、工程以及服务等的单位、与核安全有关的科研机构等单位，应当持续开发先进、可靠的核安全技术，充分利用先进的科学技术成果，提高核安全水平。

国务院和省、自治区、直辖市人民政府及其有关部门对在科技创新中做出重要贡献的单位和个人，按照有关规定予以表彰和奖励。

第十一条 【核安全保护权利】 任何单位和个人不得危害核设施、核材料安全。

公民、法人和其他组织依法享有获取核安全信息的权利，受到核损害的，有依法获得赔偿的权利。

第十二条 【安全保卫制度】 国家加强对核设施、核材料的安全保卫工作。

核设施营运单位应当建立和完善安全保卫制度，采取安全保卫措施，防范对核设施、核材料的破坏、损害和盗窃。

第十三条 【国际合作机制】 国家组织开展与核安全有关的国际交流与合作，完善核安全国际合作机制，防范和应对核恐怖主义威胁，履行中华人民共和国缔结或者参加的国际公约所规定的义务。

第二章 核设施安全

第十四条 【合理布局、分类管理】 国家对核设施的选址、建设进行统筹规划，科学论证，合理布局。

国家根据核设施的性质和风险程度等因素，对核设施实行分类管理。

第十五条 【核设施营运单位应具备的条件】 核设施营运单位应当具备保障核设施安全运行的能力，并符合下列条件：

（一）有满足核安全要求的组织管理体系和质量保证、安全管理、岗位责任等制度；

（二）有规定数量、合格的专业技术人员和管理人员；

（三）具备与核设施安全相适应的安全评价、资源配置和财务能力；

（四）具备必要的核安全技术支撑和持续改进能力；

（五）具备应急响应能力和核损害赔偿财务保障能力；

（六）法律、行政法规规定的其他条件。

第十六条 【设置核设施纵深防御体系】 核设施营运单位应当依照法律、行政法规和标准的要求，设置核设施纵深防御体系，有效防范技术原因、人为原因和自然灾害造成的威胁，确保核设施安全。

核设施营运单位应当对核设施进行定期安全评价，并接受国务院核安全监督管理部门的审查。

第十七条 【建立并实施质量保证体系】 核设施营运单位和为其提供设备、工程以及服务等的单位应当建立并实施质量保证体系，有效保证设备、工程和服务等的质量，确保设备的性能满足核安全标准的要求，工程和服务等满足核安全相关要求。

第十八条 **【控制辐射照射】**核设施营运单位应当严格控制辐射照射，确保有关人员免受超过国家规定剂量限值的辐射照射，确保辐射照射保持在合理、可行和尽可能低的水平。

第十九条 **【实施放射性核素总量监测】**核设施营运单位应当对核设施周围环境中所含的放射性核素的种类、浓度以及核设施流出物中的放射性核素总量实施监测，并定期向国务院环境保护主管部门和所在地省、自治区、直辖市人民政府环境保护主管部门报告监测结果。

第二十条 **【培训考核及劳动防护】**核设施营运单位应当按照国家有关规定，制定培训计划，对从业人员进行核安全教育和技能培训并进行考核。

核设施营运单位应当为从业人员提供相应的劳动防护和职业健康检查，保障从业人员的安全和健康。

第二十一条 **【厂址保护与规划限制区】**省、自治区、直辖市人民政府应当对国家规划确定的核动力厂等重要核设施的厂址予以保护，在规划期内不得变更厂址用途。

省、自治区、直辖市人民政府应当在核动力厂等重要核设施周围划定规划限制区，经国务院核安全监督管理部门同意后实施。

禁止在规划限制区内建设可能威胁核设施安全的易燃、易爆、腐蚀性物品的生产、贮存设施以及人口密集场所。

第二十二条 **【核设施安全许可制度】**国家建立核设施安全许可制度。

核设施营运单位进行核设施选址、建造、运行、退役等活动，应当向国务院核安全监督管理部门申请许可。

核设施营运单位要求变更许可文件规定条件的，应当报国务院核安全监督管理部门批准。

第二十三条 **【核设施场址选择审查】**核设施营运单位应当对地质、地震、气象、水文、环境和人口分布等因素进行科学评估，在满足核安全技术评价要求的前提下，向国务院核安全监督管理部门提交核设施选址安全分析报告，经审查符合核安全要求后，取得核设施场址选择审查意见书。

第二十四条 **【核设施设计安全要求】**核设施设计应当符合核安全标准，采用科学合理的构筑物、系统和设备参数与技术要求，提供多样保护和多重屏障，确保核设施运行可靠、稳定和便于操作，满足核安全要求。

第二十五条 【建造申请材料】核设施建造前，核设施营运单位应当向国务院核安全监督管理部门提出建造申请，并提交下列材料：

（一）核设施建造申请书；

（二）初步安全分析报告；

（三）环境影响评价文件；

（四）质量保证文件；

（五）法律、行政法规规定的其他材料。

第二十六条 【建造相关要求】核设施营运单位取得核设施建造许可证后，应当确保核设施整体性能满足核安全标准的要求。

核设施建造许可证的有效期不得超过十年。有效期届满，需要延期建造的，应当报国务院核安全监督管理部门审查批准。但是，有下列情形之一且经评估不存在安全风险的除外：

（一）国家政策或者行为导致核设施延期建造；

（二）用于科学研究的核设施；

（三）用于工程示范的核设施；

（四）用于乏燃料后处理的核设施。

核设施建造完成后应当进行调试，验证其是否满足设计的核安全要求。

第二十七条 【运行申请材料与运行相关要求】核设施首次装投料前，核设施营运单位应当向国务院核安全监督管理部门提出运行申请，并提交下列材料：

（一）核设施运行申请书；

（二）最终安全分析报告；

（三）质量保证文件；

（四）应急预案；

（五）法律、行政法规规定的其他材料。

核设施营运单位取得核设施运行许可证后，应当按照许可证的规定运行。

核设施运行许可证的有效期为设计寿期。在有效期内，国务院核安全监督管理部门可以根据法律、行政法规和新的核安全标准的要求，对许可证规定的事项作出合理调整。

核设施营运单位调整下列事项的，应当报国务院核安全监督管理部门批准：

（一）作为颁发运行许可证依据的重要构筑物、系统和设备；

（二）运行限值和条件；

（三）国务院核安全监督管理部门批准的与核安全有关的程序和其他

文件。

第二十八条 **【延期申请】**核设施运行许可证有效期届满需要继续运行的，核设施营运单位应当于有效期届满前五年，向国务院核安全监督管理部门提出延期申请，并对其是否符合核安全标准进行论证、验证，经审查批准后，方可继续运行。

第二十九条 **【停闭管理】**核设施终止运行后，核设施营运单位应当采取安全的方式进行停闭管理，保证停闭期间的安全，确保退役所需的基本功能、技术人员和文件。

第三十条 **【退役申请材料与退役相关要求】**核设施退役前，核设施营运单位应当向国务院核安全监督管理部门提出退役申请，并提交下列材料：

（一）核设施退役申请书；

（二）安全分析报告；

（三）环境影响评价文件；

（四）质量保证文件；

（五）法律、行政法规规定的其他材料。

核设施退役时，核设施营运单位应当按照合理、可行和尽可能低的原则处理、处置核设施场址的放射性物质，将构筑物、系统和设备的放射性水平降低至满足标准的要求。

核设施退役后，核设施所在地省、自治区、直辖市人民政府环境保护主管部门应当对核设施场址及其周围环境中所含的放射性核素的种类和浓度组织监测。

第三十一条 **【进出口核设施规定】**进口核设施，应当满足中华人民共和国有关核安全法律、行政法规和标准的要求，并报国务院核安全监督管理部门审查批准。

出口核设施，应当遵守中华人民共和国有关核设施出口管制的规定。

第三十二条 **【安全技术审查与意见征询】**国务院核安全监督管理部门应当依照法定条件和程序，对核设施安全许可申请组织安全技术审查，满足核安全要求的，在技术审查完成之日起二十日内，依法作出准予许可的决定。

国务院核安全监督管理部门审批核设施建造、运行许可申请时，应当向国务院有关部门和核设施所在地省、自治区、直辖市人民政府征询意见，被征询意见的单位应当在三个月内给予答复。

第三十三条 **【技术审评】**国务院核安全监督管理部门组织安全技术审查时，应当委托与许可申请单位没有利益关系的技术支持单位进行技术审评。受委托的技术支持单位应当对其技术评价结论的真实性、准确性负责。

第三十四条 **【核安全专家委员会】**国务院核安全监督管理部门成立核安全专家委员会，为核安全决策提供咨询意见。

制定核安全规划和标准，进行核设施重大安全问题技术决策，应当咨询核安全专家委员会的意见。

第三十五条 **【核安全报告、经验反馈制度】**国家建立核设施营运单位核安全报告制度，具体办法由国务院有关部门制定。

国务院有关部门应当建立核安全经验反馈制度，并及时处理核安全报告信息，实现信息共享。

核设施营运单位应当建立核安全经验反馈体系。

第三十六条 **【提供检验服务的单位和机构要求】**为核设施提供核安全设备设计、制造、安装和无损检验服务的单位，应当向国务院核安全监督管理部门申请许可。境外机构为境内核设施提供核安全设备设计、制造、安装和无损检验服务的，应当向国务院核安全监督管理部门申请注册。

国务院核安全监督管理部门依法对进口的核安全设备进行安全检验。

第三十七条 **【特殊工艺人员的任职资格】**核设施操纵人员以及核安全设备焊接人员、无损检验人员等特种工艺人员应当按照国家规定取得相应资格证书。

核设施营运单位以及核安全设备制造、安装和无损检验单位应当聘用取得相应资格证书的人员从事与核设施安全专业技术有关的工作。

第三章 核材料和放射性废物安全

第三十八条 **【核材料持有单位的保护措施】**核设施营运单位和其他有关单位持有核材料，应当按照规定的条件依法取得许可，并采取下列措施，防止核材料被盗、破坏、丢失、非法转让和使用，保障核材料的安全与合法利用：

（一）建立专职机构或者指定专人保管核材料；

（二）建立核材料衡算制度，保持核材料收支平衡；

（三）建立与核材料保护等级相适应的实物保护系统；

（四）建立信息保密制度，采取保密措施；

（五）法律、行政法规规定的其他措施。

第三十九条 **【确保乏燃料的安全责任】**产生、贮存、运输、后处理乏燃料的单位应当采取措施确保乏燃料的安全，并对持有的乏燃料承担核安全责任。

第四十条 **【放射性废物应分类处置】**放射性废物应当实行分类处置。

低、中水平放射性废物在国家规定的符合核安全要求的场所实行近地表或者中等深度处置。

高水平放射性废物实行集中深地质处置，由国务院指定的单位专营。

第四十一条　【减量化、无害化处理】核设施营运单位、放射性废物处理处置单位应当对放射性废物进行减量化、无害化处理、处置，确保永久安全。

第四十二条　【选址规划】国务院核工业主管部门会同国务院有关部门和省、自治区、直辖市人民政府编制低、中水平放射性废物处置场所的选址规划，报国务院批准后组织实施。

国务院核工业主管部门会同国务院有关部门编制高水平放射性废物处置场所的选址规划，报国务院批准后组织实施。

放射性废物处置场所的建设应当与核能发展的要求相适应。

第四十三条　【行政许可制度】国家建立放射性废物管理许可制度。

专门从事放射性废物处理、贮存、处置的单位，应当向国务院核安全监督管理部门申请许可。

核设施营运单位利用与核设施配套建设的处理、贮存设施，处理、贮存本单位产生的放射性废物的，无需申请许可。

第四十四条　【放射性废液、废气处理】核设施营运单位应当对其产生的放射性固体废物和不能经净化排放的放射性废液进行处理，使其转变为稳定的、标准化的固体废物后，及时送交放射性废物处置单位处置。

核设施营运单位应当对其产生的放射性废气进行处理，达到国家放射性污染防治标准后，方可排放。

第四十五条　【放射性废物处置记录档案】放射性废物处置单位应当按照国家放射性污染防治标准的要求，对其接收的放射性废物进行处置。

放射性废物处置单位应当建立放射性废物处置情况记录档案，如实记录处置的放射性废物的来源、数量、特征、存放位置等与处置活动有关的事项。记录档案应当永久保存。

第四十六条　【放射性废物处置设施关闭制度】国家建立放射性废物处置设施关闭制度。

放射性废物处置设施有下列情形之一的，应当依法办理关闭手续，并在划定的区域设置永久性标记：

（一）设计服役期届满；

（二）处置的放射性废物已经达到设计容量；

（三）所在地区的地质构造或者水文地质等条件发生重大变化，不适宜继续处置放射性废物；

（四）法律、行政法规规定的其他需要关闭的情形。

第四十七条　【安全监护计划】放射性废物处置设施关闭前，放射性废物处置单位应当编制放射性废物处置设施关闭安全监护计划，报国务院核安全监督管理部门批准。

安全监护计划应当包括下列主要内容：

（一）安全监护责任人及其责任；

（二）安全监护费用；

（三）安全监护措施；

（四）安全监护期限。

放射性废物处置设施关闭后，放射性废物处置单位应当按照经批准的安全监护计划进行安全监护；经国务院核安全监督管理部门会同国务院有关部门批准后，将其交由省、自治区、直辖市人民政府进行监护管理。

第四十八条　【预提相关费用】核设施营运单位应当按照国家规定缴纳乏燃料处理处置费用，列入生产成本。

核设施营运单位应当预提核设施退役费用、放射性废物处置费用，列入投资概算、生产成本，专门用于核设施退役、放射性废物处置。具体办法由国务院财政部门、价格主管部门会同国务院核安全监督管理部门、核工业主管部门和能源主管部门制定。

第四十九条　【运输分类管理】国家对核材料、放射性废物的运输实行分类管理，采取有效措施，保障运输安全。

第五十条　【运输保障措施】国家保障核材料、放射性废物的公路、铁路、水路等运输，国务院有关部门应当加强对公路、铁路、水路等运输的管理，制定具体的保障措施。

第五十一条　【保护监督】国务院核工业主管部门负责协调乏燃料运输管理活动，监督有关保密措施。

公安机关对核材料、放射性废物道路运输的实物保护实施监督，依法处理可能危及核材料、放射性废物安全运输的事故。通过道路运输核材料、放射性废物的，应当报启运地县级以上人民政府公安机关按照规定权限批准；其中，运输乏燃料或者高水平放射性废物的，应当报国务院公安部门批准。

国务院核安全监督管理部门负责批准核材料、放射性废物运输包装容器的许可申请。

第五十二条　【托运人的运输责任及承运人的运输资质】核材料、放射性废物的托运人应当在运输中采取有效的辐射防护和安全保卫措施，对运输中的核安全负责。

乏燃料、高水平放射性废物的托运人应当向国务院核安全监督管理部门提交有关核安全分析报告，经审查批准后方可开展运输活动。

核材料、放射性废物的承运人应当依法取得国家规定的运输资质。

第五十三条　【相关法律适用】通过公路、铁路、水路等运输核材料、放射性废物，本法没有规定的，适用相关法律、行政法规和规章关于放射性物品运输、危险货物运输的规定。

第四章　核事故应急

第五十四条　【核事故应急协调委员会】国家设立核事故应急协调委员会，组织、协调全国的核事故应急管理工作。

省、自治区、直辖市人民政府根据实际需要设立核事故应急协调委员会，组织、协调本行政区域内的核事故应急管理工作。

第五十五条　【各级核事故应急预案的制定与修订】国务院核工业主管部门承担国家核事故应急协调委员会日常工作，牵头制定国家核事故应急预案，经国务院批准后组织实施。国家核事故应急协调委员会成员单位根据国家核事故应急预案部署，制定本单位核事故应急预案，报国务院核工业主管部门备案。

省、自治区、直辖市人民政府指定的部门承担核事故应急协调委员会的日常工作，负责制定本行政区域内场外核事故应急预案，报国家核事故应急协调委员会审批后组织实施。

核设施营运单位负责制定本单位场内核事故应急预案，报国务院核工业主管部门、能源主管部门和省、自治区、直辖市人民政府指定的部门备案。

中国人民解放军和中国人民武装警察部队按照国务院、中央军事委员会的规定，制定本系统支援地方的核事故应急工作预案，报国务院核工业主管部门备案。

应急预案制定单位应当根据实际需要和情势变化，适时修订应急预案。

第五十六条　【应急培训和演练】核设施营运单位应当按照应急预案，配备应急设备，开展应急工作人员培训和演练，做好应急准备。

核设施所在地省、自治区、直辖市人民政府指定的部门，应当开展核事故应急知识普及活动，按照应急预案组织有关企业、事业单位和社区开展核事故应急演练。

第五十七条　【核事故应急准备金制度】国家建立核事故应急准备金制度，保障核事故应急准备与响应工作所需经费。核事故应急准备金管理办法，由国务院制定。

第五十八条　【核事故应急分级管理】国家对核事故应急实行分级管理。

发生核事故时，核设施营运单位应当按照应急预案的要求开展应急响应，减轻事故后果，并立即向国务院核工业主管部门、核安全监督管理部门和省、自治区、直辖市人民政府指定的部门报告核设施状况，根据需要提出场外应急响应行动建议。

第五十九条　【核事故应急救援】国家核事故应急协调委员会按照国家核事故应急预案部署，组织协调国务院有关部门、地方人民政府、核设施营运单位实施核事故应急救援工作。

中国人民解放军和中国人民武装警察部队按照国务院、中央军事委员会的规定，实施核事故应急救援工作。

核设施营运单位应当按照核事故应急救援工作的要求，实施应急响应支援。

第六十条　【应急信息发布及国际通报救援工作】国务院核工业主管部门或者省、自治区、直辖市人民政府指定的部门负责发布核事故应急信息。

国家核事故应急协调委员会统筹协调核事故应急国际通报和国际救援工作。

第六十一条　【核事故调查处理】各级人民政府及其有关部门、核设施营运单位等应当按照国务院有关规定和授权，组织开展核事故后的恢复行动、损失评估等工作。

核事故的调查处理，由国务院或者其授权的部门负责实施。

核事故场外应急行动的调查处理，由国务院或者其指定的机构负责实施。

第六十二条　【应急响应】核材料、放射性废物运输的应急应当纳入所经省、自治区、直辖市场外核事故应急预案或者辐射应急预案。发生核事故时，由事故发生地省、自治区、直辖市人民政府负责应急响应。

第五章　信息公开和公众参与

第六十三条　【国务院各级部门核安全信息公开、报告义务】国务院有关部门及核设施所在地省、自治区、直辖市人民政府指定的部门应当在各自职责范围内依法公开核安全相关信息。

国务院核安全监督管理部门应当依法公开与核安全有关的行政许可，以及核安全有关活动的安全监督检查报告、总体安全状况、辐射环境质量和核事故等信息。

国务院应当定期向全国人民代表大会常务委员会报告核安全情况。

第六十四条　【核设施营运单位信息公开义务】核设施营运单位应当公开本单

位核安全管理制度和相关文件、核设施安全状况、流出物和周围环境辐射监测数据、年度核安全报告等信息。具体办法由国务院核安全监督管理部门制定。

第六十五条　【公众对核安全信息的知晓、申请获取权】对依法公开的核安全信息，应当通过政府公告、网站以及其他便于公众知晓的方式，及时向社会公开。

公民、法人和其他组织，可以依法向国务院核安全监督管理部门和核设施所在地省、自治区、直辖市人民政府指定的部门申请获取核安全相关信息。

第六十六条　【重大核安全事项应征求利益相关方的意见】核设施营运单位应当就涉及公众利益的重大核安全事项通过问卷调查、听证会、论证会、座谈会，或者采取其他形式征求利益相关方的意见，并以适当形式反馈。

核设施所在地省、自治区、直辖市人民政府应当就影响公众利益的重大核安全事项举行听证会、论证会、座谈会，或者采取其他形式征求利益相关方的意见，并以适当形式反馈。

第六十七条　【核安全宣传活动】核设施营运单位应当采取下列措施，开展核安全宣传活动：

（一）在保证核设施安全的前提下，对公众有序开放核设施；

（二）与学校合作，开展对学生的核安全知识教育活动；

（三）建设核安全宣传场所，印制和发放核安全宣传材料；

（四）法律、行政法规规定的其他措施。

第六十八条　【公众举报及不得编造、散布虚假信息】公民、法人和其他组织有权对存在核安全隐患或者违反核安全法律、行政法规的行为，向国务院核安全监督管理部门或者其他有关部门举报。

公民、法人和其他组织不得编造、散布核安全虚假信息。

第六十九条　【涉密信息公开的规定】涉及国家秘密、商业秘密和个人信息的政府信息公开，按照国家有关规定执行。

第六章　监 督 检 查

第七十条　【核安全监督检查制度】国家建立核安全监督检查制度。

国务院核安全监督管理部门和其他有关部门应当对从事核安全活动的单位遵守核安全法律、行政法规、规章和标准的情况进行监督检查。

国务院核安全监督管理部门可以在核设施集中的地区设立派出机构。国务院核安全监督管理部门或者其派出机构应当向核设施建造、运行、退役等现场派遣监督检查人员，进行核安全监督检查。

第七十一条 【核安全监管技术研发】国务院核安全监督管理部门和其他有关部门应当加强核安全监管能力建设，提高核安全监管水平。

国务院核安全监督管理部门应当组织开展核安全监管技术研究开发，保持与核安全监督管理相适应的技术评价能力。

第七十二条 【核安全监督检查措施】国务院核安全监督管理部门和其他有关部门进行核安全监督检查时，有权采取下列措施：

（一）进入现场进行监测、检查或者核查；

（二）调阅相关文件、资料和记录；

（三）向有关人员调查、了解情况；

（四）发现问题的，现场要求整改。

国务院核安全监督管理部门和其他有关部门应当将监督检查情况形成报告，建立档案。

第七十三条 【配合义务】对国务院核安全监督管理部门和其他有关部门依法进行的监督检查，从事核安全活动的单位应当予以配合，如实说明情况，提供必要资料，不得拒绝、阻挠。

第七十四条 【监督检查人员的职责要求】核安全监督检查人员应当忠于职守，勤勉尽责，秉公执法。

核安全监督检查人员应当具备与监督检查活动相应的专业知识和业务能力，并定期接受培训。

核安全监督检查人员执行监督检查任务，应当出示有效证件，对获知的国家秘密、商业秘密和个人信息，应当依法予以保密。

第七章 法律责任

第七十五条 【未依法对许可申请进行审批等行为的法律责任】违反本法规定，有下列情形之一的，对直接负责的主管人员和其他直接责任人员依法给予处分：

（一）国务院核安全监督管理部门或者其他有关部门未依法对许可申请进行审批的；

（二）国务院有关部门或者核设施所在地省、自治区、直辖市人民政府指定的部门未依法公开核安全相关信息的；

（三）核设施所在地省、自治区、直辖市人民政府未就影响公众利益的重大核安全事项征求利益相关方意见的；

（四）国务院核安全监督管理部门或者其他有关部门未将监督检查情况形成报告，或者未建立档案的；

（五）核安全监督检查人员执行监督检查任务，未出示有效证件，或者对获知的国家秘密、商业秘密、个人信息未依法予以保密的；

（六）国务院核安全监督管理部门或者其他有关部门，省、自治区、直辖市人民政府有关部门有其他滥用职权、玩忽职守、徇私舞弊行为的。

第七十六条　【危害核设施、核材料安全等行为的处罚】违反本法规定，危害核设施、核材料安全，或者编造、散布核安全虚假信息，构成违反治安管理行为的，由公安机关依法给予治安管理处罚。

第七十七条　【未设置核设施纵深防御体系等行为的处罚】违反本法规定，有下列情形之一的，由国务院核安全监督管理部门或者其他有关部门责令改正，给予警告；情节严重的，处二十万元以上一百万元以下的罚款；拒不改正的，责令停止建设或者停产整顿：

（一）核设施营运单位未设置核设施纵深防御体系的；

（二）核设施营运单位或者为其提供设备、工程以及服务等的单位未建立或者未实施质量保证体系的；

（三）核设施营运单位未按照要求控制辐射照射剂量的；

（四）核设施营运单位未建立核安全经验反馈体系的；

（五）核设施营运单位未就涉及公众利益的重大核安全事项征求利益相关方意见的。

第七十八条　【违反规划限制区规定的法律责任】违反本法规定，在规划限制区内建设可能威胁核设施安全的易燃、易爆、腐蚀性物品的生产、贮存设施或者人口密集场所的，由国务院核安全监督管理部门责令限期拆除，恢复原状，处十万元以上五十万元以下的罚款。

第七十九条　【核设施营运单位未经许可从事核设施建造运行等活动行为的处罚】违反本法规定，核设施营运单位有下列情形之一的，由国务院核安全监督管理部门责令改正，处一百万元以上五百万元以下的罚款；拒不改正的，责令停止建设或者停产整顿；有违法所得的，没收违法所得；造成环境污染的，责令限期采取治理措施消除污染，逾期不采取措施的，指定有能力的单位代为履行，所需费用由污染者承担；对直接负责的主管人员和其他直接责任人员，处五万元以上二十万元以下的罚款：

（一）未经许可，从事核设施建造、运行或者退役等活动的；

（二）未经许可，变更许可文件规定条件的；

（三）核设施运行许可证有效期届满，未经审查批准，继续运行核设施的；

（四）未经审查批准，进口核设施的。

第八十条 【核设施营运单位未对核设施进行定期安全评价等行为的处罚】 违反本法规定，核设施营运单位有下列情形之一的，由国务院核安全监督管理部门责令改正，给予警告；情节严重的，处五十万元以上二百万元以下的罚款；造成环境污染的，责令限期采取治理措施消除污染，逾期不采取措施的，指定有能力的单位代为履行，所需费用由污染者承担：

（一）未对核设施进行定期安全评价，或者不接受国务院核安全监督管理部门审查的；

（二）核设施终止运行后，未采取安全方式进行停闭管理，或者未确保退役所需的基本功能、技术人员和文件的；

（三）核设施退役时，未将构筑物、系统或者设备的放射性水平降低至满足标准的要求的；

（四）未将产生的放射性固体废物或者不能经净化排放的放射性废液转变为稳定的、标准化的固体废物，及时送交放射性废物处置单位处置的；

（五）未对产生的放射性废气进行处理，或者未达到国家放射性污染防治标准排放的。

第八十一条 【核设施营运单位未对核素总量实施监测等行为的处罚】 违反本法规定，核设施营运单位未对核设施周围环境中所含的放射性核素的种类、浓度或者核设施流出物中的放射性核素总量实施监测，或者未按照规定报告监测结果的，由国务院环境保护主管部门或者所在地省、自治区、直辖市人民政府环境保护主管部门责令改正，处十万元以上五十万元以下的罚款。

第八十二条 【受委托的技术支持单位出具虚假技术评价结论行为的处罚】 违反本法规定，受委托的技术支持单位出具虚假技术评价结论的，由国务院核安全监督管理部门处二十万元以上一百万元以下的罚款；有违法所得的，没收违法所得；对直接负责的主管人员和其他直接责任人员处十万元以上二十万元以下的罚款。

第八十三条 【未经许可为核设施提供核安全设备相关服务等行为的处罚】 违反本法规定，有下列情形之一的，由国务院核安全监督管理部门责令改正，处五十万元以上一百万元以下的罚款；有违法所得的，没收违法所得；对直接负责的主管人员和其他直接责任人员处二万元以上十万元以下的罚款：

（一）未经许可，为核设施提供核安全设备设计、制造、安装或者无损检验服务的；

（二）未经注册，境外机构为境内核设施提供核安全设备设计、制造、安装或者无损检验服务的。

第八十四条 【聘用未取得相应资格证书的人员从事技术工作行为的处罚】违反本法规定，核设施营运单位或者核安全设备制造、安装、无损检验单位聘用未取得相应资格证书的人员从事与核设施安全专业技术有关的工作的，由国务院核安全监督管理部门责令改正，处十万元以上五十万元以下的罚款；拒不改正的，暂扣或者吊销许可证，对直接负责的主管人员和其他直接责任人员处二万元以上十万元以下的罚款。

第八十五条 【未经许可持有核材料行为的处罚】违反本法规定，未经许可持有核材料的，由国务院核工业主管部门没收非法持有的核材料，并处十万元以上五十万元以下的罚款；有违法所得的，没收违法所得。

第八十六条 【未经许可从事放射性废物处理等行为的处罚】违反本法规定，有下列情形之一的，由国务院核安全监督管理部门责令改正，处十万元以上五十万元以下的罚款；情节严重的，处五十万元以上二百万元以下的罚款；造成环境污染的，责令限期采取治理措施消除污染，逾期不采取措施的，指定有能力的单位代为履行，所需费用由污染者承担：

（一）未经许可，从事放射性废物处理、贮存、处置活动的；

（二）未建立放射性废物处置情况记录档案，未如实记录与处置活动有关的事项，或者未永久保存记录档案的；

（三）对应当关闭的放射性废物处置设施，未依法办理关闭手续的；

（四）关闭放射性废物处置设施，未在划定的区域设置永久性标记的；

（五）未编制放射性废物处置设施关闭安全监护计划的；

（六）放射性废物处置设施关闭后，未按照经批准的安全监护计划进行安全监护的。

第八十七条 【未按规定制定应急预案等行为的处罚】违反本法规定，核设施营运单位有下列情形之一的，由国务院核安全监督管理部门责令改正，处十万元以上五十万元以下的罚款；对直接负责的主管人员和其他直接责任人员，处二万元以上五万元以下的罚款：

（一）未按照规定制定场内核事故应急预案的；

（二）未按照应急预案配备应急设备，未开展应急工作人员培训或者演练的；

（三）未按照核事故应急救援工作的要求，实施应急响应支援的。

第八十八条 【未按规定公开相关信息的处罚】违反本法规定，核设施营运单位未按照规定公开相关信息的，由国务院核安全监督管理部门责令改正；拒不改正的，处十万元以上五十万元以下的罚款。

第八十九条 【拒绝、阻挠行为的处罚】违反本法规定，对国务院核安全监督管理部门或者其他有关部门依法进行的监督检查，从事核安全活动的单位拒绝、阻挠的，由国务院核安全监督管理部门或者其他有关部门责令改正，可以处十万元以上五十万元以下的罚款；拒不改正的，暂扣或者吊销其许可证；构成违反治安管理行为的，由公安机关依法给予治安管理处罚。

第九十条 【损害赔偿责任】因核事故造成他人人身伤亡、财产损失或者环境损害的，核设施营运单位应当按照国家核损害责任制度承担赔偿责任，但能够证明损害是因战争、武装冲突、暴乱等情形造成的除外。

为核设施营运单位提供设备、工程以及服务等的单位不承担核损害赔偿责任。核设施营运单位与其有约定的，在承担赔偿责任后，可以按照约定追偿。

核设施营运单位应当通过投保责任保险、参加互助机制等方式，作出适当的财务保证安排，确保能够及时、有效履行核损害赔偿责任。

第九十一条 【刑事责任】违反本法规定，构成犯罪的，依法追究刑事责任。

第八章 附 则

第九十二条 【军工、军事核安全规定】军工、军事核安全，由国务院、中央军事委员会依照本法规定的原则另行规定。

第九十三条 【用语含义】本法中下列用语的含义：

核事故，是指核设施内的核燃料、放射性产物、放射性废物或者运入运出核设施的核材料所发生的放射性、毒害性、爆炸性或者其他危害性事故，或者一系列事故。

纵深防御，是指通过设定一系列递进并且独立的防护、缓解措施或者实物屏障，防止核事故发生，减轻核事故后果。

核设施营运单位，是指在中华人民共和国境内，申请或者持有核设施安全许可证，可以经营和运行核设施的单位。

核安全设备，是指在核设施中使用的执行核安全功能的设备，包括核安全机械设备和核安全电气设备。

乏燃料，是指在反应堆堆芯内受过辐照并从堆芯永久卸出的核燃料。

停闭，是指核设施已经停止运行，并且不再启动。

退役，是指采取去污、拆除和清除等措施，使核设施不再使用的场所或者设备的辐射剂量满足国家相关标准的要求。

经验反馈，是指对核设施的事件、质量问题和良好实践等信息进行收集、筛选、评价、分析、处理和分发，总结推广良好实践经验，防止类似事件和问题重复发生。

托运人，是指在中华人民共和国境内，申请将托运货物提交运输并获得批准的单位。

第九十四条 **【施行日期】**本法自2018年1月1日起施行。

中华人民共和国
民用核设施安全监督管理条例

1．1986年10月29日国务院发布
2．自发布之日起施行

第一章 总　　则

第一条 为了在民用核设施的建造和营运中保证安全，保障工作人员和群众的健康，保护环境，促进核能事业的顺利发展，制定本条例。

第二条 本条例适用于下列民用核设施的安全监督管理：

（一）核动力厂（核电厂、核热电厂、核供汽供热厂等）；

（二）核动力厂以外的其他反应堆（研究堆、实验堆、临界装置等）；

（三）核燃料生产、加工、贮存及后处理设施；

（四）放射性废物的处理和处置设施；

（五）其他需要严格监督管理的核设施。

第三条 民用核设施的选址、设计、建造、运行和退役必须贯彻安全第一的方针；必须有足够的措施保证质量，保证安全运行，预防核事故，限制可能产生的有害影响；必须保障工作人员、群众和环境不致遭到超过国家规定限值的辐射照射和污染，并将辐射照射和污染减至可以合理达到的尽量低的水平。

第二章 监督管理职责

第四条 国家核安全局对全国核设施安全实施统一监督，独立行使核安全监督权，其主要职责是：

（一）组织起草、制定有关核设施安全的规章和审查有关核安全的技术标准；

（二）组织审查、评定核设施的安全性能及核设施营运单位保障安全的能力，负责颁发或者吊销核设施安全许可证件；

（三）负责实施核安全监督；

（四）负责核安全事故的调查、处理；

（五）协同有关部门指导和监督核设施应急计划的制订和实施；

（六）组织有关部门开展对核设施的安全与管理的科学研究、宣传教育及国际业务联系；

（七）会同有关部门调解和裁决核安全的纠纷。

第五条 国家核安全局在核设施集中的地区可以设立派出机构，实施安全监督。

国家核安全局可以组织核安全专家委员会。该委员会协助制订核安全法规和核安全技术发展规划，参与核安全的审评、监督等工作。

第六条 核设施主管部门负责所属核设施的安全管理，接受国家核安全局的核安全监督，其主要职责是：

（一）负责所属核设施的安全管理，保证给予所属核设施的营运单位必要的支持，并对其进行督促检查；

（二）参与有关核安全法规的起草和制订，组织制订有关核安全的技术标准，并向国家核安全局备案；

（三）组织所属核设施的场内应急计划的制订和实施，参与场外应急计划的制订和实施；

（四）负责对所属核设施中各类人员的技术培训和考核；

（五）组织核能发展方面的核安全科学研究工作。

第七条 核设施营运单位直接负责所营运的核设施的安全，其主要职责是：

（一）遵守国家有关法律、行政法规和技术标准，保证核设施的安全；

（二）接受国家核安全局的核安全监督，及时、如实地报告安全情况，并提供有关资料；

（三）对所营运的核设施的安全、核材料的安全、工作人员和群众以及环境的安全承担全面责任。

第三章 安全许可制度

第八条 国家实行核设施安全许可制度，由国家核安全局负责制定和批准颁发核设施安全许可证件，许可证件包括：

（一）核设施建造许可证；

（二）核设施运行许可证；

（三）核设施操纵员执照；

（四）其他需要批准的文件。

第九条 核设施营运单位，在核设施建造前，必须向国家核安全局提交《核设施建造申请书》、《初步安全分析报告》以及其他有关资料，经审核批准获得《核设施建造许可证》后，方可动工建造。

核设施的建造必须遵守《核设施建造许可证》所规定的条件。

第十条 核设施营运单位在核设施运行前，必须向国家核安全局提交《核设施运行申请书》、《最终安全分析报告》以及其他有关资料，经审核批准获得允许装料（或投料）、调试的批准文件后，方可开始装载核燃料（或投料）进行启动调试工作；在获得《核设施运行许可证》后，方可正式运行。

核设施的运行必须遵守《核设施运行许可证》所规定的条件。

第十一条 国家核安全局在审批核设施建造申请书及运行申请书的过程中，应当向国务院有关部门以及核设施所在省、自治区、直辖市人民政府征询意见，国务院有关部门、地方人民政府应当在三个月内给予答复。

第十二条 具备下列条件的，方可批准发给《核设施建造许可证》和《核设施运行许可证》：

（一）所申请的项目已按照有关规定经主管部门及国家计划部门或省、自治区、直辖市人民政府的计划部门批准；

（二）所选定的厂址已经国务院或省、自治区、直辖市人民政府的城乡建设环境保护部门、计划部门和国家核安全局批准；

（三）所申请的核设施符合国家有关的法律及核安全法规的规定；

（四）申请者具有安全营运所申请的核设施的能力，并保证承担全面的安全责任。

第十三条 核设施操纵员执照分《操纵员执照》和《高级操纵员执照》两种。

持《操纵员执照》的人员方可担任操纵核设施控制系统的工作。

持《高级操纵员执照》的人员方可担任操纵或者指导他人操纵核设施控制系统的工作。

第十四条 具备下列条件的，方可批准发给《操纵员执照》：

（一）身体健康，无职业禁忌症；

（二）具有中专以上文化程度或同等学力，核动力厂操纵人员应具有大专以上文化程度或同等学力；

（三）经过运行操作培训，并经考核合格。

具备下列条件的，方可批准发给《高级操纵员执照》：

（一）身体健康，无职业禁忌症；

（二）具有大专以上文化程度或同等学力；

（三）经运行操作培训，并经考核合格；

（四）担任操纵员二年以上，成绩优秀者。

第十五条 核设施的迁移、转让或退役必须向国家核安全局提出申请，经审查批准后方可进行。

第四章 核安全监督

第十六条 国家核安全局及其派出机构可向核设施制造、建造和运行现场派驻监督组（员）执行下列核安全监督任务：

（一）审查所提交的安全资料是否符合实际；

（二）监督是否按照已批准的设计进行建造；

（三）监督是否按照已批准的质量保证大纲进行管理；

（四）监督核设施的建造和运行是否符合有关核安全法规和《核设施建造许可证》、《核设施运行许可证》所规定的条件；

（五）考察营运人员是否具备安全运行及执行应急计划的能力；

（六）其他需要监督的任务。

核安全监督员由国家核安全局任命并发给《核安全监督员证》。

第十七条 核安全监督员在执行任务时，凭其证件有权进入核设施制造、建造和运行现场，调查情况，收集有关核安全资料。

第十八条 国家核安全局在必要时有权采取强制性措施，命令核设施营运单位采取安全措施或停止危及安全的活动。

第十九条 核设施营运单位有权拒绝有害于安全的任何要求，但对国家核安全局的强制性措施必须执行。

第五章 奖励和处罚

第二十条 对保证核设施安全有显著成绩和贡献的单位和个人，国家核安全局或核设施主管部门应给予适当的奖励。

第二十一条 凡违反本条例的规定，有下列行为之一的，国家核安全局可依其情节轻重，给予警告、限期改进、停工或者停业整顿、吊销核安全许可证件的处罚：

（一）未经批准或违章从事核设施建造、运行、迁移、转让和退役的；

（二）谎报有关资料或事实，或无故拒绝监督的；

（三）无执照操纵或违章操纵的；

（四）拒绝执行强制性命令的。

第二十二条 当事人对行政处罚不服的，可在接到处罚通知之日起十五日内向人民法院起诉。但是，对吊销核安全许可证件的决定应当立即执行。对处罚决定不履行逾期又不起诉的，由国家核安全局申请人民法院强制执行。

第二十三条 对于不服管理、违反规章制度，或者强令他人违章冒险作业，因而发生核事故，造成严重后果，构成犯罪的，由司法机关依法追究刑事责任。

第六章 附 则

第二十四条 本条例中下列用语的含义是：

（一）“核设施”是指本条例第二条中所列出的各项民用核设施。

（二）“核设施安全许可证件”是指为了进行与核设施有关的选址定点、建造、调试、运行和退役等特定活动，由国家核安全局颁发的书面批准文件。

（三）“营运单位”是指申请或持有核设施安全许可证，可以经营和运行核设施的组织。

（四）“核设施主管部门”是指对核设施营运单位负有领导责任的国务院和省、自治区、直辖市人民政府的有关行政机关。

（五）“核事故”是指核设施内的核燃料、放射性产物、废料或运入运出核设施的核材料所发生的放射性、毒害性、爆炸性或其他危害性事故，或一系列事故。

第二十五条 国家核安全局应根据本条例制定实施细则。

第二十六条 本条例自发布之日起施行。

放射性废物安全管理条例

1. 2011 年 12 月 20 日国务院令第 612 号公布
2. 自 2012 年 3 月 1 日起施行

第一章 总 则

第一条 为了加强对放射性废物的安全管理，保护环境，保障人体健康，根据《中华人民共和国放射性污染防治法》，制定本条例。

第二条 本条例所称放射性废物，是指含有放射性核素或者被放射性核素污染，其放射性核素浓度或者比活度大于国家确定的清洁解控水平，预期不再使用的废弃物。

第三条 放射性废物的处理、贮存和处置及其监督管理等活动，适用本条例。

本条例所称处理，是指为了能够安全和经济地运输、贮存、处置放射性废物，通过净化、浓缩、固化、压缩和包装等手段，改变放射性废物的属性、形态和体积的活动。

本条例所称贮存，是指将废旧放射源和其他放射性固体废物临时放置于专门建造的设施内进行保管的活动。

本条例所称处置，是指将废旧放射源和其他放射性固体废物最终放置于专门建造的设施内并不再回取的活动。

第四条 放射性废物的安全管理，应当坚持减量化、无害化和妥善处置、永久安全的原则。

第五条 国务院环境保护主管部门统一负责全国放射性废物的安全监督管理工作。

国务院核工业行业主管部门和其他有关部门，依照本条例的规定和各自的职责负责放射性废物的有关管理工作。

县级以上地方人民政府环境保护主管部门和其他有关部门依照本条例的规定和各自的职责负责本行政区域放射性废物的有关管理工作。

第六条 国家对放射性废物实行分类管理。

根据放射性废物的特性及其对人体健康和环境的潜在危害程度，将放射性废物分为高水平放射性废物、中水平放射性废物和低水平放射性废物。

第七条 放射性废物的处理、贮存和处置活动，应当遵守国家有关放射性污染防治标准和国务院环境保护主管部门的规定。

第八条 国务院环境保护主管部门会同国务院核工业行业主管部门和其他有关部门建立全国放射性废物管理信息系统，实现信息共享。

国家鼓励、支持放射性废物安全管理的科学研究和技术开发利用，推广先进的放射性废物安全管理技术。

第九条 任何单位和个人对违反本条例规定的行为，有权向县级以上人民政府环境保护主管部门或者其他有关部门举报。接到举报的部门应当及时调查处理，并为举报人保密；经调查情况属实的，对举报人给予奖励。

第二章 放射性废物的处理和贮存

第十条 核设施营运单位应当将其产生的不能回收利用并不能返回原生产单位或者出口方的废旧放射源（以下简称废旧放射源），送交取得相应许可证的放射性固体废物贮存单位集中贮存，或者直接送交取得相应许可证的放射性固体废物处置单位处置。

核设施营运单位应当对其产生的除废旧放射源以外的放射性固体废物和不能经净化排放的放射性废液进行处理，使其转变为稳定的、标准化的固体废物后自行贮存，并及时送交取得相应许可证的放射性固体废物处置单位处置。

第十一条 核技术利用单位应当对其产生的不能经净化排放的放射性废液进行

处理，转变为放射性固体废物。

核技术利用单位应当及时将其产生的废旧放射源和其他放射性固体废物，送交取得相应许可证的放射性固体废物贮存单位集中贮存，或者直接送交取得相应许可证的放射性固体废物处置单位处置。

第十二条 专门从事放射性固体废物贮存活动的单位，应当符合下列条件，并依照本条例的规定申请领取放射性固体废物贮存许可证：

（一）有法人资格；

（二）有能保证贮存设施安全运行的组织机构和3名以上放射性废物管理、辐射防护、环境监测方面的专业技术人员，其中至少有1名注册核安全工程师；

（三）有符合国家有关放射性污染防治标准和国务院环境保护主管部门规定的放射性固体废物接收、贮存设施和场所，以及放射性检测、辐射防护与环境监测设备；

（四）有健全的管理制度以及符合核安全监督管理要求的质量保证体系，包括质量保证大纲、贮存设施运行监测计划、辐射环境监测计划和应急方案等。

核设施营运单位利用与核设施配套建设的贮存设施，贮存本单位产生的放射性固体废物的，不需要申请领取贮存许可证；贮存其他单位产生的放射性固体废物的，应当依照本条例的规定申请领取贮存许可证。

第十三条 申请领取放射性固体废物贮存许可证的单位，应当向国务院环境保护主管部门提出书面申请，并提交其符合本条例第十二条规定条件的证明材料。

国务院环境保护主管部门应当自受理申请之日起20个工作日内完成审查，对符合条件的颁发许可证，予以公告；对不符合条件的，书面通知申请单位并说明理由。

国务院环境保护主管部门在审查过程中，应当组织专家进行技术评审，并征求国务院其他有关部门的意见。技术评审所需时间应当书面告知申请单位。

第十四条 放射性固体废物贮存许可证应当载明下列内容：

（一）单位的名称、地址和法定代表人；

（二）准予从事的活动种类、范围和规模；

（三）有效期限；

（四）发证机关、发证日期和证书编号。

第十五条 放射性固体废物贮存单位变更单位名称、地址、法定代表人的，应当自变更登记之日起20日内，向国务院环境保护主管部门申请办理许可证变更手续。

放射性固体废物贮存单位需要变更许可证规定的活动种类、范围和规模的，应当按照原申请程序向国务院环境保护主管部门重新申请领取许可证。

第十六条 放射性固体废物贮存许可证的有效期为10年。

许可证有效期届满，放射性固体废物贮存单位需要继续从事贮存活动的，应当于许可证有效期届满90日前，向国务院环境保护主管部门提出延续申请。

国务院环境保护主管部门应当在许可证有效期届满前完成审查，对符合条件的准予延续；对不符合条件的，书面通知申请单位并说明理由。

第十七条 放射性固体废物贮存单位应当按照国家有关放射性污染防治标准和国务院环境保护主管部门的规定，对其接收的废旧放射源和其他放射性固体废物进行分类存放和清理，及时予以清洁解控或者送交取得相应许可证的放射性固体废物处置单位处置。

放射性固体废物贮存单位应当建立放射性固体废物贮存情况记录档案，如实完整地记录贮存的放射性固体废物的来源、数量、特征、贮存位置、清洁解控、送交处置等与贮存活动有关的事项。

放射性固体废物贮存单位应当根据贮存设施的自然环境和放射性固体废物特性采取必要的防护措施，保证在规定的贮存期限内贮存设施、容器的完好和放射性固体废物的安全，并确保放射性固体废物能够安全回取。

第十八条 放射性固体废物贮存单位应当根据贮存设施运行监测计划和辐射环境监测计划，对贮存设施进行安全性检查，并对贮存设施周围的地下水、地表水、土壤和空气进行放射性监测。

放射性固体废物贮存单位应当如实记录监测数据，发现安全隐患或者周围环境中放射性核素超过国家规定的标准的，应当立即查找原因，采取相应的防范措施，并向所在地省、自治区、直辖市人民政府环境保护主管部门报告。构成辐射事故的，应当立即启动本单位的应急方案，并依照《中华人民共和国放射性污染防治法》、《放射性同位素与射线装置安全和防护条例》的规定进行报告，开展有关事故应急工作。

第十九条 将废旧放射源和其他放射性固体废物送交放射性固体废物贮存、处置单位贮存、处置时，送交方应当一并提供放射性固体废物的种类、数量、活度等资料和废旧放射源的原始档案，并按照规定承担贮存、处置的费用。

第三章 放射性废物的处置

第二十条 国务院核工业行业主管部门会同国务院环境保护主管部门根据地质、环境、社会经济条件和放射性固体废物处置的需要，在征求国务院有关部门意见并进行环境影响评价的基础上编制放射性固体废物处置场所选址规划，报国务院批准后实施。

有关地方人民政府应当根据放射性固体废物处置场所选址规划，提供放射性固体废物处置场所的建设用地，并采取有效措施支持放射性固体废物的处置。

第二十一条 建造放射性固体废物处置设施，应当按照放射性固体废物处置场所选址技术导则和标准的要求，与居住区、水源保护区、交通干道、工厂和企业等场所保持严格的安全防护距离，并对场址的地质构造、水文地质等自然条件以及社会经济条件进行充分研究论证。

第二十二条 建造放射性固体废物处置设施，应当符合放射性固体废物处置场所选址规划，并依法办理选址批准手续和建造许可证。不符合选址规划或者选址技术导则、标准的，不得批准选址或者建造。

高水平放射性固体废物和 α 放射性固体废物深地质处置设施的工程和安全技术研究、地下实验、选址和建造，由国务院核工业行业主管部门组织实施。

第二十三条 专门从事放射性固体废物处置活动的单位，应当符合下列条件，并依照本条例的规定申请领取放射性固体废物处置许可证：

（一）有国有或者国有控股的企业法人资格。

（二）有能保证处置设施安全运行的组织机构和专业技术人员。低、中水平放射性固体废物处置单位应当具有 10 名以上放射性废物管理、辐射防护、环境监测方面的专业技术人员，其中至少有 3 名注册核安全工程师；高水平放射性固体废物和 α 放射性固体废物处置单位应当具有 20 名以上放射性废物管理、辐射防护、环境监测方面的专业技术人员，其中至少有 5 名注册核安全工程师。

（三）有符合国家有关放射性污染防治标准和国务院环境保护主管部门规定的放射性固体废物接收、处置设施和场所，以及放射性检测、辐射防护与环境监测设备。低、中水平放射性固体废物处置设施关闭后应满足 300 年以上的安全隔离要求；高水平放射性固体废物和 α 放射性固体废物深地质处置设施关闭后应满足 1 万年以上的安全隔离要求。

（四）有相应数额的注册资金。低、中水平放射性固体废物处置单位的注册资金应不少于3000万元；高水平放射性固体废物和α放射性固体废物处置单位的注册资金应不少于1亿元。

（五）有能保证其处置活动持续进行直至安全监护期满的财务担保。

（六）有健全的管理制度以及符合核安全监督管理要求的质量保证体系，包括质量保证大纲、处置设施运行监测计划、辐射环境监测计划和应急方案等。

第二十四条 放射性固体废物处置许可证的申请、变更、延续的审批权限和程序，以及许可证的内容、有效期限，依照本条例第十三条至第十六条的规定执行。

第二十五条 放射性固体废物处置单位应当按照国家有关放射性污染防治标准和国务院环境保护主管部门的规定，对其接收的放射性固体废物进行处置。

放射性固体废物处置单位应当建立放射性固体废物处置情况记录档案，如实记录处置的放射性固体废物的来源、数量、特征、存放位置等与处置活动有关的事项。放射性固体废物处置情况记录档案应当永久保存。

第二十六条 放射性固体废物处置单位应当根据处置设施运行监测计划和辐射环境监测计划，对处置设施进行安全性检查，并对处置设施周围的地下水、地表水、土壤和空气进行放射性监测。

放射性固体废物处置单位应当如实记录监测数据，发现安全隐患或者周围环境中放射性核素超过国家规定的标准的，应当立即查找原因，采取相应的防范措施，并向国务院环境保护主管部门和核工业行业主管部门报告。构成辐射事故的，应当立即启动本单位的应急方案，并依照《中华人民共和国放射性污染防治法》、《放射性同位素与射线装置安全和防护条例》的规定进行报告，开展有关事故应急工作。

第二十七条 放射性固体废物处置设施设计服役期届满，或者处置的放射性固体废物已达到该设施的设计容量，或者所在地区的地质构造或者水文地质等条件发生重大变化导致处置设施不适宜继续处置放射性固体废物的，应当依法办理关闭手续，并在划定的区域设置永久性标记。

关闭放射性固体废物处置设施的，处置单位应当编制处置设施安全监护计划，报国务院环境保护主管部门批准。

放射性固体废物处置设施依法关闭后，处置单位应当按照经批准的安全监护计划，对关闭后的处置设施进行安全监护。放射性固体废物处置单位因破产、吊销许可证等原因终止的，处置设施关闭和安全监护所需费用由提供财务担保的单位承担。

第四章　监督管理

第二十八条　县级以上人民政府环境保护主管部门和其他有关部门，依照《中华人民共和国放射性污染防治法》和本条例的规定，对放射性废物处理、贮存和处置等活动的安全性进行监督检查。

第二十九条　县级以上人民政府环境保护主管部门和其他有关部门进行监督检查时，有权采取下列措施：

（一）向被检查单位的法定代表人和其他有关人员调查、了解情况；

（二）进入被检查单位进行现场监测、检查或者核查；

（三）查阅、复制相关文件、记录以及其他有关资料；

（四）要求被检查单位提交有关情况说明或者后续处理报告。

被检查单位应当予以配合，如实反映情况，提供必要的资料，不得拒绝和阻碍。

县级以上人民政府环境保护主管部门和其他有关部门的监督检查人员依法进行监督检查时，应当出示证件，并为被检查单位保守技术秘密和业务秘密。

第三十条　核设施营运单位、核技术利用单位和放射性固体废物贮存、处置单位，应当按照放射性废物危害的大小，建立健全相应级别的安全保卫制度，采取相应的技术防范措施和人员防范措施，并适时开展放射性废物污染事故应急演练。

第三十一条　核设施营运单位、核技术利用单位和放射性固体废物贮存、处置单位，应当对其直接从事放射性废物处理、贮存和处置活动的工作人员进行核与辐射安全知识以及专业操作技术的培训，并进行考核；考核合格的，方可从事该项工作。

第三十二条　核设施营运单位、核技术利用单位和放射性固体废物贮存单位应当按照国务院环境保护主管部门的规定定期如实报告放射性废物产生、排放、处理、贮存、清洁解控和送交处置等情况。

放射性固体废物处置单位应当于每年3月31日前，向国务院环境保护主管部门和核工业行业主管部门如实报告上一年度放射性固体废物接收、处置和设施运行等情况。

第三十三条　禁止将废旧放射源和其他放射性固体废物送交无相应许可证的单位贮存、处置或者擅自处置。

禁止无许可证或者不按照许可证规定的活动种类、范围、规模和期限从事放射性固体废物贮存、处置活动。

第三十四条　禁止将放射性废物和被放射性污染的物品输入中华人民共和国境内或者经中华人民共和国境内转移。具体办法由国务院环境保护主管部门会同国务院商务主管部门、海关总署、国家出入境检验检疫主管部门制定。

第五章　法律责任

第三十五条　负有放射性废物安全监督管理职责的部门及其工作人员违反本条例规定，有下列行为之一的，对直接负责的主管人员和其他直接责任人员，依法给予处分；直接负责的主管人员和其他直接责任人员构成犯罪的，依法追究刑事责任：

（一）违反本条例规定核发放射性固体废物贮存、处置许可证的；

（二）违反本条例规定批准不符合选址规划或者选址技术导则、标准的处置设施选址或者建造的；

（三）对发现的违反本条例的行为不依法查处的；

（四）在办理放射性固体废物贮存、处置许可证以及实施监督检查过程中，索取、收受他人财物或者谋取其他利益的；

（五）其他徇私舞弊、滥用职权、玩忽职守行为。

第三十六条　违反本条例规定，核设施营运单位、核技术利用单位有下列行为之一的，由审批该单位立项环境影响评价文件的环境保护主管部门责令停止违法行为，限期改正；逾期不改正的，指定有相应许可证的单位代为贮存或者处置，所需费用由核设施营运单位、核技术利用单位承担，可以处20万元以下的罚款；构成犯罪的，依法追究刑事责任：

（一）核设施营运单位未按照规定，将其产生的废旧放射源送交贮存、处置，或者将其产生的其他放射性固体废物送交处置的；

（二）核技术利用单位未按照规定，将其产生的废旧放射源或者其他放射性固体废物送交贮存、处置的。

第三十七条　违反本条例规定，有下列行为之一的，由县级以上人民政府环境保护主管部门责令停止违法行为，限期改正，处10万元以上20万元以下的罚款；造成环境污染的，责令限期采取治理措施消除污染，逾期不采取治理措施，经催告仍不治理的，可以指定有治理能力的单位代为治理，所需费用由违法者承担；构成犯罪的，依法追究刑事责任：

（一）核设施营运单位将废旧放射源送交无相应许可证的单位贮存、处置，或者将其他放射性固体废物送交无相应许可证的单位处置，或者擅自处置的；

（二）核技术利用单位将废旧放射源或者其他放射性固体废物送交无相

应许可证的单位贮存、处置，或者擅自处置的；

（三）放射性固体废物贮存单位将废旧放射源或者其他放射性固体废物送交无相应许可证的单位处置，或者擅自处置的。

第三十八条 违反本条例规定，有下列行为之一的，由省级以上人民政府环境保护主管部门责令停产停业或者吊销许可证；有违法所得的，没收违法所得；违法所得10万元以上的，并处违法所得1倍以上5倍以下的罚款；没有违法所得或者违法所得不足10万元的，并处5万元以上10万元以下的罚款；造成环境污染的，责令限期采取治理措施消除污染，逾期不采取治理措施，经催告仍不治理的，可以指定有治理能力的单位代为治理，所需费用由违法者承担；构成犯罪的，依法追究刑事责任：

（一）未经许可，擅自从事废旧放射源或者其他放射性固体废物的贮存、处置活动的；

（二）放射性固体废物贮存、处置单位未按照许可证规定的活动种类、范围、规模、期限从事废旧放射源或者其他放射性固体废物的贮存、处置活动的；

（三）放射性固体废物贮存、处置单位未按照国家有关放射性污染防治标准和国务院环境保护主管部门的规定贮存、处置废旧放射源或者其他放射性固体废物的。

第三十九条 放射性固体废物贮存、处置单位未按照规定建立情况记录档案，或者未按照规定进行如实记录的，由省级以上人民政府环境保护主管部门责令限期改正，处1万元以上5万元以下的罚款；逾期不改正的，处5万元以上10万元以下的罚款。

第四十条 核设施营运单位、核技术利用单位或者放射性固体废物贮存、处置单位未按照本条例第三十二条的规定如实报告有关情况的，由县级以上人民政府环境保护主管部门责令限期改正，处1万元以上5万元以下的罚款；逾期不改正的，处5万元以上10万元以下的罚款。

第四十一条 违反本条例规定，拒绝、阻碍环境保护主管部门或者其他有关部门的监督检查，或者在接受监督检查时弄虚作假的，由监督检查部门责令改正，处2万元以下的罚款；构成违反治安管理行为的，由公安机关依法给予治安管理处罚；构成犯罪的，依法追究刑事责任。

第四十二条 核设施营运单位、核技术利用单位或者放射性固体废物贮存、处置单位未按照规定对有关工作人员进行技术培训和考核的，由县级以上人民政府环境保护主管部门责令限期改正，处1万元以上5万元以下的罚款；逾期不改正的，处5万元以上10万元以下的罚款。

第四十三条 违反本条例规定，向中华人民共和国境内输入放射性废物或者被放射性污染的物品，或者经中华人民共和国境内转移放射性废物或者被放射性污染的物品的，由海关责令退运该放射性废物或者被放射性污染的物品，并处50万元以上100万元以下的罚款；构成犯罪的，依法追究刑事责任。

第六章 附 则

第四十四条 军用设施、装备所产生的放射性废物的安全管理，依照《中华人民共和国放射性污染防治法》第六十条的规定执行。

第四十五条 放射性废物运输的安全管理、放射性废物造成污染事故的应急处理，以及劳动者在职业活动中接触放射性废物造成的职业病防治，依照有关法律、行政法规的规定执行。

第四十六条 本条例自2012年3月1日起施行。

国家核应急预案

2013年6月30日修订

1 总 则

1.1 编制目的

依法科学统一、及时有效应对处置核事故，最大程度控制、减轻或消除事故及其造成的人员伤亡和财产损失，保护环境，维护社会正常秩序。

1.2 编制依据

《中华人民共和国突发事件应对法》、《中华人民共和国放射性污染防治法》、《核电厂核事故应急管理条例》、《放射性物品运输安全管理条例》、《国家突发公共事件总体应急预案》和相关国际公约等。

1.3 适用范围

本预案适用于我国境内核设施及有关核活动已经或可能发生的核事故。境外发生的对我国大陆已经或可能造成影响的核事故应对工作参照本预案进行响应。

1.4 工作方针和原则

国家核应急工作贯彻执行常备不懈、积极兼容，统一指挥、大力协同，保护公众、保护环境的方针；坚持统一领导、分级负责、条块结合、快速反应、科学处置的工作原则。核事故发生后，核设施营运单位、地方政府及其有关部门和国家核事故应急协调委员会（以下简称国家核应急协调委）成员单位立即自动按照职责分工和相关预案开展前期处置工作。核设施营运单位是核事故场内应急工作的主体，省级人民政府是本行政区域核事故场外应急工作的主体。国家根据核应急工作需要给予必要的协调和支持。

2 组织体系

2.1 国家核应急组织

国家核应急协调委负责组织协调全国核事故应急准备和应急处置工作。国家核应急协调委主任委员由工业和信息化部部长担任。日常工作由国家核事故应急办公室（以下简称国家核应急办）承担。必要时，成立国家核事故应急指挥部，统一领导、组织、协调全国的核事故应对工作。指挥部总指挥由国务院领导同志担任。视情成立前方工作组，在国家核事故应急指挥部的领导下开展工作。

国家核应急协调委设立专家委员会，由核工程与核技术、核安全、辐射监测、辐射防护、环境保护、交通运输、医学、气象学、海洋学、应急管理、公共宣传等方面专家组成，为国家核应急工作重大决策和重要规划以及核事故应对工作提供咨询和建议。

国家核应急协调委设立联络员组，由成员单位司、处级和核设施营运单位所属集团公司（院）负责同志组成，承担国家核应急协调委交办的事项。

2.2 省（自治区、直辖市）核应急组织

省级人民政府根据有关规定和工作需要成立省（自治区、直辖市）核应急委员会（以下简称省核应急委），由有关职能部门、相关市县、核设施营运单位的负责同志组成，负责本行政区域核事故应急准备与应急处置工作，统一指挥本行政区域核事故场外应急响应行动。省核应急委设立专家组，提供决策咨询；设立省核事故应急办公室（以下称省核应急办），承担省核应急委的日常工作。

未成立核应急委的省级人民政府指定部门负责本行政区域核事故应急准备与应急处置工作。

必要时，由省级人民政府直接领导、组织、协调本行政区域场外核应急工作，支援核事故场内核应急响应行动。

2.3 核设施营运单位核应急组织

核设施营运单位核应急指挥部负责组织场内核应急准备与应急处置工作，统一指挥本单位的核应急响应行动，配合和协助做好场外核应急准备与响应工

作，及时提出进入场外应急状态和采取场外应急防护措施的建议。核设施营运单位所属集团公司（院）负责领导协调核设施营运单位核应急准备工作，事故情况下负责调配其应急资源和力量，支援核设施营运单位的响应行动。

3 核设施核事故应急响应

3.1 响应行动

核事故发生后，各级核应急组织根据事故的性质和严重程度，实施以下全部或部分响应行动。

3.1.1 事故缓解和控制

迅速组织专业力量、装备和物资等开展工程抢险，缓解并控制事故，使核设施恢复到安全状态，最大程度防止、减少放射性物质向环境释放。

3.1.2 辐射监测和后果评价

开展事故现场和周边环境（包括空中、陆地、水体、大气、农作物、食品和饮水等）放射性监测，以及应急工作人员和公众受照剂量的监测等。实时开展气象、水文、地质、地震等观（监）测预报；开展事故工况诊断和释放源项分析，研判事故发展趋势，评价辐射后果，判定受影响区域范围，为应急决策提供技术支持。

3.1.3 人员放射性照射防护

当事故已经或可能导致碘放射性同位素释放的情况下，按照辐射防护原则及管理程序，及时组织有关工作人员和公众服用稳定碘，减少甲状腺的受照剂量。根据公众可能接受的辐射剂量和保护公众的需要，组织放射性烟羽区有关人员隐蔽；组织受影响地区居民向安全地区撤离。根据受污染地区实际情况，组织居民从受污染地区临时迁出或永久迁出，异地安置，避免或减少地面放射性沉积物的长期照射。

3.1.4 去污洗消和医疗救治

去除或降低人员、设备、场所、环境等的放射性污染；组织对辐射损伤人员和非辐射损伤人员实施医学诊断及救治，包括现场救治、地方救治和专科救治。

3.1.5 出入通道和口岸控制

根据受事故影响区域具体情况，划定警戒区，设定出入通道，严格控制各类人员、车辆、设备和物资出入。对出入境人员、交通工具、集装箱、货物、行李物品、邮包快件等实施放射性污染检测与控制。

3.1.6 市场监管和调控

针对受事故影响地区市场供应及公众心理状况，及时进行重要生活必需品的市场监管和调控。禁止或限制受污染食品和饮水的生产、加工、流通和食用，避免或减少放射性物质摄入。

3.1.7 维护社会治安

严厉打击借机传播谣言制造恐慌等违法犯罪行为；在群众安置点、抢险救援物资存放点等重点地区，增设临时警务站，加强治安巡逻；强化核事故现场等重要场所警戒保卫，根据需要做好周边地区交通管制等工作。

3.1.8 信息报告和发布

按照核事故应急报告制度的有关规定，核设施营运单位及时向国家核应急办、省核应急办、核电主管部门、核安全监管部门、所属集团公司（院）报告、通报有关核事故及核应急响应情况；接到事故报告后，国家核应急协调委、核事故发生地省级人民政府要及时、持续向国务院报告有关情况。第一时间发布准确、权威信息。核事故信息发布办法由国家核应急协调委另行制订，报国务院批准后实施。

3.1.9 国际通报和援助

国家核应急协调委统筹协调核应急国际通报与国际援助工作。按照《及早通报核事故公约》的要求，当核事故造成或可能造成超越国界的辐射影响时，国家核应急协调委通过核应急国家联络点向国际原子能机构通报。向有关国家和地区的通报工作，由外交部按照双边或多边核应急合作协议办理。

必要时，国家核应急协调委提出请求国际援助的建议，报请国务院批准后，由国家原子能机构会同外交部按照《核事故或辐射紧急情况援助公约》的有关规定办理。

3.2 指挥和协调

根据核事故性质、严重程度及辐射后果影响范围，核设施核事故应急状态分为应急待命、厂房应急、场区应急、场外应急（总体应急），分别对应Ⅳ级响应、Ⅲ级响应、Ⅱ级响应、Ⅰ级响应。

3.2.1 Ⅳ级响应

3.2.1.1 启动条件

当出现可能危及核设施安全运行的工况或事件，核设施进入应急待命状态，启动Ⅳ级响应。

3.2.1.2 应急处置

（1）核设施营运单位进入戒备状态，采取预防或缓解措施，使核设施保持或恢复到安全状态，并及时向国家核应急办、省核应急办、核电主管部门、核安全监管部门、所属集团公司（院）提出相关建议；对事故的性质及后果进行评价。

（2）省核应急组织密切关注事态发展，保持核应急通信渠道畅通；做好公众沟通工作，视情组织本省部分核应急专业力量进入待命状态。

（3）国家核应急办研究决定启动Ⅳ级响应，加强与相关省核应急组织和核设施营运单位及其所属集团公司（院）的联络沟通，密切关注事态发展，及时向国家核应急协调委成员单位通报情况。各成员单位做好相关应急准备。

3.2.1.3 响应终止

核设施营运单位组织评估，确认核设施已处于安全状态后，提出终止应急响应建议报国家和省核应急办，国家核应急办研究决定终止Ⅳ级响应。

3.2.2 Ⅲ级响应

3.2.2.1 启动条件

当核设施出现或可能出现放射性物质释放，事故后果影响范围仅限于核设施场区局部区域，核设施进入厂房应急状态，启动Ⅲ级响应。

3.2.2.2 应急处置

在Ⅳ级响应的基础上，加强以下应急措施：

（1）核设施营运单位采取控制事故措施，开展应急辐射监测和气象观测，采取保护工作人员的辐射防护措施；加强信息报告工作，及时提出相关建议；做好公众沟通工作。

（2）省核应急委组织相关成员单位、专家组会商，研究核应急工作措施；视情组织本省核应急专业力量开展辐射监测和气象观测。

（3）国家核应急协调委研究决定启动Ⅲ级响应，组织国家核应急协调委有关成员单位及专家委员会开展趋势研判、公众沟通等工作；协调、指导地方和核设施营运单位做好核应急有关工作。

3.2.2.3 响应终止

核设施营运单位组织评估，确认核设施已处于安全状态后，提出终止应急响应建议报国家核应急协调委和省核应急委，国家核应急协调委研究决定终止Ⅲ级响应。

3.2.3 Ⅱ级响应

3.2.3.1 启动条件

当核设施出现或可能出现放射性物质释放，事故后果影响扩大到整个场址区域（场内），但尚未对场址区域外公众和环境造成严重影响，核设施进入场区应急状态，启动Ⅱ级响应。

3.2.3.2 应急处置

在Ⅲ级响应的基础上，加强以下应急措施：

（1）核设施营运单位组织开展工程抢险；撤离非应急人员，控制应急人员辐射照射；进行污染区标识或场区警戒，对出入场区人员、车辆等进行污染监测；做好与外部救援力量的协同准备。

（2）省核应急委组织实施气象观测预报、辐射监测，组织专家分析研判趋势；及时发布通告，视情采取交通管制、控制出入通道、心理援助等措施；根据信息发布办法的有关规定，做好信息发布工作，协调调配本行政区域核应急资源给予核设施营运单位必要的支援，做好医疗救治准备等工作。

（3）国家核应急协调委研究决定启动Ⅱ级响应，组织国家核应急协调委相关成员单位、专家委员会会商，开展综合研判；按照有关规定组织权威信息发布，稳定社会秩序；根据有关省级人民政府、省核应急委或核设施营运单位的请求，为事故缓解和救援行动提供必要的支持；视情组织国家核应急力量指导开展辐射监测、气象观测预报、医疗救治等工作。

3.2.3.3 响应终止

核设施营运单位组织评估，确认核设施已处于安全状态后，提出终止应急响应建议报国家核应急协调委和省核应急委，国家核应急协调委研究决定终止Ⅱ级响应。

3.2.4 Ⅰ级响应

3.2.4.1 启动条件

当核设施出现或可能出现向环境释放大量放射性物质，事故后果超越场区边界，可能严重危及公众健康和环境安全，进入场外应急状态，启动Ⅰ级响应。

3.2.4.2 应急处置

（1）核设施营运单位组织工程抢险，缓解、控制事故，开展事故工况诊断、应急辐射监测；采取保护场内工作人员的防护措施，撤离非应急人员，控制应急人员辐射照射，对受伤或受照人员进行医疗救治；标识污染区，实施场区警戒，对出入场区人员、车辆等进行放射性污染监测；及时提出公众防护行动建议；对事故的性质及后果进行评价；协同外部救援力量做好抢险救援等工作；配合国家核应急协调委和省核应急委做好公众沟通和信息发布等工作。

（2）省核应急委组织实施场外应急辐射监测、气象观测预报，组织专家进行趋势分析研判，协调、调配本行政区域内核应急资源，向核设施营运单位提供必要的交通、电力、水源、通信等保障条件支援；及时发布通告，视情采取交通管制、发放稳定碘、控制出入通道、控制食品和饮水、医疗救治、心理援助、去污洗消等措施，适时组织实施受影响区域公众的隐蔽、撤离、临时避迁、永久再定居；根据信息发布办法的有关规定，做好信息发布工作，组织开展公众沟通等工作；及时向事故后果影响或可能影响的邻近省（自治区、直辖市）通报事故情况，提出相应建议。

（3）国家核应急协调委向国务院提出启动Ⅰ级响应建议，国务院决定启动Ⅰ级响应。国家核应急协调委组织协调核应急处置工作。必要时，国务院成立国家核事故应急指挥部，统一领导、组织、协调全国核应急处置工作。国家核事故应急指挥部根据工作需要设立事故抢险、辐射监测、医学救援、放射性污染物处置、群众生活保障、信息发布和宣传报道、涉外事务、社会稳定、综合协调等工作组。

国家核事故应急指挥部或国家核应急协调委对以下任务进行部署，并组织协调有关地区和部门实施：

①组织国家核应急协调委相关成员单位、专家委员会会商，开展事故工况诊断、释放源项分析、辐射后果预测评价等，科学研判趋势，决定核应急对策措施。

②派遣国家核应急专业救援队伍，调配专业核应急装备参与事故抢险工作，抑制或缓解事故、防止或控制放射性污染等。

③组织协调国家和地方辐射监测力量对已经或可能受核辐射影响区域的环境（包括空中、陆地、水体、大气、农作物、食品和饮水等）进行放射性监测。

④组织协调国家和地方医疗卫生力量和资源，指导和支援受影响地区开展辐射损伤人员医疗救治、心理援助，以及去污洗消、污染物处置等工作。

⑤统一组织核应急信息发布。

⑥跟踪重要生活必需品的市场供求信息，开展市场监管和调控。

⑦组织实施农产品出口管制，对出境人员、交通工具、集装箱、货物、行李物品、邮包快件等进行放射性沾污检测与控制。

⑧按照有关规定和国际公约的要求，做好向国际原子能机构、有关国家和地区的国际通报工作；根据需要提出国际援助请求。

⑨其他重要事项。

3.2.4.3　响应终止

当核事故已得到有效控制，放射性物质的释放已经停止或者已经控制到可接受的水平，核设施基本恢复到安全状态，由国家核应急协调委提出终止Ⅰ级响应建议，报国务院批准。视情成立的国家核事故应急指挥部在应急响应终止后自动撤销。

4 核设施核事故后恢复行动

应急响应终止后，省级人民政府及其有关部门、核设施营运单位等立即按照职责分工组织开展恢复行动。

4.1 场内恢复行动

核设施营运单位负责场内恢复行动，并制订核设施恢复规划方案，按有关规定报上级有关部门审批，报国家核应急协调委和省核应急委备案。国家核应急协调委、省核应急委、有关集团公司（院）视情对场内恢复行动提供必要的指导和支持。

4.2 场外恢复行动

省核应急委负责场外恢复行动，并制订场外恢复规划方案，经国家核应急协调委核准后报国务院批准。场外恢复行动主要任务包括：全面开展环境放射性水平调查和评价，进行综合性恢复整治；解除紧急防护行动措施，尽快恢复受影响地区生产生活等社会秩序，进一步做好转移居民的安置工作；对工作人员和公众进行剂量评估，开展科普宣传，提供咨询和心理援助等。

5 其他核事故应急响应

对乏燃料运输事故、涉核航天器坠落事故等，根据其可能产生的辐射后果及影响范围，国家和受影响省（自治区、直辖市）核应急组织及营运单位进行必要的响应。

5.1 乏燃料运输事故

乏燃料运输事故发生后，营运单位应在第一时间报告所属集团公司（院）、事故发生地省级人民政府有关部门和县级以上人民政府环境保护部门、国家核应急协调委，并按照本预案和乏燃料运输事故应急预案立即组织开展应急处置工作。必要时，国家核应急协调委组织有关成员单位予以支援。

5.2 台湾地区核事故

台湾地区发生核事故可能或已经对大陆造成辐射影响时，参照本预案组织应急响应。台办会同国家核应急办向台湾有关方面了解情况和对大陆的需求，上报国务院。国务院根据情况，协调调派国家核应急专业力量协助救援。

5.3 其他国家核事故

其他国家发生核事故已经或可能对我国产生影响时，由国家核应急协调委参照本预案统一组织开展信息收集与发布、辐射监测、部门会商、分析研判、口岸控制、市场调控、国际通报及援助等工作。必要时，成立国家核事故应急指挥部，统一领导、组织、协调核应急响应工作。

5.4 涉核航天器坠落事故

涉核航天器坠落事故已经或可能对我国局部区域产生辐射影响时，由国家核应急协调委参照本预案组织开展涉核航天器污染碎片搜寻与收集、辐射监测、环境去污、分析研判、信息通报等工作。

6 应急准备和保障措施

6.1 技术准备

国家核应急协调委依托各成员单位、相关集团公司（院）和科研院所现有能力，健全完善辐射监测、航空监测、气象监测预报、地震监测、海洋监测、辐射防护、医学应急等核应急专业技术支持体系，组织开展核应急技术研究、标准制定、救援专用装备设备以及后果评价系统和决策支持系统等核应急专用软硬件研发，指导省核应急委、核设施营运单位做好相关技术准备。省核应急委、核设施营运单位按照本预案和本级核应急预案的要求，加强有关核应急技术准备工作。

6.2 队伍准备

国家核应急协调委依托各成员单位、相关集团公司（院）和科研院所现有能力，加强突击抢险、辐射监测、去污洗消、污染控制、辐射防护、医学救援等专业救援队伍建设，配备必要的专业物资装备，强化专业培训和应急演习。省核应急委、核设施营运单位及所属集团公司（院），按照职责分工加强相关核应急队伍建设，强化日常管理和培训，切实提高应急处置能力。国家、省、核设施运营单位核应急组织加强核应急专家队伍建设，为应急指挥辅助决策、工程抢险、辐射监测、医学救治、科普宣传等提供人才保障。

6.3 物资保障

国家、省核应急组织及核设施营运单位建立健全核应急器材装备的研发、生产和储备体系，保障核事故应对工作需要。国家核应急协调委完善辐射监测与防护、医疗救治、气象监测、事故抢险、去污洗消以及动力、通信、交通运输等方面器材物资的储备机制和生产商登记机制，做好应急物资调拨和紧急配送工作方案。省核应急委储备必要的应急物资，重点加强实施场外应急所需的辐射监测、医疗救治、人员安置和供电、供水、交通运输、通信等方面物资的储备。核设施营运单位及其所属集团公司（院）重点加强缓解事故、控制事故、工程抢险所需的移动电源、供水、管线、辐射防护器材、专用工具设备等储备。

6.4 资金保障

国家、省核应急准备所需资金分别由中央财政和地方财政安排。核电厂的核应急准备所需资金由核电厂自行筹措。其他核设施的核应急准备资金按照现有资金渠道筹措。

6.5 通信和运输保障

国家、省核应急组织、核设施营运单位及其所属集团公司（院）加强核应急通信与网络系统建设，形成可靠的通信保障能力，确保核应急期间通信联络和信息传递需要。交通运输、公安等部门健全公路、铁路、航空、水运紧急运输保障体系，完善应急联动工作机制，保障应急响应所需人员、物资、装备、器材等的运输。

6.6 培训和演习

6.6.1 培训

各级核应急组织建立培训制度，定期对核应急管理人员和专业队伍进行培训。国家核应急办负责国家核应急协调委成员单位、省核应急组织和核设施营运单位核应急组织负责人及骨干的培训。省核应急组织和核设施营运单位负责各自核应急队伍专业技术培训，国家核应急办及国家核应急协调委有关成员单位给予指导。

6.6.2 演习

各级核应急组织应当根据实际情况采取桌面推演、实战演习等方式，经常开展应急演习，以检验、保持和提高核应急响应能力。国家级核事故应急联合演习由国家核应急协调委组织实施，一般3至5年举行一次；国家核应急协调委成员单位根据需要分别组织单项演练。省级核应急联合演习，一般2至4年举行一次，由省核应急委组织，核设施营运单位参加。核设施营运单位综合演习每2年组织1次，拥有3台以上运行机组的，综合演习频度适当增加。核电厂首次装投料前，由省核应急委组织场内外联合演习，核设施营运单位参加。

7 附　　则

7.1 奖励和责任

对在核应急工作中作出突出贡献的先进集体和个人，按照国家有关规定给予表彰和奖励；对在核应急工作中玩忽职守造成损失的，虚报、瞒报核事故情况的，依据国家有关法律法规追究当事人的责任，构成犯罪的，依法追究其刑事责任。

7.2 预案管理

国家核应急协调委负责本预案的制订工作，报国务院批准后实施，并要在法律、行政法规、国际公约、组织指挥体系、重要应急资源等发生变化后，或根据实际应对、实战演习中发现的重大问题，及时修订完善本预案。预案实施后，国家核应急协调委组织预案宣传、培训和演习。

国家核应急协调委成员单位和省核应急委、核设施营运单位，结合各自职责和实际情况，制定本部门、本行政区域和本单位的核应急预案。省核应急预案要按有关规定报国家核应急协调委审查批准。国家核应急协调委成员单位和核设施营运单位预案报国家核应急协调委备案。

7.3 预案解释

本预案由国务院办公厅负责解释。

7.4 预案实施

本预案自印发之日起实施。

附　录

最高人民法院发布三起涉国家安全典型案例

一、昆明火车站“3·01”暴恐案

【基本案情】

2014年3月1日，一伙暴徒在昆明火车站持刀砍杀无辜群众，造成31人死亡，141人受伤，其中40人重伤。

【裁判结果】

法院经依法审理，以组织、领导恐怖组织罪和故意杀人罪数罪并罚判处依斯坎达尔·艾海提、吐尔洪·托合尼亚孜、玉山·买买提死刑；以参加恐怖组织罪和故意杀人罪数罪并罚判处帕提古丽·托合提无期徒刑。

【法律链接】

《国家安全法》第二十八条　国家反对一切形式的恐怖主义和极端主义，加强防范和处置恐怖主义的能力建设，依法开展情报、调查、防范、处置以及资金监管等工作，依法取缔恐怖活动组织和严厉惩治暴力恐怖活动。

《反恐怖主义法》第七十九条　组织、策划、准备实施、实施恐怖活动，宣扬恐怖主义，煽动实施恐怖活动，非法持有宣扬恐怖主义的物品，强制他人在公共场所穿戴宣扬恐怖主义的服饰、标志，组织、领导、参加恐怖活动组织，为恐怖活动组织、恐怖活动人员、实施恐怖活动或者恐怖活动培训提供帮助的，依法追究刑事责任。

《刑法》第一百二十条　组织、领导恐怖活动组织的，处十年以上有期徒刑或者无期徒刑，并处没收财产；积极参加的，处三年以上十年以下有期徒刑，并处罚金；其他参加的，处三年以下有期徒刑、拘役、管制或者剥夺政治权利，可以并处罚金。

犯前款罪并实施杀人、爆炸、绑架等犯罪的，依照数罪并罚的规定处罚。

二、张某某宣扬恐怖主义、极端主义案

【基本案情】

2016年年初，张某某通过手机移动上网下载暴力恐怖视频和图片。2016年

2月至2016年10月间，张某某先后将下载的部分暴力恐怖视频和图片上传至QQ空间，供他人浏览。

【裁判结果】

法院经依法审理，认定被告人张某某犯宣扬恐怖主义、极端主义罪，判处有期徒刑二年三个月，并处罚金人民币五千元。

【法律链接】

《国家安全法》第二十八条　国家反对一切形式的恐怖主义和极端主义，加强防范和处置恐怖主义的能力建设，依法开展情报、调查、防范、处置以及资金监管等工作，依法取缔恐怖活动组织和严厉惩治暴力恐怖活动。

《反恐怖主义法》第四条第二款　国家反对一切形式的以歪曲宗教教义或者其他方法煽动仇恨、煽动歧视、鼓吹暴力等极端主义，消除恐怖主义的思想基础。

《刑法》第一百二十条之三　以制作、散发宣扬恐怖主义、极端主义的图书、音频视频资料或者其他物品，或者通过讲授、发布信息等方式宣扬恐怖主义、极端主义的，或者煽动实施恐怖活动的，处五年以下有期徒刑、拘役、管制或者剥夺政治权利，并处罚金；情节严重的，处五年以上有期徒刑，并处罚金或者没收财产。

三、招远涉邪教故意杀人案

【基本案情】

张帆、张立冬、吕迎春、张航、张巧联及张某（张帆之弟，时年12岁）均系“全能神”邪教组织成员。吕迎春、张帆、张立冬明知“全能神”系已经被国家取缔的邪教组织，仍然纠合教徒秘密聚会，制作、传播邪教组织信息，发展邪教组织成员，或者为上述行为提供便利条件，破坏国家法律、行政法规实施。2014年5月28日，为宣扬邪教、发展成员，张帆、张立冬、吕迎春、张航、张巧联及张某在山东招远一家麦当劳快餐厅内向周围就餐人员索要电话号码，遭被害人吴某某拒绝，张帆、吕迎春遂共同指认吴某某为“恶灵”，并伙同张立冬、张航、张巧联及张某将吴某某杀害。

【裁判结果】

法院经依法审理，以故意杀人罪、利用邪教组织破坏法律实施罪数罪并罚判处张帆、张立冬死刑，判处吕迎春无期徒刑；以故意杀人罪判处张航有期徒刑十年，判处张巧联有期徒刑七年。

【法律链接】

《国家安全法》第二十七条第二款　国家依法取缔邪教组织，防范、制止和依法惩治邪教违法犯罪活动。

《刑法》第三百条第一款、第三款　组织、利用会道门、邪教组织或者利用迷信破坏国家法律、行政法规实施的，处三年以上七年以下有期徒刑，并处罚金；情节特别严重的，处七年以上有期徒刑或者无期徒刑，并处罚金或者没收财产；情节较轻的，处三年以下有期徒刑、拘役、管制或者剥夺政治权利，并处或者单处罚金。

犯第一款罪又有奸淫妇女、诈骗财物等犯罪行为的，依照数罪并罚的规定处罚。

最高人民法院发布全民国家安全教育典型案例及相关法律规定

一、典型案例

1. 黄某某为境外刺探、非法提供国家秘密案

被告人黄某某通过QQ与一位境外人员结识，后多次按照对方要求到军港附近进行观测，采取望远镜观看、手机拍摄等方式，搜集军港内军舰信息，整编后传送给对方，以获取报酬。至案发，黄某某累计向境外人员报送信息90余次，收取报酬5.4万元。经鉴定，黄某某向境外人员提供的信息属1项机密级军事秘密。

法院认为，被告人黄某某无视国家法律，接受境外人员指使，积极为境外人员刺探、非法提供国家秘密，其行为已构成为境外刺探、非法提供国家秘密罪。依照《中华人民共和国刑法》相关规定，对黄某某以为境外刺探、非法提供国家秘密罪判处有期徒刑五年，剥夺政治权利一年，并处没收个人财产人民币5万元。

2. 周某破坏军事设施案

2016年4月间，被告人周某先后三次采用破坏性手段盗窃中国人民解放军某部队油料转运站配电间内电缆线，致使配电间内的配电柜遭受破坏，配电间不能为库区油料转运输送泵房提供电力支撑，无法完成担负的战备油料转运任务。经鉴定，被盗电缆线共计价值人民币409元。

法院认为，被告人周某明知是军事设施而予以破坏，其行为已构成破坏军事设施罪。鉴于周某系未成年人，认罪、悔罪态度较好，社会危害性较小，依法可以宣告缓刑。依照《中华人民共和国刑法》相关规定，对周某以破坏军事

设施罪判处有期徒刑八个月，缓刑一年。

3. 张某某破坏军事通信案

被告人张某某组织工人对某招待所楼顶太阳能进行拆除时，将中国人民解放军某部队的军事通信光缆损毁，造成军事通信阻断。随后部队维护人员赶到现场进行紧急抢修，并告知张某某待军事通信光缆损毁事宜处理完后再行施工。后张某某自行组织工人再次施工，并再次将同一位置的军事通信光缆损毁，造成军事通信阻断。张某某在明知是军事通信光缆且在未向部队报告取得同意的情况下，擅自对损毁的光缆进行熔接，造成国防通信线路中断120分钟，经鉴定两次损毁的军事光缆恢复费及线路中断造成的阻断费合计人民币294300元。

法院认为，被告人张某某作为施工管理人员，明知是军事通信设施，仍然违章作业，造成军事通信线路损毁，并私自熔接该通信线路，致使军事通信中断，其行为已构成破坏军事通信罪。鉴于张某某到案后如实供述自己的罪行，部队的经济损失已得到赔偿，故予以从轻处罚。依照《中华人民共和国刑法》相关规定，对张某某以破坏军事通信罪判处拘役三个月。

4. 王某某过失损坏军事通信案

被告人王某某在北京市海淀区某驾校停车场内，雇用铲车司机，在未告知铲车司机地下有国防光缆的情况下让其驾驶铲车施工，将中国人民解放军某总部某通信团埋在该驾校停车场地下的一根一级国防光缆挖断。

法院认为，被告人王某某过失损坏军事通信设施，造成严重后果，其行为已构成过失损坏军事通信罪。鉴于王某某到案后如实供述自己的罪行，认罪态度较好，且积极赔偿因犯罪行为而造成的经济损失，故酌情予以从轻处罚，并宣告缓刑。依照《中华人民共和国刑法》相关规定，对王某某以过失损坏军事通信罪判处拘役六个月，缓刑六个月。

二、法律规定

1.《中华人民共和国刑法》

第一百一十一条　为境外的机构、组织、人员窃取、刺探、收买、非法提供国家秘密或者情报的，处五年以上十年以下有期徒刑；情节特别严重的，处十年以上有期徒刑或者无期徒刑；情节较轻的，处五年以下有期徒刑、拘役、管制或者剥夺政治权利。

第三百六十九条　破坏武器装备、军事设施、军事通信的，处三年以下有期徒刑、拘役或者管制；破坏重要武器装备、军事设施、军事通信的，处三年以上十年以下有期徒刑；情节特别严重的，处十年以上有期徒刑、无期徒刑或者死刑。

过失犯前款罪，造成严重后果的，处三年以下有期徒刑或者拘役；造成特别严重后果的，处三年以上七年以下有期徒刑。

战时犯前两款罪的，从重处罚。

2.《中华人民共和国反间谍法》

第四条　中华人民共和国公民有维护国家的安全、荣誉和利益的义务，不得有危害国家的安全、荣誉和利益的行为。

一切国家机关和武装力量、各政党和各社会团体及各企业事业组织，都有防范、制止间谍行为，维护国家安全的义务。

国家安全机关在反间谍工作中必须依靠人民的支持，动员、组织人民防范、制止危害国家安全的间谍行为。

第六条　境外机构、组织、个人实施或者指使、资助他人实施的，或者境内机构、组织、个人与境外机构、组织、个人相勾结实施的危害中华人民共和国国家安全的间谍行为，都必须受到法律追究。

第二十七条　境外机构、组织、个人实施或者指使、资助他人实施，或者境内机构、组织、个人与境外机构、组织、个人相勾结实施间谍行为，构成犯罪的，依法追究刑事责任。

实施间谍行为，有自首或者立功表现的，可以从轻、减轻或者免除处罚；有重大立功表现的，给予奖励。

第三十八条　本法所称间谍行为，是指下列行为：

（一）间谍组织及其代理人实施或者指使、资助他人实施，或者境内外机构、组织、个人与其相勾结实施的危害中华人民共和国国家安全的活动；

（二）参加间谍组织或者接受间谍组织及其代理人的任务的；

（三）间谍组织及其代理人以外的其他境外机构、组织、个人实施或者指使、资助他人实施，或者境内机构、组织、个人与其相勾结实施的窃取、刺探、收买或者非法提供国家秘密或者情报，或者策动、引诱、收买国家工作人员叛变的活动；

（四）为敌人指示攻击目标的；

（五）进行其他间谍活动的。

3.《中华人民共和国军事设施保护法》[①]

第二条　本法所称军事设施，是指国家直接用于军事目的的下列建筑、场地和设备：

① 此处指2014年《中华人民共和国军事设施保护法》。

（一）指挥机关，地面和地下的指挥工程、作战工程；

（二）军用机场、港口、码头；

（三）营区、训练场、试验场；

（四）军用洞库、仓库；

（五）军用通信、侦察、导航、观测台站，测量、导航、助航标志；

（六）军用公路、铁路专用线，军用通信、输电线路，军用输油、输水管道；

（七）边防、海防管控设施；

（八）国务院和中央军事委员会规定的其他军事设施。

前款规定的军事设施，包括军队为执行任务必需设置的临时设施。

第四条　中华人民共和国的所有组织和公民都有保护军事设施的义务。

禁止任何组织或者个人破坏、危害军事设施。

任何组织或者个人对破坏、危害军事设施的行为，都有权检举、控告。

第四十六条　有下列行为之一，构成犯罪的，依法追究刑事责任：

（一）破坏军事设施的；

（二）盗窃、抢夺、抢劫军事设施的装备、物资、器材的；

（三）泄露军事设施秘密的，或者为境外的机构、组织、人员窃取、刺探、收买、非法提供军事设施秘密的；

（四）破坏军用无线电固定设施电磁环境，干扰军用无线电通讯，情节严重的；

（五）其他扰乱军事禁区、军事管理区管理秩序和危害军事设施安全的行为，情节严重的。

最高人民法院发布平安中国建设第一批典型案例

涉国家安全典型案例

李某某资助危害国家安全犯罪活动案

（一）基本案情

李某某，曾用名李某祥，男，1955年出生于上海，后加入伯利兹籍，但长期在国内经商。2009年，李某某在某西方大国参加一场反华活动时，结识了反华分子杨某某。此后，李某某在明知杨某某从事危害我国国家安全犯罪活动的情况下，长期资助杨某某实施相关犯罪活动。其中，2016 年至 2019 年，李某某以现金或者支票方式资助杨某某 10 余万美元，折合人民币 100 余万元。

一审法院判决：李某某犯资助危害国家安全犯罪活动罪，判处有期徒刑十一年，并处没收个人财产人民币二百万元。一审宣判后，李某某提出上诉。二审法院裁定：驳回上诉，维持原判。

（二）裁判理由

根据刑法第一百零七条，资助危害国家安全犯罪活动罪，是指境内外机构、组织或者个人资助实施背叛国家、分裂国家、煽动分裂国家、武装叛乱、暴乱、颠覆国家政权、煽动颠覆国家政权的行为。背叛国家、分裂国家、煽动分裂国家、武装叛乱、暴乱、颠覆国家政权、煽动颠覆国家政权的行为都是对国家安全具有重大危害的犯罪，对这些危害国家安全的犯罪活动进行资助，实际上就是帮助犯，资助行为与被资助的危害国家安全犯罪活动侵害的目标是一致的，都是国家安全。本罪的犯罪主体为境内外机构、组织或者个人，实际上是一般主体，不仅包括境内机构、组织、个人，而且包括境外机构、组织、个人。刑法第六条规定，凡在中华人民共和国领域内犯罪的，除法律有特别规定的以外，都适用中国刑法；犯罪的行为或者结果有一项发生在中华人民共和国领域内的，就认为是在中华人民共和国领域内犯罪。资助危害国家安全犯罪活动，无论资助行为发生在国内还是国外，因资助的结果发生在中国领域内，所以属于在中国领域内犯罪，适用中国刑法。

本案中，被告人李某某明知杨某某在境外实施危害我国国家安全的犯罪活动仍向杨某某提供资助，资助杨某某实施了一系列危害我国国家安全的犯罪活动，给我国的国家安全造成严重危害，其行为符合刑法规定的资助危害国家安全犯罪活动罪的构成要件，依法应以资助危害国家安全犯罪活动罪定罪处罚。

（三）典型意义

李某某资助危害国家安全犯罪活动案，是近年来人民法院审理的一起典型危害国家安全犯罪案件。李某某出生在中国，生意在中国，却资助境外反华分子实施危害我国国家安全的犯罪活动，属于典型的吃中国饭砸中国碗的内奸。案件的依法审理，传递出国家安全不容侵犯的坚决态度：不管是谁，只要触犯了中华人民共和国刑法，危害到了我国国家安全，都将依法追究其刑事责任。

《国家安全法》第十一条第一款规定："中华人民共和国公民、一切国家机关和武装力量、各政党和各人民团体、企业事业组织和其他社会组织，都有维护国家安全的责任和义务。"维护国家安全，人人有责，也必须人人负责、人人尽责。公民和组织应当切实履行维护国家安全的义务，及时报告危害国家安全活动的线索，保守所知悉的国家秘密，为国家安全工作提供便利条件或者其他协助等。机关、人民团体、企业事业组织和其他社会组织应当对本单位的人员进行维护国家安全的教育，动员、组织本单位的人员防范、制止危害国家安全的行为。

国家安全是安邦定国的重要基石，维护国家安全是全国各族人民根本利益所在。人民法院作为审判机关，肩负着维护国家安全和社会稳定的神圣使命。近年来，人民法院坚决贯彻党中央决策部署，忠实履行刑事审判职责，依法坚决打击危害国家安全犯罪，为维护国家安全提供了坚强有力的司法保障。新时代新征程，人民法院将全面贯彻总体国家安全观，依法严厉打击敌对势力渗透、破坏、颠覆、分裂活动，坚决捍卫国家政治安全特别是政权安全、制度安全。

涉反邪教典型案例

张某1、张某冬、吕某春等故意杀人、利用邪教组织破坏法律实施案

（一）基本案情

张某1、张某冬、吕某春、张某2、张某联及张某3（张某1之弟，12周岁）均系“全能神”邪教组织成员。2014年5月28日15时许，六人在山东省招远市“麦当劳”府前广场餐厅就餐。其间，张某冬、张某联到金都购物中心购买了两支拖把、手机等物品。21时许，张某1、吕某春授意张某2、张某联、张某3向餐厅内其他顾客索要联系方式，为发展“全能神”组织成员做准备。当张某2两次向被害人吴某某（女，殁年35岁）索要手机号码遭拒绝后，张某1、吕某春指认吴某某为“恶灵”，张某1开始咒骂“恶灵”“魔鬼”，上前抢夺吴某某手机并让其离开餐厅。遭拒绝后，张某1遂持餐厅内座椅砸击吴某某。吴某某反抗，在场的张某冬、吕某春、张某2上前与张某1共同将吴某某打倒在地，张某1多次叫嚣“杀了她，她是恶魔”，并用手撑着餐桌反复跳起用力踩踏吴某某头面部。后张某1将张某冬购买的拖把分别递给张某冬和张某3，指使张某冬、张某2、张某联、张某3上前“咒诅”、殴打吴某某。张某冬抡起拖把连续猛击吴某某头面部，直至将拖把打断，又在吕某春指使下将吴某某从桌椅之间拖出，并上前用脚猛力踢、踩、跺吴某某头面部。张某2也使用椅子、笤帚殴打吴某某背、腿部，吕某春踢踹吴某某腰、臀部，并唆使张某联、张某3殴打吴某某。其间，吕某春用拳头击打餐厅工作人员并扬言“谁管谁死”，阻止餐厅工作人员和其他顾客解救吴某某，还与张某1一起将餐厅柜台上的头盔

砸向工作人员阻止报警。公安人员接警到达现场后，张某冬、张某3仍殴打吴某某，公安人员上前制止、抓捕张某冬、张某3时，张某1、吕某春、张某2、张某联极力阻挠，后公安人员在周围群众的帮助下，将6人制服并抓获。“120”急救医生到场后确认吴某某已死亡。经鉴定，被害人吴某某系生前头面部遭受有较大面积质地坚硬钝物打击并遭受有一定面积质地较硬钝物多次作用致颅脑损伤死亡。

吕某春于1998年加入“全能神”邪教组织。2008年始，吕某春作为“长子”（“全能神”邪教组织头目）纠合在招远的“全能神”教徒进行聚会，宣扬“全能神”教义。

张某1从2007年开始接触并信奉“全能神”，2008年与吕某春通过互联网结识并频繁联系，多次跟随吕某春到招远参加“全能神”教徒聚会。2008年年底，张某1先后将张某冬、陈某娟（张某1之母）、张某2、张某3等家人发展为“全能神”教徒。2009年，张某1与家人自河北省无极县移居山东省招远市，张某1被“二见证人”（“全能神”邪教组织头目）范某凤、李某旺（均另案处理）确认为“长子”。此后，张某1与吕某春在招远市城区及下辖的玲珑镇、蚕庄镇、齐山镇等多地，秘密纠合“全能神”教徒四十余名聚会百余次。张某冬积极参加聚会活动。期间，吕某春、张某1印制、散发了《话在肉身显现》《七雷发声》等“全能神”宣传资料数十册，并利用互联网，先后在境内外网络空间内，制作、传播有关“全能神”的文章97篇，空间访问量总计17万余次。

张某冬还积极出资，在招远市租赁或者购买多处房屋及店面，作为“全能神”教徒住所和活动场所，并出资购买交通工具、电脑、手机，安装宽带，供传播“全能神”使用。此外，张某冬听从被告人吕某春、张某1指使，将家庭财产1000余万元以“奉献”给“教会”的名义，存于吕某春、张某1名下。

一审法院判决：被告人张某1犯故意杀人罪，判处死刑，剥夺政治权利终身，犯利用邪教组织破坏法律实施罪，判处有期徒刑七年，决定执行死刑，剥夺政治权利终身；被告人张某冬犯故意杀人罪，判处死刑，剥夺政治权利终身，犯利用邪教组织破坏法律实施罪，判处有期徒刑五年，决定执行死刑，剥夺政治权利终身；被告人吕某春犯故意杀人罪，判处无期徒刑，剥夺政治权利终身，犯利用邪教组织破坏法律实施罪，判处有期徒刑七年，决定执行无期徒刑，剥夺政治权利终身；被告人张某2犯故意杀人罪，判处有期徒刑十年；被告人张某联犯故意杀人罪，判处有期徒刑七年。一审宣判后，五名被告人均不服，提出上诉。二审法院裁定：驳回上诉，维持原判，并报请最高人民法院核准张某1、张某冬死刑。最高人民法院经依法复核，裁定核准被告人张某1、张某冬死刑。

（二）裁判理由

张某1、张某冬、吕某春、张某2、张某联因被害人吴某某拒绝提供自己的电话号码，即视之为“恶灵”，采取持椅子、拖把打砸、用力踹踏等手段，共同将吴某某残忍杀害，其行为均构成故意杀人罪。吕某春、张某1、张某冬明知“全能神”系已经被国家取缔的邪教组织，仍然纠合教徒秘密聚会，制作、传播邪教组织信息，发展邪教组织成员，或者为上述行为提供便利条件，破坏国家法律、行政法规实施，其行为又构成利用邪教组织破坏法律实施罪，应当数罪并罚。在故意杀人共同犯罪中，张某1、张某冬、吕某春系主犯，应当依法严惩。张某2、张某联系从犯，且能够当庭认罪悔罪，依法对张某2从轻处罚，对张某联减轻处罚。

（三）典型意义

宗教信仰自由是我国公民的基本权利，受到国家保护。正常的宗教活动，如佛教、道教、基督教、天主教、伊斯兰教等，有合法的宗教教义，有一脉相传的宗教典籍，有固定的活动场所，有严格的宗教礼仪。但是宗教与邪教却有本质区别，从“法轮功”到“呼喊派”“灵灵教”“全能神”等邪教组织门类众多，名称各异，但其本质皆是反社会、反人类，欺世盗名、蛊惑人心、危害社会的恶魔。邪教组织在世界范围内均不同程度地存在，对社会的破坏和影响在一些国家已成为不容忽视的问题。

本案系“全能神”邪教组织成员实施的恶性杀人案件，因犯罪分子手段暴力、残忍、血腥，案发过程视频经网络传播后，案件迅速在全国范围内引起广泛关注。因被害人拒绝提供电话号码，被告人等就群起而攻之，残暴地将被害人殴打致死，也反映了“全能神”邪教组织反人类、反社会的邪恶本质。本案也再次警示我们，邪教是社会的毒瘤，是对人民群众生命、财产安全的极大威胁，也是对社会发展、稳定大局的极大危害。必须始终保持对邪教的高压态势，予以坚决打击，维护人民群众生命财产安全。

对于邪教组织犯罪，不仅要依靠公正的审判来严惩凶手、告慰逝者、消除恐慌，更重要的是打好法治之战，用法治精神引领反邪教斗争，用法治手段开展反邪教斗争，用法治理念指导反邪教教育。人民法院通过依法审理邪教组织犯罪案件，既体现严厉打击邪教犯罪的法律威严，又严格把握邪教与正常宗教界限的法治精神，让整个社会认清邪教的本质和危害，让人民群众珍爱生命，远离邪教。

涉公共安全典型案例

一、潘某某危险作业案

（一）基本案情

2020年五六月份至2021年4月，潘某某在未经有关部门依法批准、未取得危险化学品经营许可证的情况下，利用自行改装的装有塑料油桶的苏F0D9K5号和苏E79V3Y号金杯面包车以及装有不锈钢油桶的苏FP33G6号东风汽车，采用外置电瓶搭电驱动油泵方式为他人汽车加油作业，共计销售汽油6000余升。2021年4月14日，潘某某被公安机关抓获，次日被取保候审。取保候审期间，潘某某于同月22日将储存有汽油的苏E79V3Y号改装金杯面包车停放至路边，经联系后于同月27日15时许从该车中取出装有十余升汽油的塑料油桶为他人驾驶的汽车加油，加完油后再次进行加油作业过程中，违规用电瓶为油泵搭电，导致苏E79V3Y号面包车起火，因消防救援人员及时赶到未酿成严重后果。火灾造成潘某某双下肢烧伤，现场附近三辆汽车和一辆电动自行车受损，临近住户的两台空调外机受损。经消防机关调查认定，此次火灾的起火原因为苏E79V3Y号金杯面包车改造的加油车厢内汽油蒸气遇电火花爆燃引发成灾。经鉴定，潘某某销售的油品符合汽油指标特征，为汽油类产品，硫含量不合格；被毁坏的三辆汽车损失共计价值26 734元。

一审法院判决：潘某某未经国家有关部门许可，擅自从事危险化学品汽油经营、储存活动导致发生火灾，起火后因消防救援人员及时赶到才未造成严重后果，其行为具有发生重大伤亡事故或者其他严重后果的现实危险。潘某某到案后如实供述自己罪行，愿意接受处罚，可以从宽处理。以危险作业罪判处潘某某有期徒刑六个月，缓刑一年。一审宣判后，检察机关未抗诉，潘某某未上诉，判决已发生法律效力。

（二）裁判理由

根据刑法第一百三十四条之一第三项规定，在生产、作业中违反有关安全管理的规定，涉及安全生产的事项未经依法批准或者许可，擅自从事矿山开采、金属冶炼、建筑施工，以及危险物品生产、经营、储存等高度危险的生产作业活动，具有发生重大伤亡事故或者其他严重后果的现实危险的，处一年以下有期徒刑徒刑、拘役或者管制。

本案中，潘某某未依法取得从事汽油经营、储存的合法资质和经营许可，在不具备合法资质和相应生产、作业条件的情况下，违法采用改装车辆为他人汽车进行加油作业，属于刑法第一百三十四条之一第三项规定的擅自从事危险物品经营、储存等高度危险的生产作业活动。潘某某在加油作业过程中违反有关安全管理的规定，导致其用于加油的改装面包车起火，只是因为消防救援人员及时赶到才未酿成重大火灾，充分表明其违法生产、作业行为存在重大安全隐患，具有发生重大伤亡事故或者其他严重后果的现实危险，符合刑法第一百三十四条之一规定的危险作业罪的构成要件。故人民法院依法以危险作业罪对潘某某判处刑罚。

（三）典型意义

安全生产理论和实践证明，只有坚持风险预控、关口前移，强化隐患排查治理，才能更为有效的防范重特大生产安全事故发生。刑法的打击对象不能仅限于实际引发重大事故的违反安全规定行为，还应将导致事故隐患的严重非法违法生产、作业行为纳入调整范围，才能起到防范于未然的积极效果。《中共中央国务院关于推进安全生产领域改革发展的意见》明确提出，研究修改刑法有关条款，将生产经营过程中极易导致重大生产安全事故的违法行为列入刑法调整范围。2021 年 3 月 1 日起施行的《刑法修正案（十一）》增设刑法第一百三十四条之一，将三种类型的严重非法违法生产、作业行为规定为犯罪。生产经营单位和有关个人要严格依法依规从事生产、作业活动，切实消除侥幸心理，否则可能受到刑事处罚。

二、蒋某某重大责任事故、非法采矿、非法储存爆炸物案

（一）基本案情

蒋某某 2008 年 4 月购得金山沟煤矿所有权，相继取得采矿许可证、安全生产许可证和工商营业执照，后于 2015 年底动员他人共同投资入股煤矿，蒋某某占金山沟煤矿 80% 股份，其他股东占 20% 股份，双方约定共同生产、经营和管理煤矿，蒋某某履行董事长职责并担任法定代表人，负责组织煤矿生产和技改、组织开展安全生产工作和正常经营活动，其他股东给予支持和配合。金山沟煤矿采矿许可证载明的合法开采范围为大石炭煤层和二连子煤层，开采深度由 410 米至 207 米标高，有效期至 2016 年 11 月 23 日。2013 年初，蒋某某决定超层越界开采大石炭煤层下部的 K13 煤层，联系私人钻井队对 K13 煤层进行钻探，同年 8 月底探到煤点后，指使矿长邹某某等人负责巷探，2013 年底至 2014 年初从两个方向向 K13 煤层掘进，后分别于 2014 年底和 2015 年底掘见 K13 煤层。2015 年 5 月 22 日，当地地质矿产勘查开发局地质队到金山沟煤矿进行实地勘查，发现了越界布置巷道问题，形成矿山实地核查报告提交当地国土资源和房屋管理局，当地国土资源和房屋管理局同年 6 月 17 日和 8 月 7 日分别下达《责令停止违法行为通知书》和《行政处罚决定书》，责令金山沟煤矿退回本矿区范围内开采、密闭越界布置的巷道，蒋某某遂安排工人将越界布置的巷道用砖墙封闭。同年 8 月 11 日，当地国土资源和房屋管理局地矿科、执法大队联合地质矿产勘查开发局地质队、煤矿所在镇安监办到金山沟煤矿开展实地检查，确定两处越界巷道已被密闭。检查人员离开后，蒋某某随即命人拆除密闭砖墙，继续进行越界巷道掘进。2016 年初，蒋某某指使矿长邹某某组织人员非法开采 K13 煤层。至 2016 年 10 月 31 日事故发生为止，金山沟煤矿越界巷道共计 2679.36 米，井下越界动用煤炭资源储量 17 580 吨，按该矿最低售价每吨 186.93 元计算，全矿累计非法开采矿产品价值 3 286 229.4 元。

蒋某某组织、指使矿长邹某某等人非法开采 K13 煤层期间，严重违反安全管理规定，在 K13 煤层南北两翼工作面未形成正规通风系统的情况下，采用局部通风机供风采煤；采掘工作放炮时未执行“一炮三检”和“三人连锁爆破制度”，未使用水泡泥和泡泥封堵炮眼，将未使用完的炸药、雷管违规存放在井下；采用国家明令淘汰的“巷道式采煤”工艺以掘代采。2016 年 9 月 7 日，因当地发生一起爆炸刑事案件，为防止民爆物品被封停导致停产，蒋某某指使邹某某在公安机关封库前将部分民爆物品转移至井下。同年 9 月下旬，因临近国庆节，为防止民爆物品被封停导致停产，蒋某某再次决定将部分民爆物品转移至井下，指使邹某某安排人员分两次将大量炸药和雷管违规转移至煤矿井下和地面浴室更衣室柜子内储存，后于同年 10 月 15 日前使用完毕。2016 年 10 月 11 日至 12 日，当地煤监局对金山沟煤矿开展检查，发现 12 条违法违规行为和事故隐患，责令其继续停止井下一切采掘作业，立即改正，经验收合格、完善复工复产手续后方能采矿。金山沟煤矿在未实施任何改正、未完善复工复产手续的情况下，仍然继续违法采掘。同年 10 月 31 日 11 时 24 分，金山沟煤矿 K13 煤层一采煤工作面在实施爆破落煤时发生瓦斯爆炸，造成 33 名井下作业人员死亡。

经国务院事故调查组调查认定，金山沟煤矿“10 · 31”特大瓦斯爆炸事故是一起生产安全责任事故。造成事故的直接原因为，金山沟煤矿在超层越界违法开采区域采用国家明令禁止的“巷道式采煤”工艺，不能形成全风压通风系统，使用一台局部通风机违规同时向多个作业地点供风，风量不足，造成瓦斯积聚；违章“裸眼”爆破产生的火焰引爆瓦斯，煤尘参与了爆炸。金山沟煤矿作为事故主体责任单位，存在长期超层越界违法开采 K13 煤层、违规使用民爆物品、安全管理规定和制度不落实和拒不执行安全监管监察指令等问题。

一审法院判决：蒋某某作为金山沟煤矿直接负责的主管人员，违反矿产资源法的规定，未取得采矿许可证擅自开采煤炭资源，行为构成非法采矿罪，情节特别严重；作为对生产、作业负有组织、指挥、管理职责的企业负责人、投资人，在组织、指挥、管理生产、作业过程中违反有关安全管理的规定，导致发生重大事故，行为构成重大责任事故罪，情节特别恶劣；违反规定非法储存民爆物品，行为构成非法储存爆炸物罪，且系非法储存爆炸物共同犯罪中的主犯，应依法并罚。对蒋某某以重大责任事故罪判处有期徒刑七年；以非法采矿罪判处有期徒刑六年，并处罚金人民币一百五十万元；以非法储存爆炸物罪判处有期徒刑八年，决定执行有期徒刑二十年，并处罚金人民币一百五十万元。一审宣判后，蒋某某未上诉，同案其他被告人提出上诉。二审法院裁定：驳回上诉，维持原判。

（二）裁判理由

刑法第一百二十五条第一款规定，非法制造、买卖、运输、邮寄、储存枪支、弹药、爆炸物的，处三年以上十年以下有期徒刑；情节严重的，处十年以上有期徒刑、无期徒刑或者死刑。第一百三十四条第一款规定，在生产、作业中违反有关安全管理的规定，因而发生重大伤亡事故或者造成其他严重后果的，处三年以下有期徒刑或者拘役；情节特别恶劣的，处三年以上七年以下有期徒刑。第三百四十三条第一款规定，违反矿产资源法的规定，未取得采矿许可证擅自采矿，擅自进入国家规划矿区、对国民经济具有重要价值的矿区和他人矿区范围采矿，或者擅自开采国家规定实行保护性开采的特定矿种，情节严重的，处三年以下有期徒刑、拘役或者管制，并处或者单处罚金；情节特别严重的，处三年以上七年以下有期徒刑，并处罚金。

本案中，蒋某某超越采矿许可证规定的范围开采煤炭资源，开采的矿产品价值已经达到刑法第三百四十三条第一款规定的情节特别严重标准；在生产、作业中违反有关安全管理的规定，导致发生重大伤亡事故，造成33人死亡的严重后果，且负事故主要责任，符合刑法第一百三十四条第一款规定的情节特别恶劣认定标准；将炸药、雷管等民爆物品非法存放在煤矿井下和地面浴室更衣室柜内，符合刑法第一百二十五条第一款规定的非法储存爆炸物罪的构成要件。故人民法院依法对蒋某某所犯非法采矿罪和重大责任事故罪均适用三年以上七年以下有期徒刑的量刑幅度，与其所犯非法储存爆炸物罪并罚，决定执行有期徒刑二十年，并处罚金。

（三）典型意义

煤矿井下开采生产作业活动危险性高，必须坚持最严格的安全标准。煤矿安全是我国安全生产的重中之重，近年来，我国煤矿安全形势持续稳定好转，但形势依然严峻复杂。部分煤矿企业对安全生产工作重视不够，事故隐患排查不清，安全生产措施落实不到位，煤矿井下生产安全事故时有发生，造成恶劣社会影响。司法机关要依法严厉打击煤矿井下非法违法生产、作业行为，特别是对于在非法盗采煤炭资源过程中发生的违法冒险采掘、非法制造、买卖、储存民用爆炸物品等违法犯罪行为，要充分体现从严惩处总体原则，该判处重刑的要坚决判处重刑，推动安全生产形势持续稳定好转。

三、谢某某、邵某妨害公务案

（一）基本案情

2020 年 2 月 7 日 14 时 30 分许，谢某某与妻子邵某欲从居住小区后面绿道的封锁处绕行回家，被正在该处执行政府防疫工作的街道办事处工作人员吴某某劝阻，谢某某、邵某遂辱骂、推搡吴某某，并将吴某某推倒在地实施殴打。其间，谢某某用拳头多次击打吴某某头面部，并捡起水泥块多次击打吴某某头部，邵某用拳头击打吴某某大腿、腰部等处，致吴某某 4 处轻微伤。后谢某某、邵某在该小区后面被公安机关传唤到案，案件处理过程中自愿预交赔偿款 2 万元。

一审法院判决：谢某某、邵某在疫情防控期间，暴力殴打依法执行政府防疫工作的国家机关工作人员，致其 4 处轻微伤，行为均构成妨害公务罪。二人有坦白情节，且自愿接受处罚，依法从轻处罚。根据邵某的犯罪情节、悔罪表现，以及二人系夫妻关系并育有两名幼子等家庭实际情况，对邵某依法适用缓刑。以妨害公务罪判处谢某某有期徒刑一年四个月，判处邵某拘役六个月、缓刑一年。一审宣判后，检察机关未抗诉，谢某某、邵某未上诉，判决已发生法律效力。

（二）裁判理由

刑法第二百七十七条第一款规定，以暴力、威胁方法阻碍国家机关工作人员依法执行职务的，处三年以下有期徒刑、拘役、管制或者罚金。

本案发生在新冠肺炎疫情防控期间。吴某某作为案发地街道办事处工作人员，案发时正在执行政府疫情防疫工作，属于依法执行职务的国家机关工作人员。谢某某、邵某违反疫情防控规定欲从小道绕行回家，遭到吴某某劝阻后即对其实施殴打，致吴某某轻微伤，严重妨害了疫情防控工作秩序，行为符合刑法第二百七十七条第一款规定的妨害公务罪的构成要件。故人民法院依法以妨害公务罪对谢某某、邵某分别判处有期徒刑和拘役。

（三）典型意义

新冠肺炎疫情防控关系到社会稳定和经济发展大局，关到人民群众的生命安全和身体健康。遵守疫情防控政策要求，积极配合疫情防控工作，是每个公民应尽的义务和责任。对于妨害疫情防控工作的行为，不仅要给予道德的谴责，还要依法追究相关人员的法律责任。为依法惩治妨害疫情防控违法犯罪行为，最高人民法院、最高人民检察院、公安部、司法部2020年2月联合印发《关于依法惩治妨害新型冠状病毒感染肺炎疫情防控违法犯罪的意见》。该意见明确提出，要准确适用法律，依法严惩妨害疫情防控的各类违法犯罪。司法机关要高度重视对妨害疫情防控违法犯罪的惩治工作，用足用好法律规定，从严惩治妨害疫情防控的各类违法犯罪，综合考虑案件各方面因素，依法合理确定刑事责任。

检察机关依法惩治危害国家安全犯罪典型案例

1. 陈某某为境外刺探、非法提供国家秘密案

被告人陈某某系某职业技术学院学生。2020年2月中旬，陈某某通过“探探”APP平台结识了境外人员“涵”。陈某某在明知“涵”是境外人员的情况下，为获取报酬，于2020年3月至2020年7月间，按照“涵”的要求，多次前往军港等军事基地，观察、搜集、拍摄涉军装备及部队位置等信息，并通过微信、坚果云、rocket. chat等软件发送给“涵”。陈某某先后收受“涵”通过微信、支付宝转账的报酬共计人民币1万余元以及鱼竿、卡西欧手表等财物。经密级鉴定，陈某某发送给“涵”的图片涉及1项机密级军事秘密、2项秘密级军事秘密和2项内部事项。

最终，陈某某因犯为境外刺探、非法提供国家秘密罪被判处有期徒刑六年，剥夺政治权利二年，并处没收个人财产人民币一万元。

2. 黄某某为境外刺探、非法提供国家秘密案

黄某某，案发前系婚纱摄影师。2019年7月，被告人黄某某通过微信聊天与境外人员“琪姐”结识。在“琪姐”的指示下，于2019年7月至2020年5月间，黄某某利用在某军港附近海滩从事婚纱摄影的便利，使用专业照相器材、手机等远景拍摄军港周边停泊的军舰，为了避免暴露自己，黄某某还采用欺骗、金钱引诱等方式委托他人为自己拍摄该军港附近海湾全景。黄某某以每周2到3次的频率，累计拍摄达90余次，其中涉及军港军舰照片384张。黄某某将拍摄的照片通过网络以共用网盘、群组共享等方式发送给境外人员“琪姐”，共

收取对方提供的报酬人民币 4 万余元。经鉴定，涉案照片涉及绝密级秘密 3 项，机密级秘密 2 项。

最终，黄某某因犯为境外刺探、非法提供国家秘密罪被判处有期徒刑十四年，剥夺政治权利五年，并处没收个人财产人民币四万元。

3. 吴某某间谍案

被告人吴某某，男，案发前系某机场航务与运行管理部运行指挥员。2020 年 7 月，被告人吴某某通过自己及其姐姐、哥哥等人的闲鱼账号在“闲鱼”软件承接跑腿业务，某间谍组织代理人“鱼总”通过“闲鱼”软件的自动回复号码搜索添加了被告人吴某某的微信。后吴某某在金钱诱惑下被“鱼总”发展，并接受其要求吴某某提供政府机关重要人员到某机场的行程信息，被告人吴某某利用自己在该机场运行管理部担任运行指挥员的便利，多次刺探、截获政府机关重要人员的行程信息，并通过境外聊天软件发送给“鱼总”，共收取“鱼总”提供的间谍经费人民币 2.6 万余元。经鉴定，被告人吴某某为间谍组织代理人“鱼总”提供的信息涉 1 项机密级军事秘密，2 项秘密级军事秘密。

最终，吴某某因犯间谍罪被判处有期徒刑十三年，剥夺政治权利四年。

4. 赵某某等 5 人利用邪教组织破坏法律实施案

赵某某，女，57 岁，初中文化，常年胃痛、脚痛，在小诊所长期吃药不见明显好转。2015 年，其亲友告诉她，可以加入“门徒会”，在家诚心祷告，病就会好。于是她加入“门徒会”，并逐渐成为该组织的骨干成员。然而，赵某某的病却丝毫未见好转，反而越来越严重。案发后，通过检察机关办案人员耐心细致的教育转化，赵某某是最早表示愿意认罪认罚的犯罪嫌疑人。

根据赵某某等人的供述，“门徒会”引诱老百姓的方式主要有以下三种：一是神话“季三保”，鼓吹其无所不能。“门徒会”在发展信徒的时候，会宣称“季三宝能量很大，他最后成了神，向他祷告后哑巴能开口，聋子能听见，死人能复活，大病绝症得平安”，以此蛊惑人心，拉拢信徒。二是在传播过程中主打“治病”，治病功能生效的条件就是“刚强”地信仰该教，治病治不好就是信仰不刚强。这也是此类邪教最危险之处——用“两头堵”来糊弄老百姓，症状轻的人自愈了，觉得神奇，症状重的好不了，认为是自己信仰不刚强，从而耽误治疗时间。三是“高价”的精神关怀。为营造对信徒关心关爱的假象，信徒聚会时互相倾诉家长里短及烦恼，带给彼此被关怀的满足感，让信徒误认为有“家”的感觉，从而心甘情愿“献爱心”、缴纳“慈慧钱”。

“都是让这个邪教害的！如果能早点到大医院治疗，我的病就不会这样严重。”赵某某在法庭上接受公诉人的法庭教育后，深深忏悔道。通过承办检察官扎实有效的教转工作，最终赵某某等5人认罪认罚，分别被判处一年至四年不等有期徒刑。